KiWi

1569

BENJAMIN VON STUCKRAD-BARRE

PANIKHERZ

KIEPENHEUER & WITSCH

MIX
Papier | Fördert gute Waldnutzung
FSC® C083411

9. Auflage 2026

Umschlaggestaltung und -motiv, Titel- und Deckblätter
Walter Schönauer, Berlin
Autorenfoto © Till Brönner
Gesetzt aus der Adobe Caslon Pro von Carol Twombly
Satz Buch-Werkstatt GmbH, Bad Aibling
Druck und Bindung CPI books GmbH, Leck
ISBN 978-3-462-05066-0

Kontaktadresse nach EU-Produktsicherheitsverordnung:
produktsicherheit@kiwi-verlag.de

»Die längsten Reisen fangen an, wenn es
auf den Straßen dunkel wird.«

Jörg Fauser

NEULICH WAR ICH MAL WIEDER IN AMERIKA

Wir haben beide einen Hut auf. Udo konnte sich nicht entscheiden, welchen er mitnimmt, hatte keine Hutschachtel griffbereit, also war für den Zweithut die sicherste Beförderungsart: mein Kopf.

Seit einer Stunde stehen wir in der Warteschlange vor den Einreiseschaltern des Flughafens von Los Angeles, und je näher wir den grimmig schauenden Uniformierten in ihren Glaskästen kommen, desto nervöser werde ich. Wie sie hundertmal zwischen Pass und Einreisendengesicht hin- und herschauen, in ihren Computer gucken, unfreundliche Generalverdachtsfragen stellen, Fingerabdrücke nehmen, Fotos von einem machen, schrecklich. Land of the free – aber wirklich erst, wenn man drin ist.

Wir sind Touristen. Das ist ganz wichtig. Holiday, vacation! Urlaub, Urlaub, Urlaub. Davon darf man nicht abweichen. Egal, mit welchen Trickfragen sie kommen – Urlaub. Ich habe zur Sicherheit auch Udos ESTA-Nummer auf einem Klebezettel in meiner Reiseunterlagenklarsichtfolie, Udo hat seinen Reisepass schon aufgeklappt in der Hand, er glaubt, dass es ganz schnell geht. Wie immer, wenn wir zusammen reisen, nehme ich ihm kurz Pass und Ausweis ab und freue mich an den dort festgehaltenen Staatsbürgerfakten: Udo Gerhard Lindenberg. Gerhard! Wohnsitz: Hotel Atlantic.

Ein Schalter wird frei, und der Uniformierte in dem uns barsch (»Next!«) zugewiesenen Glaskasten hat besonders schlechte Laune. Natürlich sind wir rein äußerlich ein seltsames Paar, nicht unbedingt Leute, die man ohne Nachfragen durchwinkt: Udo in engen Nadelstreifenhosen, mit Nietengürtel und auf neongrünen Socken, er hatte keine Lust mehr auf Schuhe nach dem langen Flug, dazu eine Art Kapitänsuniformjacke und einen braunen Hut, ich mit Matrosenhemd und Jogginghose, Udos Zweithut auf dem Kopf, einem Tropenhut. In Deutschland wäre das gewiss anders, doch wenn man ihn nicht kennt und einfach zum ersten Mal Udo Lindenberg sieht, so, wie er eben aussieht, tja, was macht man da als Grenzkontrolldobermann? Es ist ja nicht so, dass wir aussehen, als hätten wir eventuell Drogen dabei oder so, wir sehen vielmehr aus, als bestünden wir praktisch aus Drogen. Säße ich in so einem Glaskasten: Diese beiden Typen würde ich mir auf jeden Fall genauer angucken.

Jetzt keinen Fehler machen. Freundlich, aufgeräumt, klar, unverdächtig wirken. Immer wenn man das versucht, wirkt man natürlich besonders verdächtig. Ich fange an zu schwitzen. Schon bei dem Herrn vor uns hat es zehn Minuten gedauert, und der sah nun wirklich so aus, wie ein Zwölfjähriger einen seriösen Geschäftsmann malen würde.

Erst jetzt bemerke ich, dass Udo tatsächlich Zigarre raucht, ganz lässig, beiläufig, im Flughafengebäude, im rauchparanoiden Amerika.

Hi, hi, yeah, here we are, happy to be here again, how are you doing man, good looking, sagt Udo und pafft an seiner Zigarre. Und ich denke: Das war's dann.

Der Uniformierte ist nicht zu Späßen aufgelegt. Doch da kennt er Udo schlecht. Den aus der Ruhe zu bringen, da braucht es schon mehr, als missmutig zu gucken und zu bellen: No smoking, Sir!

Oh, excuse me, yeahyeahyeah, sagt Udo friedlich – und lässt die Zigarre brennen, hält sie aber jetzt auf Gürtelhöhe, das ist sein Kompromissangebot.

Ich versuche, das Schlimmste zu verhindern, und geselle mich dazu, werde aber streng zurück hinter die Absperrung geschickt, Einzelvernehmung. Und so kann ich nicht eingreifen und sehe und höre nur, wie alles immer schlimmer wird. Udo hört gar nicht auf zu reden.

Der Uniformierte fragt Udo, was er beruflich mache. Schon toll, dass Udo das noch mal gefragt wird in seinem Leben. I'm a musician, started as a drummer, you know, back then, hundred years ago …

Das ist komplett wahnsinnig. Udo trommelt ein bisschen mit seinem Reisepass und seiner Sonnenbrille auf dem Grenzschaltertresen herum. Drummer, Jazz-Drummer, you know? Yeah! But now …

Er muss jetzt sofort aufhören, seinen Wikipedia-Eintrag szenisch vorzutanzen. Ich nähere mich noch mal, um die Sache abzukürzen, aber der Uniformierte wedelt mich weg wie eine Schmeißfliege. Dass man sich so fühlt, ist ja Ziel dieses amerikanischen Einreisewahnsinns.

Ich höre Udo sagen, er sei von Beruf Udo Lindenberg, diesen Beruf gebe es nur einmal auf der Welt, Udo, nicht Ufo, wobei, so sicher könne man da gar nicht sein, denn er sei eigentlich, heimlich, aber das dürfe keiner wissen, das entführte Kind von Charles Lindbergh.

Ah ja? Der Uniformierte guckt jetzt nicht mehr misstrauisch, es ist mehr so ein Guantanamo-Blick.

Er sei, fährt Udo fort, ein in Deutschland sehr berühmter Rockmusiker, aber man wisse ja nie, junge Talente, weltweit unterwegs, vielleicht werde das ja noch was mit seiner Karriere in Amerika? Er zeigt, das tut er wirklich, dem Uniformierten auf seinem iPhone einen Videomitschnitt von einem seiner Stadionkonzerte.

Yeah, godong, godong, sagt Udo.

Und ich denke, alles klar, das endet auf jeden Fall in einem fensterlosen Raum.

Schade, die Reise war so heiter losgegangen. Udo und ich, zu zweit nach Los Angeles. Weil es jetzt ja schon wieder vorbei ist, fliegen die schönsten Szenen der bisherigen Reise noch mal an mir vorbei: Gestern Abend mein erster grober Fehler als Reiseleiter, beim Zwischenstopp in Zürich folgte ich der Ausschilderung, Transit Hotel, ich dachte, das sei richtig, denn Transit war es doch, was wir machten, Zwischenhalt in Zürich, anderntags von dort der Direktflug nach Los Angeles. Weil Udo durchgängig plapperte und vor allem ein Zigarrengeschäft suchte, merkte er kaum, dass wir einmal im Kreis durchs gesamte Flughafengebäude liefen.

Schließlich, an der sehr seltsamen Rezeption (ein Resopaltisch) des Transit Hotels, blickte Udo sich irritiert um: Sah letztes Mal irgendwie ganz anders aus, ist das echt das Radisson Blu?

Nein, es war das Transit Hotel, eine Notunterkunft für Menschen ohne Visum.

Udo: Joah, Schlafsaal, Jugendherberge, ne, könnten wir auch machen, führt vielleicht zu erotischen Begegnungen mit gestrandeten Elfen, hm? Aber lass mal vielleicht doch gucken, ob wir das Radisson Blu nicht noch finden, die hatten so 'ne gute Bar.

Wir fanden das richtige Hotel, und Udo sagte zum Rezeptionisten: Sag mal, muss man bei euch auch zum Rauchen raus vor die Tür, wie 'n Hund? Jaaaaaa, echt? Sogar in der phantasievollen Schweiz? Lektionen in Udo-Charme, funktioniert weltweit.

Als er beim Auschecken nach der PIN seiner Kreditkarte gefragt wurde, wusste er nicht weiter. Wie könnte die denn sein? Das wusste ich natürlich auch nicht. Hm, überlegte Udo, da müsse er wohl mal seine Reisefee anrufen oder seinen Steuerberater – oder wer das eben weiß.

Irgendwer wusste es dann, wir flogen ab, beide einen Hut auf, bester Dinge, wir freuten uns, Los Angeles, zehn Tage zu zweit rumstreunen, Blödsinn machen, bisschen an den Texten für seine nächste Platte arbeiten – und ansonsten flexible Sorte, mal gucken, ne?; so reist man mit Udo. Mir fiel ein alter Udo-Text ein, so wie mir eigentlich immer, in jeder Situation, ein alter Udo-Text einfällt, und das hier passende Grenzkontrollcomputer-Zitat geht so:

Ich sag, bitte taken Sie's easy
Man weiß doch, was da steht
Dass die Republik an solchen Vögeln wie mir
Sowieso demnächst zugrunde geht

Doch was ist nun mit Udo und dem Uniformierten? Ach, Udo erzählt ihm gerade, er und ich, wir seien Straßenkatzen, deshalb könne man noch gar nicht so genau sagen, was wir hier machen würden und wo, das werde man ja dann sehen, ne? Zwar seien GERMAN LYRICS seine Spezialität, doch sei er immer offen für Neues, und so 'n Welthit, och, den würde er schon nehmen, warum nicht, ginge zur Not auch auf Englisch, und vielleicht finde er ja hier mit seinem Hitnäschen irgendwo in der Wüste oder in einer schummrigen Bar oder so ein Lied, das er mit seiner Stimme veredeln könne, ob vielleicht er, der Uniformierte, zufällig einen hätte, einen Hit, you never know, er sähe sehr musikalisch aus, ob er nicht manchmal zu Hause musiziere für seine gewiss sehr hübsche Frau?

Und jetzt passiert das Unglaubliche: Diese volle Ladung Udo-Charme und improvisierender Laber-Jazz sind dem Uniformierten zu viel, jetzt fällt er wirklich aus seiner Rolle, der des abweisenden Angstverbreiters – und er lacht, er hört gar nicht auf zu lachen.

Er winkt Udo weiter, lacht immer noch, schüttelt den Kopf, ruft Udo hinterher, dass er ein lustiger Typ sei. And good luck!

Dann bin ich dran. Ob ich zu dem gehöre, fragt der Uniformierte, zeigt auf Udo, immer noch kopfschüttelnd und lachend.

Ja, sage ich – und darf direkt hinter Udo hergehen, ganz kurzer Blick in den Pass, jaja, alles klar.

Ich gehöre zu Udo, so viel ist sicher.

WIR HEBEN AB

Es musste dringend was passieren – und da knallte die Musik von Udo Lindenberg in meine Kindheit. Es war, als habe jemand einen Lichtschalter in meinem Kopf betätigt.

Wir wohnten in Rotenburg/Wümme, einer Kleinstadt mit dreiziffrigem Autokennzeichen, zwischen Hamburg und Bremen, im niedersächsischen Flachland. Mein Vater war Pastor, ich war das jüngste von vier Kindern, Benjamin, letztes Kind, aber hebräisch auch: Sohn der Freude. Zu solcher gab ich familiär in dieser Zeit keinen Anlass, es ist ungefähr 1987. In der Schule war ich sehr schlecht. Mein ältester Bruder hatte soeben Abitur gemacht, knappe Sache, die beiden mittleren Geschwister waren die Streber, der Älteste und ich waren die Sorgenkinder, dauernd unerwidert verliebt, und statt wie die anderen beiden wohlklingend Klavier und Geige zu üben, hörten wir immer nur laut Popmusik, was vor allem während der heiligen Mittagsschlafzeit zwischen 14 und 15 Uhr für Kontroversen sorgte; auch waren es immer nur Freunde von ihm oder mir, die ausgerechnet in dieser Stunde anriefen – und dann aber nie wieder, weil sie so laut angeschrien wurden.

Jetzt wohnte mein ältester Bruder in der großen Stadt – in Hamburg. Er machte dort seinen Zivildienst, die meisten seiner Mitschüler wurden Soldaten, was für uns als Pastorenkinder natürlich nicht infrage kam. Ohnehin waren wir Outlaws, auf dem Schulhof musste ich ständig blöde Witze aushalten von all jenen, die bei meinem Vater Konfirmandenunterricht hatten. Konfirmieren ließ man sich, um eine Stereoanlage geschenkt zu bekommen und Geld, mein Vater aber wollte natürlich wirklich was lehren, ein unlösbarer Konflikt, und als Sohn dieses bärtigen und (weil nicht in der CDU) als kommunistisch geltenden Pastors war ich nun schuld daran, dass sie das Vaterunser auswendig lernen mussten. Strafverschärfend betrieb meine Mutter den Kinderchor.

Damit es nicht so auffiel, dass wir Pastorenkinder die einzigen waren, die alle Lieder konnten (wir hatten ja keine Wahl), und damit nicht wir immer alle hochanspruchsvollen Charakterrollen übernahmen bei den KRIPPENSPIELEN und anderen saisonalen Highlights, wurde ein besonders demütigendes Amt erfunden, meine Mutter nannte uns: Eselverstärker. Wir saßen also geduckt, verdeckt, hinter dem den Esel Verkörpernden, und unterstützten ihn gesanglich.

Meine Eltern gehörten vermutlich zu den ersten Ökos Deutschlands. Müsli war damals noch ein Schimpfwort, man bezeichnete meine Eltern und ihresgleichen so, sie wurden MÜSLIS genannt. Bio und Öko waren lange noch kein anerkannter Bessergestelltenlifestyle, Bio und Öko standen für teurer, schlechter, riecht nicht gut, schmeckt nicht gut, funktioniert nicht – ist aber FAIR. Mit Gesinnungsfreunden betrieben meine Eltern einen genossenschaftlichen Bioladen, in dem man unfassbar teuren Kaffee und Honig kaufen konnte, außerdem graues Papier, das aus Altpapier hergestellt war und auf dem die Tinte an den Buchstabenrändern immer faserig versickerte; die unlackierten Naturholzbleistifte brachen dauernd ab. Man wollte mit diesem Ökoschrott die DRITTE WELT unterstützen, weil aber dieser Begriff natürlich diskriminierend war und das Problem, das zu bekämpfen man sich vorgenommen hatte, beschrieb, nannten sie das Geschäft »Eine Welt Laden«.

An den Ladenwänden hingen Plakate von afrikanischen Kleinkindern, die an Brunnen oder Reisausgabestellen Schlange standen, ganz dicke Bäuche hatten (was, paradox, vom Hunger kam, wie uns erklärt wurde) und große traurige Augen, daneben war eine Spendenkontonummer gedruckt. Es stank entsetzlich in diesem Laden. Er lag gegenüber der Molkerei, da gab es KAKAOTRUNK in selbstverständlich hochgiftigen Verbundkunststoffkanistern, höchst umweltbedenklich und also für uns verboten, wir mussten faire Biomilch aus lichtschutzbraunen Glasflaschen trinken, außerdem, so meine Mutter gern, wenn sie sich lustig machte über ständig Limonade trinken wollende Chorkinder: »Es muss nicht getrunken werden.«

Meine Eltern und ihre Genossen trugen Buttons mit Friedenstauben an ihren kratzigen Strickpullovern. Unser Familienauto war ein dröhnender Diesel-Peugeot 504, riesig groß, mit vier Kindern galt man sowieso als asozial. Die pazifistischen und atomkraftskeptischen Aufkleber machten es nicht besser.

Ich beneidete Mitschüler, die und deren Familien von meinen Eltern als – Achtung, Kampfbegriff – SPIESSIG bezeichnet wurden. In die Kirche gingen diese Spießereltern allenfalls Heiligabend, und falls es in ihren Gänsebratenablauf passte, was meine Eltern nicht gutheißen konnten, aber ja mussten: besser als nie. Die verlässlich überhohen Weihnachtskollekten im dann ausnahmsweise geldscheinknisternden KLINGELBEUTEL waren ein etatbedeutender Posten für so allerlei SOZIALE PROJEKTE (und eine Schwundform des Ablasshandels). Kopfschüttelnde Seitenblicke meiner Mutter von der Orgel, wenn sie diese Heiligabendchristen ertappte bei der Unkundigkeit in liturgischen Abläufen, aufstehen, hinsetzen, mitsingen und so weiter. Spießerkinder bekamen viel zu viele Weihnachtsgeschenke, was meine Mutter als MATERIALSCHLACHT ächtete – das können wir nicht und das wollen wir auch gar nicht, sprach sie etwas zu Unrecht im Plural für uns Kinder mit. Doch auch die Spießerkinder mit ihren Barbiepuppen bekamen ihre Chance und durften, bei Wohlverhalten oder besonderer Förderungsbedürftigkeit, für das alljährliche Krippenspiel das Christkind zur Verfügung stellen, und so stand in der Adventszeit verlässlich irgendeine Chorkindvanessa vor unserer Haustür und übergab eine leicht zerrupfte Puppe mit dem bei uns zu Hause seither geflügelten Satz: Ich hab Jesus dabei.

Die Spießereltern fuhren teure, schicke Autos mit Aufklebern von Fußballvereinen, man durfte bei den Spießern fernsehen, es gab die ersten Computer, zum ZOCKEN, in der Küche standen Süßigkeiten, es gab Cola und Nutella, Tennisunterricht und Markenkleidung. Wir trugen Vererbtes, Geflicktes, Selbstgestricktes, und wenn die anderen im Sommer in die Wärme fuhren, ans Meer, mussten wir entweder an der Nordsee frieren oder in den Bergen zehn Stunden pro Tag wandern (das dann allerdings bei extremer Hitze). Anders als meine ununterbrochen diverse Chöre und Orchester leitende Mutter verbrachten die Spießermütter viel Zeit beim Friseur, bedienten ansonsten ihre Kinder, holten sie vom Fußballtraining ab, und wenn sie dran waren mit Trikotwaschen, legten sie in den Trikotkoffer anschließend Schokolade für alle; sie rauchten und rochen nach Parfüm. Die Väter waren nie da, und wenn sie da waren, tranken sie Bier, guckten Sportschau oder hörten Musik, und Klassik war das nicht. Bei uns zu Hause lief immer nur Klassik, niemals Popmusik, ständig diese fordernde, runterziehende Klassik, dazu ernste Gespräche.

Die meisten Spießer besaßen Häuser mit kleinen, GEPFLEGTEN Gärten und ernst gemeinten Zäunen. Wir wohnten in einer Dienstwohnung direkt neben der Kirche, ein riesiges Haus, die Großfamilie also vorgesehen – und dauernd standen jammernde Christen im Treppenhaus. Offenes Haus. Im Erdgeschoss befand sich das Kirchenkreisamt, auf dem Hinterhof die kleine Druckerei, in der Gemeindebriefe und Liederzettel hergestellt wurden. Zum Wandschießen super geeignet. Der sich dahinter erstreckende, in Wald und Sumpflandschaft übergehende Garten war nicht pflegbar, aber groß.

Das Urgeräusch meiner Kindheit: permanente Kirchturmglockenschläge, einmal um Viertel nach, zweimal um halb, dreimal um Viertel vor, viermal – plus tiefer, Uhrzeitzahl – zur vollen Stunde, sowie das ausufernde Gebimmel um zwölf Uhr mittags und sechs Uhr abends, sonntags zehn vor zehn, um zum Gottesdienstbesuch zu ermahnen, und dann noch mal gegen fünf vor elf zum Vaterunser; außerdem bei Taufen, Hochzeiten und Todesfällen – es bimmelt also das ganze Leben durch.

So lernte ich früh, was mir später bei der Dosierung von Schlafmitteln, Alkohol und anderen Drogen wiederbegegnen sollte: Dauergabe führt zum Gewöhnungseffekt, und um dann noch eine Wirkung zu erzielen, muss man die Dosis erhöhen. Noch heute ist es so, dass ich es schlicht nicht höre, wenn eine Kirchturmuhr schlägt, mein Gehör scheint das zu organisieren wie diese geräuschnivellierenden Kopfhörer, die eine Gegenfrequenz erzeugen und somit Stille. Damit ich eine Kirchturmglocke schlagen höre, muss man mich schon im Glockenturm einsperren. Auch habe ich das GEFÜHL, praktisch täglich in die Kirche zu gehen, obwohl mein letzter Gottesdienstbesuch Jahre zurückliegt; das ist wie bei Obelix, der als Kind in den Zaubertrankkessel gefallen ist und deshalb keinen mehr trinken muss, wenn es gilt, mal rasch ein paar Tausend Römer zu verdreschen.

Manchmal kam mein ältester Bruder aus Hamburg zu Besuch und erzählte uns von den Abenteuern in der großen Stadt. Von seinem ersten Zivildienstlohn kaufte er sich ein paar Gläser Nutella, weißen Toast – und Popmusik. Platten und Konzertkarten. Was er aus der Tasche zog, wenn er uns besuchte, war für mich in etwa das, was in der DDR die WESTPAKETE waren, verbotene Luxusgüter aus der freien Welt.

Die erste Lindenberg-Platte, die mein Bruder mitbrachte, war zwar fast so alt wie ich selbst, doch hörte ich sie und damit Udo jetzt zum ersten Mal: »Livehaftig« hieß die Platte, ein Konzertmitschnitt aus den Siebzigerjahren.

Himmel, was war dieser Udo Lindenberg für ein Typ! Noch heute kann man mich nachts wecken und direkt fragen, Entschuldigung, mit welchen Worten eröffnete Udo noch gleich das Konzert auf der Platte »Livehaftig«? Schön, dass Sie fragen, würde ich entgegnen, Udo sprach Folgendes:

»Willkommen an Bord, alle ready? Wir heben ab, das Panikorchester und Peter Herbolzheimers Pustefixbläser – Andrea Doria!«

Ich war direkt entflammt. Dieser Udo Lindenberg, das merkte ich sofort, der ist unser Freund. Der kämpft für uns, der ist Vorbild, Leitstern, der hat recht. Er ist verrückt und lustig, biegt die Sprache, spielt mit ihr, der erlebt für uns die großen Abenteuer und erzählt uns davon, der kennt sich aus, dem kann man vertrauen. Udos Lieder handelten von Kindersorgen, von gemeinen Eltern und blöder Schule, außerdem von Themen, die ich aus Abenteuerbüchern und Märchen kannte – und von Sachen, über die ich Vages gehört hatte und dringend mehr erfahren wollte: Mädchen, Nacht, Mafia, Bars, Amerika, Besoffensein. LIEBE, wie schön sie sein kann, wie weh sie jedoch genau deshalb auch tut, wie sie anfängt, wie sie aufhört; und der RAUSCH, wie extrem lustig, aber wohl auch ganz schön gefährlich der zu sein scheint. All das lernte ich aus Udos Liedern.

Auch für ihn waren, wie für meine Eltern, SPIESSER ein Feindbild, weitere Gemeinsamkeiten gab es aber nicht, Udos Welt, die ich nun betrat, war eine vollkommen andere. Und die war besser, viel besser.

Udos Platten waren fortan für mich der perfekte Übergang von Kinderhörspielen zur Popmusik, da gab es Außerirdische, Vampire, Detektive, das Personal hatte ausgeflippte Namen wie Rudi Ratlos, Jonny Controlletti, Bodo Ballermann, Käpt'n Zäsar Zechmann, Dr. Lockerlose, Deichgraf Hauke Wattenschlick. Auf den Plattenhüllen war Udo verkleidet als Eskimo, Neandertaler, Astronaut, Kapitän oder Dirigent, und hörspielartig gab es Hintergrundgeräusche: Autos, Flugzeuge, Schiffe. Die Großstadt, der Hafen – und dass Hamburg beides bot, außerdem Udo dort wohnte, angeblich in einem HOTEL, wie ich von meinem Bruder erfuhr, machte Hamburg endgültig zum Sehnsuchtsort für mich.

Mein Bruder hatte mit diesem Westpaket mein Leben verändert. Er überspielte mir die Platte auf eine Kassette und fuhr zurück ins gelobte Land, in meiner Vorstellung ging er dort jeden Abend zu einem Udo-Konzert. Vielleicht weil meine erste Udo-Platte ein Livemitschnitt war und ich diesen täglich hörte, dachte ich, diese tobende Menge kommt wirklich jeden Tag dort in Hamburg zusammen und Udo singt für die. Dass mein Bruder stattdessen täglich alten Menschen – wie man den Zivildienst damals prosaisch umschrieb – den Hintern abwischte, außerdem von den Desinfektionsmitteln bald schlimme Neurodermitis bekam, konnte mein Hamburg-Bild nicht trüben.

Ich hörte diese Udo-Kassette so oft, bis sie irgendwann riss, doch da kannte ich die Lieder alle schon auswendig. Materialermüdung! Mich aber hatte dieses Material geweckt, erweckt, ein Kometeneinschlag, nun war es hell, jetzt konnte es losgehen, das Leben. Ich tauchte völlig ab in diese Udo-Welt. Wenn mir alles zu viel wurde – und wenn man zwölf Jahre alt ist, wird einem natürlich mehrmals pro Tag alles zu viel –, setzte ich Kopfhörer auf und suchte Rat und Trost bei Udo. Rasch war Udo für mich in den Rang eines Aufklärers gerückt, ein Weltenentdecker, mein Humboldt.

Im Anfang war das Wort, und das Wort war in doppelter Hinsicht eine Ansage, gebadet in Applaus:

»Willkommen an Bord, alle ready? Wir heben ab …«

Ich war ready. Das war mein Dampfer, mein Raumschiff, was auch immer, jedenfalls war ich an Bord, Udo war der Kapitän.

Und dann hoben wir ab.

SCHNELLER JUNGE

Musik hören war ja gut. Aber leider musste ich auch selbst welche machen, denn sonst würde man später ja ziemlich sicher einen Schnurrbart bekommen, Mofa fahren, eine Lehre machen, bei der man ein Namensschild am Kittel tragen muss, und eine Frau mit Dauerwelle heiraten.

Das Gegenprogramm begann mit der MUSIKALISCHEN FRÜHERZIEHUNG in der Musikschule, da hauten alle Kinder sinnlos eine Stunde lang auf allen greifbaren Instrumenten herum. Recht bald wurde ich wegen ungebührlichen Verhaltens von der Gruppe separiert, ich hatte ein Xylophon aus dem Fenster geworfen und war auch sonst nicht gerade eine Stütze des Kurses. Zum Erstaunen meiner musikpädagogisch eher unnachgiebigen Mutter hieß es seitens der Lehrerin (die bloß den für sie lukrativeren Einzelunterricht anordnen wollte), ich sei – und wer hört solches über sein Kind schon ungern – hochbegabt. Ein folgenschweres Missverständnis.

Schlagzeug hätte ich gern gespielt, doch war meine Meinung bei der Wahl des Instruments nicht gefragt. Ich baute mir aus leeren Waschmittelpapptonnen ein provisorisches Drumset, hörte Radio Bremen und kloppte mit einem Xylophonschlegel auf die Waschmitteltrommeln. So richtig Spaß machte das nicht. An eine Stehlampe hängte ich mit einem Wollfaden eine Triangel, die ließ ich am Ende jedes Trommelsolos erklingen, wenigstens das machte Spaß. Noch toller war, die beiden Strahler von der Stehlampe abzuschrauben, dann sah sie aus wie ein Mikrophonständer, und ich konnte damit Rockkonzert spielen. Wenn es draußen dunkel war, erzeugte das Deckenlicht ein Spiegelbild im Fenster zum Garten, und ich übte mit dem Stehlampenständer die klassischen Mikrophonständer-Rocksängergesten, ich sang in den Lampenständer, kniete mich hin und zog den Lampenständer zu mir nach unten – und genau wie ein Mikrophonständer wippte er, wenn ich ihn losließ, zurück in die Stehposition, der metallene Tellerfuß ermöglichte das. Ich hielt den Lampenständer auch gern mal Richtung Kirchturm, da war das gedachte Publikum und sang für mich. Ich klappte dann, wie Sänger das auf Konzertpostern auch immer taten, kokett ein Ohr um, damit die Leute noch lauter sängen.

Noch heute hängen überm Klavier im Haus meiner Eltern gerahmte Fotos, die uns als Kinder mit unserem jeweiligen Instrument zeigen, und man sieht gleich, meine beiden mittleren Geschwister sind hoch konzentriert, die Haltung ist vorbildlich, klingt bestimmt gut – der Älteste aber pustet kreuzunglücklich in eine Posaune, und der Jüngste, also ich, hält seine Geige eher senkrecht als waagerecht, als stehe er an der Straße und halte den Daumen raus, damit ein Auto anhält und ihn mitnimmt, egal wohin, Hauptsache, ganz weit weg. Udo sang mir den mit dieser Geste verbundenen Sehnsuchtsfloh ins Ohr:

Nun steh ich wieder an der Autobahn
Und halt den Daumen in den Wind
Es wurde Zeit, mal wieder loszufahren
Ich weiß noch nicht, wohin es geht

In der Musikschule roch es nach Linoleum und kaltem Schweiß, in unserer Familie wurde dieser spezifische Geruch, der überall waberte, wo man Kindern und Jugendlichen etwas beibrachte, beschrieben mit dem geflügelten Wort UNTERM ARM. Wenn meine Mutter mich, was immer mal vorkam, nach dem Geigenunterricht abzuholen vergaß, wartete ich vor einer Pinnwand im Musikschultreppenhaus. In meiner Erinnerung geraten die Proportionen da etwas durcheinander, in meiner Erinnerung nämlich stand ich netto etwa ein Jahr lang unter dieser großen Pinnwand, wo Konzerte beworben und Musikinstrumente zum Verkauf angeboten wurden. Sehr lang hing dort auch ein Plakat, das auf die Gefahren des Rauchens hinweisen sollte: eine senkrecht stehende, qualmende Zigarette, in der ein junger Mensch gefangen war, der Jeans mit Schlag trug und traurig dreinblickte. Wenn diese Zigarette fertig geraucht ist, so die nicht sehr verklausulierte Plakatbotschaft, dann ist der junge Mensch auch weggeraucht.

Ich rauchte damals noch nicht, was nicht ungewöhnlich war für einen Zwölfjährigen. Aber das Plakat konnte mich auch nicht in dem Maße indoktrinieren, es niemals zu tun, wie im Gegenzug Fotos vom rauchenden Udo auf Plattencovern mir nahelegten, dass Zigaretten unbedingt dazugehören, wenn man lässig irgendwo rumzuhängen beabsichtigt (und hat man IRGENDWELCHE anderen Pläne als kleiner Junge?). Udo im Trenchcoat, mit Hut, an einer Straßenecke, lässig an der Zigarette ziehend: jahrelang, ach, bis heute eigentlich mein Idealbild einer gelungenen männlichen Existenz. Wie der da steht! Mit diesem Typen ist zu rechnen. Der hat was vor.

Nach einem FREITAGSVORSPIEL, bei dem alle Musikschüler ihre momentan größten Hits vor elterlichem Publikum darbieten mussten, nahm irgendeine lokale Geigenkoryphäe meine Mutter zur Seite und erklärte ihr das Offensichtliche: Dieser Junge und die Geige, die werden in diesem Leben keine Freunde mehr. Ich durfte aufhören mit dem Geigenunterricht, allerdings nur im Tausch gegen Klavierunterricht. Wieder kein Schlagzeug. Das Klavier hatte zwar den Vorteil, dass man nicht erst ein halbes Jahr die Haltung lernen musste, man setzte sich einfach dran, streckte die Finger aus, Daumen, Mittelfinger, kleiner Finger – fertig, ein Akkord, Wohlklang. Knifflig wurde es, wenn die Finger übereinander und untereinander durchkrabbeln mussten (was sie dauernd mussten). Als deutlich wurde, dass es auch mit diesem Instrument und mir nichts werden würde, durfte ich wiederum nur aufhören mit der Auflage, ein weiteres Instrument auszuprobieren, nun das wohl demütigendste: C-Flöte.

Den peinsamen Flötenunterricht übernahm praktischerweise die Schwester meines Mathenachhilfelehrers. Das große silberne Fünfmarkstück, das ich ihr als Entlohnung dieser für sie wie mich grausamen Stunden mitbringen musste, steckte sie bei Stundenbeginn in eine leere Handcremedose – und dann die Flöte unter ihren Arm, in die Achselhöhle, das Instrumentenholz müsse aufgewärmt werden. Sie trug Norwegerpullover, auch im Sommer, und schien kein Fan davon zu sein, Deos zu benutzen oder übertrieben oft zu duschen, ziemlich unterm Arm also alles. Das lag in der Familie, denn bei ihrem Bruder, der damit betraut war, mir seine Begeisterung für Normalparabeln, den Satz des Thales und die binomischen Formeln zu vermitteln, roch es natürlich so, wie es in Zimmern von Naturwissenschaftscracks während der Pubertät eben riecht. In diesem Haus der Schande atmete ich grundsätzlich nur durch den Mund. Woche um Woche gab ich da die Fünfmarkstücke ab, und weder in Mathematik noch beim Flöten zeitigte dieser olfaktorisch herausfordernde Spezialunterricht große Erfolge.

Niemand verstand mich, außer Udo, der sang:

Und dann in der Schule hatte
Keiner Bock auf Mathe

Udos Gegenangebot, das allerdings nur ausgetestet wurde von sehr verwegenen, allgemein als verwahrlost wahrgenommenen Schülern, Udos alternativer Lehrplan also:

Lieber ging man stolz mit 'ner Zigarette
Zum Schwindeligwerden auf die Toilette

Und war nicht der Typ mit den Schlagjeans, gefangen in der Plakatzigarette, der einzig coole Typ, den ich jemals im Musikschulgebäude gesehen hatte?

Instrumente und Notenhefte wurden gekauft im Musikhaus Vajen, es lag direkt am Marktplatz, und zunächst mochte ich den Laden nicht, stammten doch von dort die Tortur-Partituren meines fortgesetzten Instrumentversagens. Allerdings – und je älter ich wurde, desto bedeutender wurde das – gab es dort auch Tonträger. Popmusik.

Oft ging ich nun, während meine Mutter auf dem Wochenmarkt einkaufte, freiwillig ins Musikhaus Vajen, meine Mutter fand das gut. Ob sie dachte, ich schaute mir dort Klaviernoten an? Natürlich schlich ich nur sehnsüchtig um die Schlagzeuge herum und verlor mich dann in den Plattenauslagen. Unter L hatte »Lindenberg, Udo« ein eigenes Fach, und – Wahnsinn, gab es viele Platten von dem! Aufgeregt durchfingerte ich die zig Udo-Hüllen. Am Kassentresen konnte man Platten Probe hören, und da stand ich nun, mit Kopfhörern, hörte diese zumeist alten, für mich aber ja durchweg neuen Udo-Platten, las die beigelegten Textblätter – und streunte mit Udo gedanklich durch die ganze Welt, sein Werk wurde meine Zuflucht. Wenn meine Mutter mich im Musikhaus Vajen mal vergaß, fiel mir das, anders als unter der Musikschulpinnwand, gar nicht auf, ich hoffte sogar darauf.

Zu Hause ging ich dem Rest der Familie zunehmend auf die Nerven. Irgendwas schien mit mir nicht zu stimmen, ich empfand Regeln und Anordnungen als eher unverbindliche Vorschläge, dauernd wurde ich irgendwelcher Lügen überführt. Außerdem zählte ich immerzu Treppenstufen, Gehwegplatten, Buchstaben, ALLES – und wenn sich die Summe durch 8 teilen ließ, war ich glücklich, durch 4 teilbar war auch noch gut, durch 2 hinnehmbar, ungerade Zahlen aber ganz schlecht, und Primzahlen zwangen mich, eine Treppenstufe zu überspringen oder die letzten Stufen mehrfach hoch- und runterzutrippeln, bis sich die gegangene Gesamtstufenzahl durch 8 teilen ließ. Bin gleich da, muss nur noch schnell ein paar Straßenlaternen mit der rechten Hand berühren oder Buchstabenanzahlquersummen checken von Straßenschildern und Zeitungsüberschriften. Haferflocken zählen und durch 8 teilen!

Zudem beklagte ich seltsame Körperbeschwerden, ein irres nächtliches Beinkitzeln, permanente Kopfschmerzen und vor allem eine als Gewusel oder Gezappel bezeichnete, jedenfalls als störend empfundene Hyperaktivität, eine wahnsinnige Unruhe – meine Mutter brachte mich schließlich zu einem Neurologen. Der setzte mir eine Art Badekappe mit allerlei Kabeln dran auf den Kopf, und dann wurden meine Hirnströme gemessen. Die gute Nachricht, denn diesbezüglich schien es in meiner Familie durchaus verschiedene Meinungen zu geben: Es gab welche, es war Hirnaktivität messbar.

Der Neurologe sagte meiner Mutter: Sie müssen den Jungen einfach mal in Ruhe lassen. Lieber hätte sie wahrscheinlich gehört, ich solle mal Ruhe geben. Die Rückfahrt verlief schweigend. Das war ein Anfang.

AUF ENTDECKUNGS-TOUR

In den Sommerferien erbte ich von meinem Bruder eine weiße Jeans und ein grün-schwarzes Nike-T-Shirt. Mit diesen beiden Kleidungsstücken, so mein Plan, würde es aufwärtsgehen. Ich war 13 Jahre alt, wir waren zum Wandern in Kastelruth, drei endlose Wochen; gut war, dass meine Arme braun wurden, vielleicht konnten sie von meiner roten Nase ablenken? Auf den täglichen von meinem Vater auf Grundlage mehrerer Wanderkarten vorbereiteten Gewaltmärschen malte ich meiner Mutter aus, wie gut ich dastehen würde am ersten Schultag nach den großen Ferien: in weißen Jeans, Nike-Shirt mit weithin sichtbarem Logo, MARKENKLEIDUNG!, obendrein diese braunen Arme, also das würde sehr gut werden. Weiteres von mir skizziertes, unverzichtbares Schulhofrequisit: eine Zimtwecke. Mein Bruder hatte mir von einer Bäckerei in der Nähe des Gymnasiums erzählt, dort gäbe es Zimtwecken. Mich elektrisierte dieses Wort, »Zimtwecke«. Vielleicht, weil es der ultimative Gegenentwurf war zum Schwarzbrot mit Goudakäse, das wir als PAUSENBROT mitbekamen, eingewickelt in Wachspapier mit Fettfleckenfensterchen von Butter und Käse. Unsere Ranzen rochen nach einer Mischung aus Leder, Käsebrotwachspapier und Bleistiftspitzerspänen. Noch heute reichen zwei dieser Geruchsbestandteile, um eine mittlere Panikattacke bei mir auszulösen, plötzlich sehe ich alles von Millimeterpapier warnorange kariert, Hilfe, ich muss noch Physikhausaufgaben abschreiben.

Die beneideten Mitschüler aus besserem Hause zogen Milchschnitten aus ihren Ranzen, mit unseren Biobroten standen wir verschämt kauend daneben. Aber nun, bald, der erste Schultag, achte Klasse, alles neu, alles besser, ein neuer Mensch, ein ganz anderer Auftritt. Somit würde doch alles von selbst laufen.

Die Reaktion meiner Mutter, mitten in den Bergen, als ich ihr so unverstellt und naiv mein Herz öffnete und dieses Remodeling meiner Person darlegte: Du denkst ja wirklich nur an Äußerlichkeiten, alles ist immer nur Oberfläche, das haben wir dir doch so nicht beigebracht.

Ja eben, wäre wahrscheinlich die richtige Antwort gewesen. Aber so weit waren wir damals beide noch nicht. Ich war beleidigt, sie auch, und so schritten wir missmutig nebeneinanderher. Es war üblich auf diesen Wanderungen, sich reihum in allen denkbaren Kombinationen mehrfach zu zerstreiten und dann wieder zu versöhnen, lang genug für solche sozialen Interaktionen waren die Wanderungen ja.

Meine Pubertät schritt voran. Zur Einhegung kleinerer Zwistigkeiten prägte meine Mutter den Ausspruch: Jetzt pubertier nicht rum.

In jenem Sommer in den Bergen entdeckte ich, welch interessante Erfolge sich mit der Duschbrause erzielen ließen, wenn ich, in der Badewanne liegend, lang genug im richtigen Winkel (und ganz wichtig: mit der richtigen Wassertemperatur, nicht zu heiß, aber auch bloß nicht zu kalt) den Wasserstrahl auf die Unterseite meines Schwanzes richtete. Augen zu, wegträumen, unerreichbare Mädchen imaginieren. Ich landete immer wieder bei denselben Bildern, hatte ja einfach noch nicht so viele im Kopf. Gewiss, es gab den kurzen Moment im Vorspann von Colt Seavers, wenn Jody da im hellblauen Bikini die Saloontür aufstieß, aber das ging immer so schnell. Zwei ganz annehmbare Motive gab es im Biologiebuch, einem großen, schweren, atlasdicken Lehrbuch mit dem Titel »Biologische Lebensformen«. Wie das meiste andere auch hatte ich es von meinen Geschwistern übernommen, und ich habe mit meinen Brüdern nie darüber gesprochen, das war aber auch nicht nötig, denn das Buch selbst erzählte es mir: Schlug ich es auf, landete ich automatisch auf der offenbar am häufigsten angesteuerten Seite, es war die Seite 117, bis heute für mich ein Code für nackte Frauen, »Seite 117«. Da sah man ein nacktes Mädchen, eine nackte Jugendliche und eine nackte Frau nebeneinander, damit man also studieren konnte, wie sich der

Körper so verändert. Ich schwankte zwischen der Jugendlichen und der erwachsenen Frau, beide hatten ihre Vorzüge. Auf Seite 120 gab es ein weiteres brauchbares Foto, es hatte die für mich bald legendäre, selbsterklärende Bildunterzeile: »Frau beim Duschen«. Ein anderes früh prägendes Nacktbild entstammte der Rückseite einer Udo-LP: Auf »Votan Wahnwitz« war eine nackte Frau abgebildet, hingegossen, inmitten des Panikorchesters, und sie trug nichts bis auf ein eng umschlungenes – natürlich – Cello.

In jedem Saal in unserer Gegend
Ich saß immer in der ersten Reihe
Und ich fand dich so erregend

Der erste Schultag nach den Sommerferien war kein so durchschlagender Erfolg wie erträumt. Kurz darauf ging es AUF KLASSENFAHRT ins Sauerland, in die Jugendherberge Burg Bielstein, und alles war genau so grausam, wie es eben auf solchen Fahrten in diesem Alter ist, stinkende Schlafsäle mit Etagenbetten, auf deren Matratzen die Exzessgeschichte der Räume mittels Flecken recht anschaulich kartiert ist, labbrig-bitterer Hagebuttentee aus Metallkannen, Himbeermarmelade aus Eimern, Graubrot mit Gummikäse, entsetzlich marmorierte Wurstscheiben. Ich hatte 10 Mark Taschengeld mitbekommen für die fünf Tage, und für mich war es Ehrensache, die gleich am ersten Tag auf den Kopf zu hauen. Wir machten eine Exkursion nach Köln, natürlich zur Domplatte, denn was will man in Köln schon, man will den Dom sehen und das war's dann auch, das sah unsere Klassenlehrerin so – und exakt zwei Tage später auch Hans-Jürgen Rösner, der gemeinsam mit Dieter Degowski den Flucht-BMW des später als »Gladbecker Geiseldrama« berühmt gewordenen Banküberfalls samt Geiselnahme dorthin lenkte, um sich in aller Ruhe mitten in der Fußgängerzone von Journalisten interviewen zu lassen und sich fotogen eine Pistole in den Mund zu stecken. Rösner und Degowski waren die comic-klassischen Panzerknacker-Dummkopfgangster, die alles falsch machten.

Zwei Tage vorher aber war noch alles normal in der Kölner Fußgängerzone, und während meine Mitschüler den Dom besichtigen und den sicherlich hochinteressanten Ausführungen der armen Sau lauschen mussten, die ein REFERAT vor Ort zu halten eingeteilt war, stahl ich mich davon, denn Kirchen von innen hatte ich nun weiß Gott (der besonders) schon genug gesehen, ging mit meinen 10 Mark in einen domnah liegenden Plattenladen und schaute, was es da so unter »Lindenberg, Udo« gab. Ein neues Album kostete bei Erscheinen 19,99 Mark, es gab sie in den Darreichungsformen Vinyl und Kassette. Natürlich musste ich Kassetten kaufen, ich war ja noch nicht konfirmiert. Die sehr begrenzten finanziellen Mittel eines Dreizehnjährigen und die schier endlos erscheinende Menge Udo-Platten standen in einem unguten Verhältnis zueinander, aber ich hatte einen Komplizen: den neonfarbenen Aufkleber »Nice Price!«. Reduzierte Alben, zu alt oder zu erfolglos, um noch für 19,99 Mark verkauft werden zu können. »Nice Price!«-Alben kosteten in der Regel 9,95 Mark, manchmal sogar nur 4,95. Hier in der Großstadt gab es natürlich sogar noch viel mehr mir vollkommen neue, in Wahrheit aber schon sehr alte Udo-Alben, viele von ihnen »Nice Price!«. Ich entschied mich für »Sündenknall«, neun fünfundneunzig, Taschengeld verjubelt, Sohn der Freude.

Für den Rest der Klassenfahrt hatte ich somit 5 Pfennig Taschengeld übrig, also nie Snickers, nie Cola, immer bloß blassrot-bitterer Hagebuttentee und Graubrot mit Löchern, in denen sich die Margarine eklig sammelte, Gummikäse drauf und fertig. Ich fädelte mich wieder in die Gruppe ein und konnte es kaum erwarten, mir, zurück in der Jugendherberge, den Walkman des im Stockbett über mir schlafenden Zahnarztsohns auszuleihen.

Ich starrte an die mit Schwänzen, Hakenkreuzen, Mittelfingern und anderen Meinungsbekundungen bemalte und beritzte Unterseite des Lattenrosts über mir und hörte, was Udo mir zu sagen hatte. Er machte sich auf dieser Platte große Sorgen um die Zukunft: Computer, Umweltzerstörung, künstliche Befruchtung, der gläserne Bürger, Schurkenkapitalismus. Das kannte ich zwar alles von zu Hause, da HÖRTE ich praktisch die lila Halstücher, Merchandising-Hit vom Kirchentag in Hannover, doch wenn Udo all diese Großprobleme besang, war das was anderes, wenn Udo empört war, war ich es auch. Udo nämlich hatte einen Trotzdem-Trumpf, bei aller Weltmalaise überstrahlte eines doch alles, und das war die Liebe. Udos romantische Conclusio war für einen Dreizehnjährigen schlachtruftauglich:

Komm, wir rasen durchs Heute
Mit oder ohne Happy End

Ich hörte diese neue alte Udo-Kassette so lang, bis die Musik aaalllllllmmmmääääähhhhhhllllliiiich gaaaaaanz laaaangsaaaaaaaaaam wurde und schließlich erstarb, weil die Batterien leer waren. Dies verärgerte den Zahnarztsohn, denn er wollte immerzu »Bad« von Michael Jackson hören. Aber er hatte natürlich genug Taschengeld für Ersatzbatterien, ein Milchschnittentyp, da konnte ich keine Rücksicht nehmen.

Bis heute bietet mein Bildergedächtnis zu jedem Lied von »Sündenknall« automatisch diese Schwarz-Weiß-Foto-Verknüpfung an: der rauchende Geiselnehmer Degowski, der den später todbringenden Revolver an den Hals der wächsern angststarren Geisel hält, auf dem Rücksitz des 7er-BMW-Fluchtwagens.

ABTÖRNSTADT

In Rotenburg war es in jeder Hinsicht eng geworden. Meine großen Momente fanden ausschließlich in den Schulpausen statt und in Freistunden, Hausaufgaben machte ich nie, bei Klassenarbeiten schrieb ich, so gut es ging, vom Nachbarn ab, und besonders gut schien das nicht zu gehen, zurück bekam ich sie als meinen Eltern zu verheimlichende Rotstiftmassaker mit zunehmend sarkastischen Lehrerkommentaren darunter.

Mein Glück war, dass es auch meinem Vater zu eng wurde. Sein Bart, der Ökoladen, die pazifistischen Aufkleber hinten auf unserem Peugeot – all das hatte ihn immer schon verdächtig gemacht, und nun hatten sie ihn am Wickel, die verkappt und die ganz ungeniert reaktionären Kräfte der Kleinstadt. In den umliegenden Dörfern rekrutierten sich rechtsradikale Kameradschaften, hin und wieder gab es Aufmärsche von Skinheads mit Fackeln, und als schließlich mein Vater auf einer Gegendemonstration eine Rede halten sollte, an der – und damit war sein Schicksal besiegelt – auch KOMMUNISTEN teilnehmen sollten, kippten die Ressentiments in offenen Hass und reale Drohungen. Die Scheune, in der sich die Neonazis zum bunten Abend treffen wollten, brannte ab, Brandstiftung, ein paar Pferde starben. Im normal provinziell-reaktionären lokalen Drecksblatt gab es einen Kommentator, der den Kalten Krieg so verinnerlicht hatte, dass ihm die Relationen etwas durcheinandergerieten, mein Vater war ihm die fünfte Kolonne Moskaus oder so. Er attackierte ihn bei jeder Gelegenheit, und nach diesem Scheunenbrand, der den armen Neonazis ihren Kameradschaftsabend vermasselt hatte, gab es kein Halten mehr, der Typ gab meinem Vater zumindest eine Mitschuld. Auch bekamen wir anonyme Anrufe, Morddrohungen, und im Briefkasten lagen Pferdepostkarten mit Grußbotschaften wie »Eure roten Horden haben uns ermordet« und »So wie diese armen Tiere werdet auch ihr brennen«.

Konnten die Neonazis uns nicht wenigstens siezen? Es war Zeit, umzuziehen.

Mein Vater bekam eine Stelle in Göttingen, und aus dem Kaff kommend, war das: Metropole. Die Rettung. Das Pfarrhaus war wiederum ein riesiger verrotteter Kasten, endloser Garten und mitten in der Stadt, und das war jetzt wirklich mal eine STADT, zumindest für einen Dreizehnjährigen, der aus dem niedersächsischen Nichts kam, wo Innenstadt bedeutet hatte: Marktplatz, Fußgängerzone, Springbrunnen, Kaufhausparkplatz, Ende.

Das die Stadtgröße indizierende Ortskürzel auf den Nummernschildern war nicht mehr drei-, sondern zweiziffrig, es ging aufwärts. Die ersten Erkundungstouren mit dem Fahrrad waren verheißungsvoll, so viele Plattenläden, so viele Kinos, so viel alles. Nur vor der Schule hatte ich natürlich Angst, ein ALTSPRACHLICHES Gymnasium, auch das noch. »Max-Planck-Gymnasium«, das KLINGT ja schon nach Niederlage. Die Schule lag nah an unserem Haus, überhaupt alles Interessante in dieser neuen, mir riesig erscheinenden Stadt lag nah an unserem Haus, wir waren im Zentrum, von hier aus könnte es losknallen, das elektrische Leben, von dem ich in den mich begleitenden Liedern so viel gehört hatte.

Die Schule aber sah gefährlich aus, ein einschüchternd großer, angedunkelter Bau, fast Universitäts-Aura, Säulen am Eingang, ein Schafott. Da würde nun alles rauskommen, wie geschönt die sowieso schon schlechten Noten in meinem Übergangszeugnis gewesen waren und dass ich die letzten drei Jahre des Lernstoffs nahezu komplett verpennt hatte.

Am ersten Tag nach den Ferien überfiel mich bei Betreten der neuen Schule ein Panikanfall, im Foyer kühler Marmor, Bodenmosaik mit lateinischen Sinnsprüchen, »Non scholae, sed vitae discimus« – und ich hatte zwar formal schon eineinhalb Jahre Lateinunterricht, aber übersetzen konnte ich das nicht. Und das war erst der Anfang.

Ich wurde in eine Klasse geschoben, in der irgendwas nicht stimmte. Eigentlich alles. Mir war schwindelig. Ich wurde zu meinem Platz geleitet, leider nicht am Rand, sondern absolut in der Mitte des Klassenzimmers. Langsam nahm ich den Raum wahr, einzelne Gesichter, bis mir auffiel, was hier nicht stimmte: das Verhältnis Mädchen zu Jungs. Es waren 6 Jungs und 20 Mädchen. Und wir Jungs saßen alle in der mittleren Reihe. Das war doch erst mal sehr angenehm. Zumal diese 6 Jungs, auf den ersten Blick erkennbar, exakt die 6 Verlierer-Archetypen verkörperten: der Dicke, der Picklige, der Brillendepp mit den fettigen Haaren, der sitzen gebliebene und strunzdumme Schönling, der Schüchterne, der Punk. Geile Gang, ich war begeistert. Sie erkannten mich – eine akkurat-anteilige Mischform dieser sechs Arten von Pubertätsmisere – rasch als einen der Ihrigen an. Zusammen waren wir der Abschaum, das Allerletzte, die Mädchen verachteten uns – aber das Tolle war, wir hatten keine Konkurrenz, zumindest während des Unterrichts. In den Pausen zog es natürlich die hübschen Mädchen zu den besser aussehenden oder einfach nur älteren Jungs aus anderen Klassen, während des Unterrichts aber repräsentierten wir unser Geschlecht, wir waren laut, lustig, Realität.

Die Sitzordnung im Klassenzimmer war streng hierarchisch: In der Reihe vor uns saßen die hübschen Mädchen, die ihren Ekel vor uns kaum verbargen; sie wurden von der völlig zu Recht hinter ihnen sitzenden Restklasse starr bewundert, ihre Anerkennung wurde gesucht, ihr Spott gefürchtet. Rechts an der Wand aufgereiht saßen die nicht komplett hässlichen Streber-Mädchen, links die unsortierten Mädchen, die in umliegenden Dörfern wohnten und mit dem Bus nach Hause fahren mussten. Und hinter uns Jungs eine Reihe mit absolut deformierten Katastrophengirls, bei denen alles zu spät und egal war, in der Hierarchie, also in der einzig ausschlaggebenden Achtung beziehungsweise Ächtung der Traumfrauen in

Reihe eins, lag diese letzte Reihe sogar noch unter uns Verliererjungs. Ich mochte diese Klasse sofort. Hier würde ich eine Chance haben. Ich müsste nur irgendwie leider dann doch mal wieder was lernen. Ich hatte solche Angst, sitzen zu bleiben, dass ich erstmals seit der Grundschule wieder wirklich lernte, mit Hausaufgabenmachen und allem.

Meine Fixierung auf deutschsprachige Popmusik – auch und vor allem natürlich Udo, Udo, immer wieder Udo – wurde noch exzessiver. Ich saß jeden Tag stundenlang in meinem Zimmer, studierte die Textblätter, lernte die Texte auswendig. Göttingen hatte etwas, das ich aus der Kleinstadt nicht kannte: Plakatwände. Dort wurden Konzerte und Platten meiner Helden beworben, neben Udo waren das Westernhagen, Grönemeyer und Kunze, ich schlich abends dort lang, wenn gerade wieder neu plakatiert worden war und der Kleister noch feucht, sodass ich die Plakate mühelos abziehen konnte. Bald schon ging ich sehr professionell vor, mit Leiter und Spatel. Das Udo-Plakat »Feuerland-Revue« war besonders schwer abzureißen, und weil ich nicht ruhig genug zog oder der Kleber schon zu trocken war, wurde das Plakat dünn und riss, ich musste schließlich vier abreißen, um daraus ein vollständiges zusammenpuzzeln zu können. Die ganz sichere Methode war, mit einem Teppichmesser tief in die Plakatwand zu schneiden, rundherum ums Zielplakat, so konnte man es schließlich herausnehmen wie ein Bild aus einem Rahmen, es war dann ziemlich dick, in Schichten klebten einige Generationen von Vorgängerplakaten darunter.

Ich tapezierte mit diesen Heiligenbildern nach und nach mein Zimmer, erst die Wände, später auch die Zimmerdecke. Udo und die anderen in der Eissporthalle Kassel, in der Eilenriedehalle Hannover, in der Stadthalle Osterode – also ganz in der Nähe! LP/CD/MC out now! Incl. Hitsingle! Ich war sehr aufgeregt, ich schien mit diesem Umzug nach Göttingen der Musik und meinen Helden nähergekommen zu sein und verwandelte mein Zimmer in eine Popahnengalerie, eine Deutschrockhöhle.

Mein Vater hatte mir eine weitere Udo-Kassette geschenkt, für ihn nicht ganz untypisch die unzugänglichste und kulturell wertvollste, Udo sang darauf 20er-Jahre-Lieder, ein Konzeptalbum. War nicht direkt das, was mich ekstatisch machte, aber es war von Udo, und wenn ich mit Neuem von ihm fremdelte, suchte ich den Fehler grundsätzlich bei mir selbst und hörte es mir eben schön, pure Wiederholung half da. Ein Lied aber mochte ich gleich, Udo sang es tieftraurig und ganz zart, und plötzlich begegnete es mir in der Schule. Unsere Deutschlehrerin war eine sehr freundliche, nachsichtige Frau. Sanft schlummernd saßen wir ihr gegenüber, Reclamheftchen vor uns, immer der Blick auf die Uhr, wann der erlösende Pausengong endlich ertönte, man feuerte den Sekundenzeiger an, dass er sich mal beeilt. Diese Deutschlehrerin war denkbar uncharismatisch, sie lehrte eben so ein bisschen herum. Keineswegs sprang sie mit uns auf die Pulte und rief: O Captain, my Captain. Den Film guckten wir zwar bei ihr im Unterricht, aber sie selbst hat da wohl nicht aufgepasst. Ihr klassischer resignativer Satz gen Ende eines Schultages, wenn sich niemand mehr konzentrieren konnte oder wollte: Es ist auch für mich die sechste Stunde.

Sie wirkte immer ein bisschen traurig. Es hieß, sie habe sich gerade von ihrem Mann getrennt. Eines Tages verteilte sie Fotokopien mit einem Gedicht, es kam mir bekannt vor. Ich las die ersten Zeilen, merkte, ich kann es auswendig. Es hieß »Sachliche Romanze« und war – nicht von Udo Lindenberg, aber von dem kannte ich es. Die mikrokleinen Autorenangaben auf dem gefalteten Textbooklet der Kaufkassette hatte ich nicht genau genug studiert, mir war also entgangen, dass dieses Gedicht von Erich Kästner stammte, aber das machte ja nichts, ich kannte es, und nun war ich sehr aufgeregt. Endlich kannte ich mal was!

Die ersten Wochen in der neuen Klasse hatten mir in jedem

Fach schmerzlichst vorgeführt, was ich alles nicht wusste und kannte; wenn ich aufgerufen wurde, schwitzte ich immer und wurde rot. Aber diesmal nicht, diesmal war ich mir sicher, also meldete ich mich, und weil das sonst nie geschah, kam ich sofort dran und konnte auftrumpfen: Ich kenne dieses Gedicht von einer Lindenberg-Vertonung, sagte ich.

Ach wirklich, fragte die Lehrerin, das sei ja schön, ob ich es mal mitbringen möchte? Ich mochte. Und alle anderen freuten sich auch, denn das bedeutete, dass der MEDIENWAGEN in den Klassenraum geschoben würde, darauf Fernseher, Videorekorder und Stereoanlage, also ein reingeschobenes Passivitätsangebot, zudem wurde der Unterricht angenehm unterbrochen, weil immer irgendwas nicht stimmte mit dem Medienwagen, jedes Mal musste der Hausmeister kommen und irgendwelche Kabel überprüfen, dran rumruckeln, dann alles noch mal aus- und wieder anstellen – und dann sagen: Geht doch.

In der nächsten Deutschstunde brachte ich die Udo-Kassette nach vorn, zurechtgespult auf den Anfang des Lieds »Sachliche Romanze«, der Hausmeister kam und ruckelte an den Kabeln, und dann sang Udo für uns:

Als sie einander acht Jahre kannten
Und man darf sagen, sie kannten sich gut
Kam ihre Liebe plötzlich abhanden
Wie anderen Leuten ein Stock oder Hut

Die Wucht dieses Gedichts traf uns alle je unterschiedlich. Besonders die Lehrerin guckte sehr traurig und ergriffen, diese Beschreibung einer an der Zeit gescheiterten Liebe sagte natürlich ihr mehr als uns, die wir ja gerade erst anfingen, uns zu verlieben. Wie schmerzvoll das ist, wenn die Liebe sich verflüchtigt, das begriffen wir anhand dieses Udo-Kästner-Lieds, noch bevor wir das Davor überhaupt selbst erfahren hatten.

Jetzt kam meine Lieblingsstelle, da war Udos Musik wieder so nah am Hörspiel:

Er sagt, es wär schon Viertel nach vier
Und Zeit, irgendwo 'n Kaffee zu trinken
Nebenan übte ein Mensch Klavier

Und dann setzt der Gesang aus, das durch einen Toneffekt wie entfernt, eben wie aus der Nachbarwohnung erklingende Klavier klimpert eine Art Tonleiter. Daraufhin setzen die Streicher wieder ein, Udo singt weiter, im Hintergrund hört man jetzt (wiederum Hörspiel) Löffel in Kaffeetassen klimpern. Das bereitet das Finale vor. Die totale Erschütterung, denn die beiden ehedem Liebenden sprachen ja nun kein Wort und rührten in ihren Tassen – und konnten es einfach nicht fassen.

Das Lied war zu Ende, die Lehrerin starrte kurz ratlos auf den Medienwagen, muss ich da jetzt irgendwas ausstellen? Egal. Sie wandte sich wieder uns zu, jetzt großer Auftritt des von allen, Jungen wie Mädchen, bewunderten wie gefürchteten hübschesten Mädchens der Klasse. Sie INTERPRETIERTE dieses ja nun nicht besonders schwer zu begreifende Gedicht. Aber wir hörten ihr gebannt zu, denn erstens war man immer gut beraten, sie anzuhimmeln, das erwartete sie einfach (aus zu etwa gleichen Teilen Arroganz und Erfahrung), und wir waren, zweitens, natürlich weniger fasziniert von ihren rührenden vierzehnjährigen Gedanken zu diesem Gedicht als vielmehr – und da interpretierten nun wir, in Mutmaßungen und Träumen – von den daraus möglichen Ableitungen: Was sie, die unbestrittene Jahrgangskönigin, da so erzählte, das ließ ja nur den Schluss zu, dass diese Galionsfigur jugendlicher, wenn nicht menschlicher Evolution solche Erfahrungen schon gesammelt hatte! Sah man sie nicht nach Schulschluss oft draußen einem viel älteren Jungen in die Arme laufen, mit ihm Hand in Hand nach Hause gehen? Sie war uns in allem so weit voraus, also gewiss auch im Amourösen, wir waren sehr beeindruckt: »Die hat schon einen Freund.« Ob die auch schon – wir ließen das Ungeheuerliche, Undenkbare, wenn jemandem, dann ihr Zuzurechnende ungedacht, es war zu viel für uns.

Sie saß direkt vor mir und war doch unerreichbar. Manchmal taxierte sie einen kurz, warf dann den Kopf zur Seite, einen gezischten Laut der Verachtung von sich gebend – wir waren alle verliebt in sie, was sie natürlich wusste, und auch die Mädchen taten alles, um ihre Gunst zu erlangen, vergeblich.

Ich sah immer nur ihren Po in weißen Levi's Jeans, wobei das nicht das Schlechteste war, und ihre blonden Haare, die sie auf besonders abfällige Weise nach hinten warf, wo sie auf ihrem Benetton-Pullover seidig weiterschaukelten, diese Haare sagten im Nachhintengeworfenwerden: Vorhang zu, Depp. Ihr Vater war Architekt, sogar ihr Fahrrad war das schönste von allen, auch hörte sie immer die allerneueste Musik. Als ich treudoof die Lindenberg-Kassette anschleppte, hörte sie längst HipHop, und zwar auf CD. Sie war in allem die Erste, in der elften Klasse würde sie sogar für ein Jahr nach Amerika gehen und hernach natürlich erst recht nicht mehr in der Lage sein, sich auf unser provinzielles Niveau herabzulassen.

Irgendwann nach dem Sportunterricht entdeckten wir im Waschraum der Umkleidekabinen, dass man, indem man etwas Wasser unter die Tür zum direkt angrenzenden Mädchenwaschraum schaufelte, eine hilfreiche Bodenspiegelung hinbekam, und so rasten wir nach dem Sportunterricht immer wie die Irren los, um einen der maximal zwei Plätze mit dieser herrlichen Aussicht abzubekommen, auf dem Boden kniend, am Türspalt, mit wie sonst nur beim Abschreiben während einer Physikklausur verdrehten Augen auf diesen Wasser-Bodenspiegel (der als solcher ja eine Art angewandter Physik und insofern einen Lerneffekt bedeutete), um die Mädchen, und vor allem die Architektentochter, beim Duschen zu beobachten. Sie wusste das, sprach uns mal darauf an: Ihr Spanner! Fortan trug sie Jeans im Waschraum und wusch nach dem Sport bloß noch ihren Oberkörper, aber das reichte uns ja völlig.

Was »Non scholae, sed vitae discimus« übersetzt heißt, lernte ich dann bald im Lateinunterricht; was es lebenspraktisch bedeutet, lehrten mich Rückansicht der Architektentochter und Udos Platten. Mein Deutschlehrer hieß Udo. Nach Kästner entdeckte ich bei ihm Tucholsky, »Augen in der Großstadt«, und ich konnte es kaum erwarten, auch mit dieser Kassette wieder den Medienwagen herbeizuzwingen und der altklugen Exegese der Architektentochter zu lauschen: Großstadt-Anonymität, Getriebenheit, Unwiederbringlichkeit, da war doch alles drin. Auch unser damaliges formales Arsenal konnte im Ganzen abgefackelt werden: Kreuzreim, Paarreim, Metaphern, Anaphern, Hyperbeln! Man fand auf Udos Platten wirklich alles, was man brauchte.

HALLÖCHEN, DDR!

Der Sonntag war bei uns der Todesstreifentag. Der familieninternen Stimmung war es dienlich, sonntags zur Kirche zu gehen, sich zumindest um kurz vor elf – da half das für uns ja doppeldeutige, verlässlich gegen fünf vor elf mahnend erklingende Vaterunser-Glockengeläut – durch den Seiteneingang ins KIRCHENSCHIFF reinzuschummeln, um nach dem Gottesdienst, wie jedes GEMEINDEGLIED (was haben wir immer gelacht über dieses Wort), meinem im schwarzen Talar am Ausgang stehenden Vater die Hand zu geben. Er lachte liebevoll, aber auch ein bisschen spöttisch, er wusste wohl, dass wir meistens erst zur Zugabe erschienen.

Nach der Kirche fuhren wir mit dem Auto in irgendeinen Harzwald und wanderten stundenlang, endlich mal Zeit, sich ordentlich zu streiten, Familienausflug eben, Teilnahme verpflichtend; und dann sah man manchmal ganz nah die Grenztürme, den Zaun (die MAUER war ja auf dem Land ein Zaun), den gepflügten Ackerstreifen entlang der Grenze – in diesem Acker, hieß es, lägen Tretminen. Außerdem gäbe es, was für ein Wort: SELBSTSCHUSSANLAGEN. Respekt einflößende, nach Zielfernrohr klingende Schilder warnten vor dem Betreten dieser Weltkriegsnarbe:

Halt!
Hier Grenze
Bundesgrenzschutz

Diese Gegend wurde mitleidig-hochnäsig ZONENRANDGEBIET genannt, in der westdeutschen Bundesländerhierarchie bedeutete das: die billigen Plätze. Und lag Göttingen zwar nahe der INNERDEUTSCHEN GRENZE, so war doch die DDR jetzt, im Frühjahr 1989, scheinbar noch ein weit entferntes Land. Ich kannte sie vor allem aus Udo-Liedern.

Im Rahmen der globalen Zwangssolidarität mit »Menschen, denen es nicht so gut geht wie uns«, unterhielten wir selbstverständlich auch Beziehungen zu Berufskollegen meines Vaters in der DDR, PARTNERGEMEINDE hieß das, die DDR war ja sozusagen das deutsche Afrika, auch da musste man irgendwie helfen. Die berufsbedingt pathologische Hilfsbesessenheit von Pastoren ist lobenswert, im Alltag aber doch lästig. Dauernd Obdachlosen, Afrika, der Umwelt und wem nicht alles helfen – dem eigenen Sohn aber ein BMX-Rad vorenthalten. Ich war nicht einverstanden. Natürlich taten auch mir immer alle leid, denen geholfen werden musste, nur fand ich, dass bei den Adventsbasaren, Flohmärkten und sonstigen kirchlichen Hilfsfestivitäten, wo man trockenen Kuchen, nicht durche Waffeln und Suppe mit scheußlicher WURSTEINLAGE essen, Dosen für Afrika werfen, Eier auf Löffeln gegen das Wettrüsten balancieren oder Luftballons gegen Atomendlager steigen lassen musste, die Helfer selbst einen eher hilfsbedürftigen Eindruck machten. Sie rochen alle unterm Arm und aus dem Mund, und im Gemisch mit Bohnerwachs und Erbsensuppendampf waberte dieses säuerliche Hilfsbereitschaftsodeur durch alle Gemeindehäuser.

Zu Weihnachten bekam die Partnerpastorenfamilie DRÜBEN von uns die üblichen Pakete mit Kaffee, Schokolade und Strumpfhosen, und beim Paketepacken wurde uns erzählt, dass die gemeinen Grenzsoldaten diese Pakete aufreißen würden und sich rausnehmen, was ihnen beliebt, regelmäßig würde nur etwa die Hälfte des ursprünglichen Inhalts ankommen. Den DDR-Freunden schickten wir Nutella, bei uns gab es nur »Hefeextrakt-Brotaufstrich«.

Das Ostpaket, das uns im Gegenzug erreichte, war nicht plünderbar, jedes Jahr wieder ein Räuchermännchen und ein adventliches Kerzenkarussell aus Holz, das regelmäßig in Flammen aufging, war egal, kam doch im folgenden Jahr eine neue Ladung dieses Erzgebirge-Merchandisings.

Mein Vater schmuggelte bei seinen Partnergemeindebesuchen immer irgendwelche staatsgefährdenden Schriften in die DDR, Bücher, Zeitschriften, Predigten. Die Grenzbeamten würden Spiegel unters Auto halten und manchmal sogar die Sitzpolster aufschlitzen, hieß es. Aufregend! Meine Geschwister durften oder mussten manchmal mitfahren, und sie erzählten von der DDR vor allem in Gerüchen und Farben. Dieses Land schien in erster Linie grau und braun zu sein und nach Kohle zu riechen. Ich stellte es mir vor wie Tschernobyl nach der Reaktorschmelze, darin aber modelleisenbahnartige Museumsdörfer, in denen alles Weihnachtsdekoration war.

Was genau Udo eigentlich ritt, diesen seltsamen Staat so unbeirrt zu besingen, wusste ich nicht, ich dachte auch nicht darüber nach. Jedenfalls schien Udo unbedingt in der DDR auftreten zu wollen, aber nicht zu dürfen, und den Schmerz darüber besang er regelmäßig, er liebte das Mädchen aus Ost-Berlin, konnte aber nicht über Nacht bleiben, denn er hatte ja »nur 'n Tagesschein«. Udo machte sich über den Staat DDR, dessen Offizialvokabular und Repräsentanten lustig, aber er hielt sehnsüchtig Kontakt zu den dort lebenden Menschen, und sei es mit Liedern über sie und für sie, auf jeder Platte war mindestens eins. Gerade weil die Grenze kein Witz war, machte Udo Witze darüber. So viel verstand ich.

Du ziehst dir doch heimlich auch gerne mal die Lederjacke an
Und schließt dich ein auf'm Klo und hörst Westradio

Ein böser Staatschef auf dem Klo – das versteht jedes Kind, das ist der König ohne Kleider. Das ist lustig.

Und ich denk, was ist'n nun
Ist ja richtig Honeymoon
Von Rügen bis zum Thüringer Wald
Und es wird zu jedem Bierchen ein Glas Nost reingeknallt

Alkoholtrinken war immer lustig, das hatte ich früh begriffen, »Rum mit Tee«, das Personal in Udos Liedtexten hatte eigentlich durchweg einen sitzen. Ich verstand zwar die Wortwitze nicht gleich (ein Glas Nost = Glasnost; Honey = Honi = Honecker), aber das machte ja nichts, ich lernte sie trotzdem auswendig und sang sie mit, ich verstand die Idee, das Gefühl: Ey, einfach mal rüber da, klare Sache, ey, easy.

Auf dem Schulhof allerdings wurde über andere Musik gesprochen, Udo-Fan zu sein, war eine einsame Sache geworden. Udo, so schien es, war Ende der 80er nicht mehr dort, wo Pop sein muss – vorn. Die Architektentochter aus Reihe eins warf ihre Haare zurück: Der immer mit seinem »Ey, easy« und seiner ewigen DDR! Total hängen geblieben, der Typ (die Udo-Kritik also, immerhin, selbst in Udo-Sprache).

Und dann fiel die Mauer.

Wir saßen morgens beim Müsli, und die Nachricht von der Grenzöffnung in der Nacht zuvor wurde uns übermittelt, noch ehe mein Vater gravitätisch die von uns Kindern allmorgendlich als Showstopper und Extremdowner gefürchteten LOSUNGEN vorlas, einen völlig aus dem Zusammenhang gerissenen Bibelvers, einerseits bibeltypisch immer irgendwie passend, wenn man denn unbedingt will, andererseits in die frühmorgendliche Gedankenwelt eines Pubertierenden (der natürlich, egal was, unbedingt NICHT will) niemals passend. Diese Losungen zogen einen wirklich ziemlich runter morgens. Der Herr aber sagt; ihr aber, die ihr; Jesus aber sprach; und ob ich schon wanderte im finsteren Tal – immer düster, immer beladen, immer erst mal »Aber«! Was ist denn das für eine HALTUNG?

Ganz selten nur steht ja bei den Korinthern, in den Römerbriefen oder in der Bergpredigt: Have fun, take it easy, enjoy, go with the flow. Man pennt noch halb, grämt sich über einen neuen Pickel und einen nicht verheilten alten, vor der ersten Stunde wird man noch von irgendwem Mathe abschreiben müssen, und vielleicht wählt einen die Klassenschönheit ja heute mal beim Volleyball in ihr Team, übrigens, die Mauer ist offen – und nun: Jesaja sagt dies, die Korinther schreiben jenes, Psalm soundso. Ziemlich viel auf einmal.

In der Schule stellten die Lehrer den Unterricht um, es wurde über die DDR geredet, über die deutsche Geschichte, die gerade kurz mal aufregende Gegenwart – und die Zukunft; war sie golden, brachen jetzt gute, friedliche Zeiten an, war der Kalte Krieg vorbei, würde nun alles gut werden?

Es freuten sich insbesondere die Lehrer, die als RECHTS galten. Die normal linke Mehrheit der Lehrer schaute nach dem Mauerfall etwas verkniffen und warnte. Man war ja als linksliberaler Mensch Fan der DDR, also tolle Idee und so, gut, in den Details vielleicht nicht ganz ausgereift, und selbst wohnen wollte man da nun auch nicht unbedingt, aber theoretisch war man Fan, die DDR galt – verglichen mit dem hiesigen Schweinestaat – in jedem Fall als das BESSERE DEUTSCHLAND.

Unser Englischlehrer war einer der von uns als »rechts« Eingestuften und deshalb erst recht nicht Ernstgenommenen. Er war einigermaßen impulsiv und hatte stark schuppende Kopfhaut. Wenn er sich aufregte, und er regte sich oft auf, rieselten die Schuppen ihm grammweise auf den Pulloverkragen. Direkt nach dem Mauerfall fuhr er mit uns nach Wittenberg und konnte sich wochenlang nicht beruhigen. Lange Zeit noch konnte man ihn, mitten im Englischunterricht, um von nicht gemachten Hausaufgaben abzulenken, mit diesem Thema verlässlich kriegen. Dann wechselte er ins Deutsche, wurde noch aufgeregter und redete krauses reaktionäres Zeug. Wenn es um Deutschland ging, hielt es ihn nicht hinter seinem Pult, er sprang auf, lehnte sich an den Tageslichtprojektor, hielt sich hinten mit einer Hand fest, mit der anderen gestikulierte er, hatte dabei meistens ein Stück Kreide in der Hand, was den grotesken Effekt verstärkte. Für den eigentlich auf dem Lehrplan stehenden Hemingway und dessen Buch »For Whom the Bell Tolls« hatte ich bald die Königsantwort herausgefunden, und wenn ich gegen meinen Willen aufgerufen wurde und der DDR-Trick nicht fruchtete, sagte ich, suchend, tastend, einen

Gedanken simulierend: He is full of despair. Das stimmte immer, egal ob es um den Helden oder um Hemingway selbst ging. Auch als dann »The Old Man and the Sea« dran war, kam ich damit aus: full of despair. Der Autor, der alte Mann, der Fisch, das Boot, das Meer – alle full of despair.

Die Fernsehbilder des 9.11.1989 (Schabowskis Zettel-Wahnsinn, der eitel-souverän reagierende Hanns Joachim Friedrichs usw.) sind so oft wiederholt worden, waren Teil von Dokumentationen und Spielfilmen, so wird die eigene Erinnerung im Nachhinein angedickt. Die echte Erinnerung, also das, was man damals wirklich mitbekam und vor allem wie – das ist natürlich viel unspektakulärer. Man kennt ja den Fortgang noch nicht. Ich erinnere mich also an: einen Mülleimer.

Und zwar einen Mülleimer in der Göttinger Fußgängerzone, vorm »Karstadt Sport & Hobby«, wo ich häufig war und davon träumte, mir Boris Beckers irr gemusterten Tennispullunder kaufen zu können (und dann unterm Handtuch Banane kauen). An diesem Mülleimer klebte ein Plakat mit der Schlagzeile des Tages im Göttinger Tageblatt. Damals dauerte das ja immer noch – es passierte was, dann ging der Redakteur am nächsten Morgen zur Arbeit in der Zeitung, und am darauffolgenden Tag konnte man auf Papier lesen, was da vorgestern passiert war. »Grenzenloser Jubel eint die Deutschen« stand auf der Mülltonne. Ich ging zu Karstadt rein.

Bald war Göttingen voll mit Trabbis, Zonenrandgebiet eben, kolonnenweise kamen sie und wurden anfangs euphorisch, bald verhaltener empfangen. Im Schulkeller wurde an den Wochenenden ein Café für DDR-Bürger eingerichtet, die im Wesentlichen ihr BEGRÜSSUNGSGELD direkt in Unterhaltungselektronik umsetzen wollten und einfach mal gucken, wie das ist, reisen, in den Westen. Sie trugen diffus pastellfarbene Ostjacken, und ihr Deutsch klang anders, singender irgendwie. Die WENDE roch interessant: nach dem speziellen, für uns neuen Abgasgeruch der DDR-Autos und nach Apfelsinenschalen. Es gab wahnsinnig viele Apfelsinen für die DDR-Bürger bei uns im Schulkeller, es hieß, in der DDR habe es keine gegeben, also brachten wir alle ein Apfelsinennetz mit zur Schule. Das überschwängliche und immer auch eitel-selbstgerechte Gebaren der sehr demonstrativ ihre Freiwilligkeit und Großherzigkeit zelebrierenden Anführer solcher aktionistischen Symbolbrimborien kam mir sehr bekannt vor, es herrschte Gemeindehaus-Ausnahmezustand im Schulkeller.

Ein Jahr vorher hatte Udo, einmal mehr, seinen Traum von der offenen Grenze besungen:

Ich geh über sieben Berge und über sieben Brücken
Und hüpf noch kurz durchs Minenfeld

Genau das konnte man jetzt machen, mit unseren Konfirmationsmountainbikes fuhren ein Freund und ich gen Osten, die Grenztürme waren verlassen, man konnte mit Steinen die paar noch nicht kaputten Fensterscheiben kaputt schmeißen, das fühlte sich gut an. Es war die Zeit des Souvenirjagens, in Berlin klopften sich die Leute ein Stück Mauer ab, wir versuchten, die Metallschilder von schwarz-rot-goldenen Betongrenzpfeilern abzumeißeln, das klappte nicht, aber ich riss eines der weißen »Halt! Hier Grenze«-Schilder von einer Stange und nahm es mit nach Hause. Wir hüpften also durchs Minenfeld, sehr aufregend, wir wussten ja nicht, vielleicht flögen wir gleich in die Luft? Es war unmöglich, das nicht auszuprobieren. Der TODESSTREIFEN mitsamt seinen sozialistischen Paranoia-Artefakten war ein Abenteuerspielplatz geworden.

Udo hatte recht behalten, seine Lieder wurden wahr, er konnte jetzt über Nacht bei den Mädchen Ost-Berlins bleiben, wann immer er wollte (und er wollte oft), er durfte endlich »bei euch da singen«. Als Dokument dieser speziellen Wiedervereinigung Udos mit seinen Fans aus dem Osten lief bald darauf im

Radio eine Übertragung von seinem ersten Konzert in Leipzig, kurz nach dem Mauerfall, das er so eröffnete:

Hallöchen, DDR, hallo in Leipzig!

Ein klassischer Udo: das Kleine groß machen, das Große klein – Hallöchen, DDR. Und statt mit einem seiner zig DDR-Lieder zu beginnen, sang er, und das elektrisierte mich: »Reeperbahn«. Denn: Ihr sollt auch bald mal rüberkommen nach Hamburg!

So viele andere seiner Lieder hätten besser gepasst, vermeintlich, Udo aber wählte dieses – und das war gleich die nächste Befreiung: mit den DDR-Bürgern und für sie eben kein Lied über die DDR zu singen, davon hatten sie doch jetzt wirklich genug. Intuitiv hatte Udo gewusst, jetzt muss man eins weiter denken, Grenze weg, weiter geht's.

Reeperbahn, ich komm an
Du geile Meile, auf die ich kann

Ich würde, das stand fest, auch nach Hamburg ziehen müssen später, wenn ich mit dem Kram hier – Jugend, Schule – durch war. In Hamburg würde das Leben beginnen.

An einer Kirchenmauer in Göttingen las ich in dieser Zeit ein Graffito, das mich in meiner wunderbaren pubertären Naivität und Prägbarkeit in helle Aufregung versetzte:

»Geburt, Schule, Arbeit, Tod.«

Alles klar, da musste man aufpassen. Diesem Verlauf musste man sich entgegenstemmen. Zwischen Schule und Tod musste noch was anderes kommen als Arbeit. Das, ja – das Leben. In Hamburg. Das wär's.

HOLLYWOOD-SCHWÜRE

Die Mädchen aus der ersten Reihe blieben unerreichbar. Ich verliebte mich also in den erreichbaren Rest, ich ging systematisch vor, fing an mit der rechten Längsseite, da gab es unter den Streberinnen ein paar, die trotzdem ganz passabel aussahen. Eigentlich eine. Es ließ sich gut an mit uns, und einmal haben wir im Botanischen Garten ein bisschen geknutscht, doch dann war es vorbei, bevor es wirklich begonnen hatte.

Im Kino lief »Pretty Woman«, und als darin »It Must Have Been Love« von Roxette erklang, genau in dem Moment, in dem Richard Gere es sich doch noch mal anders überlegt und zurückkehrt, zu ihr und zum Happy End, genau da stiegen mir Tränen in die Augen, und ich erlebte zum ersten Mal, wie großartig dieses Gefühl ist, wenn man von der Gefühlsmathematik perfekter Hollywoodfilme überwältigt wird: Handlungswendepunkt, dazu Schlagzeug, Gitarre, dann der Gesang – an dieser Stelle sollte man weinen. Und ich weinte und war im Einklang mit der Welt. Die Liebe war ein Nervenkrieg, und es war großartig. Kinofilme und Popmusik halfen, sich auszumalen, wie und was das Leben mal sein könnte, wenn es fertig ist. Man trauerte Erlebnissen hinterher, von denen man träumte, sie schon gehabt zu haben. Lektionen in Melancholie.

It must have been good but I lost it somehow

Ich schaute »Pretty Woman« mit dem Schüchternen aus unserer 7er-Bande der Versehrten an. Mit ihm guckte ich mir auch die Wiedervereinigungsfeierlichkeiten am 3. Oktober im Fernsehen an. Meine Eltern waren nicht da, ich holte Bier aus dem Keller, einer meiner ersten Vollräusche. Das Bier machte den Schüchternen sehr redselig, es war grauenhaft. Ich wollte mich gern freuen, weniger, weil ich die Dimensionen dieses Feiertages begriff, vielmehr hob mich das Bier so angenehm empor. Doch der Schüchterne, ein sympathischer Sonderling, dessen Hobby es war, stillgelegte Bahnstrecken abzuwandern, begriff sich als

Linker, und links zu sein, bedeutete eben: gegen die Wiedervereinigung zu sein. Auch das Bahnstreckennetz Osteuropas, so der Schüchterne, sei dem unsrigen überlegen. Doch nicht nur das. Puh, was er da redete, war so langweilig, ich freute mich sogar schon über eine Rede von Walter Momper im Fernseher. Der Schüchterne quatschte politisch-altklug daher, skizzierte in düsteren Phrasen die Gefahren der »überstürzten Wiedervereinigung«. Wir waren FÜNFZEHN! Und betrunken. Was gibt es denn da ÜBER DEUTSCHLAND zu quatschen?

Äh, ja. Wie auch immer. Ich hol mal noch Bier.

Er würde jetzt sofort aufhören müssen zu reden – andere, sichere Variante: weitertrinken, ihn reden lassen. Gut war, dass er die Roxette-CD dabeihatte, auf der das Lied aus »Pretty Woman« drauf war. Aus dem Fernseher dröhnten Redner und Nationalhymne, in meinem Schädel dröhnte das Bier, durch einen Nebel vernahm ich die Litaneien des nun gar nicht mehr Schüchternen, ich ließ ihn schwadronieren, ging ins Arbeitszimmer meines Vaters und legte die Roxette-CD auf, mein Vater hatte schon einen CD-Player – und er hatte verdammt gute Boxen. Schlagzeug, Gitarre, Gesang. Tat das gut. Der Schüchterne, der im Rausch all das mitteilen zu müssen glaubte, was er nüchtern-schüchtern verschwieg, und mit ihm die von ihm nicht gutgeheißenen Wiedervereinigungsfeierlichkeiten im Fernseher wurden übertönt von »It Must Have Been Love«, alles drehte sich, ich legte mich auf den orientalisch gemusterten Teppich vor dem Schreibtisch meines Vaters, wo es angenehm nach alter Ledertasche und Pfeifentabak roch. Wann immer ich allein zu Hause war, lag ich dort, genau zwischen den beiden kniehohen, extrem leistungsstarken Lautsprechern, im Stereo-Glück. Und wie meistens, wenn ich dort lag, kam mein schweifender Blick in den deckenhohen Bücherregalen meines Vaters bei einem dicken violetten Buch mit gelber Schrift zur Ruhe und verweilte dort, dieser Buchrücken zog mich immer an: Arthur Miller, »Zeitkurven«.

Ein paar Monate später, endlich mein erstes Udo-Konzert. Mein ältester Bruder nahm mich mit. Vor dem Konzert, in der S-Bahn, nahm er feierlich einen Zweierpack BIC-Einwegfeuerzeuge aus seiner Jeansjackenbrusttasche, brach das Brot, nein, den BIC-Zweierpack, überreichte mir eins und erklärte mir, es sei in Konzerten üblich, bei Balladen ein solches Feuerzeug anzuschnippen, den Daumen dann durchgängig auf der Gastaste zu halten und diese Dauerflamme für die Länge der Ballade mit ausgestrecktem Arm in die Luft. Gen Balladenende verbrenne man sich dann meistens an der heiß gewordenen Feuerzeugmetallklammer die Finger, aber das sei es wert.

Kurz nach acht, man merkte, dass sich hinterm halb durchsichtigen Bühnenvorhang was tat, schemenhaft sah man Mikrophonständer und Schlagzeug, man sah Scherenschnitt-Menschen aufmarschieren, einige hatten Gitarren umhängen, stellten sich hin, das Saallicht erlosch, was war das bitte für ein geiler Moment, und das musste mein Bruder mir nicht erklären, das SPÜRTE ich: Genau jetzt musste man schreien, jubeln, klatschen und – wenn man es konnte – auf den Fingern pfeifen, jedenfalls Lärm machen, denn jetzt ging es los!

Nebelschwaden drangen unten durch den Vorhang, hinter dem in blauem Licht die Bühne schimmerte, man hörte Meeresrauschen, eine Schiffssirene, Ouvertürestreicher, man sah eine Silhouette mit Hut zur Bühnenmitte gehen, das musste Udo sein, das war Udo, der jetzt sanft zu singen anhob:

Wo bin ich hier gelandet?
Wo bin ich hier gestrandet?

Wir hatten die Feuerzeuge in der Hand und hielten sie nun hoch, wie alle um uns herum auch, das Publikum ein Feuerzeugflammenmeer, toll sah das aus, mein Herz klopfte wie wahnsinnig. Noch immer hinterm Vorhang, besang der Scherenschnitt-Udo ein in tiefer Nacht plötzlich hell erstrahlendes Hotel und einen Nachtportier, der ihm doch bitte noch eine Flasche aufmachen soll, »Willkommen im Hotel Imperial«, anschwellende Streicher – und dann flammte das komplette Bühnenlicht auf, der Vorhang fiel, das Schlagzeug knallte los, und Udo sang:

Die Zeit vergeht, du wirst nicht jünger
Und leichter wird das meiste nicht
Du musst nicht wünschen, du musst fordern
Wie 'ne Knarre vorm Gesicht

Ich war so aufgeregt, dass ich erst ab der zweiten Zeile mitsingen konnte, das ärgerte mich, aber sonst fand ich alles toll. Nach vorn drängeln, eng stehen, mitsingen, schreien, im Takt klatschen, »Zugabe« rufen – eben alles, was man da so macht bei einem Konzert. Und endlich mal unter Leuten, die meine Udo-Liebe nicht für erklärungsbedürftig hielten. Sogar die von Udo im Rahmen seiner fortwährenden Wiedervereinigungsbemühungen für ein paar gemeinsam gesungene Lieder auf die Bühne geholte A-cappella-Gruppe Die Prinzen fand ich gut, denn sie sangen mit Udo eines meiner Lieblingslieder:

Jeden Abend um halb eins treff ich sie in der kleinen Bar
Sie spendiert mir einen Drink und streichelt sanft mir durch das Haar

Mittlerweile hatte sich die anfängliche Wiedervereinigungseuphorie deutlich gelegt, DDR-Bürger wurden jetzt »Ossis« genannt, und man machte Bananenwitze über sie. Die Ossis, hieß es, seien wahnsinnig beleidigt, weil es nicht jeden Tag Begrüßungsgeld gibt. Udo hingegen umarmte die nun ehemalige DDR und ihre Bewohner weiterhin, »hoch die Tassen, Tag der deutschen Breitheit«, rief er und fügte an, kurz mal ernst, wie »stark« das sei, dass man jetzt zusammen singen könne »und so«. Das war eine angenehme, eine nicht großdeutschlandwahnverdächtige Sicht auf die Wiedervereinigung: zusammen singen und so. Man war links, man war skeptisch, klar, aber so wie Udo es ausdrückte, war das okay, wir jubelten.

Nach dem Konzert kaufte ich ein schwarzes Udo-T-Shirt,

da war natürlich ein Hut drauf abgebildet, und einen Udo-Aufkleber für meinen Schulranzen, »Keine Panik« stand da drauf – ich war glücklich.

Vierundzwanzig Jahre später sitze ich in Beverly Hills im Garten des Tonstudios von Max Martin, dem zurzeit erfolgreichsten Popproduzenten der Welt. Gut, zwei Typen gibt es, die mehr Nummer-1-Hits hatten als er, aber das sind zwei Namen, hinter denen sich einzufinden einem Musiker jetzt nicht direkt das Selbstbewusstsein schmälert: Lennon und McCartney. Im Produzententeam von Max Martin arbeitet auch Lukas Hilbert, der bei meinem ersten Udo-Konzert mit auf der Bühne gestanden hat, da war er selbst erst 19, gehörte aber schon zu Udos Band, spielte Gitarre, ein Wunderkind. »Yeah, hau den Lukas!«, schrie Udo. Lukas hatte lange Haare und tat wie ihm geheißen, sprang wild herum und spielte ziemlich laut.

Im Studiogarten plätschert ein Brunnen, Lukas hat keine langen Haare mehr. Er hat uns einen Tee gekocht, wir dürfen leider beide keinen Alkohol mehr trinken, aus Rock&Roll-Gründen. Früher hat in diesem Haus Frank Sinatra gewohnt, also keine so schlechte Hütte. Ich will mir die Hände waschen, Lukas zeigt mir das Badezimmer, das übrigens früher das Badezimmer von Marilyn Monroe gewesen sei. Da wäscht man sich doch gleich ganz anders die Hände. Goldene Wasserhähne, rosa Tapete! Und in dem Regieraum da, die Bücherregal-Antäuschungstapete, das war Sinatras Geheimtür zu Marilyn Monroes Zimmer, heute spaßeshalber auch »Ficktür« genannt. War denn DIE MONROE erst mit Sinatra zusammen und dann mit Miller oder umgekehrt – und wann mit Kennedy? Oder mit allen gleichzeitig? Es ist schön, das nicht so genau zu wissen, das macht die Mythosidee, die man hat von diesen Figuren, größer.

Die Spaghetti über der Stuhllehne fallen mir ein, Arthur Miller, »Zeitkurven«, das violette Buch im Regal meines Vaters, später in Hamburg habe ich mir ein eigenes Exemplar im Antiquariat gekauft, jahrelang mehr als Bildungsrequisit, als 3-D-Tapete sozusagen, man muss ja im Regal, falls zu beeindruckender Besuch kommt, erst mal bisschen Strecke machen, der man dann hinterherliest. Schließlich habe ich aber doch mal drin rumgelesen – Lieblingssatz, unvergesslich: »Marilyn beschloss, kochen zu lernen, und begann mit selbst gemachten Nudeln, die sie über die Stuhllehne hängte und mit dem Föhn trocknete.«

War das eigentlich, von der Bühne aus gesehen, ein gutes Konzert, mein erstes Udo-Konzert? Lukas lacht. Seine Erinnerungen an diese Tournee seien verschwommen, zumindest habe dieses Konzert in Hannover, auf dem ich gewesen sei, dann ja offenbar stattgefunden. Einige andere Konzerte hätten abgesagt werden müssen, weil Udo alkoholbedingt unpässlich war. Sei alles etwas wild gewesen, gewiss nicht Udos beste Phase.

Ach, interessant – ich habe das im Publikum natürlich überhaupt nicht bemerkt, ich habe es, einfach weil es mein erstes war, als absolut grandioses Konzert in Erinnerung, das es aber möglicherweise gar nicht war, rein musikalisch. Das war (und ist!) ja auch gerade der Witz bei Udo, dass er grundsätzlich betrunken klang und klingt, das ist ja das Schöne an seiner Sprache, seinen Texten. Ich dachte damals, Udo SPIELT den Betrunkenen, damit wir was zu lachen haben. Vielleicht stimmt beides? Er war betrunken und kokettierte damit?

Udos Werk und Udos Auftritte empfand ich von Beginn an als Werbung für den Rausch als solchen, Rausch als Spaß und Selbstzweck, Rausch aber auch als Protest, als Haltung. Als Art, durchs Leben zu taumeln und nur sehr ausgewählt die permanenten Ernsthaftigkeitsangebote der Umwelt anzunehmen.

Auch Lukas ist ein Überlebender. Auch ihn hat das Rock&Roll-Leben fast zerlegt. Nachdem er aus Udos Band ausgestiegen war, hatte er eine Punkband, hauste in einer Reeperbahnabsteige und machte gern alles kaputt. Über diese seine haltlosen Jahre gibt es einen Dokumentarfilm mit unzweideutigem Titel »Wie krieg ich die Zeit bis zu meiner Beerdigung noch rum?«. In jener düsteren Zeit habe er jeden Tag eine Flasche Wodka gesoffen, mindestens. Fürchterlichfürchterlich, Lukas schüttelt sich.

Heute wohnt er in Beverly Hills, komponiert und produziert amerikanische Top-Ten-Hits, hat eine Ehefrau der Sorte »die tut ihm gut«, er befolgt eine sehr komplizierte L.A.-Diät, es läuft prima bei ihm.

Ich verabschiede mich von Lukas, er muss noch das Lied eines amerikanischen Castingshowstars fertig mischen. Auf seinem Studiocomputermonitor hat Lukas als Bildschirmhintergrund ein Foto von einem Sänger installiert, der in einem Stadion auf einem kleinen hydraulischen Podest über einer irren Menschenmasse schwebt: Udo.

Ich bin zum ersten Mal in Los Angeles, Udo hat mich hierhergebracht: die Sonne abholen, bisschen Licht und so, andere Gedanken, hm? Ich kannte die Stadt nur aus Erzählungen und natürlich aus Filmen, Büchern, Liedern. Nicht gewusst hatte ich, dass Hollywood nicht nur dieser Filmstadtmythos ist und diese berühmte weiße Buchstabenkette in den Felsen, sondern: ein STADTTEIL von Los Angeles. Ich habe ja auch noch nie im Zoo den Metro-Goldwyn-Mayer-Löwen gesucht.

Wir wohnen im Chateau Marmont in West Hollywood, auch dieses Hotel kannte ich nur als Mythos, wer da alles gewohnt und gefeiert hat, gestorben ist, na klar. Das Hotel liegt direkt am Sunset Boulevard, ebenfalls Mythos, Filmtitel, Klischee – und neben all dem eben doch auch nur: der Name einer echten STRASSE. Mit Häusern und so.

Es gibt keine bessere Art, ein Hotel zu betreten, als an Udos Seite. Auch das Chateau Marmont ist, wie automatisch jedes

Hotel, sobald er es betritt, ein exterritoriales Hotel Atlantic. Eine große Kunst Udos ist es, direkt beim Einchecken mit ein paar sehr gezielten Späßen, Sprüchen und diskreten, großzügigen Trinkgeldvorschüssen das ganze Haus in Udo-Swing zu bringen. Eigentlich kennt er auch in weltweit jedem größeren Hotel irgendjemanden. Ahhhh!, ruft dieser Jemand dann, und die Wiedersehensfreude könnte nicht größer sein. In Hotels wohnen, das kann Udo nun wirklich wie kein anderer, tut er es doch seit über 30 Jahren. »Wo ich meinen Hut hinhäng, da ist mein Zuhause«, sang er mal, und »weltweite Action« ist eine wiederkehrende Formel in seinem Monologrepertoire – und irrerweise STIMMT das sogar.

Das Chateau Marmont verströmt den Zeitläuftesnobismus eines Achttausenders, ist eine märchenhaft verwitterte Burg, zu legendär und zu sehr immer-schon-da, um noch temporären Mode-Kursschwankungen unterworfen zu sein, die hat es allesamt überstanden, mehrfach, ist ein unausrottbarer Klassiker, wie Coca-Cola, Clubsandwich – und Udo.

Es riecht wie in allen alten Hotelkästen ein bisschen muffig, nach feuchtem Keller, kaltem Rauch und frischen Blumen, man fühlt sich sofort wohl. Alles wirkt, als sei es immer schon so gewesen, keinerlei Hinweise auf die Gegenwart. Hier könnte jetzt Cary Grant oder irgendein anderer Toter einchecken, nichts müsste umdekoriert werden. Die Badezimmer wirken stummfilmzeitversifft, es ist ein bisschen, als ob man die eigenen Großeltern besucht, das Bett sieht auch genau so aus, als gehöre dazu der Satz: Ist nicht ganz frisch bezogen, dein Bruder hat vor ein paar Wochen darin geschlafen, aber ihr mögt euch ja und er ist ja auch sehr appetitlich.

Neben dem Hauptgebäude erstreckt sich ein Garten, man braucht einen Schlüssel für die Tür, denn da wollen viele rein, Udo hat (woher hat er den jetzt plötzlich?) einen solchen Schlüssel in der Hand und geht voraus, das müsse ich mir dringend angucken, haste dein Buschmesser dabei, Stuckiman?

Irre, da geht ein Wald los, ein Dschungel, mitten in der Stadt! Meterhohe Büsche, Palmen, verwinkeltverwunschene Wege, und plötzlich tut sich ein ovaler Pool auf, drum herum kleine Bungalows. Das also ist es, das Paradies. Ja, hatte man sich ungefähr so vorgestellt. Endlich mal wieder ein künstliches Paradies, in das ich reindarf! Und mit Udo auch reinkomme (denn mit Udo kommt man überall rein).

Gut gepasst hätte jetzt diese dezent eingeschnappt klingende Navigationssystemstimme: »Sie haben Ihr Ziel erreicht.« Die wirkt ja immer so ein bisschen beleidigt, eben noch folgte man ihr die ganze Irrfahrt lang aufs Wort – und endlich angekommen, schneidet man ihr das Wort ab und DENKT noch nicht mal daran, sie zu fragen, ob sie vielleicht mit reinkommen mag auf einen Kaffee oder so.

»Sunset Strip« ist, lerne ich, eine Art Kosename für den Abschnitt des Sunset Boulevard, an dem das Hotel liegt, und der hyperlegendäre Hollywood Boulevard ist so betrachtet dann auch bloß: die PARALLELSTRASSE. In Beverly Hills (ein Stadtteil! Und 90210 – eine POSTLEITZAHL!) wachsen wirklich – vgl. dazu Eddie Murphy und Steve Martin – Lollipalmen am Straßenrand.

Jeder Straßenname ein Songtitel, jedes Haus filmbekannt, jeder Stadtteil und jede Ecke besungen, bedichtet, kulturell kartographiert bis zum Gehtnichtmehr – und dann die Riesenüberraschung: Das alles gibt es sogar wirklich. Man kann da langgehen.

Es ist, als betrete man das eigene Gedächtnis, man wandelt durch kopfgespeicherte Kulissen, die hier etwas anderes sind: Stadtbild. Hollywood Bowl, Greek Theatre, Staples Center – Tournee-T-Shirt-Zauberwörter, jahrelang trug man sie auf dem Rücken. Hier: Auftrittsorte. Kann man hingehen. Pacific Palisades: Feuchtwanger, aber natürlich vor allem die Absenderadresse der Briefe von Thomas an Klaus Mann. Den Mulholland Drive (David Lynch!) kann man auch tagsüber entlangfahren! Die »101«, nicht nur ein Livealbum von Depeche Mode, nein: die Autobahn. Und nächste Abfahrt dann: Route 66. Richard Geres Auto in »Pretty Woman« war teuer, doch er konnte es natürlich nicht fahren, Julia Roberts hatte kein Geld und kein Auto, konnte aber super fahren, Traumpaar also, er gabelte sie auf dem Sunset Boulevard auf, und als er mit der Gangschaltung nicht zurechtkam, sagte sie: Schönen Gruß vom Getriebe, der Gang ist drin. Das war HIER!

West Hollywood ist offenbar das Charlottenburg von Los Angeles – Veränderungen brauchen in diesem Stadtteil etwa 50 Jahre länger als in anderen. Und der Sunset Boulevard ist so eine Art Reeperbahn hoch zehn, beide erst bei Dunkelheit und also IN VOLLEM ORNAT komplett wirksam, wobei hier die Tagsüber-Trostlosigkeit abgemildert ist durch den Palmensaum. Vor allem ist der fundamentale stadtplanerische Fehler Hamburgs hier behoben: Das hiesige Atlantic liegt direkt an der hiesigen Reeperbahn. Auch im Dschungelgarten hört man stetig den Sunset-Verkehrsstrom, Sirenen künden von entfernten Dramen, so nur ist es IM GRÜNEN ja zu ertragen: mit der Tonspur des Metropolenwahnsinns. Direkt über der Gartengrenzbepflanzung wirbt absurd groß (und natürlich gen Westen weisend) ein scheinwerferbestrahltes Gucci-Billboard seine melancholische Reichtumslangeweile in die Nacht, daneben und viel kleiner das Leuchtschild mit dem Hotellogo; von Weitem kommend, sieht man also zuerst das Gucci-Schild. Es ist im Grunde der Bethlehemstern des Chateau Marmont.

Ich sitze mit Udo auf dem Balkon, wir schauen auf den Pool. Nichts ist ja schöner als ein beleuchteter Pool bei Nacht, dieses schimmernde Türkis, automatisch blickanziehend, wie ein Glas Absinth oder das grüne Licht im großen Gatsby. Udo und ich rauchen und sprechen über die Liebe, das Leben, die ganz großen Themen.

Tagsüber waren wir rumgestromert, und weil man mit Udo eigentlich immer von Hotel zu Hotel geht, da mal 'n kleinen Drink, da mal 'ne Testzigarre, mal gucken, Hallöchen, wieder raus, waren wir auch in der Bar des Hotels, in dem »Pretty Woman« spielte, dem Beverly Wilshire. Die Eckbadewanne! Julia Roberts mit Zahnseide gegen Erdbeerreste zwischen den Zähnen, Richard Gere denkt, es handele sich um Drogen, aber es ist nur Zahnseide. Und dann singt sie, mit geschlossenen Augen, Walkmankopfhörer auf diesen unglaublichen Juliarobertshaaren, in der Schaumbadewanne »Kiss« von Prince – und da hat sich die ganze Welt in sie verliebt.

Vor dem Hotel trafen wir zufällig Wolfgang Joop. Und wenn Udo Lindenberg und Wolfgang Joop nebeneinander auf dem Rodeo Drive stehen und beide gleichzeitig ihre irren Hochgeschwindigkeitsrhetorik-Autopiloten laufen lassen, von Sonnenbrille zu Sonnenbrille, zugewandt und doch komplett aneinander vorbei, direkt vor dem »Pretty-Woman«-Hotel – das ist dann ein bisschen zu viel.

In Udos Zimmer läuft der Fernseher, in Udos Zimmer läuft immer der Fernseher. Deshalb schaut Udo auch nie Fernsehen. Im lokalen Fernsehsender läuft ein Wiederholungsausschnitt aus der Morgensendung, da sitzen Richard Gere und Julia Roberts und plaudern anlässlich des Filmjubiläums über »Pretty Woman«. Draußen der sanfte Nachtlebenbrandungssound des Sunset Boulevard. Julia Roberts sieht immer noch großartig aus. Richard Gere eigentlich auch. In der ursprünglichen Drehbuchfassung, erzählen sie fröhlich, sei eigentlich ein düsteres Ende vorgesehen gewesen, die von Julia Roberts gespielte Figur endete drogenabhängig, die Schlussszene wäre dann laut Julia Roberts ungefähr so gegangen: »Er wirft mich aus dem Wagen, das Geld hinterher und fährt mit dem Auto davon.«

Und in meinem Kopf geht direkt das Roxette-Lied los, das Sentiment überkommt mich, kurz steigt der Tränenflüssigkeitspegel in meinen Augen angenehm:

Lay a whisper on my pillow
Leave the winter on the ground

Am nächsten Morgen scheint natürlich, wie ja immer hier, die Sonne, es ist der Tag unserer geplanten Rückreise in den deutschen Winter – mittags hängen Udo und ich im Chateaugarten rum, vor uns auf dem Poolbartresen liegen stapelweise Textentwürfe für Udos nächste Platte, wir durchforsten sie, sortieren, verwerfen, spielen mit Ideen und Wörtern. Udo hat natürlich keinen SCHREIBTISCH, Udos Schreibtische (und Staffeleien) sind Hotelbartresen überall auf der Welt, und so konnte er früher den schönen, wahren Satz sprechen: Ich trinke wirklich nur, wenn ich im Dienst bin. Jetzt raucht Udo eine Zigarre. Beim Kellner, der natürlich nur gesunde Yogasäfte anzubieten hat, ordert Udo mit der bestechenden Ignoranz eines Kindes: One Red Bull sugarfree, please. Gibt es natürlich nicht. Doch Udo wird es so lang bestellen, bis sie es irgendwann haben werden, einfach weil sie nicht mehr können. So biegt Udo sich die Welt zurecht, es ist immer wieder eine Freude.

Udo nimmt einen Songtextentwurf zur Hand: »Es ist schon schwer genug, einfach nur ich zu sein.« Udo kaut ein bisschen auf dieser Zeile rum, spricht sie ein paarmal laut, irgendwas scheint mit dieser Zeile nicht zu stimmen, es ist wohl keine Udo-Zeile. Er legt den Zettel zurück zu den anderen, zieht an seiner Zigarre und schüttelt den Kopf: Hm, stimmt das denn? So schwer ist das doch gar nicht, ich zu sein. Im Gegenteil, das ist superleicht und macht extrem viel Spaß, ich verstehe eh nicht, dass nicht alle so sind wie ich. Also, wenn ich das singen würde, dass es schwer ist, ich zu sein – da wären bestimmt auch superviele Leute total enttäuscht. Kann ich nicht bringen.

Udo beugt sich vor zu mir, nimmt die Sonnenbrille ab, was er mittags fast nie tut, Achtung, jetzt kommt wohl was Wichtiges. Die zugehörige Liedzeile habe ich natürlich parat, und wie in den meisten seiner Texte ist es die locker dahingesagte reine Wahrheit:

Der echte Klartext läuft nur, wenn wir zusammen sind
Kein Larifari und kein lauer Spruch

Udo schaut mich an, reißt seine Augen auf, wie er das nur tut, wenn es wirklich kurz mal wichtig wird, denn meistens ist es ihm ja darum bestellt, die allseitige PANIK runterzucoolen, alles zu verkleinern, zu zerblödeln und zu angenehmisieren. Aber nicht jetzt. Er nuschelt jetzt auch fast gar nicht. Am Vorabend, sagt Udo, hätte ich ihm ja endlich mal genauer erzählt, was er als Freund ohnehin gewusst habe, dass ich nämlich momentan in einem sehr dunklen, nicht enden wollenden seelischen Dauernovember gefangen sei – und er habe eine Idee, »was man da machen kann«. Er selbst müsse zwar zurück nach Deutschland, irgendeinen Preis verliehen bekommen, ich aber solle doch einfach hierbleiben, in diesem Garten und diesem kalifornischen Hotel Atlantic, das sei doch jetzt genau das Richtige für mich: das Licht, die Stimmung, die Leichtigkeit hiesigen Seins. Ich solle einfach hierbleiben, bis der Winter in mir vorüber ist. Bisschen auf Vorrat die Sonne einsammeln, hm, Stuckiman?

Ja, vielleicht wäre das die Rettung. Etwas ist anders, seit ich hier bin, es ist alles leichter; mir scheint, die ganze Stadt ist so drauf wie Udo: locker, fröhlich, unernst, herzlich, freundlich – und ein bisschen drüber. Jedenfalls geht es mir hier viel besser als in Berlin.

Vielleicht »einfach mal 'ne Weile lang« hier sein, schlägt Udo vor, »'ne Panikfiliale aufmachen«, er sage den Hotelleuten Bescheid, regele das und mache mir »'n coolen Exilantenkurs klar«. Ob ich wirklich sicher sei, dass ich nicht im Haupthaus wohnen wolle, sondern im Garten? Für ihn selbst wäre das nichts, »so 'ne Hütte, so 'n Beiboot«, er brauche ja immer das Mutterschiff um sich, die Kapitänskajüte auf dem großen Dampfer, als den Udo jedes Hotel automatisch begreift, seine

Biographie immer als Odyssee – Udos gesamtes Gedankengerüst ist der Schifffahrt entlehnt. Ja, für mich lieber das Beiboot, ich muss immer viel allein sein. Also Beiboot, »alles klar«, so Udo, ich solle auf jeden Fall erst mal hierbleiben und die Panikflagge hissen, »Funset Boulevard«, trägt er mir als Motto für die unmittelbare Zukunft auf, er werde in Berlin alle von mir grüßen, er kümmere sich, KEINE PANIK.

Udos Hutmodell heißt »Open Road«. Seit Jahren versucht er sich an einem Text mit diesem Titel, es gibt etliche Entwürfe, und natürlich ist dieser Gedanke, »Open Road«, die Essenz aller seiner bereits geschriebenen Lieder, es ist DAS Udo-Thema, er hat immer dieses eine Lied geschrieben und variiert, immer wieder diese ewige Rastlosigkeit besungen, von Beginn an: »Daumen im Wind«. Und der Sänger, der nicht klüger wird, sondern an seinem individuell-existenziellen Grundproblem und an seiner Urfragestellung festhält, dieser Sänger ist der klügste von allen. Wir sitzen am Tresen im Chateaugarten, diesem Udo-Idealschreibtisch, Aschenbecher, Ablenkung, Drinks, meterlange ARBEITSFLÄCHE. Vor uns die aberhundert Textentwürfe und Notizzettel, nebenbei malt Udo schnell ein Bild für den Barkeeper, das hatte der sich gewünscht, mit ein paar Strichen skizziert Udo das Hotel, den Barkeeper, ein paar nackte Leute, Hüte, Drinks, Schlagzeug, Zigarre, amphibische Fahrzeuge – seine Welt. Fehlt noch die Farbe, die bei Udo natürlich niemals fehlen darf: Seine Palette ist ein Tablett mit etwa zehn jeweils mit Likör in unterschiedlichen GRUNDFARBEN gefüllten Schnapsgläsern drauf, sieht aus wie eine Lokalrunde für ein 50er-Jahre-Damenkränzchen, Udo tippt mit dem Zeigefinger reihum in die Schnapsgläser und tupft die Farbe aufs Bild, in der Sonne trocknet es schnell, der Barkeeper freut sich.

Wieder mal denken wir nach über den Text, der so heißen soll wie Udos Stetson-Hutmodell, eine Selbsterklärung. Es gibt eine Balladenkomposition mit dem Arbeitstitel »Open

Road«, die KLINGT absolut nach Weite und Verlorenheit, Freiheitseuphorie und Einsamkeitsvakuum, nur fehlt eben der Text noch. Udo macht sich auf, »erst mal nach Berlin und dann mal gucken«, ich bleibe hier, und weil ich das alles hier (Chateau Marmont, Hollywood, Amerika) nicht kenne, geht in diesem Fall auch das Bleiben als »Open Road« durch. Und je länger ich bleibe, desto klarer wird mir, dass ganz Los Angeles genau so essgestört, sportmanisch und heldenhysterisch ist wie ich, kurzum: Das ist meine Stadt.

Aber die ganze Zeit im Hotel? Natürlich nicht. Ich wohne nicht im, sondern neben dem Hotel, ein Zimmer im Garten. Der Garten des Chateau Marmont hat mit dem Hotel selbst nur wenig zu tun: separater Eingang, direkt vom Sunset Boulevard, eine Gartentür, man SIEHT zwar hinterm rundherum wild wuchernden Dschungelgewüchs das große Hotelgebäude, aber man ist nie dort. Man ist eigentlich Nachbar.

Kleine Bungalows, eine Art gallisches Ausnahmedorf, ein Nebenstaat, ein Parallelkosmos. Ich habe mich im Verlaufe meines immer länger werdenden Aufenthalts langsam nach oben geschlafen: zuerst ganz unten, höllenlaut und direkt an der Straße, weiter den Hang hinauf, wo es immer ruhiger und grüner wird. Inzwischen kann ich, wenn ich aus dem Fenster schaue, sogar was SEHEN. Und zwar: grüne Zwanzigmeterbambussträucher. Das Haupthaus sieht aus wie eine Playmobilburg, und ich wohne also praktisch in der Festungsmauer, in Maximalentfernung vom Lobbyglutkern des Hotels.

Die Mutter guckt alleine Krimi oder Quiz
Und die Tochter ist da, wo die Action is

Das stimmt natürlich: Töchter sieht man hier selten, die hysterisch hübschen L.A.-Menschen sind alle da, wo die Action ist, im Haupthaus, und darob sehr aufgeregt – und ich bin dann eigentlich die Mutter und gucke alleine Krimi (Sunset-Boulevard-Nachtverkehr) oder Quiz (Wie heißt wohl die Frau auf dem Gucci-Billboard BÜRGERLICH?). Hier draußen, nebenan, kriegt man vom HOTELLEBEN gar nichts mit, auch kriegt das Hotel nichts von mir mit, wir haben uns ein bisschen auseinandergelebt. Ich war seit WOCHEN nicht im Hotel. Aber ich wohne hier. Ich nehme nur immer die Gartentür. Und ich habe zwei für meine Grundversorgung relevante Lücken im System entdeckt: Neue Gäste bekommen eine große Flasche Wasser mit und eine ohne Kohlensäure ins Zimmer gestellt, doch speziell Reisende mit Kurzaufenthalten hier trinken lieber alles andere als Wasser, die deshalb unberührten Literflaschen werden während der Zimmerreinigung immer mit den schmutzigen Handtüchern vor der Zimmertür zur Abholung deponiert – und genau in dem Moment schlage ich zu, ich habe das von hier oben gut im Blick, ah, eine Abreise, zwei neue Wasserflaschen, schon sause ich hin, wie die Eichhörnchen am Pool, wenn man nicht achtgibt aufs LUNCH; die andere Systemlücke ist der tagsüber manchmal offen stehende Verschlag neben der Treppe zu meinem »Garden Cottage«, darin lagern Handtücher, Seife, Aschenbecher, Bleistifte, Hotelbriefpapier und so weiter, und im Alltag gehe ich da ganz gern klauen.

Nach ein paar Wochen stellt sich das schöne Gefühl ein, dass die Hotelleitung mein Zimmer inzwischen ein bisschen aufgegeben hat. Es kommt nur noch ganz selten mal jemand vorbei; es ist dies die HINTERBÜHNE des Hotels. Unter meinem Zimmer befindet sich der BEREICH der Angestellten, dort ziehen sie sich um, machen Pause, lästern über Gäste (durchs Badezimmerfenster gut vernehmlich) und kochen mexikanische Pampe (mir, ebenfalls durchs Badezimmerfenster, nicht vorenthalten). Manchmal reichen sie mir einen Teller Bohnengrütze rein, sie nehmen mich angenehmerweise seit geraumer Zeit nicht mehr ernst, ich bin schon zu lange hier, ich bin egal. Da beginnt Freiheit.

Ich kann aus dem Fenster steigen, direkt auf ein Ziegeldach, darüber absurd groß das Gucci-Billboard. Nachts sitze ich oft auf dem Dachfirst, lehne mich an den Schornstein und rauche eine mit ihm, bin eigentlich Karlsson vom Dach. Ich höre den Sunset Boulevard, höre sanft herüberwehen auch die Haupthausaufregung, das ganze Theater des Vorfahrens und Tischekriegens, die Sozialprestigetopographiewirren im Restaurant. Das alles gibt es im Garten nicht. Wenn Menschen von diesem Hotel sprechen oder dort sind, meinen sie immer das Haupthaus. Hier im Garten ist komischerweise nie jemand, außer mir. Eigentlich ist dieser Garten mein Wohnzimmer. Es gibt gar keinen Unterschied zwischen drinnen und draußen. Vielleicht kommt das von den vielen Palmen überall. Oder von dieser schon lachhaft zuverlässigen Sonne – vor ein paar Monaten SOLLTE es regnen, das kam in den NACHRICHTEN. Alle waren ganz aufgeregt, aber dann schien doch wieder die Sonne. Gut, paar WÖLKCHEN. Aber wirklich nicht weiter schlimm.

In meinem ersten Udo-Konzert, 24 Jahre zuvor, sang Udo als letztes Lied eine Reprise, und die endete mit Worten, von Meeresrauschen und Schiffablegegeräuschen unterlegt, die mich damals euphorisch in die Nacht entließen, zurück in meine Sechzehnjährigkeit, proviantiert mit Udo-Spirit:

Arme Seele, alles pleite
Komm doch rüber auf die Sonnenseite

Das war sein Angebot. Und das gilt bis heute.

AN DER BAR, AUCH WENN'S NUR KAFFEE WAR

Andere Musik passierte. Ich war 16 und musste mich jetzt mal um die Gegenwart kümmern. HipHop hatte ich verpasst, statt von der Bronx hatte ich mich in den 80ern von Udo zutexten lassen, auch die Anfänge von Techno nicht mitgekriegt in meinem Deutschrockknast. Doch nun war ich genau in dem Alter, in dem man KOMPLETT erfasst werden kann von so einer Welthitwelle: Nirvana!

Melodie und Zerstörung, karierte Flanellhemden, der totale Alarm, Nirvana waren wütend, worauf genau, wusste man nicht, war egal, auf jeden Fall irgendwie auf die Gesellschaft und ALLES – und da war man doch gern dabei. Diffus angepisst sein, das aber sehr konkret und mit Anlauf, dieses Sechzehnjährigengrundgefühl wurde von Nirvana in Vollendung dargeboten. Verweigerung hieß es, die verweigern sich so toll. Mein persönliches Cobain-Gefolgschaftsflanellhemd war zwar von Benetton, aber ich hatte die Ärmel abgeschnitten und ein paar wie zufällig platzierte Brandlöcher reingekokelt. Meine Jeans wetzte ich so lang am Bordstein ab, bis sie fast durchsichtig waren. Das Kaputtmachen als Evolutionsbrennstoff: Wir hauen alles kurz und klein, denn jetzt sind wir dran. Bringt Schwung in die Biographie. Ein Aufbruchsmanifest braucht jeder Jahrgang, und das »Empört euch!«, »Unterwegs« oder »Fuck The Police« jener Zeit hieß eben »Nevermind«.

Here we are now, entertain us

Musik war jetzt mehr als nur das, was man freiwillig und gern hört, nämlich eine weitreichende Ichentwurfssetzung, man entschied sich mit einem Genre für eine bestimmte Schulhofcliquenzugehörigkeit, für spezifische Kleidung, Sprache, Weltanschauung. Wie man die Haare trug oder die Jeans, ja sogar wie man GING und GUCKTE, all das war in der Musik schon angelegt, also musste diese Entscheidung sitzen. Der Weg vom Fahrradständer zum Schulgebäude hatte Laufstegcharakter, hier zeigte man, in welcher Liga man modisch spielte.

Eine löchrige, verwaschene Levi's mit abgewetztem Saum war da das Mindeste, was man aufzubieten hatte. Obenrum feierte ich mit dem zerschnittenen Flanellhemd und einer Schweizer Armeejacke aus dem Secondhandladen große Erfolge, dazu Chucks und ein Ohrring, schon war ich gleichauf mit der stilprägenden Rauchereckenavantgarde. Leider schmeckten mir Zigaretten nicht, aber daran würde ich ja arbeiten können.

Man orientierte sich am Geschmack derer, die auf anderen Feldern unbestritten dominierten, an den Gutaussehenden, Beliebten, Lustigen. Denen konnte man nicht das Wasser reichen, aber man konnte ihnen ja mal eine Kassette rüberreichen. Dazu musste man ihren Musikgeschmack kennen, imitieren, antizipieren. Mit Udo, so viel war klar, konnte ich denen nicht kommen. Und sogar wo man sich Platten kaufte, war ein nicht unbedeutendes Selbstentwurfsdetail. Kannte man sich im geschmacklich führenden, ramschigen Gebrauchtplattenladen aus, wurde man von dessen Besitzer – Extrapunkte! – gar begrüßt, vielleicht sogar namentlich? Was dieser Plattenladentyp hörte, war das nächste große Ding, er war der Musikpapst der Stadt, sein Geschmacksurteil war bindend. Seine wilden schwarz gefärbten Haare waren kunstvoll mittels eines Totenkopftuchs aufgetürmt, er trug an jedem Finger mindestens einen Ring, rauchte filterlose Zigaretten und war der King. Wie er einen behandelte, das war ein Windkanal für die Ausbildung des eigenen Geschmacks: Lag man richtig? Wie schaute er, wenn man nach einer bestimmten Platte fragte? Rollte er verächtlich mit den Augen, oder schnalzte er anerkennend mit der Zunge? Kommentierte er möglicherweise das T-Shirt, das man trug? Unglaublich, wie dieser Typ sich aufspielte, von freier Marktwirtschaft konnte keine Rede sein. Wir verehrten ihn. Rund um seinen Kassentresen hingen immer ältere Jungs mit sehr ausgefeiltem Musikgeschmack rum, die mit ihm Kaffee trinken durften und rauchen, sie redeten über importierte Spezialpressungen, über Konzerte in London, B-Seiten aus Japan. Und sie redeten natürlich nie, nie, nie über Udo Lindenberg.

Mit meiner Udo-Liebe hatte es schon asynchron begonnen. Als ich zustieg in die Udo-Welt, Mitte der 80er, galt er manchen schon als Früher-mal-gut-Sänger und Verwalter einer Welt von gestern und jetzt, knapp zehn Jahre später, nur mehr als eine Art Helmut Kohl des deutschen Pop. Anfang der 90er-Jahre war Udo am Ende. Seine neuen Platten waren leider auch wirklich schlecht, ich kaufte sie zwar noch, aber in Läden, in denen man sonst eher Mikrowellen oder Videorekorder kaufte und durch deren Deckenlautsprecher, neben indiskutabler Mittelschichtmusik von Phil Collins (die ich heimlich leider auch nicht so schlecht fand, aber das konnte ich bekämpfen), immer sehr rätselhafte Durchsagen schepperten, »Fünfzehn bitte die Neunzehn« oder so.

Vor jedem Kinofilm lief damals ein Werbespot, der für das Benutzen von Kondomen warb: An einer Supermarktkasse steht ein von Ingolf Lück überzeugend dargestellter Zeitgeistdödel mit Stirnband, dem es sichtlich peinlich ist, Kondome zu kaufen, er versteckt sie auf dem Warentransportband unter Porreestangen. Die von der trötig-fidelen Komikerin Hella von Sinnen gespielte Kassiererin aber blamiert ihn, scheinbar!, indem sie sehr laut zu ihrer Kollegin rüberruft: »Tinaaaa, wat kosten denn die Kondome?« Peinlich, peinlich, aber nein, denn hier spricht das Bundesgesundheitsministerium, und alles geht gut aus und ist kein Problem, die Oma in der Schlange, deren Reaktion man als Zuschauer natürlich mit dem Kondomkäufer am meisten gefürchtet hat, diese Oma also, gibt's denn so was, weiß sogar noch genauer als die knickknack-lächelnde Blondine, was die Kondome kosten, die sind nämlich im Angebot. Freundlich lächelnde, absolut unverklemmte, superaufgeklärte Oma, erleichterter Kunde, und sogar die Blondine sagt nett Tschüss – Gib Aids keine Chance, Kondome schützen.

Man hätte den gleichen Spot mit Udo-Platten drehen können: Hertha, wat kostet denn die neue Udo-Scheibe »Panik Panther«? Da nimmt der Hausbesetzergott mit der bemalten Lederjacke, den Rastazöpfen unter der Run-DMC-Kappe und dem Skateboard unterm einen und ebenfalls der – ja, gibt's das denn? – Udo-Platte unterm anderen Arm den Walkman-Ohrstöpsel aus dem Gehörgang und spricht den Segen: »Die ist im Sonderangebot!«

In den Kathedralen der Coolness kaufte ich, statt Udo, lieber den heißen Scheiß aus Seattle und London. Und allmählich bedeutete mir dieser heiße Scheiß auch wirklich mehr. Zwar fuhr ich zu einem Anti-Rassismus-Festival, bei dem alle berühmteren deutschen Sänger gemeinsam gegen brennende Asylbewerberheime ansangen, auch Udo natürlich, doch mein Kindheitsheld war ein lallender Witz geworden, er sang schwunglos dröhnend: »Wir fegen los wie ein Orkan, gegen uns kommt keiner an.« So wie er aussah, war das doch eine gewaltige Text-Bild-Schere. Von losfegendem Orkan konnte keine Rede sein, und es war ziemlich klar ersichtlich, wer sehr wohl ankam gegen Udo: Freund Alkohol.

Was sang Udo denn da? Er reimte »Power« auf »Dauer«. Hm, tja. Irgendwie oll. Nach »Teen Spirit« jedenfalls roch DAS nicht. »Ey Leute«? EY? LEUTE? Es musste jetzt verwegener werden. »Ey« war inzwischen fast tagesschautauglich, »ey« war zugleich Jugendsprachklischee und in den allgemeinen Wortschatz übergegangenes Normalfüllsel, »ey« war eine sprachliche Lederjacke, längst nicht mehr Rock&Roll, nicht mehr gefährlich. Bei Udo lebte es fort, seine Musealisierung, wenn nicht Mumifizierung schritt voran.

Die Architektentochter aus der ersten Reihe sagte anderntags in gewohnt herablassendem Ton, sie habe Ausschnitte des Konzerts im Fernsehen gesehen, und ganz besonders furchtbar sei ja der Auftritt gewesen »von deinem Udo Lindenberg, der sah ja total versoffen aus«. Immerhin sprach sie mit mir.

Mein Udo Lindenberg. War er das noch? Was sie ja eigentlich sagen wollte: Du bist voll eklig, weil du den toll findest.

Musik und alles, was dazugehörte, wurde immer kostspieliger. Dringend brauchte ich jetzt einen CD-Player, denn längst hatte ja DAS DIGITALE ZEITALTER begonnen, zwar wusste man nicht, was das bedeuten könnte, aber einen CD-Player brauchte man unbedingt. In den Ferien rodete ich für sechs Mark die Stunde im Rahmen irgendeines SOZIALINTEGRATIONSPROJEKTS mit einem geistig Behinderten ein kleines Waldstück und spießte, für sechs fünfzig, in einem Schnellimbiss gefrorene Hühner auf Stangen, um sie dann in einen Drehgrill zu hängen. Die noch immer leicht zu erkennenden Ostler sagten dazu »Broiler« und gaben Trinkgeld. Die Westler sagten »halbes Hähnchen« und gaben kein Trinkgeld. Am Ende der Ferien fehlten mir für einen CD-Player noch 50 Mark.

Ich besaß 25 Udo-LPs, die Coverhüllen hatte ich mit Stecknadeln zu einem großen Udo-Mosaik an meine Zimmerwand gepinnt. Ich hörte diese Platten nicht mehr, konnte sie komplett auswendig, jetzt aber wollte ich »Nevermind« hören, eine CD musste es sein, alles musste neu sein, und beides ging nicht. Ich musste Opfer bringen. Ich nahm die Udo-LP-Cover von der Wand, steckte die Platten wieder hinein – und brachte sie zum blasierten Gebrauchtplattenhändler. Es war ein Offenbarungseid. Nicht nur, weil klar war, dass der Typ mir praktisch nichts dafür geben würde, noch schwerer wog, wie er schaute, als er quälend genau die Platten auf Kratzer prüfte und dabei nach und nach merkte, dass es sich durchweg um Lindenberg-Platten handelte. Er trug ein schwarzes, bis weit unters Brustbein aufgeknöpftes Hemd, das freien Blick gewährte auf ein an einem schwarzen Lederhalsband baumelndes mystisches Amulett. Als er durch war mit der Taxierung meines Plattenstapels, lachte er so sehr, dass sein Amulett wackelte. Er lachte mich aus: So viel Lindenberg? Hat Muttern ihre Plattensammlung aufgelöst, oder was?

Beschämt verzichtete ich darauf, zu handeln, bloß schnell raus hier, die Schmach beenden. Ich bekam ganze 2 Mark pro Platte – und konnte mir endlich einen CD-Player kaufen. Ein letzter Dienst, den Udos Werk mir erweisen konnte? Es schien so.

Auf dem Weg zur Schule ging ich immer an einer Plakatwand vorbei, an der, regelmäßig aktualisiert, die riesigen Werbeplakate für Lucky Strike hingen. Ich fand diese Reklame so unglaublich gut, stets dieselben Mittel, die Schachtel und einzelne Zigaretten waren die Helden, sie wurden zu saisonalen Feiertagen oder aktuellen Ereignissen passend arrangiert und mit lustigen Slogans übertitelt. Man freute sich schon von Weitem, wenn man sah, ah, wieder ein neues Lucky-Strike-Plakat, eine wieder neue Variante in Arrangement oder Zurichtung der Schachtel, dazu ein kurzer guter Spruch, ein Wortwitz, gefolgt von: »Lucky Strike. Sonst nichts.« Gerade der durch Beschränkung erzwungene Modifikationsirrsinn begeisterte mich. Ich dachte, das wäre toll, da mitzumachen, das wäre der beste Job, den ich mir vorstellen kann: sich solche Motive ausdenken – und dafür Geld kriegen. Hatte nicht Harry Rowohlt früher Slogans für Jägermeister geschrieben? »Ich trinke Jägermeister, weil …« und dann kam ein Gag, das war ja in den 70ern das, was jetzt die Lucky-Strike-Reklame war. Sah jedes Mal gleich aus, scheinbar, und genau die Variation machte dann die gute Laune. In Zeitschriften gab es auch Anzeigen mit diesen Motiven, ich riss sie aus und sammelte sie – und mehr kann Werbung wahrscheinlich nicht erreichen. Aber wie da reinkommen? Meine Berufspläne blieben sehr vage.

Göttingen hatte die perfekte Größe, um kulturell zu erwachen: klein genug, dass man jederzeit den Überblick hatte, doch auch groß genug und Studentenstadt genug, dass es alle Subkulturen zumindest in Andeutung gab. Und es gab die in Plattenläden, Clubs und Cafés ausliegenden Gratis-Stadtmagazine. In diesen Heften wurde ständig was verlost, zumeist CDs und Konzertkarten, also genau das, was ich brauchte. Ich hatte ein paarmal teilgenommen an diesen Preisausschreiben, bald schon hatte ich das Prinzip geknackt, ich gewann immer. Und zwar, indem ich sehr aufwendige Antwortpostkarten bastelte, überformatige, themenbezogene Collagen, auffällige Verpackungen, ich schickte die Lösungswörter auf die immer sehr einfachen Verlosungsfragen in Käseschachteln, Staubsaugerbeuteln oder Suppentüten an die Redaktionen, damit sie schon rein formal herausragten aus der Flut der Zuschriften und vielleicht bevorzugt behandelt würden, so ein Aufwand müsste doch belohnt werden. Und genau so war es. Ich musste schon dazu übergehen, Adressen von Mitschülern zu verwenden, um die Gewinnsträhne fortzuführen, denn es konnte ja nicht immer derselbe Name alles abräumen. Aber es war Monat für Monat dieselbe Person, nur eben unter sehr vielen Decknamen und Scheinadressen: ich. Wenn der Gewinn aus zwei Tickets bestand, gab ich dem Mitschüler, dessen Identität ich mir vorübergehend geliehen hatte, eines ab. Ich betrieb einen schwunghaften Handel mit Konzertkarten und CDs.

Das führende Gratis-Stadtmagazin hieß »Charakter«, und meine Vorstellung vom Glück war es, deren Platten- und Konzertkritiken schreiben zu dürfen, um etwas unaufwendiger an CDs und Konzertkarten zu kommen, denn langsam gingen mir die Tarnidentitäten für die Gewinnspiele aus. Inzwischen hatte ich schon Austauschschüler erfunden, deren gebrochenes Deutsch mir zwar Freude bereitete, aber auch die mussten ja irgendwo wohnen. Auf dem Computer meines Vaters schrieb ich eine Bewerbung an den »Charakter«. Man lud mich ein, ich dachte, nun geht es los. Der Musikkritikerposten aber war natürlich seit Jahren und für alle Ewigkeit fest vergeben, da war nichts zu holen. Ob ich mir auch vorstellen könne, über Theater zu schreiben? Selbstverständlich. Im Theater war ich ja schon mal gewesen, die melancholische Deutschlehrerin hatte uns hingeführt, »Der Besuch der alten Dame«. Mir hatte gefallen, wie vom Schnürboden, oder wie das heißt, eine Bahnhofsuhr herabschwebte, kurz bevor Claire Zachanassian ankommt. Das fand ich irgendwie gut, dass die so was dahaben, eine Bahnhofsuhr. Theater, eine tolle Sache, genau mein Ding. Vor allem hatte mir bei diesem Theaterbesuch gefallen, dass ich neben einem der mittelgut aussehenden Mädchen von der Längsseite gesessen hatte und wir im Verlauf der Vorstellung ganz langsam immer näher aneinanderrückten, erst die Knie, dann der Arm, schließlich, kurz bevor der Güllener Mob Ernst machte, sogar ein kurzer Kuss. Aber das tat ja jetzt nichts zur Sache.

Ich bekam den Auftrag, mir die Proben einer »Glasmenagerie«-Inszenierung anzugucken und darüber zu schreiben. Aus Höflichkeitsgründen sprach ich kurz mit der Regisseurin, schaute eine Weile dem DEKLAMIEREN zu – und zu Hause schlug ich dann erstmals den rororo-Schauspielführer auf, den mein Vater mir ein paar Weihnachten zuvor geschenkt hatte, und schrieb daraus ab. Das war keine so gelungene Arbeitsprobe für den »Charakter«, und sie meldeten sich auch nicht mehr.

Wann immer ich ein paar Mark übrig hatte, setzte ich mich ins Café Kadenz, ein sehr angenehmes Caféhaus mit träge im Zigarettenrauch rührenden Deckenventilatoren, leiser Klaviermusik und snobistischen Kellnern mit Schürzen und riesigen, rückwärtig unterm Schürzenknoten klemmenden Wechselgeldportemonnaies. Ich bestellte einen Kaffee, rauchte eine Zigarette, nahm mir eine der in Holzleisten geklemmten englischsprachigen Tageszeitungen vom Haken, drapierte sie und ein imageträchtiges, natürlich ungelesenes Buch (Camus-Tagebücher aus dem Antiquariat und ähnliche Accessoire-Geschosse) auf einem der runden Marmortische und kam mir sehr großstädtisch vor. So stellte ich mir das geglückte erwachsene Leben vor: im Caféhaus sitzen, rauchen, den Tag vertändeln, kluge Sachen lesen. Da genügte es für den Anfang, so zu tun, als läse ich sie. Ich versuchte, Blickkontakt mit Frauen aufzunehmen, den in diesem Café verkehrenden hübschen Studentinnen; mein Traumdialog mit ihnen ging in etwa so:

Sie: Was liest du denn da?

Ich: Och, nichts, Camus und den Herald Tribune, wie immer, aber setz dich doch! Zigarette? Manchmal bestelle ich mir einen Martini.

Es kam aber nie jemand an meinen Tisch, die Augen der Studentinnen verweilten auch nie länger auf meiner sozialen Plastik »Junger Mann mit hochgradig intellektueller Lektüre, der eventuell gleich Martini trinkt«.

Ein stets angenehm nervöser Mann war immer da, und er las wirklich – und manchmal saß ein hübsches Mädchen bei ihm. Ein Vorbild, lang bevor wir zum ersten Mal miteinander sprachen. Eines Tages kam er mit einem Karton voller Magazine ins Kadenz, nahm einen Packen heraus und platzierte ihn auf der Fensterbank am Eingang, es war die druckfrische Ausgabe des anderen Göttinger Gratis-Stadtmagazins, »Nightlife«. Er stellte den nun halb leeren Karton auf einen Stuhl, nahm daneben Platz, zündete sich eine blaue Gauloise an und bekam einen Kaffee serviert, ohne ihn bestellt zu haben, auch davon träumte ich: Stammgast sein.

Weil ja meine journalistische Karriere als Theaterkritiker beim »Charakter« nicht so recht in Schwung gekommen war, musste ich es nun beim »Nightlife« versuchen. Wahrscheinlich kannte doch dieser lässige Café-Kadenz-Stammgast da, der just die neue Ausgabe mitgebracht hatte, die Leute von diesem Magazin?

Ohne nachzudenken, was genau ich sagen würde, ging ich zu ihm rüber, fragte, ob ich mir ein »Nightlife« aus dem Karton nehmen dürfe.

Ja, klar, er schaute kaum auf.

Ist ein tolles Magazin, sagte ich.

Jetzt hatte ich seine Aufmerksamkeit. Wir kamen ins Gespräch, ich durfte mich zu ihm setzen. Es stellte sich heraus, dass er Chefredakteur, Redaktion, Vertrieb, Anzeigenleiter und Geschäftsführer nicht nur kannte – sondern in Personalunion selbst darstellte. Das »Nightlife« war also ein Ein-Mann-Betrieb und saß als solcher geschlossen hier vor mir. Ich erzählte ihm von meinem Wunschtraum, Platten und Konzerte zu BESPRECHEN. Ich schlug die Seite mit den Plattenbesprechungen auf. Die Rezensenten, die diesen Traumjob hatten, hießen Inge Naning und Mario Kempe. Einer von denen sein, das wär's, sagte ich. Er lachte – die beiden gäbe es gar nicht, das seien Pseudonyme, unter denen er selbst monatlich die Plattenkritiken schriebe. »Ingen aning« bedeute auf Schwedisch »Keine Ahnung«, und »Mario Kempe« sei der Name eines früheren Fußballspielers von Arminia Bielefeld. Sein wirklicher Name sei Christoph.

Ich lachte und erzählte Christoph, dass ich ebenfalls mit Pseudonymen agierte, um nämlich Monat für Monat die Gewinne auch seiner Verlosungen abzuräumen. Darüber nun musste Christoph lachen. Seinetwegen könne ich es ja mal versuchen, ein paar Platten für ihn zu besprechen, wenn ich wolle, sogar unter meinem richtigen Namen, wie war der noch mal? Der klinge ja nun wirklich ausgedacht genug.

Christoph war zehn Jahre älter als ich, trug ein Jackett, rauchte Kette, besaß ein eigenes Magazin und war ab sofort mein neuer Gott. Er bat um die Rechnung, zahlte auch meinen Kaffee und fragte, ob ich ihn begleiten wolle die restlichen Magazine verteilen. Ich schaute auf die Uhr, in ein paar Minuten würde der Französischunterricht beginnen, Doppelstunde am Nachmittag, aber ich verstand da ohnehin kein Wort, nach einem Jahr Unterricht beherrschte ich bislang erst einen Satz: L'orage éclate. Im Lehrbuch war das so, da waren Sandrine und Jean-Luc im Kanu mit ihrem Hund Max unterwegs, am Uferrand Weinbauern oder Weintrauben oder Weinberge oder so, und dann: L'orage éclate. Das Gewitter bricht los.

Christoph steuerte auf den Plattenladen zu, in dem ich meine Lindenberg-Platten veräußert hatte. Der Plattenladentyp lächelte hocherfreut, als er Christoph erblickte, das wurde ja alles immer besser, was war dieser Christoph für ein Gigant. Er legte einen Stapel »Nightlife«-Ausgaben auf den Tresen und plauderte mit dem Plattenladenbesitzer, für den ich ab jetzt, dank Schutzpatron Christoph, als menschliches Wesen zu existieren begann. Christoph fragte, ob wir einander kennten, der Plattenladenbesitzer sagte nichts, ich auch nicht, Christoph stellte uns also einander vor, und fortan gehörte ich zum erlauchten Kreise der namentlich begrüßten Kundschaft. Es ging aufwärts.

Das würde sich gut machen in meinem LEBENSLAUF, also dieser Lügenliste, in der man tabellarisch seine bisherige Nützlichkeit für die Gesellschaft nachweist, um sich damit für weitere Schandtaten zu bewerben. In diese Auflistung also könnte ich künftig hineinschreiben:

Charakter: gescheitert

Nightlife: voll dabei

Und als Christoph »Nightlife« einstellte, erschien kurz danach ein neues Kulturmagazin, bei dem ich mich rasch als Mitarbeiter aufdrängte, und dieses Magazin hieß, als Akronym für Konzert-Magazin und so würdiger wie seherischer Schlussakkord dieses Dreiklangs: KoMa.

Charakter nein – Nightlife bis zum bitteren Ende – Koma.

Das war der Plot für die nächsten Jahre.

DER KLEINE BOXER

Christoph führte das Leben, von dem ich träumte: Er schlief bis mittags, dann Café Kadenz, rauchen, lesen und mit Kellnerinnen flirten, anschließend setzte er sich zu Hause (zwei Stockwerke überm Kadenz, selbes Haus!) an seinen Glasschreibtisch und ging seinen Geschäften nach. Als Stadtmagazinbetreiber bekam er Freikarten für jedes Konzert, täglich per Post wattierte Umschläge mit Rezensionsexemplaren, er hörte alle neuen Platten, las alle neuen Bücher, er rauchte pausenlos und trank unfassbar viel Kaffee. Abends ging Christoph grundsätzlich essen, er kochte nie, man kannte ihn in allen Lokalen, er hatte seine Stammplätze, die Bedienungen hielten gern einen kleinen Schwatz mit ihm. Schon während seiner Schulzeit hatte er ein Comicheft herausgegeben und jetzt eben die Zeitschrift »Nightlife«, außerdem veranstaltete er das Festival »Göttinger Literaturherbst«. Das Studium hatte er abgebrochen, das fand ich als Perspektive schon mal sehr angenehm. Christoph gab mir einen Crashkurs in allen wichtigen Dingen. Neben dem Computer war sein Hauptwerkzeug ein B&O-Telefon mit bunten Tasten. Er lehrte mich diese gewisse Heiratsschwindlerrhetorik, mit der man überzeugend bei Plattenfirmen und Buchverlagen anrief, damit sie einem umsonst Platten und Bücher schickten: Zigarette, Kaffee, Stimme etwas tiefer anlegen, schäkern, alle duzen, nach dem Wetter fragen – und immer ein Farbdia dazubestellen. Wenn man ein Farbdia erbat, bekam man alles, denn ein Farbdia bedeutete: potenzielle Titelgeschichte. Und das war immer gut, auch wenn es nur Göttingen war.

Ich war jetzt also Musikkritiker. Christoph hatte mir eine Liste mit Plattenfirmen-Telefonnummern gegeben und damit die »Nightlife«-Musikredaktion überantwortet. Sofort bestellte ich wahnwitzig viele CDs, es ging ganz leicht, Stimme bisschen tiefer, Farbdia und so weiter. Normalerweise wurden nur vier CDs pro Ausgabe rezensiert, ich stockte das mal gleich auf das Doppelte auf. Zu jeder CD musste ich allerdings eine ganze Spalte Text schreiben. Das war natürlich schlecht.

Die einfachste Rezensionsform war, das lernte ich schnell: voll auf den Künstler drauf, so unsachlich wie möglich, am besten humorvoll, unbedingt böse – der Totalverriss. Besonders bei sehr berühmten, sehr lang schon sehr berühmten und allein dadurch schon nervenden Musikern bot sich das an. »Inge Naning« hatte in der vorherigen »Nightlife«-Ausgabe auf diese Weise eine völlig egale neue Platte von Paul McCartney verrissen, sehr höhnisch, sehr lustig. Es sei ja verständlich, dass es langweilig ist, mit Linda verheiratet zu sein und Vegetarier, das aber sei noch lange kein Grund, so öde Platten zu machen – so ungefähr ging diese Kritik. Ich war total begeistert. Wenn das so ist, wenn man wirklich schreiben darf, was einem gerade so einfällt, und dafür auch noch CDs umsonst bekommt, besser geht es ja nicht. Inge Nanings McCartney-Verriss war mein Vorbildtext. So wollte ich es auch machen.

Aus Fanperspektive, die ja bislang mein Zugang zur Musik gewesen war, stellte sich natürlich die grundsätzliche Frage, was es denn – MUSIKKRITIKER! – an Musik um Himmels willen zu kritisieren gibt. Aber wenn das der Deal war, Platte umsonst, dafür eine KRITIK, dann bitte schön. Dann würde ich eben kritisieren.

Eine der ersten CDs, die ich in meiner Eigenschaft als »Nightlife«-Musikredakteur KRITISIERTE, war eine neue Platte von Udo. Sie hieß, auch das noch, »Benjamin« – und war ziemlich schlecht. Aber selbst wenn sie gut gewesen wäre, ich hätte sie wohl verrissen. Ich wollte es machen wie Inge Naning. Verrisse machten einfach mehr Spaß, und nichts befähigt zu größerer Boshaftigkeit als enttäuschte Liebe. Natürlich musste der Held meiner Autobiographie jetzt erst mal seinen Helden zur Strecke bringen: müde, alt, besoffen, so in etwa meine Argumentation, KARIKATUR SEINER SELBST!

Auf dem Cover von »Benjamin« sieht man einen kleinen

Jungen mit Boxhandschuhen, lässig und bereit zum Zuschlagen an den Seilen eines Boxrings lehnend, im Hintergrund, in BLAUES Licht getaucht: ein ikonisches Udo-Porträt, Hut, Haare, Lippe.

Mein Spitzname bei Udo ist bis heute, und auch ich nenne mich so in SMS an ihn: BoxBen.

Meine ersten Plattenkritiken schrieb ich auf die Rückseiten von »Stopp Rassismus«-Flugblättern. Diese hatte ich, immer auf der Suche nach Zuverdienstmöglichkeiten, für das Bürgeramt der Stadt Göttingen verteilen und in Hausbriefkästen stecken sollen, es hatte 60 Mark dafür gegeben, und es waren sehr, sehr viele Flugblätter gewesen. Ein paar davon hatte ich durchaus verteilt, den Großteil aber direkt in den Altpapiercontainer geworfen – und einen kleinen Stapel aufbewahrt, um eben die Rückseiten als Schreibpapier zu benutzen, denn ich war ja von Hause aus zur Umweltfreundlichkeit erzogen worden.

Mittags nach der Schule rief ich, während meine Eltern schliefen, bei Plattenfirmen in Hamburg und München an und bestellte mit geschäftiger Stimme REZENSIONSEXEMPLARE. Damit es nicht so auffiel in der Telefonrechnung, nahm ich für jedes zweite Telefonat den Dienstapparat meines Vaters. Um neun Uhr morgens kam die Post, um Viertel nach hatten wir große Pause, ich raste mit dem Fahrrad nach Hause und nahm all die gefütterten Umschläge aus dem Briefkasten, fuhr zurück in die Schule, wo ich dann während des Unterrichts betont gelangweilt all diese lästigen CD-Zusendungen (Gestus: Was wollen die denn alle schon wieder von mir?) öffnete und ausführlich begutachtete.

Dieser Zugang zur Musikwelt steigerte natürlich mein Ansehen. Eine gerade beliebte Band kommt in die Stadt? Auf der Gästeliste stehen! Und zwar: plus 1! Und diese Variable, die 1, die bot allerlei Chancen. Auch machte es sich gut, wichtig an der Abendkassenschlange (Amateure!) vorbeizugehen, zum Schalter mit der Aufschrift »Presse/Gäste/V.I.P.«. Man bekam dort häufig statt Tickets textile Aufkleber, die einem den Zutritt zum Konzert, eventuell gar »after show« zum mythenumrankten BACKSTAGEBEREICH ermöglichten, und wenn es ganz gut lief: »Access All Areas«. Man wurde von den Grenzern in ihren »Presse/Gäste/V.I.P.«-Kabuffs angehalten, diese Aufkleber »gut sichtbar« auf dem Brustbereich der Jacke anzubringen. Nichts tat ich natürlich lieber, gern ließ ich die Aufkleber sogar noch eine Weile nach dem Konzert auf der Jacke kleben, trug sie mit dem Stolz scheinbarer Beiläufigkeit, mit dem verdiente Militärschurken ihre Tapferkeitsorden spazieren tragen. Da kommt der Typ mit dem Zugang zum Backstagebereich!

Unter Backstagebereichen hatte ich mir, so ward es in der Popgeschichtsschreibung gelehrt, schummrige Oasen des Wohllebens vorgestellt, Lasterhöhlen, Frauen, Drogen, Entgrenzung. Die Vorstellung war toll. Und wie so oft der Realität natürlich weit überlegen. Fast immer bestanden die Backstagebereiche aus einem fensterlosen Raum mit abgeranzten Sofas, leuchtendem Sponsorenkühlschrank mit durchsichtiger Tür und einem Tablett, auf dem – statt der erwarteten Drogen – unter Zellophan ein paar Sandwiches im Neonlicht an Altersschwäche starben, als Trauerkränze fungierten welke Garnitursalatblätter. Und doch, ich liebte diese Zonen. In den vollkommen abgerockten Klos hingen fransige Frotteehandtücher, mit denen sich wer weiß schon alles den Ruhmesschweiß abgetrocknet hatte, die Spülkästen waren interessant gegerbt von darauf ausgedrückten Zigaretten und zerritzt von der Zubereitung klein zu hackender Drogen. Falls es passierte – dann hier.

An den Wänden mehrere Jahrgänge Exzesszeugnisse, Plakate, Aufkleber und Edding-Signaturen. Wie ein Archäologe bestaunte ich diese Höhlenmalereien des Rock&Roll. Am tollsten war immer der Moment kurz vor Konzertbeginn, wenn der Tourneeleiter sich vom ordnungsgemäßen Zustand der Bühne überzeugte und die SETLIST-Zettel mit »Gaffa«-Klebeband auf dem Bühnenboden festklebte und schließlich der Band mit einer wuchtigen Taschenlampe, mit der man jederzeit jemanden erschlagen könnte, den Weg durchs Dunkle zur Bühne wies. Im Saal britzelte es und hier hinten professionelle Geschäftigkeit, Ausnahmezustand als Alltag. Und los!

Ich guckte mir wirklich jedes Konzert an. Und lernte bald, dass ohne Gaffa im Rock&Roll gar nichts ging. Gaffa ist ein extrem reißfestes Allzweckklebeband, das jeder Rock&Roll-Arbeiter immer rollenweise bei sich trägt. Mit Gaffa, so lernte ich, kann man zerbrochene Instrumente oder Gepäckstücke provisorisch flicken, mit Gaffa kann man Türen zukleben, ja sogar gebrochene Musikerarme schienen.

Wenn das Konzert lief, vergaß ich trotz aller Aufregung nie, kurz mal hinter die Bühne zu gehen, allein schon, weil es so viel Spaß machte, den Finstermännern, die den Backstagezugang bewachten, vertraulich zuzunicken, sich an den Sticker auf der Brust zu tippen, den sie dann im Schein ihrer Stabtaschenlampe studierten, um einem schließlich nickend den Weg frei zu machen. Jedes Mal, wenn ich – mit dem Rücken zum Konzertpublikum – wichtigtuerisch diese Barriere überwand, war das wie das Einlösen eines Barschecks. Ich wähnte neidische Blicke umworbener Mädchen auf mir und erfuhr eine direkt wirksame Infusion Selbstbewusstsein. Dass es hinten dann meistens überhaupt nicht glamourös war, machte ja nichts. Man sah, wie der Veranstalter die Einnahmen der Abendkasse nachzählte, oft hatten sie dabei wegen der unzureichenden Beleuchtung dieser Zonen, und weil sie ja beide Hände voll hatten, nämlich voll mit Geldscheinen, Taschenlampen im Mund. Man sah, wie Gitarren gestimmt wurden, alles Mögliche mit Gaffa zusammengeklebt wurde, und nach den ersten drei Liedern kam dann immer die Horde der Fotografen aus dem GRABEN, also dem mit Metallzäunen abgesperrten Bereich zwischen Bühnenrand und erster Reihe. Auch da durfte man mit einem All-Areas-Pass hin. Nicht in der ersten Reihe stehen, nein, noch toller: vor der ersten Reihe. Und sich superwichtige Notizen machen. Ich hatte hier ja beruflich zu tun, Entschuldigung, kann ich mal, danke. Was für ein Paradies.

Für die Schule war ich verloren. Ich hatte, obwohl im »Deutsch-Leistungskurs«, schon lang nicht mehr gelesen, mir reichten flüchtige Blicke in die SEKUNDÄRLITERATUR, um einigermaßen mitbrabbeln zu können. Bei Christoph aber belegte ich jetzt einen Deutsch-Hochleistungskurs. Er gab mir alle paar Tage ein neues Buch, ich las so viel wie nie zuvor. Auch musikalisch wurde ich fortgebildet: Christoph legte eine CD ein, stellte sich mit X-Beinen in die Mitte seines Arbeitszimmers, Luftgitarre spielend – und sang mit:

Welcome to the working week
Oh, I know it don't thrill you
I hope it don't kill you
Welcome to the working week

Das, sagte Christoph seltsam feierlich, das sei Elvis Costello, und dessen Musik müsse ich kennen, sonst werde das nichts mit meinem Leben. »My Aim Is True« hieß die CD, Christoph schenkte sie mir, vorn drauf stand dieser Elvis Costello in genau der X-Bein-Pose, die Christoph zuvor imitiert hatte. Ich schaute, wie man das ja macht, wenn man Platten geschenkt bekommt, sinnlos auf die Rückseite, las das klein gedruckte Produktionsjahr: 1977. Also alt. Und er trug eine Brille, aber die Platte kam von Christoph, also fand ich sie ab sofort gut. Als ergänzende Lektüre gab er mir »Unter Null« von Bret Easton Ellis, benannt nach einem Lied auf der Costello-Platte (»Less Than Zero«). Ich schlug es gleich auf, man kriegt ein Buch, schlägt es auf, eine Höflichkeitsgeste, aber ich LAS wirklich die ersten Wörter – und dann war nichts mehr mit Höflichkeit. Ich setzte mich hin und hörte nicht auf zu lesen, und mir widerfuhr, was in Comics passiert, wenn jemand in eine Steckdose fasst. »Auf den *freeways* in Los Angeles werden die Leute auch immer rücksichtsloser«, so begann »Unter Null«, und für mich begann genau da die Gegenwart. Im Lesen, im Denken – und in meinem Leben. Jetzt hatte ich mich zugeschaltet.

Zu Christophs Startpaket gehörte auch »Der Mann mit der Ledertasche« von Charles Bukowski. Zusammen mit Ellis reichte das, um mich wieder zum Leser zu machen. Durch Bukowski kam ich auf Fante, Hemingway, Hamsun, Céline, Kerouac, Burroughs, Henry Miller – Verknüpfungen, Querverweise, ich las und las.

Im Taschenbuch »Ochsentour«, Bukowskis Beschreibung seiner Deutschlandreise mit legendärer Lesung in der Hamburger Markthalle, ein Foto von Bukowski mit zwei Frauen und einem Mann an einer Bar, Bukowski scherzte mit den Frauen, der andere Mann stand daneben und schien zwar dazuzugehören, aber in das Scherzen schien er nicht involviert, er starrte als Einziger direkt in die Kamera, ernst, vor sich ein Glas Salzstangen und Schreibzeug. Ich hatte gleich starke Sympathien für diesen Mann am Rand, Jörg Fauser sein Name, auch ein Schriftsteller. Also las ich rasch alle seine Bücher. Wenn es in Deutschland spielte, von Deutschland handelte, verstand man natürlich alles noch mal besser; ein neuer Held, Jörg Fauser. Später mal, am liebsten recht bald, müsste ich unbedingt allabendlich mit Trenchcoat im ROTLICHTVIERTEL rumtigern, immer auf der Flucht und in Schwierigkeiten, Hinterzimmer, Tapetentüren, letzte Münzen in die Jukebox und dann ab durch den Notausgang, mit der Kellnerin durchbrennen. Die Mischung bei Fauser war perfekt: einerseits totale Künstlerromantisierung, giftbefeuert mit dem Rapidographen fiebrigen Irrsinn in die Wachstuchkladde dichten, andererseits der Habitus des unseriös vertreterhaften Geschäftsmanns, eben kein innerlichkeitsvernagelter Stipendiatendreck, stattdessen Nyltesthemd und Musterkoffer, Texte zu verkaufen.

Im Ramschladen fand ich eine Videokassette mit der Verfilmung des Fauser-Romans »Der Schneemann«, in der Marius Müller-Westernhagen den Helden spielt und so unfassbar gut aussieht in seinem weißen Leinenanzug. Ich träumte, später, als erwachsener Mann dann, mitzumischen in den Bars und Hinterzimmern, allein an Bahnhöfen rumzustehen, mit weißem Leinenanzug, einem Aktenkoffer voller Probleme und Zigarette im Anschlag. Irgendwann auch mal als drogenabhängiger Schreiber in einem Billighotel ABSTEIGEN, mit der Miete im Rückstand, voll auf irgendwas, von dem Zeug, das Fauser da in Istanbul nahm, hatte ich noch nie gehört – und wie ein Bekloppter schreiben.

Und, weiß Ihr Sohn denn schon, was er nach dem Abitur macht, Zivildienst, Studienplatz, Numerus clausus?

Ja, er hat da so was angedeutet: weißer Anzug, Malta, Musik, drogenfiebrig in die Tasten kloppen.

Ah ja, nee, das ist doch auch 'ne Möglichkeit.

EIN HINTERHOF IN HAMBURG-ALTONA

DIN A0, GELB, EIN SAMMELPLAKAT – ALL DIE GROSSEN Namen: Ernst Jandl, Michael Palin, Helmut Krausser, Max Goldt, Douglas Adams. Das Plakat roch wahnsinnig gut.

Auch wenn die neue Ausgabe von »Nightlife« aus der Druckerei kam, war das immer der kurze heilige Moment: Wir nahmen jeder ein Exemplar – und rochen daran. Dann machten wir uns an die Verteilung in den Cafés, Bars, Kinos, Plattenläden und Clubs, wir unterteilten die Innenstadt in Sektoren, ungefähr so, wie die Alliierten 1945 Deutschland aufgeteilt hatten. Noch einen Kaffee, noch eine Zigarette, ein Lied, dann sagte Christoph: Sollen wir mal loswackeln? Und dann wackelten wir los, jeder mit zwei, drei Kartons »Nightlife« unterm Arm, in entgegengesetzte Richtungen, jeder in seine Sektoren.

Doch nun waren die Plakate für den nächsten »Literaturherbst« geliefert worden, sie lagen, stapelweise eingeschlagen in braunes Packpapier, auf Christophs Holzdielenboden, daneben ein Eimer, ein Paket Tapetenkleister und ein dicker Pinsel. Als es dunkel geworden war, unterwies Christoph mich in der Kunst des Plakateklebens. Wie man, jetzt kam auch noch Chemieunterricht dazu, Wasser und Kleisterpulver im richtigen Verhältnis zueinander in den Eimer gab, verrührte und etwas wartete, bis man eine schön klebrige, in Konsistenz und Farbe an Sperma gemahnende Soße hatte.

Plakatekleben war toll, weil es sich leicht kriminell anfühlte. An den Bauzäunen durfte man wohl plakatieren, an den Stromkästen aber nicht, es war alles ein bisschen unklar. Die örtliche Plakatklebemafia hatte bestimmte Häuser als beklebbar durchgesetzt, aber es blieb nebulös, nach welchen Kriterien. Wir klebten dort, wo auch schon andere geklebt hatten, also fast überall, nur an Litfaßsäulen nicht, denn der Platz darauf war offiziell vermietet, und das würde Ärger geben, die überzuplakatieren, zumal ja der Veranstalter so deutlich ausgewiesen war, auf diese Veranstaltereitelkeit verzichtete Christoph natürlich nicht, sein Name stand auf jedem Plakat.

WILDPLAKATIERUNG hieß das, was Christoph mich da lehrte. Man musste maßvoll vorgehen, um andere Plakatkleber nicht zu reizen, durfte also nicht sämtliche Plakate überkleben. Häufig kam man zu einer Plakatwand, die noch nass war, weil gerade erst ein anderer da gewesen war. Dann konnte man die eigenen Plakate einfach drüberpappen, ohne eigenen Kleister zu verschwenden. Oder die anderen Plakatkleber folgten einem, und wenn man am Ende der Runde wieder vorbeikam an einer zuvor beklebten Wand, war man eventuell schon wieder überplakatiert worden. Wenn der Kleister noch nicht ganz getrocknet war, konnte man die Konkurrenz-Überklebung aber mühelos wieder abziehen. Ein Guerillakrieg.

Christoph nahm das Überklebtwerden immer sehr persönlich, ich also auch. Diese Schweine! Flamencoabend! Runter damit! Alle, die uns überklebten, waren der Feind, alle, die uns kleben ließen und andere überklebten, waren unsere Freunde und wurden bei folgenden Plakatierungen nach Möglichkeit verschont. Ein harter Gegner waren diese Irren, die speziell in Universitätsstädten häufig so seltsame Diavorträge abhalten über irgendwelche Ökoabenteuer, mit dem Fahrrad durch Lappland, allein und zu Fuß durch die Tundra, Drachenflug durch die Pyrenäen, mit dem Einhandsegler aus Papyrus über den Atlantik, in Juteschuhen durchs schottische Hochmoor. Diese Typen fuhren meist mit einem Liegefahrrad durch die Stadt und plakatierten besonders dreist. Aber sie hatten immer nur Tesafilm, das ging ja superleicht wieder runter.

Ich übernahm in Christophs Ein-Mann-Imperium alle möglichen Hilfsjobs, ich machte an Lesungsabenden die Abendkasse oder riss die Kontrollschnipsel der Tickets am Einlass ab, ich holte Schriftsteller vom Bahnhof ab, besorgte ihnen auch mal auf Wunsch während der Lesung Mentholzigaretten oder andere Spezialitäten aus der Esso-Tankstelle an der Universität, die auch nachts AUFhatte und die ich schon kannte von Saufabenden, da kaufte man immer Bacardi und Bier oder gleich auf Nummer sicher: die 1-Liter-Dosen des dänischen Biers Faxe, eine sehr zielführende Getränkewahl, eine Dose, rein damit – ein Instant-Rausch. Wenn Frauen dabei waren, kaufte man den Fruchtschaumwein Criss.

Plötzlich waren all die Orte, die zuvor mit außerschulischen Vergnügungen assoziiert waren, nun von mir professionell zu beackern, die Kartenvorverkaufsstelle, die Clubs, Bars und Cafés, die Plattenläden, die Plakatwände, die Esso-Tankstelle. Und weil ich jetzt zu Christoph gehörte, wurde ich überall dort, wo er mich als seinen Mitarbeiter eingeführt hatte, auch viel besser behandelt. Das mit den Platten und Konzerten sahen meine Eltern nicht gar so gern, meine Mutter sagte angesichts der Flut von wattierten Pappumschlägen im Briefkasten immer, sie habe große Angst, dass bald die Polizei käme und sie mitnähme, weil ihr Sohn sich so viele CDs ergaunert hat. Und bei diesen Konzerten, sag mal, wird da nicht auch Alkohol getrunken? Nee, also wenig, kaum.

Mit meiner Mitarbeit beim Literaturherbst aber sammelte ich elterliche Anerkennung. Und dieser Christoph, das war doch auch endlich mal ein passabler Leitstern, der schien ja sehr belesen; außerdem hatte er meiner Mutter gegenüber das gesamte ihm zur Verfügung stehende Charme-Arsenal abgefeuert, ihr einen Platz in der ersten Reihe der Lesung von Ruth Klüger reserviert und so, mit Namensschild!, und ihr auch noch ein Wasser gebracht, also wirklich, so ein netter Mann. Dass er sein Studium abgebrochen hatte, sah sie ihm nach. Denn, wer weiß, vielleicht würde er das ja noch zu Ende bringen. Er habe da so was angedeutet. Ja, klar.

Am Abend der Lesung von Douglas Adams führte ich den jahrelang vergeblich umgarnten Plattenladenverkäufer zu seinem von Christoph für ihn reservierten Platz. Der Typ liebte natürlich Douglas Adams, ist ja klar, Science-Fiction-Hippie, 42, die Antwort auf alles. Für mich wichtiger: Er wusste jetzt meinen Namen, sprach freiwillig mit mir. Das Leben war super.

Ich wollte sofort nach dem Abitur weg von zu Hause, damit waren meine Eltern auch sehr einverstanden, so hatten es alle Geschwister gemacht. Nur hatten die dann eben Wege eingeschlagen, die man Eltern nicht erklären muss: meine Brüder Zivildienst, meine Schwester ein freiwilliges soziales Jahr, dann Ausbildung, Studium, da stellen Eltern erst mal keine Fragen. Mein Plan war etwas unübersichtlicher – es gab nämlich keinen. In eine Großstadt wollte ich, bestenfalls Hamburg. Und ich wollte wie Christoph jeden Tag in einem Café abendessen. Wenn man kocht, dachte ich, wenn man damit erst anfängt, zu Hause zu kochen, dann haben sie dich. Dann bist du voll in der Logik des Angestelltengehorsams, trittst ein in die Verblödung des Bürgerlichen und die Hölle des Spießertums. Man darf das nicht tun, kochen. Das führt zu nichts, genauer gesagt: zu Einkäufen für die ganze Woche, Sparsamkeit, Zahnseide, Filzuntersetzern, Lebensplanung, möglicherweise gar Topfpflanzen – davon ist dringend abzuraten. Man muss rausgehen, immer, ins NACHTLEBEN. In die Schreibwelt und die Musikwelt, da wollte ich rein, idealerweise in beides, also Schreiben über Musik.

Gerade hatte ich meine Abiturklausuren geschrieben, in Deutsch war es um »Effi Briest« gegangen, bestimmt ein großartiges Buch, mir aber hatten die klein kopierten Zusammenfassungen aus »Königs Erläuterungen« gereicht, die ich hinterm Spülkasten des Schulklos deponiert hatte. Sie verschafften mir einen groben Überblick, der Rest war Improvisation. In den Berufen, von denen ich träumte, war es schwer vorstellbar, dass jemand sagte: Backstage, ja, Sekunde, wenn Sie kurz bitte noch hier ausfüllen, was Innstetten denkt, als er in Effis Nähtisch Briefe von Major Crampas findet. PHONER mit dem Drummer, kann ich Ihnen jetzt so nicht zusagen, müssten Sie mir bitte erst rasch aufs Fax legen Ihre Begründung, dass R außerhalb von A liegt, bestimmen Sie dann die Schnittpunkte der Gerade g mit den Koordinatenebenen, und entscheiden Sie, ob die Pyramide mit g einen Punkt gemeinsam hat – und dann wollen wir mal sehen, ob Sie einen All-Areas-Pass bekommen oder des Rezensionsexemplars der neuen Beastie-Boys-CD würdig sind.

Es würde auf andere Sachen ankommen als auf irgendwas, das auf der x-Achse abgetragen wurde, wenn a = –7c.

Christoph nahm die Sache, meine Zukunft, in die Hand. Der Plan war: Praktika bei Zeitungen und Plattenfirmen und dann würde man weitersehen. Irgendwie reinrutschen, seitlich.

Wir saßen an seinem Glasschreibtisch, hatten zum Aufwärmen Costello gehört, zu viel Kaffee getrunken, rauchten – vor uns all die Telefonnummern jener Hamburger Plattenfirmen und Zeitungen, bei denen Christoph jemanden kannte und die klein genug waren, informell einen Praktikanten zusteigen zu lassen.

Er habe hier einen talentierten jungen Mitarbeiter, und der müsse jetzt hinaus in die Welt – und ihr könnt doch immer Leute gebrauchen. Christoph duzte alle, das imponierte mir. Ich dachte an das Schild in den Riesenrad-Kassenhäuschen auf den Jahrmärkten meiner Kindheit, dieses Schild, das mich immer in sehnsüchtige »Daumen im Wind«-Stimmung versetzt hatte: »Junger Mann zum Mitreisen gesucht!«.

L'Age d'Or, sagte mein Vater anerkennend, Luis Buñuel, das ist ja schön. Ich verstand nicht, was er damit meinte, sagte aber sicherheitshalber: Jaja, genau, das ist super.

Was ich wirklich super fand: L'Age d'Or war momentan eine der interessantesten Plattenfirmen, sie veröffentlichten Platten mit neuartiger deutschsprachiger Musik, für die gerade der Genrebegriff Hamburger Schule geprägt wurde. Eigentlich das 60er-Jahre-Suhrkamp der 90er-Jahre-Musikbranche. Fraglos hatte Udo fünfundzwanzig Jahre zuvor den Weg geebnet für lässigen Umgang mit deutscher Sprache, aber diese jungen Bands machten jetzt anderswo weiter, und wie das bei Generationswechseln so ist, es wird ungemütlich für die Gründerväter. Alt, weg damit. Schlechte Zeit für Klassiker – also auch ganz miese Zeit für Udo.

Drei Monate würde ich bei L'Age d'Or Praktikant sein dürfen. In Hamburg! Danach in der Hamburger Lokalredaktion der taz. Die taz hatte ich mir ein paarmal als Image-Requisit gekauft, sie zu lesen oder zumindest gut sichtbar aus der Jackentasche ragen zu lassen, brachte Punkte bei der scharfen Öko-Schwedin, die gerade das Göttinger It-Girl war. Sie war ungefähr zwei Meter groß, überragte uns alle, in jeder Hinsicht, hatte perfekte Haut, Grübchen, in denen man sich träumend verlor. Keine Schwächen? Ein Muttermal – also Perfektion. Ihre Stimme klang, wie Bananeneis schmeckt. Wenn sie einen im Schultreppenhaus grüßte (was nicht oft vorkam, aber manchmal ließ es sich nicht vermeiden), hob einen das für den ganzen Tag empor.

Und ich hatte plötzlich zwei Ansätze, wohlbegründet in Kontakt mit ihr zu treten: Ich war, erstens, künftiger taz-Praktikant – und du liest die doch auch so gern; zweitens brauchte ich Drogen für meinen guten Freund Rio – du, der Rio würde gern einen durchziehen, kannst du mir was klarmachen? Sie war Gallionsfigur und Rädelsführerin des »Bezahlbarer Wohnraum«-Protests im besetzten Haus direkt gegenüber unserer Schule, dort wurde immer gekifft, und ich brauchte jetzt Haschisch für Rio Reiser.

Christoph hatte ihn zu einer Lesung eingeladen, auch Rio Reiser war natürlich ein Gott für mich – und Christoph hatte ihn überredet, dass er mir anderntags ein Interview gewährt. Er sah sehr blass aus und ging barfuß auf die Bühne, trank ziemlich viel, ich war begeistert. Allerdings schien es ihm nicht besonders gut zu gehen, gerade hatte er ein Best-of-Album herausgebracht mit Neueinspielung seines größten Hits, außerdem seine Autobiographie geschrieben – beides selten ein gutes Zeichen.

Nach der Lesung, ich schlich pseudogeschäftig um ihn herum, fragte er mich, ob ich ihm Haschisch besorgen könne. Weltmännisch sagte ich, klar, gar kein Problem, wie viel denn? Och, 'n Fuffi, hatte Rio gesagt. Ich wusste nicht, was das bedeutet, mit Haschisch kannte ich mich nicht aus.

Haschisch für 50 Mark? Oder fünfzig Gramm? Oder fünf? Was hieß: 'n Fuffi?

Rio selbst (logisch, dass wir uns duzten, ich gehörte ja zum Veranstalter, machte die Abendkasse, ich hatte Reiser vom Bahnhof abgeholt, würde ihn am nächsten Tag interviewen, war künftiger taz-Praktikant und also Ehrenhippie, auch verkehrte ich, indirekt, mit Hausbesetzern, kurzum: Ich spielte jetzt in der Champions League), meinen guten Kumpel Rio also, konnte ich natürlich nicht fragen, das hätte unbedarft und provinziell gewirkt. Geht klar, raunte ich – und hatte also jetzt ein interessantes Problem: Wo bekam ich Haschisch? Und wie viel war 'n Fuffi?

Die Kiffer auf dem Schulhof, das war nicht meine Gang. Ich hatte es auch mal versucht, natürlich, wie alles irgend Erreichbare, ich hatte auch weißen Schnupftabak probiert, wir empfanden das als ganz annehmbares Autosuggestionskokain, Menthol, das hob einem kurz die Schädeldecke, besser als nichts. Sogar Muskatnuss hatte ich ein paarmal geraucht, weil jemand behauptet hatte, das habe eine berauschende Wirkung, also haben wir uns hinterher auch folgsam berauscht benommen. Aber mir wurde von all diesem Zeuggerauche eigentlich vor allem immer nur schlecht. Nun aber sah die Sache anders aus, ich war in heiliger Mission unterwegs, dieser große Rockpoet brauchte Drogen, ich sollte sie besorgen – ich kam mir vor wie der Colonel Parker von Göttingen, oder wie der Typ hieß, der Elvis immer die Pillen KLARMACHTE.

Mit diesem Mandat fiel es mir leicht, die scharfe Öko-

Schwedin anzusprechen, extrem beiläufig: Hey, sag mal, der Rio ist doch in der Stadt, und der braucht 'ne Ladung Haschisch. Du kennst doch da so Leute. Ähm, 'n Fuffi, heute Nachmittag?

Ging klar. Die Zweimeterfrau übernahm, warf dann, wie vereinbart, nachmittags einen Briefumschlag, auf den sie mit ihrem weißen Lamyfüller meinen Namen geschrieben hatte (dass mir! diese! Frau tatsächlich einmal einen Brief verehrte!), in unseren Briefkasten zu Hause, ich hörte es klappern, raste runter, nahm den Umschlag – und darin, deutlich zu ertasten, ein nicht so kleiner Brocken. Das also war ein Fuffi. Das Geld würde ich mir von Christoph erstatten lassen. Sonderausgaben!

Mit dem Fuffi-Briefumschlag und einem Diktiergerät bewehrt, ging ich zum Hotel Gebhardt, dort brachte Christoph immer alle Lesungsgäste unter, es galt als bestes Hotel der Stadt, der Handlauf an der Eingangstreppe schimmerte golden, was für eine Welt, ich war sehr aufgeregt. Zwar hatte ich ein paar öde Fragen notiert, entlang der Autobiographie, vor allem aber wollte ich natürlich das Buch signiert haben und mit Rio Reiser im teuren Hotel rumhängen. An der Rezeption diskretes Geflüster – und dann der Satz aller Sätze:

»Herr Reiser erwartet Sie.«

Über die schrittgeräuschschluckenden Teppiche des Hotelflurs, ich schwebte mehr, als dass ich ging, angenehm pfirsichfarbenes Licht, goldene Zierleisten, große weite Welt, das Goldene Zeitalter hatte begonnen, zu »Herrn Reisers Suite« – eine Suite! Und Herr Reiser erwartete mich! Ich fasste immer wieder prüfend an die Innentasche meiner Jacke, ob der Briefumschlag mit dem Fuffi-Brocken noch da war, mein Herz klopfte ziemlich, Rio Reiser treffen, ihm sogar Drogen liefern – das war schon alles sehr aufregend.

Über den Fuffi freute sich Reiser, und als ich mich mit großer Geste weigerte, dafür Geld von ihm zu nehmen, schüttelte er erstaunt den Kopf, und ich dachte: Jetzt bin ich kurz sein Freund. Nach dem Interview bat ich ihn, mein Buch zu signieren, und höchstwahrscheinlich hatte er einfach bloß längst schon wieder meinen Namen vergessen, aber ich interpretierte die schlichte Widmung »Für Dich« natürlich anders: Damit hatte er doch gewiss angespielt auf seinen großen Song »Für immer und Dich«!

Ich verließ Herrn Reisers Suite und beeilte mich keineswegs, ich wollte noch ein bisschen bleiben – oder griff da schon die Grandhotelsprache, VERWEILEN? Ich wollte da im Hotel Gebhardt verweilen. Alles dort war so gedämpft, Gemurmel, Geklimper, gedimmte Gegenwart, alles in Anführungsstrichen. Ja, GINGEN die Menschen hier sogar langsamer? Alles in Zeitlupe, Bewegungen wie durch transparenten Honig. Wahnsinnig angenehm. Man fühlte sich wie in einem Musikvideo, alles sah hier, in diesem Grandhotel-Bernsteinfilterlicht, schöner aus, konturloser, weicher. Ich bestellte mir, um die Zeit anzuhalten, einen Kakao. Musste man jetzt Trinkgeld geben? Wahrscheinlich. »Äh – stimmt so.« Wahnsinniger Satz, kannte man ja aus Filmen. Stimmt so! Zum Totlachen.

Das Rumwurschteln in den Aurazonen von Rockstars hatte eindeutig eine aufmerksamkeitssteigernde Wirkung auf Frauen. Wenn man selbst schon kein Rockstar war, half es doch zumindest, irgendwie mit ihnen zu tun zu haben. Das hob eindeutig das Selbstbewusstsein; ganz selbstverständlich sprach ich fortan mit der Zweimeterfrau, wir hatten ja nun diesen Rio-Reiser-Deal abgewickelt. Und ich VERKEHRTE im »besten Hotel am Platz«. Ich hatte da BERUFLICH zu tun.

Auf nach Hamburg, Vorstellungsgespräche, nur eine Formalität, die wollen dir einmal in die Augen gucken, hatte Christoph gesagt. Am Hamburger Hauptbahnhof, an der Betonwand neben den Gleisen, unterhalb der Kunsthalle, las ich die gelben Leuchtbuchstaben, die mich endgültig elektrisierten und überzeugten, dass hier in Hamburg und nirgends sonst mein Leben beginnen würde: »die eigene GESCHICHTE«.

Ich übernachtete bei meiner Schwester, auf einer ISOMATTE in ihrem kleinen SCHWESTERNWOHNHEIM-Zimmer, sie ließ sich zur Kinderkrankenschwester ausbilden, irgendwo in der Vorstadt, ein grauenhaftes Hochhaus, aber: Hamburg.

Die extrem abgerockten Büroräume (Eingangstürbeschriftung: »Schloss kaputt – einfach aufdrücken«) meiner künftigen Wirkungsstätten erinnerten mich an das besetzte Haus in Göttingen, die sanitären Anlagen hatten Entwicklungslandniveau, es roch nach auf der Wärmeplatte geschmortem Filterkaffee, überall wurde geraucht, gesiezt wurde niemand, Regale und Müll waren organisch ineinandergewachsen, ich fühlte mich sofort wohl.

Beide Büros lagen im Hamburger Bezirk Altona, und als ich nach dem gut verlaufenen Vorstellungsgespräch bei L'Age d'Or rauskam auf den Hinterhof, da hätte es gut gepasst, doch obwohl ich das Wort »Altona« zum ersten Mal von ihm gehört hatte und dieses Lied jetzt sehr angebracht gewesen wäre, nein, es kam mir damals wohl nicht in den Sinn, zu singen, was ich als Kind so gern gesungen hatte:

Mac war ein Junge, und seine Welt war
Ein Hinterhof in Hamburg-Altona

Udo und seine Lieder, so schien es, hatte ich ein bisschen vergessen.

SO
LAUT
WIE'S
GEHT

Streichergequietsche, Gitarrenwände, ein Beat, der es eilig hat, eine völlig verrückte Stimme, zornig, angsteinflößend, sexy – Wahnsinn. Und dann war das Lied auch schon zu Ende.

Was war DAS denn?

Das, sagte Christoph, das sind die Bates. Kommen aus der Gegend hier, sind aber trotzdem gut. Das Intro, gewiss hätte ich es bemerkt, das seien ja die legendären Streicher aus Hitchcocks »Psycho«, Dusche und so, nach diesem irren Muttersöhnchen Norman Bates habe sich die Band benannt.

Ich nickte überfordert – Dusche, Hitchcock? War das nicht der Dicke, dessen Schwarz-Weiß-Schädel immer auf den »Drei-Fragezeichen«-Kassetten abgebildet war? Aufgefallen war mir die Band zwar schon, aber nicht angenehm, denn ihre Konzertplakate hatten uns ein paarmal großflächig überklebt. Doch Christoph tanzte jetzt so angespitzt durch seine Wohnung, also doch: gute Band. Ihre Lieder waren punktypisch kurz, wenn du was zu sagen hast, kannst du es auch in zwei Minuten sagen, jetzt kam die Bates-Vertonung des Bukowski-Gedichts »Iron Bed«, okay, wieder eine Verknüpfung, ab jetzt war auch ich Bates-Fan, Christoph schenkte mir die Platte: »Psycho Junior«.

Im CD-Booklet fand ich die Telefonnummer des Bates-Managers, ich rief ihn mit der von Christoph geschulten Geschäftigkeitsstimme an und bat um ein »Interview im Proberaum«. Zwar hatte ich überhaupt keine Fragen an diese Band, aber den unbedingten Wunsch, sie kennenzulernen – sie schienen erreichbar. Global denken, lokal handeln. Ich stieg in den REGIONALEXPRESS und überlegte mir Fragen aus der Dose: Ihr singt ja auf Englisch, warum? Ist Charles Bukowski ein wichtiger Einfluss, textlich? Und Hitchcock, Dusche, spielt das im Bandalltag eine Rolle?

Am Bahnhof holte mich der Manager ab und fuhr mit mir zum Band-Proberaum. Der Sänger hieß Zimbl, der Schlagzeuger Klube, die beiden Gitarristen Reb und Pogo. So hieß man, wenn man in einer Punkband war und vom Dorf kam. Aus einem Ort, der des Zusatzes »bei« bedarf, Eschwege BEI – und dann auch nur Kassel, also richtig bitter. Aber ein Kaff ist natürlich ein klassischer Nährboden für wütende, zwingende Musik. Wegwollen, Rauswollen, das war ja immer schon ein guter künstlerischer Turbo gewesen. Sie waren sehr nett zu mir, spielten mir neue Lieder vor, wir tranken viel Bier, und mit jedem Bier wurde die Musik besser und unsere Freundschaft tiefer. Vollkommen blau nahm ich den letzten Regionalexpress zurück nach Hause. Ich kannte jetzt Rockmusiker, bald würden sie wieder ein Konzert in Göttingen geben, ich würde darauf verzichten, Rache-Plakatierungen vorzunehmen, die Band war so gut und so nett, von denen überklebt zu werden, wäre fortan akzeptabel. Den Text, den ich auf Basis unseres Eschweger Proberaumbesäufnisses zusammenschusterte, gab ich einer Kasseler Stadtzeitschrift, die ihn als TITELGESCHICHTE brachte, was meinem Renommee bei der Band guttat, es war die erste Titelgeschichte ihrer Karriere. Meiner auch.

Beim Konzert stand ich nun auf der GÄSTELISTE, bekam sogar einen Backstage-Zugangssticker. Ich war im Geschäft. Der Bates-Sänger trug auf der Bühne nur eine Unterhose und dazu Damenoberbekleidung, er schminkte sich Spinnennetze über die Augen, hatte eine teuflischmelancholische Stimme, war betrunken, überhaupt die ganze Band schien meistens betrunken zu sein oder anderweitig drauf, auf irgendwas. Ob Kurt Cobain Heroin nahm oder nicht, das konnte man sich ja allenfalls vorstellen, hier aber war nun aus der Nähe zu bewundern: eine betrunkene Band, die sehr laut ist und uns mitnimmt auf die Schussfahrt ins Glück einer Nacht.

We are living for today, tomorrow we'll be far away
We want fun, we just can't wait, maybe tomorrow it's too late

Das Englisch der Bates war dermaßen arm, das verstand sogar ich. Auch sie: full of despair.

Richtige MUSIKKRITIKER lehnten die Band ab, diesem Genre sei nichts hinzuzufügen als läppische Varianten, Punk seit Jahrzehnten tot, eine nichts mehr bedeutende Attitüde. Ja, das mochte schon musikhistorisch alles sehr richtig sein, auch die Einordnung des gängigen Fußgängerzonen-Springbrunnen-Hastemalnemark-Elends, all das aber war uns exakt jetzt so was von egal, als es eine NEUE Punkband gab. Wir brauchten Musik, die neu herauskam, Bands, die niemand außer uns kannte, neue Gesichter, neue Namen, alles neu. Es zählt, dass das Zeug frisch ist, dass man dabei ist, wenn es PASSIERT. Und dass man es entdeckt, bevor Erwachsene es totkaufen. Die Bates kamen sogar aus unserer Gegend, ein Auftritt in Göttingen war für sie noch eine große Sache, sie sahen gefährlich aus und schmissen sich in die Musik, als seien sie die ersten Punks der Welt, es hatte die Kraft totaler Gegenwart. Epigonal? Ja, würde ich dann bei Gelegenheit im Duden nachschlagen, aber keine Zeit jetzt, ich muss mir Bier über den Kopf schütten, Pogo tanzen, stagediven, mit blauen Flecken und hackedicht nach Hause stolpern.

Weil ich viele Meinungsführer aus der Schulhof-Raucherecke im Publikum wusste, nutzte ich meinen All-Areas-Aufkleber, um meine VERBUNDENHEIT mit der Band zu demonstrieren, die anderen sollten sehen, dass ich mit allergrößter Selbstverständlichkeit mich dort oben zwischen den Musikern bewegte. Ich nahm ein Bier und brachte es dem immer durstigen Sänger während des Zugabenblocks zwischen zwei Liedern auf die Bühne, ganz kurz stand ich da mitten im Scheinwerferlicht, bei ihm am Mikrophon, reichte ihm vertraut das Bier – und er sagte: Danke, Benny!

Kurz darauf erschoss sich Kurt Cobain. Es war ein regnerischer Apriltag, ich ging an der Kartenvorverkaufsstelle vorbei und erfuhr dort von Cobains Tod. Das Konzert in München fiel also aus. Kurt Cobain war Jesus Christus, sein Selbstmord hatte etwas Märtyrerhaftes, Cobain war vor unser aller Augen und, da gab es keinen Zweifel, für uns emporgestiegen, hatte das Leid der Welt auf seine schmalen Schultern genommen, das musste zu viel sein, er ist daran zerbrochen. Dieser ganz klassische Rock&Roll-Verlauf seiner Biographie, der urplötzliche Aufstieg aus dem Nichts, die irrwitzig kurze Zeit extrem verdichteter Genialität, auch die mit Zeitzünder eingebaute Selbstabschaffung, machte Nirvana zu einem perfekten Kunstwerk. Kein Comeback möglich, allerdings auch kein Verfall, für immer 27.

Die Bates aber lebten und waren greifbar. Also nahmen wir die. Wochenlang tagte das ABISTREICH-FESTKOMITEE im Schneidersitz auf dem Hartgummi-Basketballfeld des Schulhofs, die angrenzende Weitsprung-Sandkiste diente als Aschenbecher. Ziel war es, eine nie da gewesene Ungeheuerlichkeit auszuhecken, wie wir das Schulgebäude zum Abschied verunstalten konnten.

Ich hatte plötzlich einen Einfall, lief zur Telefonzelle vor der Schule und rief den Manager der Bates an. Die Band hatte mir im Proberaumsuff versprochen, wenn ich das Abitur bestünde, kämen sie vorbei für ein Konzert auf dem Schulhof, Bezahlung: eine Kiste Bier pro Musiker. Der Manager erinnerte sich nicht, war aber gerade mit der Band zusammen und hielt also die Muschel zu und fragte die Musiker, was sie bei Tage von dieser Idee hielten. Es kruschtelte im Hörer, dann war er wieder dran, die Band habe sich wie erwartet nicht erinnern können, aber zugestimmt. Bedingung, dabei bliebe es: eine Kiste Bier pro Musiker und eine leistungsfähige Soundanlage.

Das war die Chance, mir ein Denkmal zu setzen. Aufgeregt lief ich zurück zum Hartgummikomitee und verkündete meinen Coup. Leider hatten wir bis zum Abistreich kaum noch Unterricht, mein Ansehen im Jahrgang nämlich war kurzfristig eklatant angestiegen.

Ich hatte den Manager bezirzt mit der Zusicherung, dass die ganze Stadt, wenn nicht Region über dieses Schulhofkonzert reden würde. Ich bat einen Bekannten, der beim Göttinger

Tageblatt arbeitete, der Kulturredaktion Bescheid zu sagen, und ließ mir vom Manager einen Packen Bates-Plakate schicken, die ich mit einem Hinweis auf das Konzert versah für eine nächtliche WILDPLAKATIERUNG. Schließlich, Vertragsbedingung, rief ich bei der lokalen Brauerei an, malte ihnen diese einmalige Werbemöglichkeit aus, versprach, auf der Bühne gut sichtbar ein Banner mit dem Schriftzug »Göttinger Pilsener« anzubringen, im Gegenzug bräuchten wir bitte ziemlich viele Kisten Bier umsonst. Niemand sollte nüchtern bleiben an diesem Tag. Die Brauerei willigte ein, lieferte Bier und Banner.

Ich war sehr nervös, hatte einen ziemlichen Alarm gemacht – und was nun, wenn die Bates einfach nicht kämen? Um halb zwölf sollten sie da sein, aber das war ja für sie, die es wirklich ernst nahmen mit dem Rock&Roll-Lifestyle, früher Morgen. Und es war ja mehr ein Gefallen als ein ernst zu nehmendes Konzert. Der Schulhof füllte sich, Schüler von anderen Schulen kamen dazu, meine Plakatierung hatte gewirkt – jetzt fehlte nur noch die Band.

In der Telefonzelle vor dem Schulgebäude warf ich einen Haufen Kleingeld in den Münzfernsprecher und wählte zittrig die Mobilnummer des Managers. Er ging nicht dran. Fuck. Ich rief wieder und wieder an, schließlich: Ja bitte?

Im Hintergrund rauschte es, das klang nicht schlecht, das klang nach: im Auto. Kommt ihr, ist alles klar?, fragte ich ängstlich.

Jaja, leichte Verspätung, aber wir sind auf dem Weg.

Ich wartete vor dem Schulgebäude, rauchte und trank warmes Göttinger Pilsener. Prost auf den Sponsor. Wenn sie kämen, von wo kämen sie dann? Meine Blickachse bot freie Sicht auf den beruflichen Erfüllungsort meines Vaters, den St.-Albani-Kirchturm. Da kam endlich der gelbe Postbus mit dem braunen Bandlogo um die Ecke, verdeckte jetzt den Kirchturm, näherte sich, was für eine Erleichterung.

Ich winkte, sie hielten an, ich durfte vorne neben dem Manager Platz nehmen; hintendrin, mit Sonnenbrillen natürlich, die Band, sie sagten, zwölf Uhr mittags sei eine echt seltsame Konzertzeit, aber versprochen sei nun mal versprochen. Der Manager lenkte den Bus auf den Schulhof, ehrfürchtig teilte sich die Menge vor uns, um den Bus im Schritttempo bis zur Bühne fahren zu lassen, hinten bei der Weitsprunggrube. Unnötigerweise winkte ich unwirsch aus dem Fenster, dass bitte alle mal Platz machten, was sie eh machten, aber vor allem wollte ich unbedingt, dass jeder sieht, wer da vorn im Bandbus sitzt.

Ich bat – nun endgültig ruhmessüchtig – den Sänger noch, mir ein Lied zu widmen, um meine enge FREUNDSCHAFT mit der Band zu dokumentieren. Zimbl nickte, ich gab ihm ein Sponsoren-Bier, wir stießen an, mein Herz klopfte, das war er jetzt, der große Abgang. Die Bates stöpselten ihre Instrumente ein, der Manager drückte auf Start, das Intro, ein Stück Tonspur aus Hitchcocks »Psycho«:

Norman Bates: »Mein Gott, Mutter, lass mich in Ruhe, lass mich endlich in Ruhe!«

Mutter Bates: »So ein schlimmer Junge, statt seiner Mutter dankbar zu sein, beschimpft er sie. Du musst die Finger von ihr lassen, hör auf mich, Norman. Norman, wir müssen sie vernichten!«

Schon donnerte die Basstrommel los, Gitarre, Gesang, alles da – und ich sprang in die Menge. Lehrer, Schüler, Schulgebäude, Schulzeit, alles wurde so was von umgemäht von dieser wahnsinnig lauten, phantastischen Band. Alles löste sich auf in simplen Akkorden, die Angst war weg, es war geschafft, die Band hatte mich nicht im Stich gelassen und alles war ein einziger Glückstaumel, es war der Schulhof, es war Mittag, alle waren da, da spielte diese berühmte Band, das passte so überhaupt nicht hierher, es war perfekt. Pogotanzen auf dem Basketballfeld, mittags schon besoffen.

Die Band machte zwischen den Liedern ein paar Witze über das Abitur als solches, das sie natürlich allesamt nicht gemacht hatten, wozu auch, sie waren Rockstars. Der Sänger, gut angetrunken vom warmen Sponsorbier, widmete mir ein Lied, »Das ist für Benny, Glückwunsch zum Abi, Alter« – und ich dachte, alles klar, jetzt kann ich tot umfallen, schöner wird es nicht.

Am nächsten Morgen weckte mich meine Mutter (ihr Kommentar zum Konzert: Muss man denn so schreien?), nun sei es aber auch gut mit dem Schlafen, ich müsse ja wohl nicht bis zum Mittag meinen RAUSCH AUSSCHLAFEN, du hast gute Presse, sagte sie, warf mir das Göttinger Tageblatt aufs Bett, Aufmacher Seite 1, »Auf dem Hof des Max-Planck-Gymnasiums ging die Post ab. Zur Rockmusik der ›Bates‹ tanzten weit über 100 junge Göttinger«.

Weit über 100? Schweinepresse. Das waren locker 500. Der Text im Innenteil aber versöhnte mich, dort stand: »Mit von der Partie war auch Benjamin, Fetenorganisator, angehender Journalist und Bates-Freund. Wenn man Beziehungen hat, spielen die Jungs auch für eine Kiste Bier.«

Ich war fertig mit Göttingen.

SPIESSER-
TRANCE

Zwanzig Jahre nach dem Abitur: Eine Mail mit der Betreffzeile »Abitreffen«, sie finden dich ja heutzutage immer, so gut kannst du dich gar nicht verstecken. Das Mädchen, frühere Mädchen, heutige Dame, aber im Kontakt, ob direkt oder gedanklich, ist man ja sofort wieder klein, ist Junge, und die Dame also ein Mädchen, dieses Mädchen hatte jetzt einen anderen Nachnamen, aber alles andere war wie früher, es war natürlich ein Mädchen der Sorte PFERDESTEHLEN, eine, die sich schon früher immer »eingesetzt« hatte für so dies und das, die Milch muss billiger werden, und wir brauchen überdachte Fahrradständer und so weiter, und die hatte offenbar jetzt die Aufgabe übernommen, unseren übers Land und vielleicht sogar über die Welt verteilten Abiturjahrgang zusammenzusammeln.

Ich las all die Namen im Adressfeld dieser Sammelmail – und bekam einen kleinen Nervenzusammenbruch, wurde hektisch, schwitzig, so wie bei einem zufälligen Wiedersehen mit einer Frau, mit der es ungut auseinandergegangen war.

Sofort war alles wieder da: die Angst, das Nichtgenügen, die Sehnsucht, der Horror. Ausgelöst allein durch die Namen, die ja prägend gewesen waren, Voreinstellungen für alle späteren Begegnungen mit Leuten desselben Vornamens. Wenn es in der Jugend einen netten Stefan gab: gut für alle Stefans, denen man später begegnet. Und umgekehrt. Ich mag einfach keine Olivers. Mit Steffis bin ich immer gut ausgekommen. Jense und Silkes – gibt es solche und solche. Jörgs stinken meistens, Heikos lügen, Julias kann man blind heiraten. Wiebkes sind voll okay, Annes kann man machen, mit Kerstins muss man immer rechnen. Alexanders werden überschätzt, Kathrins halten den Laden zusammen. Vorsicht vor Dennisen! Und Patrizias – versuch's erst gar nicht.

Völlig unzulässig, aber zumindest in meinem Kopf sind Vornamen so belegt. Ein paar Nachnamen sagten mir nichts, klar, da wurde geheiratet; die Nachnamen der Jungs (die jetzt Männer sind, nicht aber in meinem Kopf, da kloppen sie sich noch immer) waren ein Nachhall vom Schulsport, da rief man unter Jungs einander ja eine Zeit lang beim Nachnamen, das ging so mit 14, 15 los, da fand man das gut.

Zwanzig Jahre. Die Frage war doch ganz einfach: vorher, nachher – Gewinner oder Verlierer? So ein Klassentreffen ist ein Biographie-Showdown. Natürlich würde man sofort wieder mit denen zusammenhängen, mit denen man immer rumhing, man würde Erinnerungen und Geschichten aufwärmen, sie würden aufregender klingen, als sie waren; man würde einander auf dem Handy Fotos zeigen, mein Haus, meine Familie, mein – oh, nee, das besser nicht; mein letzter Urlaub, mein Auto, mein Boot, meine Lebenslügen.

»Am meisten habe ich aus meinen Fehlern gelernt« – sagt ja keiner, der aktuell am Ende ist. Wer wirklich unter die Räder geraten war, käme sowieso nicht. Doch wer Überstandenes zu berichten hätte, GEMEISTERTE Krisen, deren Darlegung das Erklimmen des gegenwärtig zu bestaunenden Daseinsgipfels umso heroischer erscheinen ließen: immer gern.

Statistisch war da doch einiges drin, knapp 100 Leute, Ende 30, da musste doch was vorgefallen sein in der Zwischenzeit, in diesen entscheidenden zwanzig Jahren: Karrieren, Ehen, Krankheiten, Haarausfall, Kinder, Scheidungen, Straftaten, Reichtum, Armut, Verwandlungen von Mauerblümchen zu Sexbomben und umgekehrt, Sport-Leistungskurs-Raketen verfettet, Physik-Leistungskurs-Stinker endlich pickelfrei, Punks mit Glatze, Geschlechtsumwandlungen, wer weiß? Vielleicht war auch schon irgendwer gestorben.

Man konnte sich ja neu erfinden nach dem Abitur; wer man werden und sein wollte als ERWACHSENER, davon hatten wir ja alle eine Idee, als wir auseinandergingen und loszogen vor zwanzig Jahren, mit großen Plänen und Erwartungen, was das Leben bereithalten könnte für uns, was wir schaffen würden und was nicht, was unbedingt verhindert werden müsste; vielleicht auch mit übertriebenen Ängsten.

Jedenfalls würde das Leben einen jeden von uns auf die eine oder andere Art überrascht, überlistet und enttäuscht haben – und nun würde man sehen, was aus den anderen geworden oder nicht geworden ist, dadurch aber vor allem konfrontiert werden mit der Unausweichlichkeit einer brutalen Selbstinventur. Die anderen kennen ja nur den, der man war, und wie würden die also den Vorher-nachher-Abgleich bewerten?

Mein letzter Kontakt mit einem Schulfreund war über zehn Jahre her. Ich wusste also gar nichts, von niemandem. Und über mich selbst, lagen mir da nähere Informationen vor? Wie hatte ich mich bislang so geschlagen im Spiel des Lebens?

Würde ich jetzt vielleicht von denen beachtet, die mich früher ignoriert haben? Sah ich gut genug aus, müsste ich bis zu dem Treffen noch ein bisschen abnehmen? Was würde ich anziehen? Wie könnte man einen möglichst guten, einen Gewinner-Eindruck vermitteln, auf den ersten Blick eine gute Bilanz verkörpern – und warum zur Hölle beschäftigte mich das so? Natürlich fand ich es auch ein bisschen lustig, dass mich eine so freundliche Mail dermaßen verunsichern konnte.

Mir fiel Udos alter Hit »Da war so viel los« ein, der war auf meiner ersten Udo-Platte, in diesem Lied geht es exakt darum, und ich weiß noch genau, wie ich das als 12-Jähriger hörte und mein Leben vorspulte: Würde ich es schaffen, später mal beim Klassentreffen abzuräumen? In dem Udo-Lied erzählen Kinder ihre Träume, was sie später so werden wollen, Löwenbändiger, Kaugummifabrikant, Taucher, Popstar, Zirkusdirektor, Testpilot, Filmstar in Hollywood. Und dann knallt die Gitarre rein, das ist der Weckruf des Realitätsgegenschnitts beim Klassentreffen:

Die Bonnies und Clydes von früher
Jetzt als Herr und Frau Bieder
Die Power von damals ist leider hin
Und Fritz der Cowboy wurde nur
Manager bei der Müllabfuhr

Dieses Lied hatte mich damals alarmiert, man müsste es wirklich zu was bringen später, zu irgendwas, um es denen zu zeigen. Späte Rache nehmen für Zurückweisungstraumata. In einem anderen Udo-Lied heißt es über diesen pubertären Traum:

Eine Sache war für mich schon damals völlig klar
Wenn ich später groß bin, fahr ich nach Amerika
Bestimmt warten die da schon auf meines Vaters
attraktiven Sohn
Und dann werd ich was Berühmtes und zu Hause hören
sie alle davon

Guter Plan. Man müsste entweder, wie John Cusack in »Grosse Pointe Blank«, als Killer zurückkommen – oder mit dem Hubschrauber und also ordentlich Wind. Jedenfalls als einer, der ES geschafft hat. Und was genau meint jetzt »es«?

Zwischenbilanz-Momente gibt es ja dauernd: Badezimmerspiegel, Flusensieb, Bewerbungsgespräch, Flirt, Steuererklärung; beim Therapeuten, Blick in den Reisepass, eine Einzelverbindungsnachweis-Telefonrechnung, in der Wintermantelinnentasche Kinokarten oder Caféhauszuckertütchen aus dem letzten Jahr entdecken, als alles noch ein bisschen anders war; und ganz besonders beim umzugsbedingten Kellerleerräumen (A: »Was ich drei Jahre nicht gebraucht habe, schmeiße ich unbesehen weg, rigoros.« B: »Ich wünschte, das könnte ich auch«).

Alles Gelegenheiten kurzen Innehaltens, mal sentimental, mal geschockt, selten zufrieden: Aha, DAS also ist dann wohl mein Leben. Hm. Echt, ja, ist es das schon? Und kommt da noch was?

Man hofft ja doch immer, dass alles besser wird, der Körper zumindest tut das automatisch: Man ATMET, in der Gewissheit, die Luft um mich herum ist in jedem Fall sauerstoffhaltiger als die zuvor eingeatmete und jetzt von mir einfach nur durch mein EXISTIEREN mit CO_2 angereicherte. Und so irrt man voran, jetzt nur eben rasch noch dies schaffen, dann das – und DANN aber! Tja, dann. Dann wird es neue Danns geben und niemals Erlösung.

Wenn uns Menschen irgendwer oder irgendwas – sei es JENES HÖHERE WESEN oder auch nur ein Satellit – zuschaut hier unten, muss es doch wirken, als spinnten wir. Manchmal schaue ich mir Ameisen an, wie die da auf einem halben Quadratmeter stundenlang vor sich hin schuften, extrem diszipliniert und offenkundig von keinem Zweifel angekrankt, dieses Sandkorn, das muss jetzt aber so was von dringend nach da drüben transportiert werden und immer so weiter – und dann denke ich, das ist doch vollkommen irre, wozu denn die Hektik, warum so beflissen, was sind denn das für Prioritäten? Wenigstens nicht ganz so beeilen müsstet ihr euch! Das mit dem Sandkorn – hat das nicht, auf den Weltenlauf umgerechnet, eventuell auch Zeit bis morgen, übermorgen?

Desgleichen wir selbst als Ameisen, von ganz oben betrachtet, in den mikrokleinen von uns beackerten Lebensquadranten: Jaja, macht ihr mal, aber ihr könntet es auch genauso gut bleiben lassen. Wie lang es allein dauert, bis ein Kind endlich Fahrrad fahren kann – und was danach noch alles kommt! Jeder Einzelne muss jeden möglichen Fehler sicherheitshalber selbst noch mal machen, muss selbst jeden Berg besteigen und in jede Grube fallen, muss sich verlieben, traurig sein, Schuhe zubinden lernen und sprechen, muss mindestens eine politische Haltung entwickeln und sich für eine Zahnpastasorte und Frisur entscheiden und all dem Bedeutung beimessen; muss Goethe lesen und Beethoven hören und überlegen, ob sich 'ne Nahverkehrsmonatskarte rechnet; muss beim Baden entrückt schauend ins Meer pinkeln, eine eigene Handschrift entwickeln und wirklich mal versuchen, abends auf Kohlenhydrate zu verzichten; muss ein Software-Update machen und Kindern oder Deppen bei Ausführungen über »Star Wars« zuhören und im Portemonnaie münzwühlend durchrechnen, ob man es passend hat, muss New York, zumindest aber Berlin SPANNEND finden, sich sonnen und erkälten, Erfolg haben und scheitern.

Der Binnenwiderspruch: Wir MÜSSEN uns die Ameise als glückliche Ameise vorstellen. Allzu viel über sich nachzudenken jedenfalls, und da könnte man von der Ameise lernen, das führt zu gar nichts.

Das jährliche Fazitmassaker, dem niemand entkommt, und wer es flieht, hat am ärgsten damit zu kämpfen – Silvester. In was für entlegene Verstecke ich Ende Dezember schon abgehauen bin, um dort dann, vollkommen auf mich zurückgeworfen, alles Bisherige als Scheitern zu empfinden und alles Künftige als garantierte Verschlimmerung. Dagegen ist dann Bleigießen und Käsefondue und Tischfeuerwerk das Paradies, sogar vorm Brandenburger Tor so zu tun, als gäbe es da irgendwas zu fotografieren und »Wuu-huu-huu« zu schreien, weil Berlin der Hammer ist. Doch Silvester ist schnell vorüber, das tut nur kurz weh; hingegen ein Klassentreffen nach zwanzig Jahren, das hat eine andere Vehemenz und Klarheit, es ist eine Art letztes Gericht: Mit Ende 30 sind die Weichen gestellt, ist die Messe gelesen und der Fall klar, dein Fall, dein Leben, und das geht jetzt, höchstens!, genau so weiter. Die Kugel ist eingerastet im Roulettekessel; und man weiß ja, was der Croupier dann sagt.

Nach zwanzig Jahren wollen die Leute Ergebnisse sehen, da hat das Leben fertig zu sein und die Suche beendet, sonst wird es lächerlich. Sie wollen von Siegen hören und ihrerseits Siege beglaubigt bekommen, wer bei einem solchen Abend nicht weitgehende Selbstzufriedenheit zumindest vortäuscht, ist nicht ganz dicht und im Verlauf des Abends unbedingt zu meiden. Die wirklichen Verlierer würden nicht kommen, und das gerüchtebasierte Erschaudern (Was, wirklich, echt? Rollstuhl, Krebs, Privatinsolvenz? Oje!) wäre Sozialpornographie, Anteilnahme aus der Tüte, Lindenstraße.

Wenn ich da wirklich hinginge, Max-Planck-Gymnasium, Göttingen, zwanzig Jahre danach, ich würde da sitzen und alles nur mit Untertitel erleben, würde ausschließlich nach performativen Widersprüchen fahnden. Alles klar, würde ich denken:

Wer das scheinbar freudige Begrüßungswort »Heyyyyyyy« zu sehr dehnt, überlegt während des Hey-Dehnens verzweifelt, wer ihm da noch gleich gegenübersteht.

Wer sagt »Das müssen wir unbedingt wiederholen«, will nach Hause.

Wer etwas zu laut und oft sagt »Ich bin ein totaler Familienmensch«, ist fertig mit den Nerven, sehnt sich nach Einsamkeit.

Wer sich als »Einzelgänger, einsamer Wolf« etc. geriert, sucht Anschluss.

Wer sagt »Du hast dich ja echt kaum verändert«, möchte genau das über sich selbst hören, und zwar schnell.

Wer von »lecker Essen bei Freunden«, »Städtetouren« und »entspannt Wellness machen, einfach mal den Stecker ziehen« spricht, hat auch »Hobbys«, möchte unbedingt mal eine Safari machen, empfindet Korallenriffe als »gigantisch zum Schnorcheln«, unglaublich, diese Farben unter Wasser, und kann schon mal vorgehen in den Keller, nächste Ausfahrt: Modellbau und Zehntausendteilepuzzle.

Wer seine zweite Ehe lobt, denkt schon an die dritte.

Wer sagt »Ich würde gern mehr lesen«, lügt, »gibt sich« aber »auf Autofahrten supergern Hörbücher« – und demnächst mal zusammen 'ne Nudel nehmen, Sushi einwerfen, paar Bier verhaften?

Wer von seinem Haus im Grünen schwärmt, »Ja, ist zwar 'n Stück draußen, aber ruhig und toll für die Kinder, großer Garten«, möchte Absolution für seinen sozial deformierten Aufsitzmäheralbtraum in seiner Derrick-Opfer-Bude, lügt außerdem bei der Fahrtzeit »in die Stadtmitte«, ruck, zuck gehe das, und verlangt, dass man lacht, wenn er sich korrigiert, nein, nicht ihm gehöre das Haus, sondern, hoho, »momentan noch der Bank«. Hausführungen gehen so: »Und hier, musst du dir vorstellen, war 'ne Wand«, und dann steht man gemeinsam vor der ehemaligen Wand, nickt und lobt die neue Offenheit, wenn es keine tragende Wand ist, weg damit, klar, toll kommunikativ, GROSSZÜGIGER WOHNBEREICH, sinnlose Obstschalen, BEISTELLTISCH mit Bildbänden, auch pornographischen, denn auch die können ja Kunst sein; Beamer für GESTREAMTE Serien im Original, weil bei der Synchronisierung einfach zu viel verloren geht; am Kühlschrank mit Magneten befestigte Cartoons aus dem New Yorker, im Flur ein GERAHMTES Ramones-Plakat, indirektes Licht. »Beim Dachboden ist uns dann das Geld ausgegangen.«

Wer fragt »Hab ich denn deine Kontaktdaten?«, hat einen Scheißjob, beendet Mails mit Lokalwetterlageschilderungen und deren durch Emoticons tautologisierter Auswirkung auf die eigene Verfasstheit, frierende Grüße aus dem winterlichen München oder verregneten Gruß aus dem grauen Hamburg; bescheinigt Berufstelefonkontakten, deren Humanhülle AUF EINER MESSE erstmalig persönlich gegenübergetreten wird, »Primstens, dann hab ich jetzt auch endlich mal das Gesicht zur Telefonstimme«; sagt als Nächstes, »Lass uns unbedingt mal treffen, bin beruflich oft in Berlin«, geht zwischendurch ans Telefon, origineller Soundtrack-Klingelton, »Sorry, Sekunde – da muss ich kurz rangehen!«, steht auf, mit dem Körper strafft sich auch die Stimme, klingt jetzt wie frisch geduscht und trotzdem schon stinkend, frühmorgens in einem Geschäftsmannbomber, Mundgeruchkaffee und lächerliche Wirtschaftszeitungen auf dem Schoß, und schon erklingt die Titelmelodie aller Geschäftsweltsunterwürfigkeit: »Ich grüße Sie!«

Wer nervös rumfragt, ob jemand ein Ladekabel dabeihat, hat sein Leben nicht im Griff.

Wer ein Ladekabel dabeihat, bucht Urlaube sehr lang im Voraus und schreibt Kundenkritiken im Internet; kann außerdem gut: Anbieter wechseln (egal wovon) und bei technischen Problemen anderer geduldig sagen »Geh mal auf Einstellungen«.

Wer sich auf den Bauch klopfend sagt »Ich müsste auch mal wieder was machen« und damit Sport meint, hat seinen Körper längst aufgegeben, sagt beim Zuprosten, er halte es mit Churchill, No Sports, superlustig, und zu sporadischem Hanteltraining: da täte es ja anschließend weh an Stellen, von denen er gar nicht gewusst habe, dass da Muskeln seien, hehe – wird aber mit 50 einen Marathon laufen und dabei zu enge Hosen tragen. Das Zielfoto mit Medaille wird GEPOSTED, und das Elend könnte kaum größer sein.

Wer die Frage nach seinem Wohlergehen beantwortet mit »Du, gut so weit, bisschen stressig momentan, aber sonst – nee, im Großen und Ganzen happy. Und selbst?«, hätte nichts dagegen, bald zu sterben.

Wer dauernd Fotos macht und Mailadressen einsammelt, war schon immer Gemeinwohldepp und Gruppenschwachkopf: »Liebe alle«.

Wer einen Beruf hat, den man nicht versteht, sagt: In China und Indien passiert's jetzt, die sind richtig gut aufgestellt und holen grad enorm auf, da werden wir uns bald umgucken; in Amerika gibt es keinen Neid, da steht man wieder auf, hat drei Jobs gleichzeitig und trotzdem gute Laune; unglaublich, der Humor der britischen Obdachlosen; meine Kinder lernen jetzt Spanisch, weil besser ist das.

Wer »Frage« sagt, bevor er eine Frage stellt, sagt auch »Ich habe damit kein Problem. Weiß nicht, ob besser, ich sag mal so – es ist ANDERS. Und ich meine das jetzt null wertend.«

Wer »die Soundsos dieser Welt« sagt und »so nach dem Motto«, der kommentiert das Zersplittern eines Glases als Einmannfanmeile mit der absteigend intonierten Quarte »O-o!« und versieht eine in der Ferne erklingende Tatütata-Quarte mit der Weizenbierhumorlyrik »zu spät, zu spät« und scheut auch nicht zurück vor: »eben halt«, »von daher«, »apropos«, »Mach dir keinen Kopf«, »Ich geh mal davon aus«, »zu deiner Info«, »nicht wirklich«, »Ich meine: hallo?« und »alles gut«.

Wer den Gähn-Standard bringt »Es wird nie so viel gelogen wie im Krieg, vor einer Wahl und nach der Jagd«, trennt nicht mehr seinen Müll, seit er nämlich mal beobachtet hat, dass all die verschiedenfarbigen Tonnen in EINEN Müllwagen geleert werden, und für den ist es auch nicht mehr weit bis: »In der Champions League bin ich dann aber schon für die Bayern.«

Wer sagt »Essenstechnisch bin ich voll Old School – also Veganer, da hört's bei mir echt auf, ist außerdem superungesund, weil: Der Körper braucht tierisches Eiweiß«, nennt seine Frau »meine Regierung« und die Fernseherfernbedienung »Macht«. Sonntags zwischen 20.15 und 21.45 darf man ihn nicht stören. Schaut sich um und sagt: »Ganz großes Tennis« oder »Schöne Sache, das«.

Wer sehr oft das Wort »definitiv« benutzt, bittet Besuch, die Schuhe auszuziehen, und beantwortet Rundmails patzig damit, dass Rundmails nerven – was er an alle schickt.

Wer über sein iPhone sagt »Ich wollte zuerst auch das große, aber das war mir dann doch zu groß, da hältste dir ja praktisch 'n iPad ans Ohr«, findet »Stromberg« lustig.

Wer sich mit Führungskräftehosenträgern und farblich abgesetztem Hemdkragen als GEBEUTELTER MITTEL-

STÄNDLER und unbedanktes Gesellschaftsrückgrat zu erkennen gibt, veranschaulicht die typisch deutsche Innovationsfeindlichkeit mit der These, in Deutschland hätte man eine ursprüngliche Garagenfirma wie Apple niemals gründen können, wegen der allzu kleinkarierten Gesetzgebung: kein Fenster, keine Firma. Wird später Zigarren anbieten und weltmännisch erklären, man lerne eine FREMDE KULTUR am kompaktesten kennen, indem man sich dort eine Geburt, eine Hochzeit und eine Beerdigung anschaue, das sage alles.

Wer das »wir« in »Wir haben uns ja lange nicht gesehen« überbetont, meint damit: Und so soll das auch bleiben.

Wer »Urzeitkrebse« als originelles Erinnerungsdetail empfindet, hat sich die Autobiographie von Bud Spencer gekauft.

Wer eine Gesprächswendung einleitet mit »Nee, ernsthaft« oder »Jetzt mal ohne Witz«, nachdem es aber vorher überhaupt nicht lustig gewesen war, muss mal ganz dringend in den Arm genommen werden, aber das wird wieder nichts.

Und wer etwas zu oft scheinbar allgemeingültige Sätze mit »Wer dies und das« beginnt, um sie mit »der so und so« vor die Wand seiner Erzählmirnix-Abgefucktheit rasseln zu lassen, will imponieren, er kennt die Welt, die Menschen, ihm macht keiner mehr was vor, nur er sich selbst.

Ich merkte, ich würde dem nicht standhalten können. Die Aussicht, all diesen Leuten wiederzubegegnen und damit vor allem natürlich auch mir selbst, dem, der ich war, dem, der ich hatte werden wollen – das machte mich dermaßen nervös, ich würde da nicht hinfahren können. Auf gar keinen Fall. Ich schaffe es ja nervlich nicht mal, »auf« Facebook zu sein, ist das doch Klassentreffen in Permanenz.

Die eigenen biographischen Abzweigungen und Kompromisse, das Gelingen und Scheitern auf allen Ebenen, man hatte das ja unmittelbar mitbekommen, war schließlich das eigene Leben, man hat sich also an Veränderungen oder Stagnation gewöhnen können. Bei einem Klassentreffen aber träte man auf als grelles RESULTAT. Da ist dann nix mit Kontext; man würde die anderen genauso brutal anschauen, wie man selbst von ihnen angeschaut würde, sekundenschnelle Taxierung: Aufsteiger oder Absteiger?

Die Erinnerung ist die einzige Hölle, aus der es kein Entrinnen gibt. Und an ihr zu rühren, sie zu betreten, sie mit Gegenwart aufzuladen, heißt, einen Kampfhund zu reizen. Ich muss meine damaligen Mitschüler weiterhin als für immer 19-Jährige im Kopf behalten, als Reifezeugniswalhalla in meinem Unterbewusstsein, Idole, Feinde – Archetypen. Die in meiner Vorstellung überhaupt nicht gealterte Architektentochter aus der ersten Reihe wirft noch heute IN MEINEM KOPF ihre Haare zurück und lässt mich so wissen, dass ich ein Nichts bin. Sie wird für mich immer diese unerreichbare, unendlich schöne junge Frau sein. Niemals möchte ich sehen, welche Niederlagen ihr Körper und ihr Selbstbewusstsein unterdessen aller Wahrscheinlichkeit nach einstecken mussten. Das würde alles zerstören. Ihr, die es nicht mehr gibt, werde ich nie genügen – und das ist sehr nützlich als längst ins Unterbewusstsein abgesickerte Motivation, ihre Verachtung ist noch immer Antrieb in meinem Hirn. Und so bin ich in einer verwinkelten Ecke meines Ichs: für immer 19 Jahre alt. Das, auch das, habe ich mir von Udo abgeguckt. Es erlaubt mir, mich selbst zu sehen als einen, bei dem noch nicht alles zu spät und noch alles drin ist und das Beste sowieso noch kommt. Und diese Illusion ist natürlich am leichtesten dort aufrechtzuerhalten, wo man keine Geschichte hat, wo alles neu ist, nichts auf früher verweist. Ein neuer Tag, ein neues Land, ein neues Leben: 8221 Sunset Boulevard, Hollywood California 90046.

Weiter weg vom Max-Planck-Gymnasium, Theaterplatz 10, 37073 Göttingen, konnte man kaum sein, als meine Mitschüler zum 20. Abiturjubiläum zusammenkamen – und ich gewiss der Einzige war, der dermaßen zu viel darüber nachgedacht hatte, dass er psychisch nicht in der Lage war, NACH

GÖTTINGEN zu fahren. Ja, nicht mal abzusagen traute ich mich, und ich musste sogar AUSSER LANDES fliehen, um diesem panisch-bodenlosen Inmirdrin-Strudel zu entkommen (ein trügerisch heiteres Wort meines Therapeuten dafür: PROBLEMTRANCE).

Mir kam Helmut Dietls große Weisheit in den Sinn, mit der er milde irgendwelche Aufs und Abs im Amourösen oder irgendjemandes ganz große biographische Sonderpläne kommentierte: Wie auch immer – am Ende wollen's alle a lichtdurchflutete Altbauscheiße.

Als wir zusammen das Drehbuch für seinen Film »Zettl« schrieben, hat Dietl mir oft von Los Angeles erzählt, er hatte dort eine ganze Weile gewohnt, Ende der 70er-Jahre, die ersten Monate im Chateau Marmont, dann in einem Haus direkt nebenan, in der Selma Avenue. Über Dietls Schreibtisch hing ein Schwarz-Weiß-Foto vom Chateau Marmont, ein Panorama-Querformat, vom Sunset Boulevard aus aufgenommen, im logischerweise (Dietl eben) weißen Holzrahmen, rechts das sich schlossartig auftürmende Hotelgebäude und das aus der Gartenböschung ragende Hotellogo-Leuchtschild. Vor der Hoteleinfahrt ein riesiges Werbeschild für »Absolut Vodka« in Gestalt der ikonischen Flasche. Hier entlang, schien dieses Wodkaflaschenbillboard zu sagen, und: Ihr, die ihr hier reinfahrt, lasset alles andere sausen. Und immer wenn wir vor diesem gerahmten Bild standen, und wir standen oft davor, sagte Dietl leicht wehmütig: Ja mei … freilich war des toll, wunderbar war des. Kaum zum Aushalten, so schön war's.

Helmut brachte mir, neben so vielem anderen, auch die Los-Angeles-Liebe nahe; schon wie er es aussprach, »Los Angeles«, ich habe es genau im Ohr, so weltmännisch, international, Gentleman – Los Angeles. Fortan ein Sehnsuchtsort.

A lichtdurchflutete Altbauscheiße – die Erinnerung an diese goldene Dietl-Formulierung verbesserte meine Taumellaune erheblich. Sofort rief ich Helmut an und erzählte ihm von meiner Klassentreffen-Psychose und dem mir dabei eingefallenen Polizeiberichtswort BILANZSELBSTMORD.

Ja mei, mit Klassentreffen is des so a Sache, i weiß, furchtbar is des, grau-en-haft, sagte Helmut. Und fügte an: Brenda und Eddie, verstehst?

Wie? Ach so, stimmt, Billy Joels Welthit »Scenes from an Italian Restaurant«, da werden Brenda und Eddie beschrieben, Königspaar des Highschool-Abschlussballs, von allen anderen beneidet – und danach geht es im Lebens- und Liedverlauf mit den beiden, natürlich, bergab.

Ich bat Helmut, mir zum hundertsten Mal zu erzählen, ich konnte es nicht oft genug hören, wie er, Helmut, Ende der 70er-Jahre mit Billy Joel in Los Angeles rumhing, Billy Joel hatte Helmut damals, vornehmlich nachts und nicht unbedingt nüchtern, immer mit Ideen für eine sensationelle Fernsehsendung vollgelabert, die sie unbedingt zusammen machen müssten.

Ja, der Billy, freili, prima Typ. Wunderbar sei das gewesen, mit dem Billy – und das »wunderbar« natürlich auf der ersten Silbe betont.

Genau zwischen Helmuts späterem Haus und dem Chateau Marmont auch damals schon der in diesem Zusammenhang nicht unbedeutende Getränkeladen Liquor Locker, bis tief in die Nacht geöffnet. Ist natürlich nie was draus geworden aus Billys Sendungsideen, das ist ja das Tolle an so druffem Gelaber nachts, die dabei skizzierten Vollrauschpläne müssen nicht durch den TÜV der Realität und können Traum bleiben. Denn wie Billy Joel an anderer Stelle sagte über Brenda und Eddie, die wir ja alle kennen, irgendwelche Brendas und Eddies gibt es in jedermanns Leben: »Pass auf, was du dir wünschst, vielleicht bekommst du es – und das ist das, was dabei herauskommt.«

Ich war jetzt groß und in Amerika. Und fühlte mich so klein wie lange nicht.

DIE
BUNTE
GLITZERSTADT

Meine ersten Hamburg-Abende verbrachte ich natürlich, wie jeder Dödel vom Dorf, auf der Reeperbahn. Und sofort und für immer verliebte ich mich in diesen begehbaren Udo-Song, den Neon-Schriften-Wahnsinn, Blinklichter in allen Farben, aus jedem Haus Lockrufe und Gedudel, das elektrische Leben, da vorn boxte man für eine Mark gegen einen Gummisack, der die Wucht des Schlags maß, da hinten die Wurstbude Lucullus, in der Manfred Krug als »Tatort«-Kommissar so manche Wurst gegessen hat; überall, und ulkigerweise besonders dicht gedrängt zwischen McDonald's und Davidwache, die pastos geschminkten und unfassbar geschmacklos, aber zweckmäßig mit SKIANZÜGEN bekleideten Prostituierten; die Horden Betrunkener, die übermütig loszogen, um sich völlig zu Recht in der Herbertstraße komplett ausnehmen zu lassen; dort drüben verarschte einen dieser Greifarm-Glaskasten, aus dessen Plüschtierbassintiefe man immer die tollsten Sachen barg, kurz vor Erreichen des Ausgabeschachts jedoch verließen den Greifarm die Kräfte und man hatte wieder nichts gewonnen: eine Parabel auf sämtliche Angebote der Reeperbahn.

Bist auferstanden aus all dem Siff
Jetzt legen wir wieder an mit unserem Schiff

Wiewohl keineswegs an der Küste geboren, nährten Udos Platten die Fiktion, er sei ein Küstenjunge, und obwohl selbst in der niedersächsischen Einöde aufgewachsen, empfand auch ich mich als Gesinnungsnorddeutscher und Kind des Nordseestrandes, der Hafen war auch mein Sehnsuchtsgebiet, da bekam ich Heimweh der verlässlichsten Sorte, nämlich nach einer Heimat, die es nie gegeben hat.

Weißt du noch, unten am Hafen
Es roch nach Freiheit und nach Meer

Man sah die von gelbem Arbeitslicht angestrahlten Riesenschiffe, der Blick durch die Seitenstraßen auf den Hafen mit seinen auch nachts Container herumraksenden Kränen war beruhigend: Es geht weiter und wir können hier jederzeit weg, deshalb bleiben wir hier. Roch die Luft salzig? Aber ganz bestimmt. Nach Salz, Bier, Dreck und Ketchup.

Die Reeperbahn versetzte mich direkt in Fauser-Stimmung: Ich sah mich am Scheitelpunkt der Nacht in einer Bar stehen, im Hintergrund blinken und dudeln Flipper und Jukebox, es läuft natürlich Joe Cockers Version von »You Can Leave Your Hat On«, und man gibt einer herben Blondine mit zu viel Lippenstift Feuer und fragt sie: Na, Süße, auch aufs falsche Pferd gesetzt?

Am schönsten war es auf der Reeperbahn, wenn die Nacht sich dem folgenden Tag ergab, wenn es schon dämmerte und die allerletzten Angebote gemacht wurden, wenn wirklich nur noch die Profis und Fertigen unterwegs waren und das sanfte Crescendo der Straßenkehrmaschinenbürsten andeutete: Das war's für heute.

Ich liebte die Wahrheit dieser Schummerstunden, die Straßenlaternen schon erloschen, und doch blinkten im Morgengrauen noch insistierend letzte Leuchtschriften, die nachts keineswegs trist gewirkt hatten, sondern wie Paradieswegweiser:

Bar!
Live-Show
Open!
Sex, Sex, Sex

Wehmut, letzte Chancen, Vergeblichkeit.

Doch jetzt schien noch alles möglich, der Abend ging erst los, alles glänzte, funkelte, wummerte – und ich stand auf der Gästeliste. Der taz-Kulturredakteur hatte gefragt, ob ich in meiner Eigenschaft als Mann für die erledigten Fälle vielleicht zu einer Udo-Lindenberg-Sause gehen wolle. Zwar nahm ich fast jeden Auftrag an, ich brauchte das Geld und die Schreibpraxis, ging sogar zu Herman van Veen und Tic Tac Toe, aber nun war ich wirklich aufgeregt: Reeperbahn, Udo, Café Keese –

ein Echo meiner Kindheit. Gefeiert wurde das »25. Bühnenjubiläum« von Udo, dessen Karriere endnah schien, da nun zu solch einem Non-Anlass geladen wurde.

Udos Musik war unwichtiger geworden für mich, aber auf einer der letzten Platten, die ich noch als Fan REZIPIERT hatte, befand sich das Lied »Reeperbahn 90«, darin zählt Udo Reeperbahn-Weihestätten auf, Davidswache, Schmidt's, Docks, Chicago, Große Freiheit – und nämliches Café Keese. Udo reist um die ganze Welt in dem Text, ist aber überall »'n bisschen traurig«, bis ihm die Lösung einfällt:

Da gibt es so 'n Boulevard
Die Große Freiheit auch ganz nah
Und ich weiß, mich zieht's zum Kiez

Das Café Keese war nach Hamburger Art ein irgendwie ironisch und um die Ecke als cool, ja CAMP empfundener Laden, eigentlich ein Oma-Café, aber gerade deshalb supercool. Oder so ähnlich, Hamburg eben. Die Hamburger Nachtlebenleute waren immer so kompliziert. Dauernd besprachen sie hochernst ganz kleine Themen, die und deren Bedingtheiten sie aber als ZUSAMMENHÄNGE bezeichneten. Das Café Keese war an diesem Abend ein rappelvoller Zusammenhang, geschlossene Veranstaltung, überall berühmte Leute, ich ging erst mal zur Bar, festhalten, Überblick verschaffen, ein paar Drinks gegen die Einschüchterung.

Die Caféwände waren behängt mit einer Variation des Beatles-»Sgt. Pepper's«-Covers, die Köpfe von Marx und so weiter waren ersetzt durch deutsche Musiker, die für ein »Tribute-Album« große Udo-Hits nachgesungen hatten. Ich sah Nena, Otto Waalkes, Nina Hagen – und war das nicht Sven Regener, der Sänger von Element of Crime? Auch dessen Musik zu lieben, hat Christoph mir beigebracht, ich kannte Element of Crime zuvor nur als Konkurrenz von den Plakatwänden, und ihrem Plakat nach schien mir das zu romantisch, ein Wohnwagen mit Leuchtherz drauf, wahrscheinlich Kunst-Musik.

Aber Christoph, einmal mehr zur CD singend, wusste es besser, super Band, die Platte hieß »Weißes Papier«, Christoph hat sie mir geschenkt.

Beim Zigarettenholen vor dem Klo sprach ich Regener an, und er antwortete sogar, freundlich, gut angetrunken, er erzählte, für den Tribute-Sampler habe seine Band das Udo-Lied »Leider nur ein Vakuum« aufgenommen. Ah, gute Wahl, ich sang direkt los, Regener guckte – und sang dann zwei Zeilen mit:

Freitags abends steckt er sich 100 Mark und 'ne Zahnbürste ein
Er zieht sich die schnellen Stiefel an, es ist ein gutes Gefühl, frei zu sein

Alles klar, bis denn dann, sagte Regener und ließ mich stehen. Ich ging wieder zur Bar, zwar war ich schon ein bisschen blau, aber noch immer unsicher. Darüber, über meine Verhaltensunsicherheit bei dieser natürlich deutschlandtrüben, mir aber vollendet glamourös erscheinenden Veranstaltung, hätte ich einen guten Text schreiben können. Habe ich aber leider nicht gemacht. Stattdessen versteckte ich mich in meinem mickrigen taz-Text hinter ironischer Flapsigkeit und höhnischem Auftrumpfton. Ein Kind, das mit Wasserpistole eine Bank überfällt. Da ist noch gar nichts, die Sprache will einfach nur in die nächste Zeile kommen und wieder 80 Pfennig verdienen.

Schon seltsam, da hatte ich meine ganze Kindheit lang von dieser Reeperbahn geträumt, mich da mit Udos Liedern hingesungen, an die Tresen, und da stand ich nun, es gab Gratisgetränke, dahinten, gar nicht weit, in einem Separee, lag mehr, als dass er saß, Udo und faselte irgendwas ins Mikrophon, küsste sich akrobatisch mit Nina Hagen – und ich wollte das nun offenbar blöd finden? War das METHOD ACTING, hatte ich mir so schnell von den Hamburger Musikjournalisten deren Haltung zur Welt abgeschaut, der eine Verkrampfung zugrunde liegt, distanzierte Dauerironie, Bescheidwissertum, ein vernageltes Herz? Dachte ich vielleicht, ich bin jetzt taz-Mann, ich muss auf jeden Fall Udo Lindenberg lächerlich finden? Oder war das eventuell tatsächlich eine ziemlich traurige Veranstaltung? Am nettesten zu mir war Sebastian Krumbiegel von den Prinzen. Zwar war auch Sven Regener freundlich gewesen, aber norddeutsch kurz angebunden und auf den Punkt, was ja nie falsch ist. Sebastian Krumbiegel aber unterhielt sich wahnsinnig lang mit mir, als Einziger, er wirkte selbst ein bisschen unbeholfen in all dem Trubel – er war offen und nett, und ich dachte, ja, Krumbiegel und ich, wir sind hier die Ossis im dekadenten Westen.

Wieder so ein fensterloses, neonbeleuchtetes Parallelparadies, das hiesige ewige Licht ein innenbeleuchteter Glastürkühlschrank. Alle tranken Bier, niemand aß etwas von den augenscheinlich schon vor Wochen belegten Brötchenhälften mit Frische zitierenden Salatranderscheinungen.

Die Bates gaben ein Konzert in Hamburg, bei ihnen war ich sicher, da kannte ich die Regeln, und alle kannten mich. Zimbl unterhielt sich mit einem der Promoter seiner Plattenfirma über Drogen und Fettabsaugung, sie schnupften Speed vom Fensterbrett, ich stand dabei, wusste nicht genau, was nun zu tun ist, und um irgendwie im Spiel zu bleiben, erkundigte ich mich genauer nach der – wenn ich es richtig verstanden hatte – erst kürzlich erfolgten Fettabsaugung des Promoters. Er sprach gern darüber, zog auch schon sein Hemd hoch, zeigte eine kleine Narbe, ganz unkompliziert sei das gewesen. Sport zu machen, habe er weder Lust noch Zeit, billig sei es nicht gewesen, aber ansonsten durchweg zu empfehlen. Zimbl sagte, vielleicht sei das auch was für ihn, zwar esse er nahezu nichts, aber das Bier, das viele Bier, das er täglich trinken müsse, davon bekäme er nun doch allmählich eine ziemliche Plauze, und das gefalle ihm gar nicht. Als er das sagte, zog ich reflexhaft den Bauch ein – stimmt, das Bier, das dauernde Bier, war ein Problem.

Nach dem Konzert gingen wir noch in irgendeinen Club, der Promoter hielt uns plötzlich seine schwitzige Hand hin, da lagen Pillen drin, ob wir auch »'ne E« wollten? Aha, Ecstasy, ich hatte davon gelesen. Ja, natürlich. Anders als vom Speed, das knapp zu sein schien, davon jedenfalls hatte er mir nichts angeboten, waren offenbar ausreichend Pillen da, um auch mir eine zu geben. Erst mal eine halbe vielleicht, regte der Promoter an, aber da hatten Zimbl und ich schon jeder eine ganze runtergeschluckt, keine halben Sachen.

Ich wartete auf die Wirkung, und – nein, die Wirkung wartete auf mich, Gong, hoppla, ach so ist das. Das ist ja toll. Wie gut plötzlich die Musik war, wie schön und freundlich alle Menschen, wie gut ich auf einmal tanzen konnte, wie folgerichtig doch irgendwie, äh, alles war. Glück und Weltumarmung durchströmten mich, wir tanzten und schwitzten, ich hatte einen sehr bunten Kapuzenpulli von H&M an, der jetzt im flackernden Discokugel-Laserlicht interessante Leuchteffekte erzeugte. Ich tanzte meinem Pullover hinterher, und alles ergab einen Sinn. Ich war sogleich Fan der Ecstasy-Zusammenhänge. Die Pille bewirkte, dass ich den Verlauf eines Liedes, das ich gerade zum ersten Mal hörte, immer genau ein paar Sekunden vorausahnen und dementsprechend schlüssig meine Bewegungen lenken konnte. Ecstasy, eine gute Sache.

Ich fuhr mit der Band ins Hotel, der Promoter sagte, ich könne mit in sein Zimmer kommen, ich dachte mir nichts dabei. Das Bett allerdings kam mir ziemlich schmal vor, egal, es war ja fast schon hell. Ich legte mich hin, an die Wand, er kroch dazu, ziemlich nah ran – war das Bett wirklich so schmal? Er fing an, mich zu streicheln, sich an meiner Unterhose zu schaffen zu machen, die war türkis und noch aus meiner SCHULZEIT. Ich stellte mich tot, was ihn aber nicht weiter störte. Interessiert beugte er sich über mich und dehnte mit dem Daumen meinen türkisen Unterhosensaum, um sich einen Überblick zu verschaffen, wie da unten bei mir so die Stimmung war und ob da für ihn was zu holen wäre. Mir war das alles sehr unangenehm, aber ich wollte jetzt auch nicht die Stimmung vermiesen. Ich schlug die Augen auf, gab ihm die Chance, alles vergessen zu machen, indem ich so tat, als sei ich just aus einem kurzen Tiefschlaf erwacht, oh, schon hell! Ich sagte, dass ich Durst hätte, sprang aus dem Bett, ging zur Minibar und trank, was ich sonst nie tat, aus Angst, fett davon zu werden: eine Cola. Ich schaltete den Fernseher an, den Musikkanal VIVA, da sang Sheryl Crow:

All I wanna do is have some fun
I got a feeling I'm not the only one
All I wanna do is have some fun
Until the sun comes up over Santa Monica Boulevard

Der Promoter hielt auffordernd die Bettdecke hoch, sagte, ich sei süß und solle zurück ins Bett kommen, er mache auch nichts. Ich aber sagte, ich müsse dann jetzt auch mal los. Ob ich nicht noch mit ihm zu einer Fernsehaufzeichnung kommen wolle, eine Show mit Dieter Thomas Heck? Nee, irgendwie nicht, muss ja morgen auch früh raus und so.

Abends kam ich langsam wieder zu mir, der nicht so schöne Ecstasykater zerrte ziemlich an meinem Gemüt. Ich bilanzierte das Wochenende und war eigentlich ganz zufrieden, auch wenn die Eckdaten nicht als Postkartentext taugten, meinen Eltern mitzuteilen, dass so weit alles in Ordnung war: Punkkonzert, Pillenglück, homosexuelles Missverständnis.

Und eine eigene Geschichte aus reiner Gegenwart
Sammelt und stapelt sich von selbst herum um mich
Während ich durch die Gegend fahr

Ich saß in einer S-Bahn meiner auf dem Netzplan grünen oder violetten Stammkurzstrecke, Hauptbahnhof Richtung Altona – und plötzlich ergab schon wieder alles kurz einen Sinn: Der gelbe Leuchtschriftzug »die eigene GESCHICHTE« an der Gleismauer, unterhalb der Kunsthalle, leuchtete auch in dem Lied »Eine eigene Geschichte« von der neuen Blumfeld-Platte dem Sänger heim. Der benutzte offenbar die gleiche S-Bahn wie ich! Hamburg war wirklich die beste Stadt der Welt. Aussteigen musste ich an der Station Holstenstraße.

Mein Chef bei L'Age D'Or hieß Carol und war eher kein Bürokrat, sein häufigster Satz lautete »Na und – ist doch scheißegal«. Als Praktikant musste ich vor allem ans Telefon gehen und CD-Bestellungen von Journalisten abarbeiten, rüber ins Lager, CD raussuchen, eintüten, Umschlag beschriften, ab in den gelben Postcontainer.

Statt »L'Age D'Or« sagte man kurz »Lado«, und ich war jetzt Lado-Benjamin (so meldete ich mich am Telefon) für drei Monate, ich bekam 250 Mark pro Monat. Gegen 18 Uhr schickte Carol mich meistens rüber zum Supermarkt, Bier holen. Dann knackten wir ein paar Dosen, die noch folgenden Telefonate machten erheblich mehr Spaß, und die CD-Werbetexte, die ich zu schreiben hatte, wurden ab 18 Uhr auch deutlich geschwätziger.

Manchmal kamen Musiker vorbei, abends ging man eigentlich immer zu irgendeinem Konzert, unser Stammladen hieß Heinz Karmers Tanzcafé, eine Bruchbudenkneipe. Hier lernte ich destilliert Hamburger Brauchtum und den, wenn man es so nennen will, Humor der damaligen Hamburger Musikszene kennen. Man trank Flaschenbier und ironisch gemeinte Wirtschaftswunderliköre, der Dresscode lautete: Rotkreuzbeutel. Man trug Cordhosen mit Schlag und zu enge T-Shirts mit möglichst abseitiger Bedruckung, »Freizeitpark Verden« oder »Trimm Dich fit« oder »Getränkemarkt Lohmann«, darüber am besten eine Synthetiktrainingsjacke. Das war sie, die Uniform der Unangepassten in ihren Nachtlebenzusammenhängen. Und der Humor.

Meine erste Dienstreise als Praktikant, Übernachtung im Hotel, big time. Ich sollte bei einem Konzert der Band Die Sterne CDs und T-Shirts verkaufen. Im Hotel klopfte ich an Carols Zimmertür, um ihn abzuholen, er bat mich rein, ich sah auf seinem Bett eine geöffnete Erdnussdose, auf dem Nachttisch ein offenes Bier:

Aus der Minibar? Aber das ist doch ganz teuer!

Darauf Carol: Na und – ist doch scheißegal.

Ich war beeindruckt.

Mittlerweile wohnte ich zur Untermiete bei einem Bahnbeamten, mit dem ein enges, fensterloses Badezimmer zu teilen kein Vergnügen war und der demonstrativ missbilligend schaute, wenn ich in den Morgenstunden betrunken und heiter vom Kiez kam, während er seine Aktentasche mit Thermoskanne und Wurstbrotpaketen bepackte. »Guten Morgen«, sagte er dann immer und bemühte sich, durch den Tonfall seine ganze Verachtung für meinen Tagesablauf in diese ja dem Wortwert nach freundliche Begrüßung zu legen. Das gelang ihm.

Nach drei Monaten war ich nicht mehr Lado-Benjamin, sondern taz-Benjamin, das Milieu blieb also on a first-name basis. Der Kulturredakteur ließ mich zu den Konzerten und Ereignissen gehen, zu denen sonst niemand wollte, der kulturelle Sondermüll. Das war mein Jagdgebiet, bei diesen Themen war alles so ein bisschen egal, ideal zum Üben also. Wir saßen zu dritt in einem Raum, ich an einem kleinen Seitentisch für freie Mitarbeiter, und ich blödelte da meine kleinen Konzertberichte zusammen, drückte dauernd auf die Taste F4, die einen Zeilenumbruch erzeugte, dann sah man, wie viel man schon hatte und wie viel man noch schreiben musste. Man wurde pro Zeile bezahlt, also war das nicht unwichtig.

An der Wand hinterm Kulturredakteur hing ein Werbeplakat für die Platte von Courtney Loves Band Hole: »Live

Through This«. Courtney Love war darauf abgebildet mit einem Blumenstrauß in der Hand und einer goldenen Krone auf dem Kopf, und ich musste dieses Plakat haben. Als der Kulturchef mal früher ging, um seinen Sohn aus dem Kindergarten abzuholen, und ich allein zurückblieb, stahl ich das Plakat. Am nächsten Tag fragte der Kulturchef zielsicher mich, ob ich sein Hole-Plakat gestohlen hätte. Ich verneinte, wurde rot dabei – und dann schrieb ich eine Konzertkritik über Joe Cocker. Ich drückte sehr oft auf F4. Als der Kulturchef meine Kritik las, sagte er, in Ordnung, hier bisschen streichen – und wenn du in einer Konzertbesprechung noch einmal das Wort »ich« verwendest, hacke ich dir persönlich die Finger ab.

ICH dachte, ach, der ist bloß wütend wegen des Hole-Plakats, über was soll ich denn sonst schreiben als über mich, wenn es um ein Joe-Cocker-Konzert geht?

Das Hole-Plakat klebte ich von innen gegen die Glastür meines Untermietzimmers beim Bahnbeamten, denn der stand oft im Flur und starrte zu mir rein, es schien ihm ein Rätsel, was genau ich da den ganzen Tag tat. Und dann immer dieser Krach, geht das vielleicht auch ein bisschen leiser? Nun starrte er auf die Rückseite des Hole-Plakats, und ich sah Courtney mit dem Blumenstrauß, dazu das mir sehr einleuchtende Motto: »Live Through This«.

ZWANZIG JAHRE SPÄTER SITZE ICH HINTER DEM SCHWARZEN Rauchervorhang im Restaurantgarten des Chateau Marmont und kaufe mit dem Telefon eine Kinokarte für den neuen Dokumentarfilm über Kurt Cobain, »Montage of Heck«. Auf der Bank mir gegenüber sitzt eine Frau, die aussieht wie – aber das kann ja nicht sein. Oder doch? Zu ihren Füßen ein Chanel-Rucksack, an ihrem Fußgelenk ein Tattookranz. Irgendwie sieht sie so anders aus. Andererseits sieht niemand sonst auf der Welt so aus. Ich überlege, folgende Begriffe zu googlen: Tattoos Courtney Love. Nein.

Ich entschuldige mich für die Störung und frage, ob sie Courtney sei.

Absolut, sagt sie.

Das, sage ich, das sei ja ein Ding – ich müsse ihr Folgendes bitte kurz erzählen dürfen: Jeden Morgen jogge ich die Selma Avenue runter und dann – und zwar nie, ohne dabei an sie zu denken – links hoch, Courtney Avenue.

Wie süß, sagt sie, jaja, die Courtney Avenue, leider nicht nach mir benannt.

Ein Fehler, rufe ich einen Tick zu laut, für mich sei es die Courtney-Love-Avenue. Und immer, wenn ich da entlangliefe, dächte ich an ihren Smashhit »Celebrity Skin«, an die Zeile: »When I wake up in my makeup«. Letzteres stimmt zwar nicht, aber ich möchte ihr das Gefühl vermitteln, dass ich nicht nur deshalb so aufgeregt bin, weil sie die Cobain-Witwe ist, sondern dass ich auch sie als Künstlerin und so weiter.

Sie ist ganz reizend und fragt mich, wie das hier so üblich ist, völlig sinnlos nach meinem Namen. Nice to meet you!

Ich sage, heute Abend werde ich mir DEN FILM anschauen, und als ich mich das sagen höre, denke ich, Wahnsinn, jetzt wird es immer distanzloser und aufdringlicher.

Doch Courtney Love bleibt zugewandt, ah, the Brett Morgen one?

Yes.

Im »Arclight Cinema«?, fragt sie.

Das, sage ich, das sei der Plan.

Guter Plan, sagt sie, man müsse diesen Film im Kino sehen, nur da wirke er so richtig. Der Film, so sie, sei »intense«.

Ich entschuldige mich erneut für die Störung, sage alles noch mal, es wird jetzt viel zu lang, ich wiederhole, dass ich sie einfach habe fragen müssen, ob sie sie sei, und dass ich ein großer Fan sei und so weiter.

Mit klopfendem Herzen nach draußen und mit dem Fahrrad den Sunset Boulevard hinunter zum »Arclight Cinema«, mit der Sonne im Rücken sause ich am Autostau vorbei, und wie immer, wenn ich hier so schnell die Straßen langjage und gerade in leicht depressiven Taumelgedanken mich verirre, denke ich, wie wohltuend, zumindest aber wirklich erfrischend es jetzt wäre, wenn plötzlich die Tür eines parkenden Autos sich öffnete, ich nicht mehr bremsen könnte und dagegenknallte, über die Tür flöge und mal testen, ob der Helm was nützt. Das denke ich wirklich immer auf dem Fahrrad, wenn ich so von Sinnen rase, VOR IRGENDWAS WEG, na klar, und wie all die Probleme und Problemchen sich in der Sekunde des Aufpralls neu organisieren würden und eine neue Problemhierarchie im Hirn entstünde, ein nachrevolutionärer Zustand, wenn alles Zagen irrelevant geworden wäre, weil erst mal allein Elementares zählte: wieder aufstehen und testen, ob noch alle Körperteile funktionieren. Dieser Smash, durchaus als Comicexplosion von mir gedacht, paff! – und dann alles neu, alles auf null.

Dieser Gedanke, gleich fliege ich über eine Autotür, bewirkt eine Extraausschüttung Adrenalin, und ich beschleunige noch ein bisschen mehr, da vorn ist das Kino, ich komme von Courtney und fahre zu Kurt, das ist doch irre, und mir fällt, leider erst jetzt, das Courtney-Lied »Sunset Strip« ein, in dem es heißt:

Flying down the Boulevard
I'm coming down so fast
I'm coming down so hard

Und dann bremse ich, schließe mein Fahrrad an, jetzt kommt das berühmte NACHSCHWITZEN, aber ich habe natürlich Ersatzoberteile dabei, denn im Kino wird es kühlschrankkalt sein, die Amerikaner sind ja wirklich so klimaanlagenverrückt, wie es das Klischee besagt.

Courtney Love hatte recht, man muss diesen Film im Kino schauen, noch dazu in diesem, in dem der Ton so unfassbar laut ist. Wie zeitlos diese Musik ist, für mich zumindest, denn sie ist das natürlich nicht, aber sie bewirkt bei mir ein Gefühl von Kontinuität, es ist meine Jugendmusik, sie versetzt mich noch immer in helle Aufregung, und folglich bin ich noch nicht tot, und das ist doch eine gute Nachricht.

Wie unglaublich gut Cobain aussah, als es ihm so unglaublich schlecht ging! Und so, als Strickjackenjesus, wird er uns in Erinnerung bleiben, für immer 27. Ihm und vor allem uns hat sein früher Tod natürlich eines erspart: einen realitätsgebeugten Cobain, dessen öffentlich dokumentierter Alterungsprozess uns an unseren eigenen erinnert hätte.

Man sah in dem Film Cobains Mutter als abgeblühten und zu surrealer Ewigvierzigjährigkeit blondierten und durchgestrafften Aufstand gegen das Altern und dagegen seinen Vater und seine Stiefmutter als Oma und Opa, komplett weggetreten und mit Brisant-Augenzeugen-Gesichtern, die längst den Kampf aufgegeben haben. Und was war nun würdiger? Man sah auch Kurts erste Freundin, sah Jugendbilder von ihr, da war sie ganz süß, und jetzt: ein freundlichverblödeter Fleischberg. Aber offenbar nett. Nette Frau.

Hingegen Courtney Love, die geht den Benjamin-Button-Weg, in frühen Bildern ein verlottertes, sexy Drogenwrack, ist sie heute eine geisterhafte, komplett operierte, formal jünger als damals aussehende Figur, ein anderer Mensch. Sie wirkt nicht ganz da. Die Seele irgendwie nicht mitgeliftet.

Im Film, der wirklich »intense« war, wieder dieses Foto von Cobain, mit Tochter Frances Bean auf dem Arm, diese tolle rote Sonnenbrille, und er trägt das blauweißgeringelte Oberteil, das mir damals für alle Zeiten auftrug, egal was, so es blauweißgeringelt ist, immer sofort zu kaufen. Es ist ein Wahnsinn, wie viele blauweißgeringelte Oberteile ich habe. Meistens trage ich weiße Jeans und blauweißgeringelte Oberteile.

Die weißen Jeans sind zu etwa gleichen Teilen begründet durch die arrogante Architektentochter aus meiner Schulklasse, durch Helmut Dietl und durch Klaus Löwitsch in der Rolle des »Peter Strohm«. Und die blauweißgeringelten Oberteile: Cobain, Picasso und die ewige, durch Udo implantierte Sehnsucht nach dem Meer.

Ich träume oft davon, ein Segelboot zu klauen
Und einfach abzuhauen

Aus persönlichen Gründen interessiere ich mich momentan sehr dafür, wie man im Chateau Marmont wohnen kann, ohne das unbedingt bezahlen zu müssen, Lindsay Lohan hat es ja in dieser Hinsicht, so war zu lesen, relativ weit gebracht. Meine Recherchen ergeben: Lindsay Lohan hat in der Tat immer noch Hausverbot wegen ihrer fast legendär zu nennenden nicht bezahlten Rechnung über 46 000 Dollar und weil sie in der Öffentlichkeit schlecht über das Hotel gesprochen hat. Courtney Love, so ist zu erfahren, schuldet dem Hotel 69 000 Dollar, bis vor Kurzem 75 000, aber kürzlich habe irgendwer für sie 6000 bezahlt. Sie komme immer noch hin und wieder, zahle nie – und das sei okay, weil sie gut befreundet mit einem von der Hotelleitung sei, heißt es, folglich sehe man das nicht so eng. Das ist es, was ich eine Perspektive nenne. Oder, mit Courtney Love gesungen:

With the keys to the Bel-Air, the Chateau, too
Your little sugar-coated world, it is rotten to the core

Und dann fängt der Spaß ja erst an. Deine kleine überzuckerte Welt, verfault bis ins Mark, 69 000 Dollar Schulden – Champagner, bitte, ich gehe mal so lang mit meinem Chanel-Rucksack hinter den schwarzen Gummivorhang, eine rauchen. Und jetzt alle:

Oh, rock star, pop star, everybody dies
All tomorrow's parties they have happened tonight
And I know that I won't see tomorrow

Mit so einer Haltung lässt man natürlich ganz locker die Drinks anschreiben und was sonst so anfällt. Prost, Courtney,

I love you. Einfach fürs Lebenswerk. Und, auch, fürs Überleben. »Live Through This« – schade, dass ich das Plakat bei irgendeinem Umzug verloren habe.

GUCKTE
HOCH
AUFS
WEISSE
SCHLOSS

An der Rezeption sagte ich den Satz, von dem ich meine gesamte Kindheit lang geträumt hatte: »Guten Tag, ich bin mit Herrn Lindenberg verabredet.«

Der große Tag war gekommen, als Reporter des Rolling Stone traf ich Udo im Hotel Atlantic zum Interview. Die Geschichten über Udos Leben im Hotel waren legendär, so hieß es beispielsweise, mit einer Mischung aus Ehrfurcht und Kopfschütteln, Udos monatliche Hotelrechnung allein für EXTRAS, also vorrangig Alkohol an der Bar für sich und seine Freunde, belaufe sich auf 40 000 Mark. Gerade war Udo nach einigen Jahren im Vier Jahreszeiten umgezogen (transatlantice Alster-Überquerung, so er) ins Atlantic. Ein weißer Prunkbau, an der Drehtür ein Page mit Zylinder, drinnen weiche, geräuschschluckende Teppiche, eine kirchenschiffartige Lobby, hinten ein Kamin, gedämpfte Klaviermusik, alles Samt und Gold und sehr beeindruckend, speziell für einen Zwanzigjährigen, der zur Untermiete bei einem Bahnbeamten in Eimsbüttel wohnte.

Udo, hieß es, Udo sitze an der Bar. Sie sagten nicht »Herr Lindenberg«, sie sagten: Udo. Irre, Udo an der Hotelbar, eine Audienz – und was tat ich? Nun, ich war ganz in der Rolle des kritischen Journalisten. Als Fan, das war klar, konnte ich hier nicht auftreten. Ich sagte, dass wir zum Interview verabredet seien, es war Nachmittag, und Udo sagte:

Hi, Hallöchen. Ist ja noch früh am Morgen, ne? Coole Sorte, ganz easy, ne?

Udo rauchte sehr dünne Zigarillos, trank Eiswasser. Eiswasser? Davon hatte ich noch nie gehört, war das ein Code für einen geheimnisvollen Drogendrink? Für mich bitte auch so eins. Es war einfach kaltes Wasser.

Ich fragte ihn, superoriginell, warum er den Hut nicht absetze. Und ob er nicht zu alt sei für all das. Gähn.

Udo redete im Autopilot vor sich hin, gefangen in seiner eigenen Kunstsprache und Kunstfigur, animiertes Madame Tussauds, und ich in der Rolle des Jungprovokateurs, absolut lächerlich; unsere einzige Gemeinsamkeit: Wir waren beide nicht in Bestform.

Udo hatte gerade eine weitere egale Platte veröffentlicht, feierte 49. Geburtstag und auch jeden anderen Tag. Man drang überhaupt nicht zu ihm durch. Er malte jetzt auch, er machte alles Mögliche, nur leider keine gute Musik mehr, er redete Quatsch, führte seine neueste Erfindung vor, den »Ejakulator«, ein Schlagzeug, aus dem rhythmusgesteuert Farben auf eine Leinwand spritzten. Musikalisch erwartete man nichts mehr von ihm, er war eine Comicfigur, der besoffene Lindenberg im Hotel.

Jahre später erzählte Udo mir über diese Zeit, dass ihm ein Plattenfirmenmanager bei Verhandlungen über einen neuen Millionenvorschuss offen gesagt habe: Das geht nur, wenn du mir versprichst, dass du bald stirbst.

Aber so interessante Sachen erzählte er mir bei diesem Interview leider nicht, was gewiss auch an meinen holzdummen Fragen lag. Egal, ich hatte genug beisammen, tippte unser Gequatsche ab, legte meinen Fragen in der Nachbearbeitung ein Frechheitsgewand an und ließ Udos Plauderjazz als zusammenhangloses, leicht bekifft klingendes Gefasel erscheinen, eine ganze Seite im Rolling Stone, es gab dafür 400 Mark. Das war meine Miete. Es lief.

Udo hat über solche Begegnungen gut zehn Jahre später, als er wieder Herr seiner Sinne war, im Lied »Der Greis ist heiß« Folgendes gesungen:

Ältere Typen werden oft von jüngeren Pinschern angepisst
Als wär das schon, schon ein Verdienst, wenn man zufälligerweise 'n bisschen jünger ist

Das Udo-Interview war eine meiner ersten Geschichten für den Rolling Stone. Als sie kurz darauf einen Redakteur suchten und ich gerade in der Redaktion rumstand, nicht viel verlangte, eigentlich nur, dass ich nicht studieren müsste, wurde ich eingestellt. Meine erste Festanstellung, Eltern vorübergehend teilberuhigt (»Aber geht es da denn NUR um Musik?«).

Mein neuer Freund Arne hatte mir diesen Redakteursposten verschafft, er war der andere Redakteur beim Rolling Stone, mehr waren es nicht, wir waren die Redaktion. Arne war fünf Jahre älter als ich und fünfzig Jahre klüger, konnte viel besser schreiben, er war jetzt mein Hamburger Christoph, auch er liebte Elvis Costello, wurde rasch mein Privatlehrer, scheiß doch auf die Uni, Arne wusste alles über Musik, Literatur und Film, gab mir ständig Bücher, Platten und nahm mich mit ins Kino. Wenn es sich irgendwie vermeiden ließ, ging er nicht vor die Tür, ins Kino aber schon, dort war es ja dunkel und man musste nicht mit Fremden sprechen. Ich war zuständig für die Gags und fürs Rausgehen, denn raus ging ich gern; ich führte die Interviews, machte die Reisen und ging in die Bars.

Flugzeug, Taxi, Hotel – die dazugehörigen, ja reiseanlassgebenden Interviews waren zwar lästig, das Unterwegssein selbst aber liebte ich. In London durfte ich vom Flughafen zum Hotel ein Taxi nehmen, was viel länger dauerte als die Bahn, aber natürlich glamouröser war. Diese schwarzen Sherlock-Holmes-Taxis, gegenüberliegende Polsterbänke, der RECHTS SITZENDE Fahrer durch eine Glasscheibe getrennt, ich fuhr durch London, im Auftrag des Rolling Stone, kaufte mir eine Flasche Foster's Bier, setzte mich in den Park vorm Hotel und war glücklich. Die Interviews – na ja, irgendwie kriegte ich sie rum, stellte in rudimentärem »Full of despair«-Englisch ein paar Stümperfragen: So how did you write the songs? What are your influences? What is the idea behind the cover? Will you come on tour?

Manchmal aß ich sogar die Erdnüsse aus der Minibar.

Die anderen waren schon weg, mit einer AUSZUBILDENDEN saß ich auf dem Baugerüst, das man durch ein Redaktionsfenster erklimmen konnte. Es war schon dunkel, keine Bauarbeiter mehr da, auch die Redaktion VERWAIST, wir hatten es uns seit Langem vorgenommen, nun hatte die Auszubildende endlich Beschaffungserfolg gehabt, schon tagsüber hatte sie mir konspirativ ihre rote Gauloises-Schachtel gezeigt, unter deren Zellophanhülle ein BRIEFCHEN klemmte. Wir rauchten, hatten uns so hingesetzt, dass durch einen Häuserspalt die Außenalster zu erahnen war, in der Ferne die glimmenden GESTADE der Rotherbaum-Seite, dort befand sich die Universität, die wir beide zügig verlassen hatten, ich nach genau zwei Tagen, sie nach zwei Semestern. Wir waren mehr so die Praktiker. Unter uns summte der abendliche Straßenverkehr, das war ein guter Platz für diesen feierlichen Moment. Sie, die das Kokain besorgt hatte, war etwas erfahrener, wusste, wo man es bekommt und wie man es nimmt. Aber auch sie konnte bisherige Kokainerlebnisse noch einzeln und im Detail rekapitulieren – was sie anschließend auch in schmerzlicher Ausführlichkeit tat, beides (es zu können und es zu tun) ist Ausweis absoluten Drogenamateurtums. Das Zubereitungsbrimborium, dieser ja aus Filmen, Büchern und Liedern wohlbekannte RITUS, machte mir sofort Spaß, schon die wochenlange Anbahnung hatte mich momentweise in rauschverwandte Zustände versetzt, die Aufregung, die Heimlichkeit, die Ungewissheit – alles toll. Unsere Requisiten waren mit Bedacht gewählt: die Hülle der Oasis-CD »Definitely Maybe«, meine EC-Karte von der Hamburger Sparkasse, eine meiner VISITENKARTEN. »Redakteur« stand auf der Visitenkarte, darüber das berühmte rote Schreibschriftlogo »Rolling Stone«. Ich hatte eine eigene DURCHWAHL, es gab mich also, ich hatte, ohne jede Ausbildung, eine POSITION – und das unterschwellige Gefühl, das mich bis heute nie ganz verließ: Gleich kommt meine Mutter rein, macht das Licht an und fragt, was denn hier los ist, und dann fliegt der ganze Schwindel auf und alles ist vorbei.

Die Auszubildende fummelte das Briefchen unterm Zigarettenzellophan hervor, öffnete es zeremoniell, um behutsam ein bisschen Pulver und ein paar größere Brocken auf die CD-Hülle zu streuen. Sie faltete das Briefchen wieder zusammen, sah aus wie ein ganz kleiner Brief, eine bei Hausdurchsuchungen runterzuschluckende Spiondepesche oder ein verschämter Grundschulliebesbrief mit Ankreuzantworten – kompliziert gefaltetes Papier, das aus Filmen wohlbekannte Dealerorigami. Mit meiner EC-Karte drückte sie die kleine weiße Pulveranhöhe platt, ein paar Kristalle spritzten zur Seite weg, dann zermörserte sie mit der Kartenkante die platte Pulverfläche noch feiner und teilte einzelne Linien ab. So richtig gut ging es nicht, aber die Geste zählte: Ich hatte die Visitenkarte zu einem Röhrchen gerollt, übergab ihr die und schaute zu, Röhrchen ins eine Nasenloch, das andere zuhalten und dann die weiße Bahn einsaugen, Augen zu, Kopf in den Nacken werfen, vernehmlich ausatmen, Augen wieder auf, unbedingt erfrischt gucken. Ganz einfach, ich tat es ihr gleich. Das also war Kokain. Das Zeug rann bitter hinten irgendwie den Rachen runter, jetzt ein Bier, der Mund war so trocken – und bald schon wurden ihre wie meine Sätze immer länger. Ich schwitzte auf der Oberlippe und fand plötzlich alles sehr, sehr gut. Wir kletterten zurück in die Redaktion, ich legte die Oasis-CD ein, deren Hülle ein angemessener Altar für diese Premiere gewesen war, dann stiegen wir wieder aufs Gerüst, nein, noch mal kurz rein, nächstes Lied, wieder Gerüst, aber vielleicht jetzt mal die Leiter da hoch? Mein erster Eindruck der Kokainwirkung: Hypermotorik, Mitteilungsdrang, Sexzentrismus und Einverstandensein. Von drinnen die unwiderstehliche Abfahrtshymne von Oasis, und wir nahmen die Gerüsttreppe, weiter nach oben, näher an den Mond.

You could wait for a lifetime
To spend your days in the sunshine
You might as well do the white line
'cause when it comes on top
You gotta make it happen

Tagsüber war es nicht ganz so lustig, ein traumhafterer ARBEITSPLATZ aber schien mir undenkbar: den ganzen Tag Musik hören, schreiben, telefonieren, jeden Vormittag per

Post neue CDs, noch mehr Musik hören, immerzu wollten uns Presseabgesandte der Plattenfirmen auf ein paar Drinks einladen, abends saufen gehen kostete praktisch gar nichts mehr, immer wurde irgendwas PRÄSENTIERT und gefeiert, ab und zu ein Ausflug, manchmal ins Ausland. Richtig arbeiten mussten wir immer nur in den Tagen kurz vor Drucklegung, da blieben wir bis tief in die Nacht. Ich wohnte um die Ecke und ging zum Schlafen stets nach Hause, und wenn ich am nächsten Tag wieder in der Redaktion erschien, führten die beiden alten Chefredakteure sich auf, als seien sie für mich in den Krieg gezogen; so sahen sie auch aus, aber so richtig viel geschafft hatten sie über Nacht selten. Bei den beiden Alten war sprachlich wie auch sonst eh alles zu spät (Die Rolling Stones rollen wieder, Die Ärzte operieren wieder, The Police ermitteln wieder, 50 Jahre und kein bisschen leise, Blick zurück nach vorn, Der alte Mann und das Weniger, Die drei von der Punkstelle etc.). Ich lernte endlich schreiben – indem ich es einfach dauernd tat. Arne ließ mich alle Reisen machen, dauernd nach London, sogar nach Malta, zu Phillip Boa, einem anderen Helden meiner Jugend. Abends im schlossartigen Hotel tranken wir Wein, viel Wein, aus irren Karaffen, die Plattenfirma zahlte. Ich redete und soff mit Phillip Boa, auf Malta! Dort beginnt Fausers »Schneemann«. Ich hatte keinen weißen Anzug, aber ich war auf Malta.

Es war natürlich nicht PROFESSIONELL, aber das zu sein, hatte ich auch nie behauptet – wenn ich einen Helden zum Interview traf, bat ich hinterher immer um eine Autogrammwidmung.

Die Mütze voraus und frisch ihr nach
So kommst du über den bösen Bach

Diesen Merkreim schrieb Friedrich Küppersbusch vorn in mein Exemplar seines Buchs, dessentwegen ich ihn in Köln interviewt hatte. Schon während der Schulzeit hatte ich, einer weiteren Christoph-Empfehlung folgend, jeden Sonntagabend Küppersbuschs Sendung »ZAK!« geschaut, schnell war auch er eines meiner Vorbilder geworden. Was der sich gegenüber seinen Interviewgästen traute! Wie der in seinen GEDRECHSELTEN Moderationen mit der Sprache spielte! Wie klug der war! Nun hatte ich Küppersbusch interviewt, hatte mein Autogramm, wir hatten uns gut verstanden. Kurz darauf rief er mich an, er mache demnächst eine Lesung, allerdings vor einem viel zu großen Publikum, 1000 Leute, da müsse er wohl etwas mehr bieten, als einfach nur was vorzulesen. Ob ich mir vorstellen könne, ihn auf der Bühne zu interviewen? Am Telefon schon wurde ich ganz aufgeregt, gerade so, als beginne der Auftritt in wenigen Minuten – natürlich, unbedingt, bin dabei, wo denn?

In Südniedersachsen, sagte Küppersbusch, gar nicht weit entfernt von Hamburg, das sei für mich gut mit dem ICE erreichbar. Es gäbe da offenbar eine Veranstaltungsreihe mit Lesungen, zu denen erstaunlich viele Menschen kämen, viel mehr als in anderen Städten, diese Reihe hieße »Göttinger Literaturherbst«.

Ich ging in einen Sportartikelladen, kaufte zwei Trikots von Borussia Dortmund und zwei Fußbälle, das wären doch gute Requisiten für die etwas zu große LESUNG des Westfalenstadion-Extremisten Küppersbusch, und fuhr mit dem Zug nach Göttingen. Christoph lachte.

Auf der Bühne des Universitätshörsaals saßen Küppersbusch und ich dann in gelb-schwarzen Polyestertrikots und SPIELTEN UNS DIE BÄLLE ZU. Das Licht, die vielen Menschen, noch dazu Göttingen, Christoph, meine Eltern saßen im Publikum, und ich hampelte da vorn mit einem meiner großen Helden rum – und redete und redete. Ich hörte gar nicht auf zu reden. Ich war so aufgedreht, ich bekam gar nicht richtig mit, was ich da redete. Aber es lief wohl ganz gut.

Hinterher gingen wir noch mit Christoph ins NUDELHAUS, dort hatte ich früher oft mit ihm abends gegessen, nun war Küppersbusch dabei, und der hatte das Gefühl, dass Christoph etwas geizig mit dem Honorar gewesen war angesichts so vieler verkaufter Eintrittskarten. Ob er denn wenigstens mir auch ein Honorar gezahlt habe? Hatte er nicht. Küppersbusch sagte, das ginge nicht. Na gut, sagte Christoph zu mir und holte seine Reißverschlussledertasche mit dem Abendkassengeld hervor, ich hätte ja auch UNKOSTEN gehabt, die Zugfahrt, die Trikots, das sehe er ein. Küppersbusch schaute streng, machte Kopfbewegungen von der Ledertasche zu mir, da entlang sollten jetzt bitte sofort ein paar Scheine wandern, außerdem, so führte er nun aus, gebe es das Wort »Unkosten« nicht – Kosten seien Kosten, das Präfix un- in diesem Fall ein Umgangssprachunsinn.

Christoph war ein bisschen beleidigt und wandte sich ab. Küppersbusch wollte noch in der Nacht mit dem Auto zurück nach Dortmund fahren, ich den letzten Zug nach Hamburg nehmen, er bot an, mich am Bahnhof abzusetzen. Schon klar, sagte Küppersbusch, es sei ein Sozialkundelehrer-Auto, vernünftig, wohnzimmerig, wirklich sicher. Wir stiegen in seinen blauen Volvo. Mit seinem vorigen Volvo, so Küppersbusch, habe er einen schweren Unfall überlebt, Sekundenschlaf, bumm, die Autobahnpolizei habe ihn als Zeugen befragen wollen, unter anderem, in welches Krankenhaus der Fahrer gebracht worden sei. Das Auto sei vollkommen zerschreddert gewesen, nur die Fahrgastkabine heil geblieben und er, selbst der Fahrer, ohne jede Schramme. Die Beamten seien beeindruckt gewesen und hätten versprochen, sich nun auch Volvos zu kaufen und darin auf der Autobahn herumzuschlafen. Küppersbusch machte Musik an, sang mit, nach wenigen Takten sang auch ich:

Ich ging auf dich zu und sag Hallo und so, doch du sahst mich gar nicht an
Und der Typ da sagt, schreib an den Fanclub, da gibt's 'n schönes Autogramm

Das sei sein absolutes Lieblingslied von Udo, so Küppersbusch. Wir waren schon am Bahnhof angekommen, hatten aber noch ein paar Minuten, also sprachen wir über Udo. Auch Küppersbusch konnte eine solide Lindenberg-Sozialisation vorweisen: Essener Grugahalle, Ende der 70er, er habe sich extra im Secondhandladen einen Kellnerfrack besorgt, um auszusehen wie Rudi Ratlos beim Udo-Konzert. Ganz bestimmt hätten Udos Texte und dessen Querfeldeinsprache stark dazu beigetragen, so Küppersbusch, dass er selbst so gern mit der deutschen Sprache herumspiele, damit es einem nicht langweilig würde.

Wir verabschiedeten uns, Küppersbusch schaute mir lang in die Augen, auf eine Art väterlich, er strich mir über den Kopf und sagte: Junge, du hast ganz schön Energie. Ich lief los, drehte noch mal um, Küppersbusch stand da noch, neben seinem blauen Volvo auf dem Göttinger Bahnhofsvorplatz, er zündete sich gerade eine Zigarette an.

Die Widmung, das musste ich jetzt noch erfahren, diese Sache mit dem bösen Bach, war das von Mark Twain, Mütze über den Zaun und so?

Fast, sagte Küppersbusch, von einem Twain-Zeitgenossen, der einen überaus sympathischen Vornamen trage: Friedrich Wilhelm Weber. Sein Vetter, so Küppersbusch, habe diesen Satz mit dem bösen Bach vor vielen Jahren seiner älteren Schwester ins Poesiealbum geschrieben, dazu einen lustig sich über ein Bächlein schwingenden Affen gemalt – und ein Jahrzehnt später sei der Vetter gestorben bei einem Arbeitsunfall mit Chemikalien.

Um richtig drogenabhängig zu werden oder auch nur ein DROGENPROBLEM haben zu können, fehlte uns das Geld. Aber am Monatsanfang bestellten wir uns abends gern mal ein Tütchen Kokain. Wir saßen an unseren Schreibtischen, hörten neue Platten und redeten wahnsinnig viel, es war also eigentlich alles wie immer. Doch während meine hohe Grundzappeligkeit sich nachts eher noch steigerte, richtete Arne alle Energien nach innen und war froh, wenn ich ihn nicht nötigte, mit mir zur Tankstelle zu spazieren, Alkohol und Zigaretten kaufen. Das Baugerüst war inzwischen leider weg, aber Arne wäre sowieso nicht mit mir da raufgeklettert.

Weil die Visitenkarten sich wirklich nicht eigneten, unbiegsamer Karton, verwendeten wir als Kokainschnorchel gedrehte Post-its, die den Vorteil des Klebestreifens hatten, sie blieben zusammengerollt, auch wenn man sie zum Trocknen auf die Heizung legte; außerdem war es nicht so schlimm, wenn die Nase blutete, dann drehte man eben einen neuen Post-it. Blutige Geldscheine hingegen sorgten manchmal für Verstimmung im Einzelhandel.

Ich konnte mir endlich eine eigene Wohnung leisten, wohnte jetzt in St. Georg, genau zwischen Hauptbahnhof und Rolling-Stone-Redaktion. Für 900 Mark pro Monat hatte ich eine Einzimmerwohnung bekommen, Balkon mit Blick auf die Bushaltestelle. Buchladen, Plattenladen und Apotheke direkt unten im Haus, fünfhundert Meter Luftlinie zum Hotel Atlantic, ich wohnte Udo so nah wie niemals zuvor und niemals seither – und war doch nie weiter von ihm entfernt.

St. Georg war ein ziemlich schwuler und deshalb angenehmer Stadtteil. Es hingen Regenbogenfahnen aus vielen Fenstern, man nannte einander grundsätzlich Schätzchen. Ich fand am Schwulsein alles herrlich, ich hörte schwule Musik, kleidete mich schwul, sah offenbar auch schwul aus (was immer wieder zu reizenden Missverständnissen führte), einzig beim Sex war ich nicht dabei.

Nachts wurde die andere Seite St. Georgs sichtbarer, Junkies und Nutten beherrschten dann das Straßenbild. Im Supermarkt standen abends die Junkies und Penner retardiert an der Kasse und starrten in ihre schmutzigen Hände, in denen ein Haufen Kleinstmünzen lag, und sie standen da stundenlang schwankend vor dem vergitterten Flachmann-Regal und schienen zu denken, dass sich der Haufen Kleingeld mittels konzentrierten Anstarrens von selbst zählen und in Schnapsfläschchen umrechnen ließe. Die Junkies hatten Geduld – aber das Kleingeld auch. Nicht so die Kassiererinnen, die einem wirklich leidtun konnten. Sie trugen Handschuhe, wie sie zur Gartenarbeit verwendet werden, weil sie ja dauernd von schmutzigen Junkiehänden eine Handvoll Münzen hingeschüttet bekamen, die sich dann leider doch wieder nicht durch glasiges Angucken hatten summieren lassen und also von den Kassiererinnen mit den Gartenhandschuhen sortiert, gezählt und in Schnaps und Tabak umgerechnet werden mussten.

Im Buchladen kaufte ich einen von Arne portionsweise aufgetragenen Kanon: Bernhard, Handke, Roth, Hemingway. Auch »American Psycho« las ich jetzt endlich, über die Musikpassagen darin debattierte ich viel mit Arne; wir verstanden natürlich diesen ja nicht sehr komplizierten Effekt – der kaltblütige Menschenfledderer hört extrem schmierige Popmusik – und fragten uns dennoch, ob Ellis selbst nun eigentlich Genesis oder Huey Lewis & the News hörte oder jemals gern gehört hatte oder ob das alles ausgedacht und konstruiert war. Wir wussten auch nicht, was wir besser gefunden hätten. »Unter Null« aber blieb mein Lieblingsbuch von Ellis, hintendrin notierte ich, seit ich WEG VON ZU HAUSE war, die PINs meiner EC-Karten; das war unvergessbar, egal wie müde oder blau ich war: Wie ist der Kontostand und wie komme ich ans Geld? Schlag nach bei Ellis.

Im Winter ging die Harald-Schmidt-Show los, der erste Gast war der deutsche Mehrzweckhallensinatra Harald Juhnke. Arne schwärmte anderntags, die Schmidt-Show sei enorm gut, so lustig und böse, phantastisch. »Letterman-Kopie« hieß es zwar in Zeitungskritiken, aber ich kannte diesen Letterman gar nicht. Ich kannte Gottschalks diesbezüglichen Versuch und den von Koschwitz. Dies war etwas anderes. Bei

Schmidt hieß es: »Briefe, die bringt bei uns nicht irgendwer, Briefe, die bringt bei uns der Letterman.« In »American Psycho« schaut Patrick Bateman jeden Abend Letterman, wir schauten jetzt jeden Abend Schmidt.

Und da stand nun Schmidt auf dem (geklauten) roten Boden vor der (geklauten) Skylinekulisse, dirigierte die Band und redete mit dem Bandleader am Keyboard (geklaut) – und mir war das alles völlig neu, das war unser Mann, der den Müll des Tages sorgsam sezierte, zugleich platt war und klug, immer noch einen Haken, das Flache vertiefen, das Tiefe schlampig im Vorbeigehen weglachen. Alles kennen und alles verspotten. Und jeden Abend einen neuen Anzug tragen. Wow.

Im Vorspann der Schmidt-Show sah man nächtlich beleuchtete Wahrzeichen deutscher Großstädte, Brandenburger Tor, Kölner Dom, Frankfurter Bankentürme – und das Hotel Atlantic. 1:0 für Udo.

Mein letzter Text für den Rolling Stone war ein Abgesang. Ein Abgesang auf Udo, zum 50. Geburtstag. Ich ließ einen Cartoonisten eine Udo-Karikatur malen, die einen entgleisten Sonderzug nach Pankow zeigte, Udo torkelnd neben dem Gleis. Überschrift: »Hinterm Horizont ist Sense«. Und freundlicher wurde es auch im Text nicht.

Udo hatte, natürlich, schon wieder eine neue Platte gemacht. Die für ihn zuständige, immer leicht depressiv wirkende Plattenfirmen-Pressefrau wusste auch nicht mehr so genau, was es da noch anzupreisen gab, Titel: »Und ewig rauscht die Linde«. Zwar enthält diese Platte eines der schönsten Lieder, die Udo je geschrieben hat, »Ich schwöre«, das Problem war nur, dass man es nicht hörte, das Lied, es war überladen mit Krach und Müllsound, der plattenprägende Lärm, der wohl die Dürftigkeit des Gesamtmaterials überdecken, der POWER simulieren sollte, wo Schwäche herrschte – dieser Lärm machte dem Lied den Garaus.

Unsere Freundschaft hat immer ein Comeback
Es zieht mich immer wieder zu dir hin

Nach einem Jahr beim Rolling Stone dachte ich, das habe ich jetzt begriffen, weiter geht's, und sagte also ohne lang darüber nachzudenken zu, als mir nachts bei irgendeiner Musikbranchenfeier eine Abteilungsleiterin der Plattenfirma Motor Music einen Job anbot. Ich hatte ihr, offenbar überzeugend, dargelegt, was meiner Meinung nach jetzt unternommen werden müsse, um die strauchelnden Karrieren zweier Kindheitshelden von mir, Udo Lindenberg und Phillip Boa, wiederzubeleben. Als ich kam, um meinen Anstellungsvertrag zu unterschreiben, rief mich eine meiner neuen Vorgesetzten mit schwer deutbarem Unterton zu sich ins Büro und schloss die Tür.

Ich denke, das solltest du kennen, sagte sie und drückte auf einen Knopf ihres Telefons.

Empfangen 3 Uhr 37, sagte die Maschine.

Und dann sprach Udo: Hi, hallöchen, Udolius hier, sag mal, dieser Schmierfink Stuckrad-Knarre, was der da für 'n übles Ding im Rolling Stone abgepestet hat über mich, das geht ja nun gar nicht, ne, was ist 'n das für 'n Knilch? Und so einen wollt ihr einstellen? Überlegt euch das doch noch mal. Der hat sich da ja richtig arschlochmäßig gegen die Familie gestellt.

WUNSCHKINO

In den Fluren und Zimmern der Plattenfirma roch es überall nach CK One, das war das Erste, das mir auffiel. Obstkörbe statt Tankstellen-Würstchengläser, alle waren jung, sahen super aus und hatten eine Bombenlaune. Beim Rolling Stone war alles so alt gewesen, wie ich nie werden wollte, hier nun war alles so jung, wie ich niemals gewesen war. Ich fühlte mich ein bisschen unpassend – das allerdings war ein mir vertrautes Gefühl, so war es immer, so würde es wahrscheinlich immer sein: krumm und schief ins Leben gestellt.

Auf meinem Schreibtisch lag ein mit meinem Namen und dem Firmenlogo bedruckter Schreibblock, daneben ein Packen frischer Visitenkarten. Die von mir ein Jahr lang verteilten hatten mich als REDAKTEUR des Rolling Stone ausgewiesen, das hatte innerhalb der Musikbranche fast den Rang einer schwarzen Kreditkarte gehabt, damit öffneten sich Türen, Schränke, Herzen. Auf meinen neuen Visitenkarten stand nun JUNIOR PRODUCTMANAGER PROGRESSIVE. Auch gut. Eine neue Bezeichnung, eine neue Durchwahl, ein neues Leben. Ich war im Reaktorkern der Musikbranche angelangt, Verschwendung ringsum, es herrschte die ansteckend sinnlose Heiterkeit einer noch intakten und sorglosen Industrie.

Die einzige Frage war: Wie machte man das denn nun, Produkte managen? Ich wurde zwei Wochen lang von meinem Vorgänger EINGEARBEITET, doch ich begriff kaum was. Man war als Produktmanager dafür verantwortlich, dass aus einer Studioaufnahme eine Veröffentlichung wird, Budget, Produktion, Gestaltung, Vermarktung, alles. Ich war zuständig für Phillip Boa und Element of Crime, von beiden war ich Fan und unbedingt gewillt, diesen Musikern zu HELFEN und viel Zeit mit ihnen zu verbringen, mehr aber wusste ich nicht.

Immerhin erfuhr ich, warum alle nach CK One rochen: Kleine Fläschchen mit diesem Parfüm dienten als Werbegeschenk zur Singleveröffentlichung der Band Rammstein, das Lied hieß »Du riechst so gut«, sogar die Erstauflage der CDs roch danach, wenn man an ihnen rieb, damals konnte man Musik ja noch anfassen, bevor schließlich alles in der Wolke verdampfte. Die Werbegeschenkflakons mit Rammstein-Logo drauf wurden Gimmicks genannt oder auch Give-aways und an Plattenhändler und Journalisten verteilt, auf dass diese die dazugehörige Musik beachteten. Bei Gimmick-Give-aways, lernte ich, musste immer möglichst platt der Titel der zu bewerbenden Platte beim Wort genommen und damit irgendwas bedruckt werden, über das jeder Mensch sich freut. Wenn in einer Abteilung wieder Kartons mit neuen Werbegeschenken ankamen, also jeden Tag, war praktisch Weihnachten, jeder Mitarbeiter bekam eins INS FACH gelegt, Inhouse-Promo wurde das genannt, und deshalb hatten wir alle dieselben Jacken, Umhängetaschen, Kugelschreiber, Aschenbecher – und nun also rochen wir alle so gut.

Mit der Karriere von Rammstein ging es gerade so richtig los. Alle Mitarbeiter, alle nach CK One riechend, wie eine Sekte, spazierten gemeinsam in ein hauptbahnhofnahes Kino, Sondervorführung des neuen Films von David Lynch: »Lost Highway«. Als wir über die Bahnbrücke gingen, sah ich wieder die gelben Leuchtbuchstaben: »die eigene GESCHICHTE«.

Zwei Lieder von Rammstein waren an entscheidenden Stellen in »Lost Highway« untergebracht, Musikdrastik und Filmbrutalität ergänzten einander gut, wir erschraken, fuhren richtig zusammen in unseren Kinoklappsesseln, schrien vielleicht sogar auf, die Gitarren panzerten los, »Rammstein!« – und dann brannte in jeder Hinsicht die Hütte. Man sah das und wusste sofort, sogar mir war das klar: Die werden genau jetzt weltberühmt. Und so geschah es.

Weil dieses THEMA (wie man Musik bei der Plattenfirma in Konferenzen nannte) durch den Lynch-Film plötzlich ein Welthit-Thema zu werden versprach, wurde die Zuständigkeit für die Band meinen Amateurfingern entzogen, mein Vorgänger war für Rammstein zuständig gewesen, jetzt aber übernahm die Abteilungsleiterin, das war nun gewiss nichts für den Junior-Amateur in dessen erster Amtswoche.

Trotzdem durfte ich im Rahmen meiner Einarbeitung mit nach Köln fliegen und die Band treffen, da ging es also lang, immerzu Bands treffen, nichts konnte schöner sein. Fliegen, Hotelzimmer, Spesen; egal, was die Erdnüsse kosten. Hatte ich aufgrund von Musik, Texten und Fotos extrem harte Typen erwartet, erwiesen sich Rammstein als sehr höflich und nett. Sie wirkten beinahe introvertiert, vergeistigt, was gut kontrastierte mit ihren spektakulären, feuerspuckenden Bühnenauftritten, das kannte ich ja schon von den Bates; wie auch die überraschend zart klingenden Ursprungsberufe solcher Haudraufrocker, der Bates-Schlagzeuger war gelernter Kunststoffformgeber, der Rammstein-Sänger: Korbflechter.

Der Gitarrist Richard war der Zugänglichste, er lachte viel und schien die Westler (deren Parodie im Quadrat wir, als Abgesandte der Musikindustrie, ja darstellten) nicht ganz so zu verachten wie der Keyboarder, also hielt ich mich an Richard.

Wir gingen zusammen in einen Club, in dem ich schon mal gewesen war und WAS GEKAUFT hatte, ein ziemlich schlechtes Gramm Kokain für 100 Mark, also dachte ich, ich könnte vielleicht Anerkennung bei den Musikern finden, indem ich möglichst beiläufig Drogen KLARMACHTE.

Echt ja, kennst dich hier aus?, fragte Richard spöttisch.

Jaja, klar. Das musste ich jetzt hinkriegen. Drogen besorgen für Musiker, das ist doch in Filmen, Büchern und also im Berufsklischee die Hauptaufgabe von Plattenfirmenmitarbeitern. Alles klar, lass mich mal machen.

Ich ging zum Klo, dafür waren Clubklos ja nun mal bekannt und gemacht, rund um die Toiletten passiert es, da werden die Drogen KONSUMIERT und die Händler sind nie weit. Im Clubklo guckt eigentlich jeder nach unten oder vor sich hin, aber wer Augenkontakt sucht, hat meistens was zu verkaufen. Oder sucht selbst. Der Trick ist, sich viel zu lang die Hände zu waschen – das wird weltweit verstanden als Drogenhandelsanbahnung und geht nonverbal, die Augen treffen sich im Spiegel überm Waschbecken, Augen fragend aufreißen, nicken, mit dem Kopf in Richtung einer Klokabine zucken, da reingehen und nicht abschließen, kurz warten, einen Hunderter parat haben, Tür geht auf, Briefchen gegen Hunderter, danke, tschüss, Tür verriegeln, auf dem Spülkasten die erste Linie klein hacken, die Hack- und Sauggeräusche mit dem Betätigen der Spülung übertönen, fertig.

Ich ging beschwingt, mehr vom Halten meines Versprechens als vom Kokain, zurück zur Musik und zu Richard, musste mich beherrschen, nun möglichst beiläufig statt triumphal zu nicken, gab ihm konspirativ eine Zigarettenschachtel, unter deren Zellophanhülle das Briefchen klemmte, all diese aus den Standardwerken der mir heiligen Giftgelehrten kulturell überlieferten Agententricks machten das Drogennehmen ja erst so aufregend, waren ein Großteil des Spaßes daran. Ein paar Minuten, vielleicht auch Stunden, das verschwimmt ja alles ein bisschen mit Drogen, dafür sind sie da, irgendwann später jedenfalls stellte ich Richard die Konspirationsfrage Nummer eins: »Wollen wir noch mal gehen?«

Aber da war schon nichts mehr übrig – und so hatte ich zwar nicht mit einem Rockstar Drogen genommen, aber fast. Allerdings wusste ich nicht, ob und wenn ja, in welcher Rubrik ich den VERAUSLAGTEN Hunderter auf dem extrem komplizierten Reiseabrechnungsformular eintragen durfte. Verpflegungsmehraufwand? Wohl nicht.

Kurz darauf sah ich mit Arne die Verfilmung von Irvine Welshs »Trainspotting«, Buch und Film waren wirklich Werbung dafür, unbedingt noch mal eine Weile lang drogenabhängig zu sein, später mal. Wie phantastisch die alle aussahen und wie lustig sie es hatten, als sie völlig hinüber waren!

Ins Klo tauchen
Lust for Life
Das Baby an der Decke
Just a Perfect Day

Arne sagte, man dürfe nicht vergessen, Hitchcock sei mit »Psycho« der Erste gewesen, der DAS KLO als solches sich zu zeigen getraut habe. Ich müsse bedenken: 1960, Puritaner, die Pilgerväter! Nackt unter der Dusche und die Beweise verschwinden im KLO!

Im Büro war ich ständig überfordert, ich ging kaum mehr ans Telefon, weil ich meistens angeschrien wurde von Musikern oder irgendwelchen anderen Abteilungen. Oder, noch schlimmer, es waren hoffnungsfrohe Amateurmusiker dran, die einem Kassetten oder CDs geschickt hatten und dazu Schwarz-Weiß-Fotos, auf denen sie mit Gitarren an einem Güterzug lehnen und verwegen dreinschauen, und die wirklich glaubten, dass sich irgendwer ihren Schrott anhört. Ich schmiss all diese unverlangt eingesandten Arbeitsproben ungeprüft in einen großen Karton und sagte, wie von meinem Vorgänger gelernt: Hab ich gehört, fand ich auch ganz interessant, aber passt nicht in unser ARTIST ROSTER. Sorry.

Die Ausflüge waren das Beste. Zur Loveparade, zur Musikmesse Popkomm, wir reisten immer im Pulk, Hotelzimmer, Alkohol, manchmal Drogen, Klassenfahrt.

Ich besuchte Element of Crime im Studio, sie hatten eine neue Platte aufgenommen, »Die schönen Rosen« hieß sie und war großartig. Sven Regener (der sich an unsere Café-Keese-Begegnung nicht zu erinnern schien) war nicht begeistert, als er sah, was für ein Jüngling da nun für seine Band zuständig sein sollte, doch als er lauernd fragte, woher ich käme und ich »Bremen« sagte, ging es. Er gab mir eine Flasche Beck's, wir stießen an, Bremer müssten zusammenhalten, sagte Regener.

Ich ließ Arne, der wie ich großer Element-of-Crime-Fan war, den Pressetext schreiben, ansonsten aber machte ich fast alles falsch. Als Werbegeschenk ließ ich Rotweinflaschen mit dem Plattencover bedrucken (und zwar schrecklichen Fusel, Trollinger, wie Regener mir noch heute gespielt empört vorwirft), für 100 000 Mark ließ ich ein Video drehen, in dem Sven Regener suizidal singend auf einem Dach steht und von seiner als Feuerwehr verkleideten Band gerettet wird – das Video wurde auf Viva und MTV genau keinmal gesendet, schade aber auch.

Hamburg–Malta, die Route kannte ich ja schon, nur meine Funktion war jetzt eine andere: Phillip Boas PRODUKTMANAGER. Wir tranken Wein, schimpften auf Deutschland, besprachen sein Best-of-Album, das wir zu Weihnachten rausknallen wollten, hier war mein Fantum nützlich. Dass ich Boas Platten gut kannte und deshalb sehr kundig mithelfen konnte, die besten Lieder auszuwählen, schmeichelte Boa, der wie jeder große Musiker natürlich immer fand, seine Plattenfirma beachte ihn zu wenig. Boa galt als SCHWIERIG, aber wenn er in krakeliger Kinderhandschrift nächtliche Wutfaxe verschickte oder mir auf den Anrufbeantworter schrie, fand ich das einfach nur großartig. Das wünscht man sich doch, dass so jemand schwierig ist, wer denn sonst? Boa hatte eine Bowie-Coverversion aufgenommen, »Starman«, die brachten wir als Single raus, drehten ein artifizielles Schwarz-Weiß-Video in Schweden, in dem Boa mit Weihnachtsbaumlichterketten behängt herumzuckte, wieder teuer, wieder kein Hit. Boa hatte aber, wie auch Element of Crime, eine sehr treue Gemeinde, weder besonders gutes noch besonders schlechtes und also mein Produktmanagement schien da besonders viel ausrichten zu können, deshalb fiel mein durchgängiges Versagen nicht groß auf.

Weitaus desaströser war die Hörbuchreihe, die ich ins Werk setzte, Lesungsmitschnitte meiner Helden: Wiglaf Droste, Max Goldt und Friedrich Küppersbusch. Ich behandelte diese THEMEN wie Popproduktionen, ließ also aufwendige Cover anfertigen, knallte unfassbar viel Geld für Produktion und Werbung raus, doch den Vertretern fiel schnell auf, dass es sich bei Hörbüchern nicht unbedingt um das handelte, was sie am liebsten hatten und »Stapelware« nannten.

Morgens bekam man immer »die Zahlen auf den Tisch« und konnte sehen, was am Vortag in den Plattenläden mit jeder einzelnen Platte passiert war, wie viele »rausgestellt«, »abverkauft« und »nachgeordert« worden waren. Bei meinen THEMEN, insbesondere bei den Hörbüchern, waren die Gesamtzahlen ohnehin sehr niedrig – und die Tageszahlen hatten den Nachteil, dass ein Minus davorstand, und Minus war ganz schlecht, das bedeutete: »Retouren«, die Plattenhändler hatten sie wegen Unverkäuflichkeit zurückgegeben. Immer montags, wenn am Spätnachmittag aus den Faxgeräten die aktuellen Top-100-Listen quollen und in den meisten Abteilungen die Korken knallten, war wieder keiner meiner Götter dabei, das waren eindeutig keine Chartthemen.

In den Konferenzen wurde es ungemütlich für mich. Wir saßen vor diesen deprimierenden, im Kreis angeordneten Konferenzsaftflaschen, die man aus purer Langeweile in sich reingoss, nachdem man das Aufschütteln des Fruchtfleischbodensatzes zelebriert hatte, was einen kurz als zupackenden Typen dastehen ließ. Es ging reihum, jedes »Thema« wurde besprochen, und wenn ich drankam, schwitzte ich sehr und wurde rot, all meine Versäumnisse kamen heraus. Was mich rettete, war die von mir rasch gelernte Verneblungssprache, das Musikbranchendeutsch:

Musiker hießen Künstler (oder Thema), Platten hießen Produkt (oder auch Thema), Geld ausgeben hieß Argumente für den Handel schaffen; Rezension hieß in den Medien stattfinden; kann, muss nicht hieß nice to have; Veröffentlichungszeitplan hieß release schedule. Englisch ging immer, das wirkte gleich professioneller.

»Hab das Master auf dem Tisch, so ganz sehe ich die Single noch nicht, lasst uns fürs Airplay einen Radio-Edit machen, drei Minuten, vorne die Gitarre raus, im Zweifel kurzes Klavier-Intro und Stimme 1 dB lauter« bedeutete: Die Platte ist fertig, aber leider kein Hit drauf.

»Da ist richtig Bewegung drin, Stapelware, wir erreichen die Massive Passive und die Sleeper« bedeutete: Diese Platte kaufen sogar Leute, die sonst nie Platten kaufen, die komplett Benebelten, die nur vor dem Fernseher sitzen und zum Wasserlassen nicht mehr unbedingt das Sofa verlassen.

»Um einen richtig großen Aufschlag hinzukriegen, bemustern wir vor der VÖ das finished product, erzeugen zum street day entsprechend Warendruck, Pappaufsteller am POS, dazu Sichtplakatierung und Chartpowergimmicks, shippen ordentlich und legen uns PW hin, damit bei schnellem Abverkauf immer genug Ware draußen ist« bedeutete: Damit sie nicht total untergeht, verschicken wir fertige CDs statt schmuckloser Vorabkassetten an Journalisten, ballern die Plattenläden zum Veröffentlichungstag voll mit den CDs und Musikern aus Pappe, hängen ein Plakat an die Litfaßsäule neben dem Haus, in dem der Sänger wohnt, verteilen Bestechungsgeschenke an die Plattenhändler, drucken für den Erfolgsfall schon mal Cover nach und hoffen, dass es klappt.

Der Joker schlechthin war »bundesweite Bauzaunplakatierung«, das sagte man einfach immer, es schien die Antwort auf alle Fragen zu sein. In Göttingen hatten die verschwenderischen Großplakatierungen der Musikindustrie so oft unsere Literaturherbstplakatierungen zunichtegemacht, jetzt aber lernte ich sie zu lieben. Denn das ließ sich nicht überprüfen, war eine Glaubenssache: bundesweite Bauzaunplakatierung. Dieses Bauzaunphantasma war durch die Zahl deutscher Bauzäune nicht im Entferntesten gedeckt.

Einen weiteren seltsamen Satz hatte ich aufgeschnappt, dessen Bedeutung ich nicht begriff, der einem aber kurzfristig

Luft verschaffte: Ich hab die Parts noch nicht zusammen, muss noch den ISRC einpflegen und das Packaging konfigurieren.

Außerdem wurde permanent GENERIERT, jeder generierte wie wild vor sich hin, Umsatz, Nachfrage, Presseecho, Hits – irre, was da an einem Vormittag so durchschnittlich weggeneriert wurde, Generieren war Trumpf.

Im Winter sahen Arne und ich »Rossini« in einem Kino direkt am St.-Georg-Drogenstrich und waren hingerissen von dieser glamourösen München-Fiktion. Arne erklärte mir alles, wer wer ist und warum: Süskind, Dietl, Eichinger, Wondratschek. München, meine Güte, wie musste es da zugehen! Anschließend gingen wir ins Block House am Hauptbahnhof. Das war unser Rossini, da gingen wir immer hin, sonst allerdings niemand. Und Kerzen brannten da auch nicht. Ich schenkte Arne eine kleine Stabtaschenlampe, darauf gedruckt die Songzeile »Du musst zu Hause sein, wenn es dunkel wird« von meinem Thema Niels Frevert. Auch dessen Platte hatte das Minuszeichen vor der Tageszahl, und lange würde das nicht mehr gut gehen. Ich hatte Freverts Platte MASTERN lassen im Abbey-Road-Studio. Was genau beim Mastering einer Platte eigentlich passierte, wusste ich zwar nicht, irgendein technischer Feinschliffvorgang, aber das Abbey-Road-Studio war ja das mit dem Zebrastreifen von den Beatles, vielleicht würde das was bringen.

Es brachte nichts, nun wurde es dunkel. Immerhin war ich zu Hause – mit einem Karton Stabtaschenlampen und einem unguten Gefühl die Zukunft betreffend.

Ich schaltete den Fernseher ein (auch er ein Chartpower-Geschenk), um mich verlässlich von Harald Schmidt aufheitern zu lassen. Der erste Gast war Bernd Eichinger, dem nachempfunden ja der Filmproduzent Oskar Reiter durch »Rossini« marodiert (»Film ist Krieg, mein Freund«). Eichingers auftrumpfende Marlboro-Virilität sah ich nun natürlich doppelt gebrochen, einmal durch »Rossini«, dann durch die Dauerironie von Schmidt. Das war wohl gemeint mit dem Wort, da imitiert das Leben die Kunst.

Schmidt verabschiedete Eichinger und kündigte den zweiten Gast an: »Mein nächster Gast, meine Damen und Herren, ist die deutsche Rocklegende schlechthin, und er ist wieder auf Tournee – Udo Lindenberg!«

Udo hatte abermals eine Platte rausgebracht, ein Livealbum, »Udo Lindenberg und das legendäre Panikorchester« stand da drauf, und als Junior-Produktmanager wusste ich natürlich: Wenn eine Band legendär genannt werden muss, ist sie praktisch vergessen.

Ich hatte es nicht mehr geschafft, mir diese Udo-Platte anzuhören. Udo war eine Witzfigur geworden und damit ein idealer Schmidt-Gast. Er kam reingetorkelt, die Sonnenbrille war größer und dunkler denn je, und Schmidt machte seine berühmten ironischen Hakenschläge, jedes Wort ein Gag: »Ich sehe, es geht dir glänzend, die alte Power, die alte tänzerische Leidenschaft ist noch da. Und, das kann man ja sagen, du hast wirklich letztes Jahr einen runden Geburtstag gefeiert.«

Udo: »Neunundreißigeinhalb jetzt ungefähr und kein Ende abzusehen, immer noch der Admiral – Titanic, Andrea Doria, diese Dampfer gehen nicht unter, sie fahren einfach immer weiter.«

Lachender Schmidt, Applaus. Udo nuschelte und faselte assoziativ (»Viel Unruhe, Larry, Trallafitti und so«), das Publikum lachte, allerdings mehr darüber, wie Udo sprach, als darüber, was er sprach. Schmidt feuerte seine im Dialog immer affirmativen Schmidt-Sätze ab, die den komischen Effekt noch verstärkten: Ja, irgend so was, absolut, muss man wirklich sagen. Genau so ist das. Das ist doch großartig, oder? Das ist wirklich toll, das wusste ich nicht, das ist 'ne schöne Sache.

Ich litt etwas mit Udo, war zugleich aber schadenfroh auf Schmidts und damit der sicheren Seite. Endlich hielt Schmidt Udos neue CD in die Kamera: »Das ist die Platte. Udo Lindenberg und das legendäre Panikorchester. Das ist doch großartig, oder?«

Dann sang Udo eine breitbeinige 70er-Jahre-Hardrockversion eines Liedes, das Heinz Rühmann in den 30er-Jahren berühmt gemacht hatte.

Großartig, muss man wirklich sagen. Beziehungsweise: Die unvermeidliche Livemusik zwischen Dartpfeilen und Aschenbechern in jedem Irish Pub war besser als dieser konfuse Lärm.

Ich schrieb in diesem Plattenfirmenjahr wenig, und was ich schrieb, war zu lang für die Zeitung. »030«, stand auf dem Display meines Telefons, Berlin, da konnte ich rangehen, es war der Kulturredakteur der taz-Bundesausgabe. Rio Reiser sei gestorben. Ich hatte Reiser ein Jahr zuvor noch ein letztes Mal interviewt, in seinem Haus in Fresenhagen, dem berühmten Bauerngehöft. Er hatte damals noch eine, wie man nun wusste: letzte Platte rausgebracht, und zumindest ein Lied darauf fand ich großartig, es hieß »Gefahr«:

Alle Drogen, Alkohol, ich will Gefahr von A bis Z

Ich lief schnell nach Hause, das alte Interview auf eine Diskette speichern, ausdrucken und an die taz FAXEN, die es anderntags noch einmal abdruckte.

Als ich wenig später an einer PODIUMSDISKUSSION über POPKULTUR oder so in MARL teilnahm, ahnte ich zwar, dass das furchtbar werden würde, aber ich könnte es ja aufschreiben, und dann hätte es sich doch gelohnt. Das tat ich, schickte den Text an die taz, der Redakteur aber sagte, das sei nichts für die Zeitung, das lese sich eher wie der Teil eines Buches. Ich war stolz und wütend.

»0221«, eine Kölner Nummer, auch da konnte ich rangehen, aktuell musste ich nur Anrufe aus Amsterdam fürchten (+31, weil ich die Deutschland-Veröffentlichung einer holländischen Surfband versemmelt hatte) und aus Stockholm (+46, eine schwedische Punkband, auch kein Chartthema), aber Köln ging. Es war eine Lektorin vom Verlag Kiepenheuer &

Witsch, sie plane eine Biographie der Fantastischen Vier, über die ich ja verschiedentlich geschrieben hätte, ob ich mich mit ihr und der Band mal treffen wolle? Das wollte ich unbedingt. Ein Buch, das wäre natürlich das Allerbeste. Wir vereinbarten ein Treffen in einem Rentnercafé an der Alster. Lektorin und Band waren sehr nett, aber schnell wurde klar, das würde nichts werden. Michi Beck zupfte nachdenklich an der braunwelken Umblätterung einer Physalis und sagte, ich verstünde ja offenkundig gar nichts von HipHop, und das sei schlecht für den eventuellen Biographen der größten deutschen HipHop-Band. Das stimmte natürlich. Aber ich war jetzt im Besitz der Visitenkarte samt Durchwahl einer Lektorin des Verlags, der viele meiner Helden beheimatete: Bukowski, Wallraff, Ellis, Hornby, Welsh. Ich kündigte ihr vage ein Manuskript an. Ein Buch wäre wirklich gut, nur schreiben würde ich es noch müssen. Das Kapitel mit der Podiumsdiskussion immerhin, das hatte ich ja schon.

Meine letzte Hörbuchhoffnung war Friedrich Küppersbusch, dieses eine ließen sie mich noch machen, der Mann war im Fernsehen, das könnte gut gehen. Hätte gut gehen können. Großspurig wettete ich mit dem Plattenfirmenjuristen, der mir skeptisch guckend Küppersbuschs Vertrag übergab, dass dieses Hörbuch in die Charts käme. Wetteinsatz: eine Frank-Sinatra-Box.

Das Küppersbusch-Hörbuch war toll, aber die Sleeper standen dafür nicht vom Sofa auf. Sich für seinen Künstler ins Zeug legen hieß: rödeln. Ich rödelte also, arrangierte, ja generierte »Interviewtage« mit Küppersbusch, buchte ihn als Gast in eine kurzlebige Late-Night-Show mit Heike Makatsch, ich dachte, die sprechen dann bestimmt nur über die CD und am nächsten Tag rappelt's in den Zahlen. Aber sie erwähnten die CD gar nicht, Küppersbusch war dafür zu elegant, Makatsch wohl zu aufgeregt, also war ich gefordert, das dachte ich zumindest: Als ich merkte, das wird nichts mehr mit der CD-

Erwähnung, nahm ich einen Stapel Werbepostkarten, die ich hatte drucken lassen, und warf sie auf die Bühne. Leider waren die Postkarten frisch aus der Druckerei, klebten noch gut riechend aneinander und flatterten nicht »Weiße Rose«-artig anmutig durchs Bild, der Packen flog im Ganzen – und Makatsch und Küppersbusch erschraken sehr, sie dachten, da wolle jemand randalieren. Da wollte aber nur jemand Werbung machen, jemand, der sich nun nach einem neuen Job umgucken musste. Küppersbusch nannte mich immer ironisch »großer Plattenfirmenboss«, aber wir kamen gut aus miteinander, und wie in einem Liebesfilm, wenn die endlich Gefragte sagt, »Ich dachte schon, du fragst nie«, fragte er mich, ob ich denn nicht vielleicht, wenn das jetzt eh bald zu Ende ginge mit mir bei der Plattenfirma, nach Köln kommen wolle, da ginge es nämlich mit seiner Fernsehsendung auch eventuell bald zu Ende, und insofern könnte das doch passen, dass ich da noch ein bisschen mitwurschtele. Ich kündigte. Und seither schulde ich dem Plattenfirmenjuristen eine Sinatra-Box.

Meine Hamburger Einzimmerwohnung hatte ich ziemlich runtergewohnt, die Hälfte meines HAUSRATS schmiss ich in den Müll, den Rest in Kartons, so viel war es nicht. Für die Tage der Renovierungsarbeiten hatte ich nur noch den CD-Player, eine Matratze und ein bisschen Kleidung, nicht kartoniert, und nur drei CDs: die Bananenplatte von Velvet Underground, »Pet Sounds« von den Beach Boys – und einen Ausreißer. Arne durchschaute meine scheinbar beiläufige Geschmackssicherheit und sagte mit Blick auf diese Sammlungsessenz spöttisch: Ah, die beiden Angeberplatten.

Das stimmte zwar, aber die dritte war keine Angeberplatte, es war ein Vorabexemplar von Udos »Belcanto«, einer Neueinspielung seiner großen Hits mit den hyperüblichen Klischeekollaborateuren für in der Zirkuskuppel ratlose Artisten: dem Filmorchester Babelsberg. Ich hatte wieder angefangen, freiwillig Udo zu hören. Mir gefiel der weiße Anzug, den er auf dem Cover trug, der rote Vorhang, die kürzeren Haare – und vor allem fand ich die Musik schön. Gewiss, die Streicher waren etwas klebrig, aber es war ein Lichtblick in Udos etwa zwei Jahrzehnte und etliche Suffplatten umfassenden Werkkrise. Andererseits ist es undenkbar, einen Text zu schreiben wie »Unterm Säufermond«, dessen Interpretation auf dieser Platte mich zutiefst rührte, ohne vorher recherchiert zu haben. »Dicht gedichtet und nüchtern gegengelesen«, umschreibt Udo diese Vorgehensweise.

Arne und ich versuchten, die Wände zu weißeln, es war Sommer und sehr heiß und wir keine geübten Baumarktspinner, also dauerte es sehr lang. Die Kaution wiederzubekommen, war nicht unwichtig in meiner Umzugsfinanzierungsplanung. Der Zustand der Küche machte eine komplikationslose Wohnungsübergabe unwahrscheinlich, ich hatte das Kunststück vollbracht, nie zu kochen und die Küche trotzdem komplett zu versauen. Da kam mein »Künstler«, ja mein »Thema« Sven Regener rettend zu Hilfe; vielleicht war er bloß froh, dass er nun endlich wieder einen richtigen Produktmanager bekommen würde, und wollte sicherstellen, dass ich auch wirklich fortzog. Mit zupackend norddeutschem Pragmatismus (»Wenn das gemacht werden muss, dann muss das gemacht werden, da kenn ich nix, kein Thema«) stellte Regener sich also in die Küche und schrubbte Kühlschrank, Spülbecken, Herd und Ofen. Wir hörten »Pet Sounds« und sprachen nicht viel, es war einfach zu anstrengend alles. Als er eine Bücherkiste zum Miettransporter trug, griff Regener ein oben liegendes Taschenbuch heraus, »Musik für Chamäleons«, ah, sagte Regener, liest du auch so gern Capote? Er sprach es richtig aus, amerikanisch, Capoti, das war mir neu, ich merkte es mir, so spricht man den also aus.

Neu in Köln, ein Wiederhall des zurückgelassenen Lebens: ein Open-Air-Konzert von Rammstein. Jetzt war alles wieder richtig, ich bekam von meinen vorherigen Kollegen die magischen All-Areas-Aufkleber, aber ich hatte dort nicht mehr beruflich zu tun, konnte einfach Fan sein und trotzdem vor und nach dem Konzert wichtig hinter der Bühne rumlaufen und mir Gratisbierflaschen aus mit Eiswürfeln gefüllten Plastikwannen nehmen. Endlich war ich wieder in der Halbtotalen der Musikbranchenmaschinerie, ich sah nicht mehr die entmystifizierenden Fäden des Marionettentheaters oder war selbst einer, stattdessen spürte ich wieder die pure Wirkung, endlich war Musik wieder unschuldig und Überwältigung. Hier musste ich keine Parts beisammenhaben, war endlich wieder selbst einer, alles war da und vollendet, und ich konnte mich hineinstürzen und ummähen lassen vom Brachialsound und der irren Rammstein-Show, es brannte und zischte, ich gab mich dem hin und schwamm fort. Ich roch jetzt wieder nach mir selbst und sang im Chor der Zehntausend:

Der Wahnsinn ist nur eine schmale Brücke
Die Ufer sind Vernunft und Trieb

Achtzehn Jahre später, Malibu, am Strand. Da kommt Richard, Rammstein-Richard.

Hey!

Selber hey.

Er, unterdessen Weltstar geworden und geblieben, guckt zum Glück immer noch so wach und leicht spöttisch wie früher, diese blitzenden Augen; toller Rockstar-Look, Sonnenbrille, Igelhaare, Muskeln. Richard ist in Los Angeles, um an einer Soloplatte zu arbeiten, der Projektname könnte kaum sprechender sein: Emigrate.

Wir haben uns wirklich lange nicht gesehen. Und nach ein paar beiderseitigen Eröffnungsspäßen fragt Richard ganz direkt: Er habe ja mitbekommen, dass ich ein paar Jahre nach der Plattenfirmenzeit eine Weile lang ziemlich drogenabhängig gewesen sei – das, äh, das sei aber doch hoffentlich nicht alles zurückzuführen auf diesen ihm durchaus noch erinnerlichen Kölner Abend? Nee, oder?

Nee, Quatsch.

Ah, gut.

Richard ist mit einem Fotografen unterwegs, sie wollen in einen bizarren Wüstenort fahren, auch »Achselhöhle Amerikas« genannt, eine apokalyptische Geisterstadt mit der amerikaweit größten Dichte an Dichten, Crystal-Meth-City, praktisch alle dort seien Junkies, was diesen Ort prädestiniere, um dort für Richards Plattencover irritierende Fotos zu machen. Man sehe dort niemals einen Menschen auf der Straße, nur manchmal schemenhaft hinter Vorhängen, überall Ruinen und Müll, Autowracks, Spielzeug liege auf der Straße.

Wir gehen ein bisschen am Wasser lang, da drüben am Strand, zeigt Richard, da hätten sie das Rammstein-Video »Mein Land« gedreht. Gestartet als DDR-Punkband – und dann also in Malibu: »Mein Land«.

Dann wird es ein bisschen unübersichtlich, irgendwer kennt irgendwen, kurz darauf sitzen wir bei einer sehr hübschen, sehr langweiligen Skandinavierin auf der Terrasse. Das Meer, sagt sie, sei schön, aber sie gehe da nicht rein.

Ah ja?

Man merkt ihr an, dass sie aus Schönheitsgründen seit Jahrzehnten keinen interessanten Satz mehr sagen musste, sie spricht sehr langsam, wenn überhaupt. Das zähe Gespräch kommt auf Filme, Schauspieler – und ihre Gesprächsbeiträge gehen so: Ja, der war hier mal auf einer Party bei uns am Pool. Ende der Geschichte.

Was sie denn so mache?

Nun, sie sei Designerin.

Das kann ja jedem mal passieren. Wir überlassen sie ihrer Schönheit und verabschieden uns.

Auf der Seebrücke kommen wir ins Gespräch mit einem Immobilienmakler, er zeigt auf die am Ufer aufgereihten Wahnsinnshäuser: Das Haus da sei mal ein Bordell gewesen, jetzt habe Bruce Willis es gekauft. Dahinten, auf der Landzunge, wohne Cher. Dort oben in dem schönen frei stehenden Haus habe kürzlich eine Kostümparty stattgefunden, das Motto sei »Baby« gewesen und alle entsprechend verkleidet, Miley Cyrus beispielsweise habe Windeln getragen. Die ganzen Surfbretter auf der Veranda dort, ja, das sei das Haus von Puff Daddy, aber der sei selten da. Der Typ dort drüben, der mit der 11 000-Dollar-Rolex und der Prada-Brille, habe bis vor Kurzem eine Internetapotheke betrieben, sehr erfolgreich, aber leider in Amerika verbotene Aufputschmittel aus Kanada angeboten – und nun müsse er wohl demnächst ins Gefängnis, bis dahin verdinge er sich als Uber-Fahrer. Und der Sänger da neben dem Mülleimer hat sich, nachdem er 50 Millionen Platten verkauft hatte, ganz viel Land in den Bergen Malibus gekauft, nur eben nicht bedacht, dass es da weder Wasser noch Strom gibt, und dann sei es ziemlich rasch dahingegangen, innerhalb eines Monats sei der Sänger runter von schwarzer American-Express-Karte bis vom Finanzamt eingezogenem Führerschein. Des Sängers Frau, eine Stripperin, sei abhängig vom Gas aus Sprühsahnekartuschen gewesen, darauf leider hängen geblieben, nun, mit 27, sitze sie im Rollstuhl. Und der dahinten musste gerade aus seinem 29-Millionen-Dollar-Haus ausziehen, leichte Liquiditätsprobleme.

Irgendwie trinken trotzdem alle Champagner. Der Makler prostet einer Möwe zu und sagt: Existenzängste – total überschätzt.

Ach, das Meer. Schon einfach immer wieder die Antwort auf alles. Man schaut drauf und wird ganz ruhig. Wald dagegen nervt ja mit seinem ewigen Geraschel und Geschmatze, die Waldgeräusche sagen: Ich war, ich bin, ich werde – das an den Strand klatschende Meer aber sagt immer nur: Mir egal, mir egal, mir egal. Das Meer ist in der Natur eindeutig der Punk.

Nicht so ganz ungefährlich, die Stimmung, in die ich jetzt gerate, Dämmerlicht, mit Richard vorhin die kurze Erörterung früherer Nächte und personifiziert durch ihn hier direkt vor mir: Rockstar-Lifestyle. Es muss ja nicht wieder Kokain sein. Gibt ja noch so viel anderes – wäre das nicht vielleicht okay?

Mir egal.

Mir egal.

Mir egal.

Man hört hier von den seltsamsten Rauschmitteln, von Kokain ist selten die Rede. Frösche lecken in der Wüste, sagt einer, das sei das neue Ding, bestimmte Frösche hätten so ein halluzinogenes Sekret am Bauch. Ah, ja. Was noch? Das neue Kokain heiße Adderall, das seien Amphetaminpillen aus der Apotheke, die Rezepte könne man kaufen, nehme hier praktisch jeder, weiß der Immobilientyp zu berichten. Außerdem sehr beliebt: Ayahuasca, viel toller als Pilze, ein halluzinogenes Pflanzengebräu, man nehme das unter Aufsicht eines Schamanen ein, sitze im Kreis mit anderen, jeder habe einen Eimer neben sich, in den man permanent hineinkotze, es dauere 24 Stunden und sei wahnsinnig toll, man begegne seinem eigentlichen Ich dabei und so weiter.

Hm, vielleicht besser nicht. Das ist einfach nicht meine Idee von Party: Kotzen und dem wahren Ich begegnen. Bloß das nicht, auf den letzten Metern. Man will sich doch entkommen, darum geht es doch.

Ich merke aber, wie in mir diese Unruhe aufkommt, diese Rückfallvorbeben im Vorbewussten, merke, dass immer wieder ich es bin, der das Gespräch Richtung Drogen lenkt, jetzt wird es allmählich gefährlich. Wenn ich noch sehr lange weiterrecherchiere hier, wird aus dem Gedanken ein Wunsch, aus der fixen Idee ein Fixer-Plan, ein Trieb – und dann hätte ich keine Chance mehr gegen die Sucht, dann würde sie die Steuerung übernehmen und mich ins Verderben geleiten.

Der Wahnsinn ist nur eine schmale Brücke
Die Ufer sind Vernunft und Trieb

Schnell das Thema wechseln. Richard, du als Ostler!

Bitte was?

Ja, genau, du als Ostler, bitte jetzt mal dein Udo-Lied.

Richard überlegt nicht lang, beugt sich vor und singt mit tiefer, sanfter Stimme, nur für mich, ganz zart:

Sonntagnachmittag, draußen Regen
Langeweile, und es wurde immer schlimmer
Während die anderen saßen und Kuchen fraßen
Nebenan im Flimmerkastenzimmer

Ah, »Lady Whisky«, ein Udo-Klassiker über Glanz und Elend des Rausches. Die dumme Formulierung »das Ende vom Lied« kommt mir in den Sinn. Wenn ich nicht bald zurück ins Hotel und zu meinem Kamillentee und meinen Schlafmitteln fahre, dann kenne ich das Ende vom Lied. Das von »Lady Whisky« geht so, ich singe es jetzt gemeinsam mit Richard, ganz leise singen wir es in den Abendwind:

Lady Whisky, du falsche Schlange
Du sprichst vom Leben und machst mich langsam tot

Wir umarmen uns und ich fahre zurück ins Hotel, die von den Straßenlaternen des Pacific Coast Highway heimelig rühreifarben illuminierten Palmenwipfel am Straßenrand nicken sacht im Wind, als wollten sie bestätigen, dass mein Rückzug eine gute Idee ist. Diese Palmen am Straßenrand sind ja sowieso das Beste, vielleicht sind deshalb hier alle immer so bejahend und zugewandt, vielleicht ist das beständige Nicken der Straßenrandpalmen das Geheimnis dieser Ja-Stadt.

Aber MEINEN die Palmen das auch so? Ist diese palmische Daueraffirmation nicht auch sehr oberflächlich?

Im Hotel höre ich sofort Richards Platte, Textblatt auf den Knien, wie früher, als die Lieder noch geholfen haben:

Alone I am my enemy
Alone I see the truth

GLITZERKNABE

Die Platte des Sommers hiess »Be Here Now«, ich hörte sie in meinen ersten Kölnwochen mehrmals täglich. Noel Gallagher sagte zwar ein paar Jahre später, diese Oasis-Platte klinge einfach nach: ein paar Typen auf Kokain, die auf alles scheißen. Aber ich fand sie super. Be here now – und da waren wir nun, Köln und ich.

Ein paar Kölneingewöhnungswochen, bevor es losging bei Küppersbusch, ich las Brinkmann und war beschwingt, der Sommer schon ganz verstaubt. Ich wohnte am Friesenplatz, befristete Untermiete bei einer Studentin mit komplizierter Liebschaft in Kanada. Direkt ums Eck, ich lief mit angemessener Ehrfurcht dauernd daran vorbei, das Capitol, in dem allabendlich die Harald-Schmidt-Show aufgezeichnet wurde. Arne und ich besprachen am Telefon immer ausführlich die Show vom Vorabend nach, Schmidt war für uns der Größte.

Schreibend pirschte ich mich heran. Zwei Witzfiguren der Schmidt-Show, die chinesischen Kellner Li und Wang, waren WIRKLICH Kellner in einer Glutamatklause am Ring, schräg gegenüber vom Capitol, ich bestellte also gebratenen Reis und interviewte die beiden. Für die taz schrieb ich kleine Texte, die sich mit dem Zeug beschäftigten, das Schmidt abhandelte, ich schrieb mich warm.

Ich ging zu einer Schmidt-Show-Aufzeichnung und war sehr angetan von dem Mann, der vor der Show das Publikum in sendbare Heiterkeitsbereitschaft versetzte, der war sehr lustig. Stand da auf dem heiligen glänzend roten Boden, sagte Schmidt an, der dann dazukam und mit ihm scherzte, Gott so nah, was für ein Traumjob. »Schmidti«, nannte Schmidt ihn.

Am nächsten Tag telefonierte ich herum, um einen Interviewtermin mit diesem Schmidti zu bekommen. Der wäre doch ideal für die Rubrik »Warten auf« im Jugendmagazin der Süddeutschen Zeitung: Warten auf Harald Schmidt! Ich traf Schmidti, interviewte ihn, brachte seine Ausführungen in Protokollform, schickte ihm das zur Autorisierung, und nun hatte ich einen KONTAKT, wie das immer heißt, wenn man eine undichte Stelle in einem Organismus gefunden hat, in den man sich reinschlawinern will.

Die Stimmung in Küppersbuschs Redaktion war nicht gut. Für mich war es die große Welt, das Fernsehen, doch weil die Sendung zum Jahresende abgesetzt werden würde, waren die Mitarbeiter reizbar und mies gelaunt (was natürlich schlecht ist für eine Sendung, die amüsant sein soll). Auf einen Typen Anfang 20, der überhaupt keine Fernseherfahrung hatte, sich aber gut mit dem Chef verstand, hatten sie nicht direkt gewartet.

Ich machte, was ich schon bei der Plattenfirma am liebsten gemacht hatte: Ich generierte den Aufschlag. Nach jeder Sendung schnitt ich die besten Gags von Küppersbusch für Radiosender zusammen, die diese Collagen dann in ihren geistesgestört gut aufgelegten Morgensendungen in die deutsche Knoppersseele hämmern konnten. Ich verschickte die Gags auch an Boulevardzeitungen, weil ich es ungerecht fand, dass Küppersbuschs luzide Wortspiele in der Rubrik »TV-Sprüche« nie vorkamen, wenn dort sogar Witze von Bernd Stelter und Kalle Pohl abgedruckt wurden. Bernd wer, Kalle wie bitte? Ja, eben.

Küppersbusch selbst war in fatalistischer Stimmung, er wollte die letzten Wochen einfach mit Würde rumbringen, oft saßen wir stundenlang Quatsch redend in seinem Büro und setzten der allseitigen UNTERGANGSSTIMMUNG eine weltentrückte Vertiefung in dadaistische Privatobsessionen entgegen, anhand des Abgeordneten-Handbuchs Oeckl erstellten wir Frisurranglisten des Parlaments, auch und gerade im Abgleich mit Fußballerfrisuren aus einem Panini-Album der frühen 80er, oder wir SURFTEN im Internet. In der Redaktion war damit, mit diesem Internet, einer betraut, der und dessen kompliziertes http://-Zeug nicht so recht ernst genommen wurde, das war schon bei der Plattenfirma so gewesen, man dachte, na ja, Internet, das machen halt die Ungewaschenen, glaube nicht, dass sich das durchsetzt. Küppersbusch und ich daddelten also am Computer rum, und am liebsten beantworteten wir zusammen irgendwelche Anfragen. Ich war jetzt so eine Art Pressereferentenpraktikant, es war eh schon alles egal, da wollten wir es wenigstens lustig haben. Ein Journalist, der Küppersbusch ein paarmal übel verrissen hatte, rief an, Küppersbusch stellte auf Lautsprecher, der Journalist stellte seine KRITISCHEN FRAGEN, wollte den ohnedies angeschossenen und demnächst abgesetzten Küppersbusch noch ein bisschen weiterquälen, aber damit hatte er nun nicht gerechnet – auf jede einzelne UNBEQUEME FRAGE antwortete Küppersbusch: Die Antwort ist, Sie sind der schlechteste Fernsehjournalist der Welt. Wir hatten eine Riesenfreude.

Dann kam der berühmte Fragebogen der FAZ, Proust und Frisch, schriftlich auszufüllen, ein Fest für unseren Blödelstammtisch.

»Ihr Traum vom Glück?«

Ich wusste die Antwort und hatte fortan Generalvollmacht für Küppersbuschs Fragebogenantworten, so richtig viele dieser Selbstdarstellungsformulare würden ja ohnehin nicht mehr kommen. Küppersbuschs Traum vom Glück also: die Frisur von Helmut Markwort.

Diese Antwort qualifizierte mich für höhere Aufgaben.

Küppersbusch hatte einen Buchvertrag mit Kiepenheuer & Witsch abgeschlossen, in besseren Zeiten, jetzt aber sagte er, Bücher von Fernsehgesichtern seien sowieso schon schlimm genug, noch schlimmer seien nur Bücher von Fernsehgesichtern, die nicht mehr im Fernsehen sind. Er könne dieses Buch auf gar keinen Fall schreiben, allenfalls könnten wir es zusammen schreiben. Viel lieber aber wäre es ihm, den Vorschuss zurückzuzahlen und das alles zu vergessen.

In meiner Eigenschaft als Pressereferentenpraktikant mit Generalvollmacht verkündete ich großspurig, lieber Friedrich, ich übernehme das, ich treffe mich mit denen und KLÄRE das. Küppersbusch sagte, er wisse nicht, wie, aber ich solle mal machen, Hauptsache, er müsse das Buch nicht schreiben.

Ich teilte mir das Büro mit dem Internettypen, es war die Kammer der Nichternstgenommenen, zwischen Klo und Druckerraum. Als der Internettyp in der Kantine war (in die ich nicht reinkam, weil ich kein offizieller WDR-Mitarbeiter war), räusperte ich mich, sprach wie ein Gestörter ein paarmal meinen eigenen Namen Probe, ich wollte am Telefon nämlich erwachsen und beiläufig klingen, der alte Christoph-Trick. Ich wählte die neben Schmidtis Faxnummer andere heiße, von mir mit diversen Träumen belegte Kölner Nummer, die ich unter der Rubrik »Köln to do« in meinem Spiralkalender notiert hatte: Kiepenheuer & Witsch. Der verhinderte Biograph der Fantastischen Vier, jetzt mit neuem Anlauf: als PERSÖNLICHER REFERENT von Küppersbusch! Die Lektorin lud mich ein, im Verlag vorbeizukommen, dann könnten wir alles in Ruhe besprechen. Fiebrig ließ ich alles, was ich jemals geschrieben hatte, im Druckerraum aus dem Gerät schnurren, bis der TONER ALLE war. Das müsste reichen. Ich kannte die Adresse ja von den Absenderaufklebern auf den erschummelten Buchpaketen mit Rezensionsexemplaren: Rondorfer Straße! Im Treppenhaus der Verlagsvilla Schwarz-Weiß-Porträts aller Kiepenheuer & Witsch-Autoren – da beim Lichtschalter, zwischen Bukowski und Wallraff, weit unter Salinger und Ellis, da ist doch ein Plätzchen frei! Ich wollte auch an dieser Wand hängen.

Mit dem Küppersbusch-Buch, sagte ich, sei das momentan schwierig, WIR (ich sagte tatsächlich: wir) können das jetzt unmöglich machen.

Aha.

Aber! Aber ich könne schon auch was anbieten, so sei es ja nicht.

Ich schwitzte sehr, die Aufregung, außerdem war die Heizung im Büro der Lektorin kaputt, sie GLÜHTE, und das

Fenster stand offen, aber das Fenster war klein. Wie ich, der ich nun, schwitzend, meinen Papierstapel auf den Tisch legte: Das würde, natürlich, alles noch etwas verbunden, eine unglückliche Liebe und sehr viel über Musik, Oasis würden sich als LEITMOTIV anbieten. Nennen wir es doch – ROMAN? Perfekt.

Zurück in Küppersbuschs Büro, alles klar, musst das Buch nicht machen, ich schreib denen was. Küpperbusch schaute ungläubig, dann fuhren wir zum Studio, eine seiner letzten Shows. An diesem Abend erschien der Mitarbeiter nicht, der vor der Sendung immer das Publikum warmwitzelte, Küppersbuschs Schmidti. Ich war immer neidisch gewesen, dass nicht ich das machen durfte, da vor dem Saalpublikum stehen, im Licht, ein paar Scherze machen, Küppersbusch ankündigen und mit ihm noch ein bisschen CORAM PUBLICO schnacken. Meine Schwester war zu Besuch, ich hatte sie mit zur Aufzeichnung genommen und wir hatten uns vorher schon ganz gut einen angetrunken, jetzt kam die Aufnahmeleiterin mit dem Respekt einflößenden Headset hektisch zu mir gelaufen, Friedrich wolle mich sprechen. Ich ging in seine Garderobe, wo er vor einem mit warm leuchtenden Glühbirnen umrahmten Spiegel saß und geschminkt wurde. Ob ich einspringen könne, das Warm-up machen? Die wirkungskonkurrierende Kombination aus Adrenalin und Alkohol ließ mich aufgedreht losrasen, die Situation dennoch wohltuend gedämpft erleben, ich scherzte ein bisschen mit dem Publikum, es lief eigentlich ganz gut, Friedrich kam dazu, wir machten ein paar Witze, und dann fing die Sendung an.

Immer noch zitternd nahm ich neben meiner Schwester Platz, die ein bisschen beeindruckt war: ihr kleiner Bruder in einer großen Stadt, im Fernsehstudio, zwar nicht selbst auf Sendung, aber doch vor Publikum, die Leute hatten gelacht, er hatte es nicht versaut. Diese Untergangswochen, als alles schon vorbei war, aber noch nicht vorüber und alle schon auf dem Sprung, für mich waren sie perfekt.

An den Wochenenden, wenn niemand in der Küppersbusch-Redaktion war, schrieb ich dort das Buch, zu Hause hatte ich nämlich keinen Drucker. In Irvine Welshs »Der Durchblicker« war die wörtliche Rede durch einfache Gedankenstriche am Anfang der Zeilen gekennzeichnet, das machte das ganze unmittelbarer, fand ich und beschloss, es auch so zu machen in meinem Buch. Es ging sehr schnell, nach drei Wochen war ich fertig, der Lektorin gefiel es.

Das fertige Manuskript schickte ich auch an Schmidti, um mich zu bewerben als Autor der Harald-Schmidt-Show. Schmidti lud mich zu einem Gespräch ein, es fand in einem BAUCONTAINER statt, weil sie gerade mit der Show in ein neues Studio umzogen. Schmidt SELBST war auch anwesend, war irre schnell, zugleich fast schon hysterisch lustig und dabei doch ganz unaufgeregt, Laser-Präzisionspointen, der Baucontainer eine Schmidt-Show. Er erzählte von einem Supermarktbesuch, führte die aggressive Freundlichkeit auf, mit der einem winkende Menschen auf dem Supermarktparkplatz im Tausch gegen eine Münze das Einkaufswagenentsichern aus der Kette ersparen wollen. Die Formalitäten hatten eine halbe Minute gedauert: habe ihm gut gefallen, mein Manuskript, ich könne bei ihm anfangen. Ich bat Schmidt, sein Angetansein für die Rückseite des Buches verwenden zu dürfen, er war einverstanden und formulierte ein Buchumschlagslob. Dann erzählte er wahnsinnig lustig von einem Filmdreh, bei dem er gerade mitmachte, ein neuer Film von Helmut Dietl, Schmidt spielte einen Fernsehproduzenten, und in der Nacht zuvor sei extra für eine Porschefahrt von ihm die Autobahn gesperrt worden und die Feuerwehr habe mit diversen LÖSCHZÜGEN für Regen gesorgt, das hatte Schmidt sehr beeindruckt. Er konnte Dietl exakt nachmachen, das berühmte dietlsche Augenzucken, die bayerischlustige Grantigkeit: Mir scheißegal, welche Farbe die Gummistiefel haben – Hauptsache: weiß.

Ich erzählte Schmidt meine Lieblingsregengeschichte aus

der Musikbranche, Peter Maffay beim Soundcheck, irritiert und missmutig zum Toningenieur: Was ist das für ein Geräusch da die ganze Zeit, dieses Gepladder? Das stört wahnsinnig.

Das, so der Toningenieur, das sei der Regen, draußen regne es.

Darauf Maffay: Mach, dass das aufhört.

Am besten gefiel Schmidt in meinem ROMAN eine Stelle, in der ich jemanden bedauerte, dessen Frau womöglich schon wieder schwanger zu Hause warte und nach Gemüserülps rieche. Es war diese Passage, die mein Vater später so bemängelte: Du bist so gut, wenn du einfach nur beschreibst; aber dieses Aburteilen ist mir manchmal zu hart – das sind doch alles AUCH MENSCHEN.

Ja, eben, lautete die Antwort, und ich war nun also Autor der Harald-Schmidt-Show (wieder neue Visitenkarten!) und Menschen waren MATERIAL. Unterbau, bei Bedarf, Heiner Müller und Thomas Bernhard: Alles ist Material, wir müssen mit der allergrößten Rücksichtslosigkeit vorgehen. Und das taten wir mit Freude, allerdings, wie Schmidt immer wieder betonte: Wir schlagen grundsätzlich erst zu ab einem Monatseinkommen von 10 000 – und zwar netto.

Die Witze in dieser Zeit schrieben sich von selbst, man musste nur Zeitung lesen: Viagra, Clinton, Elchtest, Lothar Matthäus, rot-grüne Bundesregierung. Morgens um neun kam Schmidt in die Redaktion, lässig schlendernd, schaute in jedes Autorenzimmerchen kurz rein, ließ irgendwas fallen, einen Satz, den er gehört oder gelesen hatte – und lasen auch wir zwar alles, von Bild bis NZZ, die Mischung war ja das Entscheidende, Hoch- und Tiefbau, und doch blieb es uns ein Rätsel, wie Schmidt das machte, so früh am Morgen wirklich schon alles gelesen, gehört und gesehen zu haben, Deutschlandfunk und Express, Frühstücksfernsehen und FAZ-Feuilleton, alles hatte er drauf, zitierte wortgetreu aus dem Kopf.

Wir Autoren redeten vormittags praktisch nur in Rollenprosa miteinander, in Anführungsstrichen. Man hatte für möglichst jede Situation DEN SATZ DAZU draufzuhaben, also das, was reale Sprachpraxis war, im Seichten wie im Ernsten, virtuos unzuverlässig pendelnd zwischen den Duden-Klassifizierungen »geh.« und »ugs.«, gehobenem Blendvokabular und umgangssprachlicher Flapsigkeit. Beides eklig, beides toll, beides Grundausstattung. Auch mal völlig überraschend »österr.«; und wenn »volkst.«, dann unbedingt im selben Satz auch »geh. veraltend« und, sowieso immer, »scherzh.«, »spött.« und »abwertend« – und bei grobem Fehlverhalten gern auch mal »derb emotional abwertend«.

Und dann mit dem Flammenwerfer drauf. Aber erst mal: sprachliche Genauigkeit. Dort liegt der Witz, immer.

Es war vielleicht die einzige Firma Deutschlands, in der hinter dessen Rücken nicht in herabsetzender, sondern in sich selbst erhöhender Absicht die Sprechweise des Chefs nachgeahmt wurde. Einfach weil wir so begeistert von ihm waren und natürlich auch, weil wir ja so nah wie möglich an seinen Humor, seine Logik, seine Sprache heranreichen mussten mit unseren Gaglieferungen. Spaß und Herausforderung lagen darin, die Gags so zu formulieren, dass er sie möglichst wortgleich übernahm. So verinnerlicht hatten wir seinen Duktus, dass wir in der Kaffeeküche oder am Süßigkeitenautomaten alle wie kleine Schmidts sprachen. Aaaaaaabsolut, sagten wir dauernd, wie er. Phaaaaantastisch. Oder ein hingehuschtes, immer das Gegenteil meinendes: großartig, natürlich, selbstverständlich.

Immer gut auch Dummkopfsprache versus Hüstelkultur: Ich sag mal so – von der Denke her war Cioran eben halt mehr so deprimäßig drauf.

Uuuuuund … und während dieses langen Unds erst überlegen, wie es weitergeht, praktisch wie bei der Jagd, wenn man das Gewehr anlegt, beim »und« nimmt man das Objekt überhaupt erst ins Visier, und dann – bumm.

Mein Buch erschien, es gab erste Verrisse, Schmidt sagte: Großartig, vom Spiegel verrissen, von Aspekte gelobt, besser geht's doch gar nicht. Ich selbst durfte bei Aspekte nur mal kurz in die Kamera gratulieren, als die irgendein Jubiläum hatten.

Er hatte sich sogar leichtfertig bereit erklärt, »falls du mal 'ne Lesung machst in Köln, bin ich gern dabei«, woraufhin ich natürlich sofort eine Lesung ANBERAUMEN ließ. Schmidt stand mit auf dem Plakat, demzufolge war die Lesung sofort ausverkauft, wir lasen vor 500 Leuten aus meinem Buch, Schmidt sang sogar ein Lied, das im Buch vorkommt: »Paradise City«.

Natürlich gab es für einen Debütroman keine BUNDESWEITE BAUZAUNPLAKATIERUNG, also musste ich mir etwas einfallen lassen. Ich rief den deutschen PRODUKTMANAGER von Oasis an, wir hatten uns bei irgendeinem Musikbranchengelage kennengelernt, und der veröffentlichte nun ein Album mit B-Seiten von Oasis. Da habe er Glück, informierte ich ihn, die B-Seiten von Oasis würden in meinem Buch nämlich EXPLIZIT gelobt, er dürfe MEINETWEGEN das Zitat in Anzeigen verwenden. Und so wurde – eigentlich mein GESELLENSTÜCK als Produktmanager der Herzen – in einer Oasis-Anzeige mein Buch beworben. Die Platte hieß »Masterplan«. Ich hatte auch einen: ins Licht!

Die erste Talkshoweinladung, ich trug Anzug und Krawatte, legte mich mit Horst Tappert an und den Rest habe ich vergessen.

Harald Schmidt am Snackautomaten montags drauf: Das war sehr gut, Horst Tappert, großartig, musst nur aufpassen, jetzt bist du natürlich besetzt, jung, frech, kennt sich medienmäßig aus. Das ist dann so 'ne Rolle, ne? Aber war sehr lustig.

Zum »Göttinger Literaturherbst« reiste ich nun als ROMANAUTOR, Christoph hatte mokant vermeldet: Alle wollen den süßen Boy im Oasis-Shirt sehen, ausverkauft, keine Ahnung, warum. Meine Mutter fragte mich nach der Lesung: Musst du denn immer so rumalbern da vorne? Aber sie war auch stolz: In der Gemeinde sprechen mich wildfremde Mütter, die mich sonst nie grüßen, auf dich an, deren Töchter schwärmen wohl für dich. Wir guckten uns ein Video von meinem Talkshowauftritt an, mein ältester Bruder war auch gerade da und sagte, ich sähe chic aus mit Krawatte.

SIEBZEHN JAHRE SPÄTER HABEN WIR UNS ALLE BERUHIGT. Ein Mittwochabend in Los Angeles, ich stehe vor dem »Orpheum«, die nostalgisierende Leuchtreklame über dem Eingang strahlt es bunt in die Dämmerung: Noel Gallagher's High Flying Birds, 8:30 pm.

Das Publikum, das hier mit zu Hause ausgedruckten, online gekauften Tickets pünktlich ins Theater drängt, ist: alt. Meine Güte, sind wir alle alt. Oasis handelten von Jugend. Waren Musik unserer Jugend. Und was wollen wir jetzt hier – das sprichwörtliche, GLEICHSAM mit dem Künstler alternde Publikum sein? Einen Abend zusammen altern, Punkt halb neun, und um 11 sind wir dann alle im Bett, und zwar dem eigenen? Oder, noch trostloser, wollen wir noch mal kurz jung sein, uns zumindest jung fühlen? Sentimental die alten Lieder singen, die er doch hoffentlich nicht auslässt?

Ich habe zwei Tickets, und da kommt ja auch schon Lukas, und wir gehen rein. Wir gucken uns den Merchandisingstand an, kaufen aber nichts, gehen in den Saal, bestuhlt, auch das noch, alt, alt, alt. Und kalt! Immer dieser amerikanische Klimaanlagenwahnsinn. Ich habe meinen Helmut-Kaschmirschal umhängen, wie jeden Abend, aber es ist trotzdem zu kalt, also gehe ich noch mal raus und kaufe für Lukas, der ebenfalls friert, und mich zwei graue Nickijacken mit Kapuze, auf der Brust steht »Noel Gallagher's High Flying Birds« und deshalb kosten sie 55 Dollar.

Da sitzen wir also, tragen aus ERKÄLTUNGSANGST Fanjacken, trinken WASSER – und früher war irgendwie mehr Lametta.

Was Noels Bruder Liam Gallagher derzeit macht, weiß man nicht. Ohne ihn fehlt natürlich viel, der Größenwahn, die amüsante Arroganz des mit Händen auf dem Rücken vor dem extra zu hoch eingestellten Mikrophonständer stehenden Sängers, der unbewegt, zumindest unbeeindruckt blieb, manchmal ins Publikum spuckte, einfach großartig. So einen braucht man in der Band. Der dann mit dem Tambourin ein bisschen gegens Bein schlägt und im Entengang über die Bühne watschelt und mit jeder Geste ausdrückt: Ihr könnt mich alle mal, ich bin sowieso der Größte.

Diese Haltung ist auch das Gedankengebäude, in dem Noel sich zu Hause wähnt, er aber vermittelt den Größenwahn durch forcierte Schluffigkeit. Er LATSCHT auf die Bühne, und dann geht es los, Lied für Lied, alles in Ordnung. Immerhin, die Leute sind gleich beim ersten Ton aufgestanden in ihren Theaterklappsesselreihen, aber das hat trotzdem so was Behäbiges, na gut, dann stehen wir eben auf von unserem pünktlich eingenommenen, nummerierten Sitzplatz, so wie bei Preisverleihungen, wenn jemand irgendeinen Lebenswerk-AWARD überreicht kriegt. Nee, klar, aufstehen, aus Respekt. Doch in dieser stehenden Masse ist keine Energie, sie KANN auch gar nicht wogen, weil ja die Sesselreihen als Wellenbrecher etwaige Aufwallungen verhindern. Und so stehen da lauter 40- bis 60-Jährige, wippen ein bisschen mit. Noel sagt nicht viel, bewegt sich kaum, wechselt aber für jedes Lied die Gitarre; ihm kommt es wirklich auf die Musik an, nur auf die Musik, so war es immer schon, und ohne seinen Bruder wären sie niemals so groß geworden. Klar, die Lieder sind gut. Aber jetzt, nach einer knappen halben Stunde, hängt es doch ziemlich durch. Man könnte sich hinsetzen. Würde dann nichts mehr sehen, aber auch nichts verpassen. Solche Fragen haben sich bei einem Oasis-Konzert nie gestellt. Da war alles eine einzige Abfahrt, man verlor seine Schuhe, segelte quer durch den Raum, alles eine mitsingende, springende Fluxus-Orgie.

Jetzt singt er ein Oasis-Lied, »Champagne Supernova« – und, nein, es ist nicht magisch.

Das Lied, eines ihrer besten, praktisch nicht wiederzuerkennen. Ein runtergesungenes, durchgeschrupptes, mittelmäßiges Lied. Oder erkennen wir selbst uns nicht wieder? Stehen da jetzt vor unseren Klappsesseln in einem Theater, als Zeichen totaler Randalebereitschaft? Echt jetzt? Noch schlimmer vielleicht: Sie erkannten einander. Wir und das Lied, nach all den Jahren, und so fällt erst auf, was auf dem Weg verloren ging, dem Lied an Aufladung und uns mit ihm. Es fehlt so viel, nicht nur Liam; auch der innere Liam des Publikums. Und es wäre vielleicht noch deprimierender, wenn jetzt Oasis hier spielen würden und wir 40- bis 60-Jährigen so täten, als seien wir immer noch 20. Und verstohlen auf die Uhr guckten, weil der Babysitter nicht ewig Zeit hat oder wir morgen früh rausmüssen oder sonst was.

Noel Gallagher sagt nicht viel, der nächste Song sei »fucking brillant«, sagt er, oder dass wir den nächsten Song wahrscheinlich mögen würden, er selbst nicht so; aber jetzt sagt er doch mal was Längeres: Als er zuletzt hier gewesen sei, noch mit seinem Bruder, habe sich hinterher Marilyn Manson dazugesellt, da sei sehr viel Blödsinn geredet und gemacht worden. Man stellt sich das gleich vor, diese beiden Quartalsirren Liam und Manson in einem Raum, ja, man hat ein Bild vor Augen – und das Bild ist super.

Das nächste Lied ist auch wieder total in Ordnung und schöner – und bei diesem Wort, dieser Tatsache muss man sich eigentlich direkt übergeben – ADULT ROCK, kann man sich supergut anhören, man kann es aber auch bleiben lassen, es hat nichts Zwingendes. Zu Hause steht das Deluxe-Box-Set im Regal, und da geht der Fehler schon los: Regal.

Ach, wie viel lieber wäre ich jetzt dabei, beim von Noel bespotteten Abend mit seinem kleinen Bruder und dem durchgeknallten Manson. Eine Begegnung zweier nachdenklicher Männer sei das gewesen, so Noel, und das Publikum lachte wissend, lachte so ein lebensversichertes, hypothekenzahlendes Hehehe.

Ich lache nicht. Ich wäre jetzt lieber knalledicht und durchgeschwitzt und mit Liam und Manson noch bei Monaco Liquor rein, Santa Monica/Ecke La Cienega Boulevard, und dann im Stockwerk darüber, wo Manson gewohnt haben soll, als ihm zwischenzeitlich das Geld ausgegangen war, und wo es möglicherweise eher keine Regale mit Deluxe-Box-Sets gibt, die Lichter ausballern.

Wie Helmut Dietl mal wehmütig sagte, als eine Frau uns aus Katergründen einen Termin absagte: Ja mei, Kater hin oder her – aber vorher wird's a Mordsgaudi ghabt ham, verstehst?

Wir ziehen die Reißverschlüsse unserer grauen Noel-Kapuzenjacken zu und gehen hinaus in die Nacht, zum Parkplatz, Lukas fährt mich nach Hause. High Flying Birds? Nein, da flog gar nichts. Und Oasis waren eine Fata Morgana gewesen; zwangsläufig mussten sie sich auflösen vor der Zeit, damit diese ihnen nichts anhaben kann. Aus »Be Here Now« wurde »Been There Then«. In unserer Erinnerung sind sie unsterblich, und unsere Erinnerung ist eine unhöfliche, ja ungnädige Innenausstattung, denn gemessen an ihr ist die Gegenwart ein vernünftiger, nüchterner, tieffliegender Leitzordner.

Als letztes Lied spielte Noel natürlich und wie immer den Über-Hit von Oasis, »Don't Look Back in Anger«. Und darin heißt es ja:

Please don't put your life in the hands
Of a Rock&Roll band
Who'll throw it all away

Man war also gewarnt. Und jetzt ist es eben so, dass Noel außerhalb Englands ohne Liam vor gut tausend Leuten spielt, es ist okay, es ist absolut in Ordnung und leider auch völlig egal. Und wessen Schuld ist das jetzt eigentlich? Man wäre gern – jung? Man will, verdammt noch mal, die Jugend zurück. Und stattdessen erinnert uns so ein Konzert unserer früheren Helden nur an eines: Das nächste große Ereignis in unserem Leben wird unser Tod sein.

Die flirrenden Lichter des Santa Monica Boulevard, nichts ist schöner als so ein Ausgehviertel bei Nacht, die Lichter, die Verheißungen, Versprechungen, blaue Stunde, rotes Licht. Alles möglich; nur für Lukas und mich eben nicht mehr. Wir dürfen da nicht mehr mitmachen, weil es bei uns beiden in den totalen Albtraum führen würde. Erledigt. Also nicht weiter geradeaus bis zu Monaco Liquor, Marilyn Mansons interimsmäßiger Junkieabsteige; eine Kreuzung davor war der Autounfall gedacht, mit dessen Beobachtung der nächste Roman von Bret Easton Ellis beginnen sollte; und noch ein Stück weiter den Santa Monica Boulevard runter, dann der Club Troubadour, aus dem einst John Lennon und Harry Nilsson rausgeschmissen wurden im Rahmen von Lennons 18-monatiger Los-Angeles-Sause, die er hinterher elegant bezeichnete als »Lost Weekend«.

Nein, wir werden nirgends rausgeschmissen, wir gehen ja gar nicht erst rein, für uns kein Schnaps, kein Schnupf, kein Garnichts, wir biegen vorher rechts ab, bergauf, zum Chateau Marmont, Lukas setzt mich ab. Der Schlaf vor Mitternacht ist ja auch sehr wichtig, gesundheitlich.

SHOW-BUSINESS-MASCHINE

Als ich zwei Stunden vor meiner Lesung im Hamburger Mojo Club dort ankam, direkt an der Reeperbahn, Januarspätnachmittag, das Tageslicht hatte sich Nachtschwärze und Neongeglitzer bereits unterworfen, sah ich eine lange Schlange Wartender, um den ganzen Club herum. Das hatte niemand erwartet. Die Schubmischung aus Panik und Freude, die mich jetzt durchfuhr, empfand ich als sehr angenehm. Das sollte bitte genau so immer weitergehen.

Es war schön, in der Zeitung zu stehen, gefragt zu werden und zu sein, Leserpost, Lesungen, Applaus – weiter, mehr davon, sofort das nächste Buch! Besser gleich zwei, zwei Alben gleichzeitig, wie Guns N' Roses es vorgemacht hatten: »Use Your Illusion I« und »Use Your Illusion II«, parallel veröffentlicht. Zwar meldete der Verlag ständig Nachauflagen meines ersten Buchs, gern ein neues, als Nächstes aber zwei gleichzeitig, das ginge nicht. Ich wollte aber, dass alles noch größer und noch mehr wird, verdoppeln das Glücksgefühl, die Attacke, alles. Die Titel immerhin hatte ich schon, »Livealbum« und »Remix 1« (die »1« war ganz wichtig, denn das alles würde ja erst der Anfang sein), und ich drohte, das in JEDEM FALL parallel erscheinende zweite Buch sonst einem anderen Verlag zu geben.

Alles musste man selber machen, auch das Berühmtwerden: Der Verlag hatte mir EINE Lesung verschafft, und zwar in der Stadtbibliothek Bad Kreuznach. Liest sich so ein Tournee-T-Shirt-Rücken? Christoph musste helfen, der wusste, wie man das macht, er hatte mir die in Hamburg gebucht, dazu eine in München. Und keineswegs in den dortigen Stadtbibliotheken. Christoph wählte Läden, in die auch wir freiwillig gehen würden. Ich bat ihn, mir für den kommenden Herbst eine Deutschland im Ganzen ausmessende Tournee zu buchen, sechs Wochen, ohne Pause bitte.

Machte er gern, gab mir allerdings auf, doch noch mal genau unser Initiationslied von Elvis Costello anzuhören:

Now that your picture's in the paper being rhythmically admired
And you can have anyone that you have ever desired
All you gotta tell me now is why, why, why, why

Ich geriet, wie gewünscht, ziemlich unter Druck. In einem – doch, das gibt es – etwas besseren Kölner Stadtteil bezog ich eine neue Wohnung, ich war ja jetzt relativ reich, die erste Jahresabrechnung vom Verlag war gekommen, erstmals hatte ich einen fünfstelligen Betrag auf dem Konto, also genug Geld für ein halbes Jahr ohne Einkünfte. Die neue Wohnung war etwas größer, heller, ideal zum Schreiben bestimmt, Balkon, mit Balkon und neuem Computer schrieben sich die Bücher ja praktisch von selbst. Doch ich schrieb kaum ein Wort. Ich würde verreisen müssen. Für zehn Tage mietete ich einen Leuchtturm in Irland und schrieb dort jeden Tag ein Kapitel.

Zurück in Köln, bekam ich jetzt täglich Liebesbriefe, Nacktfotos, Telefonnummern – und ebenso täglich erreichten mich Kritik genannte Vernichtungen, die ich nahm, wie man sie keinesfalls nehmen darf: PERSÖNLICH; leider speziell aus jenen ERNSTEN und ernst zu nehmenden Periodika, die mir (und meinen darob traurigen, wenn nicht enttäuschten Eltern) etwas bedeuteten. Kurzum: In der Mädchenbranche lief es gut, in der Medienbranche nicht ganz so. Nicht persönlich nehmen, wurde mir allseits geraten; allein, wie eigentlich sonst?

Nicht unbedingt hilfreich war wohl, dass ich mich nun für 20 000 Mark Honorar gemeinsam mit Christian Kracht als Werbefigur für ein BEKLEIDUNGSKAUFHAUS fotografieren ließ. Und so ging das 20. Jahrhundert dahin und wir mit ihm.

Ständig konfrontiert mit dem eigenen Bild in der Öffentlichkeit, was ich ja forcierte, wollte ich ab jetzt immer dünner werden. Das Selbstbild, das öffentliche Bild, nun geriet alles ein bisschen durcheinander. Auf den Umschlagfotos der beiden neuen Bücher jedenfalls müsste ich viel dünner, also viel besser aussehen. Fotovorbereitend aß ich fast gar nichts mehr, ging jeden Tag joggen, wochenlang nur Sauerkraut aus der Dose, der Beginn einer magersüchtigen Phase, ich wurde immer dünner – fühlte mich aber weiterhin und mehr denn je viel zu dick. Als die Fotos gemacht waren, aß ich anderntags beim Hotelfrühstück so viele Nutellabrötchen, bis mir ganz schwindelig war. Meine Essstörung manifestierte sich. Das Kotzen hatte ich noch nicht entdeckt.

Meine drei Geschwister waren inzwischen allesamt verheiratet und bekamen jede Menge Kinder. Und ich? Ich war der Onkel Benjamin, der nie zu Familienfesten kam, aber manchmal im Fernsehen oder in der Zeitung zu sehen war. Die beiden Bücher waren fertig, ich selbst allerdings auch. Buchveröffentlichung, Interviews, Fernsehen, Tournee – das Karussell drehte sich immer schneller, und ich saß auf einem Pferd mit Blaulicht obendrauf. Auf der Buchmesse lernte ich meinen Helden Bret Easton Ellis kennen und ließ mir mein Taschenbuchexemplar von »Unter Null« signieren.

Bei Schmidt hatte ich gekündigt und war nach Berlin gezogen, um mitzumachen bei den »Berliner Seiten« der FAZ (abermals neue Visitenkarten, neuer Habitus vielleicht, gewiss aber neuer Soziolekt mit anderen Duden-Kategorien: »bildungsspr.«, »veraltet«, »geh.«). In meinem Redakteursbüro waren die Regale randvoll mit Papierwust und leeren Evian-Flaschen, die ich aus irgendeinem Grund im Regal zu Pyramiden stapelte. Dazwischen Tausende Zettel, Bücher, Wahnsinn. Ich selbst war eher selten dort, und wenn, dann auch nicht ganz da: Nach einer sechswöchigen Herbstlesereise verblieb ich geistig eine ganze Weile noch im Tourneerhythmus, morgens durch den Wind, Aufbruch, Reise, Ankunft – und zirkuspferdartig um Schlag acht Uhr abends im Auftrittsmodus, hellwach, wo ist das Licht? Auch der Applaus fehlte natürlich.

ZUR BLAUEN STUNDE

Wie war noch mal die Geheimnummer meiner Kreditkarte für Barverfügungen? Schlag nach bei Ellis.

Ich nehme das auf Reisen von mir immer mitgeführte, durchgenudelte »Unter Null«-Exemplar zur Hand, darin mittlerweile so viele PINs und Codes und TANs, ich steige überhaupt nicht mehr durch. Der erste Satz des Buches allerdings funktioniert noch immer, auch 30 Jahre nach dessen Erscheinen, sofort ist man drin: »Auf den *freeways* in Los Angeles werden die Leute auch immer rücksichtsloser.«

Das Taschenbuch hat interessante Bissspuren, ich habe es offenbar in den letzten 20 Jahren oft kurz mal in den Mund nehmen müssen, weil ich in PIN-Verlegenheit die Hände nicht freihatte oder was weiß ich, warum. Vorn drin Widmung und Signatur:

For Benjamin
Best wishes
from Bret Easton Ellis,
Frankfurt 10/99
PS: Where is Walter?

Und ich denke daran, wie Ellis und ich damals, vor 16 Jahren, im Frankfurter Hof während einer Buchmessenacht irgendeinen Walter mit Bargeld ausstatteten, damit er uns Kokain besorgt. Das hat natürlich lang, zu lang, gedauert, und so war der Satz des Abends die im Fünfminutentakt von Ellis an mich, über all die anderen Buchmesseleute hinweg, die sich da im Frankfurter Hof branchenverschlungen einen ansoffen, gerichtete Frage: »Where is Walter?« Es war der Schlachtruf jener Nacht, auch als dieser Walter längst wieder da war, »Where is Walter?« war das geflügelte Wort, das uns auf seine Fittiche nahm, hinab in die Kellertoiletten des Hotels und von dort weiter durch die Nacht, in irgendwelche anderen Keller, Hauptsache, runter, denn wir konnten ja fliegen.

Und nun, 16 Jahre später, erkennt Bret Easton Ellis mich gottlob wieder, und so lautet seine erste Assoziation und Frage folgerichtig: Where is Walter?

Es greift also der große erste Satz aus »Lunar Park«, seinem letzten guten Buch: »Du siehst dir verblüffend ähnlich.«

Und auch Ellis sieht immer noch aus wie Ellis – nämlich ganz anders, als man ihn sich, seine Bücher lesend, vorstellt. Weicher, zarter, auch wurschtiger. Seine Kleidung und sein Körper sagen: egal. Seine Brille sagt: Wir werden alle nicht jünger.

Ich steige zu Ellis und dessen Freund Todd ins Auto. Ellis nennt Todd im ironischen Sugar-Daddy-Tonfall »the twenty-six-year-old«, auch wenn Todd mittlerweile 30 sein mag, Ellis hat ihn in seinen leicht verrückten Twitter-Miniaturen als literarische Figur eingeführt, und als solche ist Todd nicht gebunden an den gregorianischen Kalender.

Todd gibt mir zur Begrüßung eine Downloadcode-Pappkarte für sein neues Lied, es heiße »Hotel« und handele eigentlich vom Chateau Marmont. Es sei, so viel könne er sagen, einer der Welthits 2015, ich würde sehen, dieses Lied werde bleiben.

Na, ich höre es mir dann mal an, danke.

Warum nicht jetzt, fragt Todd und hält mir sein Telefon ans Ohr, Soundcloud, das geht doch heutzutage alles immer überall, aber man hört nichts, Todd hat gerade keinen Empfang, denn wir sind just in die Tiefgarage des Soho House gefahren.

Todd möchte unbedingt auf einem Sofa sitzen, er sei so wahnsinnig bekifft, sagt er. Und eigentlich ist alles wie in einer Geschichte des frühen Ellis. Der späte Ellis aber möchte jetzt nicht auf einem Sofa sitzen. Wir setzen uns an einen normalen Tisch, Todd bestellt sich einen großen Eisbecher, er scheint tatsächlich ziemlich bekifft zu sein. Seine Augen sehen interessant aus. Freundlich und tot. Ellis bestellt zügig zwei Bombay Martini, er sei »functional alcoholic«, na wenn das so ist. Ich frage ihn, ob er mit auf den Balkon komme, eine rauchen, aber er sagt, er würde niemals in der Öffentlichkeit rauchen, immer nur am

Schreibtisch. Jeder suche sich sein Gift, sagt Ellis, er halte sich an den Alkohol. Ich frage ihn, ob er schon mal diese halluzinogene Kotzdroge Ayahuasca ausprobiert hat, von der hier so viele schwärmen. Ellis schaut unbewegt, sagt mit Untersuchungsausschusstimbre, er sei daran NICHT INTERESSIERT. Er sei durch mit den Drogen. Todd kiffe weiterhin, pharmazeutisches Gras auf Rezept, aber sonst nichts, außer eben Alkohol.

Das Gespräch plätschert dahin, es ist ein bisschen öde. Er lese gerade Knausgård, sagt Ellis, er sei süchtig nach Knausgårds in Erzählzeit erlebtem Alltag, da passiere ja gar nichts, und genau deshalb sei es so spannend. Schon die Treppe runtergehen und dann im Kühlschrank keine Milch vorfinden, dauere zwei Seiten lang, das sei großartig.

Als wir aufs Chateau Marmont zu sprechen kommen, fällt mir endlich auch mal was ein. Auch Ellis hat dort mal ein paar Wochen am Stück gewohnt, und wir sind uns einig darin, dass man im Detail dann sparsam sein muss, um ein gutes Gefühl zu behalten: Minibar leer räumen lassen und in den Supermarkt gehen.

Anders als der weiterhin völlig dichte Todd hat dessen Handy jetzt wieder Empfang, also spielt er mir sein Lied »Hotel« vor, das eventuell doch eher kein Hit des Jahres wird. Todd singt aus seinem eigenen Telefon:

The minibar is empty from last night
And I don't even care about the price

Na, aber Bret schon, sage ich, Bret kauft seine Getränke auch im Supermarkt. Mit eingeübt wirkendem Sarkasmus, die Sugar-Daddy-Ironie von Ellis stützend, sagt Todd: Er verbietet mir nichts, ich verbiete ihm nichts – und er gibt mir Geld.

Er zahle doch nicht 10 Dollar für einen Schokoladenriegel, sagt Ellis.

Trader Joe's, hm?, frage ich, und Ellis bestätigt, genau, schräg gegenüber vom Chateau Marmont, bei Trader Joe's, einem irgendwie naturverbunden dekorierten Discounter, kaufte Ellis seine Drinks für abendlichen Durst im Hotelzimmer, Schokolade, Nüsse, was man eben so braucht. Und ich tue das auch.

Ich denke an Carol aus Hamburg und dessen Minibarerdnussfatalismus. Aber Ellis und ich wissen es besser.

Ist allerdings nach etwa drei Minuten als Thema beim Abendessen natürlich auch durch. Was jetzt? Nein, bitte nicht – doch, tatsächlich, das Todesthema der Gegenwart schlechthin: Fernsehserien. Interessant immerhin, dass Ellis erzählt, sein Dealer, also früherer Dealer, jetzt ja schon seit vier Jahren nicht mehr, er nehme ja keine Drogen mehr, wie auch immer, sein früherer Dealer jedenfalls sei Produzent von einer Serie, die ich aber nicht kenne. Trotzdem, super Geschichte. Zur gerade zu Ende gegangenen abschließenden Staffel von »Mad Men« hat Ellis eine gute These: Die Serie handele von Sally, der Tochter – wir alle seien Sally, anhand deren unsere Kindheit verhandelt würde. Das Finale von »Mad Men« allerdings fand Ellis »interessant enttäuschend«, es sei brillant in der Konzeption, nicht aber in der Umsetzung gewesen. Ich nicke und verstehe kein Wort; ich glaube, Ellis will nur ein bisschen angeben und sehr firm in Drehbuchangelegenheiten wirken, denn der Roman, gähn, der Roman sei ja tot und die Serie der neue Roman und so weiter. Jetzt ist mir ECHT langweilig. Hallo Todd, jemand zu Hause? Nee.

Wissend, dass das ein Fehler ist, aber mir fällt nichts anderes ein, frage ich Ellis, wie es mit seinem nächsten Buch aussehe. Er habe doch einen Roman schreiben wollen, der mit einem Autounfall auf dem Santa Monica Boulevard beginnen sollte. Ellis wischt das Thema weg, indem er dem Kellner ein Handzeichen macht, auf die Frage scheint er jetzt echt noch einen Drink zu brauchen. Drink kommt. Ellis sagt, er habe es versucht, dann aber bleiben lassen, er könne ein Buch nicht forcieren, er habe es nicht genug GEFÜHLT. Das ist natürlich ein unerwartetes Kriterium für ein Buch von Bret Easton Ellis, war das doch niemals problematisch für ein Ellis-Buch, im Gegenteil, das ist doch der Generalbass seines Werks: es nicht fühlen. Aber da verwechsele ich jetzt auch wieder meine Idee von ihm mit dem echten Menschen, der hier vor mir sitzt und für den Fan-Erwartungen kein Ansporn, sondern einfach nur Druck und Qual sind.

Der nächste Drink kommt, Ellis knallt ihn sich mit einem Schluck rein, Alkohol als Abstandhalter, seine Stimme klingt jetzt geschäftsmäßiger. Statt auf ein neues Buch von ihm zu warten, solle man besser seinen PODCAST hören. Der treibe ihn um, er spreche da mit tollen Leuten, mit Kanye West zum Beispiel, mit Marilyn Manson, Quentin Tarantino und so. Ich frage ihn, ob es wirklich stimmt, dass Marilyn Manson eine Weile lang über dem Schnapsladen Monaco Liquor gewohnt hat, eine Kreuzung vor der vom Romananfangsautounfall. Ja, das hat Ellis auch gehört. Gut. War vielleicht auch schon wieder eine Kreuzung zu nah am für Ellis sichtlich unangenehmen Romanthema, also führe ich das Gespräch zurück in bewährtes Gebiet, zurück zu »Mad Men«. Ich habe aber keine eigene These, also sage ich das, was Arne mir zum »Mad Men«-Finale schrieb: Im Hippiecamp sucht Don Draper inneren Frieden, aber dadrinnen ist ja nichts.

Dieser Satz bleibt aber auch komisch in der Luft hängen jetzt. Und da fällt mir auf, dass das ja schon wieder ein für Ellis unangenehmer Gedanke sein könnte, ist dies doch der Kernvorwurf, der ihm und seinen literarischen Figuren immer gemacht wurde. Es ist aber auch echt schwierig, mit Leuten zu reden, die alles auf sich beziehen, weil das nun mal ihr Beruf ist. Sagte der Mann, der immer alles auf sich bezieht.

Todd wird jetzt wach, ein bisschen, er erklärt mir eine neue Form magischen Denkens, die er für sich entdeckt habe, Visualisieren heiße dieses Verfahren. Man müsse sich etwas vorstellen, dessen Ausgang man fürchtet – und dann könne man das mittels positiver Gedanken beeinflussen.

Ja, sagt Ellis leicht spöttisch, nehmen wir doch das Broadwaymusical von »American Psycho«, das demnächst Premiere habe. Das werde sicher grausam, er habe einen Trailer gesehen, ein absoluter Albtraum.

Falsch, ruft Todd, so dürfe man nicht denken, das genau sei Visualisieren, man müsse sich vorstellen, dass es großartig werde – und dann werde es auch großartig. Komm, Bret, visualisiere es!

Okay, sagt Ellis, es wird sicher phantastisch.

Genau so, sagt Todd.

Ob er sich, frage ich Bret, das Musical ansehen werde (ein Musical! »American Psycho« als Musical! Geht es noch gestörter?), jetzt, da er dessen Gelingen VISUALISIERT habe?

Ellis winkt die Rechnung herbei und sagt: Auf gar keinen Fall. In der Tiefgarage stehen wir am Kassenautomaten, es ist ziemlich viel los, Ankunft, Abfahrt, nächtliches Geschnatter, Zufallsbegegnungen, L.A.-Aufgeregtheit. Ellis setzt sich auf eine Bank und hält mit dem Handy drauf. Er verwendet die App Periscope, die eine Video-Liveübertragung ermöglicht. Was er da jetzt filmt, uns alle hier, das können sich Menschen überall auf der Welt live angucken und kleine Kommentare dazuschreiben, auch Regieanregungen geben und so das Geschehen beeinflussen.

Ellis lächelt kühl, schweigt, filmt – und ich weiß auch nicht, was mit mir manchmal los ist, aber dem Erzählprinzip des Vernebelns, Verschwindens und Unsichtbarwerdens, dessen König ja Ellis ist und das er hier gerade in einer neuen Eskalationsstufe vorführt, habe ich immer die Sichtbarmachung (und sei es meiner selbst) entgegensetzen wollen (es ist ja klar, welches Konzept weniger nervt), und manchmal geht es dann mit mir durch, so wie jetzt: Ich stelle mich direkt vor seine Kamera und ziehe mir das Hemd aus, einfach, damit was passiert – und sei es nur, dass Ellis sich freut.

Aber in seinem Gesicht passiert gar nichts, er guckt weiter unbewegt, distanziert lächelnd auf das Kameradisplay. Was er da macht, mit dieser irren App, das ist Knausgård to go. Schon im Moment des Geschehens ist dieses ausgestrahlt und unwiederbringlich vorbei, nichts mehr mit Festhalten. Da – und weg. Der Erzähler lächelt und verschwindet. Auf einen neuen Roman von Ellis können wir wohl lange warten.

Ein paar Abende darauf, bei den beiden zu Hause. Todd hat eingeladen zu einem KONZERT FÜR FREUNDE, er werde ein paar seiner Lieder singen. Die Wohnung von Ellis liegt in einem der wenigen Hochhäuser von Beverly Hills, er hat eine Musterwohnung gekauft, die BEISPIELMÖBEL aus der Besichtigungsphase einfach dringelassen, anonymer kann man wahrscheinlich nicht eingerichtet sein. Ellis ist schon wirklich der König der Kälte.

Er öffnet selbst die Tür, ein paar von Todds Freunden lärmen in der Küche rum, und Ellis selbst scheint sich schon verabschiedet zu haben, man trifft hier an der Tür jetzt nur noch seine Hülle an, er guckt durch mich durch, scheint mich nicht nur nicht zu erkennen, sondern das Erkennen für diesen Abend ganz generell ausgeschlossen zu haben, möglicherweise medikamentös, seine Augen scheinen irgendwie auf Durchzug geschaltet, was macht er denn jetzt, Wahnsinn, er streckt mir die Hand hin und sagt:

Hi, I'm Bret.

Besser geht es nicht, er SCHEINT da zu stehen, aber: Ellis has left the building.

In einer Ecke hat Todd sein Keyboard aufgebaut, auf dem Tisch stehen ein paar Aluminiumtröge vom mexikanischen Mitteltrashimbiss Chipotle, Todds Beispielfreunde haben großen Hunger. Und Ellis? Ellis läuft zwischen ihnen hin und her, wischt da was auf, schenkt dort nach, eine beeindruckende Out-of-body-Performance, wo auch immer Bret selbst gerade ist, der Körper von Ellis jedenfalls ist: die wild gewordene Hausfrau aus Sherman Oaks.

Im Hintergrund läuft per AppleTV schon Todds Musik, sein erstes Album (das natürlich niemals erscheinen wird) heißt, ausweislich der Einblendung auf dem großen Bildschirm im Wohnzimmer: GREATEST HITS.

Irgendwann fängt Todd an zu singen, sein Auftritt hat ein interessantes Gefälle, den Gestus des zerquälten, alles gebenden Musikgenies hat er voll drauf, nur kann er leider weder singen noch Klavier spielen.

Kurz bevor die Darbietung begann, war Ellis verschwunden, er hatte es angekündigt, ihm sei das EMOTIONAL ZU FORDERND. Aber sicher doch. Ich sitze auf dem Beispielsofa, frage mich, wo Ellis jetzt wohl ist und wie lang Todd noch singt, da blinkt eine Mitteilung auf: »Bret Easton Ellis is now live on Periscope«. Von wo aus Ellis, der ja eben noch hier war, jetzt wohl live filmt? Ich öffne die App und sehe auf dem Telefonbildschirm – was ich sowieso sehe. Hä? Ellis überträgt Todds Konzert LIVE, ist aber ja gar nicht hier. Die Knausgård-to-go-Variante aus der Soho-House-Tiefgarage also noch mal radikalisiert: Es gibt den Erzähler gar nicht mehr, die Maschinen haben übernommen. Ist aber nicht die Idee von Periscope, ja das Prinzip: Augenzeugenschaft? Doch Ellis selbst, der Ellis AN SICH, ist nicht zu sehen. Wie macht er das? Ist das jetzt das Höhlengleichnis?

In der leicht zeitversetzten Fastliveübertragung ist das Beispielwohnzimmerkonzert viel besser zu ertragen, auf dem Telefonbildschirm geht alles so schön schnell, die Gegenwart fliegt so vorüber, schon vorbei. Viel angenehmer, als wirklich hier zu sitzen. Ich denke nach über meinen oft gehegten Traum von einer Mute-Taste für die Realwelt. Oder eine Vorspultaste.

Ich gehe auf den Balkon. Guter Ausblick auf die Stadt, es ist der Ausblick des Helden, von hier sah er an der Kreuzung da unten links den Autounfall im ersten Kapitel des verworfenen Romans von Ellis. Wird das Schweigen von Bret Easton Ellis überbewertet? Von mir, als Fan, immer gern.

Wer sieht hier eigentlich wem noch ähnlich? Ich habe einen Knoten im Kopf: Wenn Ellis etwas vorgeblich Selbstbezeugtes live überträgt, ohne selbst dabei zu sein, und wenn ich hier auf dem Balkon stehe, auf dem sein Held stand in dem Buch, das es gar nicht gibt, und wenn Knausgård jetzt also 600 Seiten lang Milch einkaufen ginge – was zur Hölle würde das dann alles bedeuten?

NA, POPSTAR?

Alles war Sonne, hell, ein einziges Lachen in nächtlichen Hinterhöfen, alle ineinander verliebt, angeheitert im besten Sinne, alles war Heute und Jetzt, weder Zukunft noch Vergangenheit ragten ins Bild: Der Sommer 2000 war wahnsinnig schön. Ich war zurück aus Sri Lanka, hatte dort ein neues Buch fertig bekommen, und nun ward es hell.

Endlich besaß ich den hellblauen »Hugo«-Anzug, von dem ich geträumt hatte, seit Til Schweiger einen solchen in der Krausser-Verfilmung »Der große Bagarozy« getragen hatte, da stand er auf einem Hochhausdach und kämpfte mit Corinna Harfouch und einem Hubschrauber oder so, und vor allem dieser hellblaue Anzug hatte mir sehr eingeleuchtet. Jetzt hatte ich einen solchen Anzug endlich gefunden, und der Sommer konnte beginnen. So gut wie Krausser würde ich nie schreiben, so gut wie Schweiger niemals aussehen können – aber der hellblaue Anzug war ein Anfang, war alles, was ich tun konnte in diese Richtung.

Auf Frühsommerlesereise, mit dem hellblauen Anzug natürlich, immer wenn ich ihn trug, wurden die Lesungen gut. Ich war nicht mehr allein mit der Bahn unterwegs, Christoph hatte befunden, das müsse jetzt alles professioneller werden, und mir einen neuen Tourveranstalter besorgt, Harm, gebürtiger Bremer wie ich. Er wohnte in Hannover, wie meine Eltern mittlerweile auch, und als ich sie besuchte während dieser Lesereise und mich dieser vernünftig aussehende, freundliche, norddeutsch-nüchterne Mann mit seinem dunkelblauen Volvo vorbeibrachte, waren sie angetan. Zum Abschied schaute meine Mutter uns durchs Küchenfenster hinterher und schien erleichtert, das sah doch alles einigermaßen zuverlässig und seriös aus, einstweilen konnte sie »hinter meinen Jüngsten einen Haken machen« und sich beim Sorgenmachen vorübergehend auf meine drei Geschwister konzentrieren.

Harm und ich fuhren also zusammen durch Deutschland, ich las abends und musste sonst gar nichts tun, Harm erledigte alles andere, rechnete mit den Veranstaltern ab, bog etwaige »Hinterher noch gemeinsam zum Griechen«-Avancen ab und ließ mich exaltiert sein, wie ich wollte, meine ultrakomplizierten und immer noch neurotischer werdenden Essensregeln wurden in die VERTRÄGE aufgenommen, low fat hier, no carb dort, Rohkost und was nicht alles. Ingwerwasser! Meine Mariahcareywerdung schritt voran.

Besuchte mich mal ein Freund auf der Tour, wurde ihm ein Hotelzimmer dazugebucht, und wenn mal ein Mädchen bis zum Frühstück blieb oder zwei Tage schweigend mit uns im Volvo saß, wusste Harm auch damit umzugehen. Am Ende der Lesereise las ich sogar bei »Rock am Ring«, leider im COMEDY-ZELT, aber 2000 Zuschauer oder so, und das ganz ohne Gitarre.

Zurück in Berlin: summer of love. Pogo hieß der Club in der Auguststraße, wie selbstverständlich war man einfach jeden Abend dort, alles ging, nichts störte. »Fuck the Pain Away«, lautete unser Schlachtruf.

Meistens legte DJ Fetisch auf, eine Berliner Nachtlebenlegende, mythenumrankt, es hieß, in den 80er-Jahren habe Madonna in New York oft im selben Club wie er gespielt, auch sei er Motorradkurier in London gewesen und ganz früher sogar mal MORPHINIST, außerdem sei er der einzige gebürtige Berliner unter all uns Provinzflüchtlingen und könne sich noch an schwarze Taxis in Berlin erinnern und ans Schlittschuhlaufen im Europa-Center. Fetisch sah extrem gut aus, und für mich verlieh seine überlieferte Junkievergangenheit ihm wie auch seiner Musik eine Extratiefe, sein Blick wie sein Sound hatten so was unergründlich Brunnentiefes, man MEINTE, zu sehen und zu hören, dass Fetischs Augen in uns anderen unbekannte und nie zugängliche Abgründe geschaut hatten. Er entdeckte für uns in diesem Sommer Nirvana wieder, plötzlich, acht, neun Jahre später in unserem geliebten

Ost-Berliner Kellerloch Pogo, wirkten diese Lieder frisch wie am ersten Tag, auch weil sie so überraschend kamen. Fetisch beherrschte die ganz hohe DJ-Kunst, einen fast vergessenen Uralt-Hit hervorzuholen, wenn die Tanzenden gar nicht ahnen, dass es genau jetzt genau dieses Lied sein muss: »Come as you are, as you were« dröhnte es los und wir dröhnten mit, alle flogen durcheinander, als sei kein Tag vergangen seit 1991.

Im Innenhof, in dem es runter in den Pogo-Keller ging, war nachts immer ziemlich viel los; Christoph Schlingensief wohnte dort und rief manchmal die Polizei, und das war natürlich auch sofort Kunst: Ausgerechnet Schlingensief beschwert sich wegen RUHESTÖRUNG! In diesem Sommer war uns alles egal, tatsächlich tranken wir im Pogo mit Strohhalmen Champagner aus kleinen blauen Glasflaschen mit der Aufschrift POP. Wir schmissen die ausgetrunkenen Flaschen auf den Boden und wälzten uns in den Scherben, aber wir verletzten uns nie.

Es war, als läge Ecstasy in der Luft, es waren Nächte, in denen alles gelang: Jemand hatte einen Redeanfall, ließ sich aber zaubrisch stoppen mit dem Befehl, bitte vorzuspulen zum letzten Satz der Geschichte, okay, kam direkt: »Und dann habe ich mein Auto wiedergefunden.« Geht doch, weiter.

Wir saßen auf dem Bürgersteig, knutschten, baten Vorbeigehende um einen guten Satz für die Nacht, kein Problem: »Nie mehr Lügen und keine Angst.«

In einer Nacht konnten wir sogar plötzlich alle fließend Italienisch sprechen, einfach weil wir es WOLLTEN. Wir wussten nicht, wie, und es gelang uns seither auch nie wieder, aber eine Nacht lang funktionierte das wirklich. Ciao, bello.

Alle waren Freunde, diesen kurzen Sommer lang. Es kam der Herbst und mit ihm der Ernst, Freunde wurden Feinde oder, schlimmer, Kollegenkonkurrenten; Lagerbildung, Missgunst, Intrigen, Betrug, Verrat. In diesem einen Sommer aber hatte es all das nicht gegeben. Wir waren in meiner Erinnerung eigentlich alle wirklich jeden Abend draußen, ANGETRUNKEN, aber nie besoffen, zuweilen druff, aber nie drüber, alle fröhlich, liebevoll, lustig, ohne Arg; die einzige Phase meines Lebens, in der ich WIR statt ich sagen konnte.

»Summer Moved On« hatte ein Lied dieses Sommers geheißen, der Comebackhit der Band a-ha. Dass sie weg gewesen waren, bemerkte man erst durch ihr Wiederdasein; was ist, bleibt nicht, was aber war, kann wieder werden. Der Kreislauf der Dinge, die Natur der Sachen, der Rhythmus des Lebens: Jahreszeiten, Freundschaften, Karrieren. Und so kam es dann auch.

Moments will pass
In the morning light I found out
Seasons can't last

Ich war gerade in Italien, um mich zu erholen vor der nächsten großen Lesereise, vor allem mit dem Ziel, noch dünner zu werden, ich hielt fest an der Idee, dass Wegfahren hilft, gegen alles, da kam ein Anruf, ob ich vielleicht den Musikpreis »Comet« verleihen wolle an die Band a-ha? Kurze Laudatio, Fernsehübertragung – ich war dabei. »Take On Me« von a-ha war mein erstes Lieblingslied überhaupt gewesen. Nicht dass solche wirkliche Zuneigung irgendeine Rolle spielen würde bei solchen Laudatorenjobs, aber es schadet auch nicht; a-ha sollten einen Preis fürs »Comeback des Jahres« bekommen.

Täglich ließ ich mir die AUSLASTUNG meiner Tournee durchgeben, also zu wie viel PROZENT die jeweiligen Auftritte im Vorverkauf schon ausverkauft waren. Alles unter 100 machte mich nervös, es war absolut lächerlich. Eine völlig neue Sicht auf die Deutschlandkarte: Was ist da los mit Magdeburg und Wuppertal, und ihr, Bürger von Fulda, was kann ich tun? Da wird es der Fernsehauftritt bringen! So in etwa dachte ich. Mir war das alles sehr wichtig, mein Seelenheil war direkt und alleiniglich gekoppelt an diese Prozentzahlen, daran konnte ich mich festhalten, 100 Prozent hieß: bist ein guter Junge, alle in der und der Stadt mögen dich.

In Hannover, auf dem legendären, komplett sinnlosen, Hannover zuendedenkenden EXPO-Gelände fand die »Comet«-Verleihung statt. Wie bei zweitklassigen Brimborien üblich, gab es einen LIMOUSINEN-SERVICE, den zu nutzen umständlicher war, als einfach reinzulatschen. Aber Gerhard Schröders Pseudoerbsensuppentum »Wir fahren nicht vor, wir kommen einfach« galt natürlich, obzwar in seiner Stadt, nicht fürs Showbusiness. Man wurde also hinter statt vor der Veranstaltungshalle erwartet, dort in eine Sponsorenlimousine gesetzt, um damit in dramatischem Schritttempo vor die Halle gefahren zu werden, im Boulevardpersonalkonvoi, aussteigen, einfach mal dankend nicken, immerzu lachen, winken, alles auf sich beziehen, roter Teppich, selbstwertsteigerndes prophylaktisches Blindgeblitze von eingehegten Fotografen, dazu routiniert-wahlloses Kreischen von Autogrammsammlern mit entschieden zu viel Tagesfreizeit. Der aktuelle Marktwert der eigenen Person ließ sich hier angenehm abgefedert erleben, denn direkt vor oder hinter einem ging immer jemand, auf den die Menschen wirklich warteten, und so war genug Geblitze und Geschrei für alle da.

Ich saß in einer Sponsorenlimousine mit dem Fernsehkomiker Oliver Kalkofe, dessen Tourneen ebenfalls von Harm gebucht wurden, also waren wir praktisch Freunde, und weil wir dieses Vorgefahre so angemessen lächerlich fanden, machten wir es gleich drei oder vier Mal, wir gingen hinein, dann direkt zum Hinterausgang der Halle, neue Limousine, gleiches Schauspiel, jedes Mal noch hillaryclintonartiger, scheinbar erstaunt und sichtlich erfreut auf eine bestimmte Person in der Menge zeigen, die zu sehen man sich besonders freute, die es aber gar nicht gab. Beim vierten Mal schließlich sagte uns ein

Sicherheitsschrank aus der Kategorie »Proll mit Anzug«, dass er den Witz jetzt begriffen habe.

Hinter der Bühne wurde man geschminkt, dauernd – das war angenehm – wollte jemand was von einem, hier noch verkabeln und da noch mal nachpudern und brauchst du sonst noch was? Man las berühmte Namen auf Garderobentüren, hörte und sah Musiker sich für ihren Playbackauftritt warm spielen oder trinken, eine herrliche Welt. Plastikwannen voller Eiswürfel und Flaschen, Gratisalkohol für alle, irgendwelche Status-Bändchen ums Handgelenk, allgemeine Geschäftigkeit, Leute mit Headsets, die immer aussehen, als ob sie gerade mit vierstelligem IQ nachdenken und gleich haben sie's, endlich, den Sinn des Lebens, der glasige Blick in die Unendlichkeit gerichtet – aber sie hören dann nur gerade, was ihnen ins Ohr gesagt wird. Schon rasen sie los, mit Klemmbrettern in der Hand und immer eilig, ab und zu sagen sie lustige Sachen in ihr Bügelmikrophon. »Ich hab hier jetzt den Künstler am Start«, sagen sie zum Beispiel, wenn sie einen Musiker eskortieren von der Garderobe zur Bühne. Ich war jetzt auch beinahe am Start, die Maskenbildnerin tupfte noch ein bisschen herum, da sah ich im Spiegel, dass Campino sich näherte. Er griff mir von hinten um den Hals und zog mir, scheinbar zum Spaß, dabei aber ziemlich ernst und grob, die Krawatte enger, immer enger.

Roberto Blanco des Bierdosenpunk, ja?, fragte er grimmig.

In der Tat, als solchen hatte ich ihn drei Jahre zuvor in der taz mal bezeichnet, Campino – auch Campino, wie eigentlich alle deutschen Rockhelden der ersten und zweiten Generation – hatte Mitte, Ende der 90er-Jahre einen ziemlichen Durchhänger, er gab in Talkshows den Punkkasper und war zugleich immerzu ganz engagiert, man vergaß ein bisschen, ob es jetzt um Castortransporte oder Neonazis oder den FC Bayern München ging, war auch völlig egal, denn Campino war auf jeden Fall vorn mit dabei beim Dagegensein; und wenn er superfrech in einer Talkshow einem Politiker einen Joint anbot, vergaß man vor allem, was für ein grandioser Sänger und Bühnenenergiezauberer er war. Das ist ja immer das Drama mit den in jeder Hinsicht verkaufsfördernden Talkshowauftritten; komisch, bei anderen sieht man das völlig klar, bei sich selbst bemerkt man es als Letzter, das ist wie mit Knoblauchatem.

Na, und da hatte ich mich also in dieser Phase, als die PERSONA Campino wirklich nervte und den großen Sänger kleiner machte, hochjournalistisch zum Interview angemeldet, es sollte ein – auch so eine Journalismus-Schimäre – STREITGESPRÄCH werden, ich war höchst kritisch und es war alles ein bisschen lächerlich. Wir trafen uns im Hauptquartier der Toten Hosen in Düsseldorf, und Campino, um einen theatralischen Effekt nie verlegen, ließ sich während des Gesprächs eine Kopie meines taz-Textleins hereinreichen, hielt ihn mir anklagend hin, klärte kurz, dass er mich für ein Arschloch halte, aber dass ich mich überhaupt hergetraut hätte, das wiederum nötige ihm RESPEKT ab. Und dann konnten wir weitersprechen. Ich sah die Sache, diese Robertoblancosache, damit als ausgeräumt an. Und daran erinnerte ich ihn nun, zwei Jahre später, als er mich in der Preisverleihungsgarderobe würgte, Campi, sagte ich, um Nähe zu erzeugen, Mensch, Campi, wir hätten doch bereits das Vergnügen gehabt, im Rahmen dieses Interviews damals die Robertoblancoaffäre hinreichend zu würdigen, ob er sich nicht erinnere?

Ach so, doch, stimmt ja. Er lockerte den Griff, ließ meine Krawatte aber noch nicht ganz los und maulte abschließend: Trotzdem, immer schön aufpassen.

Und dann ging er seiner Wege, zur Bühne, um genau zu sein, wohin auch sonst, eine Headsetmadame hakte ihn unter und hatte ihn am Start, und dann bekam er einen Comet als »Bester Act National«. Ich klatschte eifrig, man konnte ja nie wissen, wer ihm sonst wieder hinterbracht hätte, dass ich ihm den Applaus und also den RESPEKT verweigert hätte. Campi!, Campi!

Ein früherer Kollege aus Plattenfirmenzeiten schenkte mir auf der Party hinterher eine in Folie geschweißte CD-Box, ich hätte doch früher immer so gern Udo gehört.

Stimmt, ja, früher.

Die Box hieß »Das 1. Vermächtnis« und ließ keinen Zweifel: Das war's – war toll, aber ist vorbei. Schwarzes, düsteres Cover, sah postum aus, Udo im weißen Lichtkegel, ikonisch; nicht, wie er aktuell aussah (in seinen eigenen Worten: »Rock&Roll-Mops«), sondern wie er in besten Zeiten ausgesehen hatte, schlank, zart, King Cool. So, wie man ihn in Erinnerung behalten sollte? Aktuell ging bei Udo gar nichts mehr. Seine Karriere schien nicht am Ende – er war da schon ein gutes Stück weitergekommen. Seine Plattenfirma (kurz zuvor gewechselt, schlechtes Zeichen) hatte, so erzählte man es sich im Windschatten eines Sponsorenkühlschranks, extra jemanden engagiert, der Udo während der Produktion bewachen sollte, diesen Aufpasser aber unklugerweise von Udo selbst aussuchen lassen, der zielsicher einen freundlichen Alkoholiker wählte, mit dem er gemeinsam den Vorschuss der Plattenfirma versoff, während im Studio irgendwelche Mietmusiker extrem stressige, unpoetisch-breitbeinige Musik aufnahmen, über die Udo hinterher irgendwas drüberjaulte; nicht gut. Ein erledigter Fall.

Meine a-ha-Laudatio wurde in der Fernsehübertragung gekürzt, ich hatte auch viel zu viel sagen wollen, mein kompliziertes, leider gar nicht mal so lustiges Geschwätz ging natürlich vollkommen unter in der Mehrzweckhallenignoranz, die solchen Veranstaltungen zu eigen ist; und ob Landmaschinenmesse, Bezirksleiterkonvent Aldi Süd, Buchmesse, jede Weihnachtsfeier – immer ist es den so mit ihresgleichen Versammelten ganz wichtig, total drüberzustehen über diesem lächerlichen Branchengeseppel, peinlich ist das, einfach nicht ihre Liga. Aber meine: In dieser Musikwelt fühlte ich mich immer noch am wohlsten. Hier wusste ich, worum es ging, wie man sich verhielt, ich mochte das Gewusel, die Hysterie, den ganzen Schwachsinn. Allein die Geschichte, die mir jemand erzählte über die Spezialexzentrik der von mir mit dem Comebackpreis gewürdigten Band a-ha, es sei einigermaßen kompliziert mit dem Sänger, der sich nämlich weigere, in Städten aufzutreten, in denen es kein gescheites Zooaquarium gebe, vor jedem Konzert müsse er, Morten Harket, nachmittags ein bisschen vor einem Aquarium herumstehen. Es ist ja völlig egal, ob das stimmt, die Geschichte ist gut – und so was hört man eher nicht auf der Buchmesse. Da heißt es dann vielleicht: Der Nobelpreisträger hat seinen dänischen Übersetzer angeschrien und nachts hat irgendein Feuilletonchef in die Rabatten gekotzt.

Harms Volvo hielt auch in Göttingen, ich las bei Christophs »Literaturherbst«, einigermaßen selbstverständlich war es nun schon für mich, im Hotel Gebhardt zu wohnen. Ebenfalls bei Christoph zu Gast war der große Irvine Welsh, der schottische Gott, der uns »Trainspotting« geschenkt hatte, Held auch er, abends saßen wir gemeinsam in der Bar des Hotels – und es war kacklangweilig. Gar nicht »wie in seinen Büchern«, nein, statt chemischer Komplettabfahrt in Edinburgh nun: Rahmschnitzelbehaglichkeitstrübsinn mit Blick auf den Göttinger Hauptbahnhof. Noch einen Gin Tonic? Besser nicht. Morgen auch früh raus und so. Kerze auf dem Tisch auspusten, gute Nacht. Handlungsreisendentristesse.

Eine Zusatzlesung in Berlin, zwei, schließlich drei – die letzte nicht ganz ausverkauft, ging es nun bergab? Die Berlin-Auftritte wurden von MTV gefilmt, es gab sogar die Anfrage einer Plattenfirma, ob ich eine leider nicht gute Band als VORPROGRAMM auf meiner Tour mitreisen lassen könne. Hochmütig lehnte ich ab, die Richtung aber stimmte: Konzertdimensionen. Alles musste noch größer werden. Es (ich!) durfte nicht aufhören, ich ließ gleich noch eine Tournee fürs Frühjahr planen und machte mich daran, ein Deutschland-Buch zu schreiben, das ganze Land bereisen und fotografieren, alles mitschreiben, ein Panorama, ein Klappaltar, ein Wahnsinn.

Und dann würde ich wieder auf Tour gehen und alles würde immer weitergehen, Hauptsache, es wäre keine Minute still.

Meine Essstörung wurde immer raumgreifender; ich aß nie was, und wenn, dann nur verrücktes Diätzeug – oder anfallsweise all das, was verboten war, was dick macht, bis mir schlecht war und ich kaum mehr gehen konnte. Am gemeinsten waren auf den Reisen die Frühstücksbuffets, Buffets sind für einen Essgestörten die Hölle, eine komplette Überforderung. Man kann sich nehmen, was man will, so das Prinzip Buffet, als Essgestörter aber will man alles, nimmt sich auch alles, belädt den, nein, die Teller wie die Arche Noah, von allem etwas.

Und dann entdeckte ich das Kotzen, Magersucht wurde Bulimie. Anfangs tat es noch weh, aber ich hatte die Tricks schnell drauf, man musste vor einem Fressanfall und währenddessen sehr viel trinken, Apfelschorle war gut, obwohl die Fruchtsäure brannte an den bald chronisch eingerissenen Mundwinkeln, auch Buttermilch eignete sich gut und hatte ja nur ein Prozent Fett. Hundert Prozent Lesesaalauslastung, ein Prozent Fett – das ist das Glück. Dergestalt vorgeschwemmt konnte man essen, was man wollte, Eis ging natürlich besonders gut, das kam fast elegant wieder raus und sogar noch kühl, wenn man sich beeilte (und man beeilte sich immer, man musste schneller sein als das eigene Bewusstsein – und das war man, man war unzurechnungsfähig, juristisch betrachtet). Ich aß alles durcheinander, groteske Mengen, direkt aus der Einkaufstüte, und den Müll direkt wieder rein in die Tüte, hinterher mussten alle Spuren und Beweise beseitigt werden; die Idee: Ich isst ein anderer.

Beim Einkaufen war darauf zu achten, in solche Läden zu gehen, in denen man niemanden trifft, Tankstellen, Kioske, und nie denselben Laden zweimal am Tag, da musste man variabel sein, manchmal simulierte ich auch mit ans Ohr gehaltenem Telefon, dass mir da jemand durchgab, was ich alles mitbringen sollte, damit der Verkäufer nicht dachte, ich wolle all diese ungesunden Sachen allein essen (wirklich, solche Gedanken macht man sich! Dass der Verkäufer irgendwas denkt!), wobei man unbedingt das Telefon stumm schalten musste, denn wenn mitten in so ein simuliertes Süßigkeitenbestellungstelefonat (»Echt, so viel? Auch noch Pizza? Reicht das nicht langsam? Wer kommt denn da noch alles?«) das Telefon dann wirklich klingelte, war das schlecht.

Am Anfang einer solchen Orgie musste man etwas Farbiges essen, eine Art Beginnsignatur, am besten rote Gummibärchen, dann wusste man später, wann man aufhören konnte mit dem Kotzen, wenn die nämlich wieder da waren, in der Kloschüssel, Gummibärchen gingen ziemlich schlecht wieder raus, da musste man sehr würgen, da kommt nur noch Galle, ja, kann sein, aber nach der Galle – ah, die Gummibärchen. Zu einem Geleeklumpen verschmolzen, aber wieder draußen, plus minus null, und – Ruhe.

Solche Attacken mehrfach pro Tag, das ist eine Art Vollbeschäftigung, man hat wirklich die ganze Zeit zu tun. Wenn es losging, wenn ich also merkte, aha, ich ziehe mir Schuhe an, jetzt geht dieser Ich wohl dann gleich raus, lief alles automatisch. Ein irrer Sog, nicht mehr erreichbar für so etwas wie gute Vorsätze oder gar freien Willen – einfach Autopilot. Das ist das Befreiende an einer Sucht: Man hat Ruhe von sich selbst, Urlaub vom Ich, von der Selbstbewertungsmaschinerie, man hat zu tun, die Sucht gibt Befehle aus, und die schuftet man dann weg. Es ist das Leben in einer Diktatur, ganz der Sucht und ihren herrischen Gesetzen unterworfen.

Irgendwann in so einer Attacke wird dann alles egal, man sitzt, liegt dann direkt vor dem Klo, vielleicht an die Badewanne gelehnt, und isst und kotzt im Wechsel. Speziell in hellhöriger Umgebung nutzt man – das kannte ich ja schon vom Drogennehmen oder anderen Verrichtungen auf einer Toilette – das Geräusch der Spülung als Übertönung der spezifisch-privaten eigentlichen Geräusche, man hängt also überm Klo, drückt die Spültaste und dann kann es losgehen. Im Verlauf eines solchen Anfalls sinkt man auch jedes Mal tiefer ins Klo, man möchte am liebsten ganz darin verschwinden, das Spülwasser kühlt angenehm den erhitzten Kopf. Zum Schluss, wenn alles gegessen und alles wieder draußen war, hockte ich da, den Kopf auf dem Kloschüsselrand, vollkommen erledigt, und ich schaute schräg nach oben, über dem blickdichten Milchglasfenster des Bades befand sich noch ein kleines normales Fenster, und da sah ich von dort unten, gute Perspektive, ein kleines Stück Himmel über der angrenzenden Brandschutzmauer.

Ich hatte sogar einen Kotzsoundtrack. Die Badezimmerfenster zum Innenhof waren sehr dünn, man bekam ziemlich viel voneinander mit, hörte jedes Wort und jedes Wertstofftonnendeckelgeklapper, also stellte ich einen CD-Player auf die Waschmaschine, damit es schön laut war und niemand mich kotzen hörte, auch ich selbst wollte das nicht so genau hören. In Dauerschleife ließ ich während eines jeden solchen Fress-und-Kotz-Anfalls irrsinnig laut ein Lied von den Stereo MC's alles, alles übertönen: »Deep Down & Dirty«. Also schon auch inhaltlich sehr durchdacht alles. Und nach der Erlösung, wenn ich gekrümmt und wimmernd, aber befreit dalag und einfach zur Beruhigung noch ein paarmal die Spülung betätigte, Kopf im Klo, die Spritzer kühlten so schön, wechselte ich rasch die Musik, jetzt musste es ein beruhigendes, ein zartes Lied sein (allerdings auch sehr laut abgespielt), meistens »Watching the Wheels« von John Lennon. Das hatte ich schon als Kind gern gehört. Und jetzt, schien mir, verstand ich auch endlich, was Lennon meinte mit dem zum Schluss dreimal wiederholten Satz »I just had to let it go«. War nicht sogar Lennon auch essgestört gewesen? Elvis Presley (Erdnussbuttersandwiches mit

Banane) und Elton John (Kokain und Häagen-Dazs) ja auch. Brüder im Geiste.

Im Innenhof befand sich der Garten eines Cafés, dort wurde einmal wöchentlich ein grauenhaftes Berliner Zille-Stulle-Icke-Kabarett aufgeführt, und oft, wenn ich mit dem Kotzsoundtrack durch war und die da unten ihren aufgekratzten Berlinerschnauzemüll krakeelten, richtete ich die Lautsprecher direkt Richtung Innenhof und feuerte ein Rammstein-Lied ab:

Das Feuer wäscht die Seele rein
Und übrig bleibt dein Mund voll – Asche

Verlässlich kamen dann empörte Kabarettfrauen mit Holzpantinen die Treppe raufgeklappert und klingelten wie wahnsinnig, Ruhe!, wir machen da Theater!, aber ich konnte sie nur schlecht verstehen, die Musik war so laut.

Asche zu Asche
Und Staub zu Staub

Ich nahm weiter ab, fühlte mich fetter als jemals zuvor, kaufte Kleidung grundsätzlich zu klein, denn man braucht ja auch Ziele im Leben. Größe »S«, am liebsten »XS«, jedenfalls beleidigt, wenn Verkäufer mich maßnehmend anschauten und mir dann etwas in Größe »M« gaben. Empört zog ich mich alsdann vor ihnen aus und zeigte auf meine Rippen, und die standen toll raus in jener Zeit, meine Rippen, die Hüftknochen ja sowieso. Ich hatte Hosengröße 30 und einen großen Wunsch für die Zukunft: Hosengröße 29.

Wer mich entsetzt anguckte und fragte »Du siehst aber schlecht aus, bist du krank, hast du abgenommen?«, war mein Freund. Wer hingegen mir attestierte, ich sähe besser aus als beim letzten Mal, »nicht mehr ganz so verhungert«, war mein Feind. GUT aussehen klang für mich nach Vollmilch, Fettglasur, Doppelrahmstufe – Albtraum. Der Essgestörte hat eine extrem selektive Wahrnehmung, sieht sein ganzes Leben und jedes Kommunikationssignal immer nur unter diesem einen Aspekt: Bin ich zu dick? Ich bin zu dick! Der Essgestörte bekommt gesagt, er sehe gesund aus, bei ihm kommt aber das Wort »gesund« in seiner gängigen Bedeutung gar nicht an, ihn erreicht es in der Bedeutung von: dick, fett, zugenommen. Das Wort KRANK indessen, das hört man sehr gern, klingt da doch mit: abgemagert, ausgezehrt, hohlwangig. Das ist das Ideal. Und auch wenn es gelingt, durch die verschiedenen Techniken – Hungern, Sport, Kotzen – immer dünner zu werden, so ist die Selbstwahrnehmung grotesk verschoben, man fasst sich an den Bauch, den es gar nicht gibt, denkt: fette Sau, in Butter geschwenkt.

Das rasch chronifizierte Zwangsmuster Entsagung-Orgie-Kotzen hatte – neben der ja gewünschten, allerdings niemals als ausreichend empfundenen stetigen Gewichtsabnahme – unschöne körperliche Begleiterscheinungen: die Mundwinkel permanent eingerissen und entzündet, das heilte nicht, wurde ja auch ständig neu verletzt, und immer tiefer. Gesicht und Hals waren vom häufigen Kotzen stark angeschwollen, und auch wenn der Rest meines Körpers zunehmend abnehmend war und sich recht skelettös anfühlte, dachte ich kaum etwas anderes als: Zu dick, zu dick, ich bin zu dick, alle finden mich dick. So mein Ohr- und Hirnwurm in dieser Zeit. Wenn man Pech hatte, platzten bei diesen Kopfübermanövern kleine Blutgefäße unter den Augen, ich hatte ständig kleine, manchmal auch größere violette Sprenkel unterm Auge. Ich schmierte getönte Creme drauf. Außerdem war mein rechter Handrücken immerzu blutig, weil ich ihn mir ja dauernd selbstvergessen und zugleich von mir selbst angeekelt (um nicht zu sagen: angekotzt) sehr rabiat in den Mund stieß und die Zähne manchmal im Weg waren.

Ich zog mich mehr und mehr zurück aus dem Nachtleben, aus dem Tagleben sowieso, das Problem war, dass Großstadtmenschen sich dauernd ZUM ESSEN treffen wollen, damit aber was ganz anderes meinten als ich. Bei einer solchen Verabredung musste ich vorher die Fluchtwege absichern, also entweder »Ich esse nur einen Salat« oder »Ich habe schon gegessen« – oder aber der Abend ist Beginn einer Attacke, denn sobald irgendein Index-Lebensmittel gegessen war, Brot zum Beispiel, böses Brot, verfiel ich in die suchttypische Jetzt-ist-eh-alles-egal-Stimmung, und dann musste ich plötzlich ganz dringend, überstürzt nach Hause.

Meine Woche war extrem ritualisiert, ich hatte donnerstags eine Fernsehsendung, die ich viel zu ernst nahm, es war nur eine ganz kleine Sendung bei MTV, also sehr special interest, aber ich dachte, ich müsste vorbereitend jedes Wort in jeder Zeitung gelesen haben, und war dann immer so aufgeregt während der Aufzeichnung, dass sich die Leute fragten, wodrauf ist der Typ denn. Der Typ war aber einfach nur unterernährt, überlesen, überfordert, über alles. Donnerstagabends, nach der Aufzeichnung, soff ich mich ins Koma, damit die Aufregung wegging, taperte höllenblau durch die Nacht, am Wochenende hatte ich frei und lief also zwischen Supermarkt und Klo hin und her, las zwischendurch alle Zeitungen – und ab Montag versuchte ich dann wieder, nichts zu essen, um für die nächste Sendung ganz dünn zu sein, und möglichst nicht zu kotzen, damit die Lymphknoten etwas abschwollen. Und jetzt alle:

Welcome to the working week

Auch die Methodik meines Deutschlandbuch-Projekts war im Kern bulimisch: Alles musste rein in dieses Buch, jede Ecke und jeder Aspekt des Landes berücksichtigt werden, und dann schnell raus damit, ich wollte das Buch direkt zur letzten Folge meiner Fernsehsendung veröffentlichen, dann schnell abhauen – an irgendein Meer, endlich dünn werden – und dann zurück, braun gebrannt und hoffentlich total dünn: Fernsehauftritte, Lesereise, es durfte einfach nicht still werden. Und vorher würde ich noch schnell aufhören mit dem Kotzen.

Ich verschwieg, so gut es ging, die Ausmaße meiner Not, es war ja alles auch sehr peinlich. KOTZEN! Ist ja im engeren Sinne weder Männlichkeitsausweis noch Partygesprächsthema, sagt mal, wo wir hier gerade so lustig stehen, ich muss ja immerzu heimlich aufs Klo rennen und kotzen, jaja, ähm – kennt zufällig jemand von euch einen guten Therapeuten? Bulimie ist ja keine sozial geduldete Banalkrankheit, über die man sprechen kann, aua, mein Rücken, na geh doch zum Kieser-Training, ach so – nein, dies war ja ein Persönlichkeitsdefekt, ein dem Anschein nach selbst gewähltes, wenn nicht selbst verschuldetes Luxusproblem mit extrem widerlicher Symptomatik, fahrlässiger Kontrollverlust, dessen Voraussetzung die Heimlichkeit ist und dessen Auslöser und Mechanismus: Selbsthass. Und der ist Privatsache.

Irrerweise hatte ich, obwohl mittlerweile die Erfahrung dem entgegenstand, an jedem Tagesanfang wieder den Plan: Schluss damit. Einfach gar nichts mehr essen, dann müsste ich ja auch nie wieder kotzen, einfach beides ab sofort bleiben lassen. Nie wieder essen. Und so ging es immer weiter.

Als ich dann einmal mehr daran gescheitert war und entkräftet meiner Gallenflüssigkeit hinterherschaute, vor meinem Klo liegend, völlig am Ende, weinend, da konnte ich plötzlich nicht mehr aufstehen, für Stunden, ich wollte auch gar nicht mehr aufstehen – ich wusste einfach nicht mehr, wozu: aufstehen. Wieder Gesicht waschen, wieder Mundwinkel eincremen, wieder Ödeme überschminken, wieder durchatmen, wieder traurig in den Spiegel guckend den Kopf schütteln und Besserung geloben – und dann?

Ich lag vor meinem Klo und wusste schlechterdings nicht mehr, wie ich den Tag schaffen sollte, und vor allem, warum; nach Stunden des Wimmernd-so-Daliegens rief ich schließlich eine Freundin an, die etwas im Bilde war, das meiste verschwieg ich auch ihr, es war unsagbar, unsagbar peinlich. Sie reagierte besonnen-pragmatisch, suchte mir im Branchenverzeichnis eine Therapeutin, nach einem greifbaren Kriterium: möglichst in der Nähe. In einer Akutsituation hat man ja nicht die Geduld für ein Casting, also ging ich eben da hin.

Die Therapeutin saß mir gegenüber. Ich hatte gedacht, dass man da immer mit Augen zu auf so einem Wiener Sofa liegt, aber wir saßen da jetzt wie zum Kaffeetrinken verabredet, zwischen uns ein Glastisch, auf dem eine Kleenex-Box stand. Wie im Puff, dachte ich, in Stundenetappen geht man aus sich raus und dann ist die Zeit um und man greift zur Kleenex-Box und der Nächste bitte; hier ist das sozial erwünschte Verhalten und der Normalfall eben: der weinende Patient. Der von sich, seinem Leiden und der Erkenntnis gerührte Patient. Auf gar keinen Fall.

Und dann saßen wir da gemeinsam etwas ratlos in meiner Krise herum. Sie hatte einen leicht fränkischen Zungenschlag, und sie konnte gar nicht genug kriegen von dem ekligen Wort ORAL, war ja alles irre oral, orale Phase, alles mit dem Mund und so weiter – nur empfand ich dieses ja sowieso schon widerliche Wort als noch unangenehmer, wenn es fränkisch intoniert und diesem »r« da so freier Lauf gelassen wurde.

Kindheit? Ja, hatte ich, natürlich. Über mein Steve-Martin-Zitat »I was born as a poor black child« lachte sie nicht. Also erzählte ich meine Kindheit, geweint wurde nicht, und dann war die Stunde um und ich hatte noch nicht mal Abitur. Ich bekam ein Rezept für ein Antidepressivum und einen neuen Termin, ging nach Hause, dort das Übliche: heute nicht, na gut, einmal noch, jetzt ist es auch schon egal beziehungsweise wird es ja dann bald besser, ich gehe ja jetzt zur Therapie und das Antidepressivum wird es bringen, nun bitte GEDANKENSTOPP, Entgrenzung, »Deep Down & Dirty«, Himmel über der Brandschutzmauer, »Watching the Wheels«.

Irgendwann im Sommer begegnete ich Fetisch, unserem Pogo-DJ, Sonnenbrille, eine riesige Sporttasche in der Hand, die sehr schwer zu sein schien. Er sagte, er ginge zur Bank, SCHLAFMÜNZEN eintauschen.

Bitte?

Na, ob ich nicht die Werbung von Günther Jauch gesehen hätte, dass man jetzt geschwind sein DM-Münzgeld zur Bank bringen solle, wegen der Euroumstellung zum Jahreswechsel? Die Sporttasche war randvoll mit DM-Münzen, Fetisch ging seiner Wege, und ich musste sehr lachen, dass ausgerechnet einer der mythischsten Nachtlebenmenschen Berlins bei solchen Staatsbürgertrivialitäten derart auf dem Quivive war.

In derselben Straße, in der Fetisch wohnte, so erzählte man sich, wohnte eine gewisse Tamara, die neue Freundin (spätere Frau) von Helmut Dietl. Dietl, der echte Helmut Dietl, liefe jetzt manchmal hier herum, ganz in Weiß. Ich empfand das als extrem glamouröse Aufwertung unseres Stadtteils. Aber ich habe ihn nie gesehen.

Ich konnte nicht mehr, aber das Deutschlandbuch war fast fertig, es würde natürlich nie fertig sein können, doch jetzt musste ich es abgeben – und die Perspektive, bald dann wieder fotogen und bühnentauglich sein zu müssen, half mir, wieder mehr anorektisch als bulimisch zu werden. Nichts mehr essen, nicht mehr kotzen, na also. Der Essgestörte denkt: Das ist ganz eindeutig ein Fortschritt.

Als ich kurz vor Manuskriptabgabe mitbekam, dass Die Prinzen bei der Bundesregierungssause KANZLERFEST spielen würden, fiel mir auf, dass das Kanzleramt noch fehlte in meinem längst völlig ausgeuferten Deutschlandbuch (bis nach CHINA und NAMIBIA war ich dafür gereist). Ich rief also Sebastian Krumbiegel an, dessen Handynummer immer noch stimmte, was ja Indiz für ein solides Leben ist (meine eigene Handynummer wechselte ab ungefähr dieser Zeit in immer kürzeren Abständen, so ein Telefon bleibt nachts schon mal liegen, und man muss ja manchmal auch plötzlich in irgendeinem Ausland wohnen oder aufgrund amouröser Widrigkeiten vorübergehend die Identität wechseln).

Ich traf Die Prinzen im Hotel und durfte mit ihnen zum Kanzleramt fahren, wir kamen nicht einfach, wir fuhren vor, und dann ging ich direkt mit den Musikern hinein, Teil des Trosses, hinein ins Herz der Finsternis. Wo es natürlich vollkommen hell war und Gerhard Schröder das Stück »Der Kumpelkanzler« aufführte. Dolle Sache, Mensch.

Ich musste einfach nur mitstenographieren. Wieder war Krumbiegel extrem freundlich zu mir, er hatte so leuchtende Augen und war wirklich, als Einziger, glaube ich, beeindruckt von der Beeindruckungswohnung des Bundeskanzlers, in der es nach dem Kanzlerfest in gar nicht so kleinem Kreise weiterging. Ich stand allein herum und dachte, es ist alles genau so absurd, wie wir es uns von unseren Schmidt-Schreibtischen aus immer vorgestellt hatten: Schröder gibt den Schulterklopfdödel, raucht Zigarre, ist besoffen, auch von der Macht. Und Doris, ganz Gastgeberin, girafft irgendwie herum, ob sich jemand unwohl fühlt, was sie recht bald zu mir führte. Völlig sinnlos zeigte sie mir irgendwelche Bücherregale. Sie sind ja Autor! Stimmt eigentlich. Als Autor muss man sich immer Bücherregale angucken. Haben Sie die alle gelesen?, könnte man dann fragen. Aber ich fragte gar nichts. Ich sagte, ich muss dann mal los.

Beim Rausgehen lief ich fast in Udo hinein, den echten Udo, den gab es ja auch noch, zuletzt war er mir buchstäblich als Witzfigur aufgefallen, in einem dieser Knetfiguren-Boxkämpfe der Reihe »Celebrity Deathmatch«: Harald Juhnke gegen Udo Lindenberg. In der Folge ging es darum – na, man kann sich wohl denken, worum es da ging.

Auch der echte Udo schien an diesem Kanzlerfestabend ganz gut einen sitzen zu haben, ich sah, wie er der nun ihm sehr zugewandten Kanzlergattin irgendwas ins Perlohrringohr erzählte, ich hörte seine vertraute Stimme im Vorbeigehen (Udo und ich ignorierten einander kunstvoll) über irgendwelche Projekte faseln, weltweite Dinger, richtig losstarten mit voller Power und so. Udoblödsinnstalk, oft parodiert, aber am drastischsten noch immer in der Reinform.

Jaja, weltweite Projekte, wow, Udo – ground control to Major Tom.

Ich hatte genug beisammen, das war ein gutes Kapitel für mein Deutschlandbuch, aber jetzt reichte es auch.

Die Liste der deutschen Musiker, die mich nicht mehr grüßten, wurde länger. Als Wolf Maahn mich mal beim Rolling Stone angerufen und mir Prügel angedroht hatte, war ich noch sicher, dass, von ihm künftig ignoriert zu werden, nicht so wahnsinnig viel an meinem Leben ändern würde. Bei Campino musste ich darauf setzen, dass er sich beim nächsten Mal besser erinnert, nicht nur an unseren Streit, sondern vor allem auch an dessen Beilegung. Der Sänger von der Band Pur sprach völlig zu Recht ebenfalls nicht mehr mit mir, auch damit kam ich klar. Aber um Udo war es schon schade.

MANCHMAL NACHTS

Weiterhin machte ich einen grundsätzlichen Fehler: Ich nahm das Fernsehen ernst. Dachte, dort gehe es um Wahrheit, Wahrhaftigkeit sogar. Verrückt, schon klar.

Ich war nach Thailand geflogen, um für Fernsehauftritte und Lesereise endlich mal ein bisschen dünner zu werden, Wegfahren half ja immer. Vier Kilogramm später und nach vielem Überlegen und Probesingen bei morgendlichen Strandläufen konnte ich den Rückflug antreten: Ich wusste das Lied, meine Wangen waren einwärts gewölbt, ich war sogar ein bisschen braun – wo bitte geht's zur Bühne?

In der Sendung »Zimmer frei« singt der Gast zum Schluss, begleitet von Götz Alsmann am Klavier, ein für ihn PERSÖNLICH wichtiges Lied. Und ich hatte mich nun gegen ein ausgedachtkalkuliertes Angeberlied und stattdessen für eines entschieden, das mir wirklich etwas bedeutete: »Andrea Doria« von Udo.

Kurz vor der Aufzeichnung fragte ich Alsmann in der Garderobe, ob wir das Lied einmal üben könnten, Alsmann aber sagte, das machten sie nie, und dann ging es los.

Christine Westermann: »Er ist erst 27. Man fragt sich, was soll aus dem Jungen noch werden?«

Götz Alsmann: »Es gibt nur zwei Möglichkeiten, entweder ein Weltstar oder ein Drogensüchtiger.«

Ein Tisch war gedeckt, ein typisch bremisches Gericht wurde serviert, ich hielt mich an Champagner und Ananas, dann verlor ich den Überblick, wir bewarfen einander mit dem typisch bremischen Gericht, schließlich wurden Kirchturmglocken eingespielt, als im Ernsthaftigkeitsseparee meine Kindheit besprochen werden sollte. Ein Fest für Therapeuten.

Es war jetzt alles ein bisschen zu nah. Ich hatte gar keine Schutzhülle mehr zwischen mir und der Welt, zwar war das die Idee gewesen, das Ziel. Aber die programmatische Überforderung tat nun wie ihr geheißen und ließ mich als einen

Haltlosen mit fatalistischer Heiterkeit das Spiel weitertreiben, das längst keines mehr war.

Endlich der Gesang, der musste jetzt alles retten, das PERSÖNLICHE Lied unseres heutigen Gastes, meine Damen und Herren.

Alsmann: »Du hast dir ein Lied gewünscht von deinem Lieblingsrocksänger Udo Lindenberg, der übrigens auch der Lieblingssänger ist von Doris Schröder-Köpf.«

Ich: »Trotzdem! Man kann sich auch nicht alles versauen lassen von diesem …«

Ich machte eine Pause, die kam gut, das Publikum lachte, da konnte jetzt jeder seine PERSÖNLICHE Invektive sich denken, nach Bedarf; im Fernsehen viel zu selten, speziell ich vergesse das immer wieder: wie schön Pausen und Auslassungen sind. Weiß man doch aus der Musik!

Und ich sang also ein Udo-Lied aus meiner Kindheit und vermasselte es leider ziemlich, wählte eine zu hohe Tonart, zog es aber durch:

Bei Onkel Pö spielt 'ne Rentnerband
Seit zwanzig Jahren Dixieland
'n Groupie haben die auch, die heißt Rosa oder so
Und die tanzt aufm Tisch wie 'n Gogogo-Girl

Über diese Textstelle mit dem legendären Hamburger Club Onkel Pö hatte mein Vater mal gesagt, als er das aus meinem Kinderzimmer scheppern hörte: Das STIMMT ja sogar!

Mein ältester Bruder, der mir ja das Udo-Hören beigebracht hatte, sah mich nun im Fernsehen Udo singen, trank wohl ziemlich viel Bier dazu und rief meine Eltern an, dass sie sich das doch mal anschauen sollten, das sei lustig. Aber ohne Bier war es wohl gar nicht so lustig.

Und überhaupt ist alles längst zu spät
Und der Nervenarzt weiß auch nicht mehr, wie's weitergeht

Endlich wieder auf Lesereise, wochenlang weg von zu Hause, neu war diesmal, dass ich überhaupt kein Zuhause mehr hatte.

Ich war innerhalb Berlins umgezogen, weil ich gedacht hatte, eine neue Wohnung und Umgebung würde mir erleichtern, meine »Muster zu durchbrechen«, wie wir Therapiekrüppel das nennen. Ich übernahm die Wohnung eines Freundes, ich fand sie schön, als er dort wohnte, hatte nur leider nicht bedacht, dass er bei seinem Auszug natürlich die Möbel und auch sein intakt wirkendes Leben mitnehmen würde. Jetzt standen dort meine Kartons, Möbel besaß ich keine, nicht mal ein Bett, die Wohnung zuvor war möbliert gewesen, ebenfalls die eines Freundes. Ich wollte mich so gern einfach in deren Leben reinkopieren, hatte mich immer wohl bei ihnen gefühlt, doch ohne die Freunde – und jetzt sogar ganz ohne Möbel – waren so Berliner Altbautanzsäle natürlich trist. Vielleicht war ich der einzige Gast in der Geschichte von »Zimmer frei«, der WIRKLICH gerade nicht das hatte, was man einen festen Wohnsitz nennen konnte. In einem kleinen Einspielfilm, in dem ein Reporter die aktuelle Wohnung des Gastes besichtigt, sah man also mich mit diesem Reporter verzagt zwischen den Kartons in meiner neuen Wohnung rumstehen.

Meine Therapie war nicht so recht vorangekommen, allzu oft war ich auch nicht dort gewesen, irgendwie brachte das nichts. Ob das Antidepressivum wirkte, ließ sich schwer ausmachen, weil ich es ja auch meistens wieder auskotzte.

Viel nützlicher war es, allabendlich vor ein Publikum zu treten, das half immens bei meiner Diät, und so begann wieder eine anorektischere Phase, unterbrochen von bulimischen Attacken hin und wieder. Jeden Abend in einer anderen Stadt auf die Bühne hasten, als Beginnfanfare hatte ich ein Lied von New Order gewählt:

We're like crystal, we break easy
It was summer, now it's autumn

Aber das durfte man nicht zu persönlich nehmen.

Nach einem Monat hatte ich ein paar Tage Pause in Zürich, machte kleinere Wallfahrten zu Max-Frisch- und Robert-

Walser-Orten; und ich dachte, was man eben so denkt mit Blick auf diesen unglaublichen See: Hier könnte ich zur Ruhe kommen.

Meinen Sie Zürich zum Beispiel, Benn; Goldküste, Thomas Mann und so weiter. Ich hielt es ja mehr mit Klaus Mann, in dessen Buch »Wendepunkt« ich absurderweise eine Unterschrift von Marcel Reich-Ranicki habe, denn als ich es gerade gekauft hatte, lief mir auf der Berliner Friedrichstraße Reich-Ranicki über den Weg, und da hielt ich es ihm ohne groß nachzudenken hin, und er sagte: »Gutes Buch, tragischer Autor.« Dann schrieb er bereitwillig seinen Namen vorn rein.

Tragisch, na sicher, und die Schwätzermeinung Nummer eins zu Klaus Mann ist natürlich: Künstler ohne Werk, das Leben war sein bestes Buch und so weiter, jedenfalls hatte ich gerade eine Überidentifikationsphase mit Klaus Mann, mit allen Frühgestorbenen, mit Brinkmann, Fauser, Falco, ich las und sammelte alles über sie und merkte gar nicht, was das – naheliegend – möglicherweise bedeutete. In der Schweiz wurde mit Franken bezahlt, in Deutschland mittlerweile mit Euros, aber auf Tournee wird einem alles bezahlt, und so kriegte ich die Euroeinführung erst mal gar nicht mit.

Zurück in Berlin, fiel mir auf, dass in meiner Wohnung Lampen fehlten und ein Bett, also zog ich ins Hotel. Dann kam Christoph aus Göttingen und ging mit mir Möbel kaufen. Er suchte ein Bücherregal für mich aus, Bett, Schreibtisch, Kleiderschrank. Lampen, sagte er mir, seien schwierig, da warte man erst mal, Lampen kämen ganz zum Schluss, einstweilen täte es meine Stehlampe.

Als Christoph wieder weg war und ich in meiner dunklen Wohnung allein und es endlich still wurde, übernahm meine Essstörung endgültig das Kommando und wurde zu meiner Hauptbeschäftigung. Von morgens bis abends, jeden Tag derselbe Ablauf: Entsagung, Kontrollverlust, Fressanfall, Kotzen, Erschöpfung – und wieder von vorn. Der körperliche Verfall ging schnell. Ich nahm immer weiter ab, fühlte mich mehr denn je viel zu dick. Weil ich aber praktisch überhaupt keine Nahrung mehr länger als zehn Minuten bei mir behielt, fehlte dem Körper alles, was er so braucht, ich wurde sehr schwach, zittrig, lag meistens zusammengekrümmt irgendwo in der noch immer ziemlich leeren, noch immer dunklen neuen Wohnung. Und dann ging alles wieder von vorne los.

Als ich wieder mal wimmernd vorm Klo lag, fiel mir ein, dass ich innerhalb der Absurditätsspirale in einer Fernsehsendung eine Frau kennengelernt hatte, die eingeladen war, um von ihrer Essstörung zu erzählen. In der Garderobe hatten wir uns unterhalten, ich hatte sie zaghaft ins Vertrauen gezogen, unter Essgestörten erkennt man einander sofort und versteht sich direkt prima. Soll noch einer sagen, Talkshows hätten keinen NUTZWERT: Wir hatten Nummern getauscht, jetzt rief ich sie an und sagte ihr, es sei nun wohl so weit, ich müsse in eine Klinik, sie kenne sich doch da aus.

Sie empfahl eine Klinik am Chiemsee, ich rief dort an, kam auf eine Warteliste und brauchte nun noch eine ärztliche Überweisung. Also ging ich ins Benjamin-Franklin-Krankenhaus zu einem mir empfohlenen SPEZIALISTEN. Er erklärte mir nach kurzer Untersuchung sachlich, dass ich mit meiner Selbstabschaffung ziemlich weit vorangekommen sei und demnächst, wenn ich so weitermachte, Organschäden zu erwarten seien. Über die Klinik meiner Talkshowbekanntschaft hatte auch er viel Gutes gehört, er schrieb mir eine Überweisung, die dringlich klang – und nun musste ich warten, bis ein Platz frei würde. Als ich raustaumelte aus der Klinik, alles verschwamm vor meinen Augen, ich konnte kaum mehr gehen, sah ich ein riesiges Transparent über dem Klinikeingang, darauf stand:

»Rettet Benjamin!«

Was war denn JETZT los? Ich schaute genauer hin, ach so, die Belegschaft des Benjamin-Franklin-Krankenhauses protestierte gegen irgendwelche Einsparungen, verstehe. Mein Wahn, wirklich alles auf mich zu beziehen, hatte einen neuen Höchststand erreicht.

Dann wartete ich in meiner dunklen Wohnung auf den Klinikplatz. Berlin-Charlottenburg, Goethestraße, ausgerechnet.

Mehr Licht?

Lampen würden später kommen, Lampen waren am schwierigsten.

Ich vertrieb mir die Tage mit der bulimischen Routine, es wurde immer schlimmer. Irgendwann erinnerte ich mich, dass doch Kokain immer ganz gut geholfen hatte, jedes Hunger- oder Appetitgefühl zu unterdrücken. Ich hatte hin und wieder gekokst, nie allein, immer mit Freunden, nachts, draußen, ZUM SPASS.

Ich telefonierte ein bisschen herum, hatte schließlich eine Nummer, fuhr mit dem Taxi zum Dealer. Er hatte eine komplizierte Murmelbahn in der Küche, dafür schien man sich erst mal höflich interessieren zu müssen, er hatte sich offenbar allerlei GEDACHT bei der Konstruktion dieser Murmelbahn, außerdem sammelte er Modellautos, einigermaßen durchgeknallter Typ. Er ließ mich probieren, hui, das hob meine Laune direkt an, kurzer Euphorieschub.

Ich kaufte gleich mal fünf Gramm, wie bei allem, so nun auch hier: Hauptsache, viel. Jetzt anders zittrig als zuvor, freudig erregt, schwitzend, fuhr ich zurück ins Dunkle, umklammerte die fünf schwarzen Plastikbeutelchen, die Rettung, ein für Amateurkokser typischer Schub Weltliebe durchfuhr mich, ich laberte den Taxifahrer voll, als sei er ein alter Freund. In meiner Wohnung machte ich sofort weiter, ja, Kokain war die Lösung, ich hatte direkt viel bessere Laune, die mich zuvor dominierende universelle Angst war weg, Angst vor der Zukunft, vor der Klinik, vor der Welt, Angst vor allem – weg. Riesenfreude plötzlich an meiner enorm großen leeren Wohnung, aufgeregt rannte ich herum, drehte laut ein Lieblingslied auf, noch eins, auf einmal machte alles Spaß. Und an Essen dachte ich keine Sekunde mehr. Es war, als hätte ich am Ende eines undurchsichtigen Brettspiels endlich die Bedienungsanleitung überreicht bekommen: Warum habt ihr mir das denn nicht EHER gesagt? Relativ wahllos rief ich Leute an, mit denen ich lange nicht gesprochen hatte, es gab ja jetzt dann doch sehr viel zu bereden, mit jedem.

Endlich ging ich auch wieder gern raus, tagsüber, mit so dichtem Schädel ging das, die Welt kam einem nicht gar so nah, man hatte da ja wahnsinnige Schleuderprozesse im Kopf laufen, da war es ganz lustig, nebenbei unter Leuten zu stehen, die irgendeinem ganz ernsthaften Alltagsplan nachgingen, lächelnd dazwischenzustehen und einfach zu denken: Ich mache da nicht mit bei euerm Bürgergerenne, ich habe gerade komplett damit zu tun, hier einfach nur zu STEHEN und zu GUCKEN. Macht ihr mal.

Wenn die Wirkung nachließ, ging ich schnell wieder nach Hause, nachlegen. Zum Kokain schmeckte Bier sehr gut, das bekämpfte so gut das Herzrasen. Bier zu trinken, das war mir ja lange untersagt gewesen, von mir selbst, die vielen Kalorien, aber nun aß ich endlich gar nichts mehr und konnte das also vor mir selbst vertreten.

Der Dealer hatte mich unterwiesen, bei telefonischen Nachbestellungen niemals die Wörter »Gramm« oder »Kokain« auszusprechen, stattdessen: Bringst du bitte fünf Weinflaschen mit? Oder auch drei CDs? CDs oder Weinflaschen jedenfalls, super Codierung, die er sich da ausgedacht hatte, gewiss, das würde niemand verstehen, falls er – selbst sein bester Kunde, wie man so sagt, und demzufolge paranoid – abgehört würde, womit natürlich zu rechnen sei. Das irgendwie Kriminelle, jedenfalls Heimliche fand ich sehr aufregend, das hatte ich bei allen Drogenerfahrungen zuvor auch immer schon sehr gemocht, all diese Tarnnamen, die Treffen in Hauseingängen und auf Toiletten, die feierliche Übergabe in geübter Beiläufigkeit, der Rausch setzte da ja bereits ein, wenn der DEAL vonstattenging, Händeschütteln und in der Hand ist was drin, Zaubertricks.

Die neuen Geldscheine, jetzt fielen sie mir doch auf, Euros, sehr frisch, hervorragend rollbar zu stabilen, nicht adhäsiven Röhrchen und als Drogenutensil also gut geeignet. Die alten Scheine waren manchmal so labbrig gewesen. Bei den neuen Banknoten aber hatte man das Gefühl, man sei der Erste, dessen Nasenblut darin versickert. Ich war von nun an Fan der Währungsumstellung.

Ich schlief überhaupt nicht mehr, kokste durch, der Dealer kam fast jeden Tag. Dann wurde früher als erwartet ein Klinikplatz frei, ich merkte plötzlich, dass ich ziemlich große Angst hatte, also noch mehr Kokain, zittrig packte ich zwei Taschen, hatte seit etwa vier Tagen gar nicht geschlafen, wog kaum noch was und fiel dauernd um, eine Klinik war jetzt in jedem Fall eine ganz gute Adresse. Die letzte Linie Kokain nahm ich auf dem Klo im Flughafen, und im Landeanflug dann verließ mich der Mut, die Euphorie war fort, die Kokainwirkung ließ nach, jetzt kam die Niedergeschlagenheit mit all ihren ungewaschenen Freunden, und als ich in der Klinik ankam, war ich vollkommen runter mit den Nerven und weinte. Aber das kannten die da schon.

Vorher hatte ich noch bei einer Bäckerei gehalten, mich noch einmal vollgestopft, seit vielen Tagen erstmals Nahrung, und dann gleich wieder viel zu viel, irgendwas musste ich ja in mich reintun, einmal noch vorm Vergängnis blühen. Denn nun wäre es ja vorbei damit, vorbei mit den Fressattacken, auch mit dem Kokain, jetzt kam ja die Klinik.

Bei der Aufnahmeuntersuchung sagte ich direkt, sie würden es ja eh merken, hoppla, Nasenbluten, dass ich gerade ziemlich runterkäme von einer tagelangen Kokainreise. Blut wurde abgenommen, ich musste ein paar Geschicklichkeitsübungen machen, auf einer Linie entlanggehen, mit geschlossenen

Augen (das funktionierte super) die beiden Zeigefinger waagerecht vor dem Gesicht gegeneinanderstubsen lassen, was mir nicht gelang – das wurde mit Sorgenmiene auf einem Klemmbrettzettel notiert. Schließlich wurde ich gewogen, ich hatte mich seit Jahren auf keine Waage mehr gestellt, weil ich die Zahl fürchtete, wie auch immer sie sei, sie würde zu hoch sein. Jetzt aber musste es sein: Ich wog 62 kg. Das war wohl wenig, nicht aber für mich, ich dachte bloß: Mist, ohne die Bäckereiattacke wären es vielleicht nur 61, und 61 wären ja besser als 62. Das Wort »Untergewicht«, das Ärzte vorwurfsvoll intonieren, ist für einen Essgestörten eine Auszeichnung, der Albtraum hat einen Namen: NORMALGEWICHT.

Die Klinik lag direkt am Chiemsee, es war Frühsommer, formal also ganz schön alles. Schemenhaft nur nahm ich die Umgebung wahr, durch eine Gardine aus tagelangem Schlafentzug und rigider Kokaindiät. Mit dem Nachlassen der Wirkung waren Erschöpfung und Verzweiflung zurückgekommen, ich knallte mich aufs Bett und weinte. Dann räumte ich schicksalsergeben meinen Schrank ein, es klopfte, ein Mädchen, hallo, sie sei meine PATIN für die ersten Tage. Freut mich. Sie zeigte mir alles, ich bemerkte erst jetzt, dass ich der einzige Mann auf der Station war, auch waren alle viel jünger als ich, Mädchen zwischen 13 und 17 Jahren. Ich hatte eine Mädchenkrankheit, das war mir vorher gar nicht so bewusst gewesen.

Die Bulimikerinnen und die Magersüchtigen unterschieden sich stark voneinander: Die Bulimikerinnen, eindeutig meine Gang, waren in allem maßlos, sie waren laut und lustig; zwar auch sehr dünn, aber vom vielen Kotzen stark geschwollene Gesichter und Halspartien. Die Magersüchtigen bewegten sich extrem langsam, anämische Skelett-Gespenster, sie sprachen ganz leise, wenn überhaupt.

Jeden Morgen wurden wir vor dem Frühstück gewogen, unser jeweiliges Tagesgewicht wurde tabellarisch vermerkt und im Verlauf zu einer individuellen Tendenzkurve; wer nicht zunahm, musste nachmittags unter Aufsicht Kuchen essen. Die Mädchen tranken vor dem Wiegen immer sehr viel Wasser, dabei durfte man sich nicht erwischen lassen. Einige experimentierten damit, sich Bleigewichte in die Unterhosen zu stecken, das wurde aber meistens entdeckt.

Die Anorektischen mussten ein, wir durften nur ein Stück Kuchen essen. Wir wollten ja auch keinen Kuchen gegessen haben, aber essen wollten wir schon, nur eben nicht so kleinlich gezählt, das war ja das Geheimnis des Kotzens: Genuss ohne Reue! Und anders als in Frauenzeitschriftenpropaganda bestand für uns der GENUSS keineswegs aus bewusstem Wahrnehmen irgendwelcher Aromen und zenartig verlangsamtem Nachschmecken, unser Genuss wurde in Kubikmetern pro Minute gemessen: rein damit, wieder raus damit – schön war's.

Wir mussten jetzt also alle essen lernen. Dreimal am Tag. Wir Bulimiker beluden unsere Teller am Buffet immer so sehr, dass es auf dem Weg zum Tisch überschwappte, dann guckte die jedem Tisch zugeteilte Krankenschwester streng, der Blick sagte: Merkst du jetzt selbst, was da schiefläuft, oder?

Die Magersüchtigen gingen in Zeitlupe eine Scheibe Brot holen, dann starrten sie diese Brotscheibe eine halbe Stunde lang tieftraurig an, zerfummelten sie zu kleinen Brocken, die sie sich ganz langsam, dabei weinend, in den Mund steckten. Da waren wir längst fertig, aber man durfte nicht aufstehen. Die am Kopfende des Tisches sitzende Krankenschwester ermahnte uns ständig, langsamer zu essen – und ermahnte die Magersüchtigen, mal bitte nicht ganz so lahm und überhaupt was zu essen. Wir hatten es ja immer eilig, waren wir doch konditioniert, wenn, dann zu viel zu essen und dann noch mehr und dann schnell aufs Klo. Das ging nun nicht, wir mussten ja sitzen bleiben und den Zeitlupenbissen der Magersüchtigen zusehen.

Wir Bulimiker mochten natürlich diese Vielfraß-Seite an uns nicht, auch wir hatten dieses Idealbild der Kargheit, der autarke Mensch, Glas Wasser reicht. Wir verachteten Dicke, denn das war der Persönlichkeitsanteil an uns, den wir wirklich hassten, die Maßlosigkeit – also verachteten wir eben die anderen. Man wollte es, wenn man schon essen musste, lieber gar nicht so genau wissen, am besten GLEICHZEITIG abgelenkt durch Computer, Fernseher, Radio, Zeitschrift, Telefon, wirklich alles zugleich, entweder – oder war UNSERE SACHE NICHT, und so sinnesüberfordert in irrwitzigem Tempo stopfen und fressen, um das Bewusstsein zu überlisten. Das kam dann treudoof hinterdrein und sagte zum Unterbewusstsein: Ach HIER bist du, hab dich schon überall gesucht.

Scham, Reue, alle gängigen Kompensationsstrategien: sofort wieder raus damit oder nie wieder was essen oder schnell Marathon laufen.

Auch die Magersüchtigen hatten ihre Bilanztricks, nachts mussten die Krankenschwestern immer die anorektischen Skelette von der Treppe sammeln, die da anämisch rumschwebten, den schlimmen Löffel Honig von vorhin runterzuverbrauchen.

Die Patienten von den anderen Stationen hatten andere Störungen, manche hatten Angst, dass sie vergiftet werden, und weigerten sich deshalb zu duschen, oder sie hatten Todesangst vor der Zahl Fünf, weshalb sie stundenlang auf Treppenstufe vier standen und einfach nicht weitergehen konnten. Essen aber konnten sie. Und der Raum, in dem wir aufeinandertrafen, der SPEISESAAL, der war nun für uns Kriegsgebiet. Die anderen schauten zu unserem Tisch, beobachteten uns beim Essenlernen und lachten uns aus. Wir lachten, so gut es ging, zurück. Denn zwar konnten wir nicht essen, manche von uns mussten zu viel essen, andere weinten, weinten wirklich, wenn sie von einer Krankenschwester angehalten wurden, eine kleine Tasse Suppe zu sich zu nehmen, und brauchten tatsächlich eine Dreiviertelstunde, um eine halbe Scheibe Brot ohne was drauf zu essen. Unter Tränen. Wir Bulimiker beobachteten einander genau, und wenn jemand aus unserer Sektion davoneilte, lachten wir und sangen ein altes Lied von Roland Kaiser: »Ich glaub, es geht schon wieder los.« Das war unser Jieperjingle, wir kannten die Strecke: falls unbeobachtet, am Dessertbuffet noch möglichst viel untern Pullover stecken, dann zum Süßigkeitenautomaten im Klinikfoyer (alles im Schnellschritt, dabei schon kauend), AUFS Zimmer, dort die versteckten Vorräte aufknistern (es gab immer mal Durchsuchungen) – und dann Abfahrt Klo, Dusche an, damit keiner was hört.

Aber: Wir konnten wenigstens die Treppe hochgehen. Und wir glaubten auch nicht, dass man uns durchs Leitungswasser vergiften wollte, und wir sprachen auch nicht mit Türklinken. Auch hatten wir keine Angst vor der Zahl Fünf oder was sonst immer die anderen Freaks da beschäftigte. Gut, wenn es sich irgendwie durch 8 teilen ließe, wäre das schon schön, aber SO GANZ GENERELL: Wir waren einfach nur essgestört, fertig.

Gruppentherapie, Einzeltherapie, man hatte einen Stundenplan, den ganzen Tag war irgendwas, auf verschiedenste Weise wurde versucht, unsere Seelen zu reparieren oder was immer da kaputt war in uns drin. Malen, töpfern, Meditation, Sport (nur, wenn man sein Wochengewichtszunahmeziel erreicht hatte), spazieren gehen, reden, immer reden; Kindheit, oh ja, Kindheit. Die anderen steckten ja noch mittendrin. Auf dem Schild an meiner Zimmertür stand »Pat.m27« – also Patient, männlich, 27 Jahre alt.

Uns wurde mitgeteilt, dass eine Zeitschrift gerade in der Klinik für eine EINFÜHLSAME REPORTAGE recherchierte, wir müssten nicht, könnten aber mit denen sprechen. Zwar wollte ich weiterhin gern in jeder Zeitung stehen, allerdings besser nicht als BETROFFENER der Machokrankheit »Bulimia nervosa« (wobei mir »nervosa« gut gefiel, nervosa, das war auf jeden Fall richtig). Also hatte ich darum gebeten, das Namensschild an meiner Tür so sachlich zu belassen, mein Name war eh zu lang für das Standardschild, und so war mein Spitzname unter den Krankenschwestern bald »Pat.m27«.

Wir hatten, lernten wir, unter anderem eine KÖRPERSCHEMASTÖRUNG, und um das zu begreifen, mussten wir uns selbst in Lebensgröße malen, so wie die Kreideumrisszeichnung einer Leiche am Fundort: Wie wir auszusehen glaubten, wie wir unseren Körper wahrnahmen und dann mussten wir uns auf das Bild legen und die anderen strichelten mit einer anderen Farbe die realen Umrisse – aha, da gab es einen Unterschied. Wir nahmen uns alle etwa dreifach dicker wahr, als wir waren. Gut zu wissen. Half aber auch nicht.

Ebenfalls sehr komisch war das KÖRPERVIDEO: Man wurde allein in einen Raum gestellt, musste in Unterhose vor einer Videokamera sich drehen und den eigenen Körper erklären, also wo genau man sich zu dick fühlte und so weiter. Und dann schaute man sich das Video gemeinsam mit der Therapeutin an. Ich sah also mich selbst im Therapiefernseher, sah meine Rippen herausstehen, sah mich in der Bauchregion nicht vorhandenes Fett anklagend zwischen Daumen und Zeigefinger klemmen, einfach HAUT vom Knochen rütteln, dazu rief ich wie ein Irrer: »Hier!« und »Igitt!«. Dann klopfte ich an meinem dürren Hals herum, ich SAH, dass ich dünn war, ich verstand es aber nicht. Denn ich fühlte mich weiterhin viel zu dick. Ich wollte jetzt endlich abnehmen.

Wir gingen an den See, fuhren Tretboot, schwammen, fühlten uns alle zu dick und hatten einen tollen Sommer. Ich verbrachte vier Monate dort.

Zelig-hafte Umgebungsanpassung war immer schon meine größte Schwäche und Stärke gewesen: So wie ich direkt nach dem Abitur zur Musikmesse Popkomm nach Köln gefahren war mit hochstaplerischen Visitenkarten, die ich bei Karstadt in einem Automaten angefertigt hatte (»Journalist« – dazu die Postadresse meiner Eltern, was wusste denn ich, wo ich so wohnen würde), und durch Nachahmung vorgefundener Sprech- und Verhaltensweisen und Akzentuierung vorhandener PERSÖNLICHKEITSANTEILE dann einfach Musikjournalist wurde; durch Hören sehr alter Platten und Biertrinken: Rolling-Stone-Redakteur; durch eng sitzende Polyesteroberteile und gute Laune: Plattenfirmenmitarbeiter; durch Kaputtheitsmitteilungsdrang und Welterschöpfung: Buchautor; durch Zukurzgekommenen-Sarkasmus: Schmidt-Witzeschreiber; durch Lichtsucht: Fernsehdepp – und, möglicherweise, durch all das zusammen schließlich: Essgestörter. Und nun, in der Essgestörtenklinik, war ich eben ein 17-jähriges Mädchen, verhielt mich wie ein solches, hatte dieselben Probleme, bald auch dieselbe Sprache, denselben Humor. Duden-Kategorien: »jugendspr.«, »scherzh.« und »Slang«. Eigentlich genau wie früher bei der Plattenfirma.

Wer weinte, wurde in den Arm genommen; wenn es Streit gab – und Streit gab es oft, die verordnete Gewichtszunahme erhöhte auch unsere Reizbarkeit –, wurde das langwierig IN DER GRUPPE diskutiert und ausgeräumt.

Tut mir leid, nein, MIR tut es leid, Tränen, Umarmung, Besserung geloben.

Rasch hatte ich meine Rolle gefunden, der lustige Onkel, der ältere Bruder. Kleinere, entzückend harmlose Romanzen, nächtliche Balkonbesuche, bisschen knutschen, erschrocken zusammenfahren und sich totstellen, wenn man meinte, auf dem Flur was zu hören: Krankenschwesterkontrollgang? Oder nur irgendwer von uns, der einen Rappel hatte? Erwischt werden, verwarnt werden, ab ins Bett – »und zwar jeder in seins!«.

Die Mädchen hatten TASCHENGELD, ich hatte eine goldene Kreditkarte. Doch meine Umgebungsanpassung und Regression schritt gut voran, es hatte bald den Charakter eines nicht endenden Schullandheimsommers. Im Garten lasen die Mädchen Bücher mit dramatischen Titeln, »Veronika beschließt zu sterben«, »Laura isst am liebsten Luft«, »Hunger auf Leben«, »Warum hört ihr mir nicht zu?«, »Wege aus der Krankheit«, und besonders gern »Das Drama des begabten Kindes« von Alice Miller. Das Buch war kompliziert, man guckte eher rein, als dass man es las, aber man fühlte sich vom Titel doch sehr angesprochen.

An den Wochenenden bekamen die Mädchen Besuch von ihren ratlosen Eltern, die sie zumeist im Garten erwarteten, die Bücher mit den sprechenden Titeln aufgeschlagen; vertieftes Lesen simulierend, hielten sie über den Buchrand hinweg Ausschau nach ihren Eltern – die Täuschung wäre perfekt gewesen, hätten sie nicht vergessen, hin und wieder umzublättern. Waren die Eltern dann da, saß man miteinander im Garten, die Schuldfrage schwebte über ihnen, was war nur schiefgelaufen?

Ich bekam manchmal Besuch von Freunden aus München, da schwebte gar nichts, außer uns selbst, ich wollte immer sofort Alkohol trinken und nach Möglichkeit Drogen nehmen. Das führte mehrfach zu Verwarnungen und ernsten Gesprächen mit dem Klinikdirektor, eigentlich müsse er mich rausschmeißen, doch hätte ich ja von Beginn an auch dieses Problem benannt, deshalb: eine Chance noch. Runterkommend und weinerlich vor seinem Chefschreibtisch zu sitzen, mit GESENKTEM HAUPT, das war die mir so vertraute PAUKERFILM-Idiotenrolle: »beim Direx antanzen«. Wir würden jetzt, sagte er, einen mündlichen Vertrag eingehen, ich dürfe bleiben, wenn ich verspräche, mir nichts ANZUTUN. Meine Angst, aus der Klinik zu fliegen, war die allergrößte, denn ich hatte keinerlei Vorstellung, wie es danach weitergehen sollte.

Es erschien mir unmachbar, in Berlin dann, ohne die soziale Kontrolle der Klinikumgebung, nicht sofort zurückzufallen in den trostlosen Suchttrott. Wieder ganz auf mich gestellt zu sein, das würde nichts werden. Ich kriegte es ja nicht mal eine Nacht lang hin: Nach jeder Wochenendexkursion (»soziale Exposition« genannt) musste ich, zurück in der Klinik, in ein Röhrchen pusten und in einen Becher pinkeln. Einmal dachte ich nachts in München, jetzt bin ich schlau, jetzt pinkele ich einfach vor dem Drogennehmen in eine kleine leere Volvicflasche, dann habe ich sauberen Urin für die zu erwartende Probe, müsste das Fläschchen halt irgendwie in einer weiten Jeans bei mir tragen. Kokaintypisch hatte ich das nicht ganz ZU ENDE GEDACHT, und als ich nachts im Dunkeln durstig neben das Münchner Matratzenlager bei einem Freund griff, hatte ich meinen von hier bis zur Wand raffinierten Täuschungsplan sowieso längst vergessen und hielt jene kleine Volvicflasche für eine normale.

Eine weitere letzte Chance vom Klinikdirektor. Diesmal aber wirklich. Immer wieder wurde mein Klinikaufenthalt verlängert, die Krankenkasse stimmte fortwährend zu, ich schien wirklich sehr krank zu sein, und seltsamerweise beruhigte mich das.

Nach einigen Wochen rief ein Bekannter an, was ich denn eigentlich so machte momentan (Och, Sommer, äh, Chiemsee, Sommerferien) und ob ich mir vorstellen könne, ein paar Monate nach Zürich zu kommen, für eine Schweizer Wochenzeitschrift zu arbeiten? Das war eine Perspektive, Umziehen würde es bringen. Neue Umgebung, alles neu, da würde ich morgens am See langlaufen, müsste nicht, wie es mir in Berlin bevorstünde, eine suchtverdorbene Umgebung mühsam überschreiben, stattdessen alles auf null, wieder so rein und so dumm sein wie weißes Papier; Zürich würde mich beruhigen, da waren doch alle immer so nett gewesen, Zürich war mir Modelleisenbahnlandschaftsklischee, Schokoladenwerbung, Heidi, Swatch, Asterix-Fondue; in meiner Zürichidee lag grundsätzlich Morgensonne auf dem See und die blauweiße Straßenbahn fuhr gerade pittoresk über die Brücke, alles etwas kleiner und freundlicher, da würde es gehen. Ich sagte zu.

Die Entlassung stand bevor, war ich jetzt GEHEILT? Es ging so. Für die Übergangszeit in Berlin hatte ich einen Plan, die

Essstörung auszutricksen: Ich würde einfach so weitermachen wie direkt vor der Klinik, einfach die paar Wochen komplett auf Kokain sein. So würde ich auch die sechs Kilogramm, die ich in der Klinik zugenommen hatte, wieder abnehmen können und schlank in der Schweiz ankommen. Ich hörte aus Berlin Gerüchte, dass DJ Fetisch mitten in einem Drogenrückfall steckte. Wir telefonierten, Fetisch klang manisch und durch den Wind, wir vereinbarten, dass wir das nach meiner Rückkehr zusammen noch eine Weile vertiefen würden, das Drogennehmen. Fetisch hatte gerade eine neue Terranova-Platte rausgebracht, er schickte sie mir in die Klinik, sie war phantastisch, die schob einen richtig in die Nacht, klang so dermaßen nach AUSGEHEN, Nase hoch und Treppe runter – Disco im Zimmer von Pat.m27. Das beste Lied auf der Platte hieß »Out Of My Head«. Ab jetzt freute ich mich richtig auf Berlin.

Während des Sommers hatte ich so viele Bücher und CDs gekauft, Kleidung, außerdem alles Mögliche gesammelt, gehortet und nie was weggeschmissen, jedenfalls passte mein Kram überhaupt nicht mehr in die beiden Taschen, die ich dabeihatte. Ich hatte in München bei einer meiner aus ärztlicher Sicht nicht gar so erfolgreichen sozialen Expositionen einen Dealer kennengelernt, der auch Taxifahrer war. Das war mein Mann. Ich bat ihn, mich mit meinem ganzen Krempel zurück nach Berlin zu bringen und entsprechend Wegzehrung dabeizuhaben. Er kam schon einen Tag vorher an den Chiemsee, um den Preis auszuhandeln und mir schon mal eine kleine Probe zu bringen, ich wollte jetzt sofort mit den Drogen anfangen, das würde mir das Sachenpacken und den Abschied erleichtern.

Am letzten Abend lud ich die Mädchen in die Pizzeria nebenan ein, hatte mir die Genehmigung dafür geholt und eine Krankenschwester bezirzt, mitzukommen und es nicht ganz so genau zu nehmen, letzter Abend und so weiter. Pizza essen war natürlich eine große Sache für uns, aber zusammen schafften wir das, die einen aßen halt nichts und die anderen zwei, es war egal, wir waren unter uns und hatten es sehr lustig. Ich selbst hatte »irgendwie keinen Hunger«, denn ich hatte schon angefangen mit dem Kokain.

Die Nacht machte ich durch, schrieb einigen Mädchen und Therapeuten viel zu lange, chemisch emotionalisierte Abschiedsbriefe, stellte wahnwitzig umfangreiche Playlists für die Autofahrt zusammen und rannte im Zimmer herum. Neben dem Kokain enthusiasmierte mich auch die Aussicht, ein paar Wochen in aller Ruhe in Berlin zu koksen, bis es dann losginge mit dem neuen, sauberen, gesunden Leben in der Schweiz.

Die Abschlussuntersuchung anderntags absolvierte ich komplett dichtgekokst, und spätestens beim EKG dachte ich, Wahnsinn, mein Herz klopft so, das müssen die doch MERKEN. Sie merkten es nicht.

Der Taxifahrer mit Nebenjob kam und brachte mich nach Berlin. Unterwegs wurde es nicht langweilig, denn er hatte sehr viel Kokain dabei, wie vereinbart. Ich saß hinten, knallte mir einen rein und laberte ihn voll. Zu Hause hatte ich noch immer keine Lampen, aber das fiel mir in den folgenden Wochen gar nicht so richtig auf.

Ich kam nicht weg aus Berlin. Der Vertrag mit der Schweizer Zeitschrift begann, sie hatten eine Wohnung für mich angemietet, für vier Monate, aber wenn man drogenabhängig ist (und das war ich wohl mittlerweile, allerdings, das musste man auch anerkennen: Ich hatte Gewicht verloren), das ist ganz schlecht für den Terminkalender. Man hat so viel zu erledigen und kommt zu nichts. Zusammen mit Fetisch rodete ich nachts Berlin-Mitte, wir machten wirklich alles kaputt, Freundschaften, unsere Konten, erst meine Wohnung, dann seine, einfach alles, was sich uns in den Weg stellte. Tagsüber gingen wir nur selten raus, einmal brauchten wir ZEHN STUNDEN, um im Erdgeschosskiosk unter Fetischs Wohnung eine Flasche APFELSAFT zu kaufen. Hat dann zwar geklappt, doch als wir wieder draußen waren, fiel sie uns auf den Bürgersteig. Da war es aber eh schon wieder Nacht, und nachts kannten wir uns aus, wer braucht nachts schon Apfelsaft. Helmut Dietl, der in diesen Wochen ja Fetischs Nachbar war, haben wir eventuell nie gesehen.

Zwischendurch spielten die Stereo MC's in Berlin, Fetisch war mit der Band befreundet und für mich waren sie ja Kotzsoundtrackhelden, wir gingen hin, der Sänger wusste und sah, was mit seinem Freund Fetisch aktuell los war, und widmete ihm mit einem eindringlichen Appell, doch zurückzukommen in die Vernunft und zu den Freunden, den größten Hit der Band: »Connected«. Fetisch trug einen Strohhut, ich seine Armeejacke, sein Hund meinen Lieblingspullover, und um weitere Fürsorglichkeiten abzuwenden, sind wir dann mal lieber schnell abgehauen.

Ich musste jetzt irgendwie nach Zürich kommen. Morgen, übermorgen. Erst noch hier kurz – alles Mögliche. Ich verschob den Abflug ein paarmal, schließlich rief streng ein Freund aus Zürich an, ich müsse jetzt wirklich mal kommen, es sei ein Willkommensfest für mich vorbereitet, ich solle jetzt bitte sofort aufhören mit diesem Vollgas-Schwachsinnsprogramm in Berlin, ich hätte sie doch nicht mehr alle. Ich konnte nicht widersprechen und schaffte es irgendwie ins Flugzeug.

Am Geldautomaten im Zürcher Flughafen ratterte gleichsam mit den Schweizer-Franken-Scheinen mein Kopf, nun hatte ich mich doch gerade beinahe an die Euronoten gewöhnt, jetzt schon wieder neue Farben. Die wichtigen Scheine, die Hunderter, waren hier blau. Wie ich. Von der Willkommensfeier weiß ich nur noch, dass ich darauf bestand, die Wohnung der Gastgeber komplett umzuräumen.

Das St. Pauli von Zürich hieß Kreis 4, und die Reeperbahn

Zürichs war die Langstraße, da gingen wir nachts noch hin, mir wurden die entscheidenden Bars gezeigt, ein paar Würdenträger des Zürcher Nachtlebens vorgestellt, die ich sofort mochte, wie mir überhaupt alles gleich sehr gut gefiel, das also war Zürich, vor allem war es: endlich nicht mehr Berlin. Kreis 4, das war meine Gegend, Neonreklamen, zwielichtiges Volk unterwegs, Rotlicht, Kaschemmen, Paradies.

Dann fuhr ich in meine Dienstwohnung, ich war ja nun seit ein paar Tagen oder Wochen wach, und schlief etwa 14 Stunden.

Als ich aufwachte, schaltete ich den Fernseher an, und da lief gerade ein Film mit Udo: »Atlantic Affairs«. Ich machte mir ein Bier auf und freute mich. Ach, Udo!

Der Film war nicht so besonders gut, eine holprig konstruierte Handlung, um ein paar Lieder zu singen, allerdings wirklich schöne Lieder, Exilantenlieder, Friedrich Hollaender, Marlene Dietrich, Bertolt Brecht, und so schülertheaterhaft da auch Sätze aufgesagt wurden, war egal, denn sobald Udo sang, schossen mir Tränen in die Augen. Udo! Wie toll war es, dass er nach allem einfach immer noch da war.

Gestrandet in Zürich, keine Ahnung, wie alles weiterging, wie ich hier weitermachen konnte, allein in schon wieder einer neuen Wohnung, kurz alles egal, denn nun hier Udo im Fernsehen zu sehen, mit schönem Hangover im Klappbett meiner Dienstwohnung liegend und einem nachmittäglichen Stützbier in der Hand, das hatte eine große Richtigkeit.

In Berlin hatte ich eine Schneise der Enttäuschung und Zerstörung hinterlassen, privat sowieso und beruflich erst recht, da konnte ich mich erst mal eine Weile nicht mehr blicken lassen; nun also von null starten in einem fremden Land, und doch gab es etwas, das immer noch da war: Udo, die Liebe zu Udo.

Im Fernseher sang Udo jetzt ein Lied über »Stars, die niemals untergehen«, da ging es um mittlerweile tote Exilanten, deren Lieder aber unsterblich sind:

Ich will dich oft anrufen und greif zum Telefon
Ich wähl die alte Nummer, weiß, du gehst nicht ran
Doch wer begreift das schon?

Udo aber lebte, der tote Exilant war aktuell eher ich selbst, jedenfalls war klar, ich musste ihn jetzt sofort anrufen. Ich hatte noch die deutsche SIM-Karte im Telefon, was die Sache teuer machen würde, aber egal, mit Udo zu sprechen, das konnte ruhig was kosten. Die Nummer stimmte noch, Udo ging sogar ans Telefon:

Hallöchen, hi.

Hallo Udo.

Ich überschüttete ihn relativ ansatzlos mit Liebesbekundungen, Udo war zunächst etwas distanziert, merkte aber dann, dass ich es ernst zu meinen schien.

Jaja, viel Zeit vergangen, er habe, so Udo, als ich mich weitschweifig zu erklären anhob, Anfang des Jahres durchaus registriert, dass ich im Fernsehen »Andrea Doria« gesungen hätte: Gut verrückt, yeah, schön daneben, war lustig.

Udo freute sich über meinen Anruf. Und dann schlief ich zwei Tage durch und trat meinen zur Wohnung gehörenden Dienst an.

Bald hatte ich ein paar sehr nette Schweizer Freunde, auf der Langstraße auch einen Dealer, also doch nicht morgens am See langlaufen, stattdessen nachts durch Kreis 4 stromern und dann bis zum Morgengrauen wirr durch meine DIENSTWOHNUNG geistern, aber immerhin nahm ich nicht zu, denn ich aß fast nie was.

ALLMÄHLICH WEG-JONGLIEREN

Parkplatzsex
SofortKredit
Milf-Sexvideos
Myriam zeigt alles
HEUTE 3732,94 Euro verdienen!
Diskreter Seitensprung: echte Frauen
Kontaktvorschlag. Dein Profil wurde angeklickt
Re: Ihre Buchung
Bibliophile Kleinstauflagen
Hey, bin nackt und allein
5000 Euro von zu Hause aus
Autographen frei Haus
Ihr Gewinn!
Martinas Privatvideo
Re: Warnung

Wenn man wirklich auf Drogen ist, findet eine Umkehrung der Nachrichtenhierarchisierung statt: leicht erkennbarer Nepp, Obszönitäten-Trickbetrug, Appell an die NIEDERSTEN INSTINKTE – alles hochinteressant. Man will eigentlich nur genau das näher prüfen, was der SPAM-Filter einem vorzuenthalten gedenkt. Diese Zusendungen sind ja Resultat der nur scheinbar individuell kaputten, tatsächlich aber niederschmetternd gewöhnlichen, triebsymptomatischen Suchbegriffe. Und all das, was die Maschine mit ihren PATERNALISTISCHEN ALGORITHMEN als gefährlich einstuft und aussiebt, möchte der Drogenkopf gern direkt anklicken. Private, möglicherweise sorgenvolle oder genervte Mails von Freunden und Familie hingegen: SPAM.

Die Internetseiten, auf denen ich nachts UNTERWEGS war, glichen der Reeperbahn, da blinkten und ballerten schreiend eindeutige Wörter in Signalfarben, aus den Lautsprechern erklang eine 12-Ton-Sinfonie, Beats, Gedudel und Gestöhne, wild aufspringende Fenster, virtuelle Herbertstraßen. Wenn die wahnhafte hic&nunc-Synapsendisco umschlug in Paranoia, Verzagtheit und Schreckhaftigkeit, also recht früh am Abend, musste ich allerdings den Ton ausstellen.

Kurz war ich noch mal in Berlin, in meiner dortigen Wohnung wohnten ein drogenabhängiger Freund und eine Bekannte, die gerade von ihrem Mann verlassen worden war, man hilft ja gern. Solange man selbst noch irgendwem irgendwie hilft, hat man GEFÜHLT noch so ein bisschen Oberwasser. Hin und wieder. Bis die große Traurigkeit in Wellen kommt, und dann muss der Dealer sich beeilen. Aber das taten sie in der Regel ja auch. Ich hatte jetzt ein paar zur Auswahl, das ergibt sich mit der Suchtverschärfung automatisch, der Nachschub muss gesichert sein, die Ersatzspieler müssen sich beständig warm laufen, damit man nicht in Unterzahl spielen muss, wenn mal einer ausfällt.

Weihnachten fuhren sogar meine zwei Wohnungsgäste, die beide gewiss nicht in der heitersten Phase ihres Lebens waren, zu ihren Eltern, was auch ich vorgehabt hatte, aber dann erwies sich das doch als unmachbar, zwar war der Bahnhof nur zehn Minuten entfernt und Hannover mit dem ICE nur eineinhalb Stunden, aber ich kriegte es nicht hin, weil ich immerzu im Kreis durch meine Wohnung laufen und so allerlei erledigen musste. Sogar die SERIÖSEREN Dealer waren allesamt bei ihren ELTERN, und so verbrachte ich Weihnachten mit einem seinerseits heroinabhängigen Dealer, der sich bei mir in der Küche einen Schuss setzte und zum Abendessen braune Papiertüten von McDonald's mitgebracht hatte, beigelegt ein Spielzeug, dessen Handhabung ich nicht begriff. Die offizielle Bezeichnung dieser Tüte sorgte für den einzigen Lacher an diesem weitgehend kerzenlosen HEILIGABEND: Happy Meal.

Als ich in einer Fernsehwerbung den Coca-Cola-Truck durch eine Winterlandschaft fahren sah, fing ich an zu weinen.

Der Dealer raunte, Weihnachten, zumindest aber der Weihnachtsmann, sei eine Erfindung von Coca-Cola.

Oje, dachte ich, schon klar, wie diese Verschwörungslitanei weitergeht: Valentinstag eine Erfindung von Fleurop, Muttertag erdacht von den Nationalsozialisten, Mondlandung ein Hollywoodstudio-Fake, World Trade Center vom CIA gesprengt – und dass es in allen Armbanduhrreklamen immer zehn vor zwei ist oder zehn nach zehn, zwischen Stunden- und Minutenzeiger also ein Smiley-Winkel entsteht, ist ein von Scientology gesteuerter Lächelfaschismus. Also Gegenoffensive, thematisch einfühlsam: Ob er, der Dealer, wüsste, dass in Coca-Cola früher Kokain enthalten war, sie deshalb so heiße?

Nee, wusste er nicht.

Er ging noch mal in die Küche, sich was aufkochen und in den Arm feuern, ich buchte derweil einen Flug nach Zürich, das wurde mir nun doch alles etwas zu düster hier in der GOETHESTRASSE. War es Gernhardt oder Bernhard (oder gar einer, der sich nicht auf beide reimt?), der diesen Fehler in der mündlichen Überlieferung Goethes letzter Worte erdachte? Müsste ich unbedingt rausfinden, später dann, erst noch dies, dann noch das – und wie war noch gleich der Plan gewesen? Ah, die letzten Worte, der Vonwemnuneigentlich-Gag, eigentlich habe Goethe bloß gesagt: Mehr nicht.

Zurück in der Schweiz, meine Zürcher DIENSTWOHNUNG war gekündigt, Berlin, ja Deutschland überhaupt vorerst nicht mehr betretbar, ich musste mir was einfallen lassen. Erst mal ins Hotel. Ich hatte, was immer schlecht ist, wenn man drogenabhängig ist, vorerst genug Geld, bei vernünftigem Lebensstil sogar für ein paar Jahre, also in meinem Fall eher wenige Monate. Mein kurzfristiges Ziel war es, bloß keine Sekunde nüchtern zu werden, weil ich wusste, dass die Traurigkeit mich dann überwältigen würde. Mein mittelfristiges Ziel war, kokaintypisch: ein Großprojekt.

Aus Berlin hatte ich ein paar Reisetaschen voller CDs mitgenommen, das, was mir immer am wichtigsten gewesen war und mir am meisten Halt gegeben hatte: meine Musiksammlung. Und nun machte ich mich daran, sie zu zerstören, alles aufzulösen und damit auch mich selbst.

In einer schabbeligen Bar im Kreis 4 versteigerte ich nun einmal pro Woche meine CDs an Zürcher Nachtlebenleute. Gegen ein paar Franken oder gegen eine gute Geschichte, die jemand zu einer Platte anzubieten hatte, gab ich meine CDs weg. Diese Geschichten, so mein überschwänglicher, drogenverblödeter Plan, sollten dann – ich weiß es nicht mehr.

Unter anderem forschte ich nach den 20 Liedern, die eine große Rolle in meinem Leben gespielt hatten, die wollte ich als CD-Compilation veröffentlichen. Nichts tut man ja auf Drogen lieber, als endlose Listen anzufertigen, also war das eine perfekte Aufgabe für mich. Und es war natürlich genau wie früher, wenn man Kassetten aufnahm für Mädchen, um sie für sich einzunehmen, man möchte sensibel erscheinen, zugleich draufgängerisch, kenntnisreich, aber auch kitschmutig an der richtigen Stelle und so weiter. Eine Selbstbeschreibung, ein Ichentwurf, eine Bewerbung in Liedern. Und so durchpflügte ich meine CD-Sammlung und wollte den Suchprozess selbst performativ auflösen, die Erinnerungsarbeit öffentlich vollführen, kollektive Sentimentalitätsspirale, Fluxus und so weiter – das Projekt geriet völlig außer Kontrolle.

Parallel überredete ich ein Hotel, nach Udo-Vorbild, dass es enorm gut für deren Renommee wäre, mich umsonst eine SUITE bewohnen zu lassen. Ich würde darin Interviews geben, dem Hotel so PUBLIZITÄT verschaffen, eventuell eine Fernsehsendung dort produzieren oder so, jedenfalls: Ich bekam die Suite. Sie war sehr groß und innerhalb weniger Stunden eine komplette Müllhalde. Andy Warhols Time Capsules waren das Vorbild, ich archivierte alles Mögliche, nur leider ohne System. Und ohne Capsules. Von einem Tontechniker ließ ich den

WOHNBEREICH zu einem Tonstudio umbauen, am Esstisch standen Mikrophonständer, essen wollte ich ja sowieso nicht mehr, WIN-WIN. Alles konnte nun aufgenommen werden. Und das Schlimme war: Das wurde es auch.

Ich lud wahllos Leute ein, ließ sie ihr Leben erzählen, knallte Drogen auf den Tisch, jede Menge zu trinken und ließ die Leute reden. Wenn es langweilig wurde (und man ist ja auf Kokain nicht unbedingt sehr geduldig), mussten die Leute wieder gehen, neue Leute mussten kommen, und wenn keiner kam, rief ich irgendwen an, schnitt alles mit – und irgendein bemitleidenswerter Mensch in der Schweiz musste das ganze Gesabbel abtippen. »Mitternachtssüppchen bei Familie Durchhalter/Warten auf das Letzte Band« war der ARBEITSTITEL dieses Projekts. Titel machten am meisten Spaß. Titel und Listen. Und am liebsten ungebeten für PROJEKTE anderer Leute, dann hatte ich hinterher keine Scherereien mit der anstrengenden DURCHFÜHRUNG.

In einem dieser Heurekamomente, wenn scheinbar ALLES zueinanderpasste, habe ich immerhin einen bleibenden Titel erfunden: für Westbams Bearbeitung von Johann Sebastian Bachs »Air« aus der 3. Orchestersuite, weil Westbam BÜRGERLICH ja Maximilian Lenz heißt und Max gerufen wird und wegen Bach, Siegesgöttin, Turnschuhen und überhaupt: »Air Max«. Und als ich Westbam vollbedröhnt aus einem Hotel angerufen hatte, im Chiemseekliniksommer, soziale Exposition, und er mir erzählte, dass er nun das Lied »London« der von mir ja sehr geliebten Pet Shop Boys remixen werde, blitzte es mir durch den Kopf: Nach »London« kam auf jenem Pet-Shop-Boys-Album der Song »E-Mail«, darin heißt es »Send me an e-mail that says ›I love you‹«, Blitzbritzfunk-Assoziation: Stevie Wonder, zischbumbäng, London und Kommunikationstechnik gleich »London Calling«, The Clash – Max, rief ich selbstberauscht (unter anderem), Max, es ist doch völlig klar, du musst das berühmte Clash-Gitarrenriff für diesen Remix verwenden! Was er dann auch tat. Weltkulturerbe.

Wenn die chemischen Prozesse in meinem Körper, dieser Dauerbeschuss aus allen Richtungen – Beruhigung und Beschleunigung – vorübergehend Euphorie anordneten, telefonierte ich gern viel zu lang und unangemessen emotional mit mir möglichst fremden Menschen. Dieser Zustand währte etwa eine halbe Stunde, meistens am Spätnachmittag, wenn gerade eine neue Ladung Kokain eingetroffen war und der Dealer wieder fort, wenn laute Musik und kalter Alkohol, egal was, mich kurz mal nicht erschreckten und es draußen endlich wieder dunkel wurde.

Mein erstes Buch war verfilmt worden, die Kinopremiere nahte. Irgendeine Presseagentin schimpfte, das gehe nicht, dass ich nie erreichbar sei, alles absage – und dann mitten in der Nacht plötzlich alle ihre Mitarbeiter zur Filmpremiere von »Soloalbum« nach München einlüde.

Ich bekam einen Heulkrampf, stand mit dem Telefon auf dem Hoteldach, direkt und nur von meiner SUITE aus zugänglich, hoch droben, die Sonne glitzerte auf dem Zürichsee, was gibt's denn da zu heulen, verdammt? Ich hatte einen Gin Tonic in meiner zitternden rechten Hand, in der linken eine Zigarette, das Telefon zwischen Ohr und Schulter geklemmt und jammerte, ich hätte doch nicht mal mehr einen richtigen Pass, einen VORLÄUFIGEN nur, aber der hatte viel erlebt in letzter Zeit, da war oft was draufgekippt, Brandlöcher, versehentlich mitgewaschen und so.

Vor allem aber traute ich mich nicht, Drogen mit ins Flugzeug zu nehmen. Auch wollte ich keinesfalls nüchtern werden, nicht für ein paar Tage, nicht mal für ein paar Stunden – und schon gar nicht in einem Fernsehstudio. Konkret bräuchte ich Drogen vor Ort, in Hamburg (»Beckmann«), in Köln (Schmidt-Show), um die Kühlkette nicht zu unterbrechen. Aber sag das mal einer Presseagentin. Da sagt man doch lieber: Äh, krank, äh, Schweiz, unabkömmlich, leider. Ja, ich find's AUCH schade.

Und so ging es dahin. Zwei Schweizer Freunde packten mich schließlich in ein Auto und fuhren mit mir nach München. Ich hatte Drogen dabei, Reiseproviant, vor der Grenze hielten wir an einem Gasthof, ich knallte mir genug für die nächsten Stunden rein, deponierte den Rest im Gasthofklo hinterm Spülkasten, damit es nach unserer Rückkehr tags drauf gleich würde weitergehen können – und in München würde man dann schon sehen.

Sah man in München? Jaja, den Film, und irgendwer hatte Speed, das reichte, um einigermaßen über den Abend zu kommen. Irvine Welsh hatte in »Trainspotting« einen Cameo-Auftritt als Opiumzäpfchendealer – ich hingegen hatte nur nach der Filmpremiere meines DEBÜTROMANS einen Cameo-Auftritt als drogenverseuchte Vogelscheuche.

Wie war denn der Film, sind Sie zufrieden mit der Verfilmung Ihres Romans?

Was weiß denn ich. »Almost Blue« von Elvis Costello war auf dem Soundtrack, was ja schon mal gut ist. Den Rest habe ich vergessen. Die Hauptdarsteller waren Nora Tschirner und Matthias Schweighöfer. Deren Karrieren gingen gerade los. Und meine? In »Trainspotting« hieß es:

Choose life
Choose a job
Choose a career
Choose your future
But why would I want to do a thing like that?
I chose not to choose life
I chose something else

Bummbummbumm

Insofern: Ja, ich kann positiv Bilanz ziehen und mir mein Leben als Erfolgsgeschichte erzählen – Bummbummbumm.

Am nächsten Tag hielten wir kurz hinter der Grenze wieder an dem Gasthof, die Drogen waren noch hinterm Spülkasten, man konnte wirklich gar nichts einwenden gegen die Schweiz und ihre Bewohner, ich war wieder zu Hause. Im Hotel.

Als ich der schwangeren Reporterin eines Schweizer Boulevardblatts auf dem Hoteldach eines der zahlreichen, der Hotelleitung ja zugesagten Interviews gab, es hätte kaum kaputter sein können alles, entschuldigte ich mich kurz, ging unten Drogen nachlegen und bemerkte, während ich mir – es war mittags – zur Beruhigung einen Gin Tonic eingoss, dass ich eventuell jetzt neben allem anderen auch noch ein ALKOHOLPROBLEM hatte. Oh. Um nicht zu lang darüber nachdenken zu müssen, nahm ich noch eine Linie Kokain und ging zurück aufs Dach, mit der Boulevardreporterin reden, die war so verständnisvoll. Ich brachte ihr einen Apfelsaft mit, sie war ja schwanger, Folsäure, ich war ein guter Gastgeber in diesem Hotel, dessen Direktion allerdings langsam, Schweizer eben, etwas ungeduldig wurde, weil ihnen täglich weniger einleuchtete, warum sie mich umsonst in ihrem teuersten Zimmer wohnen ließen. Außerdem schienen die Reinigungskräfte unangenehme Details vom Zustand der Räume zu berichten. Ich musste mich nach was Neuem umschauen und verbot zunächst mal, um Zeit zu gewinnen, jegliche Reinigung des Zimmers. DO NOT DISTURB!

Nachts brachte ich die leeren Flaschen nach draußen und schmiss sie in den Hotelmülleimer, man hilft ja, wo man kann; ansonsten verwahrloste die Bude ziemlich.

In meine Nase bekam ich aktuell kaum noch was rein, der ganze Kopf ein geschwollenes, verstopftes Schleimgefäß, ich begann schon damit zu experimentieren, das Kokain in die Zigarettenglut zu zerbröseln und es zu rauchen, Cocarette nannte man das, hatte mir ein Dealer vorgemacht, und war das dann nicht eigentlich schon Crack? Wenn ich irgendwo blutete, und weil ich natürlich sehr unkoordiniert mich bewegte, bluteten mein Hände dauernd, rieb ich manchmal ein bisschen Kokain auf die Wunden, vor Spritzen hatte ich Angst, aber vielleicht gelangte es auch so ins Blut und würde dann stärker wirken?

Und was passierte wohl, ganz anderer Ansatz, wenn ich diese SELBSTMEDIKATION (half ja gegen die Traurigkeit, auch kribbelten und kitzelten meine Beine nachts nicht mehr so sehr) von jetzt auf gleich absetzte? Meine Wahnzustände und Verzweiflungsexzesse nahmen langsam überhand. Und irgendwann (wann eigentlich?) wäre sowieso mein Geld aufgebraucht. Zwar hatte ich sehr viel verdient, »mehr als ich ausgeben kann«, aber eine Drogenabhängigkeit ist natürlich in dieser Hinsicht sehr effizient.

Ich ging zu einem Arzt, schilderte ihm die Lage und mein Vorhaben, jetzt mal irgendwie so im Hotel einen Entzug zu starten. Ärzte anlügen, das wollte ich ab jetzt nicht mehr machen. Er röntgte erst mal meinen Kopf. Glaubte der mir nicht? Doch, doch. Er wollte nur sehen, aha, da sehen wir's, sehen Sie's, ja, ich seh's, da war es ziemlich geschwollen innen und angegriffen. Ob ich mir das auch gut überlegt hätte, eine Klinik sei sicherer und erfolgversprechender, körperlich sei so ein Entzug zunächst mal nicht schwierig, einige Zeit sei man hernach ANTRIEBSSCHWACH, depressiv verstimmt, alles meisterbar, aber die PSYCHISCHE Abhängigkeit, um der Herr zu werden und das Verhalten also dauerhaft zu verändern, dafür brauche man PROFESSIONELLE HILFE.

Ja, das alles nicht, wissen Sie, ich hätte einfach so gern nur ganz starke Beruhigungstabletten, bitte. Ich möchte nur noch schlafen, eine Woche lang, ich habe so lange nicht mehr geschlafen. Und ich habe Angst vor der Dunkelheit, deshalb kann ich da nicht mitmachen, nachts schlafen, ich muss immer wach bleiben.

Nein. Und die eine Flasche Wick Medinait pro Tag, das

solle ich auch besser mal bleiben lassen, da werde man noch Alkoholiker auf die Dauer.

Aha. Und Nasenspray?

Nicht sehr zu empfehlen, angegriffen wie dieser Bereich eh schon sei. Er gab mir eine Notfalltelefonnummer, rief den Nächsten rein und guckte mir beim Händeschütteln aufmunternd, aber skeptisch in die trockenen roten Augen (Augentropfen hätt ich gerne noch! – Die kriegen Sie so in der Apotheke. Also dann).

Also dann.

Das Röntgenbild klebte ich in meiner SUITE ans kleine Klofenster, jetzt sah ich beim Kotzen den Kirchturm nicht mehr so mahnend, nur noch schemenhaft durch einen Schädel hindurch. Durch meinen sogar.

Wieder lernte ich einen Dealer kennen, der bereit war, sich auch als Chauffeur zu verdingen. Er fuhr mich in ein zürichnahes FASTENKLOSTER, in dem ich mal gefastet hatte, um darüber für ein Magazin zu schreiben (in Wahrheit natürlich nur, um noch dünner zu werden). Es waren sogar Fotos gemacht worden, auf denen ich toll dünn gewesen war, nur hatte ich eben den Text nie geschrieben, also sagte ich der Fastenklosterleitung, ich müsse noch mal recherchieren. Sie überließen mir einen Turm mit drei Zimmern, der Dealer brachte mich hin, mit Kartons voller CDs und Papiere, endlos Papiere, die transkribierten Lallprotokolle des Großprojekts »Mitternachtssüppchen bei Familie Durchhalter«, allerlei Notizen. Ich durfte einige Wochen in dem Turm wohnen. Alle paar Tage kam der Dealer aus Zürich, ich hatte gut zu tun, die Nächte über hörte ich alte Platten und stellte haufenweise Listen zusammen für mein ANDERES Großprojekt, die CD-Compilation. Durchs Fenster überm Schreibtisch sah ich immer die wirklich Fastenden bei ihren Spaziergängen, ich nahm nicht teil, fastete aber auch, was mit dem begleitenden Kokain ein Leichtes war.

Die Leitung des Fastenhotels war zu höflich, mich rauszuschmeißen. Noch ein bisschen, sagte ich immer, wenn mir jemand von ihnen über den Weg lief. Bald habe ich den Text fertig, wird halt sehr lang, aber sehr gut, wird tolle Werbung für Ihr wunderbares Kloster.

Als meinem Zürcher Chauffeurdealer, einem Studenten-Lockenkopf, das alles nun doch zu verrückt wurde, sprang ein anderer ein, einer von der härteren Sorte. Der legte mal als Erstes gleich zwei dicke Linien HEROIN auf den Fastenklosterschreibtisch, ob ich nicht das mal probieren wolle? Sei irgendwie besser. Er hatte auch Valium dabei und alles, was man brauchte. Ich entschied mich gegen das Heroin – und zwar rein aus FARBLICHEN Gründen. Würden die Pet Shop Boys, New Order, Kraftwerk, würden die, die in optischen Dingen DAS GROSSE GANZE zu sehen imstande sind, würden die BRAUNE Drogen nehmen? Doch wohl gewiss nicht. Also blieb ich beim Weißen.

Ich hatte mittlerweile einen Titel für meine CD-Compilation: »Autodiscographie«, was ich als schlüssige Pet-Shop-Boys-Referenz empfand, deren bauhausartige Titel immer die besten gewesen waren. Als Untertitel (nichts, was auf Kokain erdacht wird, kommt ohne Untertitel aus, das ist die berühmte Geschwätzigkeit der Kokainisten) wählte ich »Balladen vom äußeren Leben«. Bei eBay ersteigerte ich einen Autographen von Hugo von Hofmannsthal, damit dessen Unterschrift auf die CD geprägt werden könnte und alles sehr, sehr schlüssig sein würde. Die Liste mit infrage kommenden Songs war ungefähr elf Meter lang, die Plattenfirma wurde zusehends nervös. Auch beim Versuch, ein Geleitwort für die CD zu verfassen, hatte ich mich gehörig verirrt. ANGEDACHT war wohl nicht weniger als eine letztgültige Abhandlung über Musik als – ja, als alles Mögliche. Mitten im Satz wurde es mir immer so langweilig, sprunghaft und drogenbefeuert hohl assoziierend dachte und forschte ich umher und führte nicht einen Satz zu Ende, Gedanken blitzten nur kurz mal auf, und zwar auf Nimmerwiedersehen, verästelten bald sich in Aberhunderte Abzweigungen. Irgendwo hatte ich gelesen, dass bei Alzheimerpatienten eine zwischenzeitliche Steigerung der Erinnerungsfähigkeit erzielt würde, indem man ihnen Lieder aus ihrer Kindheit vorspielt, und euphorisch folgte ich diesem Gedanken einige Tage und Nächte, bis ich auch ihn – VERGESSEN hatte.

Es war instinktiver Surrealismus, etwa Redewendungsbingo: »Nach Karlsruhe gehen« = durch alle Instanzen bis zum Bundesgerichtshof klagen; »nach Augsburg gehen«, seit dem Augsburger Religionsfrieden = aufs Klo gehen; »go south« = den Bach runtergehen. Und wenn man nun einen Globus nähme und all diese Redewendungen – oder doch lieber, genau bevor es mühsam wird, ein neues Gedankenknäuel hernehmen und mit dem Willen, es zu entwirren, neue Knoten hineindenken: »On 33 I'm settin' you free / on 45 I'm coming alive« ist ja KEINE Verharmlosung der NS-Zeit, sondern ein Refrain der Stereo MC's, und an jedem Plattenspieler gibt es doch einen Schalter zur Umdrehungsgeschwindigkeitswahl, für Singles und für LPs, »33/45« steht da immer – das ist ja unfassbar, auf JEDEM Plattenspieler steht die NS-Zeit! Das ist doch, äh, das, also, na ja! Ich meine. Äh. Aber es waren nur noch Selbstauslöser, Assoziationslawinen ohne Pointe.

Den Fastenklosterturm hinterließ ich verwüstet, ein Zürcher Freund musste später meine Kartons voller kaputter CDs und hieroglypher Zettel abholen, und als er mir am Telefon sagte, die Fastenhotel-Leitung sei etwas irritiert, brach ich den Kontakt ab zum Überbringer dieser unangenehmen Nachricht. Auf diese Weise zerstörte ich so ziemlich jede Verbindung zu Freunden, Firmen, Außenwelt.

Ob gerade Sommer war, wusste ich nicht, seit geraumer Zeit fror und schwitzte ich, unabhängig von der aktuellen Jahreszeit, immer gleichzeitig. Ein paar Wochen lang in IRGENDEINER

Jahreszeit bewohnte ich im Tessin eine Villa des Schweizerischen Schriftstellerverbandes. Ich weiß nicht mehr, was ich versprochen hatte, dort herzustellen zur Mehrung des Ansehens des Schweizerischen Schriftstellerverbandes, nehme aber an, ich werde nicht weniger angekündigt haben als das ganz große, wenn nicht endgültige Gesellschaftsporträt, die Schweiz in den Worten ihrer Bewohner, ein multimediales Mosaik, ein Chor der vielen, jedenfalls: ein Groß- und Meisterwerk.

Eine mit der Organisation meiner staatsbürgerlichen Existenz betraute Schweizer Agentin, deren Freundlichkeit und Hilfsbereitschaft meine Schweiz-Liebe ins Unermessliche steigerte, schützte mich, so gut es ging. Nur vor mir selbst nicht, das ging ja auch nicht. In einem Anfall kurzer Klarheit und Besserungsabsicht (der Dealer war nicht gekommen), hatte ich sie ins Bild gesetzt und beauftragt, mir einen Klinikplatz zu suchen. Ich wollte nach Herisau, wie Robert Walser, in die Irrenanstalt. Damit bloß alles im weitesten Sinne ein Projekt bliebe. So mein wirrer Plan.

Als der Dealer dann kam, war ich wieder obenauf, und es konnte weitergehen. Ich beorderte einen Kunstmalerfreund ins Tessin, um im Wohnzimmer meiner Schriftstellerverbandsresidenz ein Wandgemälde anzufertigen, nämlich eine Coverversion von Spitzwegs armem Poeten mit dem Titel »Der warme Moët«.

Mein Malerfreund kam und malte auf etwa 5 x 3 Metern an die Wohnzimmerwand das ganze Drumherum, das berühmte Bett, den Ofen, den Regenschirm, alles da, nur der Poet selbst fehlte. Das war natürlich auf jeder Ebene genau die Wahrheit, wir waren begeistert – und dann sind wir abgehauen.

Mein nächstes Quartier war ein Berghotel, großer Garten, es gab sogar einen Pool, alles hätte so schön sein können. Aber ich verließ nie mein Zimmer, schaffte es nie, tagsüber rauszugehen. Wenn ich endlich alles beisammenhatte (Zigaretten, Feuerzeug, Geld, Zimmerschlüssel, ein Buch, noch ein

Buch, besser drei, einen iPod, mindestens – und wo hatte ich jetzt noch gleich den Schlüssel hingetan?), war es längst dunkel draußen und wieder mal zu spät, um noch etwas Tageslicht zu sehen. Ich verlor mich in Hypervorbereitungen des einen schönen Moments, der dann niemals eintrat. Schnell mal an den Pool, in die Sonne – Stunden später die entmutigende Bilanz: wieder nicht geschafft, schon wieder dunkel draußen. Aber der Plan war immer da.

Das Kokain ließ mich Tage und Nächte manisch herumrotieren, gegen das lästige Herzrasen goss ich Alkohol drauf, schlief irgendwann vollkommen betäubt ein, dabei half das Rohypnol, das der neue, zum Heroin ratende Dealer mir mitgebracht hatte, weil, so seine fachmännische Blickdiagnose, ich auch mal wieder runterkommen müsse, zwischendurch. Wenn ich erwachte, brauchte ich eine Weile, um einen Zusammenhang herzustellen zwischen den durch die Gardinen hindurch sichtbaren Tageszeitindizien und der zuletzt erinnerten Tageszeit, ich unterschied nur mehr zwischen hell und dunkel, Tag und Nacht. Manchmal schlief ich wohl 36 Stunden, manchmal auch nur zwei, es war alles nicht so klar und sollte das auch auf gar keinen Fall werden, also machte ich direkt, noch im Bett, weiter. Meine Nase tat ziemlich weh, der Dealer musste jetzt auch immer Meerwassernasenspülung und Schmerztabletten aus der Apotheke mitbringen.

Meistens lag ich auf dem Fußboden und starrte auf den FORTSCHRITTSBALKEN, wenigstens da ging noch was voran in meinem Leben. Aber langsam. Sehr langsam. Eine Internetverbindung gab es nur per ANALOG-Telefonkabel, es kostete so viel wie ein Ferngespräch. Insofern ideal, weil ich das Telefon eh ausstöpseln musste, da mich die dauernden Anrufe von der Rezeption nervten, wann sie denn endlich mal das Zimmer reinigen dürften und überhaupt, was das denn da immer für ein Krach sei in meinem Zimmer, und so weiter.

Rund um die Uhr, tagelang, wochenlang lud ich mir Tausende Lieder von irgendwelchen Diebstahlseiten runter, aber ich konnte kein einziges davon länger als ein paar Sekunden hören, weil mich jegliche Art Beat sofort wahnsinnig erschreckte, so paranoid war ich mittlerweile. Hinterm Fenster wähnte ich ohnehin die ganze Zeit ein Polizeikommando, mindestens, jedes Geräusch und jedes Licht nahm ich wahr als eindeutige Anzeichen für einen baldigst erfolgenden ZUGRIFF, besonders verdächtig auch totale Stille, ich war mir vollkommen sicher, dass ganze Armeen hinter mir her waren. Diese Drogenparanoia, man hatte davon gehört, in Filmen, Büchern, Liedern – doch wenn man sie dann HAT, gilt natürlich der alte Gag: Dass ich paranoid bin, heißt ja noch lange nicht, dass ich nicht verfolgt werde.

Bei meinen nächtlichen Forschungsreisen im Internet wurde ich mit vorrückender Stunde in meinen Suchmaschineneingaben immer deutlicher, fast schon selbstdiagnostisch. Verlässlich im Morgengrauen waren das Begriffe mit sehr wenig Interpretationsbedarf:

Kokain-Psychose
Sex Tessin
Nebenwirkungen Rohypnol
Anzeichen Überdosis
Obduktionsbericht Falco
Entzug
Grabstein Klaus Mann
Klinik Tessin

In einem meinerseits assoziativ-sprunghaften Telefonat mit Arne diskutierten wir auf meine ANREGUNG hin nicht meine exponentiell wachsende Quartierwahlabsurdität und statt meines eigenen Niedergangs und eventueller Auswege lieber den bizarren Verfall Michael Jacksons. In diesem Zusammenhang wies Arne mich hin auf den Satz von F. Scott Fitzgerald, die amerikanische Biographie kenne keinen zweiten Akt. Michael Jackson, so Arne, wurde von seinem Vater als Tanzbärchen erfunden und werde eines Tages als anämischer Tanzbär sterben.

Aber, wandte ich ein, ist nicht die amerikanische Universal-Mär die des Millionärs als Ex-Tellerwäscher? Und hatte nicht Fitzgeralds eigene Biographie mindestens zwei Akte? Also STIMMT das doch alles gar nicht!

Deshalb, so Arne unbeirrt, deshalb sei das Zitat ja so gut. Ich müsse bedenken: Fitzgeralds Vater wurde entlassen und lebte bis zu seinem Tod vom Geld seiner Frau; Gatsby hat sich selbst erfunden als Millionär und Lebemann, verblieb aber immer im mittleren Westen des Geistes; Orson Welles war das Wunderkind von Hollywood, wurde verstoßen, schleppte sich 30 Jahre weiter und erzählte immerzu von seiner großen Zeit, zuletzt wieder in Hollywood. Alles erster Akt, da capo al fine.

Das war natürlich auch eine Möglichkeit: Aufstieg und Niedergang in einem Rutsch. Nur aufschreiben würde ich es halt noch müssen, irgendwann, aber natürlich erst mal bis zum letzten Kapitel durcherleben – ohne retardierenden zweiten Akt (»where the slow stuff happens«) direkt in die Katastrophe, die dann der dritte ohne einen zweiten und somit der dritte als zweiter Akt wäre oder immer noch der erste, das hatten Arne und ich nicht ABSCHLIESSEND KLÄREN können.

IRGENDWIE
EIN
GEFÜHL
ZU
VIEL

Mein Freund Louie holte mich schliesslich ab. Ich bettelte um Aufschub, wollte noch so lang bleiben, wie die Drogen reichten, und ich war ganz gut eingedeckt, aber Louie guckte sich das eine Nacht lang an und sagte dann, wir müssten jetzt mal los. Louie selbst war immer ein Nachtleben-Apologet und Exzessbefürworter gewesen, aber als er mich jetzt sah, erschrak er: Bruder, sagte er, Bruder, du siehst ja ganz schön fertig aus.

Das stimmte wohl. Ich hatte seit Wochen kein Tageslicht mehr gesehen, war vollkommen verwahrlost, wirres Haar, kaputte Haut, abgemagert, alkoholaufgedunsenes Gesicht, panisch, völlig am Ende.

Eine Nacht lang wenigstens, bitte!, musste ich ihm nur dieses eine Lied noch, unbedingt, vorspielen – und dann noch eins und noch eins. Bald schon war alles so wie immer mit Louie: Wir lagen auf dem Fußboden, hörten Oasis und streckten die Fäuste in die Luft, schließlich wurde es Zeit für Udo, all die geliebten alten Lieder, wir sangen mit, und Louie sagte immer wieder: Ach Udo, Udo ist der Größte.

Meine Alzheimertherapiemethodik hatte eine Erkenntnis immerhin gebracht: Wenn ich auch buchstäblich nichts mehr wusste, nicht einmal, in welchem Jahr wir uns gerade befanden, so konnte ich doch weiterhin jeden Udo-Text auswendig aufsagen. Diese mir verbliebene Spezialbegabung führte ich nun Louie vor. Ich hatte wirklich alles gegeben und vor allem genommen, um endlich meinen Kopf ruhigzustellen und mein Gehirn auszuschalten – was aber nicht totzukriegen war, das waren Udos Texte. Und was dieses VERSUCHSERGEBNIS bedeutete, eventuell, wollte ich jetzt direkt aufschreiben, schreibend zu Ende denken, das war es doch, darauf lief doch alles hinaus, anhand dieser Erkenntnis ließe sich doch – aber Louie schritt glücklicherweise ein: Bruder, sprach Louie, das kannst du dann in der Klinik ja alles aufschreiben, aber wir müssen jetzt echt mal los.

Wir packten all meine hochwichtigen Unterlagen für all diese Großprojekte in Taschen, Tüten, Kartons, und dann ging es los. Ich hatte noch haufenweise Drogen und fand, es sei doch schade drum, die wegzuschmeißen. Bis zum Erreichen der Deutsch-Schweizer Grenze müsste ich mich ihrer entledigt haben, aber bis dahin war es ja noch eine gute Strecke, und ich könnte ja mal sehen, wie viel ich reinbekäme. Ich hatte so wahnsinnige Angst, runterzukommen und gewahr zu werden, wo der Held meiner Autobiographie gelandet war.

Als die Grenze in Sicht kam, war es plötzlich zu spät, was ich aber erst begriff, als wir direkt auf einen natürlich genau uns mit Leuchtkelle ranwinkenden Zöllner zufuhren. Louie hatte ein sehr altes, schmutziges Auto, dazu – das sah man schon von Weitem – war es ziemlich überladen mit Papierstapeln, also, wer seinen Beruf halbwegs ernst nimmt als Grenzbeamter, muss eine solche Fuhre Gesetzesübertretungen aus hundert Metern Entfernung erkennen. Der freundliche Zöllner schaute ins Auto. Zwei aus unterschiedlichen Gründen schwitzende, ziemlich fertig aussehende Gesichter schauten ihn an. Er bat um die Papiere.

Ich gab ihm meinen völlig zerfledderten, brandlöchrigen VORLÄUFIGEN Pass, der zu diesem Zeitpunkt das einzige Dokument war, mit dem ich meine Identität nachweisen konnte, und dessen dynamisch fortschreitenden Verfall ich pathetisch als Sinnbild meiner Selbstauslöschung betrachtet hatte, meiner sich auflösenden Existenz. Es gab mich kaum noch. Und das illustrierte dieses Stückchen Müll, das mal ein Pass gewesen war, natürlich nur ein vorläufiger, weil ich mit meinen staatsbürgerlichen Pflichten etwas im Rückstand war; seit Jahren stimmte meine Meldeadresse nicht mehr mit meinem Aufenthaltsort überein, ich wusste ja selbst kaum, wo ich gerade war, woher sollte es also irgendeine Behörde wissen; auch wer ich sei, darüber lagen mir verschiedene widersprüchliche Informationen vor, aber erklär das mal einem Grenzbeamten. Der Fehler war, dass ich genau das versuchte.

Im Handschuhfach befanden sich noch etwa zehn Gramm Kokain. Zwar hatte ich mich redlich bemüht, es aber nicht geschafft, mir sämtliche Vorräte einzuverleiben. Und nun begutachtete der Grenzbeamte angemessen skeptisch dieses verwestzerrupfte Knäuel, das ich ihm überreicht hatte, als er nach meinem Pass gefragt hatte. Er bat mich, auszusteigen.

Und natürlich dachte ich, das war's jetzt, Gefängnis statt Klinik, aber so groß anders wird das ja auch nicht sein. Ich schlich mit dem Mann zu seinem Grenzbeamtenkabuff. Er versuchte, meinen Namen zu entziffern auf dem labbrigen Stück Passparodie. Dann stutzte er, sagte, er kenne den Inhaber dieses Namens doch aus dem Fernsehen. Ich aber sähe irgendwie ganz anders aus als jener von ihm Erinnerte, hätte mich einigermaßen VERÄNDERT.

Da hatte er natürlich recht.

Längere Haare, hm?, fragte er freundlich.

Auch das, ja, sagte ich. Wollte ich mal probieren, ob mir das steht, fuhr ich fort – und bekam jetzt einen völlig deplatzierten Laberflash. Louie, rief ich, Louie, der nette Herr hier hat mich erkannt, ist das nicht lustig?

Louie, der ja wusste, was da noch im Handschuhfach lag, fand das nur so mittellustig und wollte unseren Behördenkontakt gern so kurz wie möglich halten. Ich aber wurde just von einer Euphoriewelle hinfortgetragen, das kam ja schubweise, und ich hatte so viel Kokain im Körper, das wirkte da fröhlich vor sich hin.

Mit kürzeren Haaren sehen Sie besser aus, sagte der Grenzbeamte, und ich wollte ihn gerade umarmen, da hörte ich Louie ziemlich bestimmt rufen: Bruder, jetzt komm mal wieder ins Auto, wir müssen weiter!

Ich verabschiedete mich mit HANDKÜSSEN vom Grenzbeamten und versprach, mich UMGEHEND um einen neuen

Pass zu kümmern. Ja, er werde lachen, genau das sei ja der Anlass dieser Reise, hob ich an, um mich wieder mitreißen zu lassen von einer ausufernden Erzählung, da stieg Louie aus dem Auto und zog mich freundschaftlich am Arm, wir müssten jetzt wirklich los.

Und so kamen wir über die Grenze.

Als wir durch den Schwarzwald fuhren, drehte sich bei mir alles. Auf den Schreck an der Grenze und in meiner Panik vor der immer näher kommenden, realer werdenden Klinik knallte ich mir so viel Kokain rein wie möglich, sogar für meine zuletzt erhebliche Mengengewöhnung war das viel, zu viel, eine Überdosis, dazu die Schwarzwaldserpentinen, ich flog richtig.

Louie lieferte mich in der Klinik ab und sagte voller Liebe: Bruder, jetzt komm mal runter und hau nicht ab von hier – und dann dusch vielleicht auch mal wieder.

Ich winkte Louie hinterher und dann fiel ich in Ohnmacht.

Über mir lichtverschwommene Unschärfe, schemenhaft ein Gesicht – trug Gott eine Brille?

Nein, das war ein Arzt, ich lebte noch. Aber diesmal war es wohl knapp. Die ENTGIFTUNG dauerte länger als beim letzten Mal. In dieser Klinik waren auch alle anderen substanzabhängig: Alkohol, Tabletten, Drogen.

Zwischen Tabletten und Drogen zu unterscheiden, ist substanzanalytisch kleinlich – aber natürlich ist es ein anderer LIFESTYLE. Auf Rezept junkt es sich irgendwie abgefederter, da fehlt doch Entscheidendes: Abenteuer im Schummerlicht, Komplizenschaft, Spionfilmtricks. Stattdessen Apotheke oder Schnapsladen, das ist ja dann doch etwas zu profan.

Und worüber sprechen nun Süchtige, die im Schwarzwald in einer Klinik beisammen sind, um ihre Sucht zu besiegen? Natürlich über nichts anderes als über ihre Sucht. Man kam komplett zerschossen und stumm an, nach ein paar Tagen konnte man wieder sprechen und dann überbot man einander mit selbstanklagenden Erzählungen des individuellanekdotisch unterschiedlichen, insgesamt jedoch öde identischen Zusammenbruchsverlaufs. Und doch, das ist ja das Gemeine an einer Suchterkrankung, bekam man durch diese Geschichten sofort wieder Lust darauf, weiterzumachen. Die Ärzte, wenn sie uns unsere Helden- und Deppen-Geschichten austauschen hörten, tadelten solches Gerede mit strengen Spezialbegriffen: NASSES KLIMA und TROCKENER RÜCKFALL. Wann immer sie uns dabei erwischten, hielten sie uns an, sofort über was anderes zu reden. Nur über was? Und was machst du so, beruflich?

Im Frühstücksraum erfuhr ich, dass in einer solchen Klinik MOHNBRÖTCHEN auf dem Index stehen, denn Mohn ist ja Opium oder so, und das könne dann bei opiatsüchtigen den Heroin- oder Tabletten-Jieper triggern – ein Mohnbrötchen! Das war mir neu, und endlich begriff ich, warum in so vielen Liedern Mohnfelder und Mohnblüten vorkommen. Interessant. Schon war ich wieder komplett in so einer Schwachsinnsrecherche gefangen und stieß bald auf umfangreiche Drogensonglisten, die mir direkt APPETIT machten, allerdings weniger auf Mohnbrötchen als auf IRGENDWELCHE Drogen. Oh. Schnell den Computer zuklappen. Ich wurde ganz fahrig, so, als hätte ich eben den Dealer bestellt. Schon der bloße Gedanke an die Gifte setzte im Hirn die zugehörige Reaktion in Gang. Ich fragte einen Therapeuten, wie das nun zu erklären sei. Er sagte, das nenne man »Craving« und es sei extrem gefährlich. Jieper? Ja, sozusagen. Man sage aber »Craving«. »Jieper« klinge ihm PERSÖNLICH jetzt schon wieder zu verharmlosend. Okay.

Craving also. Ich schaute bei Wikipedia nach, BEGRIFFSERKLÄRUNG. Die Bedeutungsalternative war lustig, Craving also steht für:

Substanzverlangen

Oldenburger Metalband

Körperlich war der Kokainentzug undramatisch: ein paar Tage ausgongendes Müdigkeitsblei, abgelöst von inwärts den gesamten Körper befallendem Nervositätsjuckpulver. Weitaus schwieriger zu bewältigen war die PSYCHISCHE Abhängigkeit, das wurde einem dauernd gesagt. Bald war ich wieder halbwegs klar im Kopf, und auch obendrauf, denn ich hatte mir von einem Mitpatienten (Alkoholiker) endlich die Haare schneiden lassen, seine Hände zitterten zwar ziemlich, aber mit dem BARTTRIMMER und meiner Frisur konnte ja nicht so viel schiefgehen: alles auf zwei Millimeter. Als meine EINZELTHERAPEUTIN sagte, ich sähe nun ja wieder viel offener und zugänglicher aus, nicht mehr diese wirren Haare, ob das vielleicht irgendwie zu deuten sei – da wusste ich schon, alles klar, das wird hier eine kurze Erholungspause, aber auf Basis solcher trivialpsychologischen ANREGUNGEN würde ich ganz gewiss nichts rausbekommen, was ich nicht eh schon wusste.

Die Billigdeutungen, die einem da mit heiligem Ernst vorgetragen wurden, es war zum Totlachen:

In den ersten Tagen ist es verboten, das Klinikgelände zu verlassen, dennoch wurden Sie gleich am zweiten Tag dabei beobachtet, raus in den Wald zu gehen – das scheint ein Grundthema bei Ihnen zu sein, ich nenne es mal GRENZEN AUSTESTEN, können Sie damit was anfangen?

Nun schildern Sie ja sehr drastisch, und Ihre Offenheit ist da sehr wertvoll, also, diese Drogen- und Alkoholexzesse oder auch die Fressattacken – wollen wir das mal gedanklich in so eine Richtung belasten, also, wenn wir das mal so sehen: der kleine Junge da in Ihnen drin, ist dessen Seele vielleicht so hungrig? Ist da IN IHNEN vielleicht ein verborgener, ein ungestillter Hunger nach – ja, letztlich nach Anerkennung, nach Liebe?

Aha. Sehr interessant. Verstehe. Jetzt Kindheit besprechen? Alles klar, Kindheit. Der kleine Junge, jüngster von vier Geschwistern, da hat man es nicht leicht. Aber so schlimm war es eigentlich auch nicht.

Sie lachen jetzt, ist das vielleicht Ihr Schutz, das Lachen? Sie dürfen auch traurig sein!

Jaaaaaaaa. Ja, sehr interessant. Wir sehen uns ja dann später noch in der Gruppentherapie.

Als ich dann auch mal wieder länger als eine Minute fernsehen und lesen konnte, vermittelte sich mir MEDIAL der Eindruck, dass nun der ganze Rest des Landes durchdrehte. Es war ein wahnsinnig heißer Sommer und dauernd passierten die absurdesten Sachen. Der zuletzt mit antisemitischen Flugblättern aufgefallene Jürgen »W.« Möllemann, über dessen Binnen-W und alles sonst man ja eh schon jahrelang gelacht hatte (Einkaufswagenchips vom Schwager und so), sprang aus einem Flugzeug, ohne den Fallschirm zu öffnen, und war nun also der Barschel der NULLERJAHRE. Im Sommer zuvor, als ich in der Chiemseeklinik gewesen war, hatte ich mir noch angeguckt, wie Möllemann mit damals noch geöffnetem Fallschirm in einem Freibad gelandet war, um dafür zu werben, dass die FDP 18% bekäme bei der Bundestagswahl. Sein Freibad-Fallschirm-Slogan lautete »Uns schickt der Himmel«. Oder um es mit Harald Schmidt zu sagen: Solches Personal kann man sich nur wünschen.

Mir thematisch näher war der große Kokainfall jenes Sommers, Jörg Immendorff war mit Kokain und relativ vielen, relativ osteuropäischen Prostituierten erwischt worden. Die Details waren herrlich, das Kokain soll Immendorff, so war zu lesen, aufbewahrt haben in den gelben Spielzeugkapseln von Überraschungseiern. Immendorff selbst beschwerte sich, dass eine Prostituierte offenbar geplaudert habe, dies, nämlich die mangelnde Verschwiegenheit einer Prostituierten, sei als »Verfall der Sitten« zu werten. Seine nun in der Öffentlichkeit ausgebreiteten Spezialvorlieben bezeichnete er, ziemlich cool eigentlich, als seinen ORIENTALISMUS.

Ich las das alles voller Begeisterung und gewiss nicht ohne Schadenfreude, auf dieser voyeuristischen Leserverlogenheit basiert ja das Geschäftsmodell Boulevardjournalismus, und ich dachte auch, dass ich erstens Glück gehabt hatte, und zweitens, was für Festwochen das jetzt wären, wenn ich noch Witze für Harald Schmidt schriebe.

Aber ich arbeitete ja nicht mehr für Schmidt; ich lag ja in einem beschissenen Einzelzimmer in der Entgiftungsabteilung einer, ja: Schwarzwaldklinik. Wo war da der Witz? Ich war jetzt selbst einer.

Die Ärzte diagnostizierten so manches bei mir, diese Schwarzwaldklinik war berühmt und bei Krankenkassen gefürchtet für ihre überbordenden Diagnosen, man sei ja so froh, wenn man das Ganze begrifflich festmachen könne, wurde kekseessend im Stuhlkreis gesagt; eigentlich war es ganz einfach: süchtig halt. Die meisten Patienten waren Alkoholiker, allesamt obere Mittelschicht, die Klinik nahm nur Privatpatienten; ein paar jüngere Drogenabhängige, ein paar herbe Damen mit zünftiger Tablettenabhängigkeit. Aber man sollte beim Töpfern und Malen, beim Sprechen und mittels Rollenspielen natürlich noch viel mehr herausbekommen. Mir schien es, dass ärztlicherseits darauf geachtet wurde, eher eine Diagnose zu viel zu stellen und lieber eine Verlängerung zu viel bei der Krankenkasse zu beantragen, damit auch ja kein Klinikbett leer bliebe.

Am KAFFEEVOLLAUTOMATEN raunte man sich, der eigenen Persönlichkeit eine zusätzliche Dimension verleihend, die aktuell gängigen Modediagnosen zu, das ging munter durcheinander, jeder hatte und war alles: Bipolar, Borderline, Burn-out, ADHS; auch sehr beliebt: »Anpassungsstörung F43.2« – und rezidivierende depressive Störung ja sowieso. Klang jedenfalls heldenhafter und geistreicher als zum Beispiel Fressbrechsucht. Nicht mehr durchs Kokain unterdrückt, gelang meiner Essstörung ein Comeback: Mittags schlich ich mich vom Klinikgelände, kaufte in einem Supermarkt tütenweise Eis und Schokolade, und dann setzte ich mich in den Wald, fraß die Tüten leer, steckte mir den Finger in den Hals, kotzte ins Laub und ging zurück in die Klinik. Dort musste ich dauernd meine Kindheit töpfern und im Stuhlkreis mit den anderen darauf warten, dass wenigstens einer von uns anfing zu weinen, damit der Therapeut zufrieden war. Die Therapie lief super.

Mein Lieblingswort aus dem Anamnesebogen in der Schwarzwaldklinik: ideenflüchtig. Jawohl, das kam hin. Ideenflüchtling, und das geht sehr wohl auch nüchtern: Natürlich konnte ich noch immer nicht meine ABHANDLUNG über Musik und Erinnerung für das verdammte CD-Booklet abschließen, das wäre ja auch zu einfach gewesen. Wieder nüchtern – Text fertig. Nein, nein, besser schnell eine weitere, das Ganze noch mal neu denkende und von etwaiger Fertigstellung endgültig entfernende Zusatzidee. Lief nicht ALLES zu auf den gelben Leuchtschriftzug am Hamburger Hauptbahnhof, »die eigene GESCHICHTE«? Ich rief beim NDR an und bat die Redaktion einer Kultursendung, sie möge doch die Zuschauer ersuchen, Coverversionen dieses Schriftzugs anzufertigen, Fotos, Zeichnungen, Aquarelle, Collagen, was immer. Das würde sich doch enorm gut einfügen in mein Erinnerungsgroßprojekt, ich sah das in der Tradition von Walter Kempowski, mindestens.

Als ich nach ein paar Wochen deutlich zugenommen hatte und mir eine Mitpatientin sagte, jetzt sähe ich gut aus, noch mehr dürfe ich aber nicht zunehmen, da entschied ich, dass ich, statt dick zu werden, nun doch lieber wieder die Kokaindiät machen müsste.

Ich rief noch aus der Klinik einen Dealer in Berlin an, erreichte ihn nicht, stellte Nachforschungen an, aha, er saß mittlerweile im Gefängnis, na dann eben einen anderen. Dieser andere versprach, mich vom Flughafen abzuholen, also war die

Flucht aus der Nüchternheit lückenlos geplant, vorm Abflug zweidrei Bierchen, ab dann würde mein Hirn mich in Ruhe lassen, das Konzert der Oldenburger Metalband in meinem Hirn war jetzt in vollem Gange, Erleichterung, ich würde nicht mit klarem Kopf in meine Wohnung zurückkommen müssen und durch Berlin laufen, würde mich nicht nüchtern dem allem (meiner Wohnung, meinen Freunden, meinem Beruf, meinen Problemen, meinem Leben) stellen müssen, ich wäre in Sicherheit.

MADMAN-
DISCOTHEK

Der erste Abend, zurück in Berlin, ich stand vor einem Club mit Musikleuten rum, mit denen rumzustehen sowieso immer und weltweit das Allerbeste ist.

Jemand erzählte, die Pet Shop Boys würden momentan in Berlin eine Platte aufnehmen, er kenne deren Toningenieur. Ich bat ihn, meinen Wunsch weiterzuleiten, eine alte B-Seite der Pet Shop Boys als eines meiner 20 Lebenslieder für meine »Autodiscographie« zu nutzen, da hakte es gerade mit der Freigabe – noch in derselben Nacht kam die Genehmigung, alles schien ganz einfach zu sein, so schlimm war Berlin also doch nicht. Als die Sonne aufging, lag ich in einem nachts vom Verleihsteg enttäuten Ruderboot auf dem Neuen See im Tiergarten, mit »so Leuten«, nachts kennengelernt, tiefe Freundschaft für ein paar Stunden geschlossen im Bewusstsein, dass man sich nie wieder sehen würde, perfekt.

Nach Wochen ohne Drogen erzeugten diese endlich wieder das, was man sich als Amateur von ihnen verspricht: Euphorie, Enthemmung und Beschleunigung. Zuletzt war mein Körper ja nur noch ein Stoffwechselautomat gewesen, oben Drogen rein, bis es nicht mehr geht, und dann immer noch weiter, damit es wieder geht – kein Rausch mehr, nur noch Rauschen. Jetzt aber wirkte das Kokain kurz wieder so, wie es eigentlich gedacht war.

Weil ich direkt mit der vor dem Entzug gewohnten Höchstdosierung einstieg, Nacht für Nacht, dauerte es nicht lang, bis ich wieder komplett drauf war und mir Zeit und Welt entglitten, zwischen Apathie und Wahn. Wenn ich nicht schreckhaft die Schatten hinterm Vorhang DEUTETE, nahm ich tektonische Verschiebungen der KULTURLANDSCHAFT in meiner Wohnung vor, schichtete die thematisch ausgeklügelten Büchertürme und CD-Gebirge um, neue Idee, neues Prinzip, wieder von vorn, immer gut zu tun, und nachts dann raus: Rotlicht, Zwielicht, Blaulicht. Tageslicht lieber nicht.

Leider gewöhnen auch Rezeptoren sich an alles, was

man ihnen regelmäßig zuführt; die Rezeptoren haben dasselbe Routineproblem wie Geliebte: Man lernt einen neuen Menschen kennen, Ekstase, drei Tage wach, Geruch, Licht, Kleidungsstück, dieser eine Moment mit diesem einen Lied, das dann UNSER LIED wird und Memento-mori-Ohrwurm, man schaut zusammen die Folge irgendeiner Serie, wird das nie vergessen – und vorgespult, ein paar Wochen später, der andere ist auserkundet, da muss jetzt mehr kommen als das, was anfangs noch als Spektakel erschien, einfach weil es neu war, nun ist die Einstnovität bekannt und voraussetzbar, wird nicht mehr wahrgenommen, die Reize müssen jetzt stärker werden, und dann schaut man zusammen eine gesamte Serienstaffel am Stück und geht im Sexshop einkaufen. Und genauso sind die Rezeptoren drauf: Oh, das alles ist für uns?, rufen sie zu Beginn erfreut, und direkt erfolgt die Gewinnausschüttung, da rasselt es im Münzausgabeschacht. Bald schon aber sagen sie, bei gleichbleibender Dosierung: Kennen wir schon, laaaaangweilig, ist das alles, was du draufhast?

Meine Berliner Wohnung war ziemlich runtergekommen. In meiner Abwesenheit war es eine Herberge der Gestrandeten gewesen, ich selbst immer nur Durchreisender, Einzug ohne Möbel, Tourneen, Klinik, Drogenabhängigkeit, Schweiz, zweite Klinik – ERSTWOHNSITZ. Hm. Ich wusste gar nicht, wie das geht: wohnen. Das merkte man zum Beispiel daran, dass ich noch immer keine Lampen hatte. Lampen waren ja das Schwerste. Das war nun schlecht, weil ich ja im Kokain-Jetlag lebte, tagsüber vor mich hin dämmernd, nachts aber immer wach. Also nahm ich die Stehlampe mit von Zimmer zu Zimmer, ich besaß nur diese eine, die Wohnung aber hatte drei Zimmer, und die Hauptbeschäftigung eines Drogenabhängigen ist es nun mal, beständig im Kreis zu gehen, folglich musste ich dauernd die Stehlampe ausstöpseln, durchs Dunkle tasten, im nächsten Zimmer die Stehlampe wieder einstöpseln. Das bald schon vertraute Hintermirher-Schleifgeräusch des Stehlampenstromkabels förderte im Flipperautomaten, der mein Kopf mittlerweile war, einen Hit von einer Schallplatte meiner Kindheit zutage, fortan war das mein Ohrwurm, wenn ich wieder mit der Stehlampe ein Zimmer weiterzog, stundenlang, nächtelang, wochenlang:

Mutter schleppt die Möbel auf den Wagen
Vater muss die Waschmaschine tragen
's Schwesterchen die große Gipsfigur
Und der kleine Benjamin die Bügeleisenschnur

Und so geht es dann weiter in den Assoziationsgewittern eines Drogenkopfes: diese Kinderschallplatte, richtig, da hatte ich doch IRGENDWO noch eine Kassettenaufnahme von mir als Dreijährigem, wie ich bei meinen Großeltern zu dieser Kinderschallplatte singe, das wäre doch für mein wahnwitziges Konzeptalbum eine perfekte Eröffnung, dieses Dokument meines ersten Auswendigmitsingenkönnens, die Urszene meiner Musiksozialisierung, das war doch ZWINGEND, ohne würde es nicht gehen, rasch mal suchen, schnell mal die ganze Wohnung komplett auf links drehen. Und schon zwei Tage später hatte ich die Kassette auch gefunden. Unschlagbar, eigentlich Blues, jedenfalls Kernaussage aller bedeutenden Lieder der WELTGESCHICHTE:

He du, he du
Mich drückt der Schuh
Mich drückt der Schuh
He du, he du

Meine »Autodiscographie« brauchte als ausuferndes Drogenkonzeptalbum natürlich neben einer Ouvertüre auch noch einen sehr aufwendigen BONUSTRACK. Ich bat einen Bekannten vom NDR, doch bitte auf dem Flur für mich Anne Will aufzulauern und sie zu nötigen, Hofmannsthals »Ballade des äußeren Lebens« in ein Diktiergerät zu sprechen; in Berlin bat ich jemanden, selbiges mit Otto Sander zu tun. Was fehlte jetzt noch? Ach, IRGENDWAS. Walter Kempowski hatte mir mal eine Kassette gegeben mit einem von ihm selbst komponierten Klavierstück, das er auch selbst eingespielt hatte, ich durchpflügte meine Time Capsules (die Sporttaschen voller Müll), fand die Kempowskikassette sogar – es ist schon einfach gut, wenn man immer ALLES dabeihat.

Nächtelang schnitt ich diesen Mumpitz ineinander: Kempowski am Klavier und darüber, darunter im Wechsel Anne Will und Otto Sander. Kokainbonustracks, so werden sie gemacht.

Eines Tages oder Nachts, wer wusste das schon so genau, rief mich Westbam an, ob ich vielleicht mitmachen wolle als Statist bei einem Videodreh von Lexy & K-Paul? Natürlich wollte ich das, unbedingt. Als Westbam mich abholte, noch im Ohr die schöngelogene telefonische Schilderung meines sommerlichen Drogenentzugs in der Schwarzwaldklinik, schaute er, der nun gewiss nichts gegen gelegentlichen Drogengebrauch hat, doch ziemlich schockiert und fragte mich, ob ich sicher sei, dass ich die Drogensache im Griff hätte. Ja, klar, sagte ich. Und erschrak ein bisschen. Aber nicht genug. Auf zum Videodreh, doch, doch, mir geht es – blendend.

Das Lied hieß »Dancing« und ich tanzte ein bisschen vor der Kamera herum, ich trug ein T-Shirt, auf dem »West-Berlin« stand, das zog ich mir ungebeten aus, dann kam Rolf Eden ins Bild und ein weißer Hase hoppelte übers Set, und ich war nicht ganz sicher, ob das jetzt Halluzinationen waren, aber müsste es dann nicht eine weiße Maus sein? Doch die anderen schienen den Hasen auch zu sehen, ich war erleichtert, ging nach Hause und knallte mich zu.

»Ich bin ein totaler Suchtmensch«, das sagt sich so leicht. Klingt ja auch toll, so nach Manlebtnureinmal und Leben-am-Rand, waghalsig, LEBENSFROH. Aber das ist natürlich ein Missverständnis. Das sagen Leute, die an einer Bar eine Wasabinuss-Etagere von sich schieben, oh, nee, Suchtgefahr. Und nächtliches Schokoladeessen nennen sie SÜNDIGEN. Das ist natürlich total rührend, also lassen wir sie weiterreden: »Ich hatte immer Angst, dass es mir zu gut gefällt.«

Jaja, genau. Wer so spricht, möchte beides, möchte gesund bleiben und zugleich aufregend-abgründig erscheinen und charakterlich prädisponiert für den Ritt auf der Klinge.

Noch schlimmer nur die Drogenamateure, die dann, »sonst mach ich das nie«, ausnahmsweise mal intoxikiert, redselig und hyperemotional werden: »Und ich sag das jetzt echt nicht, weil ich breit bin.« Und dann sagen sie aber so allerlei (und zwar nur, weil sie breit sind). Der Fachterminus unter Nachtlebenprofis für diese Amateurgeschwätzigkeit lautet Cornern, man wird gecornert, also in die Ecke gedrängt und zugetextet, kein Entkommen. Unerträglich.

Der aus Süchtigenperspektive akzeptable Mittelbau, wenngleich eindeutig zweite Liga: Das sind Leute, die regelmäßig und ohne viel Tamtam Drogen nehmen, es aber IM GRIFF haben, was man daran erkennt, dass sie ein niedliches, den Ausnahmecharakter indizierendes TUWORT fürs Drogennehmen benutzen: FEIERN.

Der wirklich Süchtige hat das lange hinter sich. Was anderen Feier ist, ist ihm Normalität, formal feiert er durch, nur empfindet er dieses Suchtgeschufte keineswegs als Feier, es ist eine vollkommen autistische Veranstaltung. Zwar ergibt es sich, dass passager andere dabei sind, aber mit einer Sucht ist man immer ganz allein, egal, zu wievielt man ihr gerade nachkommt. Die echte Sucht ist ein ganz nach innen gerichteter Irrsinn. Je dichter, breiter, zuer, druffer ich war, desto stiller wurde ich nach außen, denn drinnen tobte der Krieg. Man hat so dermaßen zu tun mit Zähnemalmen, Blinzeln, Chancenlos-Gedankenfetzen-Verfolgen; Lichtsternchen bängen auf die Netzhaut, gern mal ein paar Stündchen gekrümmt und mit komplett angespanntem Körper in irgendeiner Ecke hängen, als sei es die Steilkurve einer Bobbahn. Da ist dann nix mehr mit Eitelkeit, Komplexen, Rollenerwartungen. Außen mag passieren, was will, die Party findet inwendig statt. Und endlich, endlich hat man Ruhe im Kopf, wiewohl es darinnen wütet, aber man muss nicht mehr denken, man ergibt sich einem chemischen Vorgang und schwebt, verlässt den nervigen Körper, das Rechenzentrum hängt das erlösende Schild an die Tür: Heute Ruhetag.

Alle zwei Tage kam mein Stammdealer vorbei und brachte mir fünf KÜGELCHEN, wie er sie nannte, kleine Plastiksäckchen mit jeweils einem Gramm Kokain, verschlossen, indem oben das Plastik zusammengedreht und mit einem Feuerzeug angeschmort war. Er transportierte die Kügelchen in seinen Tennissocken, ungefähr auf Knöchelhöhe. Erst wenn es dunkel war, wagte ich mich hinaus, ich war der festen Überzeugung, dass der gesamte Innenhof und alle anliegenden und umliegenden Wohnungen einzig mit mich beobachtenden Menschen bevölkert waren. Nachts nahm ich manchmal eine Tüte mit leeren Flaschen mit raus und legte sie vorsichtig in den Altpapiercontainer im Innenhof, zwar gab es auch einen Glascontainer, aber die Flaschen da hineinzuwerfen, das wäre zu laut gewesen, da hätte dann die gesamte HAUSGEMEINSCHAFT sofort gewusst, aha, jetzt schmeißt der Junkie seine Alkoholflaschen weg, jetzt endlich haben wir ihn und können die Polizei rufen.

Mein erster Weg führte grundsätzlich zum Geldautomaten. Manchmal nahm mich der Dealer das Stückchen in seinem Golf mit; er hatte mir erklärt, dass ein Profidealer ein möglichst unauffälliges Auto fahren müsse, nur die Amateurdealer hätten dicke Karren, und die seien immer die Ersten, die man dann für längere Zeit nicht mehr sähe. Am Geldautomaten hatte ich immer die allergrößte Angst, versehentlich – meine Hände waren ja ziemlich zittrig – statt auf »Auszahlung« auf »aktuellen Kontostand anzeigen« zu drücken. Ich wollte lieber nicht so genau wissen, wie lang das Geld noch reichte, denn ich hatte keinen Plan für die Zeit danach. Es war mir natürlich klar, dass ich seit geraumer Zeit viel mehr ausgab als einnahm und dass das nicht ewig so weitergehen würde. Dennoch verhielt ich mich so. Die suchtverlängernde Absurdität war ja, dass ich eigentlich überhaupt nichts mehr fertig bekam und also auch keinerlei neue Honorare in Aussicht hatte, aber dauernd Geld bekam für frühere Arbeiten und sogar für kommende, VORSCHUSS genannt, ein für Junkies fatal doppeldeutiges Wort und eine konkret lebensbedrohliche und jedenfalls existenzvernichtende Art, nicht nur das Vermögen auf den Kopf zu hauen, und zwar auf den eigenen, zu dessen unzweifelhaftem Schaden, sondern obendrein noch künftige Gelder.

Bevor ich den Vorraum der Bankfiliale betrat, wo die Geldautomaten und die (von mir natürlich gemiedenen) Kontoauszugsdrucker standen, überprüfte ich immer noch rasch im Autorückspiegel des Dealers oder in einer Schaufensterscheibe oder einer sich für diese Zwecke in meiner Jackentasche befindlichen CD, ob ich gerade Nasenbluten hatte oder mir Taschentuchfitzel oder Kokainbrocken oder eine Todesanzeige aus der Nase hingen, denn in diesen Filialvorräumen ist ja alles voll mit Kameras, und natürlich denkt man sich als Kokainparanoiker gleich ein nur auf das Nasenbluten wartendes Sondereinsatzkommando dazu, das nichts anderes zu tun hat, als nächtelang in einer POSTBANKFILIALE auszuharren, bis sie einen endlich erwischt hätten.

In dem bangen Moment zwischen Drücken der Wunschbetragszahl und dem Erleichterungssound des Banknotengeschnatters sah ich mich immer kurz gezwungen, zu bilanzieren, inwieweit das Konto noch zu Späßen aufgelegt sein würde, ich murmelte atheistische Gebete oder versuchte, mittels magischen Denkens den Automaten zur Geldausgabe zu überreden. Erst als Junkie begreift man, welch fundamentale Menschenkenntnis der Geldautomatenkonstruktion zugrunde liegt – dass zunächst die Karte wieder rauskommt und erst, wenn man diese entnommen hat, der Geldausgabeschacht sich öffnet. Sonst würde man wirklich jedes Mal die Karte dort vergessen.

Ich konnte irgendwann nur noch meine Kreditkarte benutzen, was unangenehm war, da jedes Mal noch eine Zusatzfrage den Vorgang verlängerte, ob es okay sei, dass das jetzt mindestens 4,95 Euro kostet, es aber auch abweichend mehr sein könne, geringstenfalls 1 % oder so. Und für mich fehlte da immer die Taste mit der Aufschrift: Mir ist alles scheißegal, her mit der Kohle und Schnauze.

Meine EC-Karte war zu diesem Zeitpunkt zerbrochen, weil ich sie zu häufig und zu ungeschickt als Kokainzubereitungswerkzeug verwendet hatte. EC-Karten eignen sich besser zur Kokainzerkleinerung, denn Kreditkarten haben ja so ausgestanzte Nummern und Buchstaben, da bleibt dann stets was drin hängen beim Zermörsern der Kristalle. Wobei das auch von Vorteil sein kann, denn wenn alle Vorräte aufgebraucht sind, kann man immer noch an der Kreditkarte lecken und kriegt ein paar bittere, zumindest den Mundinnenraum kurzfristig betäubende Brösel aus den Stanzen gelöst. Zwar sind dies keine Momente, in denen das Selbstwertgefühl Rekordhöhen erreicht, wenn man irgendwo zusammengekauert in einer Ecke liegt und seine Kreditkarte ablutscht, dennoch fühlt man sich kurz wie ein Gewinner, ah, da geht noch was, da ist noch was, und so lutscht man also frohgemut die Stanzziffern seiner Kreditkarte aus. Mit der Zeit verwischt davon die Kontrollunterschrift auf der Rückseite, was zu unschönen Kassiererblicken führen kann bei Bezahlvorgängen. Man hat in dieser Phase am besten nur noch mit Maschinen Kontakt, die sind irgendwie menschlicher.

Nach dem Geldholen ging ich immer in einen Imbiss, vegetarisches Falafel essen, meine einzige Mahlzeit in dieser Zeit, die Diät lief richtig gut. Meine Hosen rutschten mir dauernd runter, und ich musste mit dem Korkenzieher neue Löcher in meinen Gürtel stechen, was für einen Essgestörten ein Augenblick des Triumphes ist.

Vom Imbiss aus ging ich meistens ins Bordell. Ich gehörte bald zur Einrichtung, saß verlässlich jede Nacht stundenlang am Tresen und scherzte mit den Damen, fast alle nahmen ebenfalls Drogen, und wenn man welche dabeihatte, war man gern gesehener Gast. Wenn man keine dabeihatte, aber genug Geld oder eine funktionierende Kreditkarte, war das auch in Ordnung, dann wurden eben ein paar Drogenbeutelchen aus dem Tresor geholt oder aus dem Kronleuchter oder aus dem Dekolleté der Geschäftsführerin. Die hundertprozentige Klischee-Erfüllung war Teil des Zaubers. Es ging gar nicht vorrangig um Sex, das schon auch, aber ich liebte einfach die Atmosphäre dort, das war ja die Jörg-Fauser-Welt: Rotlichtbude/innen/Nacht. Außerdem hatten sie dort dieselben Arbeitszeiten wie ich.

MICH ZIEHT'S ZUM KIEZ

In meiner Sunset-Boulevard-Begeisterung besuche ich die Ausstellung »Rock&Roll Billboards of the Sunset Strip«. Fotografien all der riesigen Schallplattenwerbeschilder, die einst den Sunset Boulevard säumten, handgemalt anfänglich noch, das erste Musikbillboard überhaupt warb 1967 für die erste Platte der Doors. Angebracht war es direkt vor dem Chateau Marmont, nach Osten weisend, also in die aufgehende Sonne, die Zukunft, das waren die 60er-Jahre. So pathetisch formuliert es der Ausstellungskatalog, man kann es aber auch einfacher sagen: Das erste, das »The Doors«-Billboard, hing über dem legendären Getränkeladen Liquor Locker, den es immer noch gibt und von dem mir Helmut Dietl so oft erzählt hatte, und auch da, über den Schnapsladen, passten die Doors ja ganz gut hin.

Eines der Ausstellungsbilder zeigt ein Billboard, das für eine Platte von Elvis Costello wirbt, »This Year's Model«, auf dem Cover steht Costello hinter einer altertümlichen Kamera, das Billboard prangt auf einem Hochhaus, im Fotovordergrund überquert eine Dame den Sunset Boulevard, sie trägt Schlaghosen, was die Datierung erleichtert: Ende der 70er.

Ich muss, wie immer bei Costello, an Bret Easton Ellis denken, fotografiere das Bild und schicke Ellis per iMessage dieses Bild vom Bild. Dauert es sonst manchmal Tage, bis er antwortet, kommt die Antwort diesmal prompt, sie lautet »I love this pic«, aber da bin ich schon in Verhandlungen mit der Museumsleitung. Mir war ja klar, dass Ellis das Bild lieben würde, schließlich hat er zwei seiner Bücher nach Costello-Songtiteln benannt, und weil ich seine Bücher so liebe und Ellis wie alle wirklichen Genies den Eindruck vermittelt, gar nicht so genau zu wissen, wie viel er mit seinem Werk manchen Menschen geschenkt hat, folgte ich meinem Impuls, jetzt mal ihm ein Geschenk zu machen, einfach so: dieses Costello-Bild.

Kaufen kann man in Los Angeles wirklich alles, dieses Klischee stimmt absolut, und sobald sie die Kreditkarte durchs Lesegerät gezogen haben, sind sie hier sehr geschult darin, einem das Gefühl zu vermitteln, dieser Kauf sei eine unglaublich gute Entscheidung gewesen, sie erfinden dann immer kleine Geschichten, die die Laune heben und den gerade bezahlten Batzen vergessen helfen, in diesem Fall ging die Geschichte so: Von wirklich ausgerechnet nur diesem einen, dem Costello-Bild, habe der Fotograf zwei Abzüge machen und rahmen lassen, sei das denn zu fassen, ich hätte wirklich Glück, das sei schon einigermaßen unglaublich, genau dieses Bild und so weiter.

Ich schreibe Ellis, dass ich just das Foto für ihn gekauft habe, er antwortet mit einem der hier gebräuchlichen Standardübertreibungsadjektive: awesome.

Zurück auf dem Sunset Boulevard, fällt mir jetzt, nach Besuch der Billboardausstellung, erstmals auf, dass ja wirklich überhaupt keine Musikwerbung mehr zu sehen ist. Noch immer gibt es riesige Billboards am Sunset-Saum, aber natürlich werben sie nicht mehr für Platten, es gibt ja gar keine Platten mehr. Die heutigen Billboards werben für Mode, Parfüm, Alkohol, Kinofilme – und natürlich Fernsehserien, mindestens jedes zweite Billboard wirbt für eine dieser supertollen Serien. Mit den supertollen Serien ist es ja genauso wie mit der Musik: Man möchte eigentlich nichts Neues kennenlernen. Als Partygesprächsthema sind nur die angenehm, die man selbst auch kennt. Wahnsinnig mühsam ist es hingegen, neue supertolle Serien nahegelegt zu bekommen, es sind einfach viel zu viele gute. Man selbst will ja auch immer mit den Serien, in die man sich aktuell vertieft hat, andere missionieren. Und hört sich selbst also diese eine, wirklich ganz besondere Serie anpreisen und weiß – es funktioniert so nicht. Ganz toll, spielt im Mittelalter, spielt in den 60ern, spielt in der Zukunft, im Kräutergarten des Weißen Hauses, in der Umkleidekabine einer Fischfabrik, unter der Erde, auf dem Mars, blablabla.

Sehr gute Dialoge.

Ach echt, ja? Muss ich wohl mal reinschauen.

An der Einfahrt zum Chateau Marmont ragte viele Jahre ein Billboard mit dem Marlboro-Mann in den Himmel. Aber damit, mit dem Marlboro-Mann, ist es natürlich auch längst vorbei. Wie war das noch, ist nicht der Marlboro-Mann ironischerweise an Lungenkrebs gestorben? Eines meiner Lieblingswörter der letzten Jahre, auch anwendbar auf das Recht zur Selbstzerstörung: Verschmutzungsrechte.

Im Chateau Marmont darf man noch rauchen, im Gartenrestaurant allerdings nur hinter diesem seltsamen schwarzen Duschvorhang, wo Courtney Love sich so verblüffend unähnlich sah, und sie nähert sich der Null auch in finanzieller Hinsicht, so ist zu erfahren, erneut wurde eine Rate von Courtney Loves Hotelschulden abbezahlt, diesmal 14 000 Dollar, aktuell hat sie demnach also bloß noch 55 000 Dollar Schulden beim Chateau Marmont. In den Gartenbungalows des Hotels darf man sogar im Zimmer rauchen. In meiner Badewanne bin ich der Marlboro-Menthol-Mann. Auf dem Billboard, auf dem der Marlboro-Mann einst verwegen sein Lasso schwang: Werbung für Apple Music. Ragt, in einem Wald aus Zeichen, genau hier also jeweils gegenwartsangepasst das EMBLEMATISCHE Motiv der westlichen Welt in einen leer gefrühstückten Himmel? Und der Himmel selbst ist jetzt der universelle TONTRÄGER, alles in der Luft, immer da und nie zu fassen, sämtliche Musik in der Wolke, immer mit uns, ungeheuer oben.

Das große Billboard, auf das ich sowohl von meinem Bett als auch von meinem Schreibtisch direkte Sicht habe, ist auf Jahre von Gucci gemietet, übergroße, wahnsinnig hübsche Frauen blicken in mein Bett und auf meinen Schreibtisch, wo genau sie hingucken, weiß man bei denen ja nie. Aber es ist schön, dass sie da sind, wenigstens irgendein vertrautes Gesicht hier in der Fremde, und ich bin weiß Gott morgens schon hässlicher angestarrt worden. Oder wie Udo in »Leider nur ein Vakuum« singt:

Normalerweise läuft das sehr gut, doch manchmal
gibt es auch 'ne Pleite
Dann wacht er morgens auf, und Lady Horror
liegt an seiner Seite

Als das Gucci-Billboard kürzlich mal wieder ausgewechselt wurde, von einer Sonnenbrillen-Frau zu einer Handtaschen-Frau, fotografierte ich manisch seriell jeden Detailschritt dieses Vorgangs, zwei Männer mit Helmen zurrten da herum – und ich dachte: Warum sehe ich den Plakatwechsel mit Ungeduld?

Es ist nun schon das vierte Gucci-Motiv in diesem Jahr, das ich hier bezeugen kann, und ein ziemlich verkommener, ein richtiggehender Hollywood-Hinweis auf das dahingehende Jahr, sind doch die Jahreszeiten hier keine so dramatischen Naturspektakel, und es mutet einem auch nicht wie zu Hause jeder einzelne Baum übers Jahr hinweg eine so aufdringlich symbolhafte und ja immer auch bedrückende Vanitas-Show zu. Hier ist alles immer grün und hell, und wenn die Gucci-Reklame ausgewechselt wird, sind schon wieder drei Monate vergangen.

Frühling: Alisa Ahmann (*1. Mai 1994 in Göppingen); entwirft Yogakleidung und arbeitet an einem veganen Kochbuch.

Sommer: Malgosia Bela (*6. Juni 1977 in Polen); Model, ausgebildete Pianistin und studierte Kulturanthropologin. Bleibt dank langer Spaziergänge mit ihrem Labrador fit (Die Zeit).

Herbst: Roos Abels (*23. September 1999 in Holland); ihr Auftreten bei der Mailänder Fashion Week im Alter von nur 14 Jahren löste weltweit Debatten über ein Model-Mindestalter aus. Sie träumt von einem Haus mit Rutsche, die in den Swimmingpool führt.

Winter: Kadri Vahersalu (*1991), estnisches Model mit Iris-Heterochromie, mag japanische Pfannkuchen; Madison Stubbington (*1997), glaubt an die heilende Wirkung von Tagebüchern; Nick A. Shaw (*1995), Halbschwede, studierte Kommunikationswissenschaften. Seiner Mutter gehört die Eisladenkette Greenfield Ice Cream.

Es ist das stressigste Motiv bislang, viel zu viele Leute drauf, drei!, fast so was wie Handlung. Komme darüber ins Gespräch mit einer Frau am Pool, die gerade über Michel Foucaults LSD-Trip im Death Valley forscht und auch über das Gucci-Billboard, dessentwegen sie den Chateau-Garten »Gucci Beach« nennt. So werde auch eines der Kapitel heißen in ihrem ersten Roman, dessen Titel jedenfalls sie schon mal hat: »Places I've Never Been With People I Don't Know«. Sie sagt, sie habe seit ein paar Jahren zwei Sachen besiegt und für sich abgeschafft: Hunger und Älterwerden. Seither gehe es ihr immer gut; nachts mache sie volltrunken Yoga, das könne sie nur jedem empfehlen. Auch ihr ist das mit drei Leuten da wirklich zu voll momentan auf dem Gucci-Billboard. Das nächste Motiv, so habe sie gehört, sei gerade fotografiert worden – und zwar in Berlin, in Christiane-F.-ÄSTHETIK. Aber jetzt gehe sie erst mal mit ihrer Freundin aus London zum L.A. Gun Club, sie wollen endlich mal mit einem Gewehr schießen. Sie glaube, dass sie darin ziemlich gut sei.

Abends bringt sie eine durchlöcherte Schießstandkarte vorbei, viele Löcher in einer Torsoskizze. Die Sonne geht gerade unter.

Ich (in morgenschmaler Sinatra-Geraune-Stimmung): Du zielst auf den Kopf und triffst das Herz.

Sie: Ich treffe beides.

Als der Maler Richard Phillips vor ein paar Wochen hier war, hat er eigentlich die ganze Zeit nur über das Gucci-Plakat geredet, auch von seinem Zimmer hatte er beste Sicht darauf, und er empfand es als das ultimative Gemälde und überlegte, es abzumalen.

Wie auch Bret Easton Ellis hatte Richard Phillips hier in Los Angeles, und wo denn auch sonst, einen Film mit Lindsay Lohan gedreht, und er sagte, diesmal könne er sich nicht mit ihr treffen, nach einer ZUSAMMENARBEIT mit Lindsay Lohan brauche man eine Weile Pause von ihr, sie sei dann doch sehr »intense«. Ellis hatte sich ähnlich eingelassen, Lohan sei in Brets und Todds Schlafzimmer verschwunden und Todd sei völlig paranoid geworden, weil das so lange dauerte, er glaubte, sie wollte da rumschnüffeln, vielleicht Brets Xanax klauen, aber in Wirklichkeit habe sie wohl nur koksen wollen, keine große Sache. Natürlich nicht; mich freut es immer, wenn die Vorstellungen, die ich so durchs Boulevarddrecklesen von Berühmtheiten habe, zuzutreffen scheinen. Wenn es eben nicht raunend heißt: privat ganz anders.

Und Ellis, der große Angstverbreiter der amerikanischen Gegenwartsliteratur, vertraut also dem Angstlöser Xanax, denn die Ängste, die seine Texte enthalten und auch schüren, diese Ungemütlichkeit, diese Risse in der Schönheit, all das ist ja kein »Thriller«-Video-Mummenschanz, sondern real. Ellis blickt seine Umwelt und die Gegenwart, UNSERE ZEIT, ja nur deshalb so kühl an, weil sie selbst sich ihm genau so zeigt, sie hat damit angefangen!, seine Textbrutalität ist Erwiderung, Notwehr und Aufklärung.

Richard Phillips ist längst zurück in New York, als ich ihm meine Fotoserie vom neuerlichen Gucci-Bildwechsel schicke. Er ist, wie ich, vom neuen Motiv enttäuscht, das vorherige, so Phillips, sei das beste gewesen. Und so ist es ja immer: Gerade hatte ich mich an das mit der Sonnenbrillenfrau gewöhnt, nachdem ich das vorvorherige, das von einer metallic grünen Bluse gehandelt hatte, eine Weile lang vermisst und als schöner empfunden hatte. Veränderungen, wer mag die schon.

Vor etwa zwei Jahren war sogar mal ein MANN auf dem Gucci-Billboard plakatiert, es war der Schauspieler James Franco, der sich für eine Saison als Gucci-Model verdingt hat, am Steuer eines VINTAGE-Autos sitzend, Smoking, Fliege, ZIEGENBART, ernst in die Nacht schauend. Zwei Jahre früher und James Franco also hätte ernst vom Billboard auf meinen Schreibtisch und in mein Bett geschaut, wobei es zu jener Zeit SEIN Schreibtisch war und SEIN Bett, er hat sich also selbst angeschaut, denn damals wohnte Franco in diesem Zimmer, in dem jetzt seit einem Jahr ich wohne, Francos HAUS IN DEN HILLS wurde renoviert, und deshalb musste er neun Monate hier in meinem Bett schlafen.

Heute kommt er zurück. In meinem Zimmer warten: 20 deutsche Gewinner eines Coca-Cola-Gewinnspiels, vorwiegend Teenager. Sie haben ein MEET & GREET mit James Franco in Hollywood gewonnen. Ein Freund von mir ist mit der Durchführung betraut, und ich habe mein Zimmer als Schauplatz angeboten.

Wir warten nun schon länger als eine Stunde auf James Franco, die Frau von Coca-Cola sagt: So ist das in Hollywood.

Ein dicker Junge mit Zahnspange fragt mich, ob er sich in meinem Schlafzimmer kurz umziehen könne, er habe mittags gekleckert, »die Burger sind ja hier so riesig«. Er kommt zurück in einem von James Franco DESIGNTEN James-Franco-T-Shirt, auf dem James Franco gleich zweimal abgebildet ist, samt James-Franco-Unterschrift. Viele der Kinder tragen dieses graue James-Franco-T-Shirt, war wohl Teil des Gewinnpakets.

Als Universalgenie bringt James Franco natürlich – nebenbei – auch dauernd rätselhafte Kunstbücher raus, demnächst, so war zu lesen, ausgedachte und echte Konversationen mit Lana Del Rey. Wobei ja die gute Nachricht ist, dass es Lana Del Rey dann wirklich geben muss. Wenn es denn James Franco wirklich gibt. Immer noch nicht da. Er habe noch ein »wichtiges Gespräch im Garten«.

Zur Überbrückung lege ich das neue ALBUM von Lana Del Rey auf und erkläre den Kindern, was ein Album ist und dass nämliche Lana Del Rey ihr erstes Hitvideo hier im Chateau-Marmont-Garten gedreht habe und das Hotel in etwa sechs ihrer phlegmatisch sexualisierten Duftkerzenlieder Erwähnung finde.

Die Frau von Coca-Cola bittet mich, besser das Lana-Del-Rey-Album auszumachen, das fände Franco, der jetzt gleich WIRKLICH käme, sonst vielleicht seltsam.

Die Kinder haben sich auf dem Hinflug ein paar Fragen an James Franco überlegt und sie auswendig gelernt. Ich höre sie ab, denn Zeit haben wir ja. Die Fragen sitzen. Also erzähle ich den Kindern meine Frage an James Franco: Was ist nun wirklich mit ihm und Lindsay Lohan auf MEINEM Sofa passiert? Einer KURZGESCHICHTE zufolge nämlich, die der selbstverständlich selbst auch LEHRENDE Übermensch Franco geschrieben hat, habe Lindsay Lohan oft bei ihm nachts hier geklopft und auf diesem Sofa geschlafen, nicht aber mit Franco. Die Hotelmitarbeiter erzählen einem allerdings anderes. Die Coca-Cola-Frau sagt, ich solle das auf gar keinen Fall fragen.

Es klopft, »Hi, guys« – James Franco. Er sieht sich verblüffend unähnlich, nicht dieser Denkerblick vom Billboardmotiv, auch nicht die selbsttrunkene Pose seines Abbilds auf den T-Shirts der Kinder. James Franco sieht sympathisch durchgefeiert aus, trägt Jeans, Schirmmütze und T-Shirt, in dessen V-Ausschnitt eine Sonnenbrille steckt. »The Long Home« steht auf seiner Mütze. Ich gehe immer nach Hause, fällt mir dazu ein, immer zu meines Vaters Haus, Novalis – und natürlich Supertramp: »Take the Long Way Home«. Aber all das sage ich jetzt lieber nicht, sonst macht James Franco daraus gleich wieder einen Kunstfilm, einen Gedichtband und eine Ausstellung.

James Franco setzt sich auf mein Sofa, die deutschen

Gewinnspielkinder sitzen im Stuhlkreis und sehen nun, wie James Franco sein iPhone auf seinem Oberschenkel ablegt, »Play« drückt – und es erklingt aus James Francos iPhone: das neue Album von Lana Del Rey. Er lässt es komplett durchlaufen, während der gesamten Meet & Greet-Stunde.

Die Kinder stellen ihre vorbereiteten Fragen, wie IST das denn so als Schauspieler und so, vor allem aber wollen sie SELFIES mit James Franco machen und sich ihre James-Franco-T-Shirts auch IN ECHT von James Franco unterschreiben lassen.

Ein Mädchen schenkt James Franco eine schwarze Strickmütze, die habe sie in einem Einkaufszentrum in Oberhausen gefunden und gedacht, das passe, weil doch James Franco, genau wie sie selbst, so wahnsinnig Instagram-süchtig sei.

Die weiße Schriftbestickung auf der Mütze: #selfie

Franco: Oh, nice.

Und legt die Mütze zur Seite.

Als James Franco aufbricht, er müsse jetzt los, irgendwo eine AUSSTELLUNGSERÖFFNUNG (seiner eigenen Kunst, natürlich, James Franco malt natürlich AUCH; sein zweiter Akt nach »Spiderman«: ERNST ZU NEHMENDER, zumindest von sich selbst sehr, sehr ernst genommener KÜNSTLER!), ziehe ich ihn mit sogar mir selbst aufgesetzt und unangemessen vorkommender, mannhafter Gastgebersouveränität kurz zur Seite, James, unter uns, auf ein Wort! Ich hatte gelesen, dass er damals, als er hier wohnte, nachts AUFS Gucci-Billboard geklettert ist. Also frage ich ihn, ob er mir zeigen kann, wie man da hochkommt. Some Spiderman-Moves!

Kann er: Wir steigen auf das Ziegeldach des letzten Chateau-Marmont-Bungalows unterm Billboard, balancieren auf dem Dachfirst entlang bis zu dem wuchtigen Pfeiler, an dem das Billboard angebracht ist. Unter unseren Füßen kracht es an ein paar Stellen, die Ziegel sind morsch, einige brechen. Am Pfeiler angekommen, sagt Franco, genau dies sei die Stelle, an der der Dachfirst dem Billboardsims am nächsten sei. Vom Sims stehen waagerecht ein paar Eisenstangen ab, an denen die Billboardbeleuchtungsscheinwerfer angebracht sind. Hier jetzt einen Klimmzug und du bist oben, sagt Franco, er selbst müsse jetzt aber leider los, die Kunstausstellung.

Die Kinder sind weg, James Franco ist weg, in meinem Zimmer stehen sehr viele leere Coca-Cola-Flaschen.

Hier jetzt einen Klimmzug. Es klappt. Ich bin auf dem Billboardsims, setze mich hin, die Scheinwerfer blenden, ich sitze unterm Gucci-Schild.

Endlich Perspektivwechsel: Da rechts ist mein Schreibtisch, mein Bett, geradeaus der VERWUNSCHENE Garten; und links, just, da die Nacht hereinbricht, illuminiert von all den schönen Neonschildern – der Sunset Boulevard.

Verdammt, jetzt fällt es mir ein, da James Franco schon fort ist, er hat doch mal in einem Film Allen Ginsberg gespielt, und in dessen GEGENKULTUR-Urschrei »Howl« ist das Schlussbild der, nach einer ODYSSEE zu Wasser und dann zu Lande, in Tränen aufgelöste Gedichtadressat an des Erzählers Cottagetür angelangt. Und UNSER Zimmer, James, hatte ich fragen wollen, um ihm eine Anmaßungsfalle zu stellen, ihn zum Lachen zu bringen und unsere vollkommen ausgedachte und von mir überwertig demonstrierte, von James Franco selbst wohl aus Ihmdochegalgründen gar nicht begriffene Scheingemeinsamkeit endgültig überzustrapazieren: James, das ist doch unser Cottage, unser Lied!

Vergessen, Mist. Aber James Franco wirkte auch nicht sehr gesprächsinteressiert, sitzt man halt eine Stunde vertragsgemäß mit so Coca-Cola-Kindern rum, erduldet die Selfie-Verpflichtung – und dann schnell weg, nice to meet you.

Ich schaue auf mein Telefon; anders als im Zimmer ist auf dem Billboardsims das WLAN des Chateau Marmont gut zu empfangen. Mir fällt die Schlusssequenz der Finalfolge von

»Mad Men« ein, die ja Bret Easton Ellis als INTERESSANT ENTTÄUSCHEND empfunden hatte, und so muss das Lied zur Situation (Schneidersitz, nach Westen schauen, Sonnentheater, Coca-Cola) natürlich der »Mad-Men«-Schluss-Song sein:

I'd like to teach the world to sing in perfect harmony
I'd like to hold it in my arms and keep it company

WENN'S DRAUF ANKOMMT

Noch kam Geld aus der Wand, aber eben fast jeden Tag, und ewig ging das so gewiss nicht weiter. Im von mir als schlechtestem Produktmanager aller Zeiten vermasselten eigentlichen Superhit »Du musst zu Hause sein« sang Niels Frevert:

Es gibt kein Bargeld mehr, keine neuen Scheine aus der Wand.

Mir fielen die kleinen schwarzen Stabtaschenlampen ein, bedruckt mit der Refrainzeile »Du musst zu Hause sein, wenn es dunkel wird«. 500 Stück hatte ich davon machen lassen und sie den Vertretern mit auf ihre Produktanpreisungsreisen zu Plattenhändlern gegeben, die die dazugehörige Platte zwar leider nicht, die Stabtaschenlampe aber gern nahmen. Schade, dass ich keine aufbewahrt hatte. In meiner dunklen, lichterlosen Wohnung (beide Birnen der Stehlampe waren mittlerweile durchgebrannt) wäre eine Taschenlampe jetzt sehr nützlich gewesen.

Ich schrieb, wenn überhaupt, nur Unsinn. Das war natürlich Berlins Schuld. Also bat ich meine Schweizer Agentin, mir ein Schreibquartier in Irland zu besorgen, in Irland funktionierte das Buchschreiben doch erwiesenermaßen, war schließlich erst vier Jahre her, dass das geklappt hatte, ich war mir sicher, Irland sei die Lösung. Gut für Berlin, denn so konnte ich dort, bis ein Schreibquartier in Irland gefunden wäre, erst mal weiterrecherchieren. Was eigentlich genau? Ich hatte in der Schwarzwaldklinik einen neuen Buchvertrag unterschrieben, doch sollte man in solchen Kliniken besser nichts die Zukunft Betreffendes unterschreiben (Ausnahme: Labor-Untersuchungsformulare), erst recht nicht, wenn man Medikamente einnimmt, deren Beipackzettel warnen, man sei damit nicht befähigt, ZUGMASCHINEN zu manövrieren. Denn ist nicht ein Buch zu schreiben genau das? Nein. Aber es hilft beim Schreiben doch, alle Sinne beisammenzuhaben und alle Tassen im Schrank – zumindest aber Lampen in der Wohnung.

An der überschaubaren Aufgabe, einen kleinen Begleittext für meine »Autodiscographie« zu verfassen, war ich grandios gescheitert, hatte etwa 600 Dokumente in dieser Angelegenheit gespeichert, eine wissenschaftliche Abhandlung im Grunde, nur eben leider nicht fertig geworden. Wann immer es mir zu unübersichtlich wurde in einem Dokument, öffnete ich ein neues, angenehm leeres – und weiter ging's. Musik, Erinnerung, Lieblingsplatten, Biographie als Discographie, Musikprägung und Fanausbildung, endlich konnte ich das mal alles, alles ergründen und beschreiben, was war das doch für ein ergiebiges Thema. Kokaintypisch uferte die Sache aus, nicht einen einzigen Satz konnte ich sauber mit Subjekt, Prädikat, Objekt nach Hause fahren, immer noch ein Einschub; auch Semikola und Klammer auf liebt der Kokainist (kein Satz wird je beendet; gleichsam mit den Wahrnehmungspforten immer noch eine Klammer auf (und nie wieder zu)). Ich watete durch Papierwanderdünen, die den Holzfußboden dieser ehedem schönen Wohnung komplett bedeckten und allmählich zu unwegsamen Gebirgszügen emporwuchsen, Papiere, Bücher, Zeitungen, CDs und Müll, es gab kleine Trampelpfade vom Bett zum Fernseher, zum Klo und zu meinem in dieser Zeit wirklich zu Unrecht sogenannten Schreibtisch.

Die nächste Wahnidee, die mich heimsuchte, war eine Mischung aus instrumenteller Kapitulation und Erlösungsphantasie: Wenn ich selbst offenkundig nicht mehr in der Lage war, meine Existenzexperimente schriftlich festzuhalten, wäre es dann nicht sehr, sehr sinnvoll, jemand anderen damit zu betrauen, vielleicht einen Dokumentarfilmer? Wie hieß es bei Kippenberger, »Heute denken, morgen fertig«, und dies fortdenkend, so ich zu mir selbst, müsse der Leitsatz für mich fortan lauten: Heute gemacht, morgen verstanden. Ich fing an herumzutelefonieren. Irgendwer hätte mir, Monate zuvor schon, einfach mal mein Telefon wegnehmen sollen, bis ich wieder bei Sinnen wäre.

Wenn ich nachts aus Versehen mal Freunden oder Bekannten über den Weg lief, was ich, so gut es ging, vermied, bedrängten sie mich mit unangenehmen Diagnoseblicken und Empfehlungen, was ich ihnen – natürlich – sehr übel nahm, denn ich wollte ja genau so weitermachen. Irgendwann aufhören, klar, das Zeug bringt dich um und so, aber ja jetzt noch nicht.

Die schon bald darauf beginnenden Dreharbeiten hingegen waren ja ein PROJEKT, da musste ich meine Drogenabhängigkeit nicht verbergen, im Gegenteil, da sollte sie ja ausgestellt und dokumentiert werden, wäre doch meine Drogenabhängigkeit der erste Akt dieses Films, und dieser erste Akt müsste natürlich detailreich dargestellt werden, so in etwa meine Selbstrechtfertigung, ruhig noch ein Weilchen so kaputt weiterzumachen. Mir fiel wieder das Fitzgerald-Zitat ein: »There are no second acts in American lifes.« Diese mich auf einer Nebentonspur im Zwischengedächtnis seit einiger Zeit begleitende, wenn nicht verfolgende Sentenz stammt, wie Arne mir erläutert hatte, aus den nachgelassenen Notizen zu Fitzgeralds letztem Roman »Die Liebe des letzten Tycoon« (unvollendet! Kokain? Fast: Benzedrine, Alkohol und Zelda). In welchem Akt aber befand sich der Held meiner Autobiographie jetzt? War es eine amerikanische Biographie oder eine deutsche? Ein klassisches Drama? Also fünf Akte, indessen Fitzgerald folgend: minus den zweiten = vier? Oder nur drei, wiederum ohne zweiten, folglich nur zwei? Wie viele Akte galten noch gleich als klassisch und warum? Und was würde das für mich bedeuten? Und schon hatte ich wieder eine Fragestellung, mit der ich im Vollwaschgang durch die Suchmaschinen wirbeln konnte. Ich fand so allerlei, ein Zitat von Truman Capote zum Beispiel, dem man ja in Fragen der Biographieverwüstung mindestens so sehr vertraut wie Fitzgerald: »Das Leben ist ein mittelmäßiges Theaterstück mit einem schlecht geschriebenen dritten Akt.« Kombinierte man Fitzgerald mit Capote, ginge es also ganz gut los im ersten Akt (dann hätte ich den mal auf jeden Fall schon hinter mir) – und der runterziehende dritte wäre dann der eigentlich zweite und jedenfalls letzte Akt. Ah ja. Dann müsste also in diesem Dokumentarfilm eventuell mit Rückblenden gearbeitet werden für den ersten Akt – für den letzten würde man aktuelles Material verwenden können.

Vorher würde ich allerdings schnell noch meine jeglicher Buchstabierbarkeit entglittene ABHANDLUNG abschließen müssen, die ursprünglich bloß ein Seitchen in einem CD-Booklet hatte werden sollen, NEBENWERK!, sich mittlerweile jedoch ausgewachsen hatte zu einer unvollendeten und sinnlos weiterwuchernden Sinfonie der Kleinstadt und kokainistischen Multimedia-Oper. Ich hatte jede Menge Material, Notizen, Gesprächsmitschnitte, Musikcollagen, Bilder, Tausende Gedankenfetzen, mitunter gut anfangende und dann aber im Interpunktionsirrsinn versandende Sätze – nur leider keinen Text. Ich gab auf und ersuchte die Plattenfirma, sich aus all diesem Zeugs irgendwas zusammenzusetzen, Cut-up, Beat, das sei doch total schlüssig, ich hätte irgendwie KEINEN ABSTAND mehr zu dieser STOFFSAMMLUNG.

Derweil hatte meine Schweizer Agentin ein KÜNSTLERHAUS in Irland für mich aufgetan, dort würden Schriftsteller, Maler und Musiker gemeinsam für einige Monate wohnen, jeder hätte ein Zimmer und arbeite an seinem Kram, drum herum werde zusammen gekocht und so weiter, es sei auch gar nicht teuer.

Völlig hinüber, mehrfach den Flug verpasst, was aber egal war, weil Ryanair, flog ich irgendwann tatsächlich nach Irland und kam dort, im KÜNSTLERHAUS, erst mal ein paar Tage runter. Als zwischendurch versehentlich in Berlin Gestrandeter und jetzt gerade – wo noch mal? – in Irland, richtig, Irland war das hier wohl, seit einem Jahr aber überzeugter GESINNUNGSSCHWEIZER, las ich in der Max-Frisch-Gesamtausgabe herum (so packt ein Kokainist Koffer: Gesamtausgaben! Von allem immer zu viel) und dachte, jetzt schreibe ich einfach auch so ein Buch. »Dies ist ein aufrichtiges Buch, Leser.« Montaigne, richtig, die »Essais«, die hatte ich mir auch mehrfach gekauft, in allen Quartieren lagen die herum, die Texte waren ja angenehm portioniert, zwar immer noch zu lang für einen chronifizierten Ideenflüchtling, aber ich schaute immer wieder mal rein, ein paar Zeilen, die mich auf eine Idee brachten, von der ich mich alsdann hinforttragen ließ. In Zürich hatte ich mir sogar das Hörbuch gekauft, von Otto Sander gesprochen, dessen angenehme Märchenonkel-und-Theken-Stimme mich nachts oft hatte beruhigen können, einigermaßen, wenn keinerlei Musik mehr erträglich gewesen war und sogar die sanftesten Chopin-Klänge mir einen Schrecken eingejagt hatten, das asthmatische Mitgesumme Glenn Goulds erst recht, totale Stille aber auch nicht auszuhalten war.

Ein aufrichtiges Buch. »Ein Mann hat eine Erfahrung gemacht, jetzt sucht er die Geschichte seiner Erfahrung.« Ja, genau, dachte ich und klappte meinen Computer auf.

Es war natürlich die totale Hölle. Kochende, ja GEMEINSAM kochende KÜNSTLER, das ist der totale Albtraum. Und wenn diese gemeinsam kochenden Künstlerkünstler dann abends nach dem Essen noch beisammensaßen, einander interessiert anguckten, scheinfröstelnd einen TEEBECHER beidhändig umklammernd, ein Bein GEMÜTLICH angewinkelt unterm Po, an den Füßen gummigenoppte STOPPERSOCKEN, und Rechenschaft über ihre am Tage erreichten künstlerischen Fortschritte ablegten, ging ich rasch in mein Zimmer, kotzte das Abendessen wieder aus – und dann setzte ich mich vor den Computer und überlegte, wie das wohl geht, Schreiben. Hatte ich ja so lang nicht gemacht. War ganz schön anstrengend. Den für den von mir nun rasch mal zu schreibenden Roman vorgesehenen Ordner nannte ich »Irrland«, und das war mal auf jeden Fall richtig.

Ich konnte nur schlecht schlafen, die ersten Tage und

Nächte hatte ich praktisch durchgeschlafen, weil ich in Berlin dazu nicht gekommen war, zum Schlafen, gab ja immer so viel zu tun, und Schlafen kann ich schließlich, wenn ich clean bin. Das war ich jetzt, wider Willen. Vielleicht müsste ich erst noch ein paar Erfahrungen machen, bevor ich die Geschichte dazu fände und diese aufschreiben könnte.

Nach wenigen Tagen im irischen Künstlerhaus fehlte mir das Kokain doch sehr, ich lag nachts wach, zu müde zum Schlafen, auch beklemmte mich diese dummkunstfördernde Naturabgeschiedenheit, außerdem war mein Beinkitzeln zurückgekehrt, intensiver denn je. Als ich verzweifelt in meinem KULTURBEUTEL rumrührte auf der Suche nach irgendwas, das wirkt, egal wie und was, Hauptsache, stark, da fiel mir auf, dass ich mein Antidepressivum ZU HAUSE vergessen hatte, weil natürlich meine Abreise wie immer nicht anders als ÜBERSTÜRZT hatte genannt werden können. Vielleicht deshalb diese absolute Niedergeschlagenheit? Wenn ich noch in irgendwas Vertrauen hatte, dann in Chemie. Und die fehlte jetzt völlig. Ich bekam einen Rappel, buchte schnell einen Billigflug nach Berlin, die Medikamente holen war der Plan, ich ließ mein gesamtes Gepäck, sogar meinen Computer, in der Künstlerhölle zurück, denn ich glaubte ja wirklich, dass ich zurückkehren würde. Hat sich dann aber nicht ergeben.

Ich war zurück in Berlin und machte weiter, alles macht weiter, ach, Brinkmann, die Zeichen in den Maschinen, die Autoindustrie, die Rock&Roll-Sänger. Die Geschichtenerzähler? Bis auf mich. Ich machte nur weiter mit meiner Drogenabhängigkeit und befand mich also weiterhin im ersten Akt – sowohl der amerikanischen Biographie als auch des Dokumentarfilms, dessen Ausgang ja völlig offen war und angeblich in meiner Hand lag: also Friedhof oder, wie wir Produktmanager sagen, Comeback.

Regelmäßig, weit nach Mitternacht, wenn ich mich in der

Lage fühlte, zu telefonieren, schliefen natürlich die Menschen, mit denen ich eigentlich hätte sprechen müssen, diese blöden Leute halt, Freunde und Familie, die mich so nervten mit ihren besorgten Stimmen. Mit Louie sprach ich manchmal, er war selbst häufig nachts unterwegs, legte hin und wieder in einem kleinen Club Platten auf, und wir telefonierten dabei, beide ordentlich hinüber, Louie rief immer an, wenn er ein Lied von Udo spielte, und er spielte jedes Mal ein Lied von Udo, mindestens eins.

Bruder, ich spiel Udo, sprach er dann ins Telefon, etwas undeutlich, VERWASCHENE AUSSPRACHE, wie das in den Aufnahmebogen der Kliniken genannt wurde, wenn ich da jenseits aller guten wie bösen Geister eingecheckt war. Aber ich hörte ja im Hintergrund Udo singen und wusste also, wir sind unter uns, Louie, die Udo-Platten und ich. Wir überlegten dann gemeinsam, welches Udo-Lied als Nächstes gut wäre, oft ließ Louie einfach eine ganze Udo-Platte durchlaufen, wir sangen mit, und wenn im Hintergrund sich mal irgendein Clubbesucher beschwerte bei Louie, dass es jetzt mal reiche mit Lindenberg, störte uns das nicht. Bruder, ich lass jetzt einfach die ganze »Ball Pompös« durchlaufen, sagte Louie beispielsweise, und wir sangen sie durch und fühlten uns etwas weniger allein:

Honky-Tonky-Show, und abends läuft die Honky-Tonky-Show
Er geht in die Madman-Discothek, da soll die große Action sein
Riskante Spiele, die er spielte

In einer dieser Nächte mit Telefonschaltkonferenz in den von Louie mit einem Udo-Exzess beschallten Club rief ich anschließend euphorisiert bei Udo an. Auch der war ja vor allem und eigentlich nur nachts gut zu erreichen.

Ich schwärmte wirr ins Telefon, erzählte Udo, wie Louie und ich seit einiger Zeit nur noch seine alten Platten hörten und dass mich schon als Kind das Lied »Sie ist 40« so berührt hatte, wiewohl dies ja nun alles andere als ein Kinderlied sei, aber gerade deshalb und so weiter.

Udo klang zurückhaltend, freundlich, aber noch immer leicht misstrauisch, auch wenn der Kalte Krieg zwischen uns beendet war. Ich hatte ihn in letzter Zeit ein paarmal nachts angerufen, ich hatte in diesem Jahr so viele Udo-Platten gehört wie zuletzt in meiner Kindheit, war also, auch was das anbelangt, VOLL IM STOFF. Meine Udo-Liebe war eigentlich das Einzige, was in diesem Jahr wieder bergauf gegangen war. Ich beeilte mich, Udo zu versichern, dass ich das alles ernst, wenn nicht gar todernst meinte.

Aha, aha, »Sie ist 40«, sagte Udo, klar, das war 'n starkes Ding damals. Sie isst Pfirsich, ne?

Das schien mir der beste jemals auf Erden gemachte Witz, Sie isst Pfirsich statt Sie ist 40, und um ihn nicht zu vergessen, diesen Witz aller Witze, wollte ich ihn rasch notieren, da aber der Weg zu meinem Schreibtisch mittlerweile eigentlich nur noch mit einer Planierraupe zu schaffen war, schrieb ich diesen Udo-Witz mit Edding an die Wand. Falls ich hier irgendwann ausziehen würde (aber wie bloß – und wohin?), müsste sowieso ein wenig renoviert werden.

Udo erzählte, dass er in ein paar Tagen nach Berlin käme, kleine Party, danach mit dem Sonderzug nach Magdeburg und so, Frustmauer durchbrechen, ne?

Ich verstand kein Wort, freute mich aber sehr.

Ein paar Tage später, in einer Berliner Hotelbar, es ging ganz gut zur Sache, Udo trank damals noch, alle anderen waren auch recht heiter, ein Udo-typischer Mix aus Versehrten aller Art, die ihn immer umgeben und jedes Hotel sofort in eine Villa Kunterbunt verwandeln; und ich war ein Selbstversuch auf zwei Beinen, wie viel Kokain kann oder muss ein Mensch im Körper haben, damit der Kopf endlich Ruhe gibt. Ich kam in dieser Hinsicht ganz gut voran.

Und jetzt stand ich mit Udo an der Bar, es war alles so einfach. Als Kind hatte ich mich immer dahingewünscht, und als es dann die Möglichkeit gegeben hatte, war ich eine Ratte der Luft gewesen, die aufs Denkmal schiss. Scham.

Udo hätte nun alles Recht gehabt, meine Wiederannäherung abzuweisen, er hätte mir auch einfach eine reinhauen können jetzt bei unserem ersten Wiedersehen oder ein Bier über den Kopf gießen, und ich hätte genau gewusst, wofür, und mich nicht beschweren können. Aber Udo ist ein Peace-Bruder. Und auch das kann man, wie so vieles, von ihm lernen. Zwar hat neben Hermann Hesse und Jerry Cotton wohl »Der Pate« ihn am meisten geprägt, er liebt Mafiavokabeln und zitiert gern den entsprechenden Habitus, aber er liebt auch Happy Ends, er ist ein 50er-Jahre-Kind, und wenn ein verlorener Sohn zerzaust im Sonnenuntergang nach Hause kommt, steht Udos Saloontür offen. Kurzer Prüfblick, sofortige Erfassung der Lage, dieser ziemlich runtergerockte Typ (ich) kommt in friedlicher Absicht, alles klar, ein Gläschen Feuerwasser bitte.

Wie recht er einst hatte mit dieser archaischen Formulierung, ich hätte mich gegen die Familie gestellt, wusste er selbst wohl gar nicht: Ich hatte mich in der Tat gegen die Familie, meine Familie, gestellt, nämlich gegen mich selbst, indem ich meine eigene Kindheit und deren Held verraten hatte – und gegen die PANIKFAMILIE.

Die gab es wirklich, die war nicht nur Udo-Gefasel. Und diese Panikfamilie nahm mich jetzt offenarmig auf, als deutlich wurde, dass ich es ernst meinte und Reue zeigte, dass ich Riesenfan war, so riesig, dass ich hatte enttäuscht sein müssen von Udos nicht zu leugnender Schwächephase, die zwar noch andauerte und ihren absoluten Tiefpunkt erst noch erreichen würde, aber ich war jetzt wieder an Bord. Ein etwas seltsamer Neuzugang, völlig neben der Spur, dabei ohne Unterlass alte Udo-Texte runterratternd und diese Erinnerungsartistik vorführend wie eine Jahrmarktsattraktion. Toll war, dass ich in meinem desolaten Zustand überall sonst rausgeflogen, gar nicht erst reingekommen oder direkt eingewiesen worden wäre, hier aber gar nicht weiter auffiel und unter meinesgleichen war, unter all den, wie Udo sein Gefolge immer liebevoll tituliert: Spinnern, Verrückten und Durchdrehern. Udo erfasste die Lage, meine Lage, sofort und schloss Frieden mit mir.

Das ist ja sowieso das eigentlich Unfassbare: Ob nüchtern oder nicht, ist Udo zwar eine permanente Wesensbreitheit zu eigen, seine Sprache, sein Aussehen, sein Gang, das alles wirkt ja eigentlich niemals nüchtern, der erste Gedanke ist immer, wie Campino das mal bei irgendeiner Preisverleihung so schön formulierte, nachdem Udo völlig losgelöst von der vorangegangenen Frage einen seiner legendären und bei Regisseuren von Livesendungen gefürchteten Freestylemonologe in die Kamera gejazzt hatte: »Ich habe keine Ahnung, was Udo genommen hat, ich weiß nur, ich möchte bitte einmal dasselbe.« Aber man darf sich davon nicht täuschen lassen und das mit dem eigenen Bausparerrausch verwechseln. Denn Udo kriegt jederzeit alles um sich herum mit, er hat die einmalige Gabe, intuitiv sämtliche sozialen Interaktionen auch in chaotisiertem Gemenge zu scannen, er weiß ganz genau, wo die lustigen Leute stehen, wo Gefahr droht, wem man besser aus dem Weg geht, vor allem aber auch, wer gerade ein bisschen Unterstützung benötigt und sich unwohl fühlt, mal einen kleinen Witz vertragen kann oder eine Umarmung braucht, wo man mal kurz hinmuss und die Sonnenbrille abnehmen. Ich kenne wirklich niemanden, der aufmerksamer ist und freundlicher als Udo. Ich habe folgende Sensation über Udo Lindenberg mitzuteilen, etwas, das man über keinen anderen deutschen Sänger so allumfassend sagen kann: Er liebt die Menschen. Das tut er wirklich.

Ich war so dermaßen im Arsch, aber jetzt hielt ich mich am Tresen fest und stand da mit Udo – und endlich war die Angst weg. Die Angst vor allem. Ich war plötzlich zu Hause.

Udo erzählte mir noch mal ausführlich, was tags drauf geplant sei, nämlich die Fahrt in einem von ihm bemalten Sonderzug der Deutschen Bundesbahn nach Magdeburg, auf dem Weg dorthin werde an der Stelle, wo früher die DEUTSCH-DEUTSCHE oder auch INNERDEUTSCHE Grenze verlaufen war, eine Mauer aus STYROPOR durchbrochen, anschließend werde er in Magdeburg ein Konzert geben, ich könne gern mitkommen.

Auch viel Presse und Kameras und Trallala und so an Bord, sagte Udo, klare Sache, müssen wir ja ordentlich powern, gegen die Mauern in den Köpfen und so, die Steiftiere da im Bundestag kriegen ja nichts geregelt, müssen wir das eben übernehmen, die Panikfamily, die ganzen Lindianer, Flagge zeigen, gegen den Frust, ne?

Tatsächlich, Udo sprach, und zu dieser Zeit ganz besonders, wie ein Udo-Parodist. Nicht lang her, da hatte ich das beobachtet und höhnisch mitgeschrieben, mich darüber lustig gemacht. Was natürlich sehr einfach gewesen war und Spaß gemacht hatte. Aber jetzt entdeckte ich etwas, das noch besser war: mitmachen.

Udo, der immer – auch in Zeiten, in denen »die Tage immer gleich lang, aber unterschiedlich breit« sind, wie er das nennt – extrem gut informiert darüber ist, was so alles über ihn geschrieben wird, zeigte mir einen kleinen Zeitungstext, der sich sicherheitshalber schon mal im Vorhinein lustig machte über Udos Sonderzugfahrt. Ich las also, was ich vor gar nicht langer Zeit möglicherweise selbst so ähnlich geschrieben hätte: eine höhö-ironische Betrachtung, schnell hingehuscht in so einer Festangestelltenkombüse, bis die Spalte voll ist, und dann ab in die Kantine, eine GLOSSE wohl gar, ein launiges Kopfschütteln, ein gehässiges Drüberstehen, ein billiger Effekt. Ich wollte so nicht mehr denken, schreiben und sein, nie wieder.

Die Nacht ging weiter, in einem durch, ich hatte überhaupt nicht geschlafen, als ich anderntags gerade so vor Abfahrt des Zuges völlig verschwitzt am Bahnsteig ankam. Kameras,

Scheinwerfer, Blitzlichter, wie unangenehm, ah, da war Udo, wie angenehm, er tanzte auf dem Bahnsteig, faselte irgendwas, ich benutzte die Waggonfenster als Spiegel, prüfte den aktuellen Verwüstungsgrad meines Gesichts und meiner Garderobe; doch Teil einer Udo-Reisegruppe zu sein, hat den entscheidenden Vorteil, dass man unter all diesen hyperseltsamen Typen eigentlich nur auffällt, wenn man ordentlich aussieht – und diese Gefahr drohte mir aktuell keineswegs, also konnte ich unbemerkt in einen der Waggons hüpfen.

An Bord war es gleich absolut herrlich, der Zug knallvoll und die Passagiere auch, überall Musik, Lärm, Flaschengeklirr.

Als ironischer Drüberstehjournalist, und natürlich waren einige von dieser Sorte dabei, hatte man hier leichtes Spiel: Am Einheitsfeiertag im Jahr 2003, also ungefähr hundert Jahre nach dem Mauerfall, aber noch nicht mal zu einem runden Jubiläum, fuhr ein von Udo Lindenberg mit Comicmännchen bemalter Zug von Berlin nach Magdeburg (warum eigentlich Magdeburg? Super Glossenthema), Lindenberg selbst federte durch den Zug, parodierte sich scheinbar selbst, zudem liefen Dutzende Udo-Doppelgänger umher, exakt so gekleidet wie er, Nadelstreifenhose, schwarzer Gehrock, eine Art Phantasieuniform mit goldenen Kapitänskordelschulterklappen, Ganzgesichtssonnenbrille und – natürlich – Hut, und man wusste nie so genau, welcher von denen nun eigentlich der echte Udo war. (Super-Glossenthema römisch zwei: War nicht der echte Udo auch längst bloß noch ein Doppelgänger, eine fade Imitation seiner selbst, ja waren die von Udo auf die Waggonwände gemalten Comic-Udos nicht die eigentlichen, die wahren Udos?) Ebenfalls beweiserheblich war die durch bloße Aufzählung schon selbsterklärende und der ganzen Sache den Garaus machende Schar der medialen Groteskfiguren und idealen Glossenleichen, die man hier besichtigen konnte: Nina Hagen, Ben Becker, Die Prinzen, Olivia Jones, Nena und dieser Dingsda, der Ex von Anke Engelke. Und auch sonst eigentlich nur Durchgeknallte. Ein für Udos Exkursionen absolut typischer Haufen unsortierter Sonderlinge, eine Armee von Außenseitern, die scheinbar zu nichts zu gebrauchen sind, im Kontext Udo aber – und das ist nur für die Beteiligten selbst spürbar – eine große Kraft entwickeln und eine sehr liebevolle und großzügige Gemeinschaft bilden. Solche Udo-Reisen muten immer an wie das Gegenboot zur Arche Noah. Alle, die anderswo durchs Raster fallen, sind hier an Bord – und überhaupt ist alles längst zu spät, und ich glaub, dass unser Dampfer bald untergeht.

Als wirklich niemand außer Udo noch willens war, sich zu freuen über die deutsche Einheit, obendrein zu einem Zeitpunkt, da Udos Karriere gerade nach langem Niedergang endgültig im Nebeltal angekommen schien – genau da hätte man nun in einer Comic-Denkblase über meinem Kopf (und wir alle waren ja Comicfiguren, schon klar) eine aufblinkende Glühbirne malen müssen: Du musst zu Hause sein, wenn es dunkel wird – und da war ich nun. Irgendwo im Nirgendwo, zwischen Berlin und fucking Magdeburg, aber ich war richtig hier, ich war bei Udo.

Es war völlig egal, ob man mal kurz wegpennte, mit irgendwem sprach, knutschte, tanzte, ob man Dostojewski las oder sich mal rasch einen Schuss setzte oder alles gleichzeitig, wir waren alle im Udo-Move, hoch die Tassen, volle Dröhnung, Lindianergeheul, Flexibelbetriebe, keiner weiß Bescheid. Mich durchströmte eine solche Liebe zu Udo und seinen Liedern, in jedem Abteil wurden sie abgespielt oder gesungen, wir trugen sie alle in uns, Udo war, und das begriff ich erst jetzt: ein Volkssänger.

Kurz vor Magdeburg dann die absolut jämmerliche Symbolaktion, es war so rührend blöd, der Zug hielt an, man schaute aus dem Fenster, aha, jetzt war es so weit, da vorn die Styropormauer, die Kameraleute und Fotografen stiegen aus, und der Zug fuhr wieder los, Schrittgeschwindigkeit, damit nichts passiert, und nun wurde also diese FRUSTMAUER aus

Styropor von Udos Sonderzug durchbrochen, alle jubelten, es war wirklich so was von arm – doch ich begriff, dass es genau andersherum war: Die Lustigmacher, die ihr Glück gar nicht fassen konnten, alle billigen Gags wurden ihnen direkt in den Notizblock geliefert, die dauerironischen Drübersteher, zu denen ich ja auch gehört hatte in den letzten Jahren, die waren die Idioten. Und Udo hatte recht. Wenn man sich nicht mehr freuen kann darüber, dass diese »Scheißmauer« (Udo) weg ist, wenn man sich lustig macht oder gar echauffiert darüber, dass ein ROCKSTAR ziemlich betrunkenes Zeugs redet (wer denn bitte sonst?) oder sich erlaubt, zwischendurch mal kurz zwanzig Jahre so ein bisschen durchzuhängen, dann ist man echt ziemlich am Ende. Es war eine Frage der Herzensbildung, und wer Udo liebte, entschied sich damit für das Gefühl und gegen die Ironie.

Beim Empfang am Magdeburger Hauptbahnhof sah man viele winkende, weinende, Udo, Udo! rufende Menschen, Menschen, deren Biographien auf entscheidende Weise von Udos Liedern geprägt wurden.

Udos beharrliche Versuche, »mal bei euch da singen« zu dürfen, seine vielen Lieder, die sich mit der Mauer und den Insassen der DDR beschäftigt hatten, sogar als er künstlerisch zu irrlichtern begann, war er hierin unbeirrt geblieben, obschon diese HALTUNG politisch alles andere als modern gewesen war – all das war riesengroß. Udo war, Udo ist ein Held und wurde hier, endlich mal wieder, auch so behandelt, die Liebe zwischen ihm und diesem Publikum war nicht gespielt, war kein Ritual, sie war echt, sie war beglaubigt durch all die Lieder, die jeder hier in der Jukebox seines Herzens hortete und die Udo nicht »ihnen«, nein: UNS geschenkt hatte. Westdeutsche mit Herzensbildungsdefiziten und Drüberstehüberfunktion müssten sich das vielleicht einfach mal nicht nur angucken, sondern es MITERLEBEN, sich darauf EINLASSEN.

»Wir wollen doch einfach nur zusammen sein« – was für ein romantischer Universalgedanke. Das hatte eben auch überhaupt nichts großdeutsch Hurrapatriotisches, es war einfach Weltpolitik in eine ganz kleine Liebesgeschichte übersetzt.

»Stell dir vor, du kommst nach Ost-Berlin und da triffst du ein ganz heißes Mädchen.« Geht es überhaupt einfacher und zugleich größer? »Und ihr träumt von einem Rockfestival auf dem Alexanderplatz.« Mehr war doch gar nicht.

Und jetzt war 2003, es war alles so wahnsinnig lange her, lang genug, um schließlich zu verstehen, was 1989 passiert war. Wie waren wir, mit Ausnahme der neodepperten Stadtschlossspießer, doch absichtsvoll geschichtsvergessen durch diese Stadt geschwirrt, die wir irgendwann in den 90ern (zu spät, jaja) NACH BERLIN GEGANGEN waren, was ja schon damals ein Klischee war, und zugleich war es unvermeidlich, man konnte ja nicht nicht nach Berlin gehen. Oder doch? Keine Ahnung.

Man kannte die Straßen, die Plätze, aus Liedern, Büchern, Filmen, und jetzt war alles neu und anders und irre groß und wurde dann zu: Hannover XXL.

Christiane F., Tucholsky, Döblin; »Räumt den Mariannenplatz«, »Graue Häuser, ein Junkie im Tran, es riecht nach Oliven und Majoran«, »Türk-Kültür hinter Stacheldraht«, »Im Café Kranzler die Sahnetörtchen sehen«; Kirchners Potsdamer Platz, Kafkas Askanischer-Hof-Rendezvousversagen, Iggy Pop und David Bowie in der Schöneberger WG; Liebling Kreuzberg mit Wackelpuddingflecken auf Krawatten so breit und bunt wie der Kurfürstendamm, Dr. Benns Praxis für Haut- und Geschlechtskrankheiten in der Bozener Straße, Kippenbergers Trinkerlaterne an der Kantstraße, Hollaenders Herr X mit dem Chrysler um die Gedächtniskirche rum, Fabians Untermietsbutze in der Schaperstraße – und jetzt aber kam das Telekom-Magenta, lauter HAUPTSTADTREPRÄSENTANZEN unter den Linden (unter DEN Linden!), der Bundestag; das deutsche Mittelmaß hielt Einzug. Trabbi-Safaris, Bier-Bikes, ein Sat1-Ball-Fesselballon – ein Disneyland für Brückentagsdeutsche.

Ich hatte Schwierigkeiten, überhaupt noch zu gehen, taumelte zu Udo und sagte ihm, wie toll das alles sei und wie glücklich ich sei, hier mit ihm sein zu dürfen, und dass mir jetzt ALLES KLAR werde und ich mich schämte, dass ich ihn einst so verspottet hatte; und dass ich, nebenbei bemerkt, ganz schön hinüber sei und echt nicht wüsste, ob ich nicht gleich tot umfiele.

Udo nahm die Sonnenbrille ab, schaute mich an, und es ist wirklich gut, dass er immer die Sonnenbrille trägt, gar nicht so sehr, um ihn zu schützen, sondern um die anderen Menschen vor diesem Blick zu schützen. Der ist so unfassbar anrührend, dieser tiefe Udo-Blick, und er weiß auch sehr genau, wann in einem Konzert oder im sonstigen Leben dieser Moment fürs Brilleabnehmen gekommen ist, der dann eine Extraintensität herstellt, kurz, die vielleicht weder er noch der so Angeschaute länger aushalten würde. Udo sah mich also an, legte mir beruhigend den Arm auf die Schulter und sprach den Satz der Sätze, seinen Schlachtruf seit Jahrzehnten, von mir seit Kindheitstagen mitgesungen, diesen Satz, der natürlich GRAMMATIKALISCH gar keiner ist, aber wem da was fehlt, dem fehlen mehr als TUWÖRTER, diese Weltenformel also, deren Bedeutung ich nun erstmalig im Ganzen erfasste:

Keine Panik!

Mir schossen die Tränen waagerecht aus den Augen, Udo zwinkerte mir zu und setzte die Sonnenbrille wieder auf.

Ganz schön speedy unterwegs, hm?, spezifizierte er die Diagnose.

Das, sagte ich, das könne man wohl sagen.

Schleuderkurs, klar, sagte Udo, das könne ja jedem mal passieren.

Ich durfte mit ihm ins Magdeburger Hotel fahren, und er stellte mir den legendären PANIKDOKTOR vor, den ich ja bislang nur als Songtextpersonal und Gerücht kannte. Es gab ihn also wirklich. Als Kind hatte ich immer laut mitgesungen, mehr ahnend als verstehend, worum genau es da ging:

Der Banddoktor sagt, das ist ja 'n Marathonlauf
Und er macht seinen Koffer auf
Und er gibt uns die Sachen, die uns kräftig machen
Denn unsere Show will jeder sehen
Und deshalb muss sie weitergehen

Und jetzt: machte der Banddoktor seinen Koffer für mich auf, in irgendeinem Hotel in Magdeburg. Die Show konnte weitergehen. Der Panikdoktor trug eine runde Brille mit blauen Gläsern, ich war sehr angetan, ein Arzt mit Sonnenbrille, das ist doch mal ein, wie es in der Kliniksprache heißt, niedrigschwelliges Angebot. Er malte gerade mit einem sehr dicken Füllfederhalter eine Karikatur, schnelle Striche, Arztschriftwörter, allerlei seltsame Figuren ineinander verkeilt, im Zentrum ein Mann mit großem Hut – ach so, er malte dieses Zimmer, er malte uns. Seine Aura war mystisch, man hätte sich nicht gewundert, wenn ein Adler auf seiner Schulter gesessen hätte.

Hier, nuschelte Udo zum Panikdoktor und zeigte auf mich, das ist ein verlorener Sohn des Hauses, bisschen runter mit den Nerven und so, Vollgaslifestyle, der braucht mal 'ne Gelbe. Oder vielleicht auch gleich drei. Kümmerste dich mal?

Der Panikdoktor schaute mich an, nickte, es war medizinisch kein großes Rätsel, man sah ja schon von Weitem, was ungefähr los war mit mir; nicht mehr viel nämlich. Er nahm kurz die blaugläserne Brille ab, schaute mir in die Augen, legte seine rechte Hand auf meine Schulter und sagte: Du bist in Not, ich kann dir deine Not nicht abnehmen, aber ich werde dir helfen.

Schon hatte er die blaue Brille wieder auf, sprach weiter, führte mich zu einer SITZGRUPPE in Udos lachhaft großem Zimmer, der Panikdoktor hatte eine sehr angenehme Stimme, ich sank in einen Sessel, er stellte mir ein paar Fragen, maß meinen Puls, kramte in seinem Koffer, holte ein paar Ampullen heraus, gefüllt mit gelben Flüssigkeiten, aha, das also waren die Gelben. Es gab durchsichtige Gelbe und naturtrübe Gelbe, für mich bereitete er jetzt von beidem zwei vor, ich wollte auf Verdacht lieber gleich drei von beiden, er lachte, jaja, die Sucht, sagte er, zwei würden reichen. Injektionsnadel drauf und los, und als er mir diese Gelben in eine Armbeugenvene jagte, wurde mir erst kalt, dann warm, es war wahnsinnig angenehm. Etwas so Wohltuendes hatte mein Blut seit vielen Monaten nicht mehr zugeführt bekommen, und ähnlich euphorisch wie die tränenblinden Menschen auf dem Magdeburger Bahnsteig Udo empfangen hatten, begrüßte nun mein Körper die gelben Gaben des Panikdoktors. Ich fühlte mich sofort besser. Zweifellos war das ungefähr die bewährte Ladung, die einen befähigt, nach einer ausgedehnten Sauftour direkt von der Bar auf die Bühne zu springen und vor ein paar Tausend Leuten ein Konzert zu geben. Das war nun gerade nicht meine Aufgabe, aber es war auch so einigermaßen spektakulär, was ich plötzlich wieder alles konnte: sprechen, gehen, gucken.

Zum ersten Mal seit Tagen, vielleicht auch Wochen, konnte ich wieder ganze Sätze sprechen. Und mir sogar welche anhören. Es war toll, mit Udo unterwegs zu sein. Das ganze Hotel war bevölkert von seinen Freunden und Begleitern, ein einziges Freudenhaus, alle Zimmertüren standen offen, überall wurde gelacht, gesungen, Handstand gemacht, was weiß ich, es war herrlich.

Und, wieder an Deck?, fragte Udo.

Ich bejahte, dankte ihm und jagte durchs Hotel, wieder bei Kräften, weiter ging's.

Als ich ins Zimmer der Prinzen kam, die beim Konzert später auch mitmachen würden, gab es ein großes Umarmen mit meinem alten Freund Sebastian Krumbiegel, möglicherweise hatten wir uns schon während der Zugfahrt Hallo gesagt und vielleicht sogar stundenlang miteinander gesprochen, aber jetzt bekam ich es auch mit. Endlich fühlte ich mich auch wieder in der Lage, Drogen zu nehmen, das zuletzt beunruhigende Herzrasen war einem angenehmen, warmen Pumpen gewichen, diese Gelben waren wirklich toll. Krumbiegel sagte, nein, ich könne das ruhig machen, es störe ihn nicht, aber er selbst habe immer »Schiss vor dem Zeug gehabt«, für ihn sei das nichts. Er habe zu viele Typen gesehen, die daran kaputtgegangen seien und so, ach echt, ja?, interessant. Ich ließ ihn reden, das war ja auch alles sehr vernünftig, was er da sagte, aber ich brauchte jetzt mal rasch eine harte Unterlage, um mir das in einer leeren Zigarettenschachtel mitgeführte Kokain zu zerkleinern. Ich nahm ein silbernes Obsttablett vom Couchtisch, befreite es vom lästigen Obst, schon war es ein idealer Kokainzubereitungsteller, leicht vertieft, mit vernünftiger Umrandung, falls beim Zerhacken wertvolle Brocken wegspringen. Krumbiegel warnte noch ein bisschen vor sich hin, aber ich konnte jetzt auch nicht mehr so gut zuhören. Das Tablett nahm ich mit, das würde ich zu Hause gut gebrauchen können.

Es war ein Open-Air-Konzert, es regnete, und da standen nun etwa 50 000 Magdeburger Regenschirme, und Woodstock war ein Scheiß dagegen. Udo sang, die ganze Stadt sang mit, ich weinte das gesamte Konzert hindurch, ich war so unendlich traurig und so unendlich froh, was war ich denn jetzt eigentlich? – ich war in Sicherheit.

3. Oktober, ich war völlig am Ende, aber in Sicherheit, der Panikdampfer hatte mir einen Rettungsring zugeworfen, das war nun also wirklich der Tag der Wiedervereinigung, ein Feiertag.

DURCHDREH-
LEBENSSTIL

Wieder zu Hause, machte ich mich daran, endgültig alles zu zerstören. Alle zwei Tage kam der Dealer, die Nächte verbrachte ich im Bordell, ich schlief gar nicht mehr, nur alle fünf Tage mal, dann aber so tief und betäubt, dass ich hernach sehr lange brauchte, mich zu orientieren – war es jetzt immer noch dunkel oder schon wieder?

Einmal erwachte ich in einem der Müll- und Papier-Gebirge in meiner Wohnung, ich hatte mit dem Gesicht auf einer Spiegel-Ausgabe gelegen und offenbar stark geschwitzt, jedenfalls klebte das Spiegel-Titelblatt an meiner Wange, und später, als ich mein Spiegelbild in der Bankfilialen-Glastür kontrollierte, sah ich, dass ich auf meiner Wange das gespiegelte Spiegel-Cover abgepaust mit mir herumtrug. Spiegelung der Spiegelung des Spiegel im Spiegelsaal, das war ja jetzt Michel Foucault geteilt durch Michael Jackson mal Narziss minus Wurzel aus Kraftwerk – was mich aber eigentlich beschäftigte, seit ich zuvor schwitzend und sabbernd im Spiegel-Titelblatt erwacht war: Schon wieder Irak-Krieg? Oder immer noch? Aber war der nicht diesmal ganz schnell gegangen?

Im Bordell, wo ich in dieser Zeit ganz gern einfach nur an der Bar saß und mir einen ansoff, versuchte ich, diesem Irak-Rätsel auf den Grund zu gehen. Die Szenerie dort war ein 3D-Bukowski-Gedicht, alle komplett hinüber, völlig desillusioniert und doch immer noch auf irgendwas wartend, während man sich zugrunde richtete; oder wie es bei Udo heißt:

Es kommt mal wieder gar nicht so drauf an

Eines der MÄDCHEN rieb mir mit einem in Nagellackentferner getauchten Wattepad das Spiegel-Titelblatt von der Wange. Ich fragte sie, ob sie wisse, was im Irak los sei. Später in der Nacht fand ich heraus: Jetzt war Winter, die Spiegel-Ausgabe war eine aus dem Frühjahr gewesen. Aber selbes Jahr, immerhin.

Es schien, dass mein VERMÖGENSVERWALTER erst aufhören würde, mich anzurufen, wenn ich wirklich mal vorbeikäme, der ließ sich nicht abschütteln, er hatte mich sogar in der Klinik besucht – na, ich musste da also hin. Noch gab es offenbar was zu verwalten, das war ja gut.

Mein Steuerberater kam auch dazu, und gemeinsam guckten wir auf all die Zettel. Die für mich wichtigste Information war ja, dass einstweilen noch Geld aus der Wand kommen würde. Aber die beiden Männer wussten mehr. Sie bilanzierten das laufende und das vergangene Jahr, in den Tabellen gab es zwar einige Lücken (immer dort, wo irgendwelche Angaben von mir benötigt wurden – also recht viele Lücken), aber eigentlich sah alles ganz übersichtlich aus. Auf Januar folgte Februar und so weiter, so betrachtet: ein ganz normales Jahr. Und das Irre war, diese beiden Männer, von mir damit betraut, sich um mein Geld zu kümmern, als ich anfing, mehr zu verdienen, als ich ausgeben konnte, waren sehr zufrieden mit mir, ich hatte hohe Einnahmen ERZIELT. Zwar waren die Ausgaben in letzter Zeit so ein kleines bisschen explodiert, aber ganz – ja – nüchtern betrachtet, und dafür waren diese beiden Männer schließlich da, das war ihr Beruf: sah super aus. Glückwunsch, das war ja ein sehr erfolgreiches Jahr, sagte der Bankmann. Meine Nase lief wie wahnsinnig und ich war unsicher, ob da nicht vielleicht auch Blut rauskam, irgendwie wurde es da so warm gerade, so blutwarm, also entschuldigte ich mich kurz.

Im Klo klatschte ich mir kaltes Wasser ins Gesicht, ich guckte in mein völlig versoffenes, zerdrogtes Gesicht, das seit Wochen kein Tageslicht gesehen hatte, die rot geäderten Augen, die entzündeten Mundwinkel – ein sehr erfolgreiches Jahr? Ja, genau. Aktuell kein neues Nasenblut, nur brockiges altes, irgendwo innen, oben, hinten, aber auf den ersten Blick nicht sichtbar. Na also. Ich wollte die beiden nicht zu lange warten lassen, das wäre ja auffällig gewesen (als sei irgendwas an mir und meinem Zustand unauffällig), also schüttete ich mir freudlos ein bisschen Kokain auf den Handrücken und schnupfte es, ohne jeden Prozedurspaß, der ja früher mal einen großen Teil der Drogenattraktivität ausgemacht hatte. So, noch mal Kontrollblick, noch mal so brutal die Nase hochziehen, wie ich es dadrinnen nicht zu tun wagte, und zurück zu den Zahlen und zur Klarsichtfolien-Rationalität.

Die beiden freuten sich immer noch. Glückwunsch noch mal, tolles Jahr.

Äh, ja.

Ich griff zur Kaffeetasse, merkte, dass meine Hände ganz schön zitterten, und dachte über die vom Bankmann eben benutzten Wörter DEADLINE und FIXKOSTEN nach. Für mich als Junkie hatten sie natürlich einen gewissen Beiklang.

Der Bankmann malte auf ein kariertes Blatt Kreise, was sich gut traf, weil sich bei mir eh grad alles drehte. Und kariert ging es mir auch. In die Mitte des Blattes schrieb er meinen Namen, darum einen Kreis, ich folgte dem Kugelschreiberstrich, so, jetzt noch da rum, dann erreichen wir den Ausgangspunkt, Daumen drücken, ja, nein, oh, knapp vorbei. Mehr ein Überraschungsei als ein Kreis, mir fiel Immendorff ein. Äh, wie, was?

Jetzt malte der Bankmann Strahlen mit Pfeilen dran, die von meinem Namenskreis weggingen, ich folgte dem Kugelschreiber, da hoch, da hoch, jetzt waagerecht und so weiter. Was machten wir hier eigentlich? Die Pfeile endeten in weiteren Kreisen.

Eine Zeitachse. Meine VERMÖGENSENTWICKLUNG. Seit es mit mir bergab ging, ging es da seltsamerweise bergauf. Das deckte sich nicht mit meinem Erleben. Aber ich würde diese Kurve schon noch zu mir runterholen.

Aktien? Fonds? Mal über eine Immobilie nachgedacht?

Nein, nein. Nur Bares ist Wahres. Ich bekam einen Schweißausbruch. Nachher würde ich wieder zur Junkiebank am Bahnhof Zoo (wo denn auch sonst?) gehen, dort war die »Reise-

Bank«, da bekam man mit Kreditkarte und Ausweis Geld, falls man sein »Unter Null«-Taschenbuch gerade nicht dabeihatte. Und wenn die Kreditkartenfirma noch mitmachte. Tat sie vorläufig, es war ja – Glückwunsch – ein sehr erfolgreiches Jahr.

Auf der Zeitachse sah alles ganz einfach aus für mein eingekreistes, ja GEZEICHNETES ICH, da müsste es jetzt einfach immer nur ein Jahr weiterhoppeln, dann wäre es irgendwann – ANGEKOMMEN. Spiel des Lebens. Am Ende hast du bestensfalls eine abbezahlte Bude, Zinsen, Ausschüttungen, kurz bevor du stirbst, geht es dir finanziell super, wenn du es bis dahin nicht versaust. Aber das war noch ziemlich lang hin.

Im Jahr 2040 bekäme ich ganz viel Geld auf einmal oder eine lebenslange Garantierente, wenn ich immer weiter die Beiträge meiner PRIVATEN VORSORGE zahlte. Dynamischer Zins. Bitte, was?

2040. Das war doch Science-Fiction. Noch 37 Jahre! Was weiß denn ich, was dann ist? Bis dahin müsste eh alles anders sein.

Ich dachte plötzlich an die Ritze im Ehebett meiner Eltern. Als ich klein, sehr klein noch war, vielleicht fünf Jahre alt, hatte ich in den frühen Morgenstunden immer das allerschlimmste Beinkitzeln gehabt; wenn alles schlief, vier Uhr nachts, wollten meine Beine tanzen. Und ich folgte ihnen. Ich lief, so erzählt man es sich in meiner Familie, und neblig erinnere ich mich auch selbst daran, vielleicht erinnere ich mich aber auch nur an die Erzählungen meiner Familie und das vermischt sich zu einer Scheinerinnerung, jedenfalls: Ich lief also den sehr langen Flur unserer damaligen schlauchartig konzipierten DIENSTWOHNUNG entlang, immer hin und her, von dem Zimmer, in dem ich mit meiner Schwester schlief, bis zum anderen Ende, dort lag das Schlafzimmer meiner Eltern, immer hin und her. Manchmal stand mein Vater auf, er trug dann Holzpantinen, die wir lautmalerisch »Klappern« nannten, und sagte: Pony, was ist denn los? Ja, er nannte mich Pony. Und was war nun los mit Pony? Ponys Beine kitzelten wie irre. Na komm, sagte mein Vater, sein Schlafanzug roch angenehm, nach Schlaf und Seife, er nahm mich mit ins elterliche Schlafzimmer, ich durfte zwischen ihm und meiner Mutter liegen, auf der RITZE des zweimatratzigen Doppelbettes. Und ich hoffte immer, dass mein Vater vor mir wieder einschliefe, damit er mich nicht zurück in mein Bett brächte. Wenn mein Vater dann sehr freundlich, aber bestimmt »So« sagte, hatte ich verloren, und er trug mich zurück in mein Bett.

Ich lag also dort, zwischen meinen Eltern auf der Ritze, das kitzelnde Bein zuckte, ich strampelte es zu Kühlungszwecken deckenfrei und beruhigte mich ein wenig. Und eine meiner frühesten Kindheitserinnerungen ist es, wie ich dort liege, mit kitzelndem Bein auf der Elternbettritze zwischen meinen ruhig atmenden (hoffentlich schlafenden) Eltern, und an die Zukunft denke. Ich rechnete dann nach vorn, und ich hatte dieses Millennium-Problem (das Silvester 1999 dann die Weltcomputerangst wurde, ob die Computer diese Jahrtausendumstellung begreifen würden), weiter als 2000 konnte ich mich nicht denken. Im Jahr 2000 wäre alles geklärt und überstanden, dann hätte ich gewiss ein richtiges Leben, und wie es dann weiterginge, keine Ahnung. 2000 und dann gar 2001 und immer so weiter – ich wusste ja nichts von Kubrick, ich wusste nur, dann bin ich alt, groß, muss mich rasieren, habe einen Beruf und ein Auto, vielleicht auch Kinder. Ein komisches Bild hatte ich im Kopf, eine Vorstadthölle, in der ich selbst niemals leben musste, aber ich dachte, so lebt man, wenn man so steinalt ist, wie ich im Jahr 2000 wäre, ich rechnete mit den Fingern vorwärts, fünf ganze Hände, also 25 wäre ich dann. Wahnsinn. Und dann, so meine Vorstellung, hätte ich ein Haus mit einem Vorgarten und einer Hecke. Alles wäre ganz ordentlich, symmetrisch. Menschen sah ich nie in dieser Zukunftsvision. Aber ich hörte einen Rasenmäher, der Wind würde manchmal die Bundesligakonferenzschaltung aus einem Radio herüberwehen, dazu Grill-Rauchschwaden, aus der Ferne manchmal dumpfe Balltrittgeräusche; ein Rasensprenger würde in regelmäßigem Rhythmus hin- und hersprühen, ein bisschen zu weit, bis auf den Bürgersteig, wo die Ameisen, die in den Fußwegplatten-Ritzen kleine Sandburgen gebaut hätten, sehr aufgeregt hin und her liefen, weil die Rasensprengerspritzer ihre schöne Sandburg zermatschten. In der fernen, hellen Zukunft war immer Samstagnachmittag.

So wäre es, in diesem unendlich fernen Jahr 2000, wenn ich 25 Jahre alt und also erwachsen wäre.

Es ist dann anders gekommen.

Mein gezeichnetes Ich und ich beim VERMÖGENSVERWALTER, wir waren jetzt, Moment, fünf ganze Hände plus Daumen, Zeigefinger, Mittelfinger, ich rechnete jetzt wie ein Kleinkind, zwar nicht mit zum Zählen ausgestreckten Händen, meine Hände waren zu Fäusten geballt, weil ich gerade eine kleine Kreislaufkrise zu bewältigen hatte, aber beim Errechnen meines aktuellen Alters zuckten die Finger, als würde ich sie zum Nachrechnen brauchen. 28 Jahre alt war ich jetzt.

Kein Vorgarten, kein Rasensprenger, keine Hecke.

Glück gehabt.

Zur von mir lang ersehnten Verabschiedung schaute der Bankmann mir dann doch noch etwas zu eindringlich, ja PERSÖNLICH in die Augen, es schien, als wollte er gar nicht aufhören, meine Hand zu schütteln. Er sagte sehr freundlich, wir kennten uns ja nun schon eine Weile und wie ich wisse, sei er Rheinländer, und als solchem sei ihm nichts Menschliches fremd. Wenn ich – aber da ging zum Glück schon die Aufzugtür auf. Wir sehen uns dann am Ende des nächsten QUARTALS!

Ich hatte also offenbar noch Geld, aber aktuell auch sehr hohe LEBENSHALTUNGSKOSTEN. In der Politik heißt es in solchen Haushaltsangelegenheiten immer: Wir haben kein Einnahmenproblem, wir haben ein Ausgabenproblem! Das hatte ich auf jeden Fall auch, ein Ausgabenproblem, die Einnahmen wurden perspektivisch ebenfalls spärlicher, ich lebte, wie es dann auch immer heißt: VON DER SUBSTANZ. Und was tut die Politik dann? Nun, sie VERSCHERBELT DAS TAFELSILBER.

Genau das war jetzt unser Plan. Louie war zu Besuch gekommen, auch er brauchte Geld. Zwar hatte ich im Rahmen meiner schrittweisen Selbstauflösung und Zerstörung all dessen, das mir mal etwas bedeutet hatte, meine in ihrer Wandstapelung die Skyline von Manhattan nachbildende CD-Sammlung in Zürich versteigern wollen, eine Sub-Performance meines gigantomanisch-schwachsinnigen Kollektiverinnerungsprojekts, aber nach drei oder vier solchen Abenden hatte ich auch diese Idee, wie alle anderen, aufgegeben, und ohnehin hatte ich nur einen Bruchteil meiner Sammlung mit in die Schweiz genommen, so viel ich eben tragen konnte, jahrelanges Sammeln kann man natürlich nicht mal eben so wegtragen. Noch immer türmte sich da Manhattan, der Schweiz-Aderlass war als Ground Zero erkennbar, fiel aber im Gesamtbild nicht weiter auf, es waren noch viele Türme übrig. Weg damit.

Louie kannte einen Händler, der auch größere Sammlungen aufkaufte, und kam mit demselben Kombi nach Berlin, mit dem er mich ein paar Monate zuvor in die Klinik gefahren hatte. Wir überlegten, was außerdem noch veräußerbar wäre, und befanden, dass ich eindeutig zu viele Anzüge besaß. Ich trug ja eh immer nur Jeans, und zwar seit Monaten dieselbe. ReiseBank, Kiosk, Falafelimbiss, Bordell, Tankstelle, unterm Schreibtisch oder auf einem Papierberg liegend – trägt man an einem dieser Orte, und andere frequentierte ich ja nicht mehr, einen Anzug? Ja, vielleicht. Man kann mal in der Laune sein. Aber für eine eventuelle Laune braucht man ja nicht 40 Anzüge. Da würden doch 20 locker reichen. Also guckten wir, welche Anzüge noch gut aussahen, und packten diese, und nicht etwa die runtergerockten, in Louies Auto, zu den CDs.

Während dieser nicht unheiteren HAUSHALTSAUFLÖSUNG führte ich Louie die Nützlichkeit des silbernen Tabletts aus dem Magdeburger Hotelzimmer vor, wir hörten die von uns beiden so geliebten Udo-Platten, diese waren die einzigen, die keinesfalls verkauft werden durften, sie waren von uns deklariert worden als unpfändbares MUSIKALISCHES EXISTENZMINIMUM. Das Auto war voll, wir nicht minder, wir lagen mitsingend auf dem Fußboden, feierten Udo und schimpften auf die Welt. Irgendwie hatten uns alle hängen lassen. Das waren doch alles Spießer. Anfangs hatte Louie noch resthöflich nach einem Aschenbecher gefragt, aber irgendwann machte er es wie ich und aschte einfach auf den Boden meines WOHNZIMMERS, das war jetzt auch schon egal.

Honky-Tonky-Show, und abends läuft die Honky-
Tonky-Show

Dann fuhr Louie wieder los, und ich musste nach Göttingen, leichtsinnigerweise hatte ich zugesagt, dort eine Lesung abzuhalten. Äh, wie? Ah, lesen, richtig. Schriftsteller, natürlich.

Weil vor meiner Abfahrt selbstverständlich noch stundenlang im Kreis herumgerannt werden musste, kam ich erst kurz vor Lesungsbeginn in Göttingen an. Deutsches Theater, direkt neben der Schule, in der ich Abitur gemacht hatte, ich sagte Christoph kurz Hallo, aber der war wie immer an Veranstaltungstagen extrem hektisch, und das war mir sehr recht, weil er mich darob nicht genauer anschaute, das nämlich hätte unweigerlich die Frage nach sich gezogen, was um Himmels willen eigentlich mit mir los sei.

Vor meinem Auftritt befragte noch Heinz Rudolf Kunze auf der Theaterbühne Joe Jackson zu dessen Autobiographie. Als sie fertig waren, belatscherte ich hinter der Bühne den armen Heinz Rudolf Kunze, ich hatte mal wieder eine meiner kokaininduzierten Großideen, extrem kompliziert und auch mir selbst nur sekundenkurz verständlich, im Moment ihrer Ausführung jedenfalls längst wieder zerstoben zu einem verrätselten Riesenquatsch. Ich laberte also Kunze voll, meine gegenwärtige Mission sei es, hinzuweisen auf die großen, weithin unterschätzten Liedtexte Udo Lindenbergs, der aber sei ja gerade nicht hier, doch auch er, Kunze, hätte durchaus Bleibendes geschaffen, und daran müsse unbedingt erinnert werden – und zwar von mir, JETZT. Vor allem bezüglich des Frühwerks aller großen deutschen Rocksänger würde ich über ein schockierend lexikalisches Textgedächtnis verfügen, das ich gern dem Publikum vorführen würde. Er, Kunze, möge doch bitte Textpassagen aus seinem Frühwerk abfragen, ich würde dann Verblüffungseffekte erzielen mit meiner Werkkenntnis. Nicht uneitel und in jüngerer Zeit selten geschmeichelt, erklärte Kunze sich gern bereit, da mitzumachen.

Ich schlug vor, das Ganze in eine Art Quizlogik zu bringen, beispielsweise so: Was versteht DER ICH-ERZÄHLER in »Brennende Hände« unter Liebe?

Antwort: Jedenfalls nicht ein französisches Kino oder Stöckelschuhe voll Schnee.

Oder: Was nur hat der ICH-ERZÄHLER in »Die offene See« im Handgepäck?

Antwort: Nichts dabei als Aspirin und ein Herrenmagazin und im Kopf ein längst vergessenes Blutgerinnsel.

Kunze verstand, ja, so würde es Spaß machen.

Besonders an dem ungelenken Reclamheftchen-Exegese-Terminus Ich-Erzähler hatte ich jetzt hier in Göttingen, direkt neben meinem Abiturgymnasium, die allergrößte Freude, gesteigert von der Möglichkeit, diesen von mir just ersponnenen FRONTALUNTERRICHT durchzuführen, sekundiert vom STUDIERTEN Gymnasiallehrer und als KRITISCH SICH EINMISCHENDER Liedermacher jahrelang mit dem völlig unlustigen Spottbegriff Oberlehrer belegten Heinz Rudolf Kunze. Sogar Udo war manchmal mit diesem unangenehm intellektuellenfeindlichen Wort diffamiert worden, wiewohl speziell Udo ja niemals belehrend, sondern immer der Aufstand in Person gewesen war und seine gesellschaftliche Funktion allenfalls die des Laisser-faire-Bademeisters.

Kunze wartete mit mir hinter der Bühne, dachte sich Quizfragen aus und machte sich Notizen. Das war nun blöd, weil ich dringend noch mal Drogen hätte nachlegen müssen vor dem Auftritt, ich kam gerade fatal runter und wurde sehr sprunghaft. Die Amateure ja AUFPUTSCHENDE Droge wirkte bei mir mittlerweile beruhigend, so weit war es schon gekommen. Aber vor Kunze konnte ich ja jetzt unmöglich koksen, und dann ging es auch schon los, und ich war zittrig und unkonzentriert, IDEENFLÜCHTIG.

Hatte ich mich nicht als Kind auf diese Bühne geträumt? Deutsches Theater in Göttingen? Da oben im Rang hatte ich doch gesessen, »Besuch der alten Dame«, und gedacht, schade, dass ich selbst niemals auf dieser Bühne stehen würde. Jetzt stand ich dort. Und wie immer, wenn in meinem Kopf nur noch die Notbeleuchtung glomm, fiel mir – ein Udo-Text ein, Zeile für Zeile, da steht der Sänger kurz vor dem Auftritt hinterm Bühnenvorhang, sieht durch einen Spalt das gespannte Publikum, wird nervös, bekommt schnell noch ein BERUHIGUNGSBIER:

Dann wär ich lieber einer von euch da unten, dahinten,
zehnte Reihe links
Ich würde denken, na, Popstar? Wollen wir doch mal sehen,
ob du das bringst

Ich brachte es nicht. Kunze stellte mir, wie von mir ja gewünscht, Fragen zu seinem eigenen Werk, doch in meinem Kopf verschwamm alles, ich konnte keinen geraden Satz sprechen – und natürlich konnte ich erst recht keine einzige seiner Fragen beantworten. Schließlich stellte er mir eine der

Beispielfragen, die ich selbst ihm zuvor beim Erläutern des Spielprinzips genannt hatte, als die Chemie in meinem Kopf noch DENKLOGISCHE Ergebnisse erzeugt hatte, und diese Frage immerhin wusste ich zu beantworten. Der gewünschte Effekt kehrte sich um, man sah dort also einen deutschen Sänger, der rührend ziselierte Fragen zu seinen eigenen Liedtexten stellte, auf Wunsch und an die Adresse eines vollkommen hinüberen Drogenmonsters, das stotternd um Gnade winselte. Dann schickte ich Kunze weg und begann mit meiner Lesung, aber schon nach wenigen Sätzen wurden mir die Texte zu langweilig, die Wörter standen da so lahm aufgereiht, statt rumzutanzen, wie sie es in meinem Kopf taten, also brach ich ab, blätterte herum, fing mit irgendeinem anderen Text an, zwei Absätze, maximal, laaaaaangweilig – nächster Text. Eine absolute Zumutung.

Kunze fragte hinterher, was denn da los gewesen sei, vorher hätte ich doch noch alles gewusst?

Die Antwort wäre zu ausführlich gewesen, auch zu privat irgendwie; ich hatte mittlerweile nachlegen können und war wieder an Deck, ich sagte, das müsse wohl das Lampenfieber gewesen sein, es täte mir leid.

Kunze sog an seinem Denkerzigarillo und blickte mich gütig an, ich schaute weg, mich interessierte jetzt nur noch, wie ich möglichst umstandslos Christophs Assistentin mit ins Hotel locken könnte, sie trug Lederstiefel, und das leuchtete mir irgendwie ein. Und ich sang, jetzt konnte ich die Kunze-Texte natürlich wieder, »Der schwere Mut«:

Bleiben von der Gegenwart wird nichts als die Beschämung
So ist es gewesen, ich war hemmungsvoll dabei

Und als die Drogen weg waren, fuhr ich zurück in die Hölle Berlin.

Am Bahnhof Zoo stand mein Fahrrad und ich wusste sogar die Zahlenkombination noch. In jüngerer Zeit hatte ich sehr schlechte Erfahrungen mit meinem Gedächtnis gemacht in Bezug auf Geheimzahlen, Benutzernamen und Zugangswörter, dauernd musste ich auf »Kennwort vergessen?« klicken, ich dachte mir aus Paranoiagründen immer extra komplizierte Geheimwörter und Phantasiebenutzernamen aus, und zwar so abseitig, dass ich sie noch im Moment der Einrichtung selbst schon wieder vergaß. Etwa zwei Drittel meiner ONLINE-AKTIVITÄTEN gingen dafür drauf, vergessene Kennwörter zu erneuern – und wiederum direkt zu vergessen.

Aber die vierstellige Fahrradzahlenschlosskombination hatte ich extra so eingestellt, dass ich sie mir immer würde merken können: 0805 – Tag der totalen Kapitulation.

Ein Tag der Befreiung! Aber während Richard von Weizsäcker gerade das Goldene Sportabzeichen machte, fuhr ich mit dem Fahrrad nur noch bis zum Geldautomaten und von dort direkt ins Bordell. Im schummrigen Licht und in der Atmosphäre chronischer Kleinkriminalität fühlte ich mich geborgen. Tatsächlich feierte ich mit den Nutten sogar Silvester. Heiligabend war geschlossen und ich ganz schön aufgeschmissen gewesen. Frohes Neues.

In einer der von mir weiterhin jeden Tag gekauften, jedoch immer nur hektisch durchblätterten, lang schon nicht mehr richtig gelesenen Zeitungen sah ich, was Richard von Weizsäcker zur erneuten Erlangung des Goldenen Sportabzeichens gesagt hatte, ich schnitt diesen Satz aus und klebte ihn an meinen Computer:

»Es sind keine großen Leistungen, die uns abverlangt werden, aber sie sind belebend und ermutigend.«

ICH
MACH
FÜR
DICH
’N
FANCLUB
AUF

Wenn ich nicht schreckhaft, mit etwa fünf Metern pro Stunde, durch meine Wohnung schlich, Bett, CD-Player, Klo, Computer, Bücherregal, Kühlschrank und wieder von vorn, hörte ich die alten Udo-CDs und sang mit. Louie war ja sozusagen der Gerichtsvollzieher gewesen, hatte alles abtransportiert, was nicht unmittelbar und unbestreitbar zum Überleben (von Würde konnte schon lange keine Rede mehr sein) gebraucht wurde und sich in Bargeld verwandeln ließe. Ich lag in etwa 30 Udo-CDs – und sang die alten Lieder.

Nachts rief ich manchmal Udo an und laberte ihn voll, er war sehr geduldig und freundlich: Was machst 'n immer so, Stuckiman?

Udo erzählte mir, dass in ein paar Tagen in Hamburg eine Pressekonferenz stattfände, dort werde eine Fernsehdokumentation über ihn vorgestellt, ich könne gern vorbeikommen. Auch käme ich selbst kurz zu Wort in dieser Dokumentation, das sei hinter der Bühne in Magdeburg gefilmt worden, lustig, gut angeknallt, so Udo, hätte ich die These ins Land gelallt, man solle doch Mick Jagger vergessen, wir nämlich hätten ja Udo oder so ähnlich. Ach, tatsächlich? Ich konnte mich nicht erinnern. Aber ich schaffte es nach Hamburg, direkt vom Bahnhof zur Großen Freiheit, Reeperbahn, Zuhause.

Natürlich kam ich zu spät, die Pressekonferenz lief schon, und wie ein Kind, das aus einem Albtraum erwacht und orientierungslos zu den Eltern rennt, die gerade Besuch haben, raste ich quer durch den Saal direkt zu Udo und kniete mich vor ihn hin und pries seine Verdienste. Udo mag es ja immer gern, wenn alles ein bisschen anders als geplant verläuft, »Rock&Roll ohne Protokoll« nennt er das, und so durfte ich also den etwas irritierten Journalisten wortreich darlegen, inwieweit es sich meiner Einschätzung nach bei Udo um den wichtigsten deutschen Dichter der Nachkriegszeit handele.

Beim anschließenden Rumstehen kam ich mit einem Mann ins Gespräch, der meine Udo-Expertise teilte, und wir beschlossen, dass nun die Zeit gekommen sei, Udos poetischem Werk ein Denkmal zu setzen: mit einem Hörbuch. Der Mann war Inhaber einer kleinen Plattenfirma, er sagte, er habe zu Hause im Keller ein Tonstudio, und wir könnten direkt anfangen. Kokainistentypisch skizzierte ich ein völlig unrealistisches Riesenprojekt, aber er nickte durchgängig, hatte einen Schnauzbart, war mehr so der gemütliche Typ und machte einen guten Eindruck auf mich, wir würden uns gut ergänzen.

Udo nahm mich mit ins Atlantic, sagte an der Rezeption, er brauche ein Zimmerchen für seinen Kumpel hier, der müsse sich mal ausschlafen. Es war auf einmal alles ganz unkompliziert.

Dann in der tiefen Nacht seh ich da ganz hell
Das Hotel

Mehr instinktiv als mit irgendeiner Idee davon, was morgen oder gar übermorgen sein würde, war ich nach Hamburg gekommen, ohne Gepäck, ich wusste überhaupt nicht mehr, wie alles weitergehen könnte, aber jetzt lief ich einfach Udo hinterher. Seine mir so vertraute Stimme, das angenehme Licht in der Lobby des Atlantic, ich beruhigte mich ein bisschen. Udo erhob sich aus der für mich nur noch als diffuse Feindlichkeit wahrgenommenen Draußenwelt, diesen gesichtslosen, von mir nicht mehr als Einzelpersonen differenzierbaren Gegnern, das aber auf jeden Fall, Gegner – Udo hingegen kam mir jetzt vor wie eine Märchenfigur, um ihn herum nur Nebel, er aber klar erkennbar, Hut, Sonnenbrille, Gehrock, mir angenehmer Schlendergang, auf und durch seine Art leuchtend, mein Stolpern bis hierher ein einziger Irrweg, wo war ich nur so lange gewesen, war doch hier mein geistiges Zuhause. Hamburg, Atlantic, Udo.

Brauchste Socken, fragte Udo unvermittelt, schnelle Socken, flinke Sohle, Frischfußindianer und so? Zahnbürste und

Socken, mehr braucht man ja nicht auf hoher See, ne? Geb ich dir nachher, du brauchst die neongrünen Paniksocken, da kommt das Tänzeln von ganz allein zurück, ne?

Ich bekam einen schönen, schweren Zimmerschlüssel, lieh mir an der Rezeption einen tragbaren CD-Player und schob Udos gerade erschienene neue Platte rein, »Panikpräsident«. Ich legte mich aufs Bett und überflog die Coverrückseite, ah, wie schön, lauter alte Lieder, ein Best-of, herrlich. Die ersten Töne, hä?, ich drückte eins weiter, derselbe Eindruck, unvertrauter Klang vertrauter Lieder, was war das denn, ich erschrak und begriff, die alten Hits waren neu eingespielt, neu arrangiert, und zwar wirklich schaurig. Aller Charme weg. Teuer produziert, totaler Schrott. Seltsam, man gesteht es dem Künstler, der und dessen Werk ein wichtiger Bestandteil der eigenen Erinnerung, Biographie und Identität ist, nicht zu, dass er – ohne Absprache – neu mit dem alten Material umgeht. Man will einfach alles so wie immer, weil ja alles andere nicht mehr so ist wie früher, die alte Musik darf sich nicht verändern, wir wollen uns mit ihr zurücksehnen, wir wollen keine Überraschungen. Der Künstler hat bitte schön eine Jukebox zu sein. Und wenn wir da unser Münzgeld oben reinwerfen, soll unten gefälligst konservierte Erinnerung herauskommen, Sentimentalität.

War es nicht Udos gutes Recht, seine eigenen Hits neu und anders einzusingen? Ja, vielleicht. Aber er störte damit meine Erinnerung. Nächstes Lied, selbes Problem, es war nicht schön. Dann, ganz zum Schluss, ein neues Lied, und das war überraschend gut. Das war sogar richtig toll: »Mein Body und ich«. Ein Dank an den eigenen Körper.

Hey du, mein armer Körper, was hab ich dir schon alles angetan
Hey mein Body, du und ich, nee, wir lassen uns nicht im Stich
Ich hab dich superhart geschunden, doch du lebst immer noch

Ich war qualitätsperplex, rief Udo an, dieses neue Lied, Wahnsinn, ob ich kurz vorbeikommen könne? Klarklarklar, sagte

Udo, bin hier noch am Machen, bisschen Malen und so später noch, Spitzwegstübchen unterm Dach, aber jetzt noch inner Zentrale, kommste rum?

Die PANIKZENTRALE. Ich klopfte, nein, das war ja mein Herz. Jetzt aber auch gegen die Tür. Im Atlantic hatte ich Udo schon ein paarmal gesehen – aber jetzt auch sein Zimmer, aufregend! Ich klopfte weiter, hörte dann Udo sich der Tür nähern, und so würde er das immer machen, aber jetzt erlebte ich es zum ersten Mal, würde das Gespräch schon beginnen, während er vom großen Zimmer durch den Flur zur Tür geht, um aufzumachen, da spricht er immer schon los, wie ein Musiker bei einer Improvisationssession fädelt er sich so ein ins Gespräch.

Mir fiel sofort auf, wie gut es roch in Udos Zimmer. So frisch. An den Wänden im Flur gerahmte Schwarz-Weiß-Bilder, Udo mit Joseph Beuys, Udo mit Nina Hagen, mit Honecker, mit Gerhard Schröder. Im Wohnzimmer ein Flügel, große schwarz-rote Ledersofas, zentral ein riesiges Foto seiner Eltern an der Wand, Gustav und Hermine. Ich setzte mich Udo gegenüber, er verknotete artistisch seine Beine, lag da irgendwie diagonal auf seinem Sofa, fragte, ob ich auch ein kleines Teechen wolle, rief an der Bar an, bestellte »zweimal Luxustee«, und ich war sehr gespannt, was das bedeutete. Es bedeutete: tatsächlich Tee.

Wir unterhielten uns über die Pressekonferenz, die neue Platte, das tolle neue Lied, das mich grad so erwischt hatte. Wie alle seine Platten seit etwa 15 Jahren war auch und besonders »Panikpräsident« eine schlechte Udo-Platte, vielleicht sogar der absolute Tiefpunkt, statt neuer schlechter Lieder viel schlimmer: die alten Hits mittels Neueinspielung auch noch versaut. Alles zu laut, zu dröhnig, zu breit – eine fatale Mischung, die mir irgendwie bekannt vorkam.

Und doch markierte diese Platte für mich einen Wendepunkt, und zwar in der Art, wie ich sie beurteilte: Ich freute mich über das eine gute neue Lied und mochte die Platte dadurch. Ein gutes Lied pro Platte, meine Güte, bei einer schon über 30 Jahre währenden Karriere, das ist doch prima. In den Jahren zuvor hatte ich an allen neuen Udo-Platten mich ausgetobt und exemplarisch geübt, Verrisse zu schreiben, sie eigneten sich dafür ja auch ganz gut; hämisch am Rand stehen und Noten vergeben, das macht schon Spaß, ist eine Notfallstrategie, die ich noch vom Schulhof kannte. Andere beobachten, anerkennen, dass der eigene Platz am Rand ist, gezielt die Schwächen der anderen herausfinden: und dann drauf da.

Aber das alles war jetzt vorbei und egal. Mein Hirn hatte ich ruhiggestellt und betäubt, und so kitschig es klingen mag: Mein Herz hatte übernommen, mich hierhergeführt, Ende einer Dienstfahrt.

Udo nahm die Sonnenbrille ab, schaute mich freundlich an und fragte, ob alles okay sei, ich sähe ja ganz gut mitgenommen aus. Statt meine stotternde Antwort abzuwarten, stand er auf, komm mal mit, sagte er, ich zeig dir was. Er führte mich in sein Schlafzimmer und zeigte auf eine leere Voliere neben seinem Bett. Hier, guck mal, sprach er, weißte, wir haben doch alle ab und zu mal 'n Vogel, ne?

Er öffnete die Tür des leeren Vogelkäfigs und setzte die Sonnenbrille wieder auf. Ich war gespannt, was als Nächstes passieren würde. Würde er jetzt mit dem Finger schnippen und dann kämen alle Menschen herein, mit denen ich mich aktuell auszusöhnen hatte?

Udo ging voraus, ich folgte, zurück im Wohnzimmer legte ich ihm meinen Plan dar, ein Hörbuch aufzunehmen mit seinen wichtigsten Liedtexten, gelesen von möglichst vielen möglichst bekannten Menschen. Klingt interessant, sagte Udo, wie er es immer sagt, egal, ob ihm jemand erläutert, dies ist ein ganz besonderer Kräutertee oder das kostet zehn Euro achtzig oder meine Mutter ist so ein großer Fan oder ich habe eine Band oder wie wäre es, mal ein Lied zu schreiben über einen Regenschirm oder was auch immer. Udo findet alles immer erst mal interessant. Genauer gesagt, er gibt jedem eine Chance. Und sonst so, fragte Udo, liegst ziemlich in der Kurve im Moment, hm? Alles schlucken, mehr so nach der Mengenlehre, ne?

Riskante Spiele, die er spielte, zitierte ich ein altes Lied von ihm, wir lachten, und dann nahm er mich mit zum Panikdoktor, dessen Praxis atlanticnah lag, einfach nur ein bisschen die Außenalster entlang, FUSSLÄUFIG. Früher hatte ich genau hier mal gewohnt, und zwar in der Zeit, da ich Udo regelrecht bekämpfte, mich lustig machte über seine irrlichternden Hamburger Lokalauftritte – und wer irrlichterte nun auf diesen bekannten Wegen herum? Ich, neben dem cool schlendernden Udo.

Ich erfuhr Udos Großzügigkeit und Menschlichkeit in einer für mich sehr kippligen, ausweglosen Situation. Es hatte natürlich eine gewisse Komik, ja Treppenwitzironie, was da jetzt passierte: Ich, völlig hinüber, drogenabhängig und im Volldelirium, wurde von, jetzt kommt der Gag, Udo Lindenberg an die Hand genommen und zum Arzt gebracht, ausgerechnet ich, ausgerechnet von Udo, der erstens ja einigermaßen zu Recht den Ruf hatte, seit etwa 20 Jahren durchgängig nicht nüchtern zu sein, und dem zweitens ja speziell ich das lächerlicherweise in nicht wenigen Texten kühl und auftrumpfend vorgehalten und die Beschreibung seines Taumelns ausgenutzt hatte zur Beweisführung in der Anklage seines künstlerischen Scheiterns.

Und da gingen wir nun, durch den Regen, Udo rauchte dem Regen ZUM TROTZ eine Zigarre, Udo raucht wirklich immer und überall Zigarre, in Flughäfen, Fitness-Studios, Kirchen, Hallenbädern, und vielleicht nennt man das Aura: Nicht mal im strömenden Regen erlischt Udos Zigarre. Udo sagte abermals, und das war jetzt für mich eine wirklich wichtige Information: Keine Panik. Kriegen wir alles hin. Der Doktor ist ein echtes Naturtalent, auch Schamane und so, die heiligen Geister, ne? Schleuderkurs, muss man ja machen ab und zu in unserem Job, ne, wir müssen ja runter in die Keller und nach Erkenntnis tauchen im Whiskyfass und so, aber man muss natürlich auch überleben, das ist die Kunst dabei, weißte? Kriegen wir alles hin.

Natürlich gab es manche Empfehlungen medizinischer Art und kritische Anmerkungen zu meinem STOFFWECHSEL von Freunden und Bekannten, von solchen, die wirklich besorgt und infolgedessen zuletzt vor allem genervt waren, weil ein Junkie vor allem NERVT, und von solchen, die meine Drogenabhängigkeit zuvörderst aus voyeuristischen Gründen erforschten und kommentierten, für die es einfach ein ergiebiges Klatschthema mehr war. Aber so was erreicht einen ja nicht, wenn man wirklich drogenabhängig ist. Jemand macht sich Sorgen? Dann ist man eben für diesen Menschen nicht mehr zu sprechen. Sorgen nerven. Man nimmt ja nicht Drogen, um sich Sorgen zu machen, die Sorgen hat man ja schon und man will sie loswerden; dass diese Rechnung selten aufgeht, gut, davon hatte man schon gehört, gelesen, klar – aber versuchen konnte man es ja mal.

Bei Udo nun war das anders. Wenn er, der ja eine Gallionsfigur des Rausches war, wenn auch zuletzt nur mehr dessen Maskottchen und Comicgestalt, das schwang schon in der Nennung seines Namens mit, Lindenberg, da hatte in jüngerer Zeit eigentlich jeder nur noch die Assoziation: Hut, breit, DDR, wenn dieser Udo nun anmerkte, dass ich mal ein bisschen aufpassen sollte – also, das kommt beim Bürger an. Das ist ein Alarmruf, den man nicht überhören kann, in welchem Zustand auch immer man sich aktuell befindet.

An einem Stromkasten kurz vor der Praxis des Panikdoktors blieb ich stehen, bat Udo, mal Räuberleiter zu machen, mir hochzuhelfen, Udo faltete seine Hände zu einer Leitersprosse, ich stützte mich ab auf seinen Schultern, stieg mit einem Fuß in seine Hände, erklomm so den Stromkasten und stand dort oben, schwankend im Hamburger Klischeeregen – und sang Udo ein Udo-Lied vor, das mir jetzt passend erschien:

Ich bin immer nur so rumgestreunt
Plötzlich kamst du ausm Regen wie ein alter Freund

Udo stand vorm Stromkasten, guckte hoch zu mir, zu dieser sozialen Plastik, dieser völlig lächerlichen, aber ja ganz ernst gemeinten Aufführung – und dann, ja, half er mir, runterzukommen. Damit ich mich nicht ganz so allein fühlte mit meiner Straßenkunstdarbietung, stieß Udo seinen berühmten Lindianerschrei aus, eine Art Kojotengeheul. Yeah, gut verrückt, Stuckiman, die alten Dinger haste echt alle drauf, ist ja ganz schön lustig.

Und dann gingen wir in die Praxis des Panikdoktors. Dieser trug schon wieder seine blaugläserne Brille, redete, während er uns bat, rechts und links von ihm Platz zu nehmen, über Montaigne, man hatte den Anfang des Satzes gar nicht mitbekommen. Jaaaaaaa, fädelte Udo sich ein, klingt interessant, aber hier, der Stuckiman ist ziemlich am Schleudern, was können wir denn da machen, ich meine jetzt: außer französische Bücher lesen?

Der Panikdoktor machte diverse Reaktionstests, sagte mir dann auf den Kopf, oder was davon übrig war, zu, was in etwa mit mir los war und wie es weiterginge, wenn ich jetzt nicht mal bald aufhörte mit den Drogen.

Dann bat er uns, die Ärmel hochzukrempeln, er suchte eine Vene, bei Udo, bei mir, und dann ließ er seine berühmten Gelben in uns reinlaufen. Währenddessen veranschaulichte er mir ganz undramatisch, was natürlich ein Trick war, den deprimierend standardisierten Verlauf einer Suchterkrankung. Er sei keine moralische Anstalt, nur müsse ich wissen, dass es medizinisch einfach sehr dumm sei, was ich da täte, und ich jederzeit sterben könne, Infarkt zum Beispiel, das ginge ganz schnell und wäre ja eventuell dann doch schade drum, ums

Leben, oder nicht? Er zeichnete auf seinem Rezeptblock eine Karikatur von Udo und mir, gab sie mir lächelnd, da begriff ich seinen Trick mit diesen dauernden Karikaturen, das war des Panikdoktors Mittel und Ausdruck der Distanznahme und zugleich das Angebot an uns, auch selbst die Komödie zu sehen in der Spiegelkabinetthölle unserer Hyperegomanie. Ich willigte ein, dass er für mich einen Klinikplatz in Hamburg suchte, QUALIFIZIERTER ENTZUG, er schicke dort viele hin, kenne den Chefarzt und so weiter.

Hier, Montaigne, ganz lustig, mal nebenbei zu lesen, sagte der Panikdoktor dann und legte mir die riesige blausamtene Schmuckausgabe der »Essais« auf den Schoß, weil ihm das selbst alles ein bisschen zu langweilig war, und er ja wusste, dass ich wusste, und die Infusion eben länger dauerte als das Begreifen dieser simplen Tatsache: jetzt Entzug, sonst bald »Wir Kinder vom Bahnhofsklo«, fertig, aus.

Und so saßen wir also zu dritt im Behandlungsraum, jeder redete vor sich hin, das war wirklich mehr eine Bar als eine Arztpraxis, ich fühlte mich gleich sehr wohl dort, Udo sprach von einer China-Tournee, der Panikdoktor über Montaigne – und ich selbst redete über das Lindenberg-Hörbuch, das ich nun schleunigst ins Werk setzen müsse, danach dann gern Entzug und so weiter, aber jetzt mal rasch noch das Hörbuch, eine längst fällige Udo-Poesiewürdigung, es sei doch ein Wahnsinn, dass ich wirklich keinen geraden Satz mehr sagen könne, aber alle Udo-Liedertexte von 1972 bis etwa 1991 auswendig aufsagen, was natürlich weniger für mich als für diese Texte spräche und so weiter. Im selben Maße, in dem die Infusion mich wiederbelebte, schwand meine Einsicht, dass der Entzug und fortan totale Abstinenz jetzt eventuell Priorität hätten.

Ich blieb in Hamburg, vereinbarte einen Termin mit dem Schnauzbart-Tonstudiomann, quartierte mich im Hotel Prem ein, das war etwas billiger als das Atlantic, lag aber ideal: direkt neben der Praxis des Panikdoktors und nicht weit vom Atlantic, beide mit Alsterblick, aber ich guckte ohnehin nicht so richtig viel aus dem Fenster. Im Hörbuchstudiokeller laberte ich den netten Schnauzbarttypen voll, der sich das geduldig anhörte und meine dauernden Lesefehler klaglos rausschnitt. Die kleine, ehedem charmante Idee wuchs sich aus zu einem 70er-Jahre-Bombastrock-Konzeptalbum, Hauptsache, viele Mitakteure, Hauptsache, viel zu lang im Studio sein, und Hauptsache, niemals fertig werden, ein erratisches Ideenflickwerk, das sich selbst zerstört. Meine Nebenhöhlen waren eine gepeinigte Krisenregion, keine idealen Voraussetzungen, ein Hörbuch einzusprechen. Ich musste mir ziemlich oft die Nase putzen.

Aus dem Kellerstudio rief ich alle möglichen Menschen an, Wolfgang Joop, Elke Heidenreich, Westbam, Harry Rowohlt, wirklich jeden einigermaßen bekannten Menschen, dessen Nummer ich mir irgendwie ergaunern konnte, und zwang sie, jetzt sofort, wann denn sonst, bitte diesen oder jenen Lindenberg-Text vorzulesen, am Telefon, wir schneiden das alles mit, tolle Sache, kein Aufwand, kein Honorar, vielen Dank. Als ich die Sängerin Jeanette Biedermann besuchte, mit Aufnahmegerät und einem Stapel Udo-Texte, lud ich einen Fotografen der Bild-Zeitung dazu und machte auch sonst keinerlei Fehler.

Das professionelle Drogennehmen bedingt es, dass man in jeder größeren Stadt wen kennt, der wen kennt, mein Berliner Reiseproviant war natürlich längst aufgebraucht, aber rasch hatte ich ein engmaschiges Versorgungsnetz in Hamburg geknüpft – eine Pizza zu bestellen, wäre komplizierter gewesen.

Zwischendurch fuhr ich mit Udo nach Leipzig, er gab dort eine Pressekonferenz, um seine nächste Tournee zu bewerben. In Udos Auto hinten sitzend, auf einer »Panikpräsident«-CD-Hülle mir mein Kokain zerkleinernd, das war schon ein ziemlich trauriges Szenario. Udo machte mir keine Vorhaltungen, und seltsamerweise hatte genau das den stärksten pädagogischen Effekt: Was ich da tat, war kein Regelverstoß, keine

Sensation, kein Geheimnis, kein Protest – es war einfach nur öde Suchtabwicklung.

Bei Udos Leipziger Pressekonferenz habe auch ich offenbar so einiges angekündigt, Zeitungsberichten zufolge habe ich mich dahin gehend geäußert, ich würde »am Rande der Tourneeauftritte in die Schulen gehen, um dort mit den Schülern über die Texte Lindenbergs zu reden«.

Kurz darauf fand in Hamburg die »Bambi«-Verleihung statt. Das »Bambi« ist eine goldene Reh-Statuette und wird nach selbstverständlich vollkommen unklaren Kriterien an alle Prominenten verliehen, die sich das gefallen lassen, es gerade nötig oder wenigstens Zeit haben. An einem solchen Abend, das war klar, würde ich bei der anschließenden Feier, auf der sich alle zügig ihre Restscham wegtrinken, sehr viele bekannte Menschen auf einmal antreffen und sie zu einem Beitrag für mein Monumentalhörbuch überreden können.

Im Hotel Prem schaute ich mir im Fernsehen die Preisverleihung an, knallte mich ganz gut zu, um in die richtige Überredungsstimmung zu kommen, sah begeistert im Publikum all die potenziellen Opfer, und dann fuhr ich mit dem Taxi zur AFTERSHOWPARTY. Ich trug nicht direkt Abendgarderobe, nein, viel toller: einen extra für diesen Abend angefertigten Kapuzenpullover, hintendrauf hatte ich groß in roten Buchstaben »Hubert Burda« sticken lassen. Damit, so der Plan, würde ich wirklich überall reinkommen an diesem Abend, würde für einen Mitarbeiter des die Sause ausrichtenden Burda Verlags gehalten, ich war, ausweislich meines Pullovers, ein Typ vom Team Burda. Das lief doch alles sehr, sehr gut.

Es ist ja guter Brauch, dass an solchen Abenden die GELADENEN GÄSTE in komplett lächerlichen, die Schäbigkeit der Zusammenkunft vermeintlich camouflierenden, in Wahrheit aber bloß unterstreichenden Leihglitzerroben und Eventsmokings erscheinen, hingegen alle, die in irgendeiner Weise mit dem technischen Ablauf zu tun haben, wie Campingurlauber rumlaufen. Simpler Trick und für einen Junkie sehr leicht: So richtig schlecht angezogen kommt man bei solchen Glamoursimulationsverrenkungen auch ohne Einladung an jedem Türsteher vorbei. Meine Jeans saßen aufgrund meiner strikten Kokaindiät ungefähr auf Kniehöhe, obenherum der Hubert-Burda-Kapuzenpullover, und ich trug die für Menschen mit Tremor idealen Schuhe, nämlich solche ohne Schnürbänder, sie wurden mit einer Gummizugkonstruktion gehalten, halbhohe Boxerschuhe, es waren wirklich die in »Leider nur ein Vakuum« erwähnten schnellen Stiefel:

Er zieht sich die schnellen Stiefel an
Es ist ein gutes Gefühl, frei zu sein

Mein Auftreten hinterließ ein Spalier fragender Gesichter und eine Spur der Verwüstung. Aber ich sammelte sehr viele Tonaufnahmen ein. Die Tonqualität war erbärmlich, weil es natürlich drum herum wahnsinnig laut war, doch ich konnte allerlei Schauspieler und andere Würdenträger zum Mitmachen nötigen. Das Gelärme und Gläsergeklirr im Hinter-, oft auch Vordergrund der Tonaufnahmen würde ich dem Produzenten als ATMOSPHÄRE schönreden.

Am besten war eigentlich der Radrennfahrer Jan Ullrich. In ihm wusste ich einen wirklichen Udo-Fan, die beiden hatten sich verschiedentlich getroffen, Udo war ja seit seiner Kindheit großer Radsportfanatiker, und Jan Ullrich stammte aus der DDR, war also folgerichtig großer Udo-Fan. In seiner schlimmsten Saufzeit hatte Udo mal ein absolut lachhaftes Lied für die Tour de France aufgenommen und dafür ein Video auf Mallorca gedreht, Udo mit dem damals berühmten, später bloß noch berüchtigten »Team Telekom«, und zwar in einem Tunnel, und Udo erzählt immer wieder gern, wie er »gut schwindelig« vom Videoregisseur zum Radfahren gezwungen worden, aber nach ein paar Metern immer vom Rad gefallen war. Als Kind hatte Udo ein Radsportmagazin gestaltet, Radrennsport von A bis Z von Udo Lindenberg, mit Udokinderschrift in einem kleinen karierten Mathematikschulheft, das hatte ich in seinem Archiv gefunden ein paar Wochen zuvor, als ich nach frühen Originaltextskizzen auf Bierdeckeln und so suchte für das – zu diesem Zeitpunkt von mir natürlich als große literaturhistorische Abhandlung gedachte – Booklet des Hörbuchs. Der junge Udo also hatte für sein Radsportmagazin aus Zeitungen alle möglichen Radrennfahrerbilder und Radrennstatistiken ausgeschnitten, in das karierte Schulheft geklebt, und er hatte sogar Phantasieanzeigen gemalt, zum Beispiel für die Volksbank Gronau mit dem Slogan: »Bankräuber, in der Volksbank lohnt's sich!«.

Das alles erzählte ich möglicherweise also Jan Ullrich, als ich ihn mit Aufnahmegerät und Udotextstapel bedrängte. Jan Ullrich selbst wirkte aber auch nicht mehr so ganz fahrtüchtig an diesem Abend, und so stammte also mein Lieblingshörbuchbeitrag von ihm: Sein Lieblingslied von Udo? Nun, da gebe es viele. Zum Beispiel: »Bochum«.

Und so lief ich als medialer Selbstmordattentäter herum und belaberte wirklich jeden, und es war das reine Kokain, das da sprach. Na ja, so rein auch nicht. Ich hatte, wie ich allerdings erst bemerkte, als ich wieder im Prem ankam, ziemlich starkes Nasenbluten gehabt.

Am folgenden Abend lag ich im Prem auf dem Boden und wähnte mich der Weltherrschaft nahe, telefonisch in den Weltenlauf eingreifend, alles in der Mission Udo-Hörbuch. Kurz bevor die Freitagabendtalkshows in den dritten Programmen losgingen, rief ich alle Moderatoren an, deren Nummern ich hatte habhaft werden können, und beschwatzte sie kurz vor Beginn ihrer Livesendungen, dass doch dies genau der richtige Abend sei, in ihrer Talkshow irgendeinen Gast einen alten Udo-Text vorlesen zu lassen. Ich würde das dann mit meinem Aufnahmegerät direkt vorm Fernseher mitschneiden, und so hätten alle was davon, ich sähe nur Gewinner.

Und tatsächlich, Jan Hofer ließ sich überreden, im »MDR Riverboat« den Schauspieler Gunther Emmerlich den von mir vorgeschlagenen, super passenden Udo-Text vorlesen zu lassen, es gibt ja für wirklich jede Lebenslage mindestens einen passenden Udo-Text, so die meine Jan Hofer gewiss nicht vorenthaltene, ja dem freundlich-geduldigen Moderator höchstwahrscheinlich vier Minuten vor Beginn seiner Sendung episch dargelegte Arbeitshypothese meines Monumentalhörbuchs, und in diesem Fall war das: »Alles im Lot auf dem Riverboat«. Emmerlich las dann wirklich ein Stück daraus vor, ich lag vor dem Fernseher, nahm das auf und dachte für einen kurzen Moment, dass wirklich alles möglich sei, hier, vom Prem aus, auf dem Boden liegend im Delirium, per Telefon die Welt regieren.

Am nächsten Abend sah die Sache schon anders aus, ich stand plötzlich in einer dunklen Halle zwischen lauter Kindern mit Knickleuchtstäben und deren Eltern, die allesamt phänotypisch den Eindruck vermittelten, sie hätten Stofftiere und Plüschwürfel an den Rückspiegeln ihrer Autos hängen, so Bürotassenhumordeutsche, die begeistert auf eine Bühne starrten, auf der Peter Maffay seinen wahnwitzigen »Tabaluga«-Kitsch aufführte. Wie war ich hier jetzt noch gleich wieder hingekommen? Ah, Udo, richtig. Der shuffelte da gerade über die Bühne, kleiner Gastauftritt, hallöchen, Udo spielte eine Figur namens Pechvogel. Und was tat ich? Ich stand da, mit Knickleuchtstab, in der absoluten Hölle dieses Kleiner-Prinz-hoch-drei-Schrotts – und dachte, es ist doch alles okay, da vorn ist Udo, und wo Udo ist, da lasse ich mich fröhlich nieder.

Ein paar Tage darauf, wie immer viel zu spät, kam ich auf dem Friedhof in Paderborn an, zur Beerdigung meines Großvaters. Beim anschließenden Kaffeegetrinke wurde ich sehr nervös, weil ich zuletzt im Nahverkehrszug Drogen hatte nehmen können, ich war sehr zittrig und musste dringend nachlegen. Ich ging auf die Toilette der Gaststätte, in der sich unsere Familie und Freunde meiner Großeltern zusammengefunden hatten. Mein Bruder folgte mir, mein Arztbruder, und das war natürlich schlecht. Er wollte, ganz klar, schauen, was ich da machte. Vielmehr wusste er genau, was ich da machen wollte, und er fand wohl, das sei ein guter Anlass, mit mir mal darüber zu sprechen. Also tat ich so, als würde ich mir nur die Hände waschen wollen, er auch, wir schauten uns im Spiegel kurz in die Augen, er wusste, ich wusste – und dann bin ich rausgerannt und habe den nächsten Zug nach Berlin genommen.

DA
OBEN
HINTER
DEN
STERNEN

Meinen 29. Geburtstag verbrachte ich in der Klinik. »Pat.m29«, hieß ich nun auf den Klebeschildchen der Drogentestpinkelbecher.

Eskortiert von Udo und dem Panikdoktor hatte ich es dann doch noch geschafft, bis zuletzt hatte ich am »Poesiealbum Udo Lindenberg« gearbeitet, es würde gerade noch rechtzeitig zu Udos Tournee erscheinen können. In einem Hamburger Vorort machte ich den vom Panikdoktor empfohlenen QUALIFIZIERTEN ENTZUG. Ich hatte ja nun schon eine gewisse Routine: auf dem Weg in die Klinik, gegen die Angst und auf Vorrat noch möglichst viel Alkohol und Kokain reinhauen, dann die ersten Tage in der Klinik durchschlafen, langsam wieder klar werden.

Erst mal aber schlafen, endlich schlafen. Bald käme das nächtliche Beinkitzeln zurück, wieder würde alles, alles besprochen werden, und dann – keine Ahnung. Es war eine ziemlich harte Klinik, meine beiden vorherigen hatten ja immer noch was von Sommerfrische gehabt, Chiemsee und Schwarzwald, jeweils im Sommer, Privatpatientenluxus. Damit war es nun vorbei, jetzt war Winter, Hamburger Vorort, nur noch Kassenpatienten, fast nur Männer, Alkoholiker die meisten, eher unpoetische Stimmung. Wenn ich nachts schlaflos über den Linoleumflur spazierte, begegneten mir oft Mitpatienten, die mit vollgepissten Schlafanzughosen vor mir standen und mich fragten, wie sie hießen. Ein Schiffskoch war dabei, der überraschte mich an meinem Geburtstag mit einem selbst gebackenen Kuchen. Sie sangen für mich »Happy Birthday«, und hier war ich also, Ende Januar, Ende von Hamburg, Ende meiner Zwanziger, Ende von eigentlich allem, ich, Pat.m29, stand gerührt zwischen meinen Mitpatienten, blickte in diese komplett erloschenen Gesichter, die da im Neonlicht des Frühstücksraums für mich sangen.

Die Geister, die ich gerufen hatte, riefen jetzt natürlich zurück: Niemand, außer meinen Eltern, Udo und meiner Schweizer Agentin, hatte die Durchwahl meines Zimmers oder wusste überhaupt, wo ich gerade war, doch ab einem solchen Versterktheitsgrad wird es für Boulevardjournalisten ja erst interessant, plötzlich jedenfalls meldete sich mit sehr aufgeräumter Stimme ein Herr von der Bild am Sonntag mit der nicht eben umständlichen Frage: »Wie geht es Ihnen denn so im Drogenentzug?«

Ich legte sofort auf. Als ich tags drauf aus einer Einzeltherapiesitzung kam und mit verweinten Augen (man ist in diesen Wochen des Entzugs natürlich emotional instabil und vor allem selbstmitleidig) über den Parkplatz taperte, stand plötzlich ein RTL-Exclusiv-Kamerateam vor mir und fragte mich, wie der Entzug voranginge und wie ich mich FÜHLTE. Ich rannte zurück zum Therapeuten, sagte ihm, keine Zeit für große Erklärungen, er müsse jetzt sofort rauskommen auf den Parkplatz und diese Leute zwingen, das gerade gedrehte Material rauszurücken und sich zu verpissen. Das tat er auch, er sagte hinterher, es habe ihm Spaß gemacht, so was käme ja nicht jeden Tag vor, »Hausfriedensbruch, Persönlichkeitsrechte, Unverschämtheit!«, habe er gerufen und die Kassette aus der Kamera gefummelt, er habe sich gefühlt wie in einem Film.

Nach zwei Wochen durfte ich dann zur Probe mal raus, SOZIALE EXPOSITION war das in den Privatkliniken genannt worden, hier jetzt sagte man dazu nur noch: viel Glück, keinen Scheiß bauen. Bei Rückkehr in die Klinik waren ein Atemalkoholtest und eine Urinprobe fällig, Letztere UNTER SICHT, das bedeutete, ein Krankenpfleger schaute einem beim Pinkeln zu, ob man da nicht mit FREMDURIN trickste, Tour-de-France-Bedingungen also, schräg über dem Pinkelbecken war ein großer Rückspiegel angebracht, wie im Bus, damit der Busfahrer sehen kann, was in der letzten Reihe so los ist. Meine Probenacht führte mich, natürlich, zu Udo, und zwar an den Timmendorfer Strand, da probte er mit seiner Band. Nirgends da draußen hätte ich mich sicherer fühlen können.

Hey, Stuckiman, wieder an Bord, welcome back! Phönix aus der Flasche, ne? Und, wie isses so, unbedröhnt? Auch mal ganz interessant, ne?

Ich bekam am Merchandising-Stand einen der legendären Panikgürtel, schwarzes Leder und als Blechschnalle eben die Großbuchstabenreihe PANIK, ich schaute Udo bei den Proben zu, sang alles mit, rief meinen Freund Louie an, um ihn teilhaben zu lassen, unser Udo, er sang alle alten Klopper. Aber ich erreichte Louie nicht, ich versuchte es mehrfach, sprach ihm aufs Band, hielt das Telefon hoch, um für Louie ein bisschen was von den Udo-Proben aufzunehmen.

Zurück in der Klinik, geschafft, nüchtern, zufriedener Arzt, er bereitete meine Entlassung vor. Wir vereinbarten, dass ich ein paar Tage länger als nötig in der Klinik bliebe, damit ich direkt zu Udos erstem Konzert fahren könne und nicht vorher noch heikle Überbrückungstage zu meistern hätte in meiner Berliner Hölle, sicher ist sicher.

Da klingelte das Telefon. Und diesmal war es nicht die Bild am Sonntag, diesmal war es meine Schweizer Agentin, sie hätte eine furchtbare Nachricht – Louie sei gestorben.

Das waren sie jetzt also, die berühmten näher kommenden Einschläge.

Honky-Tonky-Show, und abends läuft die Honky-
Tonky-Show

Die war jetzt vorbei. Louie tot, ich in der Klinik. Ich rief weinend bei Udo an, und Udo sagte einen Satz, der mich etwas tröstete: »Louie ist nicht VON uns gegangen, er ist nur VOR uns gegangen, wir sehen den dann ja wieder, später, sind ja schon ein paar Experten da oben versammelt, da wird er es gut haben, die singen sich schon mal warm für uns.«

Der Tag meiner Entlassung aus der Klinik war zugleich der Tag von Louies Beerdigung und Udos Tourneestart. Am Flughafen kaufte ich mir eine schwarze Strickjacke und schwarze Jeans, dazu trug ich den Panikgürtel. »Always On My Mind«

stand auf Louies Grabstein. Ich weinte, war froh, dass ich weinen konnte. Wir hatten Louie alle sehr geliebt. Jetzt war er wirklich tot. Ich, gerade noch mal so, entkommen. Jemand erzählte mir, dass man in Louies Wohnung wahnsinnig viele Anzüge vorgefunden habe.

Nüchtern, ja CLEAN, und nun ging es auf Tour mit Udo, ich hatte das Hörbuch zu vermarkten, er die Platte »Panikpräsident«, und damit das überhaupt jemanden interessierte, war wieder mal ein Jubiläum ausgerechnet worden, 30 Jahre Panik-Orchester. Zehn Jahre zuvor war Udos »25-jähriges Bühnenjubiläum« gefeiert worden. Man kam schon ganz durcheinander.

Vom Tourneeleiter bekam ich einen goldenen Pass umgehängt, der mich berechtigte, auf der ganzen Tournee jederzeit überall reinzukommen, in die Garderoben, in den Kameragraben, ja sogar auf die Bühne – in der herrlichen Welt der Großveranstaltungen ist ein solcher Pass so was wie der goldene Schlüssel, das magische Sesam-öffne-dich, das jeden durchgangsversperrenden Security-Koloss respektvoll nickend zur Seite treten lässt. Damit hatte alles angefangen bei mir, ich wollte solche Pässe, ich wollte der Musik und den Musikern so nah wie möglich kommen.

Zwar ging ich während der Tour nicht, wie Wochen zuvor auf der Pressekonferenz angekündigt, IN SCHULEN, um dort »mit den Schülern über Lindenbergs Texte zu sprechen«, aber in jeder Stadt, in der Udo abends sang, besuchte ich tagsüber zwei, drei Duz-Radiosender. Ich hatte grüne T-Shirts anfertigen lassen mit den Udo-Wortschöpfungen »bisschen punky Gottseidanky« und »howauchever« auf der Brust, die hatte ich dabei, zum Verlosen, denn verlost werden muss ja immer was im Duz-Radio.

Nach dem Hamburger Konzert gab es eine Party in einem Club auf der Reeperbahn, ich war – möglicherweise als Einziger dort – nüchtern, es war aber trotzdem lustig, ich schwang mich mit dem Rausch der anderen hinauf in die nächtliche Daseinsvergessenheit, mein überdrehtes Verhalten eine Spiegelung des Rausches der anderen und ein Echo eigener, ja nicht lang zurückliegender Rauschgewöhnung. Es war seltsam, andere Menschen hatten mich, wenn ich komplett zugedröhnt gewesen war, oft als angenehmes Gegenüber empfunden, »endlich mal ein bisschen ruhiger, nicht so hektisch wie sonst« – und nun, da ich nüchtern und wieder so hektisch und hypermotorisch unterwegs war, wie ich eventuell tatsächlich BIN, da schauten mich viele an und glaubten mir nicht, dass ich nüchtern war: »Ja, genau, du bist clean, haha. Du hast doch bestimmt was genommen, so aufgekratzt wie du bist.«

Hatte ich nicht. Und sprang durch die Gegend, hier ein Schwatz, da ein Scherz, da mal auf die Theke hüpfen, Umarmung hier, Gesangseinlage dort, Sprung auf die Boxen, T-Shirt ausziehen – und jetzt alle:

Wo die Lautsprecher stehen, sind die Mädchen
Weil da die heiße Luft vibriert

Auf der Udo-Party lief, natürlich, Udo-Musik. Und alles war gut. Hamburg, Reeperbahn, Udo-Heimspiel, Panikfamilie komplett versammelt. Nur ein Typ störte das schöne Bild, er schaute mich nun schon eine ganze Weile lang sehr spöttisch an, verfolgte mich quer durch den Raum, denn länger irgendwo stehen oder gar sitzen zu bleiben, war an diesem Abend nicht mein Prinzip. Meine über Monate chemisch stillgelegte Eigenenergie feierte nun in fröhlichen Schüben einen körpereigenen Frühling, mein Kokain-Exil war vorbei, ich umarmte die Welt. Aber der Typ schaute noch immer so abfällig herüber, wer war denn das noch gleich, Gesicht kam mir bekannt vor, aber irgendwie falscher Kontext, ach so, richtig, das war ein MITPATIENT aus der Klinik, Zimmer nebenan, mittlerweile offenbar auch entlassen. Er kam jetzt rüber, schüttelte den Kopf, schubste mich ein bisschen, wirkte aggressiv und passte auch sonst gar nicht auf eine Udo-Party. Er sagte, ihn könne ich nicht täuschen, ich solle ihm nichts erzählen, er WISSE es, denn er habe ja Augen im Kopf und kenne sich aus, ich sei doch längst wieder komplett auf Drogen.

Udos Feinsensorium für soziale Schwingungen schien auszuschlagen, jedenfalls tänzelte er genau jetzt, da es für mich gerade unangenehm wurde, auf uns zu.

Na, ihr? Hi, ich bin Udo. Geht gut ab hier, ne? Family and friends, yeah. Und wie geht's euch so gerade in euerm Menschengefieder?

Der aggressive, durch Udos Nettigkeitsattacke aber sofort neutralisierte MITPATIENT (der vielleicht SELBST betrunken war?) ließ mich stehen, verschwand – Udo legte mir den Arm um die Schulter, nahm kurz die Sonnenbrille ab: Alles klar? Komischer Vogel da eben, lass dich nicht ärgern, Stuckiman, hier biste sicher, und wenn's Ärger gibt, wir sind alle da, ne?

Zum Frankfurter Udo-Konzert kam mein Arztbruder, ich besorgte auch ihm einen All-Areas-Pass, führte ihn, nicht ohne Stolz, durch die KATAKOMBEN der Frankfurter Jahrhunderthalle, stellte ihm Udo vor. Mein Bruder, auch Udo-Fan, war – wie jeder Mensch – von der Direktbegegnung mit Udo sehr beeindruckt: Wahnsinn, so mein Bruder, dass Udo bei so vielen Leuten und solchem Durcheinander sich doch Zeit nimmt für einen schnellen, individuell-herzlichen Schnack, kurz die Sonnenbrille abnimmt, sofort sich jeden Namen merkt, jedes Gesicht und jede Verknüpfung.

Stuckibruder, jaja, der Arzt aus Frankfurt, na klar, Krankfurt, ne? Ja, alles easy wieder, der Stuckiman ist, nach kurzem Schleuderkurs mit Schwindelattacken und so, voll an Bord aufm Panikdampfer, da ist er sicher. Schön, dass du mal vorbeiguckst hier bei uns – fühl dich zu Hause, dahinten Drinks und so, ich geh dann gleich mal kurz singen, ne? Kennste auch die Songs alle? Kannste bisschen mitsingen, yeah, bis später dann.

Udo machte gerade ein Fußbad. Mein Bruder schien nicht so genau zu wissen, ob er da jetzt nicht eventuell sehr störte bei intimen Verrichtungen, ich merkte das daran, dass er dauernd seine Zustimmung zur Gesamtsituation wiederholte, ein Trick, mit dem er unsere tiefsinnsbesessenen Eltern früher immer wahnsinnig gemacht hatte: Das ist doch alles klasse, schon wirklich sehr beeindruckend alles, ist auch richtig voll die Halle, toll, Bühne sieht super aus, das wird sicher sehr, sehr gut alles.

Ich konnte ihm aber gerade nicht helfen, weil ich damit betraut war, die Kostümierung des Kinderchors mit Udo-Brillen und Udo-Hüten zu überwachen, damit alles sitzt für die Auftritte bei den Liedern »Honky-Tonky-Show« und »Wozu sind Kriege da?«, die Chorleiterin hatte kurz mal weggemusst und mich um Vertretung gebeten, und als Inkarnation meiner eigenen Mutter stand ich da jetzt also interimsmäßig kinderchorleitend, obendrein in einer Art ADHS-Wettbewerb mit der Kinderschar, den ich locker für mich entschied, meine Hektik beruhigte die Kinder; und so eingespannt, registrierte ich nur im Augenwinkel, dass mein Bruder gerade etwas strauchelte, wie jetzt ein Gespräch mit Udo Lindenberg weitergehen könnte. Der große Sänger, kurz vor einem großen Konzert, die nackten Füße in einem milchigen, warm sprudelnden Plastikwannenbad, Zigarre rauchend – vielleicht der ultimative Auratest. Für Udo, wie alles, das ist ja der Witz bei ihm, kein Problem, er ist immer Udo, eins geworden mit der Kunstfigur, also redete er jetzt lässig weiter, um etwaig sich einstellende Konversationsunsicherheit einfach niederzunuscheln, mit dieser sagenhaften Udo-Autopilotensprache: Muss ja viel rennen nachher, kreuz und quer, Salto, muss ja alles sein, und da braucht man 'ne flinke Sohle, ne?

Aus ärztlicher Sicht, so mein Bruder milde selbstironisch, aus ärztlicher Sicht sei so ein Fußbad absolut gutzuheißen.

Udo trocknete sich die Füße ab, zog sich seine wie immer neongrünen Socken an, stand auf, setzte noch mal kurz die Sonnenbrille ab, Blick in die Augen, Hand schütteln, den Namen meines Bruders IMMER NOCH wissend, weiterlatschen, einen hochgedrehten, glücklicheren Menschen zurücklassend. Das ist die kompakte Udo-Infusion, funktioniert weltweit, ist für jeden ein Geschenk.

Dennoch schaute mein Bruder sich mit ärztlicher Strenge in diesem herrlichen Backstage-Moloch um, Frauen in ALUFOLIE gewickelt, warum nicht, aber man merkte schon, wie auf jeder vernünftigen Rock&Roll-Hinterbühne, hier wird es mit dem Betäubungsmittelgesetz eventuell nicht gar so eng gesehen. Für seinen kleinen Bruder, der ja just aus einer Entzugsklinik kam, kein besonders geeignetes Umfeld, urteilte mein Bruder und fragte, ob ich »alles im Griff« hätte (diese Formulierung liebte er immer schon – und in diesem Punkt waren wir dann doch sehr unterschiedlich). Er wolle mir nicht den Spaß verderben, das seien ja auch blöde Rollen, Arzt UND älterer Bruder, dennoch müsse er es sagen, er zweifle leicht, ob »das hier« eine für mich gesunde Umgebung sei. Das hier: ausgreifende Armbewegung meines Arztbruders, und tatsächlich waren im Radius dieser Raumerfassung die Nüchternen eindeutig in der Minderheit.

Jaja, sagte ich und war verärgert, »das hier« war nun mal meine Welt, das Geschwirre, die Aufregung, viele Menschen, die Musik, die Garderoben, das Reisen, heute hier, morgen da, umgeben von diversberauschten Frohsinnsbotschaftern – und ICH war doch jetzt nüchtern, was denn nun noch? Ich ärgerte mich über seine Besorgnis und fand, er übertrieb es mit der brüderlichen Vernunft.

Bei der Tourneeabschlussparty in Berlin fungierte ich als DJ, ich hatte in unseren gemeinsamen Drogenwochen von DJ Fetisch allerlei Plattenauflegetricks beigebracht bekommen, von denen ich mir einen einzigen hatte merken können: Wiederholungsschlaufen zweier sofort erkennbarer Hitsequenzen ineinanderschneiden. Diesen einen Trick wiederholte ich den gesamten Abend lang, immer wieder, ich schnitt das epochale Beginnriff von Nirvanas »Smells Like Teen Spirit« gegen den für mich ebenso bedeutenden Udo-Kinderchor »Honky-Tonky-Show«. Und weil ich diese Minicollage so dermaßen penetrant wieder und wieder wiederwiederholte und dabei ausgezeichnete Laune hatte, mir ab und zu ein Glas Wasser über den Kopf goss und hinter meinem Mischpult hüpfiger tanzte als irgendjemand auf der Tanzfläche, erreichte mich auch in dieser entgrenzten, fröhlichen Nacht wieder mehrfach die Augenzeugendiagnose, jaja, von wegen nüchtern, der ist doch längst wieder komplett drauf.

Ich trug praktisch dieses gesamte wieder nüchterne Frühjahr lang einen dietligen weißen Leinenanzug, alles war jetzt wieder heller und ich bester Dinge, endlich wieder raus, unter Leute; auch ins Licht, das ging ja jetzt wieder. Mit Udo fuhr ich zur Leipziger Buchmesse, er stellte dort seine Autobiographie vor, bei einer Veranstaltung hampelte ich ein bisschen neben Udo auf der Bühne rum; während einer Signierstunde von Helmut Kohl fiel ich, weil ich das lustig fand und Kohl so schrecklich, vor ihm auf die Knie, titulierte ihn vernehmlich als KANZLER DER EINHEIT, bat um ein Autogramm und die legendären Spendernamen. Auf Bitten von Westbam gab ich beim deutschen Vorentscheid zum »Eurovision Song Contest« den PROMINENTEN PATEN für Westbams gegen irgendeinen Stefanraabmüll chancenlosen Wettbewerbsbeitrag, ich trug meinen weißen Dietl-Anzug und schnatterte überdreht meine kleine Westbam-Laudatio in die Kamera. Mit Grund oder ohne, uns egal, wir sangen:

I'm just a rebel
Dancing with the rebels

Westbam verlor mit großem Abstand, und wir mussten die ganze Zeit lachen. Wer bei diesem Quatsch gewann, war wirklich am Arsch.

Fortgesetzt wurde mir zugetragen, was man allseits dachte über meine jüngsten Auftritte in der Öffentlichkeit und welchen Eindruck ich also zu vermitteln schien: so aufgedreht, so hibbelig, der ist doch giftverseucht bis unters Dach. Musste ich also erst wieder druff sein, um nüchtern zu wirken? Das war schon sehr merkwürdig. Scheißberlin, Scheißdeutschland, Scheißvergangenheit – auf nach Zürich.

Endlich löste ich meine lampenlose Berliner Höllenbude auf, wo ein neuer Anfang viel schwieriger gewesen wäre, alles kontaminiert mit Verweisen auf extrem düstere, im Wahn vergeudete Jahre; in Zürich aber war nun alles neu, Frühsommer, die Schönheit der Stadt und ihrer Bewohner, zusammen mit meinem besten Schweizer Freund bezog ich eine Wohnung nah am See, dazu diese wohltuende Schweizer Freundlichkeit, abends küssten sich alle dauernd, in der Schweiz ja schon zur Begrüßung drei Mal, da kann man ja direkt weitermachen, ein guter Ansatz.

Schnell hatte ich, was ich in Berlin zuletzt nicht mehr gehabt hatte und auch nicht mehr hatte haben wollen: einen FREUNDESKREIS. Diesmal würde es klappen mit mir und Zürich, ich war jetzt nüchtern und blieb abstinent, trank sicherheitshalber nicht mal Alkohol, fuhr Fahrrad statt Taxi, spielte Fußball mit meinen neuen Schweizer Freunden, fast jeden Tag badeten wir im See, es gab kein Problem. Aufgekratztheit und Überspanntheit (bei Amateuren ja Rauschindizien) waren Symptome meines Nüchternseins. Nicht obwohl, sondern weil ich nüchtern war, ging ich fast jeden Abend aus, bedröhnt hatte ich mich ja überhaupt nicht mehr rausgewagt, zumindest nicht an Orte, an denen nicht alle anderen ebenfalls komplett hinüber waren.

Zürich erschien mir diesmal tatsächlich als die Wahrwerdung meiner esbezüglichen Erlösungsphantasien, bei meinem ersten Schweizversuch waren wohl einfach die Drogen der Fehler gewesen; denn egal, wie schön es irgendwo sein mag, wenn man drogenabhängig ist, verwandelt sich auch der schönste Ort sofort in eine düstere Hölle. Jetzt aber lebte ich wieder tagsüber, das Leben machte Spaß, ich fing auch endlich wieder an zu schreiben. Ich wohnte nicht mehr allein, in der neuen Wohnung gab es sogar LAMPEN – und ein SOFA!

Mein Udo-Hit in diesem wieder nüchternen Jahr war »Du knallst in mein Leben«. Mit den wirklichen Herzenssängern ist es ja so, dass man in jeder Phase ein ganz bestimmtes der ganz alten Lieder besonders gern hört, das wechselt saisonweise und folgt anscheinend unterbewussten Strömungen, plötzlich drängt sich ein anderes sehr altes Lied nach vorn und wird vorübergehend Lieblingslied. Und jetzt war das also ein paar Monate lang »Du knallst in mein Leben« von der Platte »Odyssee«. Zwar musikalisch nicht sehr gut gealtert, aber der Text ist grandios:

Ich war schon immer so 'n loser Typ
Mit kurzen Romanzen, aber intensiv

Ein Udo-Klassiker; einer dieser Texte, die ich am liebsten direkt unterschrieben hätte, als ich sie erstmals hörte und mir vornahm, später mal so zu werden wie der Typ, den Udo da besingt.

Dieses Lied stimme ich auch jetzt an, elf Jahre später in Los Angeles, ich fahre mit Till Brönner den Sunset Boulevard entlang. Es ist die schönste Zeit, hier entlangzufahren, Abendsonne, die Palmen am Straßenrand, wirklich Palmen!, man vergisst das immer, Palmen also, die so besonders gut aussehen inmitten all der toll verrotteten Neonschriftzüge, überall blinkt es, es ist die Reeperbahn, es ist das Paradies. Ich singe also mein Lieblingslied von »Odyssee«, und Till Brönner schaut mich kurz irritiert von der Seite an, lächelt, nickt wissend, dann schaut er wieder nach vorn auf die Straße, und ab Zeile drei singt er, ebenfalls textsicher, laut mit:

Es kam selten vor, dass ich länger blieb
War meistens schon weg, wenn sie noch schlief
Und wieder nach draußen, in den rauen Wind
Wo die Asphaltcowboys zu Hause sind

Auch er, sagt Brönner, sei seit seiner Kindheit Udo-Fan, seine Kindheits-Udo-Platte damals sei genau diese gewesen, »Odyssee«. Er habe ja ansonsten immer nur ganz alte, auf dem Schulhof schwer vermittelbare Musik gehört, Jazz eben, Udos Platten seien damals die einzigen unter seinen Lieblingsplatten gewesen, die halbwegs gegenwärtig waren. Ist jetzt natürlich auch schon wieder unvorstellbare 30 Jahre her. Doch gerade deshalb, weil dieser Udo-Blitzschlag ihn im dafür perfekten Alter von etwa 12 Jahren traf, wenn man eben so besonders aufnahmefähig und prägbar ist, sind diese Lieder für immer in ihm und mit ihm. Es ist unsere Kindheitsmusik, und die bleibt für immer. Brönner ist jetzt 44, ich bin 40 – und natürlich wollten wir, Udo-infiziert, seit Kindheitstagen genau dahin, nach draußen, in den rauen Wind, und natürlich wollten wir Asphaltcowboys werden. In unseren Kinderzimmern waren die Udo-Platten tatsächlich Märchenplatten, sie erzählten uns von der Welt da draußen, mit Udos Platten konnten wir uns wegträumen, Udo war für uns ein ideeller älterer Bruder, der uns von der weiten Welt erzählte, von den Frauen, den Bars, dem Unterwegssein. Das entscheidende Gefühl dieser frühen Udo-Prägung war wohl: Sehnsucht. Und zusammen singen wir nun das Titellied:

Wir sind auf Odyssee, Odyssee
Und keiner weiß, wohin die Reise geht

Das stimmt natürlich langfristig sowieso immer, kurzfristig aber weiß Brönners Navigationsgerät, wo wir langmüssen: jetzt links, dann wieder rechts und immer geradeaus, vom Sunset Boulevard auf die nicht minder mythische Parallelstraße, den Hollywood Boulevard. Wie so vieles habe ich auch diesen Straßennamen als Kind erstmalig auf einer Udo-Platte gehört:

Unsere enge Straße war breit wie der Hollywood Boulevard

Paradiese und Götter sind natürlich niemals so groß und perfekt wie in der Vorstellung, die wir von ihnen haben. Die Götter sollen außerhalb der Zeit stehen, und die Paradiese sind nur so lang schön, wie sie unbetretbar sind; erhörte Gebete. Und deshalb will der Mensch natürlich zeitlebens die Götter hinunterzerren und sich selbst emporheben. Die heutzutage beliebtesten Fotomotive sind: Der Superstar gibt sich, von einem Paparazzo in jeder Hinsicht ABGESCHOSSEN, eine Blöße – und der Normalmensch gibt sich in gefilterten Selbstporträts als Superstar. Ganz einfache Regel: Ist das Foto trist, ist das dazugehörige Leben meistens super. Na klar, Tom Cruise und Madonna sind IN ECHT ganz klein, das ist immer die erste und auf jeden Fall die dümmste Beobachtung, die man so auf der Allee der Realweltenttäuschungen macht.

Und in der Tat, während wir also über diese Traumstraße fahren und diesen schönen gemeinsamen Udo-Moment haben, ach, schau an, auch du also wolltest Asphaltcowboy werden, ist natürlich kurz anzumerken, dass der Hollywood Boulevard so breit nun auch wieder nicht ist, gewiss jedenfalls nicht so unendlich breit, wie ich ihn mir vorstellte, als ich ihn früher von Udo besungen hörte. Diese Straße ist ja das verdichtetste Hollywood-Klischee überhaupt, zugleich und genau deshalb der wohl unglamouröseste Teil der Stadt, geheimnislos, platt, allzu legendär, zu Tode geträumt, eine in ihrem Geblinke und Geflirre natürlich ganz besonders trostlose Straße, bei Tageslicht. Doch sobald es dunkel wird, funktioniert sie, immer noch. Brönner sucht jetzt in seinem Telefon ein anderes Udo-Lied und feuert es ab, der ganz frühe Udo: »Daumen im Wind«. Auch so eine Sehnsuchtshymne, in der die Straße idealisiert wird, die Straße als der Weg hinaus aus der Enge, das Unterwegssein als Lebensform, Udo hat uns damals die Unterwegs-Romantik der Beatliteratur übersetzt und nahegebracht:

Ich steige einfach ein, mal seh'n, wohin man kommt

Vor ein paar Jahren hat Brönner sogar selbst ein Lied für Udo schreiben dürfen, er schürzt die Lippen wie sonst nur fürs Trompetespielen und imitiert Udos Anruf, nachdem Brönner ihm die Komposition geschickt hatte, die dann zum Udo-Lied »Verbotene Stadt« wurde: Hey, hallöchen, Udo hier, ja, starker Song, gutes Ding, kommt raketenmäßig angeknallt, das machen wir, klar, noch bisschen vereinfachen und so, bisschen anschärfen, das wird gigantisch, klasse!

Das sei sein erster Kontakt mit Udo gewesen. Diese Stimme plötzlich aus dem Telefon, er habe es zunächst gar nicht glauben können, aber es sei wirklich Udo gewesen. Auch hier wieder die Riesenüberraschung: dass eben Udo wirklich klingt wie Udo.

Wir fahren am legendären Capitol-Records-Turm vorbei, diesem Sehnsuchtsleuchtturm aller Musiker, und lachend erzählt Brönner seine L.A.-Anfängerfehler-Erfahrung, die er in den dortigen heiligen Hallen gemacht hat: Der Tontechniker dort sei immer noch der, der mit Frank Sinatra dessen große Alben aufgenommen habe, und er habe ihm, Brönner, das Original-Sinatra-Studiomikrophon gezeigt, das in einer Schachtel lag, auf der ein Tesakreppband klebte mit der prosaischen Filzstiftaufschrift »Frank«. Dieser Tontechniker habe ihn alsdann eingeladen, doch gleich am nächsten Tag vorbeizukommen und mal was zu trompeten, manchmal geht es ja ganz schnell mit der amerikanischen Karriere. Es handele sich, so der Toningenieur, um ein Trompetensolo für die Platte eines fabelhaften argentinischen Sängers, eine neue Version von Elvis Presleys »Always On My Mind«.

Brönner also kam anderntags mit seiner Trompete im Capitol-Records-Turm an, und als er dann die Musik hörte, auf die er trompeten sollte, stutzte er kurz: »Du bist immer nah bei mir«, sang der fabelhafte argentinische Sänger. Brönner trompetete, der Tontechniker war begeistert und hielt Brönner dann sein Telefon hin, in dem ein per Facetime zugeschalteter Mann begeistert seinen Top-Daumen reckte, es war der Sänger dieses Liedes, nämlicher Argentinier – und jetzt erkannte Brönner ihn: Das war der Kitschtenor Semino Rossi, der sich da freute.

Brönner selbst war so mittel erfreut. Da habe er es nun jahrejahrzehntelang geschafft, sämtliche Angebote auf deutschen Schlagerplatten mitzutun, abzulehnen, und ausgerechnet hier, am heiligen Ort, am weitesten entfernt von Stadl und Schlager, genau hier also schnappte die Herz-Schmerz-Falle zu.

Für sehr viel Geld würde er das nicht machen, so Brönner – und das traf sich gut, denn er bekam auch keins.

Brönner setzt mich vorm Chateau Marmont ab, wir plaudern noch ein bisschen, versuchen zu rekonstruieren, wie Helmut Newtons tödlicher Autounfall hier (aber wo genau?) an der Hoteleinfahrt ablief. Wo ist er denn gegengefahren, Garagenwand oder Gartenmauer? Und von wo kommend, von der Straße oder aus der Garage? Brönner glaubt sich zu erinnern, Newton habe Bremse und Gaspedal verwechselt und dann mit Vollgas gegen die Mauer. Aber gegen welche denn nun? Ist doch so eng hier, da kann man doch gar nicht so sehr, tödlich gar, beschleunigen? Er war bestimmt nicht angeschnallt, sagt Brönner. Wir empfinden es beide als pietätlos, einen von den Garagenjungs in dieser Sache zu befragen.

Ich winke Brönner hinterher, er fährt westwärts in die Nacht. Unterm Zitronenbaum, rätselhafterweise die einzige Stelle im Hotelgarten, wo das WLAN einigermaßen funktioniert, MACHE ICH MICH SCHLAU über Helmut Newtons tödlichen Unfall vorm Chateau. Newton hatte wohl erst einen Herzinfarkt, sackte aufs Gaspedal und dann bums gegen die kleine Mauer auf der Verkehrsinsel gegenüber der Hoteleinfahrt; in der Mauer gebe es einen Gedenkstein. Ich gehe noch mal raus, schaue nach, ob das stimmt. Und tatsächlich, genau dort, wo viele Jahre der Billboardpfeiler des Marlboro-Manns im Boden steckte, eine kleine Tafel in der Mauer: »Helmut Newton 1920–2004«.

RELAXIUM-
RAUSCHO-
EASYLIN

Schon als ich zu ihr ins Auto stieg, wusste ich, jetzt kommt der Rückfall. Alles an diesem Mädchen in ihrem Cabrio sagte: Wir knallen uns heute weg.

Nach einer Lesung in Zürich hatte ich diese fidele Schweizerin kennengelernt und mich mit ihr verabredet. Jetzt holte sie mich zu Hause ab, sie trug eine Sonnenbrille und ein Kopftuch, très chic, gab mir die schweizüblichen drei Begrüßungsküsse, alles unterlegt von wundervoll bassschiebender Autolautsprechermusik, sie sang mit, es lief »Manila«, der Überhit des Schweizer Musikers Seelenluft:

Out of my window was a sunset
On the wings a funny glow
Then my seat started rattling
Assured that wasn't part of the show

Sie trank bereits während der Fahrt Prosecco aus einer blauen Glasflasche, gab mir an einer Ampel mit proseccovollem Mund einen Kuss, entließ dabei etwas Prosecco in meinen Mund, und das war der Anfang beziehungsweise das Ende.

Wir fuhren zu einem abgelegenen Zürichseebadesteg, im geparkten Auto ließ sie weiter die Musik laufen, »Manila« auf Repeat. Am Seeufer kramte sie eine Pille aus ihrer Handtasche, ah, Ecstasy, alles klar.

Ich hatte gerade nüchtern eine Lesereise gut hinter mich gebracht und ein paar Fernsehauftritte, jetzt lagen ruhige Schreibmonate vor mir, Rückzug, keine offiziellen Termine. Also – also, warum eigentlich nicht? Es griff Harald Juhnkes goldene Definition von Freiheit: »Keine Termine und leicht einen sitzen«.

Sie zerbiss die Pille, gab mir die Hälfte ab, und ich zögerte nicht, die Situation war so zwingend, so schön, ich musste gar nichts machen, es ERGAB sich einfach alles so, und wer war ich denn, mich dieser Momentperfektion zu widersetzen, Abendsonne am Zürichsee, dazu dieses Sommerabendendlosigkeitslied und das heilige Ritual des Ecstasyteilens, dem anderen die Pillenhälfte von Zunge zu Zunge übergeben, herrlich.

Ethanol: für dich vergossen

Methylendioxy-N-Methylamphetamin: für dich gebrochen

Es war ja nicht Kokain, also was soll's?

Und jetzt einen kiffen?

Wenn du das sagst.

Diese immer wieder erstaunlich ausgerüsteten Handtaschen der Zürcher Frauen. Es summierte sich, Alkohol, eine halbe Ecstasy, ein paar Züge Marihuana – und meinem Hirn ward somit also nach etwa einem halben Jahr Nüchternheit deutlich signalisiert: Ich glaub, es geht schon wieder los, und diesmal kommen sie von allen Seiten!

Wir sprangen ins Wasser, und im Cabrio lief noch immer, in Dauerschleife, »Manila«, der beste Schweizer Pophit seit Yello, der Gesang stammte von einem 12-Jährigen aus Compton, dem HipHop-berüchtigten Vorort von Los Angeles:

So I started to dance
Without wearing no seatbelts
So I started to dance
Without wearing no life vest
I started to dance

Und das taten wir. Was ich vergessen hatte, absichtsvoll, ich hatte es ausgeblendet, denn natürlich wusste ich es, theoretisch: LEICHT einen sitzen haben, das geht ja nicht mehr, wenn man einmal auf der anderen Seite war, wenn aus »ab und zu« schließlich »zu und zu« geworden war, dann gibt es kein Zurück ins LEICHT ANGEHEITERTE, die Sucht bleibt, wenn man ihr einmal wieder die Tür geöffnet hat, nicht nur auf einen im Tee, sie bleibt dann verlässlich über Nacht, am liebsten über Nächte. Die Welt ging unter am Zürichsee bei 30 Grad im Schatten.

Schon bald waren wir an den Orten, die ich noch als Drogenbezugsquellen in Erinnerung hatte, gelernt ist gelernt, und bereits am nächsten Morgen war der ganze Horror wieder da, das Mädchen stand mit einem Brotmesser in unserer Küche und flippte ziemlich aus. Wir waren irgendwann im Bordell auf der anderen Seite des Sees gelandet, weil man dort immer Drogen bekam, wenn alle anderen Quellen versiegt waren, und weil es auch ansonsten ein in diesem Zustand sehr schlüssiger Ort war. Ab irgendeinem Zeitpunkt war unser Erleben dann nicht mehr synchron, eine Dosierungsfrage vielleicht, jedenfalls wurde es irgendwann unübersichtlich, das Mädchen bekam diesen Morgenrappel, den man nach einer Drogennacht ja oft hat, das unangenehme Tageslicht, das schlechte Gewissen, das Runterkommen, die ersten Kateranzeichen, ein Paranoiaüberhangmandat. Und jetzt fuchtelte sie also mit unserem Brotmesser rum. Mein Mitbewohner konnte sie mit gutem Zureden in Schweizer Mundart dazu bewegen, uns jetzt nicht abzustechen. Dann fuhr er sie nach Hause. Ihr Auto hatten wir nachts irgendwo eingebüßt.

Ich rief derweil den Panikdoktor an, etwas anderes fiel mir nicht ein. Das Runterkommen war grausig, ist es immer, aber nach einem Rückfall besonders, zurück auf Los, das ist wahnsinnig deprimierend, und in der Regel macht man genau deshalb dann direkt weiter. Aber ich hatte ja jetzt den Panikdoktor. Er redete beruhigend auf mich ein, fernsteuerte mich, weiter am Telefon bleibend, zur nächsten Apotheke, dort wies er mich an, dem Apotheker das Telefon zu übergeben. Der Panikdoktor hat eine sehr autoritäre Art, mit Fremden zu sprechen, die komischerweise immer funktioniert, ich habe das in den Folgejahren in verschiedenen Städten und Ländern immer wieder erfahren, wenn er am Telefon ist, fehlt nicht viel, dass die Apotheker salutieren, jedenfalls rücken sie sofort und ohne weitere bürokratische Komplikationen die härtesten Medikamente raus. In diesem Fall waren es Tropfen, eine beruhigend große Flasche (so denkt der drogenabhängig strukturierte Kopf: viel = gut) aus braunem Apothekenglas, mit roter Verschlussklappe, das also war jetzt die Rettung, na, wenn er es sagte. Wieder auf der Straße, das Telefon immer noch am Ohr, legte ich also weisungsgemäß den Kopf in den Nacken und ließ die Medizin in meinen Mund tropfen, gut das Doppelte der vom Panikdoktor verordneten Erstdosis, man rundet als Suchterkrankter ja grundsätzlich alles auf, dem Wirkung welcher Art auch immer zugeschrieben wird – nimm 'ne Halbe, zum Beispiel, egal von was, übersetzt man automatisch in: eine Ganze; einerlei, ob Kopfschmerztablette, gegrilltes Hähnchen, Rohypnol oder Twix, man nimmt einfach keine Halben, wenn es Ganze gibt. Ich werde in meinem ganzen Leben nicht mehr, von gar nichts, eine HALBE nehmen.

Tatsächlich, die Tropfen wirkten sofort beruhigend, das glitzernde Licht dieses Morgens, der das Sonnenlicht eben noch so peinigend reflektierende See, all das war jetzt nicht mehr feindlich, mich durchschwemmte eine angenehme Ruhe, jawohl, jetzt sah alles gleich wieder viel besser aus, die depressiven Gedanken schwanden, ich wurde müde, dankte dem Panikdoktor, ging nach Hause, nahm sicherheitshalber noch ein paar Tropfen und konnte endlich schlafen. Diese Tropfen musste ich mir merken, zwar wartete ich vergeblich auf die im Beipackzettel annoncierte mögliche Nebenwirkung KRANKHAFTE HOCHSTIMMUNG, aber die Tropfen beruhigten mich und halfen sogar gegen das Beinkitzeln. Ich nahm sie fortan täglich, bis die Flasche leer war.

Und nun ist etwas seltsam mit einem auf Drogenabhängigkeit konditionierten Hirn: Rückfall, Mädchen mit Brotmesser, allseitiger Nervenzusammenbruch, letzte Zuflucht Panikdoktor – da könnte man doch jetzt denken, aha, endet unschön so was, das lassen wir also künftig besser wieder bleiben. Könnte man ja denken. Nicht so das drogenabhängige Hirn. Dieses denkt: Brotmesser, Nervenzusammenbruch – geil, da geht's lang, wann geht's weiter?

Mein Mitbewohner packte mich in seinen blauen Volvo und fuhr eine Woche mit mir durch die Schweiz, damit ich mich beruhigte und wieder Licht sah. Licht haben sie da ja, in den Schweizer Bergen. Ich saß auf dem Beifahrersitz, wir lachten und hörten Musik, alles nicht so schlimm, eine Nacht, was soll schon sein, Vollkatastrophe abgewendet. Und wie wir da so fuhren, fiel mir ein, wie Louie mich ein Jahr zuvor ebenfalls mit einem blauen Volvo durch die Berge chauffiert hatte, um meine Selbstzerstörungsschussfahrt abzubremsen. Vielleicht war das mein Glück: Am Ende würden immer ältere Freunde mit beruhigender Stimme mich mit blauen Volvos (dem Auto, das auch mein VATER fährt) aus allen Höllen rausholen.

Ich telefonierte mit dem Arzt aus der Hamburger Klinik. Er sagte, gut sei, dass ich nach einer Nacht wieder aufgehört hätte, ich solle es nicht dramatisieren, das Schreckenswort Rückfall – nennen wir es doch VORFALL. Komme leider vor, könne man nicht ausschließen, wichtig sei der UMGANG damit. Nicht wieder einreißen lassen, wachsam bleiben, aber nicht in Panik verfallen.

Jetzt musste ich nur noch weit wegfahren, denn zum Buchschreiben musste man ja immer weit wegfahren. Ich bat meine Schweizer Agentin, mir ein Schreibquartier in Italien zu suchen, bald darauf flog ich los.

The flight staff served the curry chicken
When I heard the turbin go, yeah!

Nicht ganz überraschend, wenn man extra ins Nirgendwo fährt, wo man keinen kennt, dass man da dann keinen kennt. Allein war ja gut, allein war ja das Ziel gewesen, aber ich war einsam, und das war nicht gut. Ich fing wieder an, abends Wein zu trinken, dann machte das Schreiben mehr Spaß, aber am nächsten Tag las ich es und fand es grauenhaft, etwa ein Glas lang war es ganz gut, man merkte aber genau, wann das zweite und dritte und so weiter Glas eingeschenkt worden war, der Text zerfaserte immer mehr, die Regulation und Internkritikinstanzen, die der Alkohol neben der Traurigkeit betäubt, waren leider fürs Schreiben unabdingbar.

Ich tat das für einen Suchtmenschen einzig Logische: Zunächst trank ich nur abends, dann immer früher, nachmittags die erste Flasche, schließlich mittags. Und bald schon hatte ich eine wahnsinnig große Kokainsehnsucht. Lag vielleicht, so oder so ist das Leben, am STOFF. Ich beschrieb offenbar derart plastisch allerlei Rauschzustände, dass das Schreiben mich zurückversetzte, Rauscherinnerung, das sprach möglicherweise für den Text, der schien ja echt gut zu sein, so realistisch, aber es sprach hier vor allem: die Sucht. Ich brauchte jetzt sofort Kokain. Aber ich war in Italien. C'è un grammo cocaina oder wie jetzt? Und schon wieder eine deutsche Komödie fertig: Cocaina, ihm schmeckt's nicht.

Auf die Internationalität, ja Globalität der Weltsprache Droge setzend, RECHERCHIERTE ich ein paar Abende in »so Bars«, vertraute meinem Instinkt, man kennt ja die Läden und die Gesichter, weltweit, überall dasselbe, geh dahin, wohin zu gehen man dir abrät; aber ich fand nichts.

Zurück in der Schweiz, sah ich mich urplötzlich umhüllt von grauschwarzem Nebel. Ich konnte mich nicht mehr bewegen. Auch tagsüber lag ich im Bett, nicht in der Lage, aufzustehen, ich weinte viel, und manchmal reichte die Kraft nicht mal dafür. Endgültig begriff ich, dass Leute, die leichtfertig für schlechte Laune die Formulierungen »depressiv«, »Herbstdepression« oder auch »voll depri« benutzen, wirklich nicht wissen, wovon sie da sprechen. Ich zog mich komplett zurück, aus allem, war's das also schon wieder mit der neuen Schweizer Leichtigkeit und Helligkeit? Wochenlang lag ich im abgedunkelten Zimmer und wartete auf die Nacht, das Tageslicht war mein Feind, flüsterte es doch ständig: Steh auf, sei normal, wie alle anderen, was IST denn mit dir los, verdammt? Zwar hatten wir in dieser Wohnung Lampen, aber ich machte sie nicht an.

Im Frühling noch, euphorisiert von der Nüchternheit, mit besten Vorsätzen aus der Klinik kommend, die dritte ja auch immerhin schon und die erste, die ich NÜCHTERN verlassen hatte, war ich ein paarmal zu einem Schweizer Therapeuten gegangen, eine Praxis am Zürichberg, der hatte einen sehr schönen Ausblick und gar keine Eile, er wollte das alles mal so ganz grundsätzlich angehen, analytisch; ich hatte wenig Lust, NOCH MAL meine Kindheit zu besprechen, doch er wollte alles ganz genau wissen.

Sie weichen aus!

Nein, ich will nur langsam mal innerhalb der Erzählung in die SCHULE kommen!

Es war auch sehr teuer gewesen, und nach ein paar Therapiesitzungen war ich nicht mehr hingegangen.

Wann war ich zuletzt froh? Der Sommerabend mit der Pille war toll. Danach war irgendwie das Licht ausgegangen.

Gut, sagt die Sucht, da haben wir doch einen Anhaltspunkt – und schon saß ich im Taxi, auf zur Zürcher Langstraße, da würde ich was finden.

NEBEL-
SCHWADEN-
BILDER

Der Tsunami in Asien, überflutete Küsten, Strände, Städte; Orte, an denen ich ZWISCHEN DEN JAHREN oft gewesen war, diesmal nicht. Diesmal geisterte ich durch die Zürcher Dachgeschosswohnung, in der ich mit meinem Schweizer Freund wohnte, zwischen Tran und Wahn, ich bekam eigentlich gar nichts mehr mit. Ich sah die verwüsteten asiatischen Orte im Fernsehen, aber ich sah das alles nur durch einen Schleier aus Kokain, begriff es nicht, Rudolph Moshammer umgebracht, Asien überflutet, Weihnachten, Silvester – irgendwie verschwamm alles.

Harald Schmidt ging wieder auf Sendung, jetzt in der ARD, ich ahnte, ja wusste, was er von mir als öffentlicher Figur in jüngster Zeit hielt, gar nichts natürlich. Und deshalb hoffte ich, dass seine Show schlecht sei, dann könnte ich ihn auch blöd finden. Mich und mein öffentliches Auftreten zuletzt, die DROGENBEICHTE und so dies und das an publik gewordenem und von mir gemachtem Privatzeugs, all das mit Schmidts Sezier-Augen zu sehen, was ich ja konnte, hatte es schließlich ein Jahr lang beruflich gemacht, war unerträglich. Dagegen half auch das Kokain nicht, aber es betäubte ein bisschen. Und ich hatte zu tun: nachlegen, schwitzend und zittrig durch die Wohnung schleichen, weinen, zum Geldautomaten gehen, mehr Drogen kaufen. Und natürlich Udos Rauschhymnen szenisch nachstellen:

Wieder geht ein Tag zu Ende, und die Dämmerung zieht auf
Leise zittern ihm die Hände, und der Säufermond geht auf

Leider war Schmidt großartig, wie immer, in jedem Stadium, er trug einen Bart und ihm war offenkundig mehr denn je alles wurscht. Man freute sich einfach, dass er wieder da war. Und dann kündigte er den Gast Adam Green an, dessen ödes Songwriterschluffitum gerade der heiße Scheiß war, obendrein hatte er ein Gedichtbändlein bei SUHRKAMP veröffentlicht und war also der Hipster der Saison, ekelhaft – beziehungsweise schade, dass ich selbst das nicht war. Ich saß, nein lag vollkommen abgedichtet vorm Fernseher und hörte Schmidt zu Andrack sagen, dem Indie-Andrack, der bestimmt großer Fan von Adam Green war, Nick-Hornby-Parodie, die er immer war; wie also Schmidt jetzt wirklich sagte, oder war das Kokainparanoia?, dass er erst gedacht habe, als er Fotos von Adam Green sah, es handele sich um »Stuckrad-Barre, der sich als Herlinde Koelbl verkleidet hat«.

Alles klar.

Da waren wir also.

Ich war ein Verstoßener.

Schmidt hatte recht, mich zu verachten.

Er hatte diesen hirnchirurgischen Blick auf die Entertainmentwelt, wusste immer, wann man auf jemanden setzen konnte und bei wem gerade die Aktien fielen. Ich – jetzt, inzwischen – war der Neue Markt, ich war im Arsch, ich war ein Witz, bestenfalls noch.

Meine Nerven, die sind, ach
Die sind heut wieder 'n bisschen schwach

Wenn der eigene Held sich gegen einen wendet – ist das das Ende? Überhaupt nicht, im Gegenteil, sagt Bret Easton Ellis, der so was Ähnliches mit Elvis Costello erlebt hat, der sich öffentlich über ihn, Ellis, lustig gemacht hat, als Ellis noch ziemlich jung war, 25, und ich war doch schon 29, als mir das mit Schmidt widerfuhr, also bitte.

Zehn Jahre nachdem ich durch einen Drogenschleier sah, wie Harald Schmidt im Fernsehen über mich lachte, sitze ich mit Ellis und Todd im Gartenrestaurant des Chateau Marmont. Ellis hat ja in der Polytheismus-Rangordnung meiner persönlichen Götter eine mindestens so wichtige Position wie Schmidt, und ich setze alles daran, es mir nicht auch noch mit ihm zu verscherzen. Ich habe ein Geschenk mitgebracht, das ist doch ein guter Anfang. Und für dieses Geschenk gilt die alte Robert-Gernhardt-Regel »Mein Gott, ist das beziehungsreich / Ich glaub, ich übergeb mich gleich«.

Klingt nach einer bekifften Verschwörungstheorie, aber ich versuche es mal darzulegen: Mein mich verspottet habender Held Harald Schmidt hat vor vielen Jahren im Wiener Burgtheater, dem Spielort seiner kühnsten Jugendträume, aus »American Psycho« vorgelesen, was sogar für ihn, den führenden deutschen Kältetechniker, noch einige Lektionen in Fühllosigkeit enthalten haben dürfte, und später hat Schmidt in einem Interview gesagt, dieses Erlebnis sei für ihn in etwa gleichbedeutend gewesen mit seiner Kreißsaalanwesenheit bei der Geburt eines seiner Kinder. Im selben Interview hat Schmidt auch erzählt, wie er als 15-Jähriger zum ersten Mal in London am Piccadilly Circus war und dort ein riesiges Billboard für einen Clint-Eastwood-Film gesehen und den Plan gefasst hat, eines Tages werde sein Name da stehen, und es sei zwar nicht London geworden, in gewisser Weise aber habe es geklappt. Und nun habe ich für Ellis, in Pappe verpackt, am Nachbartisch lehnend: das 70er-Jahre-Foto eines Sunset-Boulevard-Hochhauses, auf dessen Dach ein Billboard für die Costello-Platte »This Year's Model« wirbt. Gerahmt, nummeriert und vom Fotografen signiert. Und Elvis Costello, der Held von Ellis, erzählt nun dieser, habe sich über ihn, Ellis, lustig gemacht, und zwar öffentlich. Ein paar Jahre nachdem »Less Than Zero« erschienen war, sah Ellis in einer Bar in Beverly Hills zufällig Costello, ein Freund von Ellis sagte, da musst du jetzt hingehen und Hallo sagen. Und er, Ellis, habe sich zunächst geweigert, sei zu schüchtern gewesen, seinem Helden gegenüberzutreten, aber sein ziemlich betrunkener Freund habe keine Ruhe gegeben und schließlich Costello rübergeholt zu ihrem Tisch, Costello sei sehr freundlich gewesen, er aber habe kaum ein Wort rausgebracht, so verlegen sei er gewesen. Tja, und ein paar Monate später las Ellis ein Costello-Interview im Rolling Stone, und darin wurde

Costello gefragt, was er denn von Ellis halte, woraufhin Costello die Begebenheit aus der Bar erzählte – und zwar, indem er den Debütroman-Ton von Ellis ziemlich lustig persiflierte: »Ich ging in eine Bar, Bret stand da. Er guckte desinteressiert. Ich nahm noch ein bisschen Kokain. Er sah immer noch nicht besser aus. Ich trank noch einen Wodka. Der Wodka machte mich auch nicht fröhlicher, also stellte ich MTV an« und so weiter.

Und das, sagt nun Ellis, das sei schon ein besonderer Moment gewesen: Du bist Mitte 20, und dein Held macht sich öffentlich lustig über dich. Da zuckt man kurz zusammen, schämt sich – und dann aber profitiere man davon. Bitte was? Wie? Ja, sagt Ellis, genau dann werde man erwachsen, ein solches Erlebnis beschleunige den ja eh nicht zu vermeidenden Vorgang des Erwachsenwerdens. Und wenn man das nicht aushalte – lass dir einen Schwanz wachsen und extrem dicke Eier, fertig. Mentoren, ach, irgendwann sei es eben vorbei mit Mentoren. Ihm passiere das ja in umgekehrter Richtung auch dauernd, dass er Menschen beleidige, für die er ein Held sei, tja, passiert. Ellis macht einen weinerlichen Menschen nach, reibt sich dramatisch die Augen, jammert: Uhhhuuuhhuuu, du hast getweetet, mein Buch sei scheiße, aber du warst doch immer so ein großes Vorbild für mich, ouuuwähhh! Ja, das käme vor. Und da habe er dann eben den Tipp: Werd erwachsen, hör auf zu heulen, komm drüber weg, lass dir dicke Eier wachsen.

Ich erzähle ihm meine Schmidt-Geschichte, »the German David Letterman, you know«, und dass ich es gut, ja reif irgendwie von mir selbst fand, dass ich anschließend, nach einer kurzen Wutphase, doch wieder in der Lage war, Harald Schmidt weiterhin zu verehren. Ich hoffe also, sage ich zu Ellis, du liebst Costellos Platten immer noch, trotz dieses Erlebnisses, ja? Aber sicher, sagt Ellis. Also, wann, wenn nicht jetzt, ich fummele endlich das Costello-Bild aus der Pappe, und der

Titel der darauf beworbenen Platte könnte ja passender zu unserem Gesprächsthema gar nicht sein: »This Year's Model«.

Ellis freut sich über das Bild, er werde es in seinem Büro aufhängen, sagt er, steckt es zurück in die Pappe, und wir sprechen über Costello; ein Fangespräch, nachdem das Hollywood-Selbsthilfegruppenthema »Mein Held hat mich öffentlich beleidigt – was nun?« ja abgeschlossen war.

Wir gehen die Platten im Einzelnen durch, Ellis kennt sie alle. Sogar »All This Useless Beauty«, und die kennt ja fast niemand. Kann man sich bei Ellis häufig nicht so sicher sein, ob er vielleicht gerade ein bisschen lügt, aus Vernebelungsgründen oder einfach so, spricht er jetzt unzweifelhaft die Wahrheit: Costello liebt er wirklich. Wann er denn heutzutage noch Costello höre, also in welchen Situationen, frage ich ihn. Zum Beispiel beim Sport, sagt Ellis, beim PERSONAL TRAINING. Und das ist natürlich gleich ein gutes Bild, eine lustige Vorstellung, völlig egal, ob es stimmt: Bret Easton Ellis, dessen Körper etwas anderes erzählt als regelmäßiges Personal Training, liegt auf einer Hantelbank, um ihn herum die allerschönsten und straffsten Menschen, das körperlich perfekte und seelisch defekte Personal seiner Romane, und er hört »All This Useless Beauty«. Das ist unbedingt ein Ellis-Moment.

Und weil es so was gibt, einen Ellis-Moment, eine Ellis-Stimmung, ja weil er einen Ton erfunden hat, der persiflierbar ist, das hatte Costello ja bewiesen, und auch wenn das kurz wehtat, so ist es doch ein Qualitätsmerkmal, ein erkennbarer, charakteristischer Ton und damit persiflierbar; und weil jeder zweite Drecksfilm und jedes dritte Scheißbuch hier beworben wird damit, dass es »an Bret Easton Ellis erinnert«, kann er, Ellis, heutzutage ruhig Podcasts machen, die zwar kaum an Bret Easton Ellis erinnern, doch was kann er dafür, dass wir uns seiner in Form seines von uns als Höchstkunst empfundenen Frühwerks so gut wie gnadenlos erinnern? »This Year's Model« – die Platte erschien 1978, auch neue Costello-Platten nimmt man ja, so man sie überhaupt noch mitbekommt, eher hin, als dass man sie sehnsüchtig erwartet; und das Ellis-Debüt »Less Than Zero«, der Roman eines Frühvollendeten, erschien 1985. Ellis hat das Lebenswerkding schon vor dreißig Jahren nach Hause gefahren, mit seinem ersten Buch; oft kopiert und niemals, auch von ihm selbst natürlich nicht mehr, erreicht. Klar, wir können weiterhin hoffen und warten, dass er noch mal ein Buch schreibt, eines wohl gar, dass »so gut ist wie« oder »heranreicht an« sein ewig strahlendes Frühwerk. Aber er schuldet es uns nicht, das darf man nicht vergessen. Ellis hat uns schon so viel geschenkt, das reicht, alles Weitere wäre Bonus.

Ich gehe eine rauchen, es ist gar nicht so leicht, zwischen den eng gestellten Tischen hindurchzuschlüpfen, und da steht ja auch noch das riesige Costello-Bild im Weg, aber ich schaffe es und gehe hinter den Gummivorhang, allein eine Zigarette rauchen, Ellis weigert sich ja, in der Öffentlichkeit zu rauchen, aber mit dem Alkohol kommt er ganz gut voran auch an diesem Abend, und ich ziehe Zwischenbilanz: eigentlich ein netter Abend. Ellis scheint sich wirklich gefreut zu haben über das Bild, und Todd ist heute, anders als bei unserem letzten Abendessen, nicht komplett stoned, sondern wach und lustig, es läuft also alles ganz gut. FUNCTIONAL ALCOHOLIC Ellis hat sich ziemlich hastig zwei Martinis reingeschüttet und ist seither sehr freundlich und amüsant.

Als ich zurückkomme, erzähle ich, dass ich dort hinter dem Rauchervorhang kürzlich Courtney Love getroffen habe und dass irgendwer mittlerweile wieder 10 000 Dollar von ihren einst 75 000 Schulden beim Chateau abbezahlt hat, jetzt sind nur noch 45 000 offen, da geht es also eindeutig voran, und dass die heutige Courtney Love so seltsam aussieht, verglichen mit den zwanzig Jahre alten privaten Videoaufnahmen, die man im Cobain-Film sehen konnte. Ellis sagt mit der Beiläufigkeit, mit der man das in Hollywood eben tut, sowohl im Klischee als auch – wo immer das nun wieder ist – IN ECHT, Courtney Loves Schönheitschirurg scheine ganz gut zu sein.

Und 2 und 3 und 4 und
75, 69, 55, 45 000, ja so stimmen wir alle ein
Mit dem Herz in der Hand und der Leidenschaft im Bein
Werden wir Weltmeister sein

Wir sprechen noch ein bisschen über den Cobain-Film, Ellis sagt, Cobain sei so hübsch gewesen, besonders zum Schluss, beim Unplugged-Konzert und nach der Rohypnol-Überdosis in Rom: Was für ein hübscher Mann, schöner als James Dean! Das finde ich auch, gleichzeitig überrascht es mich, dass Ellis sich mit Nirvana ganz gut auszukennen scheint, waren das doch in den 90er-Jahren vermeintlich popkulturelle Gegenpole: Ellis, der Kokain-Popper und Fürst der Künstlichkeit – und Cobain, der Heroin-Rocker und Jesus der Echtheit. Als Ellis aber jetzt statt ergriffen doch eher belustigt über Cobain spricht, ist er beruhigenderweise wieder näher an der Idee, die man von ihm hat, er macht jetzt einen weinerlichen Cobain nach, so wie er zuvor einen weinerlichen Ellis-Fan nachgemacht hat, das ist eine seiner Paraderollen, weinerliche Leute kann er richtig gut nachmachen: Wuuääääh, Hilfe, alle lieben mich, ouäh-ouäh-ouäh, Erfolg ist so schrecklich, ich arme Sau, so viel Geld und so viel Liebe, warum hilft mir denn keiner?

Das sei doch kompletter Schwachsinn, AM ERFOLG ZERBROCHEN, dass er nicht lache. Von allen Posen sei die schlimmste die der Authentizität, so was gebe es gar nicht in der Kunst. Und Cobain habe doch erwiesenermaßen schon vor seinem Erfolg immense Probleme gehabt, und die hätten ihn umgebracht, aber doch nicht der Erfolg! Ellis lacht, aber gar nicht höhnisch, nicht böse, er findet das nur einfach wirklich lustig. Und vielleicht ist das auch sein blinder Fleck, früher Weltruhm und die große Frage: Was dann? Klar, das kennt er. Aber wir sind ja jetzt auch nicht beim Therapeuten, wir reden doch bloß so ein bisschen abendlich sprunghaft über dies und das, da will man ja auch nicht allzu tiefgründig oder übergriffig werden.

Ich hatte mit Ellis eigentlich den Kinofilm »Entourage« sehen wollen, aber er hatte sich geweigert, so was könne er sich nicht angucken, schon der Trailer sei so grauenhaft gewesen, das sei doch dermaßen stehen geblieben, dieses »Bro«-Poolparty-Gepose, das sei »so 2004« und allenfalls damals, als die dem Film zugrunde liegende Fernsehserie losging, kurz mal halbwegs erträglich gewesen, jetzt aber, elf Jahre später, nur mehr abscheulich und verachtenswert, auf gar keinen Fall werde er sich diesen Film anschauen.

Kurz dachte ich, wie unsensibel von mir, ausgerechnet dieser Film, vielleicht war seine barsche Ablehnung ein Hinweis darauf, dass Ellis das traurig macht, »so 2004«, immerhin 2004, so könnte das ja auch auf ihn wirken, während doch in seinen letzten Büchern weiterhin die 90er-, wenn nicht 80er-Jahre ausgebreitet wurden und weil ja klar ist, dass es ohne Ellis und seine grundlegenden Weltbeschreibungsinnovationen so was wie »Entourage« niemals gegeben hätte, es andererseits das eben alles nun ohne sein weiteres Zutun gibt, andere sich also seiner Erfindungen und Methoden bedient und sie weitergeführt haben. In meinem Künstlerverständniswahn hatte ich sein abschätziges »It's so 2004« überproblematisiert und fehlgedeutet als umgeleiteten Hilferuf: Wie gern wäre ich, Bret Easton Ellis, selbst zumindest mal wieder 2004, bin ich doch 1985, für immer. Ich kann schreiben, was ich will (will gar nicht mehr), podcasten mit Kanye West, rätselhafte Filme drehen mit Lindsay Lohan und werde doch immer den Mühlstein um den Hals tragen, in völlig zu Recht so geheißenen Klammern: »Less Than Zero«, »American Psycho«.

Was Udo vergönnt war, ist ja die Ausnahme: Nach zwanzig, wenn nicht dreißig Jahren Flaute zurückkommen, besser denn je, alle Niederlagen eingeschmolzen zu Kunst, neuer

Kunst. Sonderzug nach Wiebitte? »Ich mach mein Ding.« Die alten Klammern gehen auf, der Ballast entweicht; Gegenwart kommt in die Klammern, und dadurch sind diese Klammern für eine Weile sogar Auftriebskörper.

Das alles aber schrieb ich natürlich nicht in unserem SMS-Dialog, in dem ich vergeblich versucht hatte, Ellis zu einem gemeinsamen »Entourage«-Kinofilmbesuch zu überreden. Da musste ich mich nämlich mit ganz anderen Problemen rumschlagen, in hundertfacher Verdünnung eigentlich dem gleichen Sachverhalt: Ellis schrieb relativ unvermittelt, er habe gerade versucht, mich zu googlen, er habe »crazy german writer benjamin« eingetippt, mich aber nicht gefunden. Tja, schrieb ich zurück, er solle mal »Kokain« oder »Anke« dazuschreiben, meine beiden größten Romanerfolge, dann würde er mich schon finden.

Aber jetzt hat er mich ja auch so gefunden, Ellis, Todd und crazy german writer Benjamin sitzen also im Chateau-Gartenrestaurant. Ich hatte unterdessen ohne Ellis »Entourage« gesehen und muss ihm jetzt recht geben, der Film ist wirklich schauderhaft, ein grobianischer Poolpartyjunggesellenabschied, unerträglich, geile Titten, geile Autos, geile Häuser, als zweite Ebene eigentlich nur: noch geilere Titten, noch geilere Autos, noch geilere Häuser; wirklich das Allerletzte. Dann doch gewiss lieber für immer 1985 und so schön traurig sein wie Ellis. Er ist ein Klassiker. Wie es in »Mein Ding« – Udos »My Way« – heißt:

Die Mode kam, die Mode ging
Und man war immer noch der King

Das ist er. Ein unerlöster, trauriger, freundlicher Riese, der mit Todd ein ganz angenehmes Leben zu führen scheint, die beiden sind sehr nett miteinander, das freut einen für Ellis. Eventuell nimmt er Todd nicht ganz so ernst, aber ist nicht das vielleicht sogar ein Glücksgeheimnis? Anders als Ellis ist Todd dem Übersinnlichen, dem schamanistischen Schwachsinn sehr zugetan, seine beiden diesbezüglichen Lieblingsfelder sind »Channeling«, da fungiere er als Medium jedes beliebigen Toten, und ein Wunscherfüllungsverfahren, das er EFT nennt, Emotional Freedom Technique. Ellis schüttelt den Kopf, hebt die Hände, er ist raus, lässt Todd aber gewähren. Bret glaube zwar nicht daran, aber ob nicht ich es mal probieren wolle, es funktioniere wirklich, sagt Todd. Was denn momentan meine größte Sorge sei? Und er guckt mich so kindlich an, dass ich mich für die Wahrheit entscheide, auch wenn sie mir vor Ellis peinlich ist; ausgerechnet vor ihm, dem Frühvollendeten (natürlich auch ein Drama, schon klar), mit irgendwelchen lächerlichen Working-on-my-novel-Problemen anzufangen, das hat sofort diese Amateurtristesse, wie all die Poserschreiber und Projekteheinis mit ihren geöffneten Filmskript-Programmen in den Kaffeebuden. Wenn man die Gelegenheit hat, mit einem Medizin-Nobelpreisträger zu sprechen, fragt man den ja auch nicht, ob er einem mal kurz den Holzsplitter aus dem Zeigefinger entfernen kann. Obwohl – na, ich sage also die Wahrheit: Ich habe Angst, dass ich das Buch nicht hinkriege.

In Ordnung, sagt Todd, ich möge ihm Wort für Wort nachsprechen und dazu mit den Fingern wie von ihm vorgemacht auf meinen Kopf klopfen, Schädelmitte, Schläfen, Nacken, Kinn, dann weiter auf der Brust, und ich frage kurz, in welcher Körperregion das ungefähr enden wird, klopfe und spreche aber nach, läppischsten Sachbuchbestsellermüll, dass ich alles schaffen würde, was ich wirklich wolle, dass ich mich aber auch dann noch akzeptieren würde, wenn das nicht hinhaue mit meinem Buch, und dass ich auch dann noch wert sei, geliebt zu werden, weil ich einzigartig sei und jeder Tag ein Geschenk und so weiter.

Ich muss mich so konzentrieren, gleichzeitig Todds gemurmelte Liturgie nachzusprechen, das Fingerklopfballett nachzumachen – und dabei nicht loszulachen über diese Absurditäten und Brets begleitende Desinteressegrimassen. Dann ist es geschafft, und Todd sagt, ich würde sehen, jetzt haue es ganz bestimmt hin mit dem Buch, jetzt sei ich von meinem Angstalb befreit. Na schön. Bret hat unterdessen eine Flasche Rotwein bestellt.

Und weiter geht es mit dem Esoterikirrsinn, mir fällt auch sonst gerade kein Thema ein, also frage ich Todd, was es mit dem »Channeling« auf sich habe. Ganz einfach, ich solle bitte mal irgendeinen Toten nennen, mit dem ich Kontakt aufnehmen wolle, dieser würde dann durch ihn, Todd, zu mir sprechen. Todd schließt die Augen, ausgestreckte Hände, Handflächen gen Himmel, es ist schon ziemlich lustig, aber gut: ein Toter, ein beliebiger Toter. Ich schaue Ellis an, und dann fragt überraschend er, wie es denn Kurt Cobain so gehe, aktuell. Todd spannt alle Gesichtsmuskeln an, so als müsse er jetzt sehr konzentriert nachdenken, aber er hat es gleich. Kurt, fragt Ellis, sag mal, bist du immer noch so traurig, dass so viele Menschen deine Lieder mögen? Todd wackelt mit den Händen, jetzt scheint Cobains Antwort in ihn zu fahren und er spricht: Es geht mir gut, ich bin glücklich. Es war nicht der Erfolg, es war …

Todd öffnet die Augen, die Leitung zu Cobain scheint unterbrochen, schade aber auch, jetzt wurde es doch gerade spannend. Aber toll, dieses Channeling, funktioniert ja wirklich.

Als daraufhin ein bisschen Themenflaute herrscht, kommt Ellis noch mal zu sprechen auf jenen gemeinsamen Drogenabend bei der Frankfurter Buchmesse. Er beobachte das jetzt schon den dritten Abend, ich trinke also wirklich gar keinen Alkohol mehr, ja? Aber früher – früher doch schon? In dieser Buchmessenacht seien wir doch ziemlich steil gegangen? In welchem Jahr sei denn das gewesen? 1999, sage ich. Ouh, »Glamorama«, sagt Ellis, oh Gott, in der Zeit sei er in furchtbarer Verfassung gewesen, schlimm. Und nun also nicht mehr, gar nichts, ich? Ich bringe die Kurzfassung, nichts, nicht mal Alkohol, um gar nicht erst in diese Auch-schon-egal-Stimmung zu kommen, die dann bei mir ziemlich sicher zu Kokain führt und ins absolute Verderben.

Wir reden darüber, wie schrecklich das Drogennehmen, sobald man es nicht mehr amateurhaft macht, eigentlich ist genau ab dem Zeitpunkt, ab dem die ersehnte Substanz durch den Körper schwirrt; der eigentliche Rausch, der tolle, kommt ja vorher, die Vorfreude zwischen Drogenbestellung und -einnahme, wenn man weiß, aha, gleich geht es los, der Dealer ruft noch mal an, sagt, in 5 Minuten vor der Tür oder so, diese 5 Minuten, die sind es dann. Danach geht es nur noch bergab, und alles, worum es dann noch geht, ist: mehr. Doch wird es dann nicht mehr besser. Ja, schlimm. Aber schon auch ganz lustig, klar.

Es macht Spaß, das zu besprechen mit einem, der sich damit auskennt und es auch hinter sich hat, es aber nicht lächerlich bekehrt verteufelt, sondern ganz, ja, nüchtern die Vor- und Nachteile kennt und sie gut beschreiben kann. Zum Beispiel den peinsamen Moment anderntags, wenn man am Browserverlauf ablesen kann, wie genau es abwärtsging, wie sukzessiv der Schwachsinn und schließlich der nackte Trieb sich Bahn brach, der IQ sich stündlich halbierte und die Chronologie der Suchbegriffe ein absolut trostloses Gedicht ergibt. Zum Schluss ist das Googlen dann wirklich so, als rase man mit 250 km/h über den nächtlichen Sunset Boulevard, und die blinkenden Schlüsselreizwörter verschwimmen zu einem einzigen Notruf, der da lautet: mehr, noch mehr! Klinikbegriff: EPISODISCHE GIER.

Und weil wir, statt wie früher gemeinsam Drogen zu nehmen, jetzt darüber sprechen, dass und warum wir das nicht mehr tun, sind wir ja nichts anderes als eine Selbsthilfegruppe und dürfen also über Selbsthilfegruppen lachen: Mit einem Haufen passiver Verlierer das Leben besprechen, nein danke, sagt Ellis, ihn habe das so aggressiv gemacht, dieses Gejammer, ich habe Hepatitis, und sie haben mir den Strom abgestellt, ich schlafe auf dem Sofa bei meiner Schwester und dann muss ich doch wieder Schnaps trinken oder Crack rauchen und die Rente meiner Mutter auf den Kopf hauen, aber jetzt bin ich hier, Leute – Applaus. Der Applaus ist das Schlimmste. Toll, dass du hier bist. Toll, dass du schon vier Stunden nüchtern bist. Schon irgendwie blöd, dass du deinen Mitbewohner umgebracht hast, aber jetzt bist du ja hier. Nein, sagt Ellis, das sei nichts für ihn gewesen, diese Verlierergeschichten dauernd, das habe ihn wahnsinnig runtergezogen.

Es ist nur ein kurzer Gedankenblitz, einer, der nicht ungefährlich ist, aber ich lasse ihn trotzdem herein: Wie schön wäre das jetzt, wie legendär, mit Bret Easton Ellis, einem der Gottväter der Drogenliteratur, mit diesem im ja nicht minder legendären Chateau Marmont Drogen zu nehmen? Wo ja in jedem Zimmer jede glatte Oberfläche die Ausstrahlung hat: Auf diesem Möbelstück wurde im Lauf der Jahrzehnte Kokain im Gegenwert des Bruttoinlandsprodukts von Japan zerkleinert und eingesaugt. Und was bitte für ein trauriges Rollator-Fluidum umflort uns, die wir jetzt von früher erzählen, statt das Heute abzufackeln, damals, weißt du noch? Im Früherbunker.

Wir gehen in mein Zimmer, Todd braucht Schmerztabletten, und ich will ihn überreden, am nächtlichen Pool das Musikvideo für sein Lied »Hotel« zu drehen, und Ellis muss ja noch ein Buch signieren, ein Exemplar von »Less Than Zero« für Arne, der mir vor ein paar Tagen wehmütig schrieb, nachdem ich ihm aufgeregt von meinem bevorstehenden Ellis-Treffen und dem Costello-Bild berichtet hatte: »Schon lese ich wieder ›Unter Null‹, hat ja 30. Jubiläum. Wie ›St. Elmo's Fire‹ und ›Breakfast Club‹. Ellis ist jetzt wiederzuentdecken. Wir verdanken ihm alles. Vorher war Böll.«

Todd und Ellis besichtigen mein Zimmer, loben den Ausblick aufs Gucci-Schild, lachen über das abgerockte Badezimmer, den ekligen Duschvorhang – und bei Duschvorhang und Ellis denkt man natürlich gleich an Norman Bates aus

»Psycho« und demzufolge an Patrick Bateman aus »American Psycho«. Das Nachgeborensein ist schon auch schön, einfach nur das Zitat kennen, und es zwar nicht für das Original halten, es aber wichtiger finden, weil man schon lebte, als es, das Zitat, entstand; die Bates und Ellis bezogen sich auf »Psycho«, und das zu wissen, reichte mir schon, beeindruckt von den Beeindruckten, es war gar nicht mehr nötig, SELBST das Original zu prüfen, sich so einen alten Schwarz-Weiß-Schmarrn anzuschauen, wird schon gut sein, »wichtiger Film«, jaja.

Ich bin ein so extremistischer Ellis-Fan, merke ich gerade wieder, ich würde ja, wenn es sein müsste oder einen der beiden irgendwie menschlich weiterbrächte, auch kurz schwul werden. Ist aber jetzt nicht gefragt, auch gut. Ich gebe Todd zwei Diclofenac, ich habe nicht genau begriffen, was ihm wehtut, da fehlten mir ein paar Vokabeln, doch wenn ich es richtig verstanden habe, hat er sich beim Gähnen den Kiefer ausgerenkt. Auch schon wieder im Grunde eine Ellis-Hollywood-Figuren-Beschädigung.

Ich bitte Ellis, das Buch für Arne zu signieren, irgendwas mit Costello solle er bitte reinschreiben, ich blättere das »Less Than Zero«-Taschenbuch auf, kurz mal den ersten Satz begrüßen – der aber sieht sich IM ORIGINAL selbst verblüffend unähnlich, von Rücksichtslosigkeit ist da gar keine Rede, vielmehr steht dort: »People are afraid to merge on freeways in Los Angeles«.

Verdammt, der erste Satz in der deutschen Übersetzung, der mich vor über zwanzig Jahren sofort hineinzog in dieses Buch und alles Mögliche andere, dieser erste Satz, der mich aus dem Stand zum Ellis-Fan gemacht hatte: Es hat ihn nie gegeben! Was ist denn das für eine unsinnige Übersetzung, »Auf den *freeways* in Los Angeles werden die Leute auch immer rücksichtsloser«! Vollkommen anders im Original, das ich Ellis nur rasch unterschreiben lassen wollte, jetzt aber schon eine Weile zu lang festhalte, weil ich gar nicht glauben kann, was da WIRKLICH steht, wörtlich ungefähr: Die Leute HABEN ANGST, sich einzufädeln auf *freeways* in Los Angeles.

Zwar habe ich nie den Führerschein gemacht, weil ich Auto fahren unangenehm finde, man muss in der Stadt wohnen und fertig, aber wenn ich als gelegentlicher Beifahrer nicht alles falsch verstanden habe, gilt doch beim Einfädeln das REISSVERSCHLUSSPRINZIP – und wer dabei ängstlich vorgeht, ist doch gerade nicht rücksichtslos, sondern nimmt zu viel Rücksicht und antizipiert sogar die Rücksichtslosigkeit der anderen! Und Soziophobie, wenn nicht Autismus, DAS ist doch der wahre Ellis!

Diesen sinnentstellenden transatlantischen Übertragungsfehler mit Ellis selbst zu diskutieren, das allerdings wäre noch törichter als diese Übersetzung. So schlecht kann man ihn gar nicht übersetzen, als dass es diesbezüglich Missverständnisse geben könnte: Es ist Bret Easton Ellis komplett egal, was man sich so DENKT zu seinen Büchern, auch deshalb sind sie ja so gut. Ja, höchstwahrscheinlich sind Fehldeutungen, Falschübersetzungen und Missverständnisse ihm sogar sehr recht, erleichtern sie doch sein Verschwinden hinterm Text in einer Nebelbank.

»To Arne – from one Costello fan to another – Bret Easton Ellis«.

Ich verabschiede Ellis und Todd in die Nacht, Ellis nimmt das Costello-Bild mit und fragt, nach Umarmung und höflich-vager Verabredung eines weiteren Treffens, noch im Weggehen kurz seitlich: Das Bild war aber doch hoffentlich nicht sehr teuer? Doch, Bret, sage ich, nicht ohne Pathos, das muss er nun aushalten, das war irre teuer, und ich bin froh, dir auch mal was schenken zu können, du nämlich hast mir und so vielen anderen mit deinen Büchern so wahnsinnig viel geschenkt. Ellis lacht, vielleicht stolz, vielleicht ironisch, vielleicht UNSICHER, was weiß denn ich, und dann verschwindet er mit Todd durch den Gartenausgang, direkt auf den Sunset Boulevard.

Auf dem Sunset Boulevard fahren die Leute nachts sehr schnell, als müssten sie alles aufholen, was sie tagsüber im chronischen Stau gestanden haben, das schon, aber vorn an der Kreuzung mit ihren grünen DDR-Rechtsabbiegerpfeilen herrscht auch nachts rücksichtsvollstes Vorgelasse, Reingewinke und Lichtgehupe – das ist sie doch, die Angst, sich einzufädeln.

Ich rufe Ellis hinterher: Alles haben wir dir zu verdanken! Vorher war Böll!

Aber ich glaube, das hat er nicht mehr gehört. Ich habe es auch eher geflüstert als gerufen.

Ellis hatte sein Rotweinglas mit vom Restaurant in mein Zimmer genommen, es steht jetzt auf meinem Küchentisch, ein bisschen ist noch drin, ein halber Schluck. Daneben, seit Monaten, die ungeöffnete Rotweinflasche, die sie einem hier zur Begrüßung hinstellen. Und ich – ich DENKE NICHT MAL DRAN.

Jetzt aber doch. Allerdings wie durch eine dicke Milchglasscheibe. Die Flasche – keine Gefahr. Bei richtigen Alkoholikern muss man ja die Minibar ausräumen. Ich habe das auch machen lassen, aber nur, um KOSTEN ZU SPAREN. Die Getränke kaufe ich, wie Bret, schräg gegenüber bei Trader Joe's, und bei Erwähnung dieses Namens ist unter hier lebenden Deutschen immer der Verblüffungshinweis fällig: gehört zu Aldi. Und ich gehöre ja auch zu Aldi, das darf man ja bei allem Chateau und Scheiß-doch-drauf nicht vergessen.

Never forget where you're coming from

Warum eigentlich nicht? Geht es nicht darum? Man kann, man muss es probieren. Allerdings: Du kannst einen Typen aus Aldi verjagen – aber du kannst Aldi nicht aus einem Typen verjagen. Das Gleiche gilt für Göttingen und, schlimmer noch, für Rotenburg/Wümme, der Schrägstrich vor dem spezifizierenden Ortsfluss ist ein Hieb in den Nacken jeder Kleinstadt, das Kaff kennt eh schon keiner – und dann gibt es davon auch noch MEHRERE!

Ich nehme mir ein Aldi-Wasser aus dem Kühlschrank, damit die Schlaftabletten sicher ans Ziel kommen, das Ziel ist mein Hirn – und es wäre schön, wenn da oben dann bald mal Ruhe wäre. Einer der Aldi-Brüder, Karl, glaube ich, hielt an seinem 90. Geburtstag folgende Festrede:

Ich wollte gar nicht, dass ihr alle kommt.
Ich habe Hunger.
Ich gehe bald wieder nach Hause.

Das ist eigentlich mein Text, Abend für Abend. Ich schütte den Rotweinrest aus dem Ellis-Glas in den Ausguss und spüle das Glas aus.

Wieder geht ein Tag zu Ende
Und die Dämmerung zieht auf
Leise zittern ihm die Hände

Nein, der »Säufermond«, er geht für mich auch heute nicht auf. Als ich, Jahre nach dieser Coverversion von Udo, das musikalische Original kennenlernte, »The Windmills of Your Mind« aus dem Film »The Thomas Crown Affair« – da kannte ich es also falsch herum. Udo war immer mein Original. Ich stecke mir die elektrische Zahnbürste in den Kopf und gucke aus dem Fenster, in die Nacht, die nichts mehr für mich tun kann, heute nicht und morgen auch nicht. Da draußen, TOBT es da, das Leben? Tut es. Ich höre es ja, diese Nachtlebenvene Sunset Boulevard, über mir und über mich wacht die Gucci-Schild-Frau.

Da jetzt raus, WIE FRÜHER? Das Beinkitzeln macht mich fast wahnsinnig. Ich nehme Tabletten dagegen. Die eher aufgeschlossene Haltung jeglicher Chemie gegenüber bleibt einem natürlich auch als sozusagen stillgelegtem Drogenabhängigen immer erhalten. Ist ja verschrieben, vom Arzt, ist ja aus der Apotheke; ist ja keine Selbstmedikation aus dem Rotlichtbezirk.

»Du hast so viel geschafft, das ist doch so toll, zehn Jahre nüchtern.« Jaaaaaaaaa. Supertoll. Time of my life.

In der Zeit, als aus meinem völlig normalen und gesellschaftlich weitgehend akzeptierten Hin-und-wieder-Drogennehmen eine wirkliche Abhängigkeit wurde, habe ich damit dieses nächtliche Beinkitzeln, das mich schon seit meiner Kindheit quält, beruhigen können. Und auch alles sonst. Kokain, das muss ich leider sagen, half. Die Nebenwirkungen, klar, die waren nicht ohne: die komplette Zerstörung meiner Existenz. Aber es half gegen das Beinkitzeln. Und als mir dann in irgendeiner Klinik erklärt wurde, dass bei mir alles andersherum wirkt, PARADOX nämlich, Alkohol eher anregend als betäubend und Kokain eher beruhigend als beschleunigend – ach, wie fühlte ich mich da verstanden. Aber vielleicht fand ich es auch einfach chic, etwas Besonderes zu sein, anders als alle anderen; das war ja, und zwar komplett negativ, sowieso immer mein Grundgefühl gewesen, VON KLEIN AUF, und keineswegs irgendwas Besonderes in größenwahnsinniger »auserwählt«-Bedeutung, sondern vielmehr: übrig geblieben, unpassend, ausgemustert, Rest vom Fest.

Die Zahnbürste ist aus, drei Minuten rum, Licht aus, bin schon im Schlaftablettenwirkungsanflug, geiles Leben. Jetzt da raus, in irgendeiner Tittenbar irgendwen anhauen, man weiß dann schon, wen, das ist ja unschwer zu erkennen mit ein bisschen Erfahrung, auch wenn das im Ergebnis oft etwas rassistisch ist; sich ein bisschen verarschen lassen und ein paar Hundert Dollar verbrennen, zwei Gramm kaufen, begleitend einen ansaufen und dann mal gucken – oder, wie ich es vor zehn Jahren genannt hätte: ein ganz normaler Montagabend.

Mache ich nicht. Ich mache das Licht aus. In einer Selbsthilfegruppe würden sie jetzt wie wahnsinnig applaudieren.

FERN-
GESTEUERTE
QUÄLEREI

Irgendwann im Frühjahr 2005, vielleicht noch Winter, wer weiß das schon so genau, Jahreszeiten: eh überschätzt, als Drogenabhängiger friert und schwitzt man ja sowieso dauernd gleichzeitig, da ist das Wetter egal. Jedenfalls war schon 2005, denn Silvester hatten wir in jeder Hinsicht im Schnee verbracht. Wo genau in den Bergen noch mal? Zu lange her, bestimmt eine Woche schon, ich wusste es nicht mehr. Wochentage, Monate, Daten, Fristen, Orte – Details.

Mein Schweizer Mitbewohner und ich zogen gerade innerhalb Zürichs in eine andere Wohnung, aber ich kriegte das nicht so richtig mit, ich hatte mich in einem Zimmer verbarrikadiert, am Schreibtisch irgendwelche komplett geisteskranken PROJEKTE verfolgend, bis mich die Leute, die wir für den Umzug angeheuert hatten, einfach mitsamt meines Computers in den Umzugswagen verfrachteten. Auch während der Fahrt schrieb ich weiter, ich hatte da gerade so einen sehr komplexen Gedanken am Wickel, eine Weltenformel wohl gar. Die Umzugsleute räumten meinen Müll in die neue Wohnung, und ich trottete hinterher, das aufgeklappte Laptop vor mir hertragend, und dann setzte ich mich in der neuen Wohnung hin und machte einfach weiter. Jetzt wohnte ich woanders, und ich hatte es gar nicht mitgekriegt.

Welches Datum, manchmal sogar welches Jahr wir gerade hatten, ermittelte ich hin und wieder, indem ich mir beim Zigarettenkaufen am Kiosk schwankend eine Tageszeitung anguckte und deren Kopfzeile fixierte, ah, richtig, und schon wusste ich, in welchem Monat und welchem Jahr des Herrn wir uns gerade befanden. Es war ja eigentlich auch völlig egal. Die Adresse aber, also wo ich aktuell wohnte, war natürlich schon gut zu wissen, denn irgendwas muss man dem Taxifahrer ja sagen, wenn man morgens aus irgendeinem Drogenloch rausklettert. Ich nahm manchmal Briefe aus dem Briefkasten unserer Nachbarn mit (unseren eigenen zu öffnen, traute ich mich nicht; aber es wusste eh keiner, wo ich jetzt wohnte, ich wusste es ja selber nicht mal) und behielt sie in der Jackentasche, um dem Taxifahrer dann später vorzulallen, wo er mich abladen sollte. Manchmal verlor ich auch die Jacke oder vergaß, einen Brief zu klauen, und dann musste ich hoffen, dass ich meinen Mitbewohner telefonisch erreichte (Sag mal, wo wohnen wir noch mal?) – und dass ich mein Telefon nicht verloren hatte, was jetzt auch immer häufiger vorkam.

Ich trug seit etwa einem halben Jahr die immergleiche Jeans, konnte den Gürtel bis zum Anschlag ziehen, die Kokaindiät funktionierte gut, ich vergaß einfach tagelang, etwas zu essen. Nun schien draußen die Sonne, ich verpasste den schönen Zürcher Sommer, das Baden im See, die lauen Abende, ich war immer nur nachts unterwegs, tagsüber in der abgedunkelten Wohnung, aber ich wollte jetzt ein bisschen mitmachen beim Sommer und auch endlich mal diese Junkiejeans waschen. Im Waschkeller unseres Hauses war es angenehm kühl, ich verweilte ein wenig neben der GEMEINSCHAFTSWASCHMASCHINE, hatte einen junkiecomicartigen Slapstickmoment, als ich zu ergründen suchte, ob es sich um Kokain oder Waschpulver handelte, diese weiße Bahn auf der Fensterbank, hatte ich das da eben zur Aufmunterung hingestreut? Mein kopfinterner Arbeitsspeicher für die kurzfristig relevanten Informationen (wo ist mein Schlüssel, wo die Stiftkappe, wohin wollte ich gerade gehen, wo ist das Feuerzeug? etc.), das so bezeichnete ARBEITSGEDÄCHTNIS, hatte mittlerweile eine Kapazität von nahe null. Es war Topfschlagenspielen mit mir selbst, die Droge bildete die Augenbinde, meine zitternden Hände den Holzlöffel, die Welt war der Topf. Nach stundenlanger Suche ambivalente Erfolgserlebnisse: Ah, den Schlüssel hatte ich die ganze Zeit in der HAND, die Stiftkappe im MUND.

Ich sah, dass die Jeans in der Waschmaschine auch ohne mich zurechtkam, und ging hinaus, mal testweise in die Sonne. Sehr hell, so ein Tag, wie unangenehm. Aber ich hatte einen

Plan. Wie war der noch gleich? Schnell noch mal zurück in die Wohnung. Nachlegen, nachdenken, rumirren.

Ein paar Stunden später war es so weit, die Sonne ging schon fast unter, die Jeans in der Kellerwaschmaschine war vergessen, und ich holte endlich – das war ja der Plan gewesen – meinen weißen Leinenanzug aus der Reinigung, den ich etwa ein Dreivierteljahr vorher dort abgegeben hatte, jetzt war schließlich Sommer, und alles sollte anders werden, weißer Anzug, frisch in den Tag, der gottlob bald vorbei war. Am Vormittag war ich aufgebrochen zu dieser ja eigentlich überschaubaren Expedition, Waschkeller und Reinigung – und kurz nach Ladenschluss kam ich bei der etwa 150 Meter von unserer Wohnung entfernten Reinigung an, die Tür war schon verschlossen, aber ich sah noch eine Mitarbeiterin in der Reinigung, klopfte wie wahnsinnig an die Tür und erbettelte Einlass und Herausgabe meines weißen Leinenanzugs. Kopfschüttelnd holte die Dame den Anzug aus einem Lagerraum, sie habe nicht damit gerechnet, dass der noch mal abgeholt würde, fast ein Jahr hing der hier, sprach sie vorwurfsvoll. Jaja, bat ich um Entschuldigung, auch ich hätte fast ein Jahr rumgehangen, so sei das eben manchmal. Irritierter Blick – und erleichtert schloss sie die Ladentür, sie drehte den Schlüssel mehrfach um.

Mit Stecknadeln waren an Anzughose und Jackett diese Tut-uns-leid-Erklärungszettel mit der Zeichnung eines überarbeitet aussehenden Männchens angebracht, das kannte ich schon, Flecken, die trotz mehrfacher und sorgfältiger Reinigung nicht rausgingen, noch mehr reinigen, so der Zettel, würde eher das Gewebe schädigen als die Flecken entfernen. Es waren Junkieflecken, Blut und so, ich nahm, wie ohnehin immer alles, so auch diese Reinigungsinformationen zutiefst persönlich, klebte den kleinen Zettel zu Hause an meinen Computer, mit diesem Befund konnte ich mich identifizieren, die Kleidung war mir wurscht, ich empfand meine Biographie mittlerweile so: Da gab es ein paar Flecken, die gingen nicht mehr raus. Die würden bleiben. Und jede weitere Bemühung, sie loszuwerden, würde das Gewebe beschädigen. Ich empfand das als schlüssige Allegorie meiner Lebenssackgasse. Aber jetzt war es ja endlich dunkel draußen, und mein Tag konnte beginnen.

Der weiße Anzug bekam neue Flecken, ich lief ein paar Nächte lang damit herum, aber ich sah natürlich nicht so gut aus wie Marius Müller-Westernhagen in der Verfilmung von Fausers »Schneemann«, was ja immer das Ziel gewesen war.

Ich traf Westernhagen dann ein paar Monate später zufällig bei irgendeiner Musikbranchensause, er hatte einen Lebenswerkpreis bekommen, und ich marodierte da wieder in irgendeiner hochwichtigen Großprojektsmission umher. Auch Westernhagen hatte – wie Udo, wie Grönemeyer, wie alle deutschen Großsänger – Mitte der 90er-Jahre, als ich mit dem Schreiben anfing, eine künstlerische Schwächephase, und weil es so einfach war und ich mich mit deren Werk seit Kindheitstagen auskannte und mittlerweile niemand sonst in den Redaktionen mehr über sie hatte schreiben wollen, war das meine Marktlücke gewesen, immer drauf auf die Helden, und so hatte ich in meinen formativen Jahren als Kritikautodidakt also auch Westernhagen ziemlich gequält. Nun aber, zehn Jahre später und völlig drogenverseucht, lief ich ihm in die Arme und laberte ihn direkt voll, dass er in der Liveversion seines alten Hits »Geiler is' schon« das Wort »Kokain« so geil, so wissend im Grunde, rhythmisch betont, Ko-ka-in, es so hinspuckt: »Ich brauche keinen Whiskey und kein Ko-ka-in / Aber geiler is' schon, als in der Gosse zu liegen«. Und noch geiler war ja: mit Kokain in der Gosse! Das ungefähr erzählte ich brauseköpfig Westernhagen, ich hatte alles falsch verstanden. Aber meine Laune war super.

Westernhagen, drahtig, nüchtern, vorsichtig, distanziert, also wie immer, sicherlich als Phänotyp angenehmer und nun das exakte Gegenteil von mir – er schaute mich einfach nur an, da merkte ich, dass er verstand, was mit mir los war, und er brachte mich völlig aus der Fassung mit der einfachen Frage: Geht es dir gut, Benjamin? Du siehst ja ganz schön …

Ohne das gewiss nicht schmeichelhafte deskriptive Adjektiv abzuwarten, ließ ich ihn stehen und rannte weg.

Zehn Jahre später und komplett nüchtern treffe ich Westernhagen zufällig beim – und jetzt kommt der Gag – Halsnasenohrenarzt. Er ist mit seiner Freundin da, sie muss einen Allergietest machen, er hat auch irgendwas, und weil ich ja nüchtern leider oft aus Verlegenheit noch überspannter agiere als intoxikiert, dauert es keine drei Minuten, und ich liege auf dem Dielenboden des Halsnasenohrenarztwartezimmers und spiele Westernhagens Freundin vor, wie Westernhagen auf dem Filmplakat vom »Schneemann« dalag, mit Handschellen an eine Frau gekettet, auf einem Bahngleis, er trug diesen unglaublichen beigen Anzug – und war fortan die Inkarnation meines erträumten Selbstentwurfs gewesen, der Idealmann: international unterwegs und in Schwierigkeiten sein, immer auf der Flucht, aber bitte im weißen Anzug.

Westernhagen lacht, seine Freundin auch, ich stehe wieder auf, er sagt ihr, sie müsse aufpassen, ich sei ein KRITIKER.

Das, sage ich, sei Quatsch. Ob er sich noch erinnere an unser Treffen vor zehn Jahren?

Aber ja. Er habe mir anschließend eine Mail geschrieben, ich solle aufhören mit dem Scheißzeug, ich sei zu wertvoll, mich so in den Müll zu schmeißen. Doch hätte ich ihm nicht geantwortet auf diese Mail (und dunkel nur erinnere ich mich, wie ich sie las in Zürich, schwitzend, ertappt, beschämt, dann verärgert, ach, was will der denn?), wahrscheinlich sei ich da noch ganz auf Abwehr gewesen. Aber jetzt sähe ich gesund aus (zu dick, denke ich, wie ich es immer denke, wenn jemand mich gesund aussehend nennt, das hört wirklich nie auf), das freue ihn umso mehr, weil ich damals, Verzeihung, wirklich ziemlich kaputt ausgesehen hätte (kaputt, abgemagert – das wäre ja gut, denkt der Essgestörte sein Leben lang, man kann es nicht ändern; keine Drogen mehr zu nehmen, ist vergleichsweise einfach, schon wenn man nur ein kleines bisschen sein Umfeld ändert, wird man gewiss nicht dreimal pro Tag gefragt, na, bisschen Kokain?).

Bitte, Marius, wir müssen über den weißen Anzug aus der Fauser-Verfilmung reden!

Also gut. Er habe diesen Anzug immer »dictator suit« genannt, Knitterleinen, Farbton »off white«, das sei seine Kostümidee gewesen für diese Filmfigur. Er habe das am Theater gelernt – um beispielsweise eine Figur der Jahrhundertwende richtig gut zu spielen, zieht man sich am besten komplett so an, auch das Nichtsichtbare, also Jahrhundertwendeunterhosen, nur so verkörpere man den zu spielenden Charakter glaubhaft. Wie beispielsweise Robert De Niro in »Mean Streets« immer die Hose hochzog, das habe ihm so eingeleuchtet als Charakterbeiläufigkeit, also habe er das dann als »Theo« mit der Schlagjeans übernommen. Und dieser windige Import-Export-Schmalhans aus dem »Schneemann«-Drehbuch sei eben genau der Typ für einen niemals gebügelten, dezent abgerockten Leinenanzug gewesen.

Vielleicht weil Westernhagen weiß, dass ich spätestens nach acht Minuten jedes Gespräch gern auf Udo bringe, erzählt er nun, diese Vorgehensweise habe er damals auch Udo erläutert, auf dem Boot, nachts auf der Alster. Weil vor uns noch einige andere Patienten dran sind, bitte ich Westernhagen, jetzt ganz schnell ganz viel von damals zu erzählen, die frühen 70er-Jahre, diese legendäre Wohngemeinschaft in Hamburg, Otto Waalkes, Udo Lindenberg und Marius Müller-Westernhagen, alle noch sehr jung und jeweils kurz davor, berühmt zu werden. Schon damals von Zeitungen als »Villa Kunterbunt« bezeichnet und zutodeerzählt, mag sein, aber von einem Boot war nie die Rede, Boot war doch Grönemeyer, also, los!

Na schön. Im WG-Garten, direkt an der Alster, habe ein altes Ruderboot gelegen. Und nachts seien sie dann, aus irgendeiner Bar kommend, manchmal zu diesem Boot getapert. Udo, ich kann nicht schwimmen, habe er zu bedenken gegeben, ja, noch heute sei er Nichtschwimmer, er habe sich beim Schwimmunterricht nicht vor den anderen ausziehen wollen, weil er damals viel zu dünn gewesen sei (geiles Problem, denkt der Essgestörte in mir, der Udo-Fan aber will jetzt alles über das Boot hören, weiter!). Udo jedenfalls sei damals immer forsch vorangetorkelt, Marius möge ihm vertrauen, er, Udo, sei Seemann, Küstenjunge und entstamme einer Kapitänsfamilie; zwar wusste Westernhagen es besser, weder war Udo Küstenjunge noch Kapitänssohn, er kam aus Westfalen, und sein Vater war Installateur, aber damals begann gerade Udos Selbstfiktionalisierung, die Erschaffung einer Kunstfigur, der er sich dann immer mehr anglich, zwischendurch in Karikaturform, mittlerweile als Schubidufürst, als triumphaler Überlebender, gegen alle Wahrscheinlichkeit.

Und da seien sie also, fährt Marius fort, nachts über die Alster geschippert, Kapitän Udo und Nichtschwimmer Marius, und hätten endlos geredet, herrlich sei das gewesen. Bei beiden ging es gerade los, noch war alles ganz unsicher und im Werden begriffen, und er habe Udo seine Erfahrung als Schauspieler nahegebracht: für jede Figur einen Hintergrund kreieren, eine schlüssige Geschichte, eine eigene Welt. Udos Kunstsprache, die Udo-Sprache, sei da erst entstanden, auf dem Boot nachts habe Udo noch beinahe normal geredet, manchmal. Lange her. Udos großes Ziel sei es gewesen, ein Star zu werden. Und in einer dieser Nächte auf dem Boot habe er Westernhagen seinen Plan so dargelegt: Wenn du was erfindest, das alle denken lässt, du wärst total bekloppt – dann bist du auf der richtigen Spur.

Nichtschwimmer Marius und Udo, der Kapitän aus eigenem Recht, gemeinsam auf gar nicht so hoher See, denke ich, wie toll, das ist die deutsche Rockgeschichte in einer NUSSSCHALE – und zwar in einer Nussschale auf der Alster.

Udo habe große Pionierarbeit geleistet, Westernhagen erinnert sich noch, wie Udo eines Tages losgelatscht sei zur Plattenfirma, mit dem irren Plan, eine Million Mark pro Platte auszuhandeln. Sie hätten alle mitgefiebert, ob er das hinkriegt. Hat dann geklappt. Und nach Udos ersten Erfolgen hätten alle Plattenfirmen deutschsprachige Rockmusik gewollt, das sei der Durchbruch gewesen, vor Udo habe es in deutscher Sprache ja fast nur Schlager und Liedermacherelend gegeben.

Bitte noch mehr über die WG, das Haus, die Nachbarn!

Nun, ein Nachbar sei ein Großdealer gewesen, dessen Haus hätten sie Drogenvilla genannt. Wobei er, Westernhagen, selbst gar nicht fest in der WG gewohnt habe, immer nur, wenn jemand verreist war, was aber sehr häufig vorgekommen sei, irgendwer war immer weg. Auch in Udos späterer Wohnung sei er nachts oft vorbeigekommen, wenn er keinen Platz zum Schlafen hatte; wenn Udo aber gerade Damenbesuch hatte, habe er eben zurück in den Club gemusst, sich was beziehungsweise wen zum Schlafen suchen, eine lustige Zeit sei das gewesen. Gesoffen hätten sie natürlich alle in den 70ern, im Onkel Pö, wo sie abends auftraten, habe es einmal pro Woche den »Marktag« gegeben, jeder Drink eine Mark, und nach einem Marktagbesäufnis sei er morgens mal mit einer Beule erwacht und habe sich nicht erinnern können, wie es dazu gekommen war, da habe er gewusst, er müsse das einschränken. Westernhagens Vater ist Trinker gewesen – und das mitzuerleben, habe seine eigene Suffanfälligkeit wahrscheinlich erheblich gemindert.

Und das sagt der Mann, dessen Saufhymne »Johnny Walker« praktisch jeder zweite Deutsche kennt; als Lied und als Haltung. Wahnsinn. Rollenprosa! Westernhagen entstammt einer Theaterfamilie und ist eben wirklich ein guter Schauspieler. Underdog im Unterhemd, Ärger an der Bar, auf der Pferderennbahn, Lieder über Hehler und Zuhälter, seine großen Verlierer- und Lotterleben-Texte, und dann auch noch Held einer Fauser-Verfilmung, all das war GESPIELT, verdammt, und ich habe es eins zu eins genommen als Kind und davon geträumt, dermaleinst so kaputt zu sein wie diese Typen. Was sagt er jetzt? MILIEUSTUDIEN seien das gewesen. Seltsam, bin ich jetzt enttäuscht? Und wenn ja, wovon? In meiner Junkzeit sang ich oft, lachhaft weinerlich und selbstmitleidig, diese Westernhagen-Zeilen vor mich hin:

Mutter weint um Sohn, Sohn ist drogensüchtig
Drogen machen Träume, Träume sind so wichtig

Auch das hatte ich ihm damals erzählt, als ich so in jeder Hinsicht in ihn reingerauscht war, und ich sah mich wieder einer Illusion beraubt, von ihm zu erfahren, dass er nie drogenabhängig war. Ja, auch seine Musiker würden das oft einwenden, wie er denn solche Lieder schreiben könne, ohne je abhängig gewesen zu sein. Aber nein, Drogen hätten ihn immer abgeschreckt, er habe genügend Leute an ihrer Sucht zugrunde gehen sehen; nicht nur nicht zuletzt, sondern zuallererst seinen eigenen Vater.

Er selbst sei Drogen betreffend sehr naiv gewesen – als er erstmals eine Platte in London aufnahm, habe er sich immer nur gewundert, dass die Musiker am Ende jedes Liedes doppelt so schnell spielten wie am Anfang. Natürlich, aufgewachsen sei auch er mit den großen Giftmusikern und deren den Mythos stützender Taktik: bloß nicht alt werden, Drogen helfen da unbedingt. Gekifft, so Westernhagen, habe er eine Weile lang durchaus, das habe ja, insbesondere unter Musikern, damals praktisch jeder gemacht, doch habe er es bald wieder sein lassen, weil es ihn nur phlegmatisch gemacht habe und bei ihm eher eine Bewusstseinsverengung bewirkt habe als, wie propagiert, eine Bewusstseinserweiterung. LSD sei da schon interessanter gewesen, aber eben auch ein so gewaltiges Erlebnis, dass seine paar dergestaltigen Ausflüge in diesen frühen Jahren ihm gereicht hätten: Anfangs seien es jeweils Horrortrips, im Verlauf aber durchaus eindrucksvolle Erfahrungen gewesen, da habe er in 24 Stunden so viel über sich gelernt wie in seinem gesamten Leben zuvor nicht, er habe dabei sich und sein Denken in irgendwie abstrakter Form gesehen, das sei sehr hilfreich für ihn gewesen. Inklusive all der Halluzinogen-Wahrnehmungsklassiker, die Häuser hätten sich zu ihm runtergeneigt und mit ihm gesprochen, im Spiegel habe er sich gemorpht gesehen vom Brandtzwiebackbaby zum alten Mann, bis sein schließlich greises Spiegelbild sich komplett verflüchtigt habe. Wirklich ein Erlebnis, aber das müsse man ja auch nicht allzu oft wiederholen. Er gebe, ganz generell, nicht gern die Kontrolle ab.

Auch jetzt, im Wartezimmer, trägt Westernhagen eine Brille mit getönten Gläsern, und er wird schon wissen, warum. Das habe ich auch bei Udo immer beobachtet, in dieser Legendenliga hat eine Sonnenbrille die umgekehrte Funktion: Sie schützt nicht die Augen vor der strahlenden Welt, sie schützt vielmehr die Welt vor dem Strahlen dieser Augen. Ein Nichtangriffspakt mit dem Alltag.

Diese Frage damals, »Geht es dir gut, Benjamin?«, sage ich nun, die habe ich nicht gut verkraftet, gerade weil sie ja sehr anteilnehmend war und auf einer absolut korrekten Beobachtung basierte. Bisschen peinlich auch alles im Nachhinein, irre, was da manchmal so für Flaschenpost aus der wüsten Zeit angeschwemmt kommt.

Wenn er mich nicht gemocht hätte, sagt Westernhagen, hätte er mich und meinen Zustand vielleicht ignoriert, doch habe er sich wirklich Sorgen gemacht, eben weil er mich ganz gut habe leiden können.

Aber da war er in der Zeit echt einer der wenigen. Die meisten hatte ich durch das extrem asoziale Gebaren eines Junkies abschütteln können – und ich selbst kannte mich einfach zu gut, um mich zu mögen.

Ich lasse Westernhagen, obwohl ich kurz vor ihm gekommen war, den Vortritt. Bei mir dauert es eh länger, sage ich, denn ich habe ja keine Nasenscheidewand mehr. Durchs Praxisfenster sehe ich Westernhagen anschließend in einen Mini Cooper steigen und davonfahren, er sitzt vorgebeugt in diesem kleinen Auto und sieht auf die Entfernung genauso aus wie in »Theo gegen den Rest der Welt«, als er im kleinen Fiat 500 mit der scharfen Schweizerin da rumgurkte, Kindheitsheld. So scharf sei die gar nicht gewesen, die Schweizerin, hat er mir mal auch diesen Illusionsballon zerplatzt. Westernhagen sieht immer noch ziemlich gut aus, drahtig, auf Zack, »denn dünn bedeutet frei zu sein«, sang er einst, und auch da habe ich die Ironie nie, bis heute eigentlich nicht, begriffen. Und er braucht beim Arzt nicht so lang wie ich.

»Dictator suit« – wo der wohl ist?

Der Arzt erzählt mir dann, Marius habe sich behutsam erkundigt, ob man so eine Nasenscheidewand nicht erneuern könne.

Zu Hause suche ich den Leinenanzug. Er hängt weit hinten im Schrank auf einem Reinigungsdrahtbügel, in Folie, seit Jahren, Fleckeninformationszettel mit Stecknadeln an Jacke und Hose befestigt. Wieder und wieder hatte ich ihn reinigen lassen und dann hinten im Schrank allmählich vergessen. Andere, neuere Anzüge hingen davor, solche ohne lästige Geschichte. Jetzt hole ich ihn hervor, er passt mir noch – und die Flecken sieht man kaum.

NUN
SINGT
ER
SEIN
LIED
IN
DEN
STÜRMISCHEN
WIND

Wenn man bei einem Rasensprenger, der an einen ganz langen Wasserschlauch angeschlossen ist, den Wasserhahn abdreht, dann dauert es ein bisschen, bis kein Wasser mehr aus dem Rasensprenger kommt. Zum Schluss kann man dann durch den Schlauch so Luftblasen sausen sehen. Als Kind liebte ich es, in den Sommerferien bei meinem Großonkel diesen Luftblasen im sich über die riesige Rasenfläche schlängelnden Schlauch hinterherzulaufen. Waren die Luftblasen an der Düse angekommen, zuckte der Rasensprenger, spotzte noch so ein bisschen Restwasser aus, und dann war's das, es suppte noch ein Rinnsal nach, schließlich kam gar nichts mehr.

In meiner drogenlogischen Vermögensvernichtung waren wir jetzt, im Jahr 2005, irgendwo zwischen dem Schlauchgespotze und dem finalen Rinnsal. Ich bekam eine große Steuerrückzahlung, weil ich auf Basis der vorherigen hohen Einkünfte viel zu viel im Voraus bezahlt hatte. Und da ich zuletzt weit weniger verdient hatte als prognostiziert, wäre es jetzt also an der Zeit gewesen, sich allmählich mal Sorgen zu machen. Die Steuerrückzahlung war trügerisches Geld, Geld, das bedeutete: Es kommt nichts mehr nach.

So aber denkt der Drogenabhängige nicht, der sagt sich: Geld? Weg damit. So lang was da ist, wo immer es herkommt, bedenkenlos raushauen, die heutige Nacht muss höchstdosiert überstanden werden, und ein Notfalltütchen für den grausamen nächsten Morgen muss separat irgendwo deponiert werden, die Zukunft wird überschätzt. Die totale Geldverachtung ist ein an Drogenabhängigen sympathischer Wesenszug. Aber sie führt natürlich in die absolute Hölle.

Mein Bankmann monierte, ich würde meine Lebensversicherung ja seit einigen Monaten nicht mehr BEDIENEN, was denn da los sei?

Gut, dass wir darüber sprechen, sagte ich, es werde jetzt nämlich Zeit, dass meine Lebensversicherung mich bediene, er solle sie bitte auflösen.

Das, sagte der Bankmann, sei komplett wahnsinnig.

Diesen Satz hörte ich jetzt häufiger, er wirkte deshalb nicht mehr. Ich musste im Übrigen auch schnell los, wieder eine extrem wichtige Sache, großes Projekt – London, und der Plan diesmal: im Studio von Herbert Grönemeyer ein altes Udo-Lied neu aufnehmen, ich würde singen.

Mein Schweizer Mitbewohner war befreundet mit einem Mitarbeiter des Grönemeyer-Labels »Grönland« in London. Bei einem Zürich-Besuch hatte dieser uns von einer neuen Band erzählt, AK4711 hieß die, und ich versprach, einmal mehr, so manches: Ich würde die Band auf ihrem Weg nach oben oder auch unten begleiten, mit einer Kolumne im Rolling Stone. Eine dürftige erste Folge schrieb ich, aber es wurde natürlich alles noch viel schlimmer. Mir war, wieder mal, ein passendes Udo-Lied eingefallen, Udos Texte hatte ich auch weiterhin allesamt auswendig parat, mit Stichwortsuchfunktion, »Grönland«, na klar, da rastete mein Udo-Text-Automat ein, das Wort »Grönland« kommt in einem Udo-Lied vor, nämlich in dem Lied über den Eskimo »Øle Pinguin«. Diesem Eskimo gefällt es eigentlich gut im ewigen Eis, und die Beschreibung seines Alltags enthält einen meiner Lieblingsneologismen in Udos Werk:

M-m-manchmal ist es 'n bisschen kalt, doch wenn ich frier
Dann greif ich mir 'ne Eskimöse und wärme mich an ihr

Der Eskimo kommt dann trotzdem mal mit ins für ihn ja relativ warme Hamburg, ist aber enttäuscht von der dort vorherrschenden menschlichen Kälte:

Øle Pinguin wollte lieber wieder nach Grönland zieh'n

Meine enzyklopädische Lindenbergwerkkenntnis und mein Suchmaschinen-Ratterkopf empfanden diese beiläufige Erwähnung des Wortes »Grönland« in diesem fast 30 Jahre alten Udo-Lied als geradezu zwingende Koinzidenz. Dieses Lied, so mein wirrer Plan, müsste nun ich (warum das denn?) mit AK4711 (bitte was?) in London (äh?) im »Grönland«-Studio (aha) neu aufnehmen (aber sicher doch). Ein Duett. Ich sänge im Refrain mit, und schon wäre wieder eine Kolumne fertig, wir hätten einen Bonustrack, als Download, Riesengeschichte. So der Plan.

Ich flog also nach London und stand gewissermaßen im Feindesland, in Grönemeyers Studio, denn natürlich waren, wie in jeder Berufssparte, auch die deutschen Rockhelden untereinander nicht unbedingt befreundet. Klar, man hat alle paar Jahre zusammen gegen Nazis, Raketen oder Hunger zusammen auf einer Bühne gestanden; aber ansonsten ist man natürlich Konkurrent. Das ist ja auch völlig normal. Ich kam völlig hinüber im Londoner Grönland-Studio an, die Band war sehr freundlich, sie hatten die Musik schon aufgenommen, nun kam der Gesang, den Refrain sang ich mit, und mir lief ziemlich die Nase. Neuerdings hatte ich das Gefühl, dass meine Nase sich innen auflöste, die Nasenscheidewand schien den Kampf aufgegeben zu haben. Das tat ziemlich weh, und ich aß deshalb jeden Morgen zum Frühstück ein paar Ibuprofen.

Was wurde nun aus dem Lied? Tja, wenn man das wüsste. Ich verlor das Interesse beziehungsweise den Überblick, den ich ja nie gehabt hatte, und zurück in Zürich, antwortete ich einfach nicht mehr auf die Mails vom Grönland-Label und vom Rolling Stone, die erst freundlich, dann besorgt und schließlich patzig klangen, aber diesen Verlauf kannte ich ja schon und war längst in was anderem verstrickt, wieder so ein Monsterprojekt, das dann natürlich denselben Verlauf nehmen würde; aber der Anfang machte immer Spaß, jemandem telefonisch irgendwas aufzuschwatzen in dieser täglichen halben Stunde, in der die diversen chemischen Prozesse in meinem Körper Euphorie zeitigten. Meistens war das ungefähr bei Sonnenuntergang der Fall, ungefähr, weil die Fensterläden natürlich aus Paranoiagründen immer geschlossen waren, aber es gab Anhaltspunkte für die Tageszeit, ich lernte, die Geräusche im Haus und von der Straße zu übersetzen in Tageszeiten.

Mein neuester Plan war, das Internet auszudrucken – ein neuer literarischer Weitwurf vom medienscheuen Kritikerliebling. So richtig folgen konnte oder wollte meinen PROJEKTEN niemand mehr, das waren einsame Momente: Ich fand mich plötzlich bei einem MEETING in der Schweizer Google-Niederlassung wieder und hatte vollkommen vergessen, was ich denen jetzt eigentlich hatte andrehen wollen. Im Taxi hatte ich es noch gewusst. Hatte ich nicht eigentlich zu eBay gewollt? Oder zu Red Bull, weil ich denen vorschlagen wollte, den gläsernen Flügel von Udo Jürgens auszuloben mit gleichbleibendem Werbeslogan, »Red Bull verleiht Flügel«? Nein, zu Apple, denen ich eine öffentliche Einschmelzung meiner CD-Sammlung aufdrängen wollte unter dem Banner »Für 'n Apple und 'n iPod«. Jajaja, irgendwie so. Aber jetzt war ich bei Google. Oder?

Ich stand vor einem von mir selbst Minuten vorher mit einer rätselhaften Pfeilgraphik, die ich jetzt nicht mehr begriff, bemalten FLIPCHART und hatte eine von Joseph Beuys signierte Kassette in der Hand, die hatte ich ersteigert und – und wie war noch der Plan? »Soziales Plastik« stand über meiner Pfeilgraphik. Ah, richtig. Ich wollte dieses Original-Beuys-Tape, aus dessen Reihe »Ideas & Actions«, überspielen mit einem Weltchor heutigen Wissens. Da würde irgendwie die ganze Welt mitmachen können, und es wäre der Hammer.

Mein Freundeskreis in Zürich hatte sich verändert. Von den Leuten, mit denen ich jetzt Zeit verbrachte, kannte ich nicht mal mehr die Namen. So Leute eben. Selbst Zürcher Nachtlebenprofis war mein Programm zu hart geworden, und Zweifler und Bremser kann wiederum auch der Drogenabhängige selbst nicht gut ertragen. Man empfindet es schon als unhöflich, wenn andere auf die Uhr gucken, das gehört sich nicht und ist fast so schlimm, wie wenn sie mit dem Rauchen aufhören und mit Sport anfangen. Wenn jemand sagt,

Schluss für heute, er müsse jetzt ins Bett, ist das eine Kriegserklärung. Aufhören gilt nicht. Man macht so lang weiter, bis man irgendwann einschläft, wo auch immer, und sobald man aufwacht, muss es weitergehen. Die durchgängige Betäubung muss gewährleistet sein, ein Runterkommen ist ausdrücklich nicht gestattet, das würde alles durcheinanderbringen, dann kämen die Gedanken, die Ängste, möglicherweise würde auch die Realität um ein Gespräch bitten – und das gilt es unbedingt zu vermeiden.

Ich lebte weiterhin im Kokain-Jetlag, dämmerte tagsüber herum, meistens zu Hause, und am späten Abend ging ich dann raus. Programmatisch bis zum Schluss, hörte ich beim nächtlichen Verlassen des Hauses immer Rio Reisers Lied »Gefahr«:

Alle Drogen, Alkohol, ich will Gefahr von A bis Z

Vom Geldautomaten zunächst in ein asiatisches Restaurant mit Karaokeecke. Im Leitzordner, in dem die wünschbaren Lieder abgeheftet waren, klebten die Klarsichtfolien aneinander, rochen leicht sauer und waren mit jahrealten Kokoscurryschlieren patiniert. Ich wünschte mir immer »My Little Town«, »Penny Lane« und »The Windmills of Your Mind«, sang dazu aber nicht die englischen Originaltexte, sondern auswendig Udos jeweilige Coverversionen: »Die kleine Stadt«, »Reeperbahn« und »Unterm Säufermond«.

Doch mittendrin nahmen mir die Kellner stets das Mikrophon weg, fluchten, weil ich gar nicht sang, was da auf dem Bildschirm unterm die zu singenden Silben überhüpfenden Takt-Ball stand, so gehe es nicht. Ich sang mein Original: Udo. Die Asiaten waren nicht einverstanden.

Nach meinem allabendlichen Karaokedesaster fuhr ich geradewegs zur Zürcher Langstraße. Im Rotlichtviertel, in der kaputtesten Ecke der Stadt, war ich nachts sicher. Sicher nämlich, dass ab etwa drei Uhr nachts alle anderen, die noch unterwegs waren, ungefähr genauso DRAUF waren wie ich. Es gab in Zürich zwei Clubs, die zuverlässig dominiert waren von Drogenmonstern, der eine befand sich im Dachgeschoss eines Parkhauses, der andere Kaputtenclub lag in einem Kellergeschoss. So genau bekam ich ohnehin nicht mehr mit, wo ich gerade war, mir fiel nur auf, dass es entweder zu viel Ausblick auf die Stadt und deren Lichter gab oder gar keinen – und dass ich lange nicht mehr in einem Erdgeschoss gewesen war.

Ich will verbrennen, explodieren, nichts in der Hand und nichts mehr im Griff

Relativ willkürlich schloss ich mich anderen an, die irgendwie nett schienen, plötzlich waren wir bei denen zu Hause, vielleicht, ein mir vollkommen unbekannter Teil Zürichs, auch nahmen diese Leute ganz andere Drogen als ich, Drogen, die ich noch nicht kannte und dann eben jetzt kennenlernte. Ich war da sehr offen. Ketakurbeln nannten sie das, was nun passieren sollte, der Gruppenanführer trug ein kleines goldenes Röhrchen an einer Halskette, am Röhrcheneingang war eine rosa Feder befestigt, die beim Röhrchenbenutzen sehr angenehm die angegriffenen Naseninnenwände streichelte. Ketakurbeln also, warum nicht.

Gazong. O ja, interessant. Was ist das genau?

Ketamin, sagte der Mann mit dem goldenen Röhrchen. Eigentlich sei das ein Pferdeberuhigungsmittel, aber es bringe einen nachts wirklich nach vorn.

Gut, meinetwegen, es schoss einen auf jeden Fall gut weg, und die rosa Feder war so angenehm, wenn man sich wieder irgendwelche Ätzkristalle in die Schleimhäute schmetterte. Ich war ein paar Tage lang schon unterwegs und hatte den Jungs mit dem Pferdeberuhigungsmittel gesagt, ich müsse mich jetzt mal umziehen. Sie begriffen das als Mission, auf keinen Fall dürfe ich nach Hause gehen jetzt, also mit zu ihnen, da nahmen wir LSD, und ich durfte alles anprobieren, was sie im Schrank hatten, ich war jetzt ihr Projekt, der seltsame Deutsche, der ausstaffiert werden muss, damit diese Orgie weitergehen konnte. Auf LSD durch einen begehbaren Kleiderschrank zu wandeln, ist sehr interessant, weil man sich angeregt mit einem Halstuch unterhalten kann, Toten begegnet und Gürtel als dreidimensionale Musik begreift und so.

Irgendwann war ich fertig angezogen, befanden meine neuen Freunde, deren Namen ich noch immer nicht wusste, und längst war es zu spät, sie danach zu fragen, weil wir ja jetzt schon mehrere Tage und Nächte am Stück miteinander verbracht hatten. Nun servierten sie Ecstasy zum Frühstück. Und wenn sie mir einen Becher Tschernobyl-Abklingbeckenbrühe hingestellt hätten oder gesagt, wir lutschen jetzt mal ein Stündchen an Harrisburg-Brennstäben, das knallt ziemlich – ich hätte mitgemacht. Pferdeberuhigungsmittel! Mir fielen die Klinikwörter MISCHKONSUM und POLYTOX ein, da war ich jetzt wohl angelangt, und es gefiel mir gut. Die Zeit war außer Kraft gesetzt, und ich spürte gar nichts mehr, alles war ein schwebender Witz: Habe ich gerade was gesagt oder warst du das oder hat seit Stunden keiner von uns ein Wort gesprochen?

Ich will mein Blut sehen, ich will fallen
Ich will tauchen bis zum Tiefenrausch
Eine Nacht in der Wüste, ein Wochenende im Irrenhaus

Die Schweizer Tradition des Blutgeldwaschens wurde von mir zu Hause aufgegriffen, und zwar buchstäblich, um die als Drogenutensil benutzten Scheine wieder zu akzeptablen Zahlungsmitteln zu machen: Blutborke abkratzen, kurz unter den Wasserhahn, dann auf der Heizung trocknen, bisschen wie auf einer Tabakplantage. Bargeld war ohnehin knapp geworden, als Röhrchen dienten vermehrt Strohhalme, die man abends aus den Bars mitnehmen konnte. Man schnitt ein Stück ab und schmorte ein Ende mit dem Feuerzeug kurz an, damit es einem nicht spitz im ja sehr wunden Naseninnenraum rumpiekste. Wenn man sich beeilte, war das verschmorte Plastik noch warm, das war angenehm in der kaputten Nase. Keine rosa Feder, aber selber Ansatz.

Bei der Bewirtschaftung meiner Geldwaschplantage fiel mir der Sympathieträger aus einem Erdkundeschulbuch ein: Bauer Ketu. Bauer Ketu pflanzte in Nigeria Yamswurzel und Maniok, glaube ich, und nach der Ernte nahm er eine Brandrodung vor, ließ das abgerockte Feld eine Weile ruhen, Gras über die Sache wachsen, nächstes Feld. Eigentlich exakt das Prinzip meiner letzten paar Umzüge.

Schlafzimmer, Arbeitszimmer, Wohnzimmer: So waren die Räume unserer Wohnung im Mietvertrag bezeichnet worden. Aber in keinem dieser Räume tat ich noch, was ihr Name empfahl. Mein Schlafzimmer war eine einzige große Matratze geworden, kniehoch kompostierte Kleidung, ich zog mich an und aus wie ein Kleinkind, ließ alles direkt AN ORT UND STELLE liegen, nahm mir später irgendwas aus dem Wust und zog es an. Es war völlig unklar, wo das Bett begann und die Kleiderberge aufhörten. Wenn ich irgendwann erschöpft war und zufällig grad zu Hause, sprang ich einfach in die vermutete Richtung des Bettes. Erwachte ich durstig, tastete ich um mich herum, allerlei halb volle Bierdosen waren da zu finden, manche Wochen alt, manche – Hauptgewinn – auch angenehm kalt, also nahezu frisch, wieder andere waren schon als Aschenbecher verwendet worden, das schmeckte dann nicht ganz so gut.

Mein Schreibtisch war umstellt von Kartons, IKEA-Taschen und Mülltüten voller PROPÄDEUTISCHER Unterlagen, der Fußboden schon seit Monaten nicht mehr sichtbar, schichtenweise Papierwahnsinn, mein ARBEITSZIMMER sah aus wie die gestürmte Stasizentrale nach dem Fall der Mauer.

Und hüpf noch kurz durchs Minenfeld – das alte Grenzschild, das ich kurz nach dem Mauerfall von einem Pfahl auf dem TODESSTREIFEN gepflückt hatte, alle Umzüge hatte es überstanden, lehnte an der Wand neben meinem Schreibtisch:

Halt!
Hier Grenze
Bundesgrenzschutz

Licht gab es in Bad, Küche, Flur, das reichte. Außerdem war ja der Computer die ganze Zeit an. Im WOHNZIMMER ruhte ich mich manchmal aus, bevorzugt in den frühen Morgenstunden, dann war ich sicher, meinen Mitbewohner nicht anzutreffen, der machte sich immerzu Sorgen um mich, das nervte ja. Im Wohnzimmer war es ordentlich, das tat mal gut zwischendurch. Ich schaute dann, aus Schreckhaftigkeitshysterie ohne Ton natürlich, ein bisschen Fernsehen, denn man musste ja auch wissen, was so los war in der Welt. Nur war das ungefähr die einzige Zeit, in der die aktuelle Weltlage im Fernsehen eher nicht zur Sprache kam. Vielleicht lag das auch an den Sendern, die ich bevorzugte, ich schaute am liebsten eine sehr beruhigende Sendung, in der »Die schönsten Bahnstrecken Europas« abgefahren wurden, eine Kameraeinstellung, durch die Lokomotivwindschutzscheibe hindurch, wahnsinnig angenehm, man glitt so mit, da um die Kurve, jetzt den Berg hoch, schöner Fluss da links, oh, Gegenverkehr, aber nichts passiert. Ich war Fan dieser Sendung. Außerdem lief in diesen frühen Morgenstunden immer eine Sendung namens »Bernd das Brot«, die vom Leben eines traurig dreinblickenden Brotlaibs handelte – machte mich aber nervös. Ich schien nicht Zielgruppe zu sein, das waren wohl eher Kinder und Bekiffte. Vor allem aber verstörte mich, dass ich die Sendung nicht begriff. Und wenn man Schnurren über Wohl und Wehe eines bedröppelten Brotlaibs nicht mehr versteht, da fragt man sich dann schon, tja, fragt man sich, ob jetzt wohl schon die »Sexy Clips« im Sportfernsehen vorbei sind, es also nach 6 Uhr morgens ist? Vor 6 turnten da nämlich immer kaum bekleidete

Frauen sehr langsam an einem Tennisnetz herum, das sah ich gern. Zwischendurch kamen grelle Werbespots für Telefonsex, die störten immer sehr die kontemplative Stimmung, die am Tennisnetz vorherrschte. Lachen musste ich jedes Mal über den Werbeslogan einer Partnervermittlung: »Singles mit Niveau«. Als sei es das, was man nachts sucht.

Die vielleicht deprimierendste Eigenschaft einer Drogensucht ist, dass sie zu einem wirklich spießigen Leben führt. Wenn wir Spießertum definieren als eine totale, zwanghafte Regelmäßigkeit, die nichts so fürchtet wie Varianten und Abwechslung. Alles immer gleich. Dann lebt also ein Junkie ein vollendetes Spießerleben. Und das war ja mal anders geplant. Die Eckdaten klingen vielleicht exotisch, aufregend, aber auch daran gewöhnt man sich. Man hat es eigentlich nur noch mit Halbwelt zu tun, ist nachts unterwegs und liegt tagsüber im Koma, man gibt in einer Nacht das Geld aus, mit dem man sonst einen Monat lang hinkam. Und dann ist eben das die Normalität. Und sobald etwas anders ist, eine Abweichung, etwas nicht wie immer, der Dealer verspätet sich, das Geld fehlt, kein Alkohol im Haus, alle Zigarettenstummel in allen Aschenbechern schon auf den Filter runtergeraucht und nicht mehr für einen letzten Zug reanimierbar, Karaokeladen zu, niemand unterwegs, der »noch was hat« oder »noch was aufstellen« kann: totale Hektik, Orientierungslosigkeit, Panik. Bitte alles soll jede Nacht genau gleich sein. Ein Spießeralbtraum.

DIESES
ZIMMER
IST
EIN
SARG

Irgendwie hatte ich es nach Hamburg geschafft. In Zürich war es nicht weitergegangen, ich hatte bei allen Dealern Schulden, im Bordell zuletzt meinen Pass und eine (wertlose, weil »Zurzeit keine Auszahlung möglich«) EC-Karte als Pfand hinterlassen, unsere Wohnung eine Müllhalde, mein Mitbewohner arbeitete aushilfsweise als Barkeeper und DJ und hatte gerade auch nicht seine solideste Phase. Ein paar Tage durfte ich auf Kosten einer Zeitschrift, der ich meine Mitarbeit aufgedrängt hatte, in einem teuren Hamburger Hotel wohnen. Weil ich jedoch mit dem Aufdrängen schon sämtliche Energie verbraucht hatte und ansonsten gar nichts mehr beisteuern konnte und noch nicht mal in der Redaktion erschien, musste ich bald wieder ausziehen, und zwar nicht gerade auf die würdigste Art und Weise: Hausverbot. Ich zog in ein anderes Hotel, dort brannten dann die Gardinen, und so musste ich auch dort ausziehen. Meine Kreditkarte hatte der Geldautomat im Hauptbahnhof einfach einbehalten, ich hatte wohl »Kredit« allzu wörtlich genommen. Es wurde jetzt wirklich eng.

Ich hatte noch 200 Euro und ging, immer eine gute Idee, in eine dieser völlig kaputten Kneipen im Hamburger Hauptbahnhof, wo tagsüber nur die allertraurigsten Gestalten rumhängen. Für 50 Euro trank ich dort mit zwei Alkoholikern, die diese 50 Euro lang meine besten Freunde waren. Dann schlich ich durch St. Georg, die Lange Reihe entlang, wo ich früher mal gewohnt hatte, ins Atlantic traute ich mich nicht, Udo war wahrscheinlich noch nicht wach, es war erst mittags, und ich sah nicht so aus, wie man aussehen muss, um sich einigermaßen wohlzufühlen in der Empfangshalle des Atlantic. Also latschte ich zum Hotel Prem, überlegte kurz, lieber gleich nebenan zum Panikdoktor zu gehen, aber ich wusste ja, was der mir raten beziehungsweise ansagen würde Klinik, sofort!, und das wollte ich noch irgendwie rauszögern, am liebsten verhindern. Und noch hatte ich ja

150 Euro. Ein Junkie, der noch Geld in der Tasche hat, hört nicht auf.

Die sehr hanseatische Dame an der Prem-Rezeption freute sich ausweislich ihrer Formalhöflichkeit, mich »wieder mal bei uns im Hause begrüßen zu dürfen« oder so ähnlich, und mein Genuschel bezüglich meiner Kreditkarte, die sei irgendwie gerade nicht da, käme aber nach (die Kreditkarte kommt nach? Hallo, jemand zu Hause?), akzeptierte sie, ich war ja schon öfter ZU GAST gewesen und hatte bislang auch immer alles bezahlt. Ich war, hier zumindest noch, KREDITWÜRDIG. Das musste gefeiert werden. Ich bezog ein Zimmer unterm Dach, »eine Juniorsuite zum Normalpreis kann ich Ihnen anbieten«, dieses Willkommensgeschwätz eben, ich hörte gar nicht richtig hin und fand mich dann wieder in ebenjener JUNIORSUITE, in der ich nie zuvor gewesen war, zwei Zimmer, ein Schlafzimmer und ein Wohnraum, mit Balkon und Blick auf die Alster, ganz am Ende des Flurs und am Ende des Gebäudes, auch am Ende der Welt, ich war einer der letzten Gäste, das Hotel werde demnächst schließen, leider, hatte sie mir erklärt. Dies waren sie, die letzten Tage der Menschheit. Ich fuhr mit dem Taxi zur Reeperbahn und kaufte mir ein paar Beutelchen Speed, zurück ins Hotel, jetzt war das Geld weg. Ab jetzt müsste improvisiert werden. Aber erst mal hatte ich ja ein paar Beutelchen Speed.

Ich schloss sie im Safe ein, vergaß aber den vierstelligen Code im selben Moment, in dem ich ihn eintippte. Ein Hotelpage musste mir den Safe mit einem Generalschlüssel öffnen, und ich stand panisch daneben, die Hand schützend einen Zentimeter vor der Safetür, während er sie aufschloss, damit sie nicht zu weit aufschwingen und der Page die im Safe liegenden Speedbeutelchen sehen würde. Sonst lag da nämlich nichts drin, das waren meine verbliebenen Wertsachen: fünf Beutelchen Speed.

Freitag 27. Januar, mein 31. Geburtstag. Ich rechnete aus, dass mein Vater 31 war, als ich zur Welt kam; als er also so alt war, wie ich jetzt gerade geworden war, hatte er vier Kinder. Und ein Leben. Und bei mir so? Zwei Jahre zuvor mein 29. Geburtstag in der Hamburger Entzugsklinik und nun, in diesem außergewöhnlich kalten Winter, die Alster wochenlang zugefroren – und ich irgendwo im Hotel Prem vergammelnd, vergessener Flur, aufgegebenes Zimmer.

Die Rolling-Stone-Redaktion lag früher, als ich dort REDAKTEUR war, 50 Meter entfernt vom Prem, in dem ich damals Nick Hornby zum Interview traf, er hatte gerade bei Kiepenheuer & Witsch das Buch »High Fidelity« veröffentlicht, auf dem Cover war eine Platte abgebildet und der Roman handelte von plattensammelnden Männern und der Liebe, und ich träumte davon, auch mal so was zu schreiben. Ich spielte Nick Hornby deutsche Musik vor, und er kommentierte sie sehr amüsant.

Über Peter Maffay: »Das klingt wie der Soundtrack eines schlechten Pornofilms, in dem ein Mann mit offenem Hemd die Hauptrolle spielt.«

Über Pur: »Oh, ist das eine Aftershavereklame? Wovon singen die?«

Nun, zehn Jahre später, wohnte ich zwar im Prem, hatte unterdessen ebenfalls bei Kiepenheuer & Witsch ebenfalls einen Roman über ebenfalls plattensammelnde Männer und die Liebe veröffentlicht – doch war das nun auch schon siebeneinhalb Jahre her. Aktuell veröffentlichte ich gar nichts, ich war bloß noch drogenabhängig – und pleite.

ZEHN JAHRE SPÄTER, »ARCLIGHT CINEMA« AM SUNSET Boulevard in Hollywood, Nick Hornby hat endgültig keine Haare mehr, sieht ansonsten prima aus und betritt jetzt die Bühne vor der Kinoleinwand. Hornby hat das Drehbuch des sehr schönen Films »Brooklyn« geschrieben und wird nach dessen Vorführung von einem Journalisten interviewt, unter anderem wird er gefragt, was es bedeute, dass nun »Brooklyn« wie auch Hornbys letzter Roman »Miss Blackpool« von einer jungen FRAU handele, wohingegen sein ihn berühmt gemacht habendes Frühwerk ja vor allem von Männern handelte und Männerthemen (Fußball, Plattensammeln, Nichterwachsenwerdenwollen). Darauf Hornby: Er habe sich irgendwann gefragt, ob er wirklich weiterhin Bücher schreiben solle über Männer und für Männer, die keine Bücher lesen – oder ob er nicht doch mal was anderes probieren könne, zum Beispiel über junge Frauen schreiben. Doch wie immer er das nun formuliere, das sei ihm durchaus bewusst, es klinge schmierig: Es zieht mich jetzt zu jungen Frauen hin.

Das Publikum lacht, klatscht, gute Nacht.

Ich passe Hornby am Ausgang ab und strecke ihm die Hand hin. Damit er nicht zu sehr erschrickt, sage ich hastig ein paar Schlüsselwörter: Deutschland, Benjamin, selber Verleger, er werde sich nicht erinnern, haben uns aber mal auf der Buchmesse und so weiter.

Ah, sagt Hornby, natürlich, gerade heute habe er mit unserem gemeinsamen Verleger telefoniert. Und durchaus erinnere er sich, ich sei es doch auch gewesen, der ihm damals diese schrecklichen deutschen Lieder vorgespielt habe.

Ja, stimmt. Äh, wollte nur sagen: Film ist ganz toll, und seit »Miss Blackpool« bin ich auch wieder voll an Bord bei den Büchern, das war dein bestes Buch seit Langem!

Das freut ihn – freut ihn doch? Jaja. Gute Nacht!

Aufgeregt nach draußen und sofort der Gedanke, den ich nach Begegnungen mit Helden immer habe: Habe ich es jetzt versaut? Falls Hornby genauso neurotisch ist wie ich, wird er dann das Kompliment nicht als Vorwurf gedeutet haben, eben dass mir seine Bücher vor »Miss Blackpool« zuletzt nicht so gut gefallen haben? Mir, um mal zur Abwechslung von mir zu sprechen, mir hatte ein paar Tage zuvor am Pool jemand gesagt, ich sei ein Held seiner Jugend, müsse er mal sagen, tolle Bücher. Und statt mich einfach zu freuen und weiterzuschwimmen, antwortete ich viel zu ehrlich, völlig unangemessen intim, das sei wahnsinnig nett, aber natürlich auch ambivalent, denn unser beider Jugend sei ja unstrittig vorüber und mein letztes Buch fünf Jahre her. Egozentrik, so wird sie gemacht.

Doch zurück in den sibirisch kalten Januar des Jahres 2006. Der Held meiner Autobiographie ist gerade 31 geworden, ist pleite, drogenabhängig, wohnt – ohne das bezahlen zu können – im Hamburger Hotel Prem, das bald geschlossen werden wird, zum Frühstück gibt es Herzrasen, Angstattacken und fünf Beutelchen Speed.

Auch nicht schlecht unterwegs auf der Rutsche geradewegs in den Lebenskeller war offenbar Michael Jackson, eingedenk dessen VERFALLS Arne mir zum ersten Mal den Fitzgerald-Satz vom fehlenden zweiten Akt amerikanischer Biographien genannt und ausgelegt hatte. Und über Jackson las ich jetzt, an meinem 31. Geburtstag, in der Hamburger Lokalzeitung, die mir unter der Türritze ins Zimmer geschoben worden war, naja, ich las nicht mehr richtig, ich GUCKTE nur noch, ÜBERFLIEGEN, ich überflog, dass Michael Jackson momentan – oder war ich inzwischen komplett schwachsinnig geworden und halluzinierte? – im Hamburger Stadtteil Niendorf logierte und derangiert mit den Resten dessen, was mal ein Gesicht gewesen war, durch die geblümte Küchenfenstergardine lugte. Die bleichen Finger formten das notorische Victory-V, das er eigentlich erst benutzte, seit es unzutreffend wirkte, also ungefähr seit dem fürchterlichen »Earth Song«, den singend er damals bei »Wetten, dass..?« wie ein anorektisches Hui Buh ausgesehen hatte auf seinem hydraulischen Podest, mit AUFGERISSENEM HEMD, im Kampf gegen Weltzerstörung, Selbstzerstörung und Windmaschine, und nach jener Sendung, so war nun zu lesen, lernte er damals den netten Jungen aus Hamburg-Niendorf kennen, den er jetzt zu Hause, hinter der geblümte Gardine, besuchte.

Like a stranger im Niendorfer Gehege.

Auf einem anderen Foto sah man Jacksons Leichenhände einen Zettel mit handschriftlichem Gruß durch einen Blümchengardinenspalt halten:

»I'm so proud to be back in Hamburg. You make me so happy. I love you.«

Ein paar Wochen schummelte ich mich durch, lieh mir Geld von Freunden, tagsüber schlief ich, nachts ramenterte ich über die Reeperbahn, wo ich rasch die kaputtesten Bars ausgemacht hatte, in denen ich unter meinesgleichen war, irgendwer hatte immer Drogen, man hing da so rum, und dann war die Nacht vorbei. I'm so proud to be back in Hamburg. Im Hotel sortierte ich UNERMÜDLICH meine Zettel, immer noch trug ich Reisetaschen randvoll mit Notizzetteln, Büchern und Zeitungsausrissen mit mir herum, alles unheimlich wichtig für ein ganz großes Projekt; ich hatte nur leider vergessen, für welches. Und wann das fertig sein würde und wer das bezahlte – und wen das alles überhaupt noch interessieren sollte.

Meine Geschwister hatten verschiedentlich versucht, mich zu erreichen, was gar nicht so leicht war, ein Mobiltelefon hatte ich nicht mehr, nicht bezahlt, abgestellt, aus; mein Schweizer Mitbewohner hatte seit Wochen nichts von mir gehört, wusste nicht, wo ich war – und ob ich vielleicht irgendwann mal wieder meinen Anteil der Miete bezahlen würde. Aber meine Geschwister fanden mich irgendwie.

Mein großer Bruder, der mir in der Kindheit das Udo-Hören beigebracht hatte, besuchte mich einmal, ich bestand darauf, dass wir uns vorm Hotel treffen, denn in der Lobby durfte ich mich nie lang aufhalten, ich musste immer die Treppe runterschleichen und lauschen, ob die Frau an der Rezeption gerade am Telefon oder im Gespräch mit einem An- oder Abreisenden war, dann konnte ich unbehelligt raus auf die Straße, ohne mich verhalten zu müssen zu diesen lästigen Fragen, wann ich denn abzureisen gedächte und wie genau das nun eigentlich mit der Bezahlung liefe. Ich hatte sie immer wieder vertröstet, wie jeder Junkie »eine größere Summe, bald« ankündigend, eine Summe, die längst da sein müsste, aber Sie wissen ja, wie das manchmal ist, ich verstehe das auch nicht, habe es jetzt noch mal angemahnt, gab wohl einen Zahlendreher bei der Kontonummer und so weiter. Mit Teilzahlungen, die ich mit zusammengeliehenem Geld bestritt, hielt ich sie einigermaßen bei Laune. Das Telefon im Zimmer hatte ich sowieso ausgestöpselt, immer hing das Bitte-nicht-stören-Schild an der Tür, das Zimmermädchen hatte es längst aufgegeben. Ich schlief wochenlang im selben Bettzeug, die Handtücher wurden nie gewechselt, es war alles ziemlich widerlich. Der Nachtportier, mein letzter Verbündeter im Hotel, sah mich immer nervös agitiert hinauslaufen und völlig zerschlagen zurückkommen, manchmal bat ich ihn, mir ein Bier aus der Küche zu stehlen, und bei einer gemeinsamen Ratlosigkeitszigarette (auch für ihn war unklar, wie es weiterginge, das Hotel stand ja kurz vor der Schließung) berichtete er mir dann vom aktuellen Verärgerungsgrad der Hoteldirektorin, mich und meine Zahlungsmoral betreffend. Er war großzügig, diskret und freundlich, also ein idealer Nachtportier; und ich, ich lebte in einem Udo-Song:

Du lieber Nachtportier, der Durst, er tut so weh
Komm, mach die Flasche auf, wir machen einen drauf

Das war damals das Eröffnungslied gewesen, bei meinem ersten Udo-Konzert, zu dem mich mein ältester Bruder mitgenommen hatte, der jetzt nach Hamburg gereist war, um mal zu gucken, ob sein kleiner Bruder noch irgendwie zu retten sei. Sah nicht so aus. Wir gingen ein bisschen an der Alster entlang spazieren, ich erzählte wirres Zeug, auch von Udo. Gemeinsam dachten wir zurück, wie lang war dieses Udo-Konzert jetzt her, kam einem vor wie fünfzig Jahre, waren aber doch nur fünfzehn gewesen, als das Bühnenlicht aufflammte, der Vorhang fiel und Udo rief »Willkommen im Hotel Imperial!«, und wir jubelten und hatten die Balladenfeuerzeuge griffbereit. Ich erzählte meinem Bruder jetzt, dass und wie Udo wirklich im Hotel Imperial wohnte, das eben nun Atlantic hieße und so weiter, ich redete und redete, um vom Thema abzulenken, dem eigentlichen Thema, nämlich, ob ich bereit sei, mir helfen zu lassen – oder ob ich weiter so machen wollte, bis zum dann gar nicht mehr so weit entfernten Ende. Wir gingen Bier trinken, er musste bezahlen, und dann lief ich weg.

Auch meine Schwester und mein anderer Bruder riefen nun häufig an, es wurden immer Zettel unter der Tür durchgeschoben: »Ihr Bruder aus Frankfurt hat angerufen, meldet sich wieder«. Mit einem Rückruf rechnete er, Neurologe und folglich Realist, schon lange nicht mehr. Einmal hatte ich das Telefon eingestöpselt, weil ich den Rückruf eines Dealers erwartete, und da, man sagt das immer so leichtfertig, aber hier stimmte es mal: erwischte er mich. Er redete gar nicht lang drum herum, seine medizinische Erfahrung, die Eindrücke, die ich vermittelt hatte bei unseren letzten Zusammentreffen und Telefonaten, dazu die Schilderung meines ältesten Bruders über den gehetzten Spaziergang mit mir an der Alster kurz zuvor – jedenfalls, ich solle jetzt sofort nach Frankfurt kommen, er kümmere sich um einen Klinikplatz, jetzt direkt alles abbrechen, auf geht's.

Ja, sagte ich, in einem Moment der Schwäche, ja, vielleicht. Muss hier nur erst noch eine furchtbar wichtige Sache fertigbringen. Was sollte das eigentlich sein? Was wollte ich fertig machen, außer mich selbst? Von Wollen konnte schon lang keine Rede mehr sein; alles war Müssen, Zwang, ich war drogenabhängig. »Ferngesteuerte Quälerei«, wie es in »Unterm Säufermond« so richtig hieß.

Was ich nicht wusste: Ich war zu diesem Zeitpunkt nicht

mal mehr krankenversichert. Meine Mitgliedschaft war, weil ich auch diese Beiträge nicht mehr hatte bezahlen können, wie es dann so schön und in diesem Fall auch treffend heißt: EINGEFROREN. Alles eingefroren. Nichts geht mehr.

Ich besuchte Udo im Atlantic und bat ihn, mir das Atlantic zu malen, damit ich mir das ins Prem hängen konnte. Wir saßen zusammen in der Lobby, ich hatte seit Tagen, Wochen das Gleiche an, sah absolut verrückt aus, fleckige Haut, wirres Haar, hektische, blutunterlaufene Augen, ich sah wirklich nicht nach Atlantic-Lobby-Publikum aus, die ja lächerlichen, aber doch wirksamen Luxusinsignien, die sonst so gute Laune machten, jetzt jedoch einschüchternd auf mich wirkten, das Goldgeschimmer, die uniformierten Hotelangestellten, die durch die dicken Teppiche angenehm abgedämpfte Klaviermusik, das Kaminfeuer, die juwelenbehangenen Gäste. Ich gehörte hier natürlich überhaupt nicht her. Ich gehörte in die Bahnhofskneipe, dort sahen alle aus wie ich und hatten auch dieselben Interessen: Bitte einmal Vollrausch, mein Vermögen habe ich hier in Münzform in meiner ausgestreckten Hand, nehmen Sie sich, meine Hände zittern zu sehr, um selbst die paar traurigen Kröten zu zählen, die auch nur noch von hier bis zur Wand reichen. Aber diese Wand wollen wir bitte so schnell und so berauscht wie mit dieser Summe möglich erreichen.

An Udos Seite aber war ich ja in Sicherheit, mit ihm durfte ich hier sitzen, wo Münzgeld überhaupt nicht existierte, sogar das Standardpagentrinkgeld, auch da hatte es eine Inflation gegeben, war inzwischen ein 5-Euro-Schein. Einen solchen hatte ich jetzt schon länger nicht in der Hand gehabt. Und wenn, dann immer nur kurz: um ihn direkt beim Drogen-Imbiss abzugeben. Einmal Döner spezial, sagte man und bekam für 15 Euro einen kleinen Beutel mit etwas, das Speed sein sollte. Aber jetzt war ich an Udos Seite, und dann geht im Atlantic alles, da kann man nackt kommen oder auf einem Einrad, mit brennenden Fackeln jonglierend oder auf allen vieren, im Zweifel haben sie immer schon jemand noch Verrückteren gesehen, der hier mit Udo abhing. Er durfte hier alles, er war Udo Lindenberg, der König und das Ass dieses Hotels. Und von dem war man es gewohnt, ja man erwartete es geradezu, dass er mit ziemlich seltsamen Typen verkehrte, viele Gäste kamen extra deshalb ins Atlantic, um das zu bestaunen. Sobald ein seltsam aussehender Mensch das Atlantic betritt, wird er höflich gefragt: Zu Udo?

Und meistens ist die Antwort: Ja.

Udo lieh mir auch ein bisschen Geld. Warste denn mal wieder beim Onkel Doktor?, fragte er. Ich antwortete ausweichend, konnte mit dem Udo-Geld wieder ein paar Tage weitermachen. Udo fragte, ob ich nicht lieber ins Atlantic ziehen wolle, bisschen näher an die Panikfamily und so, er hätte den Eindruck, ich bräuchte grad ein bisschen Unterstützung, ob das eventuell sein könne? Aber ich traute mich nicht, dies rundheraus zu bestätigen und mich ihm jetzt komplett zuzumuten, mit der Wahrheit nämlich, dass alles vorbei war und ich nicht mehr weiterwusste. Und auch die soziale Kontrolle in diesem Haus fürchtete, die würden sich weniger bieten lassen als im Prem, wo inzwischen alles egal war, kaum noch Gäste da, sie hatten den Laden aufgegeben, gut für mich. Udo schaffte etwas, das zu diesem Zeitpunkt niemand sonst hinkriegen konnte: Er ließ mir einen Rest Würde, er verurteilte gar nichts, er signalisierte einfach nur, dass er da sei, wann immer ich ihn brauchte.

Ich rannte wieder los, hatte ja nun wieder ein bisschen Geld in der Tasche, konnte eine kleine Anzahlung im Prem leisten, damit da Ruhe war, vorerst, und vom Rest kaufte ich mir die Billigdrogen vom Imbiss und ein paar Flaschen Bier. Wieder ein paar Tage gesichert, ich konnte vorübergehend sogar wieder mit dem Taxi fahren. Allerdings hatte ich nicht so richtig mitbekommen, dass der Law&Order-Clown Ronald Schill als

Kokainnensenator neben Homophobie auch neue Polizeifarben eingeführt hatte, die Streifenwagen waren jetzt blausilbern statt grünweiß, und nachts sahen sie von Weitem und mit angetrübtem Blick aus wie Taxis – ich winkte mir also ein paarmal Streifenwagen heran und bat um Mitnahme:

n'Abend, Kurzstrecke, nur den Kiez runter.

Bitte wie?

Oh, Verzeihung.

Manchmal besuchte ich nachts meinen Malerfreund, der für mich im Tessin den armen Poeten an die Schriftstellerverbandsvilla gemalt hatte, wir lagen dann vor seinem Aquarium herum, er malte, ich verhedderte mich im Internet, schließlich musste ich auch ihn anpumpen. Er wusste natürlich auch nicht, wie es jetzt weitergehen sollte mit mir. Ich schilderte ihm meine Idee, dass man irgendwen dazu bringen müsse, das alles zu bezahlen, das Hotel, die Drogen, vielleicht könne man das als Theaterstück, als soziale Installation verkaufen, Die letzten Tage des Hotel Prem oder so, aber die Geschichte hatte keine Pointe. Er gab mir seinen letzten Zwanziger mit und die DVD-Box von Helmut Dietls Serie »Monaco Franze«, er sagte, wenn bei ihm gar nichts mehr gehe, schaue er sich die an, das helfe immer.

Es waren die letzten Nächte. Ich schaute »Monaco Franze«, erinnerte mich an viele Szenen, konnte manches sogar mitsprechen, so oft hatte ich diese Serie gesehen, früher, ich musste lächeln, lachen, zum ersten Mal seit Langem. Aber dann ging es im Serienverlauf dahin mit dem Franze, Geld weg, Frau weg, Wohnung vom Freund in Brand gesetzt, Straße, Gosse. Die letzte Folge hieß »Abgestürzt«.

Verdammt, es trifft sogar die Besten. Dieses Nicht-Happy End hatte ich gar nicht in Erinnerung gehabt. Mein Computer, mit dem ich früher mein Geld verdient hatte, noch gar nicht lange her, diente jetzt nur noch als DVD-Abspielgerät und, wenn es gut lief, als Drogenzerbröselungsunterlage. Und darauf also sah ich nun, wie der Monaco Franze, der einst strahlende Frauenschwarm, bärtig und versoffen, mit zwei anderen im Suff vom bald kommenden ganz großen Geld labernden Fertigen eine sehr traurige Kneipe ansteuerte. Ich dachte an die beiden Alkoholiker aus der Bahnhofskneipe, mit denen ich vor Kurzem, und das war nun auch schon wieder zwei Monate oder so her, 50 Euro lang so gut befreundet gewesen war.

Ganz zum Schluss kommt dann bei »Monaco Franze« aber doch noch das »Spatzl« und holt den Franze da raus, die beiden sitzen erschöpft auf einer Bank, und die letzten Worte sind, damit es nicht zu kitschig wird, sehr melancholisch:

Spatzl: »Jetzt kann's nur noch besser werden.«

Franze: »Genau. Jetzt wird wahrscheinlich alles ganz wunderbar.«

Sie gähnt, er schließt die Augen.

Und dann kommt diese kregele, münchenangeheiterte Musik, und ich musste rasch den Computer zuklappen, weil diese Musik gerade nicht die für meinen Zustand ideale war. Mit dem Auftritt eines rettenden Spatzls war bei mir nicht zu rechnen, dafür hatte ich gesorgt, ich hatte sämtliche Spatzln brüskiert, abgeschüttelt, verloren. Wer würde mich abholen?

Eine letzte, etwa drei Tage lange Nacht auf der Reeperbahn. Ich ging zum Schluss mit irgendwelchen Mädchen mit, die sehr lachten, als sie mich sahen, sie hatten nämlich, wie sie nun erzählten, auf einer Clubtoilette eine EC-Karte von mir gefunden und sich die zu Hause gerahmt ins Klo gehängt. Sie zeigten mir das, und ich durfte bei ihnen schlafen.

Zu Fuß ging ich in den Morgenstunden irgendeines Tages zurück zum Hotel. Schneeflocken, meine Schuhsohlen hatten Löcher, das war mir in den letzten Wochen immer wieder mal aufgefallen, aber jetzt war es doch sehr lästig. Auch schon egal. Ich konnte mir nirgends mehr Geld leihen und wusste nicht, wie es weitergehen könnte. Im Prem stand leider die Hoteldirektorin an der Rezeption, »Gut, dass ich Sie sehe«, sagte sie – und ich konnte das wahrlich nicht erwidern. Mein Bruder habe angerufen. Ah ja. Und außerdem müsse ich nun leider wirklich ausziehen, das Zimmer müsse endlich mal »gemacht« werden. Ich könne ja dann mal meine Sachen packen, sie bereite währenddessen schon mal die Rechnung vor, ja? Jaja. Ich taumelte die Treppen hoch, packte meinen Kram zusammen, den ganzen Müll. Und wohin jetzt? Ich fiel aufs Bett, krampfte mich an der Matratze fest, als könne ich so die Zeit anhalten. Jetzt einfach hier liegen bleiben. Ich weinte dramatisch und fügte mich dann in den Untergang, als meine Taschen voll waren, lag immer noch ziemlich viel Kram herum, Kleidung, Bücher, Zettel, Tausende Zettel, wurscht, ich ließ die von mir innerhalb von zwei Monaten (einer davon bezahlt) völlig runtergerockte Müllhalde, die mal »Juniorsuite« geheißen hatte, zurück und wankte mit meinen beiden lächerlichen REISETASCHEN den Flur entlang.

Ich hörte Stimmen, aber das war ich schon gewohnt, was ich so hörte, hatte ja nicht zwangsläufig eine Realentsprechung, ich dachte mir also nicht viel, als ich eine Stimme hörte, die der meines großen Bruders ziemlich ähnelte. Und plötzlich stand er vor mir, hinter ihm die hanseatisch-resche Hoteldirektorin, die ja schon mal die Rechnung hatte vorbereiten wollen. Mein Bruder machte es ganz unpathetisch. Er sagte, ich könne jetzt, wenn ich das wolle, einfach mit ihm mitkommen. Zur Hoteldirektorin sagte er einen Satz, der mich so rührte und mir schon wieder Tränen in die Augen trieb, diesmal nicht nur Tränen des Selbstmitleids, wie kurz zuvor noch beim Sachenpacken in meiner Juniorsuiten-Junkiehölle, sondern Tränen der Erlösung.

Ich wusste plötzlich wieder, wo ich herkomme und wo ich, wenn gar nichts mehr ginge und niemand mehr mich aushielte, immer würde hinkönnen: nach Hause, zu meiner Familie. Und wenn ich das, wie jetzt, nicht schaffte, würde meine

Familie mich sogar abholen, wie sehr ich mich auch versteckte, sie würden mich finden und da rausholen. Der Satz meines Bruders lautete: Schicken Sie die Rechnung bitte an unsere Eltern, die werden das bezahlen, mein Vater ist Pastor, und ich selbst bin auch Pastor.

In jeder anderen Situation hätte ich höhnisch gelacht über den insinuierten Zusammenhang zwischen Vertrauenswürdigkeit und Pastorenberuf. Aber jetzt konnte ich nicht wählerisch sein. Und ich sah, dass dieser Satz bei der Hoteldirektorin seine Wirkung tat. Erstaunlich.

Was war denn das für ein Geräusch, war das jetzt polytoxe Überhanghalluzination (bei den Mädchen hatte es so dies und das gegeben), war es Kitsch, war es echt? Ich hörte KIRCHENGLOCKEN. Was war denn da in meinem Kopf bitte los? Ah, nee, Entwarnung: Es begab sich aber zu der Zeit, dass es sich offenbar um einen Sonntagmorgen handelte, wie ich kombinierte aus dem eventuell halluzinierten Glockengeläut, der schon realer wirkenden Kindergottesdienstperformance »Der verlorene Sohn«, die mein Pastorenbruder hier mit mir gerade aufführte – und meiner Beobachtung, dass an der Rezeption die Sonntagszeitungen auslagen.

Mein Bruder bestellte uns ein Taxi, ich folgte ihm jetzt einfach. Er erklärte mir, dass er mich bis Hannover eskortieren und dort an meinen anderen Bruder übergeben werde, der mich mit nach Frankfurt nähme, wo ich dann so lang bei meinem Frankfurtbruder wohnen könnte, bis ein Platz in einer Entzugsklinik frei würde. Mein Pastorenbruder kaufte uns Fahrkarten, Sonntagszeitungen, und dann setzten wir uns ins BORDBISTRO und sprachen – über Fußball. Das war jetzt wirklich angenehm, über etwas ganz anderes als das Eigentliche zu sprechen, es gab ja dazu auch weiter gar nichts zu sagen, also besprachen wir die Bundesligaergebnisse vom Vortag. Der Zug fuhr langsam an, durchs Fenster hätte ich wohl die gelbe Neonschrift an der Hauptbahnhofsgleismauer sich verflüchtigen sehen können, »die eigene GESCHICHTE«, aber ich sah schon lange nichts mehr. Mein Bruder bestellte uns Bier, das war jetzt sein intuitives Normalitätsangebot: Fußball und Bier. Es war das letzte Bier, das ich getrunken habe, vorgespult in die Gegenwart, zehn Jahre später, gilt das immer noch. So ein Bier vergisst man nicht.

STÜRZT
AB,
STEHT
AUF
UND
STARTET
VON
VORN

Bis zum Freiwerden eines Klinikplatzes wohnte ich bei meinem Bruder. Verheiratet, drei Kinder – und nun also einen drogenabhängigen Pflegefall. Ich schlief im GÄSTEBETT, einem Klappsofa im Kinderzimmer meines zwei Jahre alten Neffen. Nachts lag ich stundenlang wach, das Beinkitzeln war wieder schlimmer geworden, das Kokain hatte dagegen immer ganz gut geholfen, damit aber war es ja nun vorbei. Da lag also ein 31-jähriger Mann mit von selbst tanzenden Beinen, betrachtete im schummrigen Licht der Straßenbeleuchtung die neurologischen Fachbücher im Regal und wünschte sich einfach nur noch, dass das aufhört, alles, endlich Ruhe, endlich schlafen, so lange wie möglich.

Ein paarmal wachte mein Neffe auf, und das waren interessante Momente, er hatte einen Schnuller im Mund und guckte mich mit weit aufgerissenen Augen an. Und da starrten wir einander also an, mitten in der Nacht, beide dachten wir uns wohl, was eigentlich hier los war und ob das jetzt immer so weitergehen würde. Dann drehte er sich weg und machte diese überaus angenehmen Kleinkindeinschlafgeräusche, und ich starrte wieder allein vor mich hin. Vielleicht wäre es an der Zeit, dass ich mir auch wieder einen Schnuller in den Mund steckte? Es gab kein Gästezimmer, hatte aber vielleicht auch unter neurologischen Gesichtspunkten für meinen Bruder eine Triftigkeit, mich mit seinem zweijährigen Sohn in einem Zimmer schlafen zu lassen, unser beider Hirnentwicklungsstand hatte aktuell ungefähr dasselbe Level, nur eben aus unterschiedlichen Richtungen kommend.

Mein Frankfurtbruder war mir immer auf die Nerven gegangen, alles so geplant, alles so ordentlich – und nun gab er mir Taschengeld. Und wer ging jetzt wem auf die Nerven? Nach der ersten Nacht gab er mir morgens 50 Euro, fuhr dann in die Klinik, arbeiten. Und ich wartete, dass auch ich in die Klinik konnte, freilich nicht, um da zu arbeiten, sondern um da einen Entzug zu machen. Graduelle Unterschiede.

Was für eine wahnsinnige Zumutung das für meinen Bruder gewesen sein muss, ich konnte es nur erahnen; er musste alles nach Gefühl entscheiden und natürlich jederzeit ausstrahlen, er, wenigstens er noch, wisse genau, wie es jetzt weiterginge mit mir. Gibt man einem Junkie Geld? Oder rast der dann direkt ins Bahnhofsviertel? Klaut vielleicht, was weiß man schon? Und wie lang reichen so 50 Euro? In Hamburg, eine Woche zuvor noch, hätte ich dafür drei Beutelchen Speed bekommen. Und jetzt: Verließ ich das Haus meines Bruders, auf Bewährung draußen, bis ein anderer Drogenabhängiger entweder seinen Entzug abbrach oder als GEHEILT entlassen wurde; die Rückfallquote, wenigstens die, war ernüchternd; und ich ging also mit den 50 Euro direkt in einen Buchladen, kaufte die neuen Bücher von Bret Easton Ellis und Walter Kempowski, »Lunar Park« und »Hamit«, dazu eine Schachtel Marlboro Menthol Lights, das war's dann mit den 50 Euro, kam genau hin, und als mein Bruder abends heimkam und mich auf seinem Balkon rauchen und in einen Blumentopf aschen sah, ein Buch lesend, ein neues Buch offenbar, und auf der Balkonbrüstung lag ja sogar noch ein zweites, in Folie – da war er doch einigermaßen ratlos. Echt jetzt?, fragte er. Und ich wusste überhaupt nicht, was er meinte.

Mein Umgang mit Geld hatte in unserer Familie immer schon für Ratlosigkeit gesorgt. Mein Bruder schaute jetzt genauso fassungslos wie meine Großmutter, als mein sehr sparsamer Großvater mir mal 20 Mark geschenkt hatte und ich eine Stunde später selig auf dem Wohnzimmerteppich meiner Großeltern lag mit zwei neuen Nice-Price-LPs, »Keule« von Udo und »Live in NYC« von John Lennon. Meine Großmutter hatte PANISCHE Angst, dass mein strenger Großvater das mitkriegte, also gab sie mir einen neuen Zwanzigmarkschein, bat mich, die Platten mit in den Keller zu nehmen und sie zu verstecken. Im Keller meiner Großeltern gab es einen

Raum, der Herbstwald genannt wurde, weil eine entsprechende Fototapete an der Wand hing. Ich saß also im Herbstwald und studierte das Textblatt der Udo-LP, im Herbstwald roch es nach feuchter Wäsche, Heizungsstaub, ausgelaufenen Batterien von der Lego-Eisenbahn und vergorenen Äpfeln – und während des Mittagsschlafs meiner Großeltern ging ich wieder in den Plattenladen und kaufte mit dem neuen Zwanzigmarkschein zwei weitere alte Udo-Platten, »Udopia« und »Panische Zeiten«. Zurück im Herbstwald, lernte ich sie auswendig.

Mein Bruder musste sich wahrscheinlich sehr beherrschen, jetzt nicht auch noch meine Buchkaufsucht und meine Nikotinsucht zu thematisieren, man musste Prioritäten setzen, und niemand hatte behauptet, dass es einfach sein würde, mich wieder – wie er das nannte – auf Kurs zu bringen, an Deck zu holen, den Karren wieder flottzumachen. Eigentlich Udo-Termini. Also, er hatte mit meiner Krankenkasse gesprochen, ich war ja aktuell nicht mehr versichert. Mein Bruder schüttelte den Kopf. Aussichtslos, rausgerissen, murmelte er, und das erlaubte uns kurz, trotz der ernsten Lage, vereint zu lachen, »aussichtslos« und »rausgerissen«, das sind die beiden Slangvokabeln in unserer Familie für unverantwortliches Handeln. Die Krankenkasse, konnte mein Bruder nun berichten, würde mich wieder aufnehmen, aber den jetzt – hoffentlich sehr bald – anstehenden stationären Entzug würden sie nicht bezahlen.

Immer schon hatte mein Frankfurtbruder alles – die Geige, das Taschengeld, die Schule, die Ausbildung, das Leben – besser im Griff gehabt als ich, er achtete sorgsam darauf, familienintern zumindest den Anschein zu erwecken, alles liefe prima, weil er sich vor dem bei uns zu Hause vorherrschenden Problemfanatismus schützen wollte. Interessanterweise brachte er meine Eltern oft zur Raserei mit Auskünften, die Eltern ja eigentlich beruhigen müssten, wenn er ihr beständiges Bohren nach Innerlichkeit und ihre grundsätzlich mit Erkenntnistiefe verwechselte Selbstzweifelobsession stets abperlen ließ – jemand, der immerzu sagte, läuft gut, alles okay, so weit alles im Griff, wurde für OBERFLÄCHLICH gehalten. Und Oberflächlichkeit war das Schlimmste. Jetzt aber war sein Pragmatismus meine Rettung. Er hatte mir angesichts meiner zusehends schwieriger nachvollziehbaren biographischen Hakenschläge niemals Vorhaltungen gemacht, hatte sich immer bemüht, Kontakt zu halten, mich in jedem Loch, in dem ich mich verkrochen hatte, zu besuchen, egal, wie rausgerissen und aussichtslos es ihm jeweils erschien, hatte er stets das Positive, den Aufmunterungsbefund, gesucht, er hatte gewisse geheimdienstliche Fähigkeiten erworben, meine aktuelle Telefonnummer selbst dann zu ermitteln, wenn ich selbst sie nicht mehr wusste, und sich regelmäßig erkundigt, wie es so geht, ob es »einigermaßen läuft«, so eine seiner Lieblingsformulierungen, und ich merkte zwar, dass er irgendwas hören wollte, das auf Stabilität und Regelmäßigkeit hindeutete, aber da kam nix, und da war ja auch nix. Er war immer zu behutsam und konfliktscheu, auch zu elegant, um deutlicher zu werden mit seinen Ratschlägen, aber jetzt HATTEN WIR EINE ANDERE SITUATION, wie es in Filmen immer heißt, wenn im Krisenraumkeller getagt wird. Die Situation war, dass er jetzt durchaus das Recht hatte, meinen immer schon sorglosen Umgang mit Geld, egal, ob ich gerade welches hatte oder nicht, zu bewerten, denn jetzt war es ja sein Geld, das ich da ausgab, und zwar alles auf einmal, für zwei Bücher und eine Schachtel Zigaretten; er tat es nicht. Er hoffte einfach, dass bald ein Klinikplatz frei würde.

Plötzlich ging es ganz schnell, jemand hatte den Entzug vorzeitig abgebrochen, dessen Verderben war meine Chance, es war für mich jetzt die vierte Klinik innerhalb von vier Jahren. Dachte ich, dass es diesmal klappt? Ich dachte gar nichts mehr.

Aber immerhin, es war die erste Klinik, in die ich nüchtern eincheckte. Diesmal bekam ich alles mit, und das war nicht unbedingt ein Vorteil. Ohne Krankenversicherung war es vorbei mit Einzelzimmer und Chefarztschwachsinn, diese vierte Klinik war nun eindeutig und endgültig: ein KRANKENHAUS. Die Sommerfrischen am Chiemsee und im Schwarzwald waren im Vergleich Luxushotels gewesen. Die Klinik in Hamburg war dann schon eins härter, aber da war ich wenigstens noch versichert gewesen, hatte ein Einzelzimmer und Gepäck dabei, das im Schrank einzuschließen sinnvoll war. Diese Frankfurter Klinik nun war die letzte Ausfahrt. Ich wurde in ein Doppelzimmer geführt, auf dem Bett am Fenster saß ein netter, aber ziemlich harter Bursche, sehr muskulös, sogar am Hals tätowiert, erloschener Blick. Ich streckte ihm die Hand hin, seine erste Frage gab die Richtung vor:

Auch Äitsch?

Äh, was?

Heroin. Du?

Ach so. Kokain und so.

Freut mich.

Ja, mich auch.

Man wurde angewiesen, WERTSACHEN im Schrank einzuschließen, aber wer hier eincheckte, hatte so was in der Regel nicht mehr, Wertsachen. Ich hatte zwei Taschen voll mit Müll dabei. Allerlei Notizzettel, verlotterte Kleidung. Wenn die wer klauen wollte: meinetwegen.

Und da waren wir nun. Ein zu kurzes, sehr schmales Bett aus Pressholz, ein Jugendherbergstisch, ein Fenster zum Innenhof mit Stahlstacheln auf dem Fensterbrett, vielleicht gegen Tauben, vielleicht auch gegen Ausbruchsversuche. Mein Zimmerkumpan deutete meinen Blick zum Fenster richtig und sagte:

Keine Chance, hab ich schon versucht, kann man nur kippen.

Es gab einen GRUPPENRAUM, der auch AUFENTHALTSRAUM war, alles klar, diese Wortwelt hatte ich jetzt betreten, dort würden »die Mahlzeiten eingenommen«: Fabrikgraubrot, Gummiwurst, Schmelzkäsedreiecke. In den ersten Entzugstagen durfte man die Station nicht verlassen, die Türen waren verschlossen, später dann, bei Wohlverhalten, würde man an »Gruppenspaziergängen unter Aufsicht« teilnehmen dürfen. Das war doch mal eine Perspektive.

Im Gruppenraum gab es ein Aquarium. Die Fische und wir hatten jetzt identische Lebensumstände. Wir saßen tagsüber dauernd in diesem Raum, redeten Blödsinn und guckten die Fische an. Es wurde sehr viel geraucht, jeder rauchte, und weil wir nicht rausdurften, war es erlaubt, drinnen zu rauchen, Rauchen war das einzig Interessante, das wir noch durften, also machten wir eben das exzessiv. Ich hatte mit dem Rauchen so richtig erst in der vorherigen Klinik begonnen. Aber da hatte ich mir noch Filterzigaretten leisten können. Jetzt ließ ich mir das Selbstdrehen beibringen, Zeit genug hatten wir ja. Einmal pro Tag GRUPPENTHERAPIE im Stuhlkreis, die Fische mussten wirklich denken, wir ticken nicht ganz richtig. Auch malen und töpfern sollten wir wieder, das hatte ich jetzt wirklich in jeder Klinik erlebt, dass sie einen wieder in dieses Kunstunterrichtstrauma zurückbeamen. Die meisten töpferten Aschenbecher, das fand ich gut, in der Schwarzwaldklinik und am Chiemsee hatte man noch seine Kindheit malen müssen, aus Zeitschriftenbildern einen Traum collagieren, im Rollenspiel ein Gespräch mit den Eltern simulieren oder mit der Laubsäge ein Makramee der Angst töpfern oder was weiß ich. Hier jetzt wohltuender Stumpfsinn: Aschenbecher.

Die Tage bestanden aus Rauchen und Warten (worauf eigentlich? Toll war es hier nicht, aber bei jedem von uns war klar: Draußen würde es erst richtig schlimm). Am Aquarium sitzend, erzählten wir einander, in welchem Ausmaß wir es jeweils vor die Wand gefahren hatten, das Leben. Die hier anzutreffenden individuellen Verfallsgrade und Biographiezerrüttungsausmaße waren ein paar Nummern drastischer, als sie es noch in der Schwarzwaldklinik gewesen waren, hier hieß es nicht mehr, ich muss mehr delegieren, ich muss jetzt vielleicht mal als Architekt ein bisschen kürzertreten, damit ich nicht mehr so unter Druck komme und zu viel trinken muss und Tabletten nehmen – hier lauteten die Probleme eher: Haftbefehl, Gerichtsvollzieher, kein fester Wohnsitz. Da ging es lang. Die unerbittliche Logik einer Suchterkrankung, egal, wo man gestartet war, führte, wenn man es konsequent betrieb, zu dieser Endstation, dem Aquarium als letzter Chance.

Zwei- oder dreimal pro Woche hatte man Einzeltherapiesitzungen, anfangs machte ich es, wie ich es immer gemacht hatte, ich wollte den Therapeuten nicht langweilen, ihn gut unterhalten, wollte lustig sein, bald aber merkte ich, dass das nicht verfing und vollkommen sinnlos war. Mein Bruder besuchte mich hin und wieder, gab mir Taschengeld, fragte, ob es EINIGERMASSEN LÄUFT – und musste selbst manchmal lachen über diese Frage, die war irgendwie nicht situationsadäquat. Aber sie hatte was Appellatives, ich wollte ihn nicht enttäuschen, diesmal nicht.

Bei einem Besuch teilte er mir mit, dass unsere Großmutter gestorben war. Sie war sehr krank gewesen, und ich hatte es nicht geschafft, sie noch mal zu besuchen, weil ich ja drogenabhängig in einem Hamburger Hotel hatte rumspinnen müssen, nun war es zu spät. Nie wieder Herbstwald. Unsere Großmutter habe mir, so mein Bruder, etwas Geld vererbt und ihn beauftragt, es zu verwalten und damit meine Wiederbelebung zu finanzieren. Sie sei erleichtert und vielleicht auch erst dann zu sterben bereit gewesen, als sie mich in Klinik-Sicherheit wusste. An Gründen, mich zu schämen, mangelte es also weiterhin nicht.

Zur Beerdigung durfte ich die Klinik verlassen, mein Bruder

holte mich ab, ich saß hinten im Auto, einem blauen Volvo, neben meinem Neffen und sang ihm Udo-Lieder vor. Wieder der Paderborner Friedhof, wo ich bei der Beerdigung meines Großvaters zweieinhalb Jahre zuvor einen jämmerlich drogenverseuchten Gespensterauftritt hingelegt hatte, der meine Familie zweifeln ließ, ob die biologisch vorgesehene Generationensterbereihenfolge bei uns eingehalten würde. Jetzt, endlich wieder nüchtern, unsicher, weil es sich ja in der ganzen Familie RUMGESPROCHEN hatte, wo ich gerade so herkam, alle nahmen mich einen Tick zu lang in den Arm, meine Patentante hatte Tränen in den Augen, es war unklar, ob sie meiner Großmutter galten oder mir, vielleicht uns beiden. Kein Vorwurf, kein Spott, von niemandem, alle schienen einfach froh, dass ich meinem Wahnsinn noch mal entkommen war. Familie – hat jemals irgendjemand irgendwas Substanzielles gegen dieses Konzept einzuwenden gehabt?

Als man reihum, absteigend nach Verwandschaftsgrad, eine Schaufel Erde ins Grab schippte, stand ich neben meinem Vater, er schaute gedankenschwer in das Grab, tief unten sah man den Holzsargdeckel, Blumen, jetzt käme da Erde drauf und die Welt würde sich weiterdrehen, mein Vater hielt inne, die kleine Schaufel mit einem Häufchen Erde in der Hand. Wir beerdigten hier jetzt seine Mutter, sein Vater und auch die Eltern meiner Mutter waren schon tot, meine Großmutter also die Letzte dieser Generation. Ich hatte das Gefühl, dass mein Vater gerade für ihn selbst spürbar eins weiter rutschte in der Stammbaumlogik: Wenn alles seinen normalen Gang ginge, wäre die nächste Reihe mit Kreuzen daneben die mit meiner Mutter und ihm, und wir Kinder wären dann für eine Weile die unterste Reihe jener Namen, bei denen vorerst nur ein Datum steht, nämlich das der Geburt. Ich legte meinen Arm um ihn und spürte eine so tiefe, mich erschütternde Verbundenheit, auch eine Verpflichtung, jetzt dann doch mal rasch erwachsen zu werden.

Zurück in der Klinik. Unter Aufsicht einer Krankenschwester Gruppenspaziergänge, ausgerechnet in jenen Park, in dem sich der bevorzugte Spielplatz meines Neffen befand. Ja, wir waren diese Typen, vor denen Eltern immer gewarnt haben, Spritzen in der Sandkiste – jawohl, das waren die Leute, mit denen ich jetzt unterwegs war, Filterlose rauchte, ist billiger, Tabakkrümel im Mund, dolle Geschichten erzählen aus der druffen Zeit. NASSES KLIMA, sagten die Therapeuten dazu auch in dieser Klinik streng, wenn es am Aquarium wieder nur darum ging, wer wann wo welches Päckchen wie geklaut, gesnieft, gespritzt hatte. Und es ging am Aquarium immer nur um so was. Nasses Klima. Es war ja auch das Einzige, das uns verband; beim Abgleich der Kindheitstraumata am Aquarium traten so unvorstellbare Verwahrlosungsgeschichten zutage, und wiewohl ich niemals irgendeine SCHULD für mein Schlingern bei meiner Familie vermutet oder gesucht hatte, konnte ich mich nun, da ich hörte, zu welchen Gräueltaten manche Eltern imstande sind, schon wieder schämen: Meine Eltern haben mich immer so ERNST GENOMMEN. Die haben dauernd KLASSIK gehört und BÜCHER gelesen und mich in Ausstellungen GESCHLEPPT und wollten immerzu mit mir REDEN.

Ja, wow, hart. Unglaublich, dass du noch lebst, Depp.

Nach zwei Wochen wurde ich entlassen, das war nun der mit Abstand kürzeste meiner vier Klinikaufenthalte gewesen. Und jetzt? Die Strategie meines Bruders kannte ich aus Tierfilmen: AUSWILDERN hieß das da. Er achtete darauf, mich nicht zu überfordern, die Kontrolle aber langsam runterzufahren; direkt aus der Klinik kommend, wohnte ich noch ein paar Tage bei ihm, währenddessen suchte er für mich eine möblierte Einzimmerwohnung in der Nähe und erbarmte sich, die Papiere in meinen verrückten Mülltaschen mit mir durchzugehen, die meine Buchhaltung, mein Archiv und die Parodie, wenn nicht Verhöhnung einer Klarsichtfolienorganisiertheit darstellten.

Typischer Dialog:

Und bist du denn eigentlich irgendwo gemeldet?

Weiß ich gar nicht, glaube schon. Oder?

Beim Zettelsortieren hatten wir eine gute Arbeitsteilung: Mein Bruder schmiss großzügig weg, ich verlor mich im Dechiffrieren irgendwelcher Notizzettel. Es war fast, als würde man einen Nachlass sortieren – ich hatte Mühe, diese Handschrift (meine eigene!) zu entziffern, und wenn ich es lesen konnte, verstand ich selten, was es bedeuten sollte oder zu welchem Zweck diese Notiz vorgenommen worden war. Wir hörten währenddessen alte Udo-Platten, damit die Laune oben blieb.

Ist es nicht aus neurologischer Sicht seltsam, fragte ich meinen Bruder, dass ich im vollbedröhnten Zustand häufig nicht mal meine eigene Adresse wusste, aber auch in dieser runtergefahrenen neuronalen Bildschirmschonerphase jederzeit noch jeden Udo-Text komplett auswendig mitsingen konnte?

Das sei eine ziemlich offensive Notfallstrategie gewesen, sagte mein Bruder, denn das Hirn sei niemals sentimental, es merke sich Dinge immer nur, um künftig Abkürzungen verschalten zu können und also Energie zu sparen. Wir schauten nebenbei, ohne Ton, Fußballweltmeisterschaft, und mein Bruder erklärte es mir also an einem Fußballbeispiel: dritte Minute der Nachspielzeit, alles oder nichts, letzter Eckstoß, da kommt dann auch der eigene Torwart mit in den gegnerischen Strafraum, kein Mann mehr in der eigenen Hälfte, keine Absicherung mehr, alles nach vorn werfen. Es sei wohl eine Art Palliativkonzept meines Hirns gewesen, der große Kampf kann nicht mehr gewonnen werden, also machen wir uns das Ende so behaglich wie möglich – mit Udo-Texten. Das Schiff geht unter, doch die Bordband, selbst schon knietief im Wasser stehend, spielt bis zum Schluss.

Mein Bruder hantierte jetzt mit einem Teppichschneider (dessen Klinge sich hervorragend eignete als Kokainprofiwerkzeug, man kann die vorgestanzten Klingen so supergut abbrechen, fiel mir ein, aber ich behielt diese Assoziation für mich), er öffnete damit einen aus der Sporttaschentiefe geborgenen, zigfach mit Klebeband versiegelten Pappkarton, aus dem nun sehr viele Bastelarbeiten unterschiedlichster Machart quollen, Muschelbilder, Aquarelle, Collagen, Baumrindenreliefs, Experimentalfotografie.

Kann das weg?, fragte er rhetorisch.

Es handelte sich um die Einsendungen der NDR-Zuschauer auf meinen manischdurchgeknallten Aufruf, doch bitte Coverversionen anzufertigen von den gelben Hamburger-Hauptbahnhof-Leuchtbuchstaben: »die eigene GESCHICHTE«.

Und ich merkte zum Glück, dass ich aktuell nicht in der Position war, meinen Bruder zu fragen, ob er wahnsinnig geworden sei. Ja, kann weg.

Ich fing wieder bei null an. Lernte neue Leute kennen, eine neue Stadt, Frankfurt, warum nicht, zurück auf Los. So wie bei technischen Geräten selbst heutzutage, da die Dinger so omnipotent sind, manchmal, wenn sie hängen bleiben und abgestürzt sind, nichts anderes hilft und auch Experten als letzte Rettungsoption immer noch den guten alten Trick empfehlen: einfach einmal komplett ausmachen, kurz warten – und dann wieder an. Das tat ich jetzt mit meinem Leben.

Udo schickte mir ein neues Telefon (Panik-Hotline, musst ja zu erreichen sein für die Family, ne?), vom vererbten Geld meiner Großmutter kaufte mein Bruder eine neue BahnCard für mich, leider nur zweiter Klasse, denn nun musste gespart werden. Er fand für mich auch ein 20-Euro-Flohmarktfahrrad und unterschrieb für mich den ZWISCHENMIETVERTRAG einer möblierten Einzimmerwohnung, richtete sogar ein neues Konto mit mir ein, auf meinem altem war es irgendwie so unübersichtlich – alles haarscharf an der Entmündigung vorbei. Ich hatte, als meine Geschwister noch studierten und Geld von meinen Eltern bezogen, als Erster von uns ein erwachsenes Leben gelebt in dem Sinne, dass ich komplett für mich sorgte. Und ich war auch der Erste von uns, der damit wieder aufhörte. Ich war jetzt 31 Jahre alt. Stand ich VOR DEN SCHERBEN MEINER BÜRGERLICHEN EXISTENZ? Formal wahrscheinlich schon, ja. Aber meine bisherige Hypothese war ja gewesen, dass die bürgerliche Existenz selbst der schlimmste Scherbenhaufen ist, in dem man sich nur wälzen kann. Um sich von solcherlei pubertären Ideologien allmählich zu verabschieden, war 31 ein gerade noch akzeptables Alter. Aber weil ich immer neben der Zeit hing, zuerst mit manchem früher als andere dran war und meistens der Jüngste, zu Hause sowieso, aber auch später dann bei allen Jobs, die ich hatte, empfand ich das Gefühl als durchaus vertraut, irgendwie biographisch asynchron herumzuhampeln, diesmal eben hinterher. Weil ich, statt zu studieren, als QUEREINSTEIGER gut bezahlte Posten erfelixkrullen hatte können, war ich zunächst deutlich wohlhabender gewesen als die meisten Gleichaltrigen; inzwischen hatte sich das umgekehrt, mit 31 bekam ich jetzt eine Weile lang TASCHENGELD.

Die ersten Wochen der Nüchternheit waren toll. Ich wunderte mich, wie lang so ein Tag dauert, was man da alles machen, erledigen und, auch das, erleben kann. Nach monatelangem Wachkoma wirkte der nüchterne Alltag auf mich enorm aufregend. Nach einem allzu langen, kalten Winter, in dem es mich und ich mich fast zerrissen hätte, war nun ein lichtprächtiger Sommer angebrochen, alles blühte, lachte, ich war dabei und so eindrücklich gerade noch mal davongekommen, dass der Abschreckungseffekt anhielt; diesmal würde ich es nicht wieder vor die Wand fahren dürfen. Sogar das Rausgehen abends machte nüchtern Spaß, auch wenn ich mir dabei anfangs oft auf die Schuhe pisste: Wenn ich AUFS KLO ging, beeilte ich mich immer wahnsinnig, weil ich dachte, alle dächten und so weiter, deshalb musste es immer sehr schnell gehen, und die typische Fußbewegung dieser meiner Gewöhnungsabende war also das Abwischen meiner besprenkelten Schuhe an der Wade meines jeweils andern Beines, eine Mischung aus Stolperschritt und Eisschnelllauf.

Bei einem Frankfurter Radiosender, dessen Redaktion ich im Rahmen meiner Udo-Hörbuch-Werbetour kennengelernt hatte, ließen sie mich wöchentlich eine Abendsendung moderieren, ich schrieb wieder, ging weiterhin zur Therapie, hatte als familiäre Anlaufstelle die Familie meines Bruders, ich ging mit seinen Kindern auf den Spielplatz, war der komische Onkel, meine Paraderolle. Meinem Neffen spielte ich fortlaufend Udo-Lieder vor und brachte ihm die elementaren Udo-Tanzschritte bei, die Schleuderknie, den Candy-Jane-Shuffle, den Jonny-Controlletti-Ausfallschritt, den Sonderzug-Lokomotivkolben-Armwischer. Man konnte ja gar nicht früh genug damit anfangen.

Eines Sommerabends saß ich im Radiostudio, spielte Lieblingslieder und plauderte mit Anrufern. Weil gerade niemand anrief, ließ ich zwei Lieder direkt hintereinander laufen und ging eine rauchen. In der Radioredaktion saßen auch zu dieser späten Stunde noch ein paar Leute an Computern, bereiteten die Morgensendung vor oder hielten Kontakt mit Hörern. Ich sah auf einem der Monitore rote Schrift auf schwarzem Hintergrund, sah irgendwie dramatisch aus, ich guckte genauer hin, blieb stehen, las – und erschrak.

> »Markus ›Zimbl‹ Zimmer, Sänger und Bassist der Punkrockband The Bates, ist tot. Die Todesursache war ein Kreislaufkollaps mit Herzstillstand. Er wurde nur 41 Jahre alt.«

Neun Jahre später, Las Vegas. Ich bin verabredet mit Bernie Schick, dem früheren Bates-Manager, um mit ihm zu besprechen, wie das damals alles war, als die Bates mich mit dem gelben Postbus buchstäblich aus meiner Kindheit abholten und in die große weite Musikwelt geleiteten. Und warum dann alles den Bach runterging, bei den Bates und auch bei mir.

Im Anflug auf Las Vegas sehe ich die Werbung für die ortstypischen »Walking Dead«-Performances all dieser sagenhaften Entertainment-Leichen: David Copperfield, Céline Dion, der Cirque du Soleil mit einer Michael-Jackson-Show.

Unsere Verabredungskoordinaten klingen wie ein Westerntitel, »12 Uhr mittags im Golden Nugget«, einem dieser lasvegastypischen, schäbigen Luxusattrappen-Bunker, einem Parkhaus für Menschen. Es riecht nach altem Teppich mit jüngst darin versickertem Alkohol, kalter Asche und warmer Kotze, überall Besoffene, schon jetzt, mittags, man darf überall rauchen, hier ist wirklich alles egal. Die Menschen sind unzureichend bekleidet, mir wird immer ein Rätsel bleiben, wie man als erwachsener Mann mit einer Dreiviertelhose und einem pellenartig sitzenden, ärmellosen Sporttrikot und Plastiksandalen in seinem Hotelzimmer aufbrechen kann und beim Blick in den Spiegel denken: Ich bin so weit, ich bin fertig angezogen, los geht's. Aber das ist der hier herrschende Standard-Look. Die Frauen sehen auch ziemlich übel aus, ohnehin fällt es schwer, diese Leute eindeutig einem Geschlecht zuzuordnen; amorphe Massen aufgegebener Körper, und sie alle starren auf diese epilepsiebegünstigend blinkenden Automaten, auf die Spielteppiche und Roulettekübel. Glaubt wirklich ein jeder hier oder auch nur irgendeiner, dass ausgerechnet er die Gesetzmäßigkeiten konterkarieren und als Gewinner rausgehen wird? Kein bisschen Demut gegenüber Statistik und Stochastik?

In einer Art überdachter Fußgängerzone spielt jemand auf einer Panflöte »Sound of Silence«. Auch von diesem Hit haben die Bates einst eine Punkrock-Coverversion gemacht. Ich bleibe stehen, lege einen Dollar in den Starbucks-Becher des

Panflötisten und singe leise mit, den Text kenne ich gut, wobei mir das Original immer zu alt gewesen war, klar, super Lied, aber was sollte ich die Jugend der Hippies nachleben, ich wollte meine eigene Jugend – und so war auch in diesem Fall die Coverversion mein Original.

And the people bowed and prayed
To the neon god they made

Ich verstehe wirklich nicht, warum al-Qaida und IS und all diese tristen Vereinigungen dummer Männer ihre Trainingscamps in Syrien und Pakistan und so abhalten – hier in Las Vegas wäre das doch viel triftiger. Hier ist die komplette Perversion der WESTLICHEN WELT in ihrer konsequentesten Form zu besichtigen, destilliert zur Parodie ihrer selbst. Und es ist großartig. Komplett krank, aber es ist die richtige Welt, die hier im ganz Falschen und Gefälschten triumphiert. Ich bin sogleich Las-Vegas-Fan, auch wenn ich es hier gewiss nur ein paar Stunden aushalte; ohne Alkohol, ohne Drogen, ohne Interesse an Glücksspiel (schon das Wort ist eine solche Gemeinheit) kann Las Vegas nicht allzu viel für einen tun. Kann ich denn was für Las Vegas tun? Elton John würde ich mir gern anhören. Aber ich möchte hier nicht übernachten. Elton John müsste nachmittags konzertieren. Tut er aber nicht.

Ich denke an Jörg Fauser, seinen Text für Achim Reichel, »Der Spieler«. Seltsam, die Pferdewetten bei Bukowski, Fausers Roulettespieler, überhaupt der Spieler in der Weltliteratur – nein, das hatte bei mir nie gefruchtet. Drogenabhängigkeit, Suff, Rotlicht, all das: unbedingt; zwar leuchtete auch das Spielen ALS IDEE mir ein, als eine Sinnlosigkeit von vielen, als Schnelldurchlauf von Hoffnung, Risiko, Enttäuschung, Ruin. Aber mitmachen wollte ich da nie. Männer vor Spielautomaten, Männer, die pokern – das ist schon das Allertraurigste. Dazu noch Zigarren und du bist der ärmste Idiot der Welt.

Erstaunlich viele Punks laufen hier rum, fallen gar nicht groß auf, Punk dann auch nur als eine der vielen hier zu besichtigenden Varianten, sich schlecht zu kleiden. Trotzdem seltsam. Ach richtig, »Punk Rock Bowling«, das Festival, deshalb ist Bernie Schick ja hier und ich jetzt auch. Bernie erscheint pünktlich an der Rezeption des Golden Nugget. Er schaut lachend auf die vielen Punks – er, der nun wirklich immer schon Punk war, und zwar so sehr, dass er nie so aussehen musste, sagt jetzt über diese Punks: wahnsinnig spießig eigentlich.

Die Punks stehen geduldig in einer Schlange, sie müssen am Eingang zum Hotelgarten Plastikarmbändchen vorzeigen, die sie berechtigen, dort ein herzlos mit gegrilltem Unrat überladenes Buffet leer zu fressen. Diese Punks haben wirklich gar nichts verstanden. In einer Schlange anstehen, geduldig, bezahlt haben – so war doch Punk ursprünglich nicht gedacht. Wenn Punk vor allem »I don't care« bedeutet – ist dann nicht, verglichen mit diesen sorgsam kostümierten, geschminkten, im postmodernen Zitat-Spiegelkabinett jeder Gefährlichkeit beraubten Punkdarstellern, viel eher der Freak Donald Trump ein heutiger Punk? Der Aufschrei unter intelligenten Menschen, sobald sein Name fällt, spricht unbedingt dafür. Komm, gehen wir raus, sagt Bernie. Aber rausgehen ist in Las Vegas gar nicht so leicht, auch draußen ist man immer drinnen, alles eingehegt, überdacht, klimatisiert, man begreift erst hier im Ganzen die letzten Worte aus »American Psycho«: kein Ausgang.

Gegenüber vom Hotel Bellagio finden wir eine Restaurantterrasse, auch sie überdacht, klimatisiert, Las Vegas ist die einzige Wüstengegend, in der man sich garantiert erkältet. Bernie hat einen kleinen Koffer dabei, der mir bekannt vorkommt, es ist einer dieser klassischen Tourneeveranstalterkoffer aus Holz und Metall, es sind dies die Sehnsuchtstresore des Rock&Roll: Wenn die aufgeklappt werden, geht die Sonne auf, sie dienen als mobile Schreibtischschubladen der Tournee-Handlungsreisenden, in diesen Koffern befinden sich Gästelisten, Bargeld, Gitarrensaiten, das Rock&Roll-Pflaster Gaffa-Tape, manchmal auch Drogen, eben alles, was man unterwegs mit einer Band so braucht – und vor allem natürlich die Sesam-öffne-dich-Aufkleber und -Pässe, die einem Zutritt zu den heiligen Backstagebereichen verschaffen. Ist das noch derselbe Koffer wie damals, vor über 20 Jahren, frage ich Bernie, er nickt, und ehrfürchtig besichtige ich die dekadenabbildenden Aufkleber, Dellen und Schrammen auf dem Kofferdeckel, dieser Koffer hat sehr viel erlebt, und man würde gern seine Autobiographie lesen.

Das von mir arrangierte Bates-Konzert in Göttingen, an meinem letzten Schultag, war – auch daran merke ich, wie alt ich inzwischen bin – ein Prä-YouTube-Ereignis, so was gibt es ja heute gar nicht mehr, ein ungefilmtes Remmidemmi, jeder ungrade Geburtstag, jede Weihnachtsfeier wird ja heutzutage zigfach gefilmt und für immer archiviert, gar nichts mehr geschieht undokumentiert; damals guckten Musiker von der Bühne aus noch in Gesichter statt in ein Meer von Kameralinsen. Und kann man das denken, ohne dass es klingt wie eine läppische, vergangenheitsselige MEDIENKRITIK? Wohl nicht. Dennoch: Ist meine Erinnerung an dieses für mich so entscheidende Erlebnis deshalb so plastisch, eben weil ich mit allen Sinnen dabei war und nicht filmte und fotografierte? Und kann ich meiner Erinnerung trauen? Ich kann nichts beweisen, es gibt kein BEWEGTBILD, nur die Bilder in meinem Kopf, für die es bislang (aber wer weiß, wie lange noch) keine USB-Schnittstelle und keinen Drucker gibt. Ich wartete auf den Bandbus vor meiner Schule, an zwei mittlerweile musealen, heute ja von jedem nebst Kamera ebenfalls in der Tasche mitgeführten Instrumenten damaliger Kommunikationstechnik: Briefkasten und Telefonzelle.

Aber zum Glück habe ich das alles nicht nur geträumt, auch Bernie erinnert sich genau. Das sei damals, sagt er nun, eine sehr gute Idee von mir gewesen, dieses Abiturkonzert. Die Bates hätten dadurch so viel Aufmerksamkeit und Presseberichterstattung bekommen, dass sie im folgenden Jahr eine ganze Schulabschlusstournee gemacht hätten. Dass er mir diese Promotioninnovation zuschreibt, führt bei mir zu einer kurzen Anwandlung von Produktmanagerstolz. Spulen wir mal vor (gespult wird ja auch nichts mehr, also: VORSKIPPEN), zum Ende: Warum hat es die Band zerlegt, warum ist der Sänger, der große Zimbl, gestorben?

Bernie sagt, Zimbl habe eben den Punkgedanken sehr ernst genommen und also sei der katastrophale Fortgang leider der klassische Verlauf gewesen: Mit dem Erfolg wurden die Drogen besser und die Platten schlechter. Wann immer es ging, habe Zimbl sich gegen die Vernunft entschieden, aus Prinzip. Insofern sei er wohl der einzig wahre Punkmusiker Deutschlands gewesen. Als sie für den Soundtrack des Films »Lola rennt« um eine Coverversion des Liedes »Lola« gebeten worden seien, was für die Karriere gewiss gut gewesen wäre, habe Zimbl das mit der Begründung abgelehnt, »Lola« sei der schlimmste Kinks-Song überhaupt, den habe er schon immer scheiße gefunden – Ende der Diskussion, Feierabend.

Bernie zuckt mit den Schultern, er habe gegen diese Haltung nie etwas einwenden können, dieses umfassende »Leckt mich am Arsch, mir ist alles egal«, wie unvernünftig auch immer man das fände, das sei nun mal wahrhaftiger Punk. Und deshalb sei Zimbls Tod zwar sehr traurig, jedoch die absolut logische Konsequenz dieses Denkens gewesen, »das war ein Tod mit Ansage, mit extremster Ansage«, so Bernie. Er habe es ein bisschen lächerlich gefunden, bei der Beerdigung bestürzt zu tun angesichts eines derart lang angekündigten Rock&Roll-Todes. Als mittelfristig tödlich für Zimbl habe sich erwiesen, dass er 1997, nach einer langen Tournee, auf der er gen Ende täglich zwei Flaschen Wodka trinken musste, um überhaupt auftreten zu können, sich nicht damit habe abfinden wollen, zu Hause wieder Markus Zimmer zu sein, statt Kunstfigur und Bühnendämon »Zimbl«. Von dieser Tournee sei er geistig nie mehr zurückgekommen, weiterhin und bis zu seinem Tod habe Zimbl tagsüber vor sich hin deliriert und sei abends um Punkt acht knallewach gewesen, aber da war eben gar keine Bühne, und es wartete auch kein Publikum. Interventionen des Managers, der Bandkollegen, der Plattenfirma habe Zimbl, so vernebelt er auch gewesen sei, immer sehr klar zurückgewiesen: »Was wollt ihr von mir? Ich habe angefangen, Musik zu machen, um berühmt zu werden, Drogen zu nehmen, zu saufen und Groupies zu vögeln. Was soll ich in einer Klinik? Am Ende einer Therapie stünde etwas, das ich nicht will, Ende.«

Auch besorgte Anrufe deutlich berühmterer Musiker, selbst keine Traurigkeitskinder, die ihn warnten, wenn er so weitermache, werde er bald sterben, bügelte er ab: »Ja und, was willst du jetzt von mir? Therapie will ich nicht, mache ich nicht. Ich will saufen und Spaß haben, fertig.«

Wieder denke ich, Las Vegas legt das einfach nah, an den »Spieler« in Fausers Liedtext, der hatte alles auf die 17 gesetzt, die 17 fiel, und statt sich damit zufriedenzugeben, setzt der Spieler – »Seht euch den Irren an!« – den kompletten Gewinn erneut auf die 17, um endgültig »frei« zu sein. Und das wurde dann natürlich nichts. Zimbl hatte alles auf die Musik gesetzt, einen Plan B gab es nie, und nachdem er dann einmal mit der Bates-Coverversion von Michael Jacksons »Billie Jean« den Hit-Jackpot geknackt hatte und Popstar geworden war, dachte er, das ginge ewig so weiter.

Zimbl habe, so Bernie, nicht verstanden oder verstehen wollen, dass alles vorbei war, noch nach dem als solchem auch deklarierten letzten Konzert der Band habe Zimbl die Abschiedssentimentalität der anderen irritiert mit dem realitätsnegierenden Hinweis, die Songreihenfolge sei noch nicht perfekt, das müsse man ändern für die nächsten Shows. Es gab aber gar keine nächsten Shows. Betreten hätten sie sich damals alle angeguckt und ihn gefragt, ob er eigentlich noch irgendwas mitkriegen würde. Die Antwort blieb er schuldig.

Und so ging es dahin. Er trat noch ein paarmal allein auf,

in winzigen Läden, mit Akustikgitarre, er habe von Sozialhilfe gelebt, erzählt Bernie über Zimbls düstere letzte Lebensjahre, manchmal hätten ein paar Fanmädchen um sein Bett gesessen, die er dann zu Aldi schickte, Schnaps holen. Nachts rief er Bernie hin und wieder euphorisch monologisierend an, er müsse ihm ein neues Lied vorsingen, was er auch tat, nach ein paar Strophen aber vergaß er, dass da jemand am Telefon war, und Bernie hörte nur noch seltsame Geräusche, Zimbl antwortete nicht mehr, hatte den Hörer neben sich gelegt und war wohl weggedöst. Der Tod kam banal, akutes Organversagen oder so was, denn ein Arzt kann ja auf den Totenschein schlecht »Punkrock« als Todesursache schreiben.

Stille. Das also war Zimbls Geschichte. Als ich aus der vorerst letzten Klinik kam, hat es ihn, dessen Haltung und Lieder natürlich für mich Kompassfunktion hinein in die künstlichen Paradiese gehabt hatten, zerlegt. Und ich hatte gerade so noch mal ein weiteres Freispiel bekommen. Bernie und ich gucken stumm vor uns hin, denken an Zimbl, es ist alles gesagt. Da ertönt auf einmal ein UNREALISTISCHER Ultrabasssound, was ist denn jetzt los, Moment, das ist doch, nein, das ist zu kitschig, das kann ja gar nicht sein. Hörst du das auch, Bernie? Zum Glück hört er es auch. Unfassbar laut dröhnt der Weltkulturerbe-Basslauf von Michael Jacksons »Billie Jean« los, und gegenüber, vorm Hotel Bellagio, tanzen dazu die Wasserfontänen im Takt. Erkundigungen enträtseln diesen schmierentheatralischen Zufall teilweise: Immer zur vollen Stunde gibt es vorm Bellagio eine Wasserfontänen-Choreographie.

In der Wüste, zwischen Las Vegas und Los Angeles, hatten die Bates damals ihr »Billie Jean«-Video gedreht, das ihnen den großen Erfolg brachte. In dem Video zitierten sie Hitchcocks »Psycho«, schwarzweiß, Motel, das Messer unter der Dusche – und die Band stand draußen im Regen, weil Bands in Videos, wenn sie auf die Mädchen abzielen, und das tun sie ja alle, grundsätzlich im Regen zu stehen haben, sogar in der

Wüste, künstlicher Regen, was kostet die Welt, alles ging, die 17 fiel. Aber eben nur einmal.

Eine Frage bleibt noch. Meine Erinnerung an die seltsame Nacht vor 20 Jahren, als ich mit Zimbl und dem Plattenfirmentypen meine erste Ecstasypille genommen hatte und nach durchschwebter Nacht morgens im Band-Hotel naiv mit dem Plattenfirmentypen ins Zimmer gegangen war, nicht begreifend, was seine Absicht war. Ich hatte gedacht, wie nett, kann ich mich ein bisschen ausruhen; mit einer homoerotischen Interaktion hatte ich, Hein vom Dorf, nicht gerechnet. Bernie lacht. Natürlich hätten sie das mitbekommen. Sie hätten wahnsinnig lachen müssen, als sie mich dann mit dem Plattenfirmentypen im Hotelzimmer verschwinden sahen. Warum nicht, hätten sie gedacht. Mein Gesicht sei damals noch ein einziges Fragezeichen gewesen, ich hätte ausgestrahlt: Ich bin noch auf der Suche.

Zurück im Chateau Marmont, ich muss jetzt ganz schnell ganz viele Bates-Lieder hören, also nehme ich mein iPhone mit an den Pool, unter den Zitronenbaum, und dort denke ich immer, wann eigentlich mal einem im Pool Schwimmenden eine dieser seltsam großen Zitronen auf den Kopf fällt; ist aber gewiss schon vorgekommen, in diesem Hotel ist ja wirklich schon alles, alles, alles passiert. Da oben starb Belushi. Dort durchs Fenster sprang, angeblich, James Dean, und Jim Morrison fiel kletternd von der Dachrinne. Oder umgekehrt? Wie auch immer. Dahinten wohnte Chaplin, überm Hotel im Hang wohnt angeblich Johnny Depp, und schräg gegenüber, wo heute in einer SHOPPINGMALL die amerikanische Kurzhosigkeitsinfantilität mit Strohhalm im Mund GANZ BEI SICH ist, dort befand sich früher, als man in Apotheken noch Zigaretten kaufen konnte und einzwei Drinks nehmen, Schwab's Drugstore, ein beliebter Treffpunkt Filmschaffender, dort hatte F. Scott Fitzgerald einen Herzinfarkt. Im wievielten Akt seines Lebens?

Im heutigen Fitnessraum des Chateau Marmont, unterm Dach, lagerten früher, Helmut Dietl zufolge, beträchtliche Drogenvorräte. Heute stehen da ein paar Kraftgeräte; und beim Konzert von Noel Gallagher kaufte ich einen Kapuzenpullover, wegen der Klimaanlagenkälte. Blöde Realität.

Die Dämmerung kommt.

Vom Sunset Boulevard wehen, wie immer, alle paar Minuten die Lautsprecherdurchsagen all der Cabrio-Bus-STARTOURS in den Garten:

»... died John Belushi ... overdose ... Helmut Newton ... car crash ...«

Diese Bustouren sind eine Verdinglichung der unangenehmsten Internet-Begleiterscheinung, dieses Hähähä, diese Freude an fremder, bestenfalls berühmter Leute Verfehlungen, Verlusten und Peinlichkeiten und die sich darüber ergießende Ressentiment-Gülle, das Digital-Tourette der mit Witzelzwang-Pseudonym operierenden Schreibtisch-Mut-Deppen. Die Suchbegriffshitparaden sind Rankings aktueller Schadenfreude-Adressen. Und auf diesen Hollywoodbustouren (alle Teilnehmer tragen grundsätzlich Sonnenbrillen, denn machen das nicht auch DIE PROMIS so?) wird ausschließlich an solchen Orten ein Foto-Stopp eingelegt, an denen eine Berühmtheit gestrauchelt, gefallen, gestorben ist oder Hausverbot hat oder besoffen war oder so. Dann lachen alle und weiter geht die Fahrt. Wenn ich diese Busse sehe, denke ich immer: Da fährt sie, die düstere Seite des Internets. So wie ich beim in jeder deutschen Wohngegend zu besichtigenden vormittäglichen Tetrisballett der DHL-Lieferwagen immer denke, das ist sozusagen eine Vorform des 3D-Druckers. Und der bedauernswerte EINZELHÄNDLER von nebenan muss, maximale Demütigung, für Nachbarn ebendiese Pakete aufbewahren, die seinen Ruin bedeuten. So als müsste ich als Barkeeper arbeiten.

Da draußen beginnt jetzt das magische Blinken der Neonlichter, »Girls Girls Girls«, »Nude Nude Nude«, »Sex Sex Sex«, jaja, ist ja schon gut. Was vermeid ich denn die Wege, die die anderen Wanderer gehen? Ich bestelle mir per Pool-Telefon den tristen Drink eines Überlebenden: One camomile tea, please. Vielleicht flippe ich aus und rühre mir Honig rein. Ich singe ein altes Udo-Lied:

Ja, damals war er noch ein schneller Junge, das Leben war lebenswert
Doch was bleibt einem Seemann, der nicht mehr fährt?

Ich binde mir den perlfarbenen Dietl-Kaschmirschal um, jenen Hermès-Schal, den ich vor meinem letzten Besuch für Helmut kaufte und für mich den gleichen noch mal. Dass es der letzte Besuch sein würde, war klar gewesen, unausgesprochen (»Bitte, du musst es nicht begründen, i weißes, du weißtes, des müss' ma jetzt gar ned weiter erörtern – du kommst einfach, und dann tun mir so, als wär nix, gell?«). Es war der letzte Tag des AUSGEHENDEN JAHRES, wir machten einen Spaziergang und erörterten also nicht weiter, dass das neue wahrscheinlich sein letztes Jahr sein würde.

Im Englischen Garten zeigte er mir die Uferstelle, von der aus seine Asche in den Kleinhesseloher See gestreut werden möge. Helmut hasste die winterliche Sonne (»sabotiert meine Melancholie«), aber wir spazierten zwei Stunden durchs kalthelle Prachtmünchen, wanderten wie zufällig Stationen seines Münchenlebens ab, hier hamma des gedreht, da hat die Soundso gewohnt, in dem Café, da bin i immer mit'm Helmut Fischer gsessn, er hat immer zu die Madln gsagt, Fräulein, ganz wie es Ihren Möglichkeiten geziemt, des war wahnsinnig komisch. Des Haus da hätt i fast mal kauft, hätt i's besser mal gmacht. Dort der Friseur, zu dem sie früher immer alle gegangen seien, bevor sie sich in der »Klappe« Kokain gekauft hätten, sodass sie also alle immer gut frisiert beim Dealer erschienen seien, da hinterm Zaun das ehemalige

Lagerhaus, in dem er nach dem Krieg mit seiner Mutter gewohnt hatte.

Anrührend waren die zahllosen lodenhutlupfenden Spaziergänger, die Helmut zuriefen, sie hätten wie jedes Jahr über Weihnachten seine alten Filme und Serien wiedergeguckt und wollten ihm danken für diese UNSTERBLICHEN Sachen.

Er, beinahe zu sich selbst nur murmelnd: Ja, mei, des is so a Sache … mit den alten Sachen.

Ich: Und mit der Unsterblichkeit.

Er: Ja, mei … Du, i hab so an Seitenstechen. Des wird a Nierenkolik sein.

Ich: Oder einfach … Seitenstechen? Mach mal so … (Ich machte ihm eine Dehnübung vor – und so standen wir am Kleinhesseloher See, dehnten uns rumpfaufwärts zur linken Seite, dann zur rechten).

Er: Schaut recht blöd aus – aber helfen tut's. Schau, die Enten, die lachen uns aus.

Dann wurde Dietl kurz umständlich, fast feierlich, wir könnten jetzt etwas anschauen, was mich möglicherweise nicht interessiere oder mir auch zu weit ginge, und wenn das so wäre, dann müssten wir es auch nicht tun und so weiter.

Ich erwartete – nach Aschebestimmungsort, Kindheitswohnung und so weiter – nun das Rührendste, Sentimentalste überhaupt.

Gekonnte Pause.

Dann er: Also, wennst magst, können wir uns durchaus … (Pause) … aber nur wennst magst … (längere Pause) … die Qualifikation des Schanzenspringens im Fernsehen anschauen.

Wieder zu Hause, Helmut vor dem Flurspiegel, sich stirnrunzelnd durch die Haare fahrend: I muss mir wohl nachher noch die Haar' waschn. Du hast's gut mit deine Stoppeln da. Aber wart's nur ab, wenn i erst mal die Chemo da mach, verstehst, dann ist endlich Schluss mit dem Scheißhaarewaschen.

Wunderbar, oder? So, wollen wir noch mal bissl rausgehen, bevor's dunkel is? Weil dann zieh i mi jetzt an, und wenn i damit fertig bin, is eh scho dunkel. Des Schlimme an Silvester is, es dauert so lang, bis 's zwölf ist.

Als es dann endlich so weit war, Nulluhr, Neujahr, und alle Münchner Kirchenglocken läuteten, ich aber das Gebimmel wieder mal gar nicht hörte, weil ich ja als Kind in den Zaubertrankkessel kircheninstitutioneller Begleiterscheinungen gefallen war, sagte Helmut: Dieser narrische Muezzin. Find des ungeheuerlich, dass des erlaubt is.

Und immer weht der Wind, und immer wieder:

»... died John Belushi ... overdose ... Helmut Newton ... car crash ...«

Ich denke an Louie, an Christoph – und an Zimbl, diesen großen Einschwärzer großer Hits, an seine Version des zuvor in Las Vegas von der Panflöte zugrunde gerichteten »Sound of Silence«. An der Hotelgaragenausfahrt hatte Newton seinen tödlichen Infarkt-Autounfall, ihm zu Ehren lautet das Passwort fürs WLAN noch heute »newton«. Die Toten sind ja immer mit uns, ganz besonders hier im Chateau Marmont. Es ist späte Nacht im Casino an der See. Und unterm Zitronenbaum und mit dem Kennwort »newton« habe ich genug Empfangsbalken, um mir die Bates-Coverversion von »Sound of Silence« runterzuladen, der gute alte Fortschrittsbalken färbt sich voran, und aus der CLOUD, deren metaphysische Deutbarkeit mir jetzt erstmalig auffällt, aus dieser Heldenniederschlagsballung also höre ich Zimbls Stimme tröstlich und zugleich düster ABREGNEN:

Hello darkness, my old friend
I've come to talk with you again

Mein Bruder schickt ein Foto: Sein Sohn, in dessen Kinderzimmer ich neun Jahre zuvor geschlafen habe, bis ein Klinikplatz für mich frei wurde, und dem ich dann im rauschhaft nüchternen Sommer, als ich aus der Klinik kam und Zimbl starb, endlos Udo-Platten vorspielte, dieser Junge also, das zeigt das Foto, schlafend, trägt ein Udo-T-Shirt, hatte es nach einem Stadionkonzert von Udo in Frankfurt nicht ausziehen wollen. Schon schön, wenn man EMPFANG HAT. Ich denke an die Sterne, die mir der Psychiater in der Hamburger Klinik auf ein Blatt malte, jeder Stern stellte eine wichtige Person meines Lebens dar – und er regte an, dass ich diese Sterne irgendwie miteinander verbinden sollte. VERBUNDENHEIT, davon spricht auch mein jetziger Therapeut manchmal. Verbundenheit scheint irgendwie wichtig zu sein. Ich schaue mir das Foto meines im Udo-Shirt schlafenden Neffen an und bin – verbunden. Vor ein paar Wochen hat er in der Schule ein Referat über Udo gehalten, ich hatte ihm bei der Vorbereitung geholfen. Und als er im Matheunterricht das Errechnen des arithmetischen Mittels DURCHNAHM, hat er anschließend – freiwillig! – errechnet, wie lang ein Udo-Lied im Durchschnitt dauert (Durchschnittslieddauer auf der Platte »Stark wie zwei« seinen Berechnungen zufolge 4,25285714 Minuten, auf »Panik mit Hut« 4,0183333 Minuten). Dass man immer alles durch 8 teilen können muss, habe ich ihm noch nicht gesagt. Er zeichnet auch sehr gut, sein Lieblingsmotiv ist ein sehr dünner Sänger mit Sonnenbrille, Zigarre und Hut. Es ist also für die Entwicklung eines Kindes nicht nur von Nachteil, wenn es im Alter von zwei Jahren mal ein paar Tage mit einem Junkie auf Entzug das Schlafzimmer teilt.

MEIN
PULS
GEHT
GANZ
NORMAL

Mein Bruder war natürlich ein bisschen nervös, als ich, so kurz nach dem Entzug, von Frankfurt nach Hamburg fuhr, ausgerechnet Hamburg! Aber es musste ja weitergehen. Ich bin mal ein paar Tage bei Udo, verabschiedete ich mich, und dann also wieder Hamburg. Der Nachtportier aus dem unterdessen geschlossenen Hotel Prem war inzwischen als Portier im Atlantic untergekommen, und ich war froh, als ich ihn schon von Weitem sah, zu Fuß vom Hauptbahnhof kommend – er guckte mich prüfend an, lachte, und dieses Lachen sagte: Man, sahst du in den Prem-Nächten fertig aus, und jetzt, tief in die Augen geguckt, ah, wieder besser. Da waren wir nun, ein Hotel weiter, wir umarmten uns, lachten, er fragte, zu Udo?, und ich sagte: Wohin denn sonst.

Udo hatte zwar zwischendurch immer mal wieder sogar mit meinen Geschwistern telefoniert, jetzt aber begrüßte er mich, als sei gar nichts groß vorgefallen. Jaja, Trockendock, besser isses, mal 'ne Blaupause einschieben, ne?, alles klar, wieder an Deck, der Boxer.

Wir gingen zusammen zum Panikdoktor, uns ein paar Gelbe verabreichen lassen, wir spazierten um die Alster, sprachen über Udos nächste Platte. Er hatte wahnsinnig viele Songtexte, gute und schlechte, fertige und skizzenhafte, alles war noch ein Sammeln und Suchen, noch war alles möglich, auch, dass es wieder mal keine so gute neue Udo-Platte werden würde. Etwas aber war diesmal anders: Udo war zum ersten Mal seit vielen Jahren in sehr guter Verfassung, wach und klar wie lange nicht, er wollte, das spürte man deutlich, noch mal angreifen, sich nicht mit Halbgutem zufriedengeben. Er hatte neue Produzenten gefunden, angenehme Hamburgjungs, die einen sehr frischen und analytischen Zugang wählten: Sie hörten begeistert die ganz frühen Udo-Platten wieder, und als Werkarchäologen bargen sie deren Kern, nämlich die unwiderstehliche Naivität und nicht reflektierte Unschuld, Urkraft und Drama eines jeden Frühwerks: das Finden der

Mittel als deren Verlust; denn sobald der Künstler weiß, wie es läuft, geht künstlerisch erst mal gar nichts mehr. Die neuen Produzenten nun ermutigten Udo, wieder ganz einfach zu werden und vor allem seiner Stimme zu trauen, textlich wie gesanglich. Und so halfen sie Udo, musikalisch wieder ZU SICH zu finden.

Was hingegen meine Aufgabe in Udos Gefolge sein könnte, schien etwas unklar, aber das ist ja das Tolle an Udos »Flexibelbetrieben«, an der »Panikfamily«, alles Witzvokabeln, deren Hauptpointe darin besteht, dass sie Comic UND wahr sind: Bei Udo darf jeder mitmachen, man muss sich zur Not die eigene Stelle selbst schaffen, »irgendwas kann ja jeder« lautet die Grundregel in Udos denkbar offener Personalpolitik. Ich kannte mich erwiesenermaßen beängstigend gut mit seinen Texten aus, also durfte ich ihm beim Sortieren der neuen Texte helfen, auch Udo hatte ganz schön viele Zettel immer, ich durfte mit ihm Formulierungsalternativen PROBE ZWITSCHERN – und einfach bei allem mitschwatzen. Das ist das Prinzip bei sämtlichen künstlerischen Bewegungen Udos, ob es eine Platte ist, eine Tournee, eine Ausstellung, ein Musical: Basisdemokratie. Irgendein Passant auf der Reeperbahn hat dasselbe Stimmrecht wie der Produzent. Das ist mitunter zersetzend, gefürchtet sind Udos nächtliche Mails, doch noch mal alles anders, noch mal mit dem und dem gesprochen, und wie wäre es denn, wenn wir einfach alles ganz genau andersherum machten? So kommt bis zum Schluss nie Ruhe rein. Und so ist es richtig.

Zurück in Frankfurt, ich ging regelmäßig zum Psychiater in die Klinik, AMBULANTE NACHSORGE, bekam ein Schlafmittel und ein Medikament, das gegen mein nächtliches Beinkitzeln helfen sollte, das jetzt wieder schlimmer geworden war. Der Psychiater vermutete, dass ich ADHS hätte, geläufig zwar als Kindheitserkrankung, bei manchen aber dauere dieses Aufmerksamkeitsdefizithyperaktivitätssyndrom bis ins Erwachsenenalter fort, diese Diagnose würde erklären, warum bei mir manche Gifte paradox wirkten und mich Stoffe, die andere anregten, beruhigten. Volkstümlich formuliert: Nervige Gören kriegen in Amiland Ritalin reingestopft, also Speed. ADHS, das würde natürlich bei BEWERBUNGSGESPRÄCHEN oder Flirts etwas sozialverträglicher klingen als Drogenabhängigkeit, insofern WAR ICH FEIN DAMIT, allerdings beruhte meine vorübergehende Syndromshyperidentifikation auf einem etwas peinlichen, jedenfalls selbstentlarvenden Missverständnis: Hyperaktivität unbedingt, aber den Begriff Aufmerksamkeitsdefizit interpretierte ich falsch, ich dachte, damit sei gemeint, dass man immer das Gefühl habe, zu wenig Aufmerksamkeit zu bekommen, und nicht etwa, dass man Schwierigkeiten habe, sich zu konzentrieren. Empfundener Mangel an Aufmerksamkeit, im Sinne von Beachtung, war immer schon mein Grundmotor gewesen, das bietet sich an als jüngstes von vier Kindern, da muss man sich was einfallen lassen, um überhaupt gehört und gesehen zu werden.

Ein anderer Kindheitsheld von mir brachte eine neue Platte raus, Stephan Remmler, der legendäre Trio-Sänger, ich traf ihn zum Interview, ich liebte ihn aus Lebenswerkgründen sowieso, doch gefielen mir sogar seine neuen Lieder. Und dann machte ich einen grauenhaften Fehler: Um Udo Mut zu machen und zu demonstrieren, dass man auch im Spätwerk noch mal richtig gut sein kann, spielte ich ihm ein paar der neuen Remmler-Lieder vor. Das war in jeder Hinsicht falsch gedacht, denn natürlich freuen sich die MITBEWERBER, wie in jeder anderen Branche auch, immer nur bedingt, wenn einem anderen etwas gelingt. Viel schlimmer noch, das beste Lied von der Platte, dem ich beim Vorspielen in Udos Zimmer besondere Beachtung erbat, hör mal Udo, wie cool Remmler da singt, wie lustig das ist, dieses Lied enthielt folgende Textzeilen:

Und als das Haar noch gut war
Da war auch noch kein Hut da

Und ich Depp dachte mir nichts dabei, das Udo vorzuspielen! Um ihn zu ERMUTIGEN! Als Remmler dann auch noch sang »Und Erwin, sein Berater, was tat er?« und eine durch nämlichen Erwin bewirkte Vermögensdezimierung andeutete, wurde mir etwas unwohl, ouh, auch Udo hatte doch mal einen etwas dubiosen Berater namens Erwin – und, äh, einen Hut hat Udo ja auch auf, manchmal.

Udo guckte mich an, ich machte schnell die Musik aus. Und wieder lernte ich eine Lektion Souveränität und Großzügigkeit von Udo: Statt mich rauszuschmeißen und anzuschreien, sagte er einfach nur, Joah, nicht schlecht, ganz guter Sound, interessant, und der Text – meint der denn da irgendwen Bestimmten?

Nee, sagte ich, gewiss nicht.

Wir gingen raus, an die Alster, setzten uns vor ein griechisches Lokal, in dem Udo nie bezahlen darf, weil der Besitzer ein so großer Udo-Fan ist. Udo zeigte mir einen Textentwurf für ein Lied mit dem Titel »Mein Ding«. Der Text war super. Es ging um den jungen Udo, der nach Hamburg kommt und »auf der Wiese vorm Hotel Kempinski« beschließt, Rockstar zu werden und eines Tages dort zu wohnen. Der Text war reinster Udo, lustig und wahr, Selbstüberhöhung und Selbstironie – und eine Jedermann-Ermutigung. Mir fiel eine Zeile ein, als Reim auf »und dann bist du dir immer treu geblieben«, und zwar das Knallerwortspiel »und Room-Service wird mit ›u‹ und ›h‹ geschrieben«; fand Udo lustig, notierte er mal, wer weiß, wer weiß, ganz guter Spruch. Jetzt hatte ich, vielleicht, eine Zeile für ein Udo-Lied beigesteuert. Ab jetzt konnte ich sterben. Aber ich wollte nicht.

Wir gingen zum Panikdoktor, uns ein paar Gelbe reindonnern lassen. Das Nachbarhaus war rundum EINGERÜSTET, Umbauarbeiten nach der Schließung des Hotel Prem. Wenn man ein paar Monate zuvor noch mich dort rumgeistern gesehen und gewettet hätte, wer wohl länger lebt, das Hotel oder ich, dieser Ausgang wäre eindeutig der unwahrscheinlichere gewesen: ich nüchtern und das Hotel dicht.

Ein Hamburger Galerist fand sich bereit, mir seine Ausstellungsräume zur Verfügung zu stellen für einen materiellen Exorzismus: Also brachte ich meine Mülltaschen zurück nach Hamburg, hängte all die Zettel und Dokumente aus den Nebeljahren an die Galeriewände und nannte diese Ausstellung »Der Runterladen«. Anders als die internationale Kunstwelt war zumindest mein Therapeut sehr angetan von diesem UMGANG mit meiner eigenen Geschichte aus reiner Gegenwart. An einigen Abenden legte ich ausstellungsbegleitend in der Galerie Musik auf, las ein bisschen was aus meinen Büchern vor, es kamen angenehme Nachtlebenleute, sie betrachteten die Zeugnisse meiner Schleuderjahre, lachten, tranken Bier, ich blieb bei Wasser. Einige der EXPONATE wurden sogar verkauft, zerbrochene EC-Karten in einem Bilderrahmen, ein Sammelheftchen mit Tausenden von mir ausgeschnittenen und eingeklebten Komposita aus Boulevardzeitungen und ein Prem-Wäschebeutel, auf den ich mit Edding geschrieben hatte: From Dispo To Dispo.

Es war ein langer und heißer Sommer, Fußballweltmeisterschaft IM EIGENEN LAND, und tatsächlich war das ganze Land freundlich und fröhlich und bekam weltweit bescheinigt, gastfreundlich und angenehm zu sein, das war ungewohnt. War Deutschland ja völlig zu Recht jahrzehntelang in der internationalen Völkergemeinschaft sozusagen das dicke Kind auf dem Schulhof gewesen, das passiv alle Demütigungen hinnimmt, im Wissen, die anderen haben ja recht, und das verzweifelt versucht, mit Geschenken (Hälfte vom Brötchen, Taschengeld und so weiter) die anderen für sich einzunehmen, vergeblich, Deutschland war immer der Depp gewesen und durfte sich darüber gewiss nicht beschweren. Doch jetzt war die Welt »zu Gast bei Freunden«, feierte in Berlin, ausgerechnet in Berlin, ein harmloses, weithin besonntes Großfest, alle lächelten, wochenlang. All die Menschen aus den anderen Ländern schienen zu sagen: Ihr seid okay. Man konnte den daraus spürbar folgenden neuen Patriotismus natürlich gefährlich finden, lächerlich sowieso, na klar. Aber warum? Ich kaufte mir schwarzrotgelbe Socken und machte mit. Nur an die rhythmischen »Sieg!«-Rufe aus Männerkehlen mochte ich mich auch weiterhin nicht gewöhnen, da kam mir immer noch das Kotzen, es erinnerte mich an die Skinheadaufmärsche in der Kleinstadt meiner Kindheit.

Durch die dort im Nebel vergeudeten Jahre fürchtete ich mich, zurück nach Berlin zu ziehen, doch in diesem so unwahrscheinlich langen, warmen, geglückten Sommer fügte sich sogar das: Helmut Dietl beabsichtigte, dort ein Drehbuch zu schreiben, einen Film über Berlin, und er bot mir an, ihm beim Schreiben zu helfen. Wir testeten eine Woche, ob wir miteinander auskamen, verstanden uns sofort sehr gut, Berlin schien wieder möglich zu sein; alles neu, die alten Wege und die Niederlagen überschreiben mit neuen, gesunden Erlebnissen.

Der damals gerade neue Hauptbahnhof in Berlin, ich stieg aus dem Zug und ging ins Licht, in dieses für mich völlig neue Berliner Licht. Wie überall zur Ankunft wollte ich erst mal eine rauchen, griff in meine Jackentasche, und meine Finger fanden darin ein übrig gebliebenes Speedbeutelchen. Wie ferngelenkt beschleunigte ich mein Schritttempo und steuerte auf den nächsten komplizierten Bahnhofsmülleimer zu, einen dieser in vier Müllkategoriekammern unterteilten, hyperdeutschen Wahnsinnsmülleimer, ich beeilte mich so, um meinen Kopf zu überlisten, in den ich noch kein allzu großes Vertrauen hatte bei solchen Entscheidungen, ich wollte ihn gar nicht erst in die Verlegenheit bringen, sich gedanklich weiter gehend mit diesem Beutelchen zu befassen, und schmiss es in den komplizierten Mülleimer. Weil es keinen Schacht gab mit der Aufschrift »Drogen«, wählte ich den Schacht RESTMÜLL, und das traf die Sache ja auch ganz gut.

In den folgenden Jahren habe ich zwar manchmal bei irgendwelchen Abenden schon noch mitgekriegt, wenn verschworen geblinzelt und gemeinsam oder, super Tarntrick, kurz hintereinander zum Klo gegangen und kurz darauf auffällig um Verhaltensnormalität bemüht zurückgekehrt wurde.

Am Anfang träumte ich noch von den Drogen, der Traum ging immer gleich: Ich hatte schon was intus und im Traumverlauf jagte ich der nächsten Ladung nach oder versuchte vergeblich, sie mir irgendwo in Ruhe reinzuknallen, irgendwas oder irgendwer störte immer, es war ein fortlaufendes Scheitern und Nichtgelingen, diese Träume handelten niemals von der schönen Seite des Rauschs, sondern immer nur von der unwürdigen Nachdosierungspanik, und immer wachte ich auf mit dem erschütternden Gedanken, es war wieder alles umsonst, alles geht wieder von vorn los, ich habe es wieder nicht geschafft, clean zu bleiben, und jetzt fängt alles wieder da an, wo ich schon so oft war, im Entzug, dann die Tage zählen, die Wochen, irgendwann die nüchternen Monate, und wenn ich es diesmal auch wieder nicht geschafft habe, dann werde ich es wohl nie schaffen und bin für immer in dieser Suchtspirale und werde es niemals mehr hinausschaffen. Ich brauchte dann ein paar Momente, um aus dem Traum zurückzufinden in die Wirklichkeit, um mich zu vergewissern: Ah, nur ein Traum, ich bin nüchtern, das war alles nur ein Schlafspuk. In der Klinik hatte ich diesen Traum mehrfach pro Nacht gehabt, und je länger ich nüchtern war, desto länger wurden die Abstände, mittlerweile habe ich diesen Albtraum nur noch ein-, zweimal im Jahr.

In den ersten nüchternen Jahren rief ich meinen Frankfurtbruder pünktlich zum Jahrestag an, inzwischen fällt es mir immer erst ein paar Tage oder Wochen später ein, ach ja, schon wieder ein Jahr rum und geschafft, wenn man so will. Das ist, manchmal, auch ein bisschen deprimierend, weil es sehr selten ist, dass nachts etwas Unerwartetes passiert, ich weiß bei

Abenden immer ungefähr, wie sie für mich verlaufen und wie sie enden werden, was die Attraktivität der Nacht natürlich deutlich mindert. Aber es geht nicht anders. Natürlich meide ich bestimmte Menschen, Orte, Situationen, um nicht in Versuchung zu geraten und um meine Drogenimmunität nicht überstrapaziös auszutesten – vor allem aber auch, weil es nüchtern nachts, wenn alle anderen völlig zu Recht eben nicht nüchtern sind, einfach langweilig ist.

Deshalb gehe ich sehr selten lang aus und bin meistens früh im Bett, was soll ich da draußen rumrennen und so tun, als amüsierte ich mich. Es ist schlichtweg öde, fertig. Und dann schalte ich mich abends einfach mit Schlafmitteln aus, »die müsste ich auch mal weglassen irgendwann«, kann schon sein, aber ich gehe lieber auf Nummer sicher. Und dieses manchmal mönchische Leben führt also dazu, dass ich natürlich kaum je zugegen bin, wenn Drogen genommen werden. Mein letzter direkter Kontakt mit Drogen war also im Weltmeisterschaftssommer dieses Speedbeutelchen, das ich in meiner Junkiejackentasche fand.

Neun Jahre später ist es so weit: Da bin ich, da ist das Kokain, in einem Raum – und was nun? Es begann im Gartenrestaurant des Chateau Marmont, ich hatte dort einem sehr lustigen, schon mittags unfassbar betrunkenen Mann erzählt, dass mir die Schulter wehtut. Er nickte, bestellte die Rechnung und sagte nur: Antoine, das ist ein Fall für Antoine, komm mit, ich bestelle ihn zu mir nach Hause. Das klang rätselhaft, aber mir war dieser Mann gleich sehr sympathisch, er war in einer für Los Angeles untypischen Weise gehässig und ironisch, ich musste über jeden seiner Sätze lachen, und die Aussicht, den Nachmittag mit ihm zu verbringen, war herrlich. Auch seine Begleiter waren durchweg betrunken, also baten sie mich, ihr Auto zu fahren, doch gab ich zu bedenken, dass ich gar keinen

Führerschein hätte und noch nie ein Auto gefahren und das jetzt ein seltsamer Anlass wäre, damit anzufangen. Der Lustige sagte, ich sei wirklich zu gar nichts zu gebrauchen, heterosexuell, Nichttrinker, Fußgänger, lädierte Schulter – ob mir nicht auch auffalle, dass ich ziemlich wenig beitrüge zum Gelingen dieses Tages?

Im Auto (gelenkt von einem, dessen Qualifikation darin bestand, dass er schon bedeutend betrunkener Auto gefahren sei) spielte der Lustige mir sein aktuelles Lieblingslied vor, es hieß »My Cock«. Wir fuhren in die Hollywood Hills, als Wohngegend nicht das, was man einen sozialen Brennpunkt nennt. Wir hielten noch bei einem Schnapsladen, vom Lustigen dirigiert, lud ich kartonweise Wodka in den Kofferraum und war also doch zu irgendwas zu gebrauchen. Der Lustige erzählte, sein momentanes Hobby sei das Fernsteuern von Kameradrohnen über die Gärten seiner Nachbarn, aber weil er das selten nüchtern täte, stürzten die Dinger oft ab und er müsse neue kaufen, denn er könne ja schlecht bei Charlize Theron klingeln und sagen, Verzeihung, meine Drohne muss irgendwo in deinem Garten liegen, das könnte ja zu Missverständnissen führen. Dann lieber neue kaufen, die Dinger seien wirklich toll, neulich hätten sie in seinem Pool mit Drohnenkameras ein Musikvideo gedreht.

Als wir bei seinem Haus ankamen, wartete Antoine schon auf uns, er hatte eine zusammengeklappte Massageliege dabei und wurde vom Lustigen ins Gästezimmer befehligt, die anderen gingen in den Garten. Ich folgte Antoine und beschrieb ihm meine Schulterschmerzen, aber Antoine sagte, ich solle mich einfach hinlegen, er habe magische Hände und finde die Schmerzpunkte auch ohne Anleitung.

Ich lag da, schaute nach rechts, schaute nach links, ach, guck an, ein Giacometti, ein Pollock, ein Warhol – und das war ja nur das Gästezimmer. Antoine klatschte in die Hände und unterbrach so meine Taxierung des ungefähren Marktwerts der

Gästezimmerkunst, jetzt seien die Schmerzen weg, sagte Antoine. Und das stimmte.

Ich ging in die Küche, nahm mir eine DIET COKE aus dem Kühlschrank und suchte die anderen, im Garten waren sie nicht. Es klingelte, und weil niemand darauf reagierte, öffnete also ich mit der Selbstverständlichkeit eines Heiratsschwindlers die Tür, ich wusste ja weder, wo genau wir hier waren, noch hatte ich mir die Namen all der Jungs merken können, momentan wusste ich ja nicht mal, wo die überhaupt alle abgeblieben waren, auch Antoine war verschwunden, absurd genug also, da konnte ich auch die Tür öffnen, das war jetzt auch schon wurscht. Es war ein Bote, der drei neue Drohnen brachte.

Ah, sagte ich, richtig, die neuen Drohnen, endlich.

Ich irrte durch das nicht kleine Haus auf der Suche nach den anderen. Sie waren im Badezimmer, genauer gesagt: in einem der Badezimmer – die Tür war nur angelehnt, ich hörte die Stimmen und dachte mir nichts dabei, klar, steht man halt zu fünft ein bisschen im Badezimmer rum, warum denn auch nicht. Ich war wirklich schon ziemlich lang raus aus dem Drogenbusiness, ich begriff es tatsächlich erst, als ich auf dem Marmorwaschtisch den Kokainhaufen und die Linien sah, die Kreditkarte und den vorgerollten Hundertdollarschein. Ach so, ach richtig, Drogen, verstehe.

Der Lustige mörsert gerade mit der Kreditkarte das Zeug pulvrig, schaut hoch zu mir, macht weiter, fragt, ob ich zufrieden sei mit Antoine – und während er behände die Dollarnote in Halmform bringt, guckt er missbilligend auf meine Diet Coke. Er hat sich schon vorgebeugt, um loszukoksen, richtet sich aber jetzt noch mal auf, er hat mir etwas Wichtiges mitzuteilen: Ob ich nicht wisse, dass Diet Coke wahnsinnig ungesund, im Grunde Gift sei?

Äh, doch.

Er saugt sich zwei Linien rein und fährt direkt fort, mir

die Gefahren regelmäßigen Colatrinkens darzulegen. Ich bitte ihn, unbedingt weiterzumachen, mir Gesundheitsratschläge zu geben, während er sich und den anderen Kokain zubereitet. Was er dann auch, beides, tut. Extrem beiläufig wird nun mir der gerollte Schein überreicht, doch ich hebe – als würde ich mit einer Waffe bedroht – die Hände, nein danke. Es wäre so absolut logisch, hier jetzt mitzumachen, alles ist so angenehm und selbstverständlich, der Tag hat, seit ich mit diesen Jungs unterwegs bin, ein solches Tempo, alles ist übersteigert und hysterisch, also ganz nach meinem Geschmack, und mit ein bisschen Kokain im Kopf würde das doch alles noch intensiver, noch toller werden und noch länger gehen. Aber ich sage: Danke, nein, für mich nicht.

Bin ich also echt durch mit dem Zeug? Und falls das so ist, ist das gut? Schließe ich mich damit nicht aus von einer so heiteren, attraktiven Gesellschaft und der Perspektive, jetzt einfach ein paar gute Tage und Nächte mit denen zu verbringen? Doch. Aber nicht ich selbst hob da abwehrend die Hände, es war ganz komisch, ich hatte das Gefühl, dass ich selbst von mir gar nicht gefragt worden war, da lief, in Fußballerdeutsch gesprochen: ein Automatismus ab. Neun Jahre Abstinenz haben dazu geführt, dass meine Verhaltensreflexe umprogrammiert worden sind. Früher hatte sich die Frage insofern nicht gestellt, als die Antwort immer »Ja« gewesen war – und jetzt stellte die Frage sich oder ich mir sie auch nicht, denn die apodiktische Antwort lautete: Nein, für mich nicht, danke.

Der Lustige schüttelt den Kopf, ich sei ja wirklich ein ziemlich eingeschränkter Mensch, kein Alkohol, kein Führerschein, kein Kokain, immer noch nicht schwul, er wisse wirklich nicht, was er mit mir anfangen solle. Ich finde ihn so hinreißend, außerdem hat er ja vollkommen recht. Ich gebe ihm einen Übersprungskuss irgendwo in die Haare und sage ihm, ich hätte eine gute Nachricht, die neuen Drohnen seien angekommen. Wir gehen zurück in den Garten.

Einer der anderen packt auf Geheiß des Lustigen die Drohnen aus, macht sie flugbereit, der Lustige lässt sich nicht abhalten, sie jetzt sofort auszuprobieren, auch wenn seine Freunde einwenden, dass er sie, so dicht wie er sei, direkt wieder schrotten würde. Die erste Drohne hebt ab, trudelt und fällt in den Pool. Der Lustige nimmt ungerührt die Fernbedienung der nächsten zur Hand, die knallt sofort gegen die Hauswand und ist ebenfalls hinüber. Aber es gibt ja noch eine dritte Drohne, und mit der läuft es besser, sie fliegt hoch, immer höher, dann seitlich über den Nachbargarten und zielsicher bis zu einer Stromleitung, es funkt, und das war's auch mit der dritten Drohne. Hat jetzt insgesamt etwa zweieinhalb Minuten gedauert und ein paar Tausend Dollar gekostet.

Der Lustige geht ins Haus, dreht Musik auf, der Garten ist jetzt ein Club, die Sonne geht unter, die Drohnen sind vergessen. Er habe, so der Lustige, extra für 80 000 Dollar eine geräuschabweisende Mauer errichten lassen, doch seine Nachbarn beschwerten sich immer noch über seine laute Musik, aber damit müssten sie eben klarkommen. Die Pläne für den Abend geraten etwas außer Kontrolle, ob ich nicht vielleicht mit ihnen nachts nach Palm Springs fahren wolle?

Ich merke, dass ich meine Widerstandskraft gegen den Drogenberg im Badezimmer jetzt besser nicht überschätzen sollte. Einmal Nein sagen hat geklappt, aber natürlich ist Abstinenz weniger eine Charakterfrage als eine der Gelegenheiten. Ich würde mich hier jetzt bald ausklinken müssen, sonst – ja, sonst.

Ich vermisse gar nicht so sehr den Rausch, der bedeutete ja irgendwann nur noch Planwirtschaft und Suchtelend, aber diese Abende als Rutschpartie, dass man das Haus verlässt und wirklich unklar ist, wann man wiederkommt und mit wem, wo alles endet und warum es dann doch noch weiterging und dazwischen zwei Tage Erinnerungslosigkeit klaffen, einfach diese ungebremste Abfahrt, das Irrationale, das fehlt mir. Nein danke zu sagen und bald darauf zu verschwinden, das ist gesünder und zweifellos für mich eine Frage des Überlebens, es jetzt so zu handhaben. Nicht mitmachen. Vorher abbiegen, sobald es wirr und lustig wird. Es ist nur leider so, dass man dann eigentlich auch gleich zu Hause bleiben kann, meistens.

Ich umarme den Lustigen, danke ihm für den herrlichen Tag, lobe seinen Humor, sein Haus, seine Kunstsammlung und seinen Musikgeschmack, seine Gastfreundschaft, seinen Masseur und, wir befinden uns ja in Hollywood, seine extrem weißen Zähne. Jaja, sagt der Lustige, er habe ein Fernsehgebiss, schließlich moderiere er eine Fernsehsendung, und dafür brauche man solche Zähne. Ich sage ihm, dass ich immer sehr viel rauchen müsse und Kaffee trinken, die Folge sei mehr so ein Radio-Gebiss. Er schaut kurz meine Zähne an, nickt mitfühlend und ruft direkt seine Zahnärztin an, zwar ist es elf Uhr abends, aber er macht sofort einen Termin für mich aus, ich solle ihm einfach vertrauen, diese Zahnärztin sei die beste, dort ginge jeder hin, der auf sich halte, Zähne müssten einfach strahlend weiß sein, immer, und dort würden sie am weißesten. Zur Verabschiedung gibt er mir noch seine Visitenkarte und sagt, wenn ich eines Tages nicht mehr heterosexuell sein wolle, solle ich mich einfach melden.

IN HOLLYWOOD AM SWIMMING-POOL

Harald Schmidt: Du wohnst wirklich immer noch im Hotel, ist das so, ja?

Udo: Ich hab kein Zuhause, ja, heimatlos.

Schmidt: Wie ist das so, ständig im Hotel, hat man da nicht irgendwie das Gefühl, es gehört einem gar nichts oder man hat keine eigene Kommode, wo man seine Sachen mal reinlegt oder so – wie ist das, immer im Hotel?

Udo: Na ja, wir haben ein paar, sagen wir mal, verträumte Keller und Dachräume, das Phantom im Atlantic gewissermaßen. Ich kann da ein bisschen pinseln und malen und strichern und ich kann da zum Beispiel auch proben mit der Band oder mit 'nem Sinfonieorchester …

Schmidt: Auch Damenbesuche?

Udo: Auch Herrenbesuche. Selbst das geht.

Achtzehn Jahre später sitze ich am Pool des Chateau Marmont, in der Rettungsringecke, unterm Zitronenbaum, damit ich genug Empfangsbalken habe, um mir diese Begegnung meiner beiden Hausgötter noch mal auf YouTube anzuschauen. Beim Wort »Kommode« betont und zerdehnt Schmidt die zweite Silbe extrem, legt sich da richtig rein, »Kom-MOOOOO-de«, das Publikum lacht, Udo auch, was für ein unerwartetes Wort – in der Tat etwas, das man mit Udo so gar nicht assoziiert: eine Kommode.

Seltsam, wie man alles immer so sieht, wie man es sehen will. Wie also Bilder sehr wohl lügen – beziehungsweise einem die Geschichte erzählen, die man hören möchte. Jetzt sehe ich diesen alten Schmidt-Show-Ausschnitt, Udo zwar deutlich in einer Schwächephase, sieht einigermaßen versoffen aus, muss dem extranaiv nachfragenden Schmidt und dessen giggelndem Publikum erklären, was genau er mit Harald Juhnke (»war schon ganz gut rüber übern Breitengrad«) in der Hotelbar gemacht hat und warum das alles gar nicht so schlimm war, »'ne Menge Zeitungsschmutz, das kennen wir ja schon«, er hat –

auch etwas trist, aber normal – eine Liveplatte und einen »Likörell-Kalender« zu bewerben, wo bitte ist das Problem? Darf denn ein Rockstar nicht mal ein bisschen durcheinander sein? Zum Zeitpunkt der Erstausstrahlung wollte ich Udo lächerlich finden und freute mich über jeden Lacher, den Schmidt erzeugte, es war ein Udo-Auslachen, auch das Studiopublikum dachte sichtlich die ganze Zeit: Was redet der denn da, der ist doch vollkommen betrunken.

Jetzt aber schaue ich mir das an mit einer so tiefen Udo-Liebe, erkenne, wie er etwas aufgesetzt lächelt, die Zähne zeigt, das ist immer ein Zeichen, dass er sich unwohl fühlt, und so besoffen spricht er gar nicht, Udo-Querfeldeingeschnacke zwar, aber eigentlich kann man ihm gut folgen. Ich sehe denselben Auftritt also ganz anders als damals und denke: Was für ein heiteres GEPLÄNKEL, ist doch alles prima. Dass der Schmidt-Show-Ausschnitt selbst sich in der Zwischenzeit verändert hat, ist wohl auszuschließen.

Sofort habe ich große Udo-Sehnsucht, und Udo ist ja der einzige Deutsche, den man von Los Angeles aus zu normalen Zeiten anrufen kann, neun Stunden hinter der mitteleuropäischen Zeit zurück, passt Udos Biorhythmus in Deutschland genau zur hiesigen Zeit: plus neun, alle schlafen, einer wacht – hallo Udo!

Hi, hallöchen, Stuckiman, bin hier noch ordentlich am Pushen, Texteanschärfen, Probegurgeln, Malerei und alles, kennst das ja – und bei dir, wat machste, flattert die Panikfahne am Funset Boulevard?

Ich höre diese vertraute Stimme, freue mich am Udo-Slang, an der Wärme, immer unangestrengt, lustig, freundlich – und sofort fühle ich mich geborgen. Mit Udo sprechen, das ist wie Baden in 37 Grad warmem Wasser.

Udo erzählt, er habe letzte Nacht in Berlin was absolut Verrücktes gemacht: in seiner eigenen Wohnung geschlafen! Zwar besitzt Udo, der König, wenn nicht Erfinder des Hotellebens, in Berlin eine Wohnung, die aber benutzt er auf die denkbar coolste Udo-Art: Zum Schlafen geht er immer nach nebenan, ins Hotel, gemäß seinem Grundsatz: »Udo L. / wohnt im Hotel«. In jener Wohnung, Berlin-Filiale der Hamburger »Panikzentrale«, macht Udo alles Mögliche, schreiben, malen, Leute treffen, rumhängen, rumspinnen – nur eben niemals WOHNEN. Gewohnt wird nicht, nicht von Udo. Hamburg, Berlin, mal hier, mal da, »hisch und husch auf großer Fahrt«, der Abenteurer, der Flipper, Daumen im Wind, »Sam Cook,'ne?«, so lebt er. Als wir mal in dieser Berliner Panik-Dependance auf dem Fußboden rumlagen und Udo wie so oft auf riesigen Papierbogen mit Eddingstiften irgendwelche Pläne entwarf, »weltweite Gigantenprojekte, Flexibelbetriebe, ne?«, und ich ihn fragte, ob ich mir mal rasch einen Espresso machen könne, wo denn seine Küche sei, guckte er irritiert – Küche? Joah, weiß nicht, ich glaub, dahinten, umme Ecke, musste mal gucken, müsste alles da sein. Ich guckte, und da war auch alles, umme Ecke, Küche, Kaffeemaschine, Espressokapseln – aber Udo war hier, in der Küche seiner Berliner Panikfiliale, die er zu diesem Zeitpunkt seit ungefähr zwei Jahren besaß, offenbar noch nie gewesen.

Gestern aber, erzählt er mir nun am Telefon, sei er nachts spontan nach Berlin gefahren, seine beiden Lieblingshotels waren ausgebucht, also beschloss er, das Ungeheuerliche zu tun: in seiner eigenen Wohnung schlafen. Und er müsse sagen, er habe »ganz gut gepennt« dort, also, das ginge schon mal, zur Not, in der eigenen Wohnung schlafen. »Lustig« sei das gewesen.

Ja, mag sein, ich bitte ihn aber, das nie wieder zu tun, das sei schlecht für den Mythos. Wo kommen wir denn da hin, wenn Udo Lindenberg WOHNT?

Das sieht Udo natürlich sofort ein: Nee, sowieso, das geht ja nicht, ne?

Nee, das geht nicht. Keine Kommode, bitte.

In einem für mich sehr dunklen Winter hat Udo mir diesen Garten und dieses kalifornische Atlantic gezeigt und mir geraten, eine Weile hier zu bleiben, das sei doch jetzt genau das Richtige für mich, das Licht. Und dann bin ich hier geblieben. »Menschen in Hotels sind einsam, sie sind immer nur zu Gast«, sang Udo einst. Aber, und wer wüsste das besser als Udo, gerade das ist ja das Tolle am Hotelleben. Für mich bitte keine Kommode.

Der tägliche Resetschalter – von der Rechnung mal abgesehen, addiert sich gar nichts, alles immer wieder auf null und von vorn, neuer Tag, neues Glück: Man verlässt das Zimmer, dreht das Türknaufschildchen um, von »Do not disturb« auf »Please make up the room«, kommt zurück, und alles ist wieder so, wie es bei der Ankunft war, alle Spuren und Beweise entfernt, die Schwerkraft aufgehoben: Handtücher auf den Boden werfen = frische Handtücher. Das ist natürlich zu Hause anders.

Auch für Poolgespräche gilt das Prinzip Hotelhandtuch, man schweigt ein oll gewordenes Gespräch auf den Boden – und bekommt kurz darauf ein frisches. Typischer Dialog am Pool:

Siehst du das Spinnennetz da oben?
Wo oben?
Da, zwischen Zitronenbaum und Palme.
Wo?
Da!
Seh ich nicht.
Quer über den Pool, da!
Ach da.
Ja.
Ja.
(Pause)
Guck mal, der da, der sieht aus wie Dietrich Fischer-Dieskau.
Wer, der?

Nee, der.
Ach, der. Stimmt.
(Pause)
Hab ich neulich drüber nachgedacht, was der Erzähler in der »Winterreise« eigentlich für ein Arsch ist, also zu der Frau.
Sag mal, das IST Fischer-Dieskau. Oder ist der tot?
Glaub schon. Müsste eigentlich. Aaaaaah. Ich geh mal gleich kurz ins Zimmer, muss noch bisschen Schreibkram erledigen.
Was denn für Schreibkram?
Ach, Wäschezettel ausfüllen und so.
(Lange Pause)
Warum eigentlich heißt es Hollywoodschaukel?
Keine Ahnung.
(Pause)
Findest du es auch so toll, dass in den öffentlichen Pissoirs oben in der Lobby EISWÜRFEL in der Abflussrinne liegen und man die dann kleiner pisst?
Ja, da hat man das Gefühl, man hat was geschafft heute.

Man hat komplett seine Ruhe, aber es herrscht nie diese beklemmende Wohn-Stille, das Leben der anderen, es huscht so vorbei, man bekommt es in angenehmen Dosierungen mit, entfernt, mal ein kleines Drama, Musik, Gläserklirren, Staubsaugen, es wird gelacht, geschrien, gefickt. Zur Not bestellt man sich per Telefon ein bisschen Leben: den Hotelarzt, ein Teechen, mal was ausdrucken lassen an der Rezeption, kleiner Schwatz im Flur, wieder ratlos mit dem Techniker vor der Telefonbox stehen, wird nicht schneller, das Internet, hm? Nee. Na umso besser. Um eine Mail verschicken zu können, muss ich meinen Computer aus dem Fenster halten, im Garten gibt es Internet, im Zimmer nicht, gut für die Konzentration, und wenn ich mir doch mal was angucken muss, ganz dringend zum Beispiel eine Harald-Schmidt-Show-Folge aus dem Jahr 1997, dann gehe ich eben unter den Zitronenbaum.

Ja, ich habe eingesehen, die Drogen waren eine Realitätsflucht, das war ein Fehler. Und jetzt wohne ich im Chateau Marmont in (der Gag geht noch weiter) Hollywood.

Nee klar, dann ist doch alles in Ordnung jetzt.

Unterm Zitronenbaum fällt der grandiosen Zeitvernichtungsmaschine natürlich direkt noch allerlei ein, was mich »auch interessieren« könnte, in diesem Fall: was Harald Schmidt aktuell so tut, spektakulär abseitig platzierte Frührentnerinterviews und Überraschungsauftritte, immer noch absurdere Nebengleise, von denen er sich zwischendurch meldet, mit dem paradoxen Effekt, dass gerade durch diese komplett unberechenbaren Gastspiele sein eigentliches, sein institutionelles Fehlen so deutlich wird. Es sind Epiphanien, die Anlässe (fast möchte man sagen: Darreichungsformen) ergeben ein Gedicht der Verstiegenheit:

Uni-Talk
Predigt-Dialog
Deutscher Arbeitgeberverband
Sternstunde Philosophie
Präsentator einer Depressionshilfe-App
Schwangerschaftsvertretung in der Schweiz
Kriminaloberrat Schöllhammer im »Tatort«
Unterrichtsreihe Lebenswege
Lord in einer Pilcher-Verfilmung
Die Kunst des Alterns
Der schwankende Westen
Dom-Radio
Traumschiff

Und sofort lese, höre und gucke ich stundenlang Schmidt, wie der so drauf ist, gut ein Jahr nach seinem Abschied vom Fernsehen. Und hier unterm Zitronenbaum, wo eh alles zeitenthoben scheint, keinerlei Hinweis auf die Gegenwart, ist Schmidt also wieder ganz da und nie weg gewesen.

Schmidt in einer Frühstücksradiosendung, in der er eine gelbe Kaffeetasse geschenkt bekommt und sich ein Lied wünschen darf: »Ich hätte gern Billy Joel, ›New York State of Mind‹.« Das Lied also, in dem Billy Joel darlegt, warum er Los Angeles (»I've seen all the movie stars in their fancy cars and their limousines«) und dessen Swimmingpool-Realität (»It was so easy living day by day«) verlassen musste und heimkehren, in die Stadt aller Städte.

Schmidt im Dom-Radio über Drogen: »Ich habe nie Drogen genommen, aber gar nicht mal, weil ich nicht Drogen nehmen wollte, sondern weil ich es nicht mit dem Umfeld zu tun haben wollte, das man braucht, um Drogen zu beschaffen.« Interessant, denke ich, das war bei mir wirklich exakt umgekehrt. Gerade der SCHLECHTE UMGANG ist doch mit das Schönste an der Drogenwelt. Die dunklen Hauseingänge und Hinterhöfe, Taschenspielergeschicklichkeit im ÖFFENTLICHEN RAUM, diese permanente Anbindung an Klein- und Großkriminalität fand ich immer attraktiv, da lernte man interessante Leute kennen und musste sich in ungewisse Situationen begeben, ich liebte das Besteigen fremder Autos, einmal um den Block fahren mit jemandem, auf dessen Armaturenbrett statt Eiskratzer oder Parkscheibe griffbereit ein Revolver oder ein Springmesser lag.

Von Studenten gefragt nach seiner Wahrscheinlichkeitseinschätzung einer etwaigen Wiederbelebung von »Wetten, dass..?«, sagt Schmidt: »Meiner Meinung nach ist ›Wetten, dass..?‹ seit zehn Jahren tot. Thommy hat es weitergemacht so wie die Mutter bei ›Psycho‹ im Keller.«

Ich muss lachen, laut lachen; ohne »Psycho« je gesehen zu haben, verstehe ich ja den Witz, Ellis und den Bates sei gedankt. Natürlich würde dieser 55 Jahre alte Film all der Aufladung, die er für mich durch popkulturelle Zitate hat, gar nicht standhalten können, wenn ich jetzt, nach all den Jahren im Zitatewald, doch noch das Original sehen würde.

Allein laut vor sich hin lachen, das wirkt ja immer ein bisschen gestört. Aber so laut war es nun auch nicht. Trotzdem kommt es mir so vor, als ob der Typ da drüben auf dem Liegestuhl mich die ganze Zeit anstarrt. Auf eine Art freundlich, aber doch sehr intensiv. Alter Trick: zurückstarren. Er nickt, ich nicke auch. Was ist denn jetzt los?

Wir kennen uns, sagt er auf Deutsch, wir kennen uns, aber nur vom Telefon.

Er schiebt die Sonnenbrille nasenabwärts, sodass ich seine Augen sehen und sie mit dem Rest des Kopfes zu einem vagen Erkennen der hier indizierten GESICHTSBEKANNTHEIT summieren kann. Äh, ja, irgendwoher, woher denn?

Es ist der Schauspieler Michael Maertens, der Theatergott Michael Maertens. Ich würde mich, sagt er nun, wahrscheinlich gar nicht erinnern, aber wir hätten mal sehr lange miteinander gesprochen, ein gemeinsamer Freund hätte ihm in einer Überlastungsphase – Alkohol, Liebe und Arbeit – meine Nummer gegeben, und dann hätten wir telefoniert, vielleicht zwölf Jahre her, ich hätte mich da gerade in einer Klinik befunden und davon geschwärmt, dass ich dort STAUDÄMME im Wald baute und sehr glücklich sei und diese Klinik sehr empfehlen könne, er solle sofort kommen, hätte ich gesagt, daran erinnere er sich noch. Und eben: Staudämme.

Irre, ich auch, fast. Dunkel. Staudämme, ja. Aber glücklich? Wahrscheinlich war ich betrunken.

Wir schieben die Liegestühle zusammen, so muss es sein am Pool: Zufallsbegegnungen, kein Anfang, kein Ende, jetzt sind wir hier, rauchen eine zusammen, und kein Mensch guckt auf die Uhr, der Tag steht still.

Zwölf Jahre zurück, Maertens am Bochumer Schauspielhaus und fertig mit den Nerven, ich zur Entgiftung in der Schwarzwaldklinik, das ist doch ein schöner Startpunkt. Und jetzt also hier, und so stolpert man durchs Leben. Maertens gehört inzwischen zum Ensemble des Wiener Burgtheaters, höher geht es ja dann auch nicht mehr; damals Bochum, auch schon gut, und war das nicht genau die Zeit, in der Harald Schmidt in Bochum Beckett gespielt hat? Ich erzähle Maertens von meinen ausgreifenden Schmidt-Studien und stelle mir vor, wenn ich Schmidt jetzt träfe und ihm sagte, ich sehe nachher Michi Maertens am Pool, würde Schmidt sagen: Großartig, Michi Maertens, natürlich – Grüße bitte!

Und er würde mir das aber auch für jeden anderen auftragen, im selben Tonfall: Grüße bitte! Spöttisch lächelnd und ja keineswegs WIRKLICH Grüße mitgebend, sondern bloß diese hohle Formel zitierend. Harald Schmidt ist es tatsächlich gelungen, öffentlich eine komplette Kunstfigur zu kreieren und sich auch in Jahren multimedialer Totalpräsenz niemals selbst gezeigt zu haben.

Ja, sagt Maertens, das könne sein. Schmidt sei ein Gigant, eh klar, sehr talentiert, wahnsinnig angenehm und freundlich im Umgang, aber über bestimmte Grenzen des Ausdrucks und also der Preisgabe seiner selbst sei Schmidt nie hinausgegangen, der Regisseur habe manches versucht, aber da sei bei Schmidt nichts zu holen gewesen. Kein Gefühl. Alles – bloß niemals ein echtes Gefühl. Manchmal, so Maertens, habe er in der gemeinsamen Garderobe momentweise den Eindruck gehabt, kurz Einblick in Schmidts Einsamkeit und Verzweiflung zu haben, durch die Nähe im gemeinsamen Arbeiten, und das habe ihn sehr angerührt, dieser große Mann in der kläglichen Bochumer Garderobe, die ihm viel mehr bedeutete als jede Showtreppe, das sei extrem sympathisch gewesen; Abgründe habe Schmidt da, ganz kurz, erahnen lassen. Wahrscheinlich sei es eine bewusste Entscheidung Schmidts, das aber auf der Bühne genau nicht zu tun.

Und außerdem, sagt Maertens, er selbst beispielsweise glaube ja auch nicht, dass er wirklich Winnetou erschießen müsse, er drehe nämlich gerade »Winnetou«, spiele den Santer junior, Sohn von Mario Adorfs Figur, ein noch böserer Bösewicht als der Alte. Es sei eine Traumrolle, wirklich die Erfüllung aller frühjugendlichen Playmobil-Phantasien: Saloon, Postkutsche, Hinterhalt, Schießereien, Nutten, Pokerrunden – und dann Winnetou umbringen. Und zwar mit Freude!

Absurderweise ist sogar diese Karl-May-Welt für mich Udo-konnotiert, und ich freue mich über jede Gelegenheit, meine quizshowtaugliche INSELBEGABUNG vorzuführen, also rattere ich los: Lindianerhaut, Lindianerschei, Stadtindianer, Indianerversprechen, Schnee-Indianer. Cowboyrocker, Cowboygang, Asphaltcowboys …

Michael Maertens erkennt diese Wörter: Ah, Udo.

Klar Udo, immer Udo.

Ja, er finde den auch toll, sagt Maertens, er habe das Udo-Hören, wie ich auch, von seinem älteren Bruder gelernt – und FUN FACT, wie man hier sagt: ob ich wisse, dass er, Maertens, auf einer Udo-Platte eine Zeile mitgesungen habe, als Zwölfjähriger? In seiner Kindheit habe er viele Nachmittage lang vorm Haus von Otto Waalkes rumgehangen in Hamburg-Othmarschen, da parkten immer tolle Autos, es kamen seltsam aussehende Männer und sehr hübsche Frauen zu Besuch, vor der Gittertür zum waalkesschen Anwesen sei immer was los gewesen, insofern habe die Zeile gut gepasst:

Mal gucken, was da los ist

Man könne fast sagen, er und seine Freunde hätten Otto GESTALKED, dauernd hätten sie da rumgelungert. Und eines Tages sei Udo vorgefahren und habe ihnen zugerufen: Hey, Kinder, habt ihr kurz Zeit? Und wenn man als Kind was hat, dann ja Zeit, logisch. Also habe Udo sie mit hineingenommen und in Ottos hauseigenem Tonstudio hätten sie dann direkt diesen – später im Plattenhüllentext so bezeichneten – Kinderchor-Urschrei aufgenommen, ging ganz schnell:

Mal gucken, was da los ist

Ah, das ist »Daniels Zeitmaschine« und wir müssen jetzt sofort dieses vierzig Jahre alte Lied hören. Unterm Zitronenbaum ist es natürlich ein Leichtes, es aus den Wolken zu holen. Im Liedtext nimmt Daniel Düsentrieb den Erzähler-Udo mit ins Labor und zeigt ihm eine Zeitmaschine:

Hier ist der Knopf für die Zukunft und da der Hebel für Vergangenheit
Mit diesem Apparat flippst du sehr akkurat in jede gewünschte Zeit

Gleich, gleich kommt der Kinderchor! Wir sind jetzt maximal aufgeregt: Wir sitzen vorgebeugt auf den Liegestühlen, mit wippenden Köpfen und offenen Mündern – und Daniels Zeitmaschine, wir halten sie ja hier in der Hand, zwischen unseren Köpfen, es ist das Telefon, mit dem wir jetzt von West Hollywood aus nach Hamburg-Othmarschen und also zurück ins Jahr 1975 FLIPPEN und aus dem nun der sehr junge Udo singt:

Oder lass uns nach Utopia fahren
Mal gucken, was da los ist

Und dann endlich echot der Kinderchor und in ihm der damals 12-jährige Michael Maertens:

Mal gucken, was da los ist

Das Album hieß »Votan Wahnwitz«, Udo vorn drauf als Dirigent verkleidet – entscheidend aber war die Rückseite. Es war DAS Album mit DER Rückseite. Was für eine nette Gemeinsamkeit, finden wir nun heraus, auch für Maertens hat diese nackte Frau mit dem Cello eine gewisse Rolle gespielt in der, wie es in Aufklärungsfilmen früher immer so schön verklemmt hieß: Erkundung des eigenen Körpers. Und so hat Udo uns alle schon früh versaut.

Die Sonne knallt jetzt ziemlich, also Zeitung vors Gesicht halten, Los Angeles Times, mal gucken, was da los ist. Joan Jett, lese ich, wurde in die »Rock&Roll Hall of Fame« aufgenommen, ein Ritual zur Ehrung verdienter und aktuell meist irrelevanter Rockgranden, es gibt stehenden Applaus, und die nächste Ausfahrt ist dann der Friedhof – und sofort leiert die kopfinterne Ohrwurmjukebox Joan Jetts Monsterhit. Zwar liebe auch ich Rock&Roll, nur zufälligerweise diesen eben nicht. Als diese Platte rauskam, war ich erst sechs Jahre alt und Popmusik noch fern, bei mir liefen nur Abenteuerhörspiele mit altklugen Kinderdetektiven. Und als ich »I Love Rock&Roll« dann erstmals bewusst hörte, war das Lied schon: alt. Biographiezufall, ob man bei einem Hit-Momentum gerade in der Blankophase universeller Kulturprägbarkeit und Popaufmerksamkeit ist. Ich bin zu jung, um dieses Lied als frisch wahrgenommen zu haben, und zu alt, um es nicht zu kennen und später zu entdecken und davon jenseits der Mode individuell entflammt zu werden, es war eben eines dieser Lieder, die es immer schon gab, gesungen von dieser Oma da in ihren Lederhosen, Frisur und Kleidung als Ausdruck eines trostlosen Jugendlichkeitsknasts. Aber, Moment, wenn Joan Jett selbstergriffen erzählt, wie viele Mädchen und Frauen in den vergangenen dreißig Jahren sich bei ihr bedankt hätten, Joan Jett und ihr Hit seien für sie identitätsstiftend und biographieprägend gewesen, wenn außerdem die Laudatorin Miley Cyrus, die ja wegen akuten Weltruhms auch anderes zu tun hätte, das bestätigt, dann wird das schon so sein. Und, undenkbar für mich, aber theoretisch vorstellbar, dass jemand ebendies, was ich über Joan Jett denke, über Udo denkt. Ja, doch, ich fühle mich in der Lage, eine vollgültige menschliche Existenz zu imaginieren, der Udo und dessen Lieder komplett egal sind. In meinem Geburtsjahr 1975 wandten sich die ersten Popsnobs schon wieder von Udo ab, er hatte innerhalb sehr kurzer Zeit drei bahnbrechende Platten herausgebracht und nun ein erstes Erfolgsplateau erreicht, hatte seine Stilfindung hinter sich, und hernach geht es für einen Musiker darum, dieses Niveau mindestens zu halten, ohne sich allzu deutlich zu wiederholen – praktisch nicht zu schaffen. Da beginnt dann der Zeitgenossenschaftsstress, und es greift mein Lieblingssatz von Andy Warhol: »Ich glaube, neue Leute sind einfach neuer als alte.«

Aber für einen Fan ist all das wunderbarerweise völlig egal. Diese Musik, die wirkliche Herzensmusik eines Menschen, hatte eine Funktion innerhalb der Biographie, es zählt nur, wann, wobei und durch wen man diese Musik lieben gelernt hat, und diese Musik, die ist es dann und wird es für immer sein. Erst durch das Echo in der eigenen Biographie kann sie individuell bedeutend werden.

Ich lege die Zeitung beiseite und hüpfe in den Pool – und wie immer, wenn ich das tue, denke ich dabei an Udos Lied »Candy Jane« und kann das gar nicht steuern, das geht automatisch.

Die POST kommt mit meinem KAMILLENTEE, über den der Kellner nicht mal mehr lacht, ich muss ihn auch gar nicht mehr bestellen, er bringt ihn einfach – Alkohol für alle, alle anderen hier, immer, ab etwa zwölf Uhr mittags. Und für den seltsamen Deutschen mit Fahrradhelm, der irgendwie vergessen hat, abzureisen, und inzwischen praktisch zur Belegschaft gehört: Kamillentee. Ich habe Post bekommen, jetzt wohne ich hier wirklich. Und dieser Garten ist, das wird mir plötzlich klar, das fehlende Zimmer, ich bin ja dauernd hier, und so betrachtet, lässt sich die Zimmeranzahl des Hotels endlich sauber durch 8 teilen, was mich wahnsinnig beruhigt, 63 Zimmer + 1, das ist also sogar 8 x 8 und somit Perfektion. Ich will hier nie mehr weg. Ein Overnight-Plastikbeutel, Absender: Fetisch/Terranova, Berlin. Darin ein Sweatshirt, hintendrauf steht, schwarze Schrift auf schwarzem Grund, sehr Berlin also: CONNECTED. Fetisch hat die neue Platte der Stereo MC's produziert, sie haben zusammen ein Label gegründet, es heißt Connected. Ein paar Liegestühle weiter sagt jemand in unterschiedlichen Betonungen immer wieder denselben Satz ins Telefon, zusehends verzweifelt. Entweder eine Ich-habe-Sie-nicht-verstanden-Hotline-Automatenstimme – oder eine morsche Ehe.

Eine Schockmeldung schwappt in den Garten: Erneut, heißt es, wurden 10 000 Dollar von Courtney Loves Hotelschulden beglichen, aktuell hat sie demnach bloß noch 35 000 Dollar Schulden beim Chateau Marmont. Langsam wird sie spießig.

Und immer weht der Wind, und immer wieder
Vernehmen wir und reden viele Worte
Und spüren Lust und Müdigkeit der Glieder

»… died John Belushi … overdose … Helmut Newton … car crash …«

Die Bedeutungsverschiebung in der kulturellen Überlieferung: In den 80er- und 90er-Jahren, als der Film »Blues Brothers« zum Allgemeinwissenfundus zählte, ging die Herleitung so: Chateau Marmont – das ist doch das Hotel, in dessen Bungalow 3 John Belushi gestorben ist. Heute hingegen, da Belushi Jüngeren nicht mehr bekannt ist, geht es andersherum: Belushi – war das nicht der, der im Chateau Marmont gestorben ist?

Der Tag zerfließt jetzt erfreulich, gebiert Schubiduthemen: Mit der Zeitmaschine unterm Zitronenbaum ergründen wir, dass Sofia Coppola auf dem »Somewhere«-Filmplakat geschummelt hat, sogar dieser ideale Pool noch idealisiert wurde – die beiden Liegestühle, die auf dem Plakat zwischen der Poolkante und dem dahinter sich auftürmenden Chateau Marmont stehen, das geht so gar nicht, zwischen Pool und Gebüsch ist es dort IN ECHT viel zu schmal für Liegestühle. Auch mit dem Gebüsch wurde getrickst, der kleine Handtuchverschlag wegretuschiert. Ungeheuerlich. Wirklich wahr, Winnetoumörder Maertens stimmt mir zu: Auf dem Filmplakat sieht dieser Pool echter aus als in der Realität.

Nun wieder ein bisschen schweigen, gedankenversunken, weltenthoben, Blick auf die den Garten umgrenzenden, absurd hohen Sträucher und Palmen, ein Dschungel – und dazu die stete Sunset-Boulevard-Tonspur, die eventuellen Idyllhorror unterminiert. Das Oasige dieses Gartens ist ja nur zu ertragen, weil man immer die Straße hört, das Rauschen des Sunset Boulevard, da geht es weiter, hier im Garten ist das Bild vor Stunden, vielleicht auch Jahren, hängen geblieben, hier passiert gar nichts, und das ist angenehm, solang da draußen gut hörbar alles immer weitergeht, Zivilisationsbrandung, ein ewiger Strom, Autos von Westen nach Osten und in der Gegenrichtung, und in jeder dieser voll klimatisierten Einzelzellen sitzt jemand, der glaubt, dass das jetzt sein muss, von da nach dort.

Der Garten des Chateau Marmont hat sogar eine eigene Zeitzone: Sonnenaufgang ist hier später, erst um kurz nach neun schafft es die Sonne über das Gucci-Billboard – und schon um kurz vor fünf nachmittags verschwindet sie hinter dem spätestens dann sehr spukschlossartig wirkenden Haupthaus des Hotels. Im Garten ist dann GEFÜHLT Abend, wenn man aber durchs Gartentor hinaus auf den Sunset Boulevard tritt, schlagen einem dort Licht und Hitze für drei weitere Stunden entgegen. Und Billy Joel singt für Harald Schmidt:

It comes down to reality
And it's fine with me 'cause I've let it slide

Ich aber bleibe lieber unterm Zitronenbaum. Soll die Realität doch herkommen, wenn sie was will. Mir fallen die Ostseewörter ein, die ich mir im letzten Sommerurlaub notiert hatte und die hier allesamt nicht passen: VERPFLEGUNGSLEISTUNG, FREIZEITGESTALTUNG und LIEGEEINHEIT.

Als Billy Joel Ende der 70er-Jahre in der Zeitung las, mit New York ginge es den Bach runter, beschloss er, da unbedingt dabei sein zu wollen, und zog zurück von Los Angeles, wo er mit Helmut rund um den Liquor Locker manch gesellige Stunde verbracht hatte, nach New York. Er sagte Goodbye zu Hollywood und schrieb ein ironisches Zukunftsszenario, einen Rückblick aus der Zukunft, von einem künftigen Miami aus resümierte er den Zusammenbruch New Yorks, er habe gesehen, wie am Broadway die Lichter ausgegangen seien, singt Joel in »Miami 2017«. Und die ehemalige Zukunft holt uns ja ein: Kürzlich passierten wir jenen damals unendlich (30 Jahre!) fern erscheinenden Tag, der in »Zurück in die Zukunft« ausgemalt wurde. Die einstigen dystopischen Zukunftsangstjahreszahlen »1984« und »2001« liegen lange hinter uns, alle Voraussagen widerlegt, das Leben hienieden entwickelte sich, mit Helmut Dietl gesprochen, »wie erwartet – nur schlimmer«. Als ich in Jugendtagen Billy Joels »Miami 2017« zum ersten Mal hörte, schien diese Jahreszahl ein willkürlich in ferner Zukunft angesiedeltes Jahr, 2017, da würde man dann längst mit kleinen Raumschiffen durch die Gegend gleiten und hätte Antennen auf dem Kopf und so. Tja, ist jetzt auch bald so weit. Von kleinen Raumschiffen kann keine Rede sein, die Autos werden immer größer, und auch am Broadway brennt noch Licht, aber Antennen auf dem Kopf stimmt fast, und auch von Billy Joel gibt es ermutigende Neuigkeiten, nachdem er eine Weile lang sehr nüchtern und sehr der Klassik zugewandt und also altersscheiße geworden war: vierte Ehe, die neue Frau ist kaum älter als seine Tochter, längst trinkt er wieder und fährt in Hecken auf Long Island (wie Truman Capote!). Ab und zu spielt er noch etwa 30 Abende hintereinander im Madison Square Garden, und je länger seine letzte neue Platte draußen und also vergessen und vergeben ist, desto mehr Leute kommen zu seinen Konzerten.

Am Beispiel Billy Joels durchdenke ich ein weiteres Mal diese Fitzgerald-These vom fehlenden zweiten Akt in amerikanischen Biographien, vielleicht stimmt sie ja doch: einmal Piano Man, immer Piano Man. Dieses Lied handelt EIGENTLICH von Joels Barpianistenzeiten in einer Kneipe am Wilshire Boulevard hier in Los Angeles:

Sing us a song, you're the piano man, sing us a song tonight
Well we're all in the mood for a melody and you got us feeling alright

Und ob er das dann ungeduscht, geduzt und ausgebuht am Durchgang zu Küche oder Klo vor fünf Trinkern singt oder aber überbezahlt und gefeiert vor 200 000 Menschen im New Yorker Shea Stadium – es ist egal. Er war, ist und bleibt der Piano Man, der für Geld und zur Unterhaltung spielt. Ist also die Schlussfolgerung vielleicht: Du bist, wer du bist – und die vermeintlichen anderen Akte sind nur andere äußere Bedingungen, wechselnde Kulissen? Diese Deutung des Fitzgerald-Satzes lässt sich gut illustrieren anhand der Karriere von Harald Schmidt: WDR/ARD, SAT1, ARD, SAT1, SKY – Schmidts von ihm selbst maliziös als solches bezeichnetes Sendersöldnertum erstreckte sich zwar über fünf Stationen, keineswegs aber waren das fünf verschiedene Akte, ganz im Gegenteil, sogar noch vor »Schmidteinander« und »Kommödchen« hatte Schmidt seine Rolle bereits gefunden: Schon als Hilfsorganist und Zivildienstleistender, bei den von ihm vielbesungenen GEMEINDENACHMITTAGEN, habe er sich einfach hingestellt und die anwesenden Leute nachgemacht und beleidigt, ja seit Schulhoftagen war dies sein Platz in der Welt und die ihm gemäße Position – der eisblütig stoische Analytiker und spöttische Kommentator am Rand. Zwischendurch wurde dieser schmidtsche Gemeindenachmittag von wechselnden Fernsehsendern übertragen, die Hülle änderte sich, nicht aber der Inhalt. Alles erster Akt, bis heute.

Ich drücke weiter die Hebel für Vergangenheit auf der Zitronenbaumzeitmaschine.

Prisma: Was spielen Sie denn abends auf dem Klavier?

Harald Schmidt: Bach. Oder auch, ganz peinlich: Billy Joel nach Noten.

Prisma: Singen Sie auch zu Billy Joel?

Schmidt: Ja klar.

Als ich mit Helmut Dietl am »Zettl«-Drehbuch arbeitete, legte er mir eines Morgens, im Tausch gegen die von mir täglich mitzubringende Trias aus SZ, Mohnbrötchen und Laugenbrezel, triumphal das Titelblatt der Zeit hin, darauf Harald Schmidt, an der Orgel des Kölner Doms sitzend. Im Blatt selbst über dem dazugehörigen Interview ein Schmidt-Zitat: »Gefühl ekelt mich«.

Schau, der Harald, jetzt schaust, gell? Find des wahnsinnig komisch, frohlockte Dietl, der Harald muss im Film unbedingt Orgel spielen, wunderbar wird des, so ganz sakral muss er da neigreifen in die Tasten, verstehst? Des wird sehr komisch aussehen. Prima is des. Los, des mach' ma jetzt!

Also schrieben wir etwa zweihundert Orgelszenen für Schmidt, von denen es eine ganz kurze sogar in den Film schaffte, aber da war es dann nicht die Kölner Domorgel, sondern eine HEIMORGEL. Immerhin.

Say goodbye to Hollywood
Say goodbye my baby

Dieses Lied von Billy Joel hörte ich am Tag, als mich die Nachricht von Helmut Dietls Tod erreichte. Ich kaufte eine – natürlich weiße, weil Dietl – Rose und klingelte an der Tür seines früheren Hauses, 8082 Selma Avenue, erzählte der heutigen Hausbesitzerin von Helmut und durfte die weiße Rose in einen Topf neben der Haustür stecken. Ich laufe jeden Morgen an dem Haus vorbei. Nach einer Woche war die weiße Rose verschwunden. Ich habe eine solche Helmut-Sehnsucht. Gestern Nacht habe ich Robert Altmans »The Player« gesehen, und wie gern hätte ich heute gleich Helmut angerufen und mit ihm über diesen Film gesprochen, wie großartig der ist, schon allein die Eingangssequenz! Aber Helmut ist tot – und doch habe ich ihn direkt im Ohr, als würde ich jetzt mit ihm am Telefon über »The Player« sprechen:

Freili ist der Altman toll, des sag i doch die ganze Zeit. Wun-der-bar ist der, »The Player«, na ja selbstverständlich. Du bist scho gut. Ganz toller Film is des. Der is so toll, da wird man glei' ganz depressiv, weil man weiß, so gut kann man nie sein. Ein Scheißdreck is des immer mit diesen Meisterwerken. Konfrontieren einen mit der eigenen Unzulänglichkeit. Furchtbar ist des. So, jetzt hab i mi so aufgregt, jetzt muss i mi direkt hinlegen. Kann ich dich später noch mal erreichen? Dann besprech ma des ois in Ruhe, was genau, des wer ma dann schon sehen, gell, ja, pfürti, ahhhh, jetzt leg i mi hin, ja, ciaociaociaociaociaociao …

Am Ende jedes Telefonats sagte Helmut ganz oft dasselbe Wort, ciao, pfürti, ja oder danke, er blendete es immer richtiggehend aus, dieses letzte Wort, für das er sich jeweils entschieden hatte. Und dann war das Telefonat zu Ende.

Helmuts Frau Tamara sagt, ihre Lieblingsanekdote aus Helmuts L.A.- und Chateau-Marmont-Zeit sei wohl die Rundum-braun-Geschichte. Helmut Fischer sei oft zu Besuch gewesen, es war ja die Vorbereitungszeit für »Monaco Franze«, und der Helmut, also der Dietlhelmut, habe immer sehr lachen müssen über den Fischerhelmut, weil der sich am Pool immer so akkurat jede Stunde umgedreht hätte, auch ganz unbequem auf die Seite, weil er unbedingt RUNDUM BRAUN werden wollte. Sehr komisch müsse das ausgesehen haben, wie der Fischerhelmut da orthopädisch unvorteilhaft auf der Seite gelegen habe, immerzu wiederholend: Rundum braun wolle er werden.

Sofort hat man die beiden Helmuts, Dietl wie Fischer, genau im Ohr: Rundum braun, verstehst, Spatzl?

Arbeit am Körper als Arbeit am Geist (oder gar anstelle dessen), dafür ist Los Angeles berüchtigt. Ein Mann auf dem Nachbarliegestuhl schaut mich lange an, sagt dann: Du hast so schöne Wimpern – du musst sie unbedingt färben, deine Augen würden dadurch noch natürlicher aussehen.

Wie die gesamte Stadt stets interessiert an Kalorienverbrauchsoptimierung, gehe ich neuerdings jeden Tag in eine

Kühlkammer: Schockfrosten unter Aufsicht eines schwulen Mönchengladbachers auf dem Beverly Boulevard. »Cryotechnik« heißt das, drei Minuten bei minus 209 Grad Fahrenheit, verbraucht angeblich 600 bis 800 kcal und hilft, so wurde mir gesagt, »gegen alles«. Michi Maertens hat auf seiner neuen iWatch umgerechnet, wie viel Grad Celsius minus 209 Grad Fahrenheit genau sind, aber ich habe das Ergebnis schon wieder vergessen. Jedenfalls ist es sehr kalt. Gestern ist mir beim Schockfrosten die Sonnencreme im Gesicht zu einer weißen Schicht gefroren.

»I can't feel my face when I'm with you« – handelt denn der diesjährige Sommerhit nun eigentlich von Kokain oder von Cryotechnik?

Eine Frau mit – man kann es nicht anders sagen – TITTEN und irrer Sonnenbrille sagte, ihr helfe es gegen den Hangover. Sie kam aus der Kältekammer, man SAH, dass das alles sehr kalt war, ihre NIPPEL standen wirklich im Raum, geradezu zur Debatte, wir mussten lachen. Ja, kalt! Aber der Hangover sei weg. Schönen Tag noch! Muss da jetzt jeden Tag hin, mein neuer Club. Auch, um neue Klopper vom schwulen Mönchengladbacher zu hören: »Ja, L.A. ist schon echt episch, auf jeden. Aber Berlin ist auch WELTTECHNISCH EPISCH, wenn du so willst.«

Auch dieser schwule Mönchengladbacher als Schockfrostkammerportier: ENTGEGEN Fitzgerald ein zweiter Akt. Vielleicht ist es so: Die erfolgreichen zweiten Akte (Hotdog-Verkäufer, Zirkusartist, Religionsstifter, Regenmacher, Atombombenkonstrukteur, schwedische Ex-Ehefrau, Gouverneur), die als für Amerika BEZEICHNEND gelten, werden von Emigranten geschrieben. Der Zweite-Akt-Mönchengladbacher öffnet mir die Cryotherapiekabine, in der es exakt so aussieht, wie man es sich in der rechten Hirnhälfte von Bret Easton Ellis vorstellt: weißer Nebel, Eiseskälte, blendende Punktstrahler, vage elektronische Musik ohne Refrain im Hintergrund, durch dickes Glas ein kleiner Sehschlitz raus ins Warme.

Mit Ellis (und natürlich Todd) war ich tags zuvor im Kino, »Steve Jobs«. Auf Brets Wunsch im größten Kinosaal die 14:45-Vorstellung, damit niemand hinter ihm sitzt und auch neben ihm genug Plätze frei bleiben. Er könne niemanden neben sich aushalten, außer Todd. Bret zog seine MITGLIEDSKARTE heraus, als er die Tickets kaufte, ob ich etwa nicht Mitglied im »Arclight Cinema«-Club sei?

Nein, wozu?

Nun, ein Dollar weniger pro Ticket und manchmal Freikarten.

Wir setzten uns ins vollkommen leere Kinocafé. Bret sagte, er wolle was essen, auch wenn das Essen dort schrecklich sei. Wir könnten auch zu einem ebenfalls furchtbaren Japaner gehen, bei dem das Sushi auf kleinen Booten im Kreis fährt.

Bret ging aufs Klo, ich fragte Todd, wie es denn im Musikbusiness so laufe.

Todd guckte sehr müde und sagte, keine Ahnung, er habe sich gerade Ferien vom Leben genommen, er setze mal eine Weile aus. Er habe eine Depression und gebe sich dieser ganz hin. Todd schaute, ohne zu gucken, seine Augen dunkle Krater.

Deine Augen sehen ganz schön müdegekifft aus, Todd.

Tun sie? Ja, kann sein.

Ich fragte, was denn mit seiner erstaunlichen Fingerklopftechnik sei, die einen beim positiven Denken unterstütze. Ja, das positive Denken, das sei so eine Sache – er glaube weiterhin, dass diese Technik funktioniere, aber es sei wohl so, dass er das jahrelange positive Denken übertrieben habe, irgendwie gehe es da nicht weiter, er sehe sich vor einer Wand angekommen.

Dann kam Bret vom Klo zurück, er trug eine schwarze Adidashose und ein schwarzes Poloshirt, Todd hatte so eine Art

Schlafanzug an, wir bestellten Salat. Bret sagte, er wolle nichts trinken – und trank dann Todds Wasser aus. Er freue sich überhaupt nicht auf den Film, sagte Bret, er gehe nur uns zuliebe mit und weil gerade ALLE über diesen Film redeten, er aber interessiere sich gar nicht für Steve Jobs, außerdem hasse er die Dialoge von Aaron Sorkin. Dann lachte er und bestellte die Rechnung. Todd sagte, er habe Lust, mal wieder nach Palm Springs zu fahren.

Zum Glück, sagte Ellis, als wir den komplett leeren Riesenkinosaal betraten, zum Glück seien wir allein. Er hasse einfach Menschen, alle, so sei es leider.

Todd: Nicht du, sondern deine PERSONA. Vielleicht komme ich deshalb auch so schwer mit ihr zurecht.

Bret schaute Todd kurz liebevoll an (doch, doch: liebevoll, Bret Easton Ellis kann LIEBEVOLL GUCKEN), Todd sagt immer die offensichtlichen Kindersachen, und genau das scheint Bret zu beruhigen. In seinem vierzehntägigen Ernsthaftigkeitspodcast, in dem er, der verstummte Erzähler, in jedem Satz den Begriff NARRATIV verwendet, spricht Ellis auch die Werbespots selbst, man solle sich selbst einen Gefallen tun, sagt er da beispielsweise, und sich eine Matratze aus dem Hause »Casper« besorgen, bei der es sich um eine NEUERFINDUNG (zweiter Akt!) der Matratze handele, man solle den kostenfreien »100-Nächte-Versuch« wagen – und wenn man bei der Bestellung den Code »Bret« nenne, bekomme man einen 50-Dollar-Rabatt.

Nach dem Film gingen wir ins Kinoparkhaus, da stand Brets schwarzer BMW, sie boten an, mich beim Hotel abzusetzen, Bret schaltete die Autoklimaanlage an und Musik, »Nights in White Satin«, also DAS Schwof- und Softpornolied der 70er-Jahre (das freiwillig zu hören man Ellis nicht unbedingt zugetraut hätte), im innen rasch runtergekühlten BMW (den und dessen bevorzugte Innentemperatur man Ellis ganz unbedingt zugetraut hatte). Auf der Rückbank neben mir lag der Roman

»West of Sunset« von Stewart O'Nan, eine literarische Mutmaßung über die tragischen letzten Jahre von F. Scott Fitzgerald in Hollywood. Und »West of Sunset« BEGINNT mit DEM Fitzgerald-Zitat, und allmählich wurde mir alles ein bisschen zu sehr gedoppelt und allzu rückgekoppelt, da kann ich ja gleich wieder Drogen nehmen: »There are no second acts in American lives.«

Gutes Buch?, fragte ich Ellis.

Ja, er könne es empfehlen.

Wie er denn, fragte ich Ellis, diese vorn im Buch zitierte Fitzgerald-These verstehe, das könne Fitzgerald doch unmöglich ERNST gemeint haben, denn habe nicht ER SELBST mindestens drei Akte gehabt? Fitzgerald wurde als junger Mann mit »Diesseits vom Paradies« berühmt, dann verlor seine Frau den Verstand, die Börse brach zusammen und kurz darauf er selbst. »Zärtlich ist die Nacht« war ein Misserfolg, er musste Kurzgeschichten für Zeitschriften schreiben und in Hollywood Drehbücher reparieren, die nicht verfilmt wurden, starb dort mit nur 44 Jahren als fast vergessener Autor (sein Verlag Scribner's verkaufte im Jahr von Fitzgeralds Tod insgesamt von all dessen Büchern: EINUNDZWANZIG Exemplare).

Ellis fädelte uns gerade – weder ängstlich noch rücksichtslos – in den Nachmittagsverkehr auf dem Sunset Boulevard ein, guckte jetzt wie gerade geweckt in den Rückspiegel, direkt mir in die Augen, und sagte, nun ja, Fitzgerald habe das schon so gemeint, dass die AMERIKANISCHE IDEE auf eine Art feststecke, überdeterminiert und kaputt sei. Und das sei doch ein gleichsam starker wie pessimistischer Gedanke, der sich mit der Erfahrung vieler Amerikaner decke, selbst wenn er nicht in jedem Einzelfall einer Prüfung standhalte.

Hatte Steve Jobs einen zweiten Akt?, fragte nun Todd sinnend.

Natürlich hatte er, rief jetzt, etwas zu laut, Bret, das sei doch von Fitzgerald nur eine METAPHER gewesen! Und, das nebenbei, in diesem Dreiakter-Film über Steve Jobs hätte es EIN Akt auch getan, dann wären wir schneller wieder draußen gewesen. Was für ein gefühliger Mist! Unglaublich, so ein Dreck, reiche weiße Männer schreien sich zwei Stunden lang an!

Das sei lustig, sagte Todd, dass Bret das sage, denn genau das sagten Leute doch über SEINE Bücher!

Bret drehte sicherheitshalber schnell mal die Musik lauter:

Beauty I'd always missed with these eyes before
Just what the truth is, I can't say anymore

Pünktlich zu David Lettermans letzter Show, seinem Abschied von der Late-Night-Unterhaltung, sitze ich in meinem Hotelzimmer auf dem Sofa. Durchs offene Fenster wehen heitere Wohllebensgeräusche aus dem nächtlichen Garten herein, die Tischtennisplatte ist in manchen Nächten eine Bar der Gestrandeten, gedämpfte Stimmen, ab und zu ein helles Lachen. Als hätten die Eltern Besuch. Und am nächsten Morgen ins Wohnzimmer schleichen, weiche Salzgebäckreste, teurer Pflaumensaft aus dem Verbundstoffkarton, Saft zum Siezen, wie meine Großmutter immer sagte. Jetzt werfen sie Steine gegen mein Fenster, Moment – ob ich einen Korkenzieher für sie hätte? Natürlich, ich brauche den ja eh nicht, werfe ihn durchs Fenster zur Tischtennisplatte. Für mich gibt es, frisch aus dem Kühlschrank, heute hauen wir auf die Pauke: ein San Pellegrino.

Als der natürlich extrastarke, extralange Begrüßungsapplaus für David Letterman zu Beginn dieser seiner letzten Sendung gar nicht enden will, sagt er schließlich, ein paar all dieser Ehrbezeugungen, verdient oder nicht, möge man sich doch bitte aufsparen – für seine Beerdigung.

Mit Daniels Zeitmaschine kann ich, wenn ich sie aus dem Fenster halte, direkt Harald Schmidts Finalshoweröffnung gegenblenden.

Schmidt: »Das ist phantastisch. Dieser Beifall ist das Ergebnis, wenn das Publikum überwiegend aus Landbevölkerung besteht. Und es erklärt auch den Erfolg von Helene Fischer, finde ich, oder? Das ist die Anfangsversion von Zu-ga-be, Zu-ga-be!«

Letterman also macht einen Witz über sich selbst – Schmidt hingegen beschimpfte zum Abschied sein Publikum.

Letterman macht es größer, natürlich, es ist Amerika, und er ist Letterman. Die Foo Fighters, dieses Fanal des Überlebens, die Band des Nirvana-Schlagzeugers, der sich gegen den Cobain-Weg entschieden hat und auch sehr gute Musik macht, aber eben erbauliche, ENCOURAGING, das lieben die Amerikaner, und ich auch. In der ersten Sendung nach Lettermans Herzoperation spielten sie ihm zu Ehren ihren Hit »Everlong«. Und weil es also Amerika ist, tun sie das jetzt, zum endgültigen Abschied wieder, das ist sentimental und anrührend und zugleich »so cool, hinter dir fängt's an zu schneien« (Udo), das ist Showbusiness, besser geht es nicht.

Wer sang für Schmidt? »Eine wirklich liebe Freundin« – Judith Holofernes, die Patti Smith des Prenzlauer Bergs. Und dann gab es Nudelsalat mit Olli Dittrich. Wir sind Hannover. Und als solches unschlagbar.

Es ist ein Elend mit den Helden. Wir können auf sie nicht bauen. Den heutigen, vernünftig gewordenen Noel Gallagher will man schütteln, jetzt sei für uns und mit uns doch bitte wieder vorlaut, zwingend und weltherrschaftsarrogant! So wie man Bret Easton Ellis schütteln will, lass doch diesen Podcast-Blödsinn, schreib jetzt endlich wieder so ein Buch, das die Gegenwart erklärt und vernichtet, gib uns Weltverständnismunition, dazu warst du doch mal in der Lage! So wie man Kurt Cobain 1993 schütteln wollte, ist ja gut jetzt mit dem Krach, nun sei halt bitte wieder lieb und melodisch. Und so wollte man auch Harald Schmidt schütteln, als er an der Seite von Oliver Pocher provokant unter seinen Möglichkeiten blieb,

Schluss jetzt, wollte man rufen, schick den Blödmann weg und spiel jetzt bitte wieder mit Playmobil Shakespeare oder den Nahostkonflikt. So wie man Udo jahrzehntelang schütteln wollte, hör mal auf jetzt mit dem versoffenen, zugleich überproduzierten wie unterkomplexen Scheiß und sing wieder wie damals – ja, genau, Udo selbst hatte sie ja einst besungen, diese zwangsläufige Fanenttäuschung, die kindisch gegen den Lauf der Dinge rebelliert und Auftragskunst verlangt, dem Künstler vorwerfend, was gar nicht seine Schuld ist, nämlich dass man einfach die Phase hinter sich hat, in der die Kunst einen so umfassend erreichte und nicht nur der Unterhaltung diente. In »Cello« sang Udo: »Und spiel so schön wie früher«.

Hätte Schmidt mit großem Gefühl abtreten können? Ein solches auszulösen vermocht? Gewiss nicht. Gegen das – zumeist falsche – Gefühl war er, wie jeder vernünftige Satiriker, immer angetreten. Eine Herzoperation samt öffentlicher Anteilnahme und triumphaler Rückkehr mit Foo-Fighters-Hymne wäre bei der PERSONA Harald Schmidt natürlich gar nicht möglich gewesen, denn um es zu operieren, bedarf es ja eines Herzens. Und das hat die Figur »Harald Schmidt« ja nicht, nie gehabt, das war ja der Witz, sein Witz. Er empfindet – so zumindest verstehe ich ihn und sein Schaffen – Gefühl und vor allem das öffentlich geäußerte Gefühl als Schwäche. Als Kanonenfutter und Material für Gags. Das ist eine unbedingt wichtige, aufklärungshygienische Position und Haltung; und doch ist Schmidt, wenn er Klavier oder Orgel spielt, Theater oder in einem Film mit, immer auch Fan und »Amateur im Wortsinne«, wie wir bei der Zeit sagen – würde jetzt Harald Schmidt sagen. Um alles immer abzusichern und, statt selbst etwas zu sagen, das von anderen Gesagte auf- und vorzuführen. Selbst verschwinden. Und deshalb hat er in all diesen von ihm geliebten Künsten eben nicht reüssieren können, musste versagen, weil er sich niemals komplett hineinwirft, immer mit

Ironie absichert. Er war nie Schauspieler, er spielte auch noch den Schauspieler.

Schmidt hat eigentlich nie Fehler gemacht. Und das ist – sein größter. Vielleicht hat es auch Harald Schmidt nie gegeben, es gab immer nur »Harald Schmidt«. Und eben darum war er genau der richtige und einzig mögliche Late-Night-Moderator für Deutschland, dieses Land, in dem völlig zurecht und gottlob Pathos immer verdächtig ist. Deshalb also konnte Schmidt keinen großen Abgang haben. Es war richtig, dass er Nudelsalat mit Olli Dittrich gegessen hat. Schwarzblende.

Früh am nächsten Morgen sagt die Sonne, wie immer hier: Nimm ruhig dein Antidepressivum, aber ich bin auf jeden Fall auch da, falls du mich brauchst, keine Eile, bin den ganzen Tag hier, das ganze Jahr, immer. Wenn es in dir dunkel ist – komm doch raus. Wie in der »Truman Show«: Guten Morgen … Oh, und falls wir uns nicht mehr sehen sollten, guten Tag, guten Abend und gute Nacht!

Bis dann irgendwann ein Scheinwerfer vom Himmel fällt.

ACHTERBAHN DER WELT

Ich stehe vor dem Kleiderschrank und überlege, was ich anziehe, noch ist es wahnsinnig warm, aber am Abend dann, im Greek Theatre, Open Air, kann es ja kühl werden; ich trage ein Batikshirt und bin unsicher, ob das nicht vielleicht von Gottschalk spöttisch kommentiert werden wird – oder ob nicht er selbst eins anhaben wird und was das dann für meines bedeutete; wird er es mir als ranschmeißerisch auslegen, als Beobachtungstrick, sich der erwarteten Umgebung anverwandeln? Andererseits ist es ja auch kein Date, und die wahrscheinlichste Variante ist, dass es Thomas Gottschalk vollkommen egal ist, was ich anhabe. Ich packe mal auf jeden Fall den weißen Helmut-Kaschmirschal in meine JUTETASCHE und die Noel-Kapuzenjacke. Noch ist eine Dreiviertelstunde Zeit, und ich kann also noch eine Weile lang überlegen, mich noch ein paarmal umziehen und nebenbei den bei iTunes ausgeliehenen Dokumentarfilm über Johnny Carson weitergucken, die Leihdauer läuft in ein paar Stunden ab, und das wäre ja schade um die 2 Dollar 99. Aber da klingelt schon das Telefon, die Rezeption: Thomas sei da. Ah, Thomas. Das wäre in Deutschland nicht passiert.

Ich haste also zur Rezeption, da sitzt Gottschalk, und er sieht fabelhaft aus, komplett in Weiß, sitzt da auf einem dieser eleganten Kolonialstilsessel in der Lobby, fummelt an seinem iPhone herum. Natürlich kein Batikmuster, nirgends, stattdessen Leinen, weiß, er sieht so aus, wie man ihn von den Sommersendungen aus dem mallorquinischen Amphitheater in Erinnerung hat, und so, wie Dietl jahrzehntelang rumlief, vom Tod seiner Mutter bis zu dem Zeitpunkt, da seine Haare von Dunkel zu Weiß wechselten; fortan, ganz Regisseur und also immer an den Kontrast denkend, kleidete Dietl sich schwarz. Aber Gottschalk ist natürlich für immer blond. Das muss so sein, und es hilft ganz Deutschland, das eigene Älterwerden zu verdrängen. So lang Gottschalk noch blond – wenn auch, so er selbst, mittlerweile HERBSTBLOND – ist, muss man bezüglich der eigenen Endlichkeit nicht in Rilkestimmung verfallen.

Wie er da sitzt, er könnte immer da sitzen, passt genau hierhin; alles ist ja ein bisschen zu groß und zu viel in der Lobby des Chateau Marmont. Ich weiß jetzt auch nicht so genau, ob wir uns zur Begrüßung umarmen oder die Hand geben, es wird dann eine meinerseits ungelenke Mischung, ein schulhofartiges Abklatschen, naja.

Beim Losfahren, sagt Gottschalk, habe er gedacht, ach, vor zwei Wochen noch habe er meiner Einladung zum Brian-Wilson-Konzert leichtfertig zugesagt, heute aber gehadert, da stehe man dann wieder stundenlang im Samstagnachmittagsstau und es werde schrecklich – so schlimm sei es dann aber gar nicht gewesen, und nun freue er sich doch auf diesen Trip in die Vergangenheit. Sagt er wirklich: Trip in die Vergangenheit. In ein paar Stunden läuft die Leihfrist der Johnny-Carson-Dokumentation ab, es ist 2015, und ich stehe da mit meinem Batikshirt in dieser legendenumrankten und demzufolge natürlich auch vor allem vergangenheitsaufgeladenen Hotellobby (Led Zeppelin fuhren hier einst mit dem Motorrad durch, kurz nach den Punischen Kriegen), seit Monaten versunken in meiner Beschäftigung mit der Vergangenheit und ihrer Nachwirkung auf die Gegenwart, meiner schon wieder völlig ausufernden RECHERCHE DU TEMPS PERDU über die Bedeutung von Musik für die eigene Biographie, über das Älterwerden mit der Musik und die unausweichliche Frage, was schlechter altert, man selbst oder die mit der eigenen Jugend verbundene Musik – und bin also: ein Mann der Vergangenheit. Und habe nichts im Kopf als alte Udo-Lieder:

Und ich schreib diesen Brief an den Jungen, der ich vor dreißig Jahren war
Manchmal ein bisschen vergessen, aber heute Nacht biste wieder richtig da

Ich habe momentan einen solchen Vergangenheitsfimmel, und es ist extrem komisch, darauf von dem Mann hingewiesen zu werden, der diesen Vorwurf nun wirklich andersherum adressiert kennt und der fünfundzwanzig Jahre älter ist als ich. Gottschalk, lässig, gegenwärtig, klappt die Lederhülle seines iPhones zu, steckt seine Brille in die Brusttasche, und wir gehen durch den Garten zu meinem Zimmer. Und es musste wohl erst Thomas Gottschalk kommen, um vorzuführen, wie man am besten reagiert auf die riesig zu meinem Zimmer hinabschauenden Gucci-Billboard-Models, auf der FUSSMATTE hält er kurz inne, verbeugt sich leicht gen Billboard und sagt: Servus!

Das Erste, was man beim Betreten meines Zimmers sieht, ist das unter Schauspielern gefürchtete Regiestuhllehnenschild von Helmut:

KEINE
GESPRÄCHE
vor, hinter oder neben mir!!!
Danke!

Ich hatte es mit hierhergenommen und seiner gedenkend an meiner Schreibtischstuhllehne befestigt, mit einem Hello-Kitty-Pflaster, das mir Helmuts Tochter mal geschenkt hatte und das ich seit Jahren im Portemonnaie trug für irgendwelche Notfälle, wenn man mal echt ein Pflaster braucht. Dieser Notfall ist mittlerweile eingetreten. Gottschalk hat verschiedentlich mit Helmut gedreht, den Film »Late Show«, außerdem einige Haribo-Werbespots, nun liest er das Schild vor, im absolut genauen Dietl-Tonfall, und wir lachen; es ist wahnsinnig traurig, dass Helmut tot ist – aber es ist ein so großes Geschenk, ihn erlebt und mit ihm gearbeitet haben zu dürfen. Durch die Dietldialogschule gegangen, seit diesem schönsten aller meiner Arbeitsjahre, in dem ich jeden Tag mit Helmut am Schreibtisch saß, von 10 bis 14 und von 16 bis etwa 18:30 Uhr, spreche ich, wenn ich wörtliche Rede schreibe, alles erst mal automatisch bayerisch vor mich hin, um mir den richtigen Rhythmus zu ersprechen – und muss es dann für die Schriftform ins Hochdeutsche rückübersetzen.

Gottschalk freut sich, als ich eine Flasche Gerolsteiner Sprudel aus dem Kühlschrank nehme. Von gegenüber, Trader Joe's, sage ich, jaja, sagt Gottschalk, gehört zu Aldi. Und dann trinken wir aber lieber eine Diätcola aus der Dose, dann hast du keinen Ärger mit dem Abwasch, sagt er, und ich finde das total lustig. Das ist das berühmte Gottschalkgeplauder, man fühlt sich sofort wohl und rechnet eigentlich jeden Moment mit der nächsten Wette oder einer musikalischen Darbietung, aber Brian Wilson singt ja erst in drei Stunden.

Gottschalk ist gerade erst aus Deutschland zurückgekommen, er hatte dort zu tun mit der Veröffentlichung seiner Autobiographie, die zu seinem 65. Geburtstag erschienen ist, und mit einer großen Geburtstagssendung. Das Buch war sieben Wochen auf Platz 1 der Bestsellerliste, die Geburtstagsshow hatte sechs Millionen Zuschauer, in der kommenden Woche sei sein Buch nur noch auf Platz 2, verdrängt von Todenhöfers »Inside IS«; diese Erfolgskennzahlen lässt er beiläufig fallen, und das verblüfft mich ja auch bei Udo immer so, dass diese wirklich Großen, diese Ikonen, die längst bei Madame Tussauds stehen und denen doch eigentlich alles egal sein könnte, weil sie jahrzehntelang die größten Erfolge hatten, dass gerade die ganz besonders genau und jederzeit scannen, wie es um ihre Wirkung und ihre aktuelle Ruhmeskommerzialität bestellt ist. Man könnte sich darüber lustig machen; klar, das ginge. Aber man kann es auch einfach genießen und davon lernen. Ist vielleicht eine Typfrage. Mich begeistert es. Als Zwanzigjähriger hätte ich mich darüber lustig gemacht, und das ist auch das Privileg der Zwanzigjährigen, es ist ihre Pflicht. Doch empfinde ich es als extrem angenehm, in dieser Hinsicht nicht für immer zwanzig sein zu müssen.

Lernen von den Alten also, und so frage ich Gottschalk, was

habt ihr (wie Udo ist auch Gottschalk unsiezbar), was also habt IHR eigentlich immer mit EUREN Haaren, warum ist das so wichtig, für immer lange Haare zu haben? Gottschalk gibt eine klare, eine ganz einfache Antwort: Die Haare waren damals Protest. Es ist die Generation, für die lange Haare noch ein Statement waren, ein mit den Eltern auszufechtender Kampf, ein verwegener Emanzipationsakt. An Drogen als Abkehr von der BÜRGERLICHEN EXISTENZ sei gar nicht zu denken gewesen, so Gottschalk, schon lange Haare seien ja wirklich Rebellion gewesen. Er zeigt mir auf seinem iPhone einen Werbespot aus den 60er-Jahren, um zu illustrieren, wogegen es damals ging und was die Bundesrepubliksnormalität war: »Frauengold«. Das war einfach Alkohol, ein als stimmungsaufhellendes Tonikum getarnter Trümmerfrauenflachmann. Der Mann geht zur Arbeit, die Frau kocht und macht sauber. Und gegen Traurigkeit, Einsamkeit und Sinnlosigkeit kippt sie sich tagsüber Frauengold genannten Alkohol ins Hirn, dann muss man nicht zickig sein, sondern hat was Warmes auf dem Tisch, wenn Vati heimkommt, oder entschuldigt sich einsichtig beim Chef, wenn der einen angeschrien hat – mit Frauengold intus konnte man das lockerer sehen, war man wohl mal wieder frauentypisch hysterisch gewesen. Seine Mutter und deren Freundinnen, sagt Gottschalk, sie alle hatten dieses Zeug zu Hause rumstehen; er wolle es mal so nennen: Mother's Little Helper in der Kleinstadt-Version. In diese Welt wurde er hineingeboren, langhaarig sei bei Männern automatisch verknüpft worden mit dem Wort Gammler.

Deshalb also ist diese Gottschalk-Udo-Generation der Nachkriegskinder so haarverrückt, sie wollen diesen Kampf nicht aufgeben, sie wollen für immer langhaarig sein, weil das ihre Verbindung mit dem Aufbruch und der ersten PROTESTKULTUR ist, die sie ja selbst miterlebt, in Ausläufern sogar mitgeprägt haben. Den Kampf mit dem Rückgang des Haarwuchses aufzugeben, wäre so, wie in ein Altersheim zu ziehen – die letzte Bastion und Station, man schiebt das so lange wie nur irgend möglich auf.

Meinem Hinspiel-Besuch bei Gottschalk zu Hause einige Wochen zuvor war ein ulkiges Missverständnis vorausgegangen: Während ich dachte, ich müsste ihm anbieten, ein Interview mit ihm zu machen oder ein Zeitungsporträt über ihn zu schreiben, weil andernfalls ja ein Treffen mit mir für ihn völlig nutzlos wäre, war es Gottschalk im Vorwege meines Besuchs klarzustellen wichtig gewesen, dass ich bitte nichts darüber in irgendeiner Zeitung schriebe. Als wir das geklärt hatten, führte er mich durch sein Haus, eine ausgebaute Windmühle, merkte bald, dass meine Begeisterung keine geheuchelte war – und sagte dann, das freue ihn, dass ich mich so freuen könne. Ihm selbst sei es wurscht, wie ich das da bei ihm alles fände, aber für mich sei das gut, dass es mir möglich sei, so auf die Welt zu gucken.

Wir kannten uns kaum, zwei-, dreimal über den Weg gelaufen, aber mit der kalifornischen Naivität, die mich hier sofort beim Austritt aus dem wunderbarerweise »LAX« abgekürzten Flughafen stets befällt, hatte ich ihm einfach eine Mail geschrieben, bin hier, du doch auch immer – fertig. Berlins Flughafenabkürzung und Grundgefühl ist »TXL«, Los Angeles hingegen: »LAX«. Ja, das haut hin.

Mit den Deutschen hier, das hatte ich ja rasch begriffen, ist es so wie mit den Türken in Berlin; man findet einander rasch, und die Fremde wirkt verbindend. Einmal bei »Wetten, dass ..?« und bei einer Ausstellungseröffnung war ich als Teil des Udo-Trosses (wie denn auch sonst) Gottschalk begegnet und hatte dabei beobachtet, dass diese Ausnahmetypen bei direktem Aufeinandertreffen gar so viel mit dem anderen nicht anzufangen wissen, sie neutralisieren einander fast; die absolute Lockerheit, die beide berühmt gemacht hat, addierte sich nicht etwa, nein, lustigerweise waren sie miteinander dann eher verkrampft. Sie sind als Solitäre auf eine sie umgebende Normalität angewiesen, um richtig strahlen zu können. Sie, die sämtliche Karrierephasen mehrfach hinter sich haben und irgendwann auch durch schiere Beharrlichkeit über all die ihren Weg säumenden Karikaturen und Persiflagen triumphierten, indem sie weitgehend identisch wurden mit ihrer öffentlichen Figur und also selbst ihre besten Imitatoren, High End.

Meine Lieblingserinnerung an meinen kalifornischen Antrittsbesuch ist: Gottschalk in seinem, tja, sagt man dazu noch Garten?, Gottschalk also auf seinem PARKARTIGEN Grundstück, in die verschiedenen Himmelsrichtungen weisend, seine Nachbarn aufzählend, natürlich lauter Berühmtheiten, Pierce Brosnan, der singende Eagles-Schlagzeuger Don Henley, Barbra Streisand – und schau mal da oben, auf dem Berg, sagte Gottschalk, die hässlichste Hütte von Malibu, ausgerechnet die guckt hier runter auf meine Mühle. Als Gunter Sachs ihn hier besucht habe, sei dessen Befund gewesen, der Ausblick auf ein solches Haus sei schlecht für die Stimmung, das gehe so nicht, und daraufhin habe Sachs ihm einen Wald geschenkt und anpflanzen lassen, der den Blick auf die hässlichste Hütte Malibus weitgehend verdeckt. Das ist eine Sorte Gastgeschenk, die sitzt einfach – ein Wald.

Die Musik der Eagles, deren singender Schlagzeuger da also auch wohnt, kenne ich kaum. Natürlich, das unvermeidliche »Hotel California«, eines der meistausgedeuteten Lieder aller Zeiten, speziell die Schlusszeile »You can checkout any time you like but you can never leave« wird seit Jahrzehnten in alle erdenklichen Richtungen interpretiert: Sind damit Drogen gemeint oder eine Frau – oder eine Sekte? Oder ein wirkliches Hotel? Oder der Tod? Oder ganz blöd: Kalifornien? In meinem Fall: die Drogen – oder Udo? Oder vielleicht das Chateau Marmont? Kürzlich sah ich im Rahmen meiner hiesigen Feldforschungsmanie eine Eagles-Dokumentation, in der nämlicher Don Henley, Gottschalks Nachbar, der heute aussieht wie Jürgen von der Lippe, wie der also sagt, das »Hotel California« sei: was immer man darin erkennen wolle. Und dann sagte Henley, der Literatur studiert hat und wohl auch gern hat, dass man das weiß, eben weil es seiner Musik nun nicht unbedingt eingeschrieben ist, über das Eagles-Comeback: »Es war uns etwas vergönnt, das sehr selten ist in einem amerikanischen Leben: der zweite Akt.« Wieder dieses Fitzgerald-Zitat! Und das Tolle ist, je mehr man es versteht und je öfter es als Beweis angeführt wird – desto falscher wird es! In Don Henleys Karriere war das Eagles-Comeback doch mindestens der dritte Akt? Ein perfektes Zitat, immer richtig und immer falsch. Man kann ewig darüber nachdenken. Und das ist viel ergiebiger, als allzu genau nachzuforschen, wie Fitzgerald SELBST es gemeint haben könnte. Andernfalls erführe man, dass es nicht nur eine Notiz war für seinen unvollendeten Roman »Die Liebe des letzten Tycoon« (der ironischerweise Fitzgeralds zweiter Akt und also NEUERFINDUNG als Schriftsteller hatte werden sollen), sondern schon in einer früheren Kurzgeschichte von ihm auftauchte, in »My Lost City«, und dort sogar negiert: »I once thought that there were no second acts in American lives.« Hätte es vor 2000 Jahren schon Handykameras gegeben, YouTube und Periscope, die Bibel hätte niemals so wirkmächtig werden können. Quellengenauigkeit, Beweiszugang und Zeugenvielfalt verhindern die wuchernden Denkobsessionen, die uns ja erst zu Menschen machen. Glauben heißt Nichtwissen – und verankert einen in der Welt. Ich will doch sehr hoffen, dass Fitzgerald weit weniger über diesen Satz nachgedacht hat als mittlerweile ich, hatte doch Fitzgerald wirklich anderes zu tun, nämlich Genie sein, um die Details kümmert sich die Nachwelt.

Aber zum Glück war ich ja nicht nebenan mit Don Henley zum Nachmittagsseminar verabredet, sondern mit dem bekennenden Stegreif-Schlampigkeitskönig Gottschalk, der, wie ich, kaum vertraut ist mit dem Werk der Eagles. Mein Lieblingslied von den Eagles ist ein Udo-Lied, also, ich habe es als Udo-Lied kennengelernt, wiederum war die Coverversion mein Original, den Song »Desperado« hat Udo vor vielen Jahren mit einem deutschen Text versehen und nachgesungen. In meiner finstersten Zeit habe ich das immer gehört und mich weinerlich damit identifiziert:

Du treibst dein Pferd die Hügel hoch
In den Canyons hängt dein Echo
Und was du suchst, das weißt nur du allein

Und nun stand ich also in diesem Eaglessänger-Canyon. Ich habe keine Ahnung, wie der Desperado im Eagles-Original so drauf ist, aber für Udos Desperado gibt es am Ende des Textes die Empfehlung, das Sichverlieren im Dauergesuche aufzugeben, denn: »Zu Hause wartet schon lange jemand, der dich sehr liebt«.

Ich war jetzt auch schon ganz schön lange weg von zu Hause.

Und nun aber, mit Gottschalk, auf einem weiteren Trip in die Vergangenheit. Bei unserem letzten Treffen hatte Gottschalk sich um alles gekümmert, mich sogar noch zum Abendessen in Beverly Hills eingeladen, bezahlt und mich anschließend bis direkt vors Gartentor des Chateau Marmont gefahren – diesmal bin ich also dran. Bevor wir losgehen, benutzt Gottschalk noch mein Klo, und ich nutze die Zeit, mir schnell das lächerliche Batikshirt auszuziehen und auch auf komplett hell umzusteigen, weiße Hose, weißer Pulli, beiges Jackett. Wir sehen jetzt aus wie Siegfried und Roy und gehen ins Soho House. Gottschalk fragt, ob wir uns eine Pizza teilen wollen, ich aber bin aktuell wieder so essgestört, dass ich nur QUINOA mit Avocado essen mag, Gottschalk weiß gar nicht, was das ist, Quinoa, recht hat er, dieses Yoga-Hipster-Revivalgetreide muss man natürlich nicht kennen, aber er bestellt es höflicherweise auch, dazu allerdings noch Käsemakkaroni, er wolle auf Nummer sicher gehen.

Wir schauen auf Los Angeles, er erzählt von seinem Deutschlandbesuch, ich von meinen Tagen hier. Es greift die alte Helmut-Regel: How would Lubitsch do it? Immer das Gegenteil. Und so macht Gottschalk sich lustig über laute All-American-Schönheiten am Nachbartisch, ahmt ihr vielwörteriges Nichtssagen nach, »That was so awesome, I was like, you know: Oh my god, that's so amazing«, inklusive des hier üblichen Oktavsprungs innerhalb des Wortes »amazing« – während ich die hiesige Freundlichkeit lobpreise, die hohe Grundlaune, den verschwenderischen Umgang mit Superlativen und die kindische Momentherzlichkeit.

Gottschalk lebt ja schon seit 30 Jahren hier, meine Begeisterung aber ist ganz frisch, und eigentlich kapiere ich auch ihn erst hier so richtig. Diese Lockerheit und Ernsthaftigkeitsaversion, die man ihm oft als Masche ausgelegt hat, die ist tatsächlich seine Standardverfasstheit und hier völlig normal. Oberflächlich? Die Oberflächlichkeit hat ein Imageproblem, mag sein, aber in dieser Form empfinde ich sie als wohltuend. Bei uns zu Hause herrschte immer so ein Tiefgründigkeitszwang, einhergehend mit einer Problematisierungsobsession, und ich trage dieses Erbe durchaus in mir, bin aber doch froh über jeden Alltagsmoment, der mich davon erlöst. In den Hunderten kleinen Sozialstunts, die man täglich mit irgendwelchen Fremden zu meistern hat, an der Ampel, in der Warteschlange, beim Einkaufen, wo immer – da einfach diese kurzen Molekülmomente mit einem Lächeln und einem kleinen Scherz, einem Lob, einer Übertreibung und warum nicht ruhig auch einer kleinen Lüge aufhellen? Deshalb auch kam Udo hier so gut zurecht, schnickedischnack, wie geht's denn so, alles klar, ne?

Es ist wirklich irre, ich spreche im Grunde Gottschalks Text.

Ich erzähle ihm von meinen Schmidt-Letterman-Studien und meinen Schlussfolgerungen, DAS DEUTSCHE betreffend, und dagegen eben das große Gefühl, die Lässigkeit dieses einen Schrittes weiter, den Schmidt nie hat machen wollen. Für ihn, sagt Gottschalk, sei Schmidt immer vollkommen exkulpiert gewesen, weil er ja ganz eindeutig neben allen anderen Menschen auch sich selbst nicht mögen würde, Schmidt sei doch selbst sein schlimmster Fall und Feind, er, Gottschalk, habe ja viele Abende mit Schmidt und Jauch verbracht, und wo Jauch, bei allen Schwächen, die auch dieser haben möge, doch immer sich als Mensch zu erkennen gegeben habe, sei Schmidt ein mit den Augen zuckendes Neurosenbündel gewesen und immer auf Distanz, zu allem. Sehr scharf, sehr klug, sehr lustig. Nur niemals offen.

Exkulpiert, denke ich vor mich hin, nicht geköpft, sondern entschuldigt heißt das bestimmt, mea culpa und so, wahrscheinlich eine katholische Sache. Und: Seltsam, dass in beiden Fällen das Katholische als Imageerklärung taugt, sowohl für die gottschalksche schlamperte Lässigkeit wie auch für die schmidtsche Ultraintelligenz-Verklemmtheit. Religion ist eben niemals eine Entschuldigung, für gar nichts.

Gottschalk, stellt sich nun heraus, bedeuten die Beach Boys gar nicht so viel. Das ist natürlich auch schon wieder komplett wahnsinnig. Jetzt preise ich also Gottschalk, in dem ich natürlich entlang seines Images einen großen Beach-Boys-Fan vermutet hatte, die Beach Boys an! Seine Musiksozialisation, sagt Gottschalk, sei ja komplett britisch gewesen, nichts gehe ihm über die Beatles, mit den Amerikanern habe er es nie so gehabt; klar, die Hits kenne er, etwas lustlos stimmt er das unvermeidliche »Bababa-Ba-Babara-Ann« an, aber so richtig – nein. Meine durch den Kinofilm »Love & Mercy« neu entfachte Beachboysversessenheit ist derweil beinahe hysterisch, und so texte ich Gottschalk nun mit meiner Beachboysexegese zu. Vor 20 Jahren hatte ich im Rahmen meines Schnellkurses »vom Fan zum Redakteur« folgsam »Pet Sounds« gekauft, die regelmäßig zu einer der wichtigsten Platten der Popgeschichte gekürt wird. Und anders als viele andere angeblich superwichtige Platten habe ich diese sofort geliebt, sie war viel melancholischer als die Superhits der Band, vor denen es (auch für die Band natürlich) kein Entrinnen gab und die ja eine so mehrstimmige wie eindimensionale Gutelaunefolter sind und das große Beachboysmissverständnis lebendig halten, an dem ja zunächst Brian Wilson und dann natürlich auch die ganze Band zerbrochen ist. Während sie aber zerbrachen, gelang ihnen eben das Weltkulturerbe »Pet Sounds«, das ja vom Zerbrechen handelt.

Vergiss Bababa-Ba-Babara-Ann!, rufe ich also dem im Quinoa stochernden Gottschalk zu, den mein Furor etwas überrascht, aber er lässt mich weiterfaseln, schiebt die Quinoagrütze zur Seite und nimmt sich die Käsemakkaroni vor, er hatte es ja geahnt. »Pet Sounds«, versuche ich nun ihn als Beatles-Fan ABZUHOLEN, »Pet Sounds« war ja die Antwort auf »Rubber Soul«. Eben nicht frischwärts »Surfin' U.S.A.«, fahre ich fort, bevor ich »Pet Sounds« kannte, sei dies auch mein Beachboysmissverständnis gewesen.

»Wir können überhaupt nicht surfen, und echte Surfer hören nicht unsere Musik«, sagt einer von ihnen im Film »Love & Mercy«. Und nur wenn man das weiß, ist ja die Musik überhaupt zu ertragen, diese naive Strandverherrlichung, beach, girls, surf. Gerade weil ich nicht surfen kann, erreicht mich »Surf's Up« mit solcher Wucht. Denn wir alle können ja nicht surfen. Erst wenn man weiß, diese Lieder hat einer geschrieben, der das Wasser fürchtete, und wenn man dann noch bedenkt, dass das Wasser ausgerechnet ihnen, den Beach Boys, zum Verhängnis wurde, der eine Bruder besoffen von einer Jacht gefallen und ertrunken ist, im Hafen!, der andere am Pool einen Herzinfarkt erlitt – dann erst sind diese Strandsinfonien in ihrer ganzen Größe begriffen. Um trotz seiner Wasserscheu beim Komponieren in ein Strandgefühl zu kommen, so geht die Legende und so ist es auch im Film zu sehen, ließ sich Brian Wilson Sand ins Studio schütten, unter den Flügel. Selbst wenn das erfunden ist, so ist es doch die Wahrheit.

Donnerwetter, sagt Gottschalk, da müsse er sagen: Reschpekt. So wie er das ja immer sagt. Ich hätte mich da ja richtig EINGEARBEITET. Das bewundere er irgendwie, dass ich mich da hinsetze und alte Platten höre und mich richtiggehend in Studien vertiefe, das sei ihm ganz fremd. Seine Vorgehensweise sei ja immer die gegenteilige gewesen, mit möglichst wenig Aufwand und Vorbereitung durchkommen, weil seine Stärke immer die Improvisation und seine Schwäche immer alles Geplante gewesen sei, gerade mit der Schludrigkeit, könne man sagen, habe er ja seine größten Erfolge gehabt. Natürlich, pflichte ich ihm bei, die schlampige Lässigkeit sei immer sein Trumpf, wenn nicht Geschäftsmodell gewesen. Mir als zwanghaftem Neurotiker jedoch fehle diese Gabe und bliebe deshalb immer nur das überreizte Hineinsteigern, egal in was.

Ich bestelle eine Uber-Limousine, Gottschalk sagt, er kenne das schon von seinem Sohn, wenn der mit einem schrottigen Toyota oder so ankäme, sei das immer ein Uber. Damit kein schrottiger Toyota kommt, bestelle ich eine teurere Kategorie, Uber+, es kommt ein weißer Mercedes, Gottschalk ist zufrieden. Donnerwetter, na wenn das so einfach gehe. Auf dem Weg zum Greek Theatre fragt uns der Uber-Fahrer, was für Musik wir hören wollen, und ich wünsche mir die Beach Boys, er tippt es in sein Telefon, Radio Pandora, da kommt dann das Gewünschte und Verwandtes, die Beatles erklingen, »I Should Have Known Better«, Gottschalk singt den Anfang leise mit, und der junge Fahrer guckt fröhlich in den Rückspiegel und lobt unseren Musikgeschmack, die seien ja echt gut, die Beach Boys. Gottschalk ruft: Na! – und in einer Fernsehsendung würde er dem unwissend Majestätsbeleidigenden nun mit großer Geste eine Backpfeife oder einen Kinnhaken androhen. Macht er jetzt aber nicht.

Wir fahren den Sunset Boulevard hinunter gen Osten, die untergehende Sonne im Rücken, die prächtigen Billboards sausen vorbei, eine komplette Hochhausseite ist bespannt mit einem riesigen Plakat für, natürlich, eine neue HBO-Serie mit einem früheren Wrestler, der heute Schauspieler ist (ZWEITER AKT!), und der Werbeslogan lautet, Gottschalk liest ihn vor: »Legends don't retire. They reinvent«. Das sei gut, sagt Gottschalk, das müsse er sich merken: Legenden gehen nicht in Rente – sie erfinden sich neu. Und weiter geht die Fahrt auf dem Sonnenuntergangsboulevard, und John Lennon barmt aus dem Radio:

This could only happen to me
Can't you see, can't you see?

Das Konzert ist dann leider absolut grauenhaft. Brian Wilson sitzt in einem Oberhemdzelt hinter einem weißen Flügel, drum herum eine Band, die alles erledigt, auch den Kopfstimmengesang, Wilson sitzt einfach nur da und erträgt, unbewegt, er nuschelt irgendwas, ein vor fünfzig Jahren eingeschlafenes Riesenbaby. Und jetzt alle:

I wish they all could be California girls

Es ist fast wie bei einem Kraftwerk-Konzert, wo man sich ja auch immer fragt, was genau die da eigentlich machen an den Tastaturen, programmatisch unbewegt hinter ihren Laptops stehend; bis man dann begreift: Es ist vollkommen egal. Das Handgemachte ist ja ein in der Musik zum Glück längst überwundener Authentizitätskitsch. Man ist halt mal für ein Stündchen im selben Raum, das reicht doch. Gottschalk zeigt mir auf seinem iPhone ein frühes Foto der Beach Boys, er hat es rasch gegooglet, war sich nämlich sicher, dass außer Brian Wilson auch noch ein anderer, der Hübsche, aus der Urbesetzung dabei ist. Stimmt, das könnte jener ältere Herr dort sein, der mit der Gitarre. Ganz gut gealtert, oder was sagt man da jetzt?

Eine seltsame Sentimentalitätsachterbahn ist so ein Konzert. Weil es ja in der Popmusik immer auch um Jugend geht, explizit oder implizit, ist so ein Legendenkonzert eine quasireligiöse Gestern- und Geisterbeschwörung; man wartet auf die Hits, nimmt ungeduldig irgendwelchen Spätwerkehrgeiz hin. Aber alles, sich selbst vor allem, vergessen, indem man sich seiner selbst erinnert – das kann man nur mit den Hits. Der Künstler ist, wenn es nicht funktioniert, für den Ungläubigen also, den Skeptiker, den Nichttotalfan, erkennbar als Erinnerungsdienstleister. Ist Wilsons Verfall nicht einfach die Spiegelung des meinen, eines jeden da im Publikum, und man singt und jubelt sich diesen Schmerz dann besser weg, solang noch irgendwelche Vitalfunktionen messbar sind beim Musiker? Wenn ich bei einem Udo-Konzert durchgängig weine, warum weine ich dann? Was genau rührt mich so – dass Udo noch da ist? Dass ich noch da bin? Oder wirklich DIE MUSIK? Die aber andere ja völlig unberührt lässt; was ich zeitlebens und gern bei jedem mit extra ausgesuchten und vorgespielten Liedern zu bekämpfen versuche, und dennoch, es kommt vor. Man kann nur jedem wünschen, dass er eine solche Musik hat, die ihm ein Zuhause ist.

Mir ist es plötzlich sehr unangenehm, dass ich Gottschalk zu diesem schwer erträglichen Konzertbesuch überredet habe, also schwärme ich ihm vom Kinofilm vor, von der wahnsinnig hübschen Schauspielerin, die Wilsons Ehefrau und Retterin Melinda spielt, die er als Verkäuferin eines Cadillac-Geschäfts kennenlernte.

Wilson hat heute Geburtstag, den 73., das Publikum singt für ihn »Happy Birthday«, mich erinnert das jetzt doch alles sehr an meinen eigenen 29. Geburtstag in der Klinik. Im Bühnenhintergrund ein Bündel Luftballons und eine torwandgroße Geburtstagskarte, beides von John Cusack, der den völlig verwirrten 80er-Jahre-Wilson in »Love & Mercy« spielt. Eine riesige Torte wird auf die Bühne gebracht von Hippietanten jeden Alters, matronenhaften Mamis und kleinen Mädchen, möglicherweise seine Kinder und Enkel. Aha, The Mamas & The Papas, du liebes bisschen, sagt Gottschalk, und aus der Ferne kann man jetzt nicht mehr mit Bestimmtheit ausmachen, wo der riesige Kuchen aufhört und Brian Wilson anfängt oder ob da nicht sowieso die ganze Zeit ein Kuchen am Klavier gesessen hat. Gottschalk fragt mich, welche von denen denn nun die Cadillac-Verkäuferin sei, das sehe ja mehr nach Kelly Family aus als nach Cadillac-Verkäuferin.

Wilson kündigt einen Herrn namens Blondie an, in dessen Antlitz die Physiognomien aller vier Rolling Stones zu einem einzigen Antidrogenkampagnengesicht zusammengemorpht scheinen, und Blondie singt irgendeinen Falsettquark, es ist jetzt musikalisch allerhöchstens noch Stadtfestniveau, Gottschalk murmelt: Den hat er wohl in der Therapiegruppe kennengelernt.

Als Wilson bittet, man möge sich doch Blondie zu Ehren für ein Tänzchen von den Sitzen erheben, fragt Gottschalk listig, ob wir diese Gelegenheit vielleicht nutzen wollen, mal so langsam rauszutanzen.

Wir gehen zu Fuß den Berg hinab, denn ich habe in der direkten Amphitheaterumgebung keinen Handyempfang, und mir obliegt ja die gesamte infrastrukturelle Abendplanung. Ich sage Gottschalk, ich sei so ein Typ, von dem jetzt gleich Großfamilien-Durchhaltesätze zu erwarten seien wie »Ist doch auch ganz schön, jetzt ein paar Schritte zu gehen«. Gottschalk assistiert mit der dazugehörigen Anschlussphrase, jaja, bisschen durch die frische Luft; allerdings bezweifele er, dass das klappen würde mit meiner komischen Uber-App, so weit draußen. In Deutschland, sagt er, würde er jetzt jedes beliebige Auto anhalten und um Mitnahme bitten können. Ja, er könne sogar mit Dünnschiss an jeder deutschen Haustür klingeln und dürfe dann garantiert dort das Klo benutzen. Weil wir aber weder Dünnschiss haben noch in Deutschland sind und ich noch immer keinen Empfang habe, gehen wir weiter durch die Nacht, hinab ins Licht der Stadt. Die Amerikaner sind da anders als wir, sagt Gottschalk, die sind einfach begeistert, dass er überlebt hat, und wie das dann klingt, ist völlig egal. Es sei ja eher rührend gewesen als gut, und schon seltsam, dass wahrscheinlich jede Beach-Boys-Coverband mehr nach den Beach Boys klingen würde als dieses Inferno da eben.

Aber es war, ja, echt. Und Legenden gehen nun mal nicht in Rente, und wenn sie sich irgendwann selbst nicht mehr neu erfinden können, dann kann immer noch ihre Vergangenheit neu erfunden werden, von Hollywood, und der Hauptdarsteller schickt dann Luftballons zum Geburtstag, das ist doch auch gut.

Noch immer ist es sehr warm, ich habe meine im Jutebeutel mitgeführten Erkältungspanikutensilien gar nicht gebraucht, den Helmut-Schal und die Noel-Kapuzenjacke. Vielleicht ist es auch einfach unmöglich, an der Seite von Thomas Gottschalk zu frieren. Wo der ist, scheint die Sonne, auch nachts. Endlich habe ich Empfang, kann uns ein Uber bestellen, ein Uber+, weil Gottschalk dabei ist, es dauert auch gar nicht lang, eine wiederum weiße Limousine (das muss an Gottschalk liegen, sonst sind die meistens schwarz) sammelt uns ein, und wir fahren zurück zum Chateau Marmont.

Der nächtliche Sunset Boulevard, die Neonschriften, die Blinklichter, die leuchtenden Billboards, man gleitet da durch und weiß, dies ist die schönste Seite der Nacht, die Verheißungen und das Tempo, man spürt, dass jetzt unterwegs zu sein bedeutet, noch nicht aufgegeben zu haben. Am Anfang will jeder in diesen Teil der Stadt, zu den Lichtern, in die Nähe der berühmten Gebirge-Buchstaben, ins Klischee, sagt Gottschalk. Auch er habe anfangs natürlich in den Bergen West Hollywoods gewohnt, sein Nachbar dort sei Peter Frampton gewesen. Ich gucke fragend, Peter wer?, und Gottschalk singt kurz dessen Hit an, »Baby, I Love Your Way«, ah, okay. Sein nächstes Haus habe er, als er dann die Malibu-Mühle fand, an Nicolas Cage verkauft. Und ja, er wisse, wie das klinge, aber so sei es nun mal gewesen. In Udos Lied »Der amerikanische Traum« heißt es dazu:

Was ist denn hier Hollywood
Und was ist wirklich wahr?

Das Tolle bei Gottschalk: sowohl als auch. Beim Schreiben seiner Autobiographie, so er, habe er manches weglassen müssen, was zwar die Wahrheit sei, aber nach Angeberei klinge. Ein, so ich, mir vollkommen fremder Ansatz.

Nachts, mit Blick auf die Lichterströmung, die – unten wuseliger, bergan ruhiger – ganz eindeutig aufwärtsstrebt, begreift man die so hinreißend simple Logik dieser Stadt noch mal besser: Es geht einfach nur darum, es so weit wie möglich bergauf zu schaffen. Charles Bukowski – Held und Stimme derer, die das nicht geschafft haben – hat natürlich die längste (und werkprägende) Zeit seines Lebens in jeder Hinsicht DOWNTOWN gewohnt und gewütet, das Postamt, die Bruchbuden, Rennbahnen und Spelunken, davon handelt ja sein dem Scheitern Poesie abgewinnendes Werk, dessen Erfolg es ihm aber dann spät und ironischerweise und hollywoodesk: den Berg hinauf ermöglichte, Charles Bukowski also befand, als er schließlich, von nämlichem Hollywood verfilmt und hofiert, den ungewohnten Blick von oben hinab hatte, auf dem Balkon der Chateau-Marmont-Suite von Norman Mailer stehend: »A hell of a view of a hell of a town.«

Wir fahren an einem selbstverständlich geöffneten Supermarkt vorbei, Gottschalk zeigt aus dem Fenster, in diesem Supermarkt habe er in seinen ersten Jahren hier oft mitten in der Nacht, mit Jetlag, gerade aus Deutschland kommend, Müllbeutel oder so gekauft, und das sei für ihn Amerika und große weite Welt gewesen: nachts um drei Müllbeutel kaufen können.

Zum Abschied umarme ich Gottschalk, diesmal richtig, obwohl vielleicht schon wieder Händeschütteln angemessener gewesen wäre, ich muss mir das jetzt endlich mal merken, ich neige in meiner Unsicherheit bei den Begegnungen mit all den Giganten hier zur Übersprungsvertrautheit, vor ein paar Tagen habe ich den nun wirklich keinerlei Sehnsucht nach körperlich ausgedrückter Herzlichkeit ausstrahlenden Bret Easton Ellis schon so schockiert mit einer Umarmung, ja sogar einem Kuss auf den Hals, ich war in ein Abendessen von ihm hineingelaufen, mich starrten vier völlig fremde Menschen und der mir ja auch nicht gerade nah bekannte Ellis an – und ich überkompensierte meine Unsicherheit also durch eine eruptive Ellisumarmung samt Kuss, das war fürchterlich peinlich.

Gottschalk fährt weiter nach Malibu, unweit seines Hauses befindet sich der durch Plattencover und 60er-Jahre-Schoten als solcher berühmte Original-Beach-Boys-Strand, Paradise Cove, und wenn man da wohnt und keine Angst vorm Wasser hat, dazu noch dieses Gold- und Glücksjungen-Gen in sich trägt – wie und warum sollte einen dann »God Only Knows« oder »You Still Believe in Me« erschüttern? Die Schreibschrift des Wortes »California« auf dem Nummernschild, sagt nicht die schon alles? Der Schwung, die Fröhlichkeit, die Unbeschwertheit. Wenn man die amerikanische Staatsbürgerschaft annimmt, so sie einen lassen, wird man vorher gefragt, wie man künftig heißen möchte. Man kann sich dann nennen, wie man will. Ein neuer Pass, ein neuer Name, ein neues Leben. Auch auf das Nummernschild kann man schreiben lassen, was man will, bei Gottschalk steht dort: Haribu. Also eine Mischung aus Malibu und Haribo, und natürlich auf kleinstem Raum der Roman seines Lebens. Ich schaue ihm nach, wie die Rücklichter seines Autos verschwimmen in all den anderen Lichtern.

Durch den dunklen Garten, die riesigen Bambusgewächse rechts und links, ein Märchenwald mit Reeperbahnanschluss, zurück zu meinem »Howl«-Cottage, und wie auch das »Hotel California« der Eagles kann Ginsbergs »cottage in the western night« unter anderem verstanden werden als eine psychiatrische Klinik (und SCHON KLAR, dass Ginsberg wohl eher kein Chateau-Marmont-Cottage meinte, aber ein anderes habe ich gerade nicht zu liegen).

Mir fällt, natürlich, ein Udo-Lied ein, und ich muss jetzt sofort in mein Zimmer gehen und es anhören und mitsingen, in Tränen aufgelöst, nach langem Weg, in meiner Hütte in der Nacht des Wilden Westens:

Nun steh ich hier und sing ganz andere Lieder
Ich weiß noch nicht, wohin es geht
Ja, die Straße hat mich wieder

Ich liege in meinem Zimmer, es ist Samstagnacht, saturday night, die lange Nacht der Amateure. Ich höre den Sunset Boulevard da draußen vibrieren, Gekreische, Basswummern, und wenn man genau hinhört und romantisch genug veranlagt ist, hört man sogar die Neonblinklichter, dieses optische Glockengeläut der Remmidemmikathedralen, man weiß es einfach, die blinken da, und alles tanzt – und ich nicht. Es ist nüchtern sinnlos, da jetzt rauszutapern. Alles, worum es in der Nacht geht, ist anti-nüchtern, die Entgrenzung, der Unsinn. Ach, das Prinzip Nacht, ich vermisse es schon sehr. Vor Mitternacht Licht aus, es ist so vernünftig, »toll, wie du das schaffst«, es ist ein Jammer. Schon als Kind war ich ein Gegner des Schlafengehens. Meine drei älteren Geschwister durften natürlich länger aufbleiben als ich, und ich habe immer gedacht, ich verpasse was, erst wenn ich schlafe, geht es richtig los, was auch immer. Noch immer ist die Nacht mein Feind, ich fürchte die Dunkelheit. Ich haue mir Schlaftabletten rein, meine Konzession ans Nachtleben – dann tut das Fernbleiben nicht so weh, es verkürzt diese grauenhafte Dunkelstille und den Halbschlaf, stoppt chemisch den leidigen Gedanken-Brummkreisel. Und dann ist Ruhe. Gewiss auch eine Art, das schlafende Monster Drogenabhängigkeit in mir friedlich zu stimmen.

In einer Stunde läuft die Leihfrist der Johnny-Carson-Dokumentation ab, mit der hatte ich schon am Abend zuvor in den Schlaf gefunden, ich gehe immer auf Nummer sicher, zwei verschiedene Schlafmittel und ein nicht zu aufregender Film, Dokumentationen, die ich schon kenne, sind besonders förderlich. Auch Johnny Carson wohnte am Beach-Boys-und-Gottschalk-Strand Paradise Cove, und im Gästezimmer seiner Exfrau starb Truman Capote. Schon durch den angenehmen Schlafmittelvorhang höre ich also, was die ganzen heutigen amerikanischen Unterhaltungsgiganten – Jimmy Fallon, Conan O'Brien, Ellen DeGeneres, Steve Martin, Jerry Seinfeld – über Johnny Carson sagen:

»Man mochte einfach diesen Mann so gern – und ging den Weg mit ihm.«

»Sicherlich der Mann mit dem größten Wiedererkennungswert des Landes.«

»Alles, was er sagte, war wahr, ob er übers Trinken sprach oder was immer, das alles war wirklich ihm widerfahren – und das fand man wirklich cool.«

»Er wurde das, indem er einfach er selbst war.«

»So vertraut wie eine Gutenachtgeschichte.«

Alles Sätze, die ich genauso über Udo sagen könnte. Ich und so viele andere. Ein tröstlicher Gedanke – und dann gongt das Schlafmittel mich aus, und wieder ist ein Tag geschafft.

Am nächsten Morgen höre ich, wie an jedem Morgen seit ein paar Wochen, »Pet Sounds«, und ich drehe extra laut, um den Vorabend zu vergessen, diesen unguten Realitätsabgleich, ich denke mir jetzt den jungen Wilson aus dem Film dazu, während ich den echten jungen Wilson auf dieser unsterblichen Platte singen höre, und so, falsch nämlich, so stimmt dann wieder alles. Brian Wilson hat schon in den 60er-Jahren singend einem Kalifornien der 50er nachgetrauert, das es natürlich nie gegeben hat, das sich aber dann anhand der es beschreibenden

Lieder Wilsons nachgebildet und entwickelt hat. Zwar ist dieses Kalifornien natürlich ein Klischee. Aber der Erfinder eines Klischees ist immer fein raus.

Helmut Dietl hat auf diese Weise – mit »Monaco Franze«, »Kir Royal« und »Rossini« – München erfunden. Das, was wir meinen, wenn wir von München sprechen.

»Monaco Franze« hatte Helmut ja hier geschrieben, aus Heimweh, wie er immer sagte. Eigentlich hatte er einen Film über das Chateau Marmont machen wollen. Aber den schreibt und macht man natürlich besser überall anders als dortselbst, was ja auch die Langweiligkeit von Sofia Coppolas Film »Somewhere« erklärt; man wollte den gern gut finden, aber richtig gut war er nicht. Darüber hatte ich auch mit Ellis gesprochen, der den Film verteidigte, aber man spürte, er fand ihn eigentlich auch langweilig; dass Langeweile das Thema des Films war, ist schon klar – aber das darf man eben nicht langweilig erzählen, denn sonst ist es: langweilig.

Natürlich kann man das schönste Lied über Kalifornien – »California Dreamin'« – in New York schreiben. Irgendwo, wo es Herbst mit braunen Blättern und Winter gibt:

If I was in L.A.

Geträumt wird im Konjunktiv, die Sehnsucht bleibt ja immer. Das habe ich schon als Kind von Udo gelernt:

Und nun sitz ich hier im Süden
Und so toll ist es hier auch nicht

Wie gern nämlich, fällt dem ICH-ERZÄHLER ein, aus dem hohen Norden kommend und schließlich im Süden angelangt, »wie gern würd ich mal wieder auf einer Nordseedüne sitzen«. Ich habe diese Lieder alle erst mit Verspätung kennengelernt, Jahre nach ihrem Erscheinen; das aber hat ihre Wirksamkeit nicht beeinträchtigt. Udo hat ja nur scheinbar in seinen Texten eine JUGENDSPRACHE beliehen – es hat diese Jugend, die so sprach, wie Udo singt, niemals gegeben. Und er hat auch ein Hamburg besungen, das es nie gegeben hat und das es dann durch, entlang und anhand seiner Lieder eben doch gegeben hat. In mir jedenfalls haben Udos Lieder in meiner Kindheit eine tiefe, bis heute gültige Hamburgsehnsucht geweckt, die nur kurz mal pausierte und etwas eingetrübt war – nämlich in den drei Jahren, in denen ich dort wohnte. Erst seit meinem Wegzug von dort finde ich Hamburg wieder ganz toll, und immer, wenn ich am dortigen Hauptbahnhof ankomme und an der Schauspielhausseite rausgehe, meistens ja direkt zum Atlantic, dann ist das der einzige Ort in Deutschland, an dem ich ein ortsgebundenes Heimatgefühl empfinde.

Die Verbrechersaftbude Mr. Clou und natürlich der Syltnepp Gosch – dort stand ich immer mit Arne, sonntags zumeist, wenn wir keine Lust auf das Block House hatten. Vorbei an der Alkoholikerkneipe, in der ich kurz vor dem Prem-Exitus das Udo-Lied »Baby, wenn ich down bin« ziemlich eins zu eins umsetzte, »Oder wenn ich durchdreh, die letzten Scheine auf den Tresen hau«, auf den Vorplatz, vielleicht der Bahnhofsvorplatz mit der höchsten Dichte an platt getretenen Kaugummis pro Quadratmeter in ganz Deutschland, aus den Lautsprechern die abscheulich-hanseatische Art des sarkozyschen Kärcherreinigers: Mozartmusik, die die Junkies vertreiben soll; immer liegen mindestens zwei Menschen dort auf dem Fußboden, die es nicht geschafft haben, bei denen alles zu spät ist und auch Mozart nicht mehr so richtig hilft; ich denke an Schlingensief und sein Bahnhofsmissionsprojekt; auf zwei der roten Metallmülleimer liegen aufgeklappt Schachbretter der wartenden Taxifahrer, konzentriert und schweigend umstehen sie die laufenden Partien, fast jeder von ihnen hat ein Klappschachspiel im Kofferraum; über die Straße, den efeuumrankten Schriftzug »die eigene GESCHICHTE« lasse ich LINKS LIEGEN, den Holzdamm runter, vorbei am früheren Eingang der Plattenfirma Motor Music, die kleinen Stichwege in die Hinterhauswelt St. Georgs, wo es nachts auch heute noch ziemlich gefährlich sein kann – und dann sieht man schon von Weitem die Atlantic-Pagen in ihren ja irgendwie degradierenden, trotzdem gastlaunehebenden blauen Goldknopf-Luxussimulationsuniformen mit Koffern vorm Hoteleingang hantieren, was mich immer an die zerbeulten Koffer aus »Unterwegs« denken lässt: »Unsere zerbeulten Koffer standen wieder am Straßenrand. Vor uns liegen weite Wege, aber egal. Die Straße ist das Leben.« Jedes Mal große Wiedersehensfreude mit dem früheren Prem-Nachtportier, er guckt mich kurz prüfend an, ob ich noch immer clean bin, sein Blick weiß mehr als meine Krankenkasse.

Zu Udo?

Eine rhetorische Frage. Ich gehe die Stufen hinauf, Kordelgeländer, blauer Teppich, Drehtür – zu Hause.

An der Bar sitzt Udo, summt vor sich hin, ein paar Zettel vor sich, noch immer hat er keinen Text gefunden für den Song »Open Road«, Udo dödüpt das Lied, es ist wahnsinnig schön, auch OHNE WORTE. Elbchaussee, Karl-Marx-Allee oder Pacific Coast Highway, wie oft sind Udo und ich durch die Gegend gefahren und haben dabei immer wieder eine Instrumentalversion dieses Liedes gehört und textlos drauf rumgesungen, während wir ja genau diese offene Straße entlangglitten – und denkend, singend, navigierend: nicht wussten, wohin. Und genau das als die beste Richtung begriffen. Udo summte, und udogesummt klang es super, viel richtiger als jeder Wortversuch: Dödödööödüp. In Udos heutiger Singstimme schwingen ja alle bereits zurückgelegten Wege und auch die noch vor ihm liegenden mit, die Siege und Niederlagen, Glücksgipfeljuchhee und Verlusttrauer, die ozeantiefe Melancholie eines zwar geglückten Lebens, das sich aber weiterhin nicht selbst genügt. Der akustische SUBTEXT der heutigen Udo-Stimme ist sein durch so viele Formen geschrittenes Ich; da ist ALLES DRIN. Udos Stimme ist sein größter, ist der ultimative Text: Wer genau hinhört, wird besonders im vermeintlich textlosen Singen Udos, seinem berühmten Dödööödööödüp-döödödödödüüüüp, das in fast jedem seiner Lieder kurz anklingt, ALLES hören, die gesamte menschliche Existenz.

Wahrscheinlich ist es am richtigsten, wenn Udo den genau passenden und alles fassenden »Open Road«-Text niemals fertig bekommt. Das Sehnende, das Ewigsuchende, der beständige Aufbruch, der freie und deshalb haltlose Weg ins Ungewisse – formuliert ist es eine Klischeefalle. Doch wenn man diese Idee zum eigenen Lebensprinzip erhebt und gegen alle Widrigkeiten durchsetzt, ist es das beste Lied der Welt.

MITTERNACHT,
ICH
GING
SPAZIEREN

Der Plakat-Costello schaut noch immer vorbei am Ich-Erzähler. Es ist ein anderer Ich-Erzähler, es sind 30 Jahre vergangen, und es ist ein anderes Costello-Plakat, er trägt darauf nicht diese Brille mit einem blauen und einem roten Glas, normale Brille – und einen Hut. Zeit ist vergangen. Doch in die Augen schaut auch dieser Costello auch diesem Ich nicht, er schaut vorbei, in die Nacht, auf die gegenüberliegende Seite des Sunset Boulevard, dort befand sich früher der Plattenladen Tower Records. Früher, als es noch jenseits von Antizyklistengemeinden Platten gab. Zwei Querstraßen weiter wohnt Bret Easton Ellis und verweigert sein Spätwerk. Draufgeklebt auf den heutigen Hut-Costello im Buchladenschaufenster ein Veranstaltungshinweis: »Elvis Costello – discussing his brand new memoir«. Und zwar heute, jetzt gleich!

Wenn Costello mich schon nicht ansieht, folge ich wenigstens seiner Blickrichtung, vielleicht gibt es da ja was zu gucken – und erschrecke. Dort, wo sich einst Tower Records befand und wo der Plakat-Costello nun wehmütig hinschaut, da IST ja plötzlich wieder Tower Records. Jahrzehntelang war dieser Plattenladen mit der Aura eines Matratzenoutlets das musikalische Epizentrum des ja in ganzer Länge musikgewidmeten Sunset Boulevard gewesen, ein Treffpunkt für Musiker und Musikkäufer; alle Platten, die es gab, gab es dort – ein iTunes zum Reingehen. Dave Grohl hat dort einst als Verkäufer gearbeitet, und Elton John trauerte dem Laden fast so nach wie Lady Di.

Und hier zeigt sich nun Hollywood auf einem Hochpunkt seiner Magie: Um einen Dokumentarfilm zu bewerben, der Aufstieg und Fall des Tower-Records-Imperiums nachzeichnet, die Ladenschließung vor zehn Jahren als allseits dramatisch empfundenen Verlust für die Identität oder die, sollte es so was geben, SEELE des Sunset Boulevard – wird der Laden da wieder für eine Weile hingestellt. Sieht aus wie früher, auf den alten Fotos, in den Filmen, ist zwar nur Kulisse,

Werbung, doch strahlt das Tower-Records-Logo wie ehedem rot auf gelb in die Nacht, memento mori, die Lücke, die sich endlich selbst erzählt. Der Film heißt, nach einem Songtitel von George Harrison, »All Things Must Pass«. Alles hat ein Ende, nur die Wurst hat zwei, sang Stephan Remmler, der allerdings hat – und das gibt Minuspunkte in der Disziplin Legendenverwaltung und Mythoserhalt – gerade ein Kinderbuch geschrieben: »Heinrich, Schweinrich und die fliegenden Krokodile«. Warum nur müssen so viele Giganten gen Ende KINDERBÜCHER verfassen?

John Lennon: Real Love, Bilder für Sean
Paul McCartney: Hoch in den Wolken
Ringo Starr: Octopus's Garden
Keith Richards: The Story of My Granddad …
Jay Leno: If Roast Beef Could Fly
Cat Stevens: Teaser and the Firecat
Madonna: Die Englischen Rosen
Bruce Springsteen: Outlaw Pete
Sting: Rock Steady: A Story of Noah's Ark
Dolly Parton: I Am a Rainbow
Jimmy Carter: The Little Baby Snoogle-Fleejer
Paul Simon: At the Zoo
LL Cool J: And the Winner is …
John Travolta: Propeller One-Way Night Coach
Boris Becker: Was Kinder stark macht
50 Cent: Playground

Costello immerhin hat wohl kein Kinderbuch geschrieben, also hinein in den Buchladen, aber die Memoirendiskussion findet gar nicht dort statt, sondern irgendwo DOWNTOWN. Sicherlich wieder so ein Grauschopfkonvent, Aussegnungshallenatmosphäre – aber alter Mann mit Hut, da bin ich ja automatisch immer dabei, muss mich aber jetzt beeilen, in einer Viertelstunde geht es los. Mit meinem Fahrrad bin ich schnell wie nie, es geht ja bergab, das ist das Gute daran, wenn man sich in die Vergangenheit bewegt.

Zehn Minuten zu spät komme ich an, schwitze wahnsinnig von diesem Stressgepresche, sie packen schon zusammen an der Abendkasse, lassen mich aber noch rein. Statt einer Eintrittskarte muss man ein signiertes Buch kaufen, das ist dann die Eintrittskarte, guter Trick eigentlich. Dadurch haben jetzt wirklich alle im Saal dieses Buch gekauft, Elvis Costellos Erinnerungen: »Unfaithful Music & Disappearing Ink«. Treulose Musik und verschwindende Tinte, oder wie?

Gerade als ich den Saal betrete, kommt Costello auf die Bühne. Die hinteren Reihen des Theatersaals sind weitestgehend leer, ich muss mich erst mal beruhigen. Bin aber so aufgeregt, dass ich jetzt so unvermutet Costello sehe, vor 25 Minuten noch wusste ich nichts davon, und diese Fügungsglücklichkeit führt bei mir nun leider zu akuter Telefonkrankheit, ich mache ganz viele Fotos von Costello auf der Bühne, schicke sie an Arne, an Lukas, Till, unterrichte alle davon, die das auch nur im Geringsten interessieren könnte. Es ist die zwar persönlichere, jedoch viel aufdringlichere Variante eines sozialen Netzwerks und der damit verbundenen Selbstdarstellungsmanie: Ich sitze in der Costello-Veranstaltung! Schau mal, wo ich gerade bin!

Nach etwa einer Viertelstunde konzentrierter Postausgangsarbeit bemerke ich, dass ich gerade in Höchststufe dieses gegenwartskennzeichnende Mitteilungssyndrom habe, vollauf beschäftigt damit, andere ins Bild zu setzen, wo ich gerade (ist das nicht unglaublich?) bin und wie es da aussieht und so weiter – sodass ich eigentlich gar nicht hier bin; es aber sicherheitshalber mal verbreitet habe. Diese Existenznachweisdepeschen entbehren ja grundsätzlich einer Pointe, sie gehen so: »Voll krass, ich habe Elyas M'Barek vor Starbucks getroffen.« Und das war die Geschichte! Mehr ist, mehr war gar nicht. Man sichert den Beleg, bevor und statt dass überhaupt eine Interaktion geschehen könnte – und dann ist es auch schon wieder vorbei. Ich habe Beweise, aber was ich hier eigentlich erleben hätte können, werde ich mir selbst dann hinterher, wenn ich die Fotos auf den Computer überspiele, kurz angucken, vielleicht (nein, man schaut sich diese Fotos niemals an, dafür macht man sie ja. Hä?). Ich fabriziere also Resümees, die das Erlebnis ersetzen. Und auch die anderen Zuschauer halten mehrheitlich Kameras und Telefone hoch. Das ist ja ganz furchtbar. Außerdem habe ich eine nasse Unterhose.

Vielleicht werde ich gleich verhaftet, aber ich muss mich jetzt leider mitten im Theater umziehen, sonst erkälte ich mich, es ist schon wieder so verrückt runtergekühlt hier drinnen, und ich habe mich so beeilen müssen. Weil ich später noch zu Barry's Bootcamp gehen wollte, um meine heutige Energiebilanz ins Negative zu schuften, habe ich frische Wäsche dabei. Aber ich sitze in einer DICHTERLESUNG, na ja, nicht ganz so schlimm, in einer Buchpräsentation. Elvis Costellos Mikrophon ist kaputt, es kruschtelt und kracht furchtbar, er ist kaum zu verstehen, dadurch entsteht ein schmunzelndes Zusammengehörigkeitsgefühl, so ist es immer, wenn die Technik nicht perfekt ist, haben Künstler und Publikum ein gemeinschaftliches Problem und fortan gute Laune, das sind immer die besten Abende, wenn die Show hakt und dadurch Unmittelbarkeit entsteht.

Schön, aber ich müsste jetzt wirklich mal Unterhose, T-Shirt und Strümpfe wechseln, sonst bin ich morgen krank. Ich sitze sehr weit hinten, viele leere Stühle um mich herum, hier könnte sogar Ellis sitzen. Es ist sehr unkomfortabel, sich in einem Theaterklappsessel umzuziehen, nun sitze ich also kurz mal untenrum nackt da, irre Verrenkungen sind nötig, ich muss ja unter der Stuhllehnenhöhe bleiben mit meiner Entblößung, falls sich jemand umguckt oder falls Costellos Brille ihm einen sehr scharfen Weitblick ermöglicht, dick genug ist sie ja, und dann könnte der Eindruck entstehen, ich würde hier gerade eine hochinteressante Perversion ausleben: Es erregt mich, bei Buchvorstellungen von alten Männern inmitten lauter anderer alter Männer mich nackt auszuziehen. Gibt es ja alles.

Der Stuhl klappt während meiner Beckenbodengymnastik wieder hoch, ich LEGE mich jetzt quer zur Stuhlreihe auf den abschüssigen Fußboden und fummele die nasse Unterhose aus, die trockene an, dann die Hose drüber – und für die Strümpfe kann ich dann schon wieder sitzen. Obenrum ist es ja egal, ich sitze also kurz mit nacktem Oberkörper da, ziehe ein frisches, trockenes T-Shirt an, und völlig erschöpft kann ich, nach jetzt etwa einer halben Stunde, endlich mal ZUHÖREN.

Costello hat mittlerweile das etwa fünfte Mikrophon durchprobiert, hat jetzt endlich eines, das funktioniert, er sagt gerade: »Ich sehe meinem Vater überhaupt nicht ähnlich. Bis auf die Brille.« Gute Stimmung im Saal, es wird viel geklatscht und gelacht, durch die Mikrophonkomplikationen sind wir alle auf Costellos Seite, aus Lebenswerkgründen ja sowieso. Eine detektivisch-autobiographische Rückschau, so Costello nun, habe ihn nicht interessiert, vielmehr unsortiert-sprunghafte Erinnerungen und gewiss nicht immer die Wahrheit. Für den Rest gäbe es ja Wikipedia.

Mir fällt Christoph ein, wie er mir vor mehr als zwanzig Jahren, mit X-Beinen zur CD Luftgitarre spielend, Costello nahebrachte. Statt Eintrittskarten signierte Bücher zu verkaufen, somit als Veranstalter obendrein noch Buchhändler sein, pro verkauftem Buch ja auch eine GEWINNMARGE einsacken und einfach sehr viele Bücher verkaufen, von dieser für Autoren und Veranstalter guten, mir zumindest neuen Lesungsfinanzierung würde ich Christoph morgen gern erzählen, vielleicht wäre das auch mal was für den Göttinger Literaturherbst? Die Verlage und Autoren wären doch begeistert! Doch Christoph ist vor zwei Jahren gestorben. Er fehlt mir sehr, und ich habe ihn betreffend dieses klassische ambivalente Hinterbliebenengefühl, eine Mischung aus schlechtem Gewissen und dann doch wieder Egozentrik, nämlich der Gedanke: Habe ich ihm, da er noch lebte, genug gedankt?

Zum Schluss singt Costello noch ein Lied: »Beyond Belief«. Ich habe dieses Lied immer sehr geliebt, ohne den Text groß zu beachten, die Wörter waren egal, ich hatte immer ein starkes Gefühl bei diesem Lied, ein Privatgefühl, vielleicht ein ganz anderes als von ihm intendiert, und dadurch ist es ein perfekter Popsong. Wenn alles alles bedeuten kann. Meine Telefonkrankheit chronifiziert sich, ich suche, während Costello da vorn singt, rasch den Liedtext; und warum dann nicht gleich auf YouTube anschauen? Verdammt, Costello SITZT doch da vorn, IN ECHT! Aber ich verstehe den Text nicht und muss ihn jetzt nachlesen, sofort. Und verstehe ihn noch immer nicht.

»Through a two-way looking glass« – ist das die zweifarbige Brille vom Plakat, das im Kinderzimmer des »Unter Null«-Helden hing, am Anfang und am Ende des Buches erwähnt? Vielleicht, möglicherweise, warum denn nicht? Wollen wir es hoffen! Guter Satz von Costello, ich habe ihn zur Sicherheit sofort an alle möglichen Leute geschickt: »Das Erstaunliche war, als ich Johnny Cash traf – er sah sich selbst so ähnlich«. Wieder denke ich an Ellis, »Du siehst dir verblüffend ähnlich«. Ich sag mal so, würde jetzt Harald Schmidt vielleicht sagen, ich sag mal so: Wenn der Herr K. erbleicht, ist das doch dem sein Problem.

»Beyond Belief« ist das erste Lied von der Costello-Platte »Imperial Bedroom«, nach der wiederum Ellis seinen möglicherweise für immer letzten Roman benannt hat, eine NATÜRLICH misslungene Fortsetzung von »Less Than Zero« (früher war er gut, jaja). Dieser letzte Ellis-Roman endet auf dem Friedhof »Hollywood Forever Cemetery«, und dort wird in einer Sommernacht Hitchcocks »Psycho« gezeigt, der Film wird auf die Friedhofsmauer projiziert, ein paar Hundert Leute sind gekommen, sitzen auf Wolldecken; Picknick, Popcorn, Psycho.

Gefragt, ob sich in den letzten zwanzig Jahren das Publikum verändert habe, sagte Harald Schmidt in einem Deutschlandfunk-Interview: »Ich habe jetzt kürzlich gelesen, Studenten kennen nicht mehr die Duschszene aus ›Psycho‹. Da bricht natürlich etwas weg. Aber das ist eben der Lauf der Zeit.« Ich muss nun endlich »Psycho« sehen, die Duschszene kenne ich, vor allem durch Zitate, den Originalausschnitt auch, nur den angeblich dazugehörigen Film nicht, es wird Zeit.

Auf einem gräberlosen Rasenstück des »Hollywood Forever Cemetery« ist ein Fotostudio für diesen Abend errichtet worden, weiß gekachelte Wände, Badewanne, Duschvorhang. Die Leute stehen an, um sich fotografieren zu lassen in dieser nachgebauten Kulisse, man bekommt eine Duschhaube und ein Gummimesser, fakultativ auch ein bisschen Filmblut, dann kann man Grimassen schneiden und mit einem Freund so tun, als steche man einander gerade unter der Dusche ab. Alle lachen, es blitzt, dann kommen die Nächsten dran. Ich setze mich ins Gras, lehne mich an einen großen Gedenkstein, darauf eingraviert in Großbuchstaben: HITCHCOCK. Seine Asche ist anderswo, aber der Stein ist ja auch schon mal was. Dazu die unsterblichen Filme! Was noch zu beweisen wäre; vielleicht stirbt für mich »Psycho« genau jetzt, wenn ich ihn nach all den Jahren endlich sehe.

Seltsam, dass Ellis wirklich hier auf dem FRIEDHOF seinen letzten Roman und, STAND HEUTE, auch sein schriftstellerisches Werk enden ließ; oft BEGINNEN gute Filme und gute Bücher mit einem Begräbnis, hingegen auf einem Friedhof zu enden, das ist doch Angst aus der Tüte, schlampig, wie auch der überhaupt nicht frösteln machende, sondern einfach nur zum Lachen bringende letzte Satz im Ellis-Buch:

»Ich habe nie jemanden gemocht und ich habe Angst vor allen.« Das KANN doch nicht das letzte Wort sein!

Dieser Friedhof ist RUHESTÄTTE vieler Stummfilmstars, Relikt und Museum einer Welt von gestern, der Tod hat hier etwas seltsam Anekdotisches, Irreales, im Sommer (also praktisch immer) werden abends Filme gezeigt, vorher legt ein DJ völlig untragische Musik auf, die Menschen kommen mit Campingstühlen und Kühlboxen, zwischen den Grabsteinen zweier im vorletzten Jahrhundert gestorbener Russen darf man rauchen. Asche zu Asche – und Staub zu Staub.

Bei Helmut Dietls Beisetzung ein paar Monate zuvor warf ich eine Kastanie aus unserem gemeinsamen Berliner Jahr ins Grab, eine Monbijouparkkastanie, die ich acht Jahre lang in der Tasche meines (natürlich weißen) Dietljahr-ÜBERGANGSMANTELS behalten hatte. Vor der Beisetzung war ich aus Protest gegen den Tod und als Zeichen, dass ich gelernt habe, auf der Münchner Maximilianstraße in den Hermès-Laden gegangen, ich brauchte weiße Schuhe. Bei Hermès hatte ich für Helmut und mich diese Schals gekauft, diese 360-Euro-Schals, den seinen legte ich ihm bei meinem letzten Besuch um den Hals, und er trug ihn auch, als er im Sarg lag und eingeäschert wurde. Was für ein Wort: eingeäschert. Aber man sagt wohl so. Hermès, das war der Helmut-Laden, von Helmut hatte ich überhaupt zum ersten Mal von Hermès gehört, auch gelernt, wie man diesen Markennamen korrekt ausspricht: Är-Mess.

»Freili is des scheißteuer, aber gut is's scho' aa.«

Ich war komplett weiß angezogen für die Beisetzung, so war es ausgemacht gewesen mit Helmut, so war auch er auf der Beerdigung seiner Mutter erschienen. Ich trug den weißen Pullover, den er mir mal vermacht hatte (»Sommerkaschmir, wunderbar, da brauchst nur einen von, den kannst ewig tragen, jeden Tag – bis er kaputt ist, und dann erst recht«), unseren Schal, Hose, Gürtel, Strümpfe, alles weiß, fehlten noch Schuhe. Als ich mich nach weißen Schuhen erkundigte, schaute mich die Hermès-Verkäuferin einen Moment zu lang an und fragte dann: Sind Sie Arzt?

Nicht direkt, ich gehe gleich zu einer Beisetzung, hätte die korrekte Antwort gelautet – und das wäre ein klassischer Dietl-Dialog gewesen.

Am Ausgang entdeckte ich noch ein blauweißgeringeltes T-Shirt, nahm es, wie ich immer jedes blauweißgeringelte Oberteil direkt nehme, guckte aber sicherheitshalber kurz auf den Preis und musste laut lachen. Dieses T-Shirt, sicherlich ganz tolle Verarbeitung und so, klar, kostete: EINTAUSEND Euro!

Naa, des is a Quatsch, sagte ich und ließ es liegen, das schöne blauweißgeringelte Oberteil. Naa, wirkli ned, ois, was recht is, aber – naa.

Nun ist es dunkel genug auf dem »Hollywood Forever Cemetery«, der Friedhofs-DJ blendet ein letztes Lied aus, der Film beginnt. Das Bargeld vom Cowboyhut-Angeber im Umschlag, na ob sie das mal WIRKLICH zur Bank bringt? Seltsam, diesen Film jetzt wirklich zu sehen mit lauter Leuten, die alles, was da kommt, kennen, so ein EPOCHALER Film, man hat in allen möglichen ZUSAMMENHÄNGEN so viel über jeden Aspekt und jede Szene gelesen, gehört, gesehen; es ist wie am Nikolaustag mit Glühwein im Unihörsaal »Feuerzangenbowle« gucken oder mit Sonnenbrille und schwarzem Anzug »Blues Brothers« oder zwischen Bleigießen und Fondue »Dinner for One«, gleich stolpert er bestimmt über den Tigerkopf, dann wieder – und erst, wenn er endgültig hackedicht ist, nee, DANN nämlich torkelt er um den Tigerkopf herum, und das ist dann superlustig.

Die Autofahrt sieht schon mal sehr unecht aus; so wie das deutsche Fernsehprogramm in den Weihnachtstagen, wenn man denkt, ist der Fernseher kaputt oder eine Zeitmaschine oder warum erstehen da tagelang die schrecklichen 50er-Jahre? Ah, das Bates Motel. Das Milch bringende Muttersöhnchen Norman Bates. Lieber nicht duschen!, möchte man rufen.

Noch unechter (was für ein Kriterium, ZUMAL in Hollywood, ja auf dem »Hollywood Forever«-Friedhof!) sieht Muttern Vogelscheuche mit ihrem Messer hinterm Duschvorhang aus, keine Sekunde sieht das echt und bedrohlich aus. Weil man weiß, dass es kommt und wie es aussieht? Weil die Leute JUBELN, als das Streichergequietsche einsetzt? Dusche von unten, die berühmte Kameraeinstellung, dann der Abfluss, das Blut im Strudel. Und deshalb all die Aufregung? Hätte es nicht spannend sein müssen, gerade weil man wusste, was kommt, ist das nicht das Hitchcock-Prinzip SUSPENSE? Je mehr der Zuschauer weiß, desto spannender ist es?

Der Film selbst kann der Zitataufladung natürlich nicht standhalten. Wenn man, um die einstige Wirkungswucht des Films begreiflich zu machen, allzu viel dazu sagen muss, entstehungszeitlicher Kontext, DAMALIGE Standards der Filmkunst und Moral – dann ist das kein gutes Zeichen für die Haltbarkeit des Filmes. Man sieht ja gar keine Nacktheit, nach Maßstäben heutiger, pornographieübersättigter SEHGEWOHNHEITEN, aber damals sind alle ausgeflippt wegen dieser verschämten Nacktheitsandeutungen. Suspense Deluxe wäre wohl gewesen, vor der Duschszene nach Hause zu radeln, Aufrechterhaltung der Gedankenmöglichkeit: Es hat die Duschszene nie gegeben!

Film geht noch weiter, aber ich habe die Duschszene gesehen, jetzt kann ich los. Versinkt nicht zum Schluss das Auto mit der Kohle drin im Moor? Als alter, ja ewiger Harald-Schmidt-Gagschreiber fällt mir auf dem Fahrrad ein »Psycho«-Witz ein, ich halte an, setze mich auf einen Stromkasten, um in Ruhe diesen Witz zu tippen und ihn an den Freund zu schicken, mit dem ich bei Schmidt damals ein Büro teilte. Wir schicken uns noch heute ab und zu Witze, zwar gibt es die Schmidt-Show nicht mehr, aber man hört ja nie auf, so zu denken. Und so geht für uns diese Schmidt-Show immer weiter; es ist eine Art, auf die Welt zu gucken, sie besser zu ertragen. Und sie sich, auch das, vom Leib zu halten. Und hier kommt der Witz:

Und was nun ist es, das »Psycho« so epochal spannend macht?

Dass der Hai nicht gezeigt wird.

Der eigentliche Witz aber ist ein Aufkleber auf dem Stromkasten, den ich entdecke, als ich wieder auf mein Fahrrad steige: »Denk nicht zu viel nach über den dritten Akt, konzentriere dich lieber auf den zweiten!« Und wenn es den aber, Fitzgerald folgend, gar nicht gibt? Worauf dann konzentrieren, auf den Tod? Und als Nächster schreibt dann Bret Easton Ellis ein Kinderbuch?

Eine Neonröhren-Eistüte strahlt von der Bühne in die Nacht, Blur spielen in der Hollywood Bowl, das Beste aus beiden Welten. Als Damon Albarn auf die Bühne kommt – Hochwasserjeans, natürlich Poloshirt – und zum Mikrophon schreitet, wird ihm aus der ersten Reihe allerlei zum Signieren entgegengereckt. Zögernd bewegt sich Albarn darauf zu, soll er, soll er nicht, na gut. Er greift einen ihm hingestreckten Edding und eine Plattenhülle, Vinyl, es gibt sie noch, die guten Dinge. Albarn lacht und schreibt seinen Namen drauf. Es ist, ausgerechnet, »The Great Escape«. Er schüttelt ein paar Hände, kein maschinelles Dutzendabgeklatsche, einzelnes und langes Händeschütteln, er schaut den Leuten dabei tief in die Augen, und das reicht mir schon, noch vor dem ersten Lied muss ich weinen, manchmal ist alles so einfach.

Alle singen mit, umarmen sich dauernd, weinen und schwitzen und alles dazwischen, durchweg vierzigjährige, dennoch zumeist gut aussehende, irgendwie angenehme Menschen. Wir haben etwas gemeinsam, und das sind diese Lieder.

Ja, verdammt, jetzt SIND wir eben so alt. Aber an so einem Abend darf gesagt werden: Wir sind okay, und hin und wieder machen wir das Beste daraus. Und warum plötzlich »wir«? Weil das eben das Tolle an so einem Glückskonzert ist, deshalb macht man den ganzen Kram doch, Fan sein, Erwartungen haben, Enttäuschungen hinnehmen, dafür schließlich ist Musik gut: Manchmal erlöst sie einen aus dem Ichknast und ermöglicht es uns, eins zu werden mit einer Menschenmenge, einer von vielen, kein Einzelfall; alles wird egal, Versöhnung, Erlösung, die Musik bleibt. Damon Albarns Zahnlücke auch. Er springt noch. Wir springen noch. Der Mond scheint, die Hollywood Bowl ein angezündetes Rund.

Und ist das für Blur nun der ZWEITE AKT? Das Comeback nach jahrelangem Streit – oder ist es noch immer der erste, und der erste Akt also ein Gefängnis? Oder habe ich einfach jahrelang das falsche Fitzgerald-Zitat zerdacht? Die dunkle Nacht der Seele ist es auch nicht, die haben ja unter anderem Depeche Mode sich ausgeliehen. Nein, Damon Albarn hat sich für ein anderes Fitzgerald-Zitat entschieden, richtet den Blick kokett-verzückt, hingerissen und trotzdem noch ganz dicht, nämlich mit wissenden Lächelgrübchen im Denken verankert, gen Mond, über die 20 000 Köpfe hinweg: Schwarz zeichnen sich umrandende Nadelbäume gegen den Nachthimmel ab, und da ist der Mond, was für ein schöner Mond, sagt Albarn, und 20 000 Menschen drehen sich um, schauen nach oben und müssen Albarn recht geben, was für ein schöner Mond. Und wie ist es doch, manchmal, einfach nur wahnsinnig schön, auf der Erde zu sein. Was für eine Dummheit, zum Mond zu fliegen – das KANN doch nur eine Enttäuschung sein. Von hier unten sieht er schön aus, zart und einladend. Mir kommt ein Satz in den Sinn, den ein Freund von mir mal gesagt hat, als er gefeuert worden war, rausgeflogen aus einer FÜHRUNGSPOSITION und damit aus seinem Leben, und sich erst wieder zurechtfinden musste in der

Welt, die die wahre genannt wird: »Draußen ist es nur von drinnen schön.«

Der Sänger – und das ist seine Aufgabe seit Matthias Claudius und noch viel weiter davor – zeigt uns, dass da DROBEN der Mond ist und dass der schön ist. Der Mond, dieser poetisch ausgeleierte und durch Vielgebrauch leer empfundene, romantisch wie künstlerisch also unbrauchbare Lichteffekt – dann doch, immer wieder, gut. Jeder Abend ein Spektakel, jedes Leben eine gute Geschichte. Und dann beginnt Damon Albarn, ganz zart, dem Mond ein Fitzgerald-Lied zu singen:

Tender is the night
Lying by your side

Die Liebe, singt Albarn, die Liebe ist von allem das Größte. Und ja, dann ist Popmusik auf ihrer höchsten Stufe, wenn ein solcher Satz nicht als klebrige Schlagerformel versickert, sondern in einem speziellen Moment, wenn einfach ALLES STIMMT, plötzlich groß und wahr erscheint. Zärtlich ist die Nacht. Das ist sie, wenn man Glück hat. Und Albarn weiß obendrein und erinnert uns:

Tender is the day
The demons go away

Ich kaufe für 30 Dollar ein schwarzes T-Shirt, vorn drauf ein Neon-Eis. Auf dem Heimweg, Sunset Boulevard, zwischen Liquor Locker und Gartentür, spricht mich jemand von der Seite an: Benjamin?

»Eben war ich's noch«, diesen Bukowski- oder Fauser-Klassiker bringe ich nicht, gucke bloß verwirrt, wer ist jetzt das?

Erinnerst du dich nicht?, fragt er, Zürich, Talacker?

Ah, das Talacker, unsere Bar in Zürich. Gut, das erklärt es, das fällt tief in meine etwa achtzehnmonatige Zürcher ERINNERUNGSLÜCKE, mein Lost Weekend. Und schon erzählt der soeben dem Schweizer Nebeltal meiner Bruchlandungserinnerungen Entstiegene, warum er so heiter gestimmt ist: Er habe gerade den Rausch seines Lebens. Und zwar von einem vor Stunden getrunkenen Spezialkaffee, das sei jetzt hier das neue Ding, davon würde man high und verliere Gewicht, also ein perfekter Hollywooddrink. Mittels irgendeines Spezialverfahrens vergorene Butter sorge dafür, dass das Koffein ganz lang wirke und richtig knalle, jedenfalls gebe es diesen Drink nur in einem bestimmten Café in Santa Monica, der Drink stehe nicht auf der Karte, und wenn man ihn bestelle, fragten sie einen misstrauisch, wer einem davon erzählt habe, und darauf solle man antworten: Rick Rubin. Dann bekäme man diesen irren Drink. Abnehmen und high werden von Kaffee – das klingt eigentlich nach einem für mich idealen Getränk. Ich bedanke mich und schließe das Gartentor auf.

Im Garten ist an diesem Abend ausnahmsweise mal was los, am Pool ein paar Glühwürmchen, die sich beim Näherkommen als Joints erweisen, es riecht stark nach Marihuana; Gläsergeklirr, Lachen. Ach, warum eigentlich nicht. Wenn schon mal jemand hier ist, im 64. Zimmer – ich setze mich dazu, das geht ja hier immer alles ganz einfach. Nice to meet you, too!

Mit dabei in dieser verlottertsten Runde des Jahres ein deutscher Hippie, der überall tätowiert ist und erzählt, dass ihm schon am Flughafen alles geklaut worden sei, er außerdem vollkommen dicht und aus dem Schwarzwald und großer Fan von mir. Mit seinen Eltern habe er gebrochen.

Sie alle, erklärt einer mit kurzer türkiser Hose, Batikhemd und Blumenschirmmütze, seien komplett auf Schmerztabletten, kein Mensch nehme mehr Kokain oder Heroin, mit Tabletten sei es einfacher, hoch, runter, alles. Dies, so wiederholt er alle zwei Minuten, sei seine letzte Nacht in Los Angeles, schon morgen früh übersiedele er nach Dubai. Auch das, so er, sei doch ein guter Grund für mich, es ihnen gleichzutun und mir ein paar Tabletten reinzuknallen, anschließend könnten wir baden. Er zeigt auf den Pool, der natürlich wie immer nachts am besten aussieht, einzige direkte Lichtquelle hier im Garten, neben den Jointglutpunkten. Über uns, hinter der nachtschwarzen Gartenbewaldung, schimmert weiß das Hotelgebäude, eine feste Burg, das Mutterschiff; dort alles ruhig, aber hier im Beiboot ist die Hölle los. Seitlich summt der Sunset Boulevard. Da draußen ist das Leben, herinnen eine Variante; oberhalb der Tischtennisplatte der Balkon meines Zimmers, über dem Geländer hängen meine Sportsachen zum Trocknen.

Im Hotelrestaurant, erzählt nun der Kurzhosige, hätten sie keinen Tisch bekommen, anscheinend seien sie dort nicht erwünscht. Ich sage, dass ich mir das gar nicht vorstellen könne, denke aber, dass ich mir das sehr gut vorstellen kann, für solche Leute wurde doch die Sanktionsform HAUSVERBOT erfunden. Im Chateau Marmont gibt es noch eine abgemilderte Version: Wer sich als zwar sehr anstrengender, nicht aber völlig unausstehlicher Gast erweist, erhält im Hotelcomputer hinter seinem Namen die Klassifizierung »V.I.P. 5«. Das klingt ja erst mal schmeichelhaft, hört man doch gern, V.I.P., nur bedeutet »V.I.P. 5« eben: bekommt eher keinen Tisch; ist, wenn er in Gesellschaft anderer auftaucht, im Auge zu behalten. Die individuellen Tadelvermerke sind sehr lustig, rumkrakeelen und Kellner nerven und eine Reservierung für vier Personen rasch mal umzuwandeln in eine Zwölfmannheimsuchung heißt: »Der Gast kooperiert nicht«.

Schauen die Gucci-Models verächtlich zu uns herab? Und warum hängen diese drei eigentlich noch immer da, es ist doch längst wieder ein Vierteljahr vergangen, der Billboardwechsel ist doch überfällig, sollte nicht als Nächstes eine Gucci-Reklame in »Wir Kinder vom Bahnhof Zoo«-ÄSTHETIK kommen? Oder wäre das jetzt der dafür ganz falsche Zeitpunkt?

Der Kurzhosige greift in die mit Tablettenalustreifen prall gefüllte Brusttasche seines Batikhemdes, hält mir einen Fächer chemischer Möglichkeiten hin. Ich lehne ab, auch weil ich sehe, was diese Tablettenmixtur mit einer Russin macht, die eine Bayern-München-Mütze aufhat und NICHT KOOPERIERT, etwa ein Wort pro Minute rausbringt, dabei einschläft und vom Barhocker fällt. Aber da liegen schon ein paar andere, also keine Aufregung. Leider, sage ich und weiß gar nicht, ob ich es WIRKLICH bedauere, es ist einfach mein nun schon über viele Jahren geübter und gewohnter Standardtext, leider, ich könne keine Drogen nehmen, das gehe nicht mehr, ich verlöre dann meinen Verstand. Der Kurzhosige und der Schwarzwälder gucken mich an, wie man jemanden angucken muss, der nachts so was sagt, ihr Blick sagt: Na UND? Beziehungsweise: Ja, eben drum!

Früh am nächsten Morgen weckt mich Seilwindengeklimper, klingt wie das vom Küstenwind dirigierte Konzert der Jachthafentakelagen. Metall auf Metall, das Möwengekreisch STREAMT das Hirn gratis dazu. Weder bin ich gern, wo ich herkomme, noch, wohin ich fahre, also betrachte ich den Billboardwechsel in aller SEELENRUHE. Seelenruhe – Seelenluft – Seelandschaft, der zweite Akt, eine Treppe herabsteigend:

Out of my window was a sunset
On the wings a funny glow

Ich steige durchs Fenster aufs Ziegeldach, lehne mich an den Schornstein und schaue mir das Kulissenwechselspektakel an. Die Morgensonne ist dem Garten Komplize, den Anschein zu erwecken, es sei nie etwas vorgefallen, kurz nach Sonnenaufgang schon muss der komplette Tablettenorgien-Unrat abgeräumt und zusammengefegt worden sein, wie an jedem Hotelmorgen wird für das gesamte Haus der vergebende und beim Vergessen behilfliche Resetschalter betätigt.

Kommt jetzt das Christiane-F.-Motiv? Und ist das dann der endgültige Wink für mich zur Rückkehr, wenn Berlin mir schon so nah rückt, bis an die Umgrenzung dieses Idealgartens? Spannung. Zwei Männer mit Helmen klettern am Billboardrahmen entlang, lösen das bisherige Motiv, diese anstrengende Ménage-à-trois, ein letzter Blick auf Kadri Vahersalu, Madison Stubbington und Nick A. Shaw; Schaufensterpuppen, wir sind Schaufensterpuppen.

Die Behelmten raffen die abgelöste Billboardplane zusammen, über ihnen pendelt schon an der Kranwinde das nächste Motiv, eingerollt noch, für ein paar Minuten ist das Billboard eine weiße Leinwand. PROJEKTIONSFLÄCHE. Ich mache Hunderte Fotos, um auch diesen Motivwechsel wieder (wofür noch mal genau?) LÜCKENLOS zu dokumentieren, mit dieser Bilderserie ließe sich leicht ein Daumenkino herstellen. Ein paar Wochen zuvor war ein Abgesandter des HAUSES Gucci im Hotelrestaurant, er hielt dort einen Tisch panisch im etwa zehnten Jahr ewige Neununddreißigjährigkeit performierender Modebranchendamen frei, und ich habe ihn ZUR REDE GESTELLT, ihm meine Billboarddokumentation präsentiert und den somit schlüssig belegten Niveauabfall beklagt, die Firma Gucci, so ich, habe eine Billboardmotivkrise, und ich könne es beweisen – und zwar aus BETROFFENENSICHT, als Anwohner nämlich. Der Gucci-Mann lachte freundlich und sagte, ich sei ja geradezu obsessiv mit diesem Billboard, das sei ja hochinteressant. Dann bin ich ins Bett gegangen.

Jetzt hangelt sich der eine Behelmte am Billboardrand empor, befestigt die obere rechte Ecke des neuen Motivs, er IST Spiderman. Langsam entrollen sie das neue Motiv, zurren es glatt und fixieren es. Roséfarbener Hintergrund, also wohl doch nicht Christiane F., nein, Parfümwerbung zu Weihnachten. Eine Frau und ein Flakon, dazu ein paar Bambusstäbe. Aber wir haben doch hier unten im Garten ECHTEN Bambus! Nun auch auf dem Billboard. Spiegelsaal. Das ist das Schöne hier: Niemand hat je behauptet, diese Welt sei echt. Ja, sie ist aus Protest gegen die Wirklichkeit entstanden, das ist ihre Gründungsidee. Und darin ist sie mir inzwischen echter, herzlicher, wahrhaftiger als je was.

Am Nachmittag ist wieder die Foucault-Forscherin am Pool, die auch über das Gucci-Billboard zu HABILITIEREN scheint, jedenfalls schon wieder genau weiß, um wen es sich da handelt auf dem neuen Motiv:

Gal Gadot, geboren am 30. April 1985, Miss Israel 2004 und Teilnehmerin der Miss-Universe-Wahl; während ihres Militärdienstes trainierte sie die Soldaten an der Basis in Callanetics-Gymnastik.

Monatelang habe ich widerstanden, eine der so übergroßen hypergelben Extremzitronen zu pflücken, die ja nichts anderes ausstrahlen als: Pflück mich! Falle ich nicht drauf rein. Aber nun fragt die Foucault-Forscherin, ob ich ihr nicht eine Zitrone vom Baum holen könne, die sähen doch so gut aus. Sie geht zum Handtuchhäuschen, in dem das schwarze Wählscheibentelefon hängt, mit dem man im Haupthaus und GEFÜHLT zugleich im letzten Jahrhundert anrufen kann, und bestellt Wodka Soda. Für mich bitte nicht, ich BIN FEIN (auf Englisch darf man das sagen! Da kommt es ja her!) mit meinem Rehaklinikdrink, Kamillentee.

Und weil ich immer froh bin über zerstreuende Aufträge der sinnlosesten Art, so sie überschaubar sind, als Blitzableiter meiner Hyperaktivität, bekomme ich SELBST es kaum mit, da veranstalte ich schon ein Riesenkörpertheater unter Einbeziehung mehrerer Statisten und Requisiten, zerre aus dem Gebüsch den meterlangen Teleskopkescher, mit dem sonst Blätter aus dem Pool gefischt werden, ein idealer Zitronenpflücker, und natürlich muss es die Zitrone ganz oben sein, keine der simpel mit ausgestrecktem Arm pflückbaren, nein, wenn schon, dann die unerreichbare da ganz oben. Die ist nämlich von allen die gelbste.

Nach ein paar Versuchen klappt es, die Zitrone liegt im Netz, der Wodka Soda für die Foucault-Forscherin kommt, zeremoniös übergebe ich ihr die Zitrone, sie pult die Schale ab und zerdrückt zwei Zitronenachtel über ihrem Wodkaglas, die Säure trübt den Drink ein, ein paar Kerne flutschen mit hinein.

Die Foucault-Forscherin bedankt sich und bietet mir ein Zitronenstück an, dann schließt sie die Augen und lehnt sich zurück im blau gepolsterten Liegestuhl.

UND
ER
MACHT
SEINEN
KOFFER
AUF

Ich habe einen WOLLPULLOVER und eine PUDELMÜTZE gekauft. Weil es ein bisschen WINDIG ist. Mit Pudelmütze am Schreibtisch, da hat man gleich so ein Glenngouldgefühl; trotz des Windes natürlich alle Fenster offen, Sonne wie immer, steht nur etwas tiefer, aber das tun wir ja alle. Ich höre sehr laut Blur, »The Great Escape«, und deshalb das Türklopfen nicht. Doch lehrte ich die Foucault-Forscherin die Spiderman-Tricks von James Franco, und so klettert sie übers Ziegeldach zum offenen Fenster herein, steht plötzlich neben meinem Schreibtisch; sie hat lange genug in London gelebt, um textkundig gleich mitsingen zu können:

Other people turn around and laugh at you
If you said that these are the best days of our lives

Da das gesagt, ja gesungen ist, stelle ich die Musik aus. Ja, bitte, was gibt es da mitten am Nachmittag durch mein Fenster zu klettern?

Nun, sie sei gekommen, um sich auf unbestimmte Zeit zu verabschieden, sie müsse nach Jamaika, dort über Sklaverei und den Rastafari-Gott »Jah« recherchieren. Sie hat einen Briefumschlag dabei, das sei ihre Abschiedsnotiz, sie habe gedacht, ich sei vielleicht nicht da.

Aber ich bin doch IMMER da.

Ich muss auch gleich wieder los. Und es ist sowieso nur eine Karte, steht nichts drin.

Ist, da bin ich sicher, sehr unpathetisch.

Jaja, das ist gar nichts.

Ich hebe mir den Umschlag auf für schlechtere Zeiten.

Nein, der ist für jetzt!

Jaja, schon klar, bloß keine Erwartungen, der Brief zerstört sich selbst nach 60 Minuten.

Ich wünschte, ich hätte die Macht dazu.

Auf eine Art hast du das.

Yeah, right.

Die Sonne ist schon beinahe hinterm Haus verschwunden, die Foucault-Forscherin regt an, wir könnten doch zum Abschied schnell noch mal schwimmen gehen, die letzten Sonnenstrahlen lang. Anders als die Luft ist das Wasser sehr warm, bestimmt eine halbe Stunde schwimmen wir, wissend: Das Rauskommen wird schlimm, und je länger wir drinbleiben, desto schlimmer wird's. Also schwimmen wir immer weiter, plaudern, winken in die Überwachungskamera unterm Zitronenbaum, deren Liveübertragung der Hotelbesitzer und der Manager jederzeit und weltweit IM NETZ anschauen können; wie gern hätte ich den Zugangscode, das wäre der schönste Bildschirmschoner überhaupt: aus Zitronenbaumsicht der Pool und der Garten und keine Veränderungen seit 1930.

Lachend und die verlässlich unterbleibende Reinigung des Pools und somit allumfassende Chateau-Kontinuität lobend, sammelt die Foucault-Forscherin schwimmend Haare und Blätter und so dies und das aus dem völlig verdreckten Wasser. Seit ein paar Wochen war niemand mehr im Pool, niemand außer uns und dem Hund des Italieners aus dem Zimmer nebenan. Auch das Wasser selbst also fühlt sich, so betrachtet, familiär und vertraut an. Es ist dasselbe Wasser, seit Monaten; ein Therapeut hat mir mal dargelegt, man steige nie zweimal in denselben Fluss – wenn man an derselben Stelle wieder hineinginge, sei ja das Wasser ein anderes; und wenn man dem Wasser folge, sei die Uferstelle eine andere. Dies habe so allerlei zu bedeuten. Mag dieser fernöstliche Kalenderspruchschmarrn überall gelten, hier nicht: Im Chateau-Garten steigt man immer wieder in denselben Fluss. Die Foucault-Forscherin erzählt, ihre tiefer gehende Beschäftigung mit Foucaults LSD-Trip im Death Valley habe sie veranlasst, neu nachzudenken über die ersten Zeilen des Liedes »Gangsta's Paradise« von Coolio:

As I walk through the valley of the shadow of death
I take a look at my life and realize there's nothing left

Sie stimmt dieses vielleicht zwanzig und damit ja hundert Jahre alte Lied an, das ich völlig vergessen hatte, doch schon nach der ersten Zeile habe ich es länger noch als das Poolwasser im Ohr, ein Jahrzehntlied, und so baden wir jetzt in den 90er-Jahren, tauchen jeweils in unsere individuelle Dezenniumserinnerung, da reicht ja schon ein Lied.

Dann schnell raus, kurz noch gemeinsam frieren.

Wir sind nicht sentimental, sagt sie.

Ich sehr wohl, sage ich und nehme sie kurz in den Arm.

Schon tanzt sie aus dem Garten, wirklich mit Ballettschritten. Vorbei, verweht, nie wieder. Ich werde den Briefumschlag niemals öffnen.

Dann ist die Sonne weg, ist die Foucault-Forscherin weg, und der Arzt kommt, ein mit dem Hotelarzt befreundeter Neurologe. Mit dem will ich mal meine MEDIKATION durchgehen, anderes Land, vielleicht andere Tricks; schlechter Schlaf und wackliges Gemüt, trotz all meiner Tabletten, und ich habe ja jetzt so dies und das aufgeschnappt über die hier gängigen Medikamente und bin da doch einigermaßen interessiert an Experimenten. Schlimmer zumindest kann es ja kaum werden. Nachdem er meine Kreditkarte durch sein mobiles Kartenlesegerät gezogen hat, ist der Arzt sehr zugewandt und hat jede Menge Zeit.

Sämtliche von mir täglich eingenommenen verschreibungspflichtigen Medikamente habe ich auf dem Wohnzimmertisch aufgetürmt, damit der Arzt weiß, was alles schon mal nicht so richtig hilft: Schlafmittel, die Pillen gegen das nächtliche Beinkitzeln, ein Antidepressivum, noch ein anderes Schlafmittel und noch eins. Ich erkläre ihm, dass ich mal drogenabhängig war und dass mir, insbesondere in englischer Sprache, die Ironie durchaus bewusst sei, vor einem solchen Berg drugs sitzend auszuführen, früher sei ich mal drug-addicted gewesen. Aber schlafen müsse man ja nun mal, und immer nur weinend bei geschlossenen Gardinen im Bett liegen, das gehe ja nun auch nicht. Jedenfalls würde ich, wie er ja sehe, chemische Befehle ans zentrale Nervensystem grundsätzlich gutheißen, nur müsse ich eben aus historischen Gründen aufpassen und wolle mich fachlich absichern, bevor ich vielleicht dann doch mal dieses Wundermittel Adderall ausprobiere, von dem mir hier so viele vorgeschwärmt hätten und das für meine Bedürfnisse nachgerade ideal klinge, als Wirkungen nämlich seien mir genannt worden: Bombenlaune, stark erhöhte Leistungsfähigkeit, extreme Appetitlosigkeit. Drei Effekte, um derentwillen ich so manches schlucken würde. Nur handelt es sich bei Adderall, wenn ich es richtig verstanden habe, um eine Form von Speed, oder? Zwar aus der Apotheke, aber trotzdem, volkstümlich formuliert: Kokain zum Schlucken, auf Rezept. Nein?

Der Arzt lehnt sich im Sessel zurück und beginnt einen medizinischen Vortrag, aber mit Requisiten und deshalb spannend. Er hat eine phantastische Arztstimme, leicht sedativ, macht eine meinen Medikamentenstapel leichthin wegwischende Geste: Alles Quatsch, aber jetzt sei er ja hier. Es sei im Grunde ganz einfach mit dem menschlichen Hirn, Serotonin, Dopamin, dem Menschen mangele es entweder am einen oder am anderen, das sei eine TYPFRAGE, und die gute Nachricht sei, Menschen, denen es – wie ganz eindeutig mir – am BOTENSTOFF Serotonin mangele, seien KREATIV. Er selbst zähle auch zu dieser Sorte. Seien gute Typen, wir Serotoninentbehrer, und unseren Mangel könnten, ja müssten wir Glücksreduzierten transformieren zu außergewöhnlichen Denkleistungen und kunstdienlicher Selbstbegeisterung; wenn aber das Leiden an dieser HYPERMENTALITÄT zu groß werde und KRANKHEITSWERT annehme, müsse – und könne man ja gottlob – GEGENSTEUERN.

Es ist jetzt eigentlich alles wie mit einem Dealer. Nur das Gefühl ist irgendwie besser – wenn der das sagt, wird das schon nicht so schlimm sein, der ist doch ARZT. Zwar weiß ich ja aus Erfahrung, dass weder tiefenbohrende Kindheitsgründelei allein einen THERAPIEERFOLG bewirkt noch eine vermeintlich simple medikamentöse Feineinstellung, also Seelenheil als Ergebnis einer chemischen Gleichung. Aber die Idee ist natürlich schön. Er stellt zwei orangefarbene Pillenröhrchen auf den Tisch, hiermit solle ich es mal probieren. Dieses Glückszeug und zum Schlafen auch mal was anderes. Und, er holt noch ein drittes Röhrchen aus seiner Arzttasche, dies noch, wenn ich mal ganz nervös sei oder wieder eine Angstattacke hätte: eine halbe davon.

Ich schüttele nicht den Kopf, aber das Glücksröhrchen, die Tabletten darin rappeln durcheinander: Das ist aber dann ja schon Amphetamin – also sozusagen Speed, oder?

Na ja, durchaus ähnliche Wirkung, auch der Wirkstoff, Dexedrine, das schon. Es sei, wie immer, alles eine Frage der Dosierung. Ich dürfe eben nicht zu viele davon nehmen, dann seien sie für mich perfekt. Morgens eine halbe, vielleicht mittags noch mal eine viertel, mehr nicht.

Der Doktor geht durch den Dschungelgarten nach draußen, durchs Gartentor direkt auf den Sunset Boulevard. Ich halte am Rand des Gartens inne, sehe mit dem Doktor den Jungen verschwinden, den ich hinter mir gelassen habe. Türkis schimmert der ovale Pool unterm Zitronenbaum, ich denke an Schwab's Drugstore, Fitzgeralds wievielten auch immer, jedenfalls letzten Akt, hier in Hollywood. Heute findet man dort die Shopping Mall, ein Kino, eine Saftbar, ein Fitness-Studio und Trader Joe's.

Das alles werde ich nun nicht mehr schreiben.

Der Tote im Pool erzählt seine Geschichte.

Ich binde mir den Helmut-Schal um, jetzt im Winter wird es ja früh dunkel und ist abends doch recht frisch.

Man muss aufpassen.

eulich war ich mal wieder in Amerika | S. 13: Udo Lindenberg – Datenbank, Musik/Text: Udo Lindenberg, POLYGRAM
ONGS MUSIKVERLAG GMBH | **Schneller Junge** | S. 25 (ebenfalls S. 372/S. 466/S. 533): Udo Lindenberg – Daumen im
/ind, Musik/Text: Udo Lindenberg, STAR MUSIK EDITION | S. 27: Udo Lindenberg – Da war so viel los, Musik/Text:
do Lindenberg, UNIVERSAL MUSIC PUBLISHING GMBH | **Auf Entdeckungstour** | S. 34 (ebenfalls S. 511): Udo Lin-
nberg – Cello, Musik/Text: Udo Lindenberg, STAR MUSIK EDITION | S. 36: Udo Lindenberg – Wir rasen durchs Heute,
usik/Text: Udo Lindenberg, POLYGRAM SONGS MUSIKVERLAG GMBH | **Abtörnstadt** | S. 43/44: Udo Linden-
rg – Sachliche Romanze, Musik: Udo Lindenberg/Text: Erich Kästner, POLYGRAM SONGS MUSIKVERLAG
MBH | **Hallöchen, DDR!** | S. 50: Udo Lindenberg – Sonderzug nach Pankow, Musik: Mack Gordon; Harry Warren; Louis
eichel/Text: Udo Lindenberg, EMI PARTNERSHIP MUSIKVERLAG GMBH; WARNER BROS INC; NEUE
ELT MUSIKVERLAG GMBH CO KG | S. 54 (ebenfalls S. 535): Udo Lindenberg – Hoch im Norden, Musik/Text: Udo
indenberg, STAR MUSIK EDITION | S. 54: Udo Lindenberg – Der Generalsekretär, Musik/Text: Udo Lindenberg, POLY-
RAM SONGS MUSIKVERLAG GMBH | S. 55 (ebenfalls S. 136): Udo Lindenberg – Reeperbahn '90, Musik/Text: Udo
indenberg, POLYGRAM SONGS MUSIKVERLAG GMBH | **Hollywoodschwüre** | S. 58 (ebenfalls S. 69): Roxette – It
ust have been love, Musik/Text: Per Hakan Gessle, JIMMY FUN MUSIC; EMI MUSIC PUBLISHING GERMANY
MBH | S. 60 (ebenfalls S. 61/S. 74/S. 354/S. 434/S. 435): Udo Lindenberg – Gustav, Musik: Clive Westlake/Text: Horst
önigstein; Udo Lindenberg; Angelina Maccarone, CARLIN MUSIC CORP; GREENHORN MUSIKVERLAG GMBH
O KG | S. 61: Udo Lindenberg – Körper, Musik: Udo Lindenberg/Text: Annette Humpe, UNIVERSAL MUSIC PUBLI-
HING GMBH | S. 65: Udo Lindenberg – Wo ich meinen Hut hinhäng, Musik/Text: Udo Lindenberg, POLYGRAM
ONGS MUSIKVERLAG GMBH | S. 70 (ebenfalls S. 174): Udo Lindenberg – Ich schwöre, Musik: Udo Lindenberg/Text:
do Lindenberg; Katja Keller, COOLMAN EDITION | S. 72 (ebenfalls S. 316/S. 326/S. 337/S. 344/S. 362/S. 364/S. 372): Udo
ndenberg – Honky Tonky Show, Musik: Udo Lindenberg; Gottfried Böttger/Text: Udo Lindenberg, POLYGRAM SONGS
USIKVERLAG GMBH | **An der Bar, auch wenn's nur Kaffee war** | S. 76: Nirvana – Smells Like Teen Spirit, Musik/Text:
urt Cobain; Krist Anthony Novoselic; David Grohl, BMG RIGHTS MANAGEMENT GMBH; KOBALT MUSIC PU-
LISHING LIMITED | S. 79: Udo Lindenberg – Panik Panther, Musik: Gerad Phillippe/Text: Jacques Larue; Udo Linden-
rg, SEMI SOCIETE; EDITION MARBOT GMBH | **Der kleine Boxer** | S. 93 (ebenfalls S. 386): Elvis Costello – Wel-
me To the Working Week, Musik/Text: Elvis Costello, UNIVERSAL MUSIC PUBLISHING MGB LIMITED; MUSIK
DITION DISCOTON GMBH | **Ein Hinterhof in Hamburg-Altona** | S. 107: Udo Lindenberg – Rock'N'Roller, Musik/
xt: Udo Lindenberg, ANTENNA MUSIK EDITION | **So laut wie's geht** | S. 111: The Bates – Gone Tomorrow, Musik/
xt: Markus Zimmer, MUSIK-EDITION DISCOTON GMBH | S. The Bates – Bate's Motel, Musik: Frank Klubescheidt;
omas Pogo Möller-Vock; Markus Zimmer/Text: Markus Zimmer, CSA COPYRIGHT SERVICE AGENCY GMBH;
ISCOTON MUSIK EDITION GMBH | **Spießertrance** | S. 121: Udo Lindenberg – Da war so viel los, Musik/Text: Udo
ndenberg, UNIVERSAL MUSIC PUBLISHING GMBH | **Die bunte Glitzerstadt** | S. 134: Udo Lindenberg – Piraten-
unde, Musik: Udo Lindenberg/Text: Bea Reszat, POLYGRAM SONGS MUSIKVERLAG GMBH | S. 137 (ebenfalls
330/S. 385): Udo Lindenberg – Leider nur ein Vakuum, Musik/Text: Udo Lindenberg, BEBOTON VERLAG GMBH |
140: Sheryl Crow – All I Wanna Do, Musik/Text: David Francis Bärwald; Bill Bottrell; Wyn Cooper; Sheryl Suzanne Crow;
vin M. Gilbert; SONY/ATV MUSIC PUBLISHING (GERMANY) GMBH; NEUE WELT MUSIKVERLAG
MBH CO KG; RONDOR MUSIKVERLAG GMBH | S. 140: Blumfeld – Eine eigene Geschichte, Musik: Eike Bohlen;
achim Distelmeyer; Andre Rattay/Text: Joachim Distelmeyer, UMFELD EDITION | S. 145: Hole – Celebrity Skin, Musik/
xt: Billy Corgan; Eric T. Erlandson; Courtney M. Love, KOBALT MUSIC PUBLISHING LIMITED; UNIVERSAL/
CA MUSIC PUBLISHING GMBH | S. 147 (ebenfalls S. 148): Hole – Sunset Strip, Musik/Text: Gerard John Best; Court-
y M. Love; Linda Perry; Patty Schemel, FAMOUS MUSIC PUBLISHING GERMANY GMBH CO KG; SONY ATV
ARMONY | S. 147: Udo Lindenberg – Ich träumte oft davon, ein Segelboot zu klau'n, Musik: Udo Lindenberg/Text: Hark
hm; Udo Lindenberg, UNIVERSAL MUSIC PUBLISHING GMBH | **Guckte hoch aufs weiße Schloss** | S. 151: Udo
ndenberg – Der Greis ist heiß, Musik: Andreas Herbig; Jem Peter Seifert/Text: Udo Lindenberg, REGENMACHER MU-
KVERLAG GMBH; TONOFEN EDITION | S. 154: Oasis – Cigarettes and Alcohol, Musik/Text: Noel Thomas Galla-
er, SONY/ATV MUSIC PUBLISHING (GERMANY) GMBH | S. 157: Udo Lindenberg – Candy Jane, Musik/Text: Udo
ndenberg, STAR MUSIK EDITION | **Wunschkino** | S. 172 (ebenfalls S. 310/S. 322): Niels Frevert – Du musst zu Hause
n, Musik/Text: Niels Frevert, SMV SCHACHT MUSIKVERLAGE GMBH & CO. KG | S. 178 (ebenfalls S. 182): Ramm-
in – Du riechst so gut, Musik/Text: Richard Z. Kruspe; Paul Landers; Till Lindemann; Dr. Christian Lorenz; Oliver Riedel,
ristoph Doom Schneider, DISCOTON MUSIK EDITION GMBH; TAMTAM FIALIK MUSIKVERLAG | S. 182:
lo Lindenberg – Lady Whisky, Musik/Text: Udo Lindenberg, POLYGRAM SONGS MUSIKVERLAG GMBH | S. 182:
nigrate – Silent so Long, Musik/Text: Richard Z. Kruspe, KOBALT MUSIC PUBLISHING LIMITED | **Glitzerknabe** |
196: Oasis – Don't Look Back in Anger, Musik/Text: Noel Thomas Gallagher, SONY/ATV MUSIC PUBLISHING (GER-
ANY) GMBH | **Zur blauen Stunde** | S. 206: Todd Michael Schultz – Hotel, Musik/Text: Anthony Benjamin Rodini; Todd
chael Schultz, COPYRIGHT CONTROL SHARES; SONY/ATV MUSIC PUBLISHING (GERMANY) GMBH |
, Popstar? | S. 217: Nirvana – Come As You Are, Musik/Text: Kurt Cobain, BMG RIGHTS MANAGEMENT GMBH |
217: a-ha – Summer Moved On, Musik/Text: Magne Furuholmen; Morten Harket; Pal Waaktaar, CHART PROMO-
ONS LTD | S. 225: John Lennon – Watching the Wheels, Musik/Text: John Winston Lennon; LENNON MUSIC | S. 226:
mmstein – Asche zu Asche, Musik/Text: Richard Z. Kruspe; Paul Landers; Till Lindemann; Dr. Christian Lorenz; Oliver
edel, Christoph Doom Schneider, DISCOTON MUSIK EDITION GMBH; TAMTAM FIALIK MUSIKVERLAG |
anchmal nachts | S. 237 (ebenfalls S. 330): Udo Lindenberg – Alles klar auf der Andrea Doria, Musik/Text: Udo Lindenberg,
AR MUSIK EDITION | S. 238: New Order – Crystal, Musik/Text: Gillian Lesley Gilbert; Peter Hook; Stephen Morris;
rnard Sumner, VITALTURN CO LTD; UNIVERSAL MUSIC PUBLISHING GMBH | S. 256: Udo Lindenberg –
rs, die niemals untergehen, Musik/Text: Udo Lindenberg, POLYGRAM SONGS MUSIKVERLAG GMBH | **Allmäh-**
h wegjonglieren | S. 262: Pet Shop Boys – E-Mail, Musik/Text: Christopher Sean Lowe; Neil Francis Tennant, SONY/ATV
USIC PUBLISHING (GERMANY) GMBH | S. 269: Stereo Mc's – On 33, Musik/Text: Robert Birch; Nicholas Hallam,
II VIRGIN MUSIC LTD; BMG CONSORTIUM MUSIC PUBLISHING GERMANY EDITION | **Irgendwie ein**
fühl zu viel | S. 276: Udo Lindenberg – Ich will den Platz in meinem Herzen neu vermieten, Musik: Ulf Krüger/Text: An-
te Humpe; Udo Lindenberg; Ulf Krüger, KRÜGER ULF EDITION; SCHATZI EDITION; UNIVERSAL MUSIC
BLISHING GMBH | **Madman-Discothek** | S. 290: Fredrik Vahle – Der Umzug, Musik/Text: DP; Fredrik Vahle, VER-
G PLAENE GMBH | S. 290: Peter Janssen – He Du mich drückt der Schuh, Musik: Peter Janssen/Text: Hans Jürgen Netz,

JANSSENS PETER MUSIKVERLAG | **Mich zieht's zum Kiez** | S. 308: Billy Davis – I'd Like to Teach the World to Sin Musik/Text: Bill Backer; Roger Cook; Roquel Davis; Roger Greenway, CHEVIS PUBLISHING CORP; EMI MUSI PUBLISHING GERMANY GMBH | **Wenn's drauf ankommt** | S. 316: Udo Lindenberg – Riskante Spiele, Musik: Udo Lir denberg; Karlheinz Allaut/Text: Udo Lindenberg, UNIVERSAL MUSIC PUBLISHING GMBH | S. 320: Udo Linder berg – Und trotzdem lieb' ich Dich so sehr, Musik: Jean-Jacques Kravetz; Pascal Kravetz/Text: Udo Lindenberg, JACKO' MUSIC VERLAG; SONY/ATV MUSIC PUBLISHING (GERMANY) GMBH | S. 324: Udo Lindenberg – Wir wolle doch einfach nur zusammen sein, Musik/Text: Udo Lindenberg, STAR MUSIK EDITION | S. 324: Ton Steine Scherben Rauchhaus-Song, Musik/Text: Ralph Möbius, VOLKSMUND, DAVID, VERLAG UND PRODUKTION RALP STEITZ KG | S. 324: IDEAL – Berlin, Musik: Hans Joachim Behrendt; Ernst Ulrich Deuker; Annette Humpe; Frank-Jürge Krüger/Text: Annette Humpe, POEM MUSIKVERLAG KLAUS-DIETER MUELLER | S. 324: Udo Lindenberg – Ru sen, Musik: Udo Lindenberg/Text: Barbara Streusand; Quietschhafer, POLYGRAM SONGS MUSIKVERLAG GMBH **Durchdreh-Lebensstil** | S. 339: Udo Lindenberg – Die Bühne ist angerichtet, Musik/Text: Udo Lindenberg, UNIVERSA MUSIC PUBLISHING GMBH | S. 340: Heinz Rudolf Kunze – Der schwere Mut, Musik: Michael-Uwe Franke; Heinz Ru dolf Kunze/Text: Heinz Rudolf Kunze, SMV SCHACHT MUSIKVERLAGE GMBH & CO. KG | **Ich mach für dich Fanclub auf** | S. 346: Udo Lindenberg – Mein Body und ich, Musik: Jean-Jacques Kravetz/Text: Fabian Harloff; Udo Linder berg, JACKO'S MUSIC VERLAG | S. 351: Udo Lindenberg – Wie'n alter Freund, Musik: Robert Pabst; Johannes Rohd Text: Udo Lindenberg; Bea Reszat, POLYGRAM SONGS MUSIKVERLAG GMBH | **Da oben hinter den Sternen** | 368: Westbam and Afrika Islam – Dancing With the Rebels, Musik/Text: Charles Glenn; Maximilian Lenz; Klaus Jankuh HIP HOP BUERO BERLIN EDITION; LOW SPIRIT MUSIC | S. 370 (ebenfalls S. 371): Udo Lindenberg – Du knallst mein Leben, Musik: Detlef Petersen/Text: Udo Lindenberg, EDITION WESTWIND; POLYGRAM SONGS MUSI VERLAG GMBH | S. 371: Udo Lindenberg – Odyssee, Musik: Detlef Petersen/Text: Udo Lindenberg; Rainey Hayne COLGEMS-EMI MUSIC INC; WESTWIND EDITION | S. 371: Udo Lindenberg – Die kleine Stadt, Musik: Paul Simo Text: Horst Königstein; Udo Lindenberg, PAUL SIMON MUSIC; UNIVERSAL/MCA MUSIC PUBLISHING GMBH **Relaxium-Rauscho-Easylin** | S. 376 (ebenfalls S. 377/S. 380/S. 555): Seelenluft – Manila, Musik/Text: Beat Soler, EIGHT BI EDITION | **Nebelschwadenbilder** | S. 384 (ebenfalls S. 385/S. 400/S. 420/S. 435): Udo Lindenberg – Unterm Säufermond, M sik: Michael Jean Legrand/Text: Horst Königstein; Udo Lindenberg, EMI PARTNERSHIP MUSIKVERLAG GMBH | 390: Sportfreunde Stiller – '54, '74, '90, 2010, Musik: Peter Brugger; Rüdiger Linhof; Florian Weber/Text: Peter Brugger; Flori Weber, SPORTFREUNDE EDITION | S. 392 (ebenfalls S. 435): Udo Lindenberg – Mein Ding, Musik: Jörg Sander; San Strmljan/Text: Udo Lindenberg, BUDDE ZWEI EDITION; REGENMACHER MUSIKVERLAG GMBH; STREAM LYNE, EDITION | **Ferngesteuerte Quälerei** | S. 407: Marius Müller-Westernhagen – Geiler is schon, Musik/Text: Mari Müller-Westernhagen, MORE MUSIC MUSIKVERLAG GMBH | S. 412: Marius Müller-Westernhagen – Der Chor d Blöden, Musik/Text: Marius Müller-Westernhagen, MORE MUSIC MUSIKVERLAG GMBH | S. 412: Marius Mülle Westernhagen – Dicke, Musik/Text: Marius Müller-Westernhagen, NEUE WELT MUSIKVERLAG GMBH CO KG **Nun singt er sein Lied in den stürmischen Wind** | S. 417: Udo Lindenberg – Øle Pinguin, Musik: Thomas Kretschmer; U Lindenberg/Text: Udo Lindenberg, POLYGRAM SONGS MUSIKVERLAG GMBH | S. 420 (ebenfalls S. 421/S. 422) R Reiser – Gefahr, Musik: Rio Reiser/Text: Peter Möbius; Rio Reiser, SMPG PUBLISHING (GERMANY) GMBH | **Stür ab, steht auf und startet von vorn** | S. 457 (ebenfalls S. 458/S. 468): Simon and Garfunkel – Sound of Silence, Musik/Text: Pa Simon, PAUL SIMON MUSIC; MELODIE DER WELT GMBH & CO KG; UNIVERSAL/MCA MUSIC PU LISHING GMBH | S. 466: Udo Lindenberg – Nichts haut einen Seemann um, Musik/Text: Udo Lindenberg, STAR MUS EDITION | **Mein Puls geht ganz normal** | S. 474: Stephan Remmler – World Famous in Germany, Musik/Text: Cecil Carl Remmler; Stephan Remmler, EMI MUSIC PUBLISHING GERMANY GMBH CO KG; HILASTER BAVILAR MUSIC AG | **In Hollywood am Swimmingpool** | S. 492 (ebenfalls S. 500): Billy Joel – New York State of Mind, Musik/Te Billy Joel, JOELSONGS; ALMO-MUSIC CORPORATION; RONDOR MUSIKVERLAG GMBH | S. 496: Udo Li denberg – Daniels Zeitmaschine, Musik/Text: Udo Lindenberg, POLYGRAM SONGS MUSIKVERLAG GMBH | S. 5 (ebenfalls S. 501): Billy Joel – Piano Man, Musik/Text: Billy Joel, JOELSONGS; ALMO-MUSIC CORPORATION; RO DOR MUSIKVERLAG GMBH | S. 503: Billy Joel – Say Goodbye to Hollywood, Musik/Text: Billy Joel, JOELSONG ALMO-MUSIC CORPORATION; RONDOR MUSIKVERLAG GMBH | S. 505: The Weekend – I Can't Feel My Fa Musik/Text: Savan Kotecha; Martin Max; Ali Ayami; Peter Svensson; Abel Tesfaye, KOBALT MUSIC PUBLISHIN LIMITED; ROLF BUDDE MUSIKVERLAG GMBH; NEUE WELT MUSIKVERLAG GMBH CO KG | S. 509: T Moody Blues – Nights in White Satin, Musik/Text: Justin Hayward, TYLER MUSIC LTD; ESSEX MUSIKVERTRI GMBH | **Achterbahn der Welt** | S. 515: Udo Lindenberg – Brief an den Jungen, der ich vor 30 Jahren war, Musik/Text: U Lindenberg, POLYGRAM SONGS MUSIKVERLAG GMBH | S. 522: The Eagles – Hotel California, Musik/Text: D Felder; Glenn Lewis Frey; Don Henley, NEUE WELT MUSIKVERLAG GMBH CO KG; RED CLOUD MUSIC; UN VERSAL/MCA MUSIC PUBLISHING GMBH | S. 522: Udo Lindenberg – Desperado, Musik: Glenn Lewis Frey; D Henley/Text: Horst Königstein; Udo Lindenberg, NEUE WELT MUSIKVERLAG GMBH CO KG; RED CLOUD M SIC; UNIVERSAL/MCA MUSIC PUBLISHING GMBH | S. 527: The Beach Boys – California Girls, Musik/Text: M chael Love; Brian Wilson, IRVING MUSIC; NEUE WELT MUSIKVERLAG GMBH CO KG; RONDOR MUSI VERLAG GMBH | S. 527: The Beatles – I Should Have Known Better, Musik/Text: John Lennon; Paul McCartney, SON ATV MUSIC PUBLISHING (GERMANY) GMBH | S. 531: Udo Lindenberg – Der amerikanische Traum, Musik: U Lindenberg/Text: Udo Lindenberg; Horst Königstein, POLYGRAM SONGS MUSIKVERLAG GMBH | S. 535: T Mamas and the Papas – California Dreamin', Musik/Text: Michelle Phillips; John Phillips, UNIVERSAL/MCA MUS PUBLISHING GMBH | S. 536: Udo Lindenberg – Baby, wenn ich down bin, Musik/Text: Udo Lindenberg, POLYGRA SONGS MUSIKVERLAG GMBH | **Mitternacht, ich ging spazieren** | S. 545: Elvis Costello – Beyond Belief, Musik/Te Elvis Costello, UNIVERSAL MUSIC PUBLISHING MGB LIMITED; DISCOTON MUSIK EDITION GMBH | S. (ebenfalls S. 551): Blur – Tender, Musik/Text: Damon Albarn; Graham Coxon; Steven James; David Rowntree, COPYRIGH CONTROL SHARES; EMI MUSIC PUBLISHING GERMANY GMBH; NEUE WELT MUSIKVERLAG GMB CO KG | **Und er macht seinen Koffer auf** | S. 560: Blur – Best Days, Musik/Text: Damon Albarn; Graham Coxon; Stev James; David Rowntree, EMI MUSIC PUBLISHING GERMANY GMBH; NEUE WELT MUSIKVERLAG GMB CO KG; MELODIE DER WELT GMBH & CO KG | S. 561: Coolio – Gangsta's Paradise, Musik/Text: Artis Ivey; Doug Rasheed; Larry James Sanders; Stevie Wonder, EMI MUSIC PUBLISHING GERMANY GMBH; NEUE WE MUSIKVERLAG GMBH CO KG; UNIVERSAL MUSIC PUBLISHING GMBH

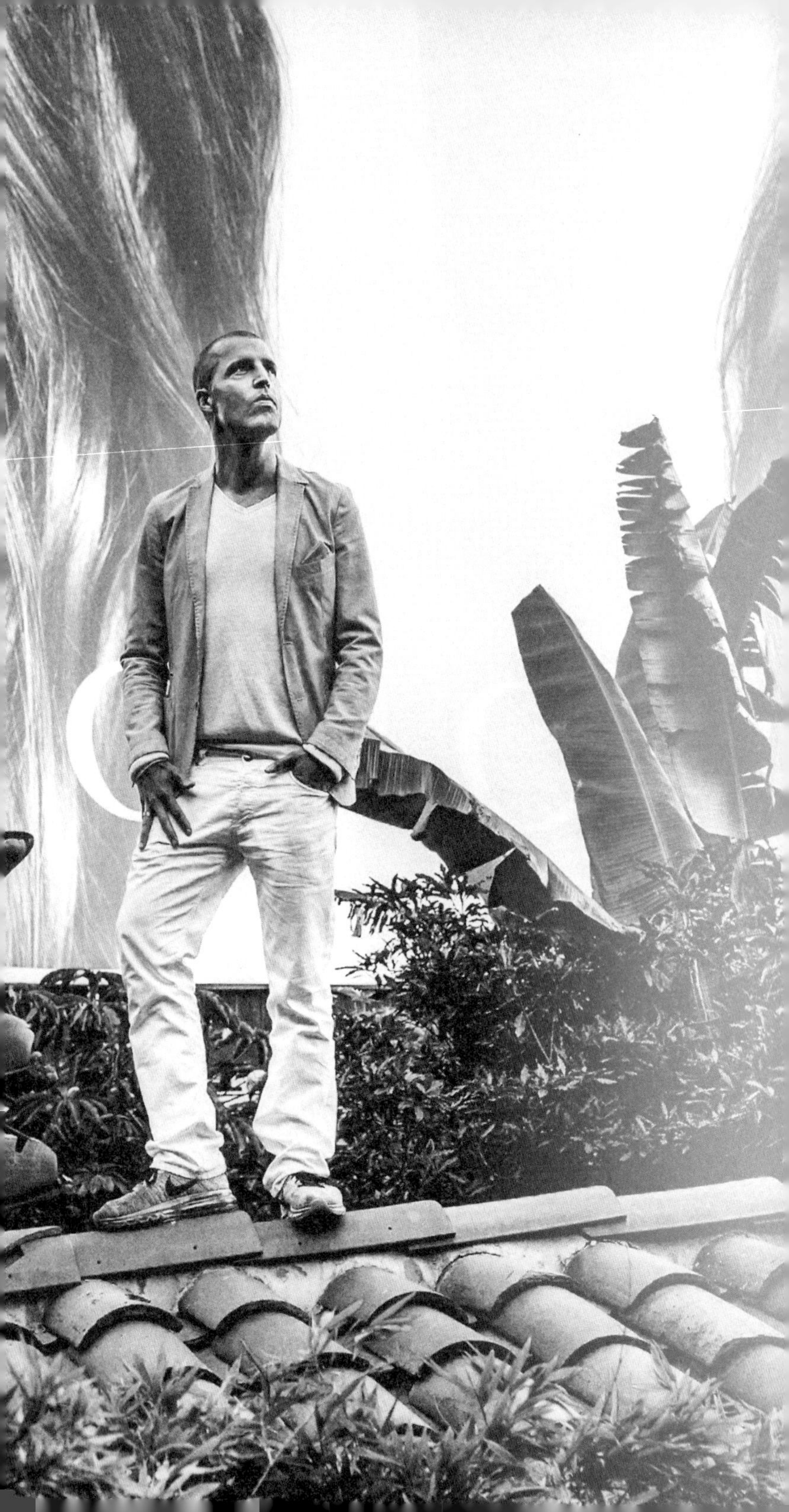

Das Buch

Er wollte genau da rein: zu den Helden, in die rauschhaften Nächte – dahin, wo die Musik spielt. Erst hinter und dann auf die Bühne. Unglaublich schnell kam er an, stürzte sich hinein und ging darin fast verloren. Udo Lindenbergs rebellische Märchenlieder prägten und verführten ihn, doch Udo selbst wird Freund und später Retter.

Benjamin von Stuckrad-Barre erzählt eine Geschichte, wie man sie sich nicht ausdenken kann: Er wollte den Rockstar-Taumel und das Rockstar-Leben, bekam beides und folgerichtig auch den Rockstar-Absturz. Früher Ruhm, Realitätsverlust, Drogenabhängigkeit. Und nun eine Selbstfindung am dafür unwahrscheinlichsten Ort – im mythenumrankten Chateau Marmont in Hollywood, in das ihn Udo führte. Was als Rückzug und Klausur geplant war, erweist sich als Rückkehr ins Schreiben und in ein Leben als Roman. Drum herum tobt der Rausch, der Erzähler bleibt diesmal nüchtern. Schreibend erinnert er sich an seine Träume und Helden – und trifft viele von ihnen wieder. Mit Bret Easton Ellis inspiziert er einen Duschvorhang, er begegnet Westernhagen beim Arzt und Courtney Love in der Raucherecke und geht mit Thomas Gottschalk zum Konzert von Brian Wilson. Andere sind tot und werden doch gegenwärtig, Kurt Cobain, Helmut Dietl.

Stuckrad-Barre erzählt mit seiner eigenen Geschichte zugleich die Geschichte der Popkultur der letzten 20 Jahre. »Panikherz« ist eine Reise in die Nacht, eine Suche nach Wahrheit, eine Rückkehr aus dem Nebel.

Der Autor

Benjamin von Stuckrad-Barre, 1975 in Bremen geboren, ist Autor von »Soloalbum«, 1998, »Livealbum«, 1999, »Remix«, 1999, »Blackbox«, 2000, »Transkript«, 2001, »Deutsches Theater«, 2001, »Festwertspeicher der Kontrollgesellschaft – Remix 2«, 2004, »Was.Wir.Wissen«, 2005, »Auch Deutsche unter den Opfern«, 2010, »Panikherz«, 2016, »Nüchtern am Weltnichtrauchertag«, 2016, »Udo Fröhliche«, 2016, »Ich glaub, mir geht's nicht so gut, ich muss mich mal hinlegen – Remix 3«, 2018 und »Alle sind so ernst geworden« (mit Martin Suter), 2020. Der neue Roman erscheint im April 2023.

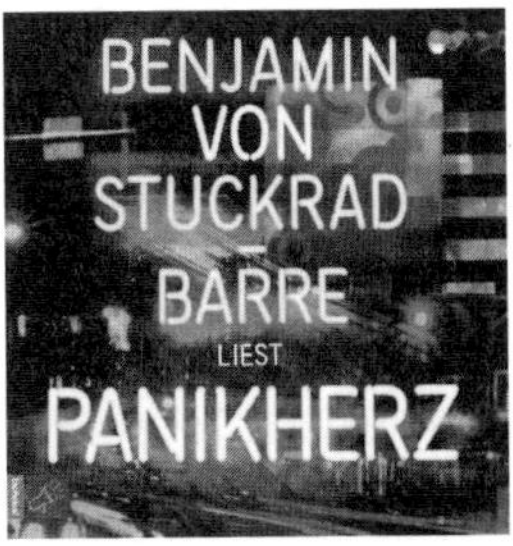

Panikherz | Das Hörbuch
Ungekürzte Autorenlesung
13 CDs
tacheles! / ROOF Music

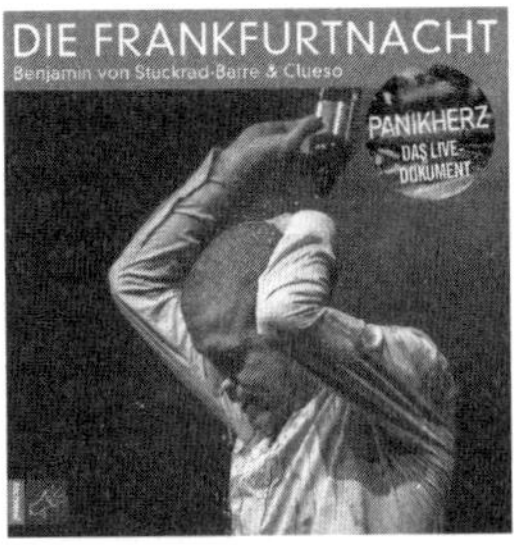

Die Frankfurtnacht
Panikherz | Das Live-Dokument
Mit Musik von Clueso
2 CDs | tacheles! / ROOF Music